妙法蓮華經

李泓坡 譯編

도서출판
범 성

서 문

　문득 선고(先考: 太虛祖師)께서 아침 예불을 마치시고 법화경을 송독(誦讀)하시던 모습이 아련하게 뇌리에 떠오릅니다. 어쩌면 법화경과 함께 살아온 제 삶인 것 같습니다. 대학 시절에는 역경원장이셨던 운허(雲虛) 대종사를 친견(親見)하였을 때에 법화경의 중요성을 강조하셨던 기억이 새롭습니다.

　운허 대종사가 저에게 들려준 일화 하나를 말하려고 합니다.

　해방 후 춘원(春園) 이광수(李光洙) 선생에게 법화경을 모두가 읽기 쉽도록 번역하라고 하였다고 합니다. 그리고 춘원 이광수(운허스님의 從弟)도 법화경은 불교문학(佛教文學)의 백미(白眉)이니 그렇게 하겠노라고 하였답니다. 그러나 6.25 때 춘원 선생께서 북으로 납북(拉北)되고 춘원의 집에 찾아가 서고를 뒤졌으나 법화경 원고가 나오지 않았다는 일화를 들은 게 또 생각이 납니다. 만약 그때 춘원 선생께서 법화경을 번역하였다면 법화경 정신이 우리에게 잘 전달되지 않았을까 하는 기대를 가지며 법화경을 수없이 송독(誦讀)하여 왔습니다. 그리고 법화경 주소(注疏)를 참고하여 강론(講論)을 펼치며, 법화사상 현양(顯揚)에 힘써왔습니다. 그러던 중에 역대 선사께서 법화경에 대한 자료를 알게 되었는데, 열거하면 다음과 같습니다. 원효성사(元曉聖師)의 『妙法法華經 宗要序』, 정명국사(靜明國師)의 『法華經讚』, 함허득통(涵虛得通) 기화선사(己和禪師)의 『法華經頌』, 청한자(清寒子: 金時習) 설잠(雪岑) 매월당(梅月堂)의 『妙法蓮華經 別讚』이 있음을 알게 되었고 그리하여 법화경을 내 손으로 번역하여야겠다는 생각을 갖게 되었습니다. 특히 설잠(雪岑)의 『妙法蓮華經 別讚』에 대해 일본학자 '忽滑谷快天'은 그의 저서 『朝鮮禪敎史』에서 말하기를 "천태(天台)의 교관(敎觀)은 선(禪)에 속한다. 그런데 이 경을 강의한 게 교문(敎文)에 빠져 있어 아직 선으로써 이를 감변(勘辨)하지 못하였다. 진실로 아까운 일이다."고 하며, 청한자가 법화경을 본 견해(見解)는 선가(禪家)의 의취(意趣)에 있음이니 바로 직지종승(直指宗乘)의 견해로 총송(總頌)에 다음과 같이 드러내고 있습니다.

이와 같은 미묘한 법을 이미 일찍 선양하였으니
왕궁(王宮)에 태어나지 않고도 분명(分明)하고
역력(歷歷)하였다네.
아난(阿難)이 결집(結集)하여 경전 이름을 정하
였으며,
구마라즙은 뜻에 따라 번역(飜譯)하였다.
내가 이제 불경을 찬탄하여 즐겨 듣고
모든 사람들에게 불법(佛法)을 듣게 하려고 하니
불법은 다만 보임(保任)을 감당하는데 있으니
바로 알아듣고 의혹(疑惑)을 일으키지 말라.

如是妙法已曾宣 未降王宮明歷歷
阿難結集强安名 鳩摩羅什漫飜譯
我今讚唄令樂聞 任你諸人能聽法
佛法只在堪保任 直下承當莫生惑

이로써 청한자의 선관(禪觀)을 엿볼 수 있다고 하였으며
『七軸大意』는 선의 견해(見解)로 대의(大意)를 말한 것으로
조선 불교의 백미(白眉)라 하였습니다. 이 모두를 종합하여
책을 서술하였습니다. 그리고 범연(凡然) 이동형(李東炯) 박
사의 권면(勸勉)하기를 "다라니품"과 그 외의 다라니도 번

역하였으면 하기에 함께 저술하게 되었음을 밝힙니다.

　이 모두가 어찌 제 혼자의 힘으로 이루어진 것이겠습니까? 모든 불자의 염원(念願)이 오늘날의 혼탁(混濁)한 상황을 하루 빨리 극복하고자 하는 우리 모두의 원력(願力)을 일불승(一佛乘)의 법화사상(法華思想)에 의하여 성취(成就)하려는 우리 불자들의 원력이라 생각합니다.

　　진관(眞觀) · 청정관(淸淨觀)
　　광대한 지혜관(智慧觀)
　　비애(悲哀)의 관념 · 자애(慈愛)의 관념
　　변함없는 원력(願力)을 항상 첨앙(瞻仰)하며
　　眞觀淸淨觀 廣大智慧觀
　　悲觀及慈觀 常願常瞻仰

　　　　　　2020년 10월　일

　　　　　낙산 묘각사(駱山 妙覺寺)
　　　　영산 홍파 근서(靈山 泓波 謹序)

序 文

　ふいと先考(太虚祖師)が朝の法要を終えて法華經を誦讀なさるお姿が　朧に　脳裏に　浮かび上がって来ます。

　若しかしたら法華經とともに先きて来た自分の生みたいです。大學時代には當時の譯經院長 雲虚大宗師をお訪ねした際にも　法華經の重要性を張調なされた記憶が新たです。

　雲虚大宗師が私に聞かせて下さった逸話の一つを述べさせて頂きます。

　戦後 雲虚大宗師が春園李光洙に法華經を全國民が讀み易いように譯しなさいと　おつしやいましたそして 春園李光洙 (雲虚大宗師の從弟)も法華經は仏教文學の白眉と言えるから譯してみますと答えています。

　然し韓國動亂(6.25)の際春園李光洙は北に拉致されたので　春園の家を訪ねで隈無く捜しで見たが法華經の原稿は見っからなかったと伝える逸話を

聞いた事が浮かんで来ます。

若しも其の時 春園が法華經を譯していたら法華經の精神が我等に旨く伝わったのではないかと期待しながら　法華經を數限り無く誦讀しで參りました　そして　法華經 注疏を參考に　講論を広げながら　法華思想顯陽に尽力しで參りました。

其の樣な中に　歴代先師の法華経に關する資料を分るようになった事を列挙して見れげ次のとおりです。

元曉聖師の「妙法法華經宗要序」、靜明國師の「法華經讚」、涵虛得通 己和禪師の「法華經頌」、清寒子：金時習 雪岑の「妙法蓮華經別讚」が有ることを分るようになり　それで法華経を自分の手で翻訳しなければならないという思いになりました。

特に 雪岑の「妙法蓮華經別讚」について日本の学者忽滑谷快天は 彼の著書「朝鮮禪敎史」で 言う

には「天台の敎觀は禪に属する。
然し この經を講義したのが 敎文に抜けいて 未だ
禪をしで これを勘辨出来なかった 誠に惜しいこ
とであると 言って 淸寒子が法華経を見る見解は
禪家の意趣に有って直ぐ直指宗乘の見解で總頌に
次の如く現れている。
如是妙法巳曾宣 未降王宮明歷歷
阿難結集強安名 鳩摩羅什漫飜譯
我今讚唄令樂聞 任你諸人能聽法
佛法只在堪保任 直下承當莫生惑

これによりて 淸寒子の禪觀を盜視出來ると云って
「七軸大意」は 禪の見解で大意を言ったことで
朝鮮仏教の白眉と言いました。 この全てを総合し
て 本を述べました。
そして 凡然 李東炯博士の願いで陀羅尼と其の陀
羅尼品も翻訳しで著述するようになりました。今

迄の過程が自分一人の努力で 成り立つたのでょう
か　諸仏子の念願が現今の混濁な状況を一日も早
く克服しようとする諸人の願力を法華思想に依り
成就しようとする 我等仏子の願力があると思いま
す。

眞觀淸淨觀 廣大智慧觀
悲觀及慈觀 常願常瞻仰

　　　2020年 10月　日

　　　駱山妙覺寺にて
　　　靈山泓坡 謹序

차례

題字 丘堂 呂元九(동방연서회 회장 / 대한민국 국새 제작 / 한국전각학회 회장)

面紙 妙法蓮華經 第二卷 變相. 寶物 第390號. 佛教中央博物館.

들어가는 말

법화경의 위치

묘법연화경(Saddharma-puṇḍarīka-sutra)은 대승불교의 백미(白彌)라고 학자들은 말한다. 그러므로 그 연구와 수행법, 법을 수습하는 방법이 매우 다양하며, 대승불교가 흥기(興起)하던 시기에 불교에서 삼승(三乘)의 사상을 갈무리하면서 일불승(一佛乘) 사상을 제기한다. 성문(聲聞)과 연각(緣覺)이 이승(二乘)이고 보살(菩薩)은 대승(大乘)이라 하는데, 법화경에서는 '개권현실(開權顯實)'과 '회삼귀일(會三歸一)' 사상을 제출(提出)하여 삼승(三乘)이 융회(融會)하여 일승(一乘)이 되는 것을 제시하게 된다.

법화경에서 화택(火宅)에 비유한 글을 인용해 보자.

택(宅)은 삼계(三界)이고 노지(露地)는 진리를 증득하여 장애(障碍)를 저버린 곳이다. 삼거(三車)는 양으로 끄는 마차와 사슴이 끄는 마차와 소가 끄는 마차이며, 비유로는 성문(聲聞), 연각(緣覺), 보살(菩薩)의 삼승이다. 형상(形象)으로 본체를 말하면 양은 소승(小乘)이고 사슴은 중승(中乘)이며 소는 대승(大乘)이다. 지향하는 모양을 말하면 보살은 세간(世間)에 머물고, 성문은 스승을 따르면서 함께 인간세(人間世)에 거처(居處)함으로 소와 양에 비유하였다. 연각(緣覺)은 세상 밖에 은거(隱居)하므로 사슴에 비유하였다. 성정(性情)으로 말한다면 양의 본성은 지둔(遲鈍)하여 성문에 비유하고, 사슴의 본성은 민첩(敏捷)하여 연각에 비유하고, 소의 힘은 강장(强壯)하여 무거운 것을 지고도 멀리 갈 수 있으므로 보살에 비유하였다. 노지(露地)에서 큰 백우거(白牛車)를 이끄는 것은 모든 덕을 구비하고 빨리 가는 것도 바람과 같아 일불승(一佛乘)이다.

일승(一乘)은 삼승(三乘)을 벗어난 별교(別敎)이고 삼승은 모든 자식들이 바라고 있는 바이다. 삼승과 일승을 합하여 말하면 모두 네 가지의 마차가 되는데, 이것이 법화경의 종지(宗旨)이다.

예전에 광택대사(光宅大師)가 법화경을 강론할 때에 종지를 세우고 가르침을 개시(開示)하였다. 세 가지 마차는 허망(虛妄)함을 가리키고 셋을 벗어나서 하나를 건립하니 바로 넷째 마차가 되었다. 천태의 모든 덕은 여기에 의하여 가상(嘉祥)대사와 자은(慈恩)대사에 이르러서 함께 세 가지 마차를 건립하였다. 이로 말미암아 많은 논쟁(論爭)이 있게 되었다.

첫째, 권실차별(權實差別)이다.

셋 중에 우거(牛車)도 역시 양거(羊車)와 녹거(鹿車)와 같아 방편으로 모든 자식들을 인도(引導)하여 번뇌를 벗어나게 하는 것이므로 임문삼거(臨門三車) 모두는 방편문을 개시(開示)함이다. 네거리에서 큰 백우차(白牛車)를 받은 것은 바로 진실상(眞實相)을 개시함이다.

세 가지 마차에서 우거(牛車) 역시 진실인데, 장자(長者)가 문 안에 있어 자식들을 인도할 때에 우차를 가리키며 단지 문 밖에 있다고 하였을 뿐이다. 이는 문을 나가서 우거를 보면 되는 것인데, 문을 박차고 나아가 바로 우거가 머문 곳을 가리키는 것이고 얻지 못하였으면 후에 다시 찾아야 한다.

역시 밖에서 거(車)를 찾는 것은 말할 것도 없이 이승(二乘)일 뿐이다. 경에서 말하지 않은 것은 우거(牛車)를 구하려는 사람은 문을 나가서 우차만을 구하는 까닭이다. 또 먼저 찾고 거(車)를 받아들이는 것은 오로지 이승(二乘)인 까닭이다. 그러므로 경에서 모든 자식이 벗어나서 노지(露地)에 이르러 제각기 아버지께 여쭙기를 "부친께서는 먼저 좋아하며 받아일 것을 구비(具備)하셨는데, 양거(羊車), 녹거(鹿車), 우거(牛車)를 원할 때에 주셨습니다."라고 했다. 이로써 알 수 있는 것은 세 가지 거(車) 모두가 찾는 것이며, 이 중에서 삼거(三車)는 삼승(三乘)이 구하는 결실을 말하여 먼저 취향(趣向)하려는 의도(意圖)를 바로 표방(標榜)한 까닭이다.

묻기를

"이승은 제각기 작은 결실을 얻는데, 어떻게 경계(境界)를 벗어나서 찾고 있습니까?"

대답하기를

"소승경(小乘經)에 의지하여 말하면, 가르침이 있으면 실천한 결실이 있게 된다. 여기서 대승경(大乘經)에 의하여 말하면, 예전에는 다만 언교(言教)만 있었을 뿐 실천한 결실(結實)이 없었던 까닭이다. 그러므로 삼거는 공(空)하여 없는 것이니 만약 자종(自宗 : 자체 종지)을 바란다면 함께 모두가 결실을 얻는데, 만약 깨닫지 못하면 어떻게 출세하겠으며, 여기서 모두가 깨닫지 못한 일승(一乘)만을 바라는 까닭이라고 하였다.

그러므로 진실은 방편에 영향을 받으며 방편상이 없어지므로 모두가 깨달을 수가 없다. 삼승인(三乘人)을 회향(回向)하여 일승에 들어가게 하는 까닭이며, 이 까닭으로 대승 또한 회향한다. 만약 이렇지 못하면 우거를 구하는 사람은 경계를 벗어나서 범부(凡夫)와 같지 않고 양거와 녹거를 구하지 않으니 이승과 같지도 않고 노지에서 큰 백우거를 얻지 못하면 일승과 같지 않다. 만약 셋 중에서 대승이 아니면 다시 어떤 특색을 가진 사람이냐? 이에 이르러 스스로의 위치의 구경처(究竟處)인 까닭에 후에 모두가 별교일승(別敎一乘)에 진입한다.

묻기를

"임문삼거(臨門三車)는 진리입니까 진리가 아닙니까?"

대답하기를

"진리(眞理)이기도 하고 진리가 아니기도 하다. 왜냐하면 진리는 방편인 까닭이며 이 방편으로 말미암아 자식들을 인도하여 벗어나게 하는 것은

진리 아님이 없다. 이 방편력으로 인도하는 까닭
으로 진리가 아니다. 이는 둘이면서 둘이 아닌 하
나의 상(相)일 뿐이다."

둘째, 교의차별(教義差別)이다.

임문삼거(臨門三車)는 역시 양거(羊車)와 녹거(鹿車)와 같고
다만 이름만 있을 뿐, 일승(一乘) 모두가 가르침임을 바라
는 까닭이다. 그러므로 경에 말하기를 "부처가 가르친 법
문으로 삼계의 고뇌를 초출한다."고 하였다.

역시 말할 수 없는 부처님이 가르친 언설(言說)을 다만 이
승(二乘)으로 묶는 것이며, 경으로 간택(揀擇)하지 않는 까
닭이다. 우거(牛車)를 구하는 사람은 가르침을 참구(尋究)하
여 뜻에 이르게 되면 역시 이승과 같지만, 모두가 깨닫지
못한 까닭이다.

셋째, 차별(差別)을 밝히는 것이다.

일승은 삼계(三界) 안에서 우선 삼거(三車)를 약속하는 게
아니다. 그러므로 삼계를 벗어나 네거리에서 모든 자식들
이 받아들일 때는 모두가 본래 바라는 게 아니었음이다.
그러므로 경에 말하기를 "이때에 모든 자식들은 제각기 큰
마차를 타고 일찍 없었던 것을 얻었는데 본래 소망(所望)하

던 게 아니다."고 했다.

 역시 말할 수가 없는 것은 본래 소망한 게 아니고 다만 이승을 따른 것이다. 경으로 간택(揀擇)하지 않는 까닭으로 성(聖)스러운 언설은 잊지 못한 까닭이다. 진실로 화택문(火宅門) 안에서의 약속은 이제 모두 얻는 게 없음이다. 노지(露地)의 백우(白牛)는 본래 간절히 바란 게 아니므로 이제 이를 얻었으나 본래 소망한 게 아니었다고 말한다.

 넷째, 덕량차별(德量差別)이다.

 화택(火宅) 안에서 밖을 가리키는 것이니 단지 우거(牛車)만을 말하고 나머지 덕(德)은 말하지 않았다. 노지에서 받은 칠보(七寶)로 장식된 큰 거(車)는 말하자면 보망(寶網)과 보령(寶鈴) 등의 무량한 모든 보배로 장엄(莊嚴)하였음은 본체(本體)가 덕(德)을 구족(具足)하였음이다. 또 다만 우거라고 말하였을 뿐 나머지 상은 말하지 않았다. 또 백우(白牛)라고 말한 것은 살찌고 씩씩하며 힘이 세면서도 질풍같이 빠르니 작용이 수승(殊勝)함이다. 또 말하는 것에서 많은 중생들을 인도(引導)하여 따르게 하려고 기다리는 것을 수행(修行)하는 권속(眷屬)이다.

 이와 같은 이상(異相)은 함께 동교(同敎)인 일승(一乘)을 구족하면서 이상을 밝혔다. 또 삼거(三車) 중에서 우거가 유일하여 종요(宗要)로 일상(一相)인 방편(方便)을 밝히니 주반 (主伴 : 주인과 동반자)이 없는 까닭이다. 이는 그렇지 않고 주반이 구족하여 덕을 총섭(總攝)함이 무량하다. 그러므로 경에 말하기를 "나에게는 이처럼 칠보(七寶)로 된 큰 거(車) 가 있으며 그 수는 무량하며 무량한 보배로운 거(車)는 하 나에 그치지 않는다."라고 하였는데, 이는 일승(一乘)의 무 량한 교의(敎義)를 드러내고 이 뜻을 널리 말하면 화엄경과 같다. 여기서는 별교(別敎)인 일승(一乘)을 구비하면서 다른 것을 밝혔다.

다섯째, 기위(寄位)에서 중요(重要)한 차별(差別)이다.

본업경(本業經)과 인왕경(仁王經), 지론(地論)과 양섭론(梁攝 論) 등과 같으며, 모두가 초지(初地)와 2지(地)와 3지로 세간 (世間)에 기탁(寄託)하며 4지에서 7지까지는 출세간(出世間) 에 기탁하며, 8지도 출세간에 기탁함이다. 바로 세간(世間) 에서 4지와 5지는 성문법(聲聞法)에 기탁하고 6지는 연각법 (緣覺法)에 기탁하며 7지는 보살법(菩薩法)에 기탁하며 8지 이상은 일승법(一乘法)에 기탁함이다.

대승이 일승(一乘)이라는 것은, 7지는 출세간(出世間)을 초 출(初出)하는 것이고 또 일승이 8지에 응하는 게 아니다. 그 러므로 당연히 법화경에서 삼승의 사람은 삼거(三車)를 구하려고 나가서 문 밖에 이르는 것은 바로 삼승 모두가 출세간의 지위(地位)가 구경(究竟)임을 알아야만 한다. 바로 이는 4지를 지나 7지에 이르는 것이며 네거리에서 큰 백우거를 받는 것은 출세(出世)의 위치에 있는 것이므로 출세간을 초출하는 게 일승법이다. 이는 8지 이상에서의 일승법(一乘法)이다.

묻기를

"만약 이렇다면 어떤 까닭으로 양섭론(梁攝論)에 말하기를 '이승(二乘)이 출세라고 말하고 8지 이상에서 불지(佛地)에 이르는 것을 출세간이라고 합니까?' 삼승이 출세라고 말하지 않았는데 어떻게 이렇게 말합니까?"

대답하기를

"4지와 5지는 성문(聲聞)이고 6지는 연각(緣覺)이며, 8지를 지나 출세간도 초출(超出)하는데, 7지는 어떤 사람인가? 그러므로 당연히 알아라. 이승(二乘)이 출세라고 하는 것은 대승(大乘)과 소승(小乘)으로 성문과 연각이 소승이고 이승의 이름이 원통(圓通)함은 아래에서 말하는 것을 구족하였음을 말한다."

여섯째, 부족(付囑)하는 차별이다.

법화경에서 말하는 것과 같은데, "미래세에 선남자와 선여인이 여래의 지혜(智慧)를 믿고 당연히 법화경을 연설(演說)하고 이를 듣고 알아듣게 하고 사람들로 하여금 부처의 지혜를 깨닫게 하는 까닭이다. 만약 중생이 믿고 받아들이지 않는 사람은 당연히 여래의 나머지 심오한 진리에서 가르침의 이로움을 개시하는 것을 즐거워한다. 그대들이 이렇다면 바로 부처의 은혜에 보답(報答)하는 것이다."

해석하여 말하기를 "나머지 심법은 대승(大乘)이며 일승이 아니므로 나머지라고 하며, 그렇다고 소승(小乘)도 아니니 심오한 진리라고 하였을 뿐이다.

역시 말할 수 없는 게 소승이니 나머지는 심오한 진리이다. 법화경에서 바로 소승을 파기(破棄)하고 어찌 심오한 진리를 칭찬할 수 있을 것이냐? 그러므로 당연히 알아라. 법화경의 다른 의미는 바로 일승(一乘)에 있음이므로 여기서 부족하는 것이다."

일곱째, 근연수자(根緣受者) 차별이다.

화엄경 성기품(性起品)에서 말한 것과 같은데, "불자(佛子)야! 보살마하살이 무량한 나유타겁을 지나면서 6바라밀을 수행하며, 도품(道品)과 선근(善根)을 수습(修習)하여도 이

경을 듣지 못하고 비록 들어도 믿고 수지(受持)하여 수순(隨順)하지 않으면 이들은 이름을 가차(假借)한 보살(菩薩)일 뿐이다."고 했다.

해석하여 말하자면, 여기서도 삼승보살(三乘菩薩)을 밝히는데, 근본이 미숙(未熟)한 까닭이다. 비록 이런 경에서 겁을 지나면서 수행하여도 이 일승경(一乘經)을 믿고 듣지 않는 사람은 어떠한가? 이런 사람은 법화경 이전의 나머지 심오(深奧)한 진리에서 '시교이희(示教利喜 : 가르침을 개시하여 이롭고 기쁨)'한 사람임을 알라. 일승인 구경법을 바라므로 가명(假名)으로 설명한다. 스스로의 종요(宗要)와 같기를 바라는 것 역시 진리이다. 이런 글의 의미는 화엄경을 별교 일승임을 밝힘이지 다른 게 아니다.

여덟째, 믿기 어려운 것과 믿기 쉬운 것의 차별이다.

화엄경 현수품(賢首品)에서 말한 것과 같은데, "일체 세간의 군생(群生)들은 성문승(聲聞乘)을 바라는 사람은 적고 연각승(緣覺乘)을 구하는 사람은 더욱 적으며, 대승(大乘)을 구하는 사람은 매우 드문데, 대승을 구하는 것은 쉽지만 이 진리를 믿는 것은 매우 어렵다."고 했다.

해석하여 말하자면, 이 현수품에서 바른 신위(信位)의 종심(終心)에서 일체위(一切位)와 성불(成佛)하는 것과 같은 일

을 총섭(總攝)한다. 삼승을 초출하는 것은 믿고 받아들이는
게 두렵고 어려운 것이므로 삼승에 대비(對比)하는 것을 들
먹여서 이를 결정하였다.

아홉째, 근기(根機)에 따라 진리(眞理)를 드러내는 차별이다.
이 경의 9지(地)의 처음 게송에서 말했다.

> "중생이 하열(下劣)하여 마음이
> 염몰(厭沒)하는 사람에게는
> 성문도(聲聞道)를 드러내어
> 모든 고뇌(苦惱)를 벗어나게 하며,
> 다시 중생 모두는
> 조그만 명리(明利)가 뿌리 내렸으면
> 인연법(因緣法)을 즐기게 하려고 벽지불을 말하며,
> 사람이 명리에 뿌리 내리고도 대자비심이 있으면
> 모든 중생을 요익(饒益)하게 하고자 하면
> 보살도를 말한다.
> 무상(無上)한 마음이 있으면
> 결정코 위대한 일을 즐기게 하여
> 불신(佛身)을 드러내어
> 끝이 없는 불법(佛法)을 말한다."[1]

해석하여 말하자면, 이는 일승법문을 밝혀 주반(主伴)이 구족되므로 끝이 없는 불법이라 한다. 삼승(三乘)의 '일상일적(一相一寂)' 같은 법과 같지 않으며, 이 신위에서는 위대한 법사(法師)가 되어 법의궤(法儀軌)을 연설한다. 그러므로 일승(一乘)과 삼승(三乘)의 문구를 개시(開示)하지만 글의 의미에는 차별이 있다.

열 번째, 본말(本末)을 개합(開合)한 차별(差別)이다.

대승동성경(大乘同性經)에 말한 것과 같은데, "성문법(聲聞法), 벽지불법(辟支佛法), 보살법(菩薩法)과 모든 불법(佛法), 이처럼 모든 불법은 모두가 비로자나지장대해(毘盧遮那知藏大海)에 유입한다."고 했다. 이 글은 본말(本末)을 간추려서 다른 것을 분명하게 하며, 말(末)에 회합(會合)하면 근본에 돌아오는데, 이는 일승(一乘)과 삼승(三乘)의 차별되는 이치를 분명하게 하였다.

이 위에 십증(十證)이 있으니 구경(龜鏡)을 만족하게 한다.

별교(別敎) 일승(一乘)에서는 행위(行位)·인과(因果)와 같은 상(相)을 밝히면서 삼승교(三乘敎)와 함께 분제(分齊)를 시설(施設)하면 전체가 다르고 같지 않다. 이는 경문에 산재해 있으며 간략(簡略)히 말하면 아래와 같다. 비록 교증(敎證)이 없어도 뜻이 다름에 의하여 더욱 종지(宗旨)를 분명하게 하여야 하는데, 하물며 성교(聖敎)는 구름이 없어지면서 환연(煥然)하면 눈에 가득하게 된다.

이로써 뿌리를 고수(固守)하는 부류는 설명하는 것을 듣고 정신이 놀라 깊이 슬퍼한다. 그러므로 경에 말하기를 "경을 듣지 못하였는데 이를 듣고는 의심하지 않는 게 희유(稀有)하다."고 했다.

이로써 법화경의 특색을 알 수 있으며, 이는 일불승(一佛乘)을 제안하는 종교(終敎)이면서 돈교(頓敎)이기도 하며 원돈교적(圓頓敎的)인 특징을 지니고 있음이다.

법화경의 번역

법화경은 한문역본으로 다음의 5종류가 존재한다.

① 손량오봉 원년(孫亮五鳳元年, 255년) 지강양접 역(支彊梁接譯) 법화삼매경(法華三昧經) 6권.

② 서진태시 원년(西晉泰元年, 265년) 축법호 역(竺法護譯) 살예분타리경(薩藝芬陀利經) 6권.

③ 동태강 칠년(同太康七年, 286년) 축법호 역(竺法護譯) 정법화경(正法華經) 10권.

④ 동진함형 원년(東晉咸亨元年, 335년) 지도근 역

(支道根譯) 방등법화경(方等法華經) 5권.

⑤ 요진홍시 8년(姚秦弘始八年, 406년) 구마라습 역
   (鳩摩羅什譯) 묘법연화경(妙法蓮華經) 7권.

⑥ 수인수 원년(隋仁壽元年, 601년) 사나굴다(闍那堀
   多), 달마급다(達磨笈多) 공역(共譯) 첨품묘법연
   화경(添品妙法蓮華經) 7권.

여기에서 ③과 ⑤와 ⑥만이 현존(現存)하고 있을 뿐이다. 그러면 왜 3책의 번역이 같지 않나 하는 의문이 일어나는데, 이는 범어 이름인 살달마분타리가소다람(薩達摩芬陀利迦蘇多覽, saddharma-pundarlka-sutra)에서 '소(蘇)'의 갖가지 뜻에서 법호(法護)는 '정(正)'을 취하고 구마라습(鳩摩羅什)은 '묘(妙)'를 취하였으며 첨품(添品)은 크게 다른 뜻이 없는 것 같다. 이들 법화경의 내용을 열거하면 다음의 도표와 같다.

표1: 법화경의 품수(品數)에 따른 조직

묘법연화경	정법연화경	첨품연화경	The lotus of the true law(by H.Kern)
序品 제1	光序品 제1	묘법연화경과 같음	Introductory
方便品 제2	善權品 제2		Skilfulness
譬喩品 제3	應時品 제3		A Parable
信解品 제4	信樂品 제4		Disposition
藥草喩品 제5	藥草品 제5		On Plants

授記品 제6	授聲聞決品 제6	묘법연화경과 같음	Announcement of Future Destiny
化城喩品 제7	往古品 제7		Ancient Devotion
五百弟子授記品 제8	授五百弟子決品 제8		Announcement of the Future Destiny of the Five Hundred Monks
授學無學人記品 제9	授阿難羅云決品 제9		Announcement of the Future Destiny of Ananda, Rahula, and the two Thousand Monks
法師品 제10	藥王如來品 제10		The Preacher
見寶塔品 제11	七寶塔品 제11		Apparition of a Stupa
提婆達多品 제12			Exertion
勸持品 제13	勸說品 제12	묘법연화경과 같음	Peaceful life
安樂行品 제14	安行品 제13		Issuing of a Bodhisattvas from the Gaps of the Earth
從地涌出品 제15	菩薩從地涌出品 제14		Duration of Life of the Tathagata
如來壽量品 제16	如來現壽品 제15		Oaf Piety
分別功德品 제17	例福事品 재16		Indication of the Meritoriousness of joyful Acceptance
隨喜功德品 제18	勸助品 제17		The Advantages of a Religious Preacher
法師功德品 제19	歎法師品 제18		Sadaparibhuta
常不輕菩薩品 제20	常被輕慢品 제19		Conception of the Transcendent Power of the Tathagatas
如來神力品 제21	如來神足行品 제20		Spells
囑累品 제22	囑累品 제27	左와 같음	Ancient Devotion of Bhaishagyaraga
藥王菩薩本事品 제23	藥王菩薩品 제21	좌동	Gadgadasvara
妙音菩薩品 제24	妙吼菩薩品 제22		The All-sided One
觀世音菩薩普門品 제25	光有普門品 제23		Ancient Devotion

陀羅尼品 제26	總持品 제24	좌동	Encouragement of Samantabhadra
妙莊嚴王本事品 제27	淨復淨王品 제25		The Period
普賢菩薩勸發品 제28	樂普賢品 제26		

또한 법화경 28품에서 앞의 14품은 적문(迹門)이고 후의 14품은 본문(本門)이라고 천태대사는 구별하였고 적문의 중심사상은 개삼현일(開三顯一)이고 본문의 사상은 개근현원(開近顯遠)임을 말하고 있다. 이를 통하여 천태지의는 법화경 전체를 조직적으로 다음과 같은 표를 만들었다.

표2: 법화경 조직에 따른 교리 내용

	서분	서품 제1	적문서분	
법화경 세 단락	정종분	방편품 제2	적문정종분	적문법화경의 세 단락 개권현실(開權顯實)
		비유품 제3		
		신해품 제4		
		약초유품 제5		
		수기품 제6		
		화성유품 제7		
		오백제자수기품 제8		
		수학무학인기품 제9		
		법사품 제10	적문유통분	적문법화경의 세 단락 개권현실(開權顯實)
		견보탑품 제11		
		제바달다품 제12		
		권지품 제13		
		안락행품 제14		

		종지용출품 제15	본문서분	
법화경세단락	정종분	여래수량품 제16	본문정종분	본문법화경의 세 단락 개적현본(開迹顯本)
		분별공덕품 제17		
	유통분	수희공덕품 제18	본문유통분	
		법사공덕품 제19		
		상불경보살품 제20		
		여래신력품 제21		
		촉루품 제22		
		약왕보살본사품 제23		
		묘음보살품 제24		
		관세음보살보문품 제25		
		다라니품 제26		
		묘장엄왕본사품 제27		
		보현보살권발품 제28		

한편 법화경을 연구하는 학자들이 많아지게 되면서 많은 주석서(註釋書)가 탄생하게 된다. 이를 종합하면 다음과 같다.

① 양(梁)나라 때 광택사 법운(光宅寺法雲)의 법화경의기(法華經義記) 8권
② 수(隋)나라 때 천태대사 지자(天台大師智者)의 천태삼대부(天台三大部 : 法華玄義, 法華文句, 摩訶止觀) 30권
③ 수(隋)나라 때 가상대사 길장(嘉祥大師吉藏)의 법화의소

(法華義疏) 12권, 법화현론(法華玄論) 10권, 법화통략(法華統略) 6권, 법화유의(法華遊義) 2권, 법화론소(法華論疏) 3권

④ 당(唐)나라 자은대사 규기(慈恩大師葵基)의 법화현찬(法華玄贊) 10권

⑤ 송(宋)나라 계환(戒環)의 법화경요해(法華經要解) 7권

등이 전해지고 있다.

설법한 시기와 종교적인 위치

석가일대교법(釋迦一代教法)을 화엄시(華嚴時), 아함시(阿含時), 방등시(方等時), 반야시(般若時), 법화열반시(法華涅槃時)의 다섯 시기로 나누었다.

한편 팔교(八教)는 오시(五時)의 설법 내용을 평면적(平面的)으로 분류(分類)하여 돈교(頓教)와 점교(漸教), 비밀교(祕密教), 부정교(不定教)를 화의적(化儀的) 사교라 하고 장교(藏教), 통교(通教), 별교(別教), 원교(圓教)를 화법적(化法的) 사교(四教)로 분류하는데 이를 도표로 표기하면 다음과 같다.

표3: 설법 시기와 교판(敎判)
지자대사적의 오시팔교(智者大師的五時八敎)

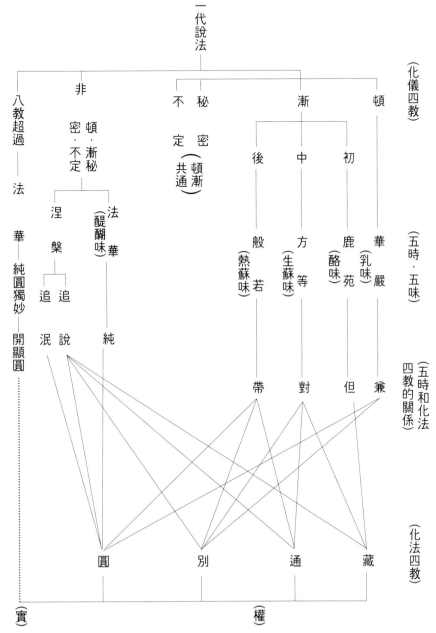

법화경은 비록 5시를 포함하고 있지만 이에 더하여 8교를 초월한 참으로 원융하고 독보적인 경전이다.
(法華經雖然包含在五時內,卻是超越八敎的純圓獨妙的經)

법화경 종요 서(法華經宗要序)

해동사문 원효 술(海東沙門元曉述)

原文

妙法蓮華經者 斯乃十方三世諸佛出世之大意
九道四生咸入一道之弘門也 文巧義深 無妙不
極 辭敷理泰 無法不宣 文辭巧敷 華而含實 義
理深泰 實而帶權 理深泰者 無二無別也 辭巧敷
者 開權示實也 開權者 開門外三車是權 中途寶
城是化 樹下成道 非始 林間滅度 非終 示質者
示四生並是吾子 二乘皆當作佛 塵數不足量共
命 劫火不能燒其土 是謂文辭之巧妙也 言無二
者 唯一大事 於佛知見 開示悟入 無上無異 令
知令證故 言無別者 三種平等 諸乘諸身 皆同一
揆 世間涅槃 永離二際故 是謂義理之深妙也 斯
則文理咸妙 無非玄則 離麤之軌 乃稱妙法 權華

開敷實果泰彰 無染之美 假喻蓮華 然妙法妙絕
何三何一 至人至冥 誰短誰長 兹處恍惚 入之不
易 諸子瀾漫 出之良難 於是 如來引之以權 羨
羊車於鹿苑 示有待之危身 駕白牛於鷲岳 顯無
限之長命 斯乃借一以破三 三除而一捨 假修以
斥短 短息而修亡 是法不可示 言辭相寂滅 儻然
靡據 蕭焉離寄 不知何以言之 強號妙法蓮花 是
以分坐令聞之者 尚受輪王釋梵之座 經耳一句
之人 並得無上菩提之記 況乎受持

　演說之福 豈可思議所量乎哉 擧是大意 以標
題目 故言妙法蓮華經也

해석

　묘법연화경은 시방삼세 모든 부처님께서 세간에 태어나
신 위대한 의의(意義)이며, 구도(九道)와 사생(四生) 모두가
하나의 진리로 함께 들어가는 큰뜻의 넓은 문(法門)이다.
　문구(文句)가 공교(工巧)하고 뜻이 심오(深奧)하여 정묘(精
妙)함이 극에 이르지 않음이 없고 논술(論述)하여 펼친 진리
가 위대하지 않음이 없으며, 진리를 선양(宣揚)함이 없지
않으면서도 문사(文辭)는 공교하게 부연(敷衍)하여 화려하
면서 진리를 함유(含有)하고 있으니 의리(義理)는 매우 위대

하여 진리는 방편(方便)을 모두 갖추었다.

의리가 심오하고 위대한 것은 일체(一體)가 차별상(差別相)이 없음이며, 문사가 공교하게 부연된 것은 방편과 진실상을 개시(開示)함이다. 방편을 개시한 것은 문 밖에 세 가지 마차가 있다는 것과 길을 가다 도중(途中)에 보성(寶城)으로 변화한 것과 보리수 아래에서 성도(成道)하신 게 근본이 아니고 사라쌍수의 숲에서 멸도(滅度)한 게 목적이 아니다.

진실상을 보인 것을 사생(四生)이 모두 내 아들이며, 이승(二乘) 모두가 성불한 것을 헤아려 함께한 생명들을 추량하기에 부족하며, 겁화(劫火)도 그런 국토를 태우지 못한다 하였으니 문사가 공교함을 말한 것이다.

일체(一體)라고 하는 것은, 유일(唯一)한 위대한 사업은 부처의 지견(知見)에서 개(開)·시(示)·오(悟)·입(入)하면 무상(無上)이니 무이(無異)임을 알게 하여 증득(證得)하게 하는 까닭이다.

차별이 없다는 것은, 삼종(三種 : 성문, 연각, 보살)이 평등하고 모든 승(乘 : 恾)과 모든 신들이 동일한 계책으로 세간에서 이제(二際)를 벗어나는 까닭이니 의리가 매우 신묘함이다. 이는 문리(文理) 모두가 정묘하여 현묘하지 않음이 없으니 거친 궤범(軌範)을 저버린 것이어서 묘법이라고 말하고, 방편의 꽃이 피고 진실한 열매가 크게 나타나도 물들지 않는 미덕(美德)은 연화(蓮華)를 빌어 비유하였다.

그러나 신묘한 법은 절묘(絶妙)한데 어떻게 셋이 하나가 되며, 지인(至人)은 지극히 아득한데 어떻게 장단(長短)이라 하는가?

이곳은 황홀하여 증입(證入)하기도 쉽지 않고 모든 사람들은 난만(爛漫)하여 뛰쳐나오기도 참으로 어렵다. 이에 여래께서는 방편법으로 인도하시고자 녹야원(鹿野苑)에서 양차(羊車)를 탐내는 무리들에게 닥칠 위기의 몸을 개시(開示)하여 영취산에서 백우(白牛)를 탄 끝이 없는 긴 생명을 나타냈으니, 이는 하나를 빌어 셋을 없앤 것이며, 셋이 없어지자 하나마저 저버렸으니 긴 것을 빌어 짧은 것을 배척(排斥)하여 수습(修習)함을 가차하여 짧은 수명이 없어지고 없어짐도 수습하는 것이니, 이 법은 현시(顯示)할 수가 없다.

언사(言辭)의 상(相)이 적멸(寂滅)하고 텅 빈 듯하여 근거할 수 없고 소연(蕭然)하여 의탁하는 마음마저도 저버렸으니 어떻게 말로 알 수 있단 말인가? 억지로 이름하여 묘법연화라 한 것이므로 자리가 분리(分離)되어 앉아 있어도 듣는 사람으로 하여금 전륜성왕(轉輪聖王)과 제석범왕(帝釋梵王)의 자리를 받아들이게 하며, 한 구절만 듣는 사람도 무상보리(無上菩提)의 수기(授記)를 함께 증득하게 하였다.

하물며 연설(演說)하는 복을 수지(受持)한다면 어찌 사의

(思議)할 수 있겠느냐? 이 위대한 의의(意義)를 제시(提示)하여 제목으로 삼는 까닭에 묘법연화경(妙法蓮華經)이라하였다.

묘법연화경 홍전 서(妙法蓮華經弘傳序)

당 종남산 석도선 술(唐終南山釋道宣述)

原文

妙法蓮華經者 統諸佛降靈[1]之本致[2]也 蘊結[3]大
夏[4] 出彼千齡 東傳震旦[5] 三百餘載 西晉惠帝 永
康[6]年中 長安靑門[7] 燉煌菩薩竺法護[8]者 初翻此
經 名正法華 東晉安帝隆安[9]年中 後秦弘始[10] 龜
玆沙門 鳩摩羅什[11]次翻此經 名妙法蓮華 隋氏
仁壽 大興善寺 北天竺 沙門闍那笈多後所翻者
同名妙法 三經重沓 文旨互陳 時所宗尚 皆弘秦
本 自餘支品別偈 不無其流 具如序曆 故所非述

夫以靈嶽降靈[12] 非大聖 無由開化 適化所及
非昔緣 無以導心 所以仙苑[13]告成 機分小大之
別[14] 金河顧命[15] 道殊半滿之科[16] 豈非敎被乘
時[17] 無足覼其高會[18] 是知五千退席 爲進增慢之

儔 五百授記 俱崇密化之跡 所以放光現瑞 開發
請之教源 出定揚德 暢佛慧之宏略 朽宅 通入大
之文軌[19] 化城 引昔緣之不墜[20] 繫珠 明理性之
常在[21] 鑿井 顯示悟之多方[22] 詞義宛然 喻陳惟
遠 自非大哀曠濟 拔滯溺之沈流 一極悲心 拯昏
迷之失性 自漢至唐六百餘載 總歷群籍四千餘
軸 受持盛者 無出此經 將非機教相扣 並智勝之
遺塵 聞而深敬 俱威王之餘勛 輒於經首 序而綜
之 庶得早淨六根 仰慈尊之嘉會 速成四德 趣樂
土之玄猷[23] 弘贊莫窮 永貽諸後 云爾

해석

묘법연화경(妙法蓮華經)은 모든 부처가 강신(降神)한 본래
취지(趣旨)를 종합(綜合)하였다. 천축(天竺)에서 결집(結集)한
지가 천년이 지났고 동쪽으로 중국에 전해진 것도 300여
년이다. 서진(西晉)의 혜제(惠帝)는 영강(永康)시대에 장안
청문사(青門寺) 돈황보살 천축국 법호가 이 경을 처음 번역
하여 이름이 정법화경이었다.

동진(東晉)의 안제(安帝) 융안(隆安)시대에 후진(後秦) 홍시
(弘始)시대에 구자국 사문 구마라즙이 다시 이 경을 번역하
여 묘법연화경(妙法蓮華經)이라고 하였다.

수(隋)나라 인수(仁壽)년에 대흥선사(大興善寺)에서 북천축국(北天竺國) 사문 사나급다(闍那笈多)가 번역한 게 묘법(妙法)과 같은 이름이었다.

세 가지 경이 거듭하여 늘어놓은 문장의 종지(宗旨)는 상호 진술(陳述)하였지만 당시에 종지(宗旨)로 숭상(崇尙)하는 바가 모두 홍진본(弘秦本) 만이 널리 읽혔다. 나머지 지품(支品)과 다른 게송은 그 원류(原流)가 없을 수 없으나 구체적으로 드러났으므로 기술(記述)하지 않았을 뿐이다.

대개 영악강령(靈嶽降靈)은 위대한 성인이 아니면 개도하여 교화할 수 없으므로 당연히 교화(敎化)에 미치면 옛 인연이 아니면 마음을 개도(開導)할 수가 없다. 그러므로 부처님이 녹야원에 계시면서 근기(根機)를 대소로 나누어 말하였으니 금하(金河)의 고명(顧命)은 반만(半滿)의 과정과 다르다고 말하니 어찌 그 믿음을 가르치지 않았을 때 만족하지 못한 그 높은 법회를 엄밀히 살펴야 한다.

이로써 5,000여 명이 자리에서 물러나고 증상만인(增上慢人)의 무리가 늘어나 500수기(授記)가 있어서 모두가 비밀리에 교화한 자취를 숭상(崇尙)하였다. 그러므로 방광(放光)이 상서로움을 드러내어 가르침의 근원을 청(請)함을 발원(發願)하였다.

선정(禪定)에서 나와 덕을 발양(發揚)하니 부처가 펼친 지혜가 널리 펼쳐졌다. 썩은 집은 위대한 문궤(文軌)로 통하여 들어오고 화성은 옛 인연에 끌려서 타락(墮落)하지 않았으며, 목에 건 구슬은 이성(理性)을 항상 간직하고 있음을 밝혔고 우물을 파는 것은 깨달음의 많은 방법을 현시(顯示)하였다.

말의 뜻이 분명하니 진술한 것을 깊이 생각하면 깨우친다. 처음부터 매우 애처로워 널리 구제하려 하지 않았지만, 누락되어 빠진 흐름에서 빼내고자 하여 하나의 지극한 비애심(悲哀心)으로 혼미(昏迷)하고 본성을 잃은 중생을 구제하고자 한다.

한(漢)나라로부터 당(唐)나라에 이르기까지 600여 년 모두 다하여 서적 4,000여 권을 수지(受持)하여 채우더라도 이 경을 넘어서지 못한다. 장차 근기가 되지 못하여도 가르침으로 서로 돈독(敦篤)하게 하고 아울러 지혜가 수승(殊勝)하여 번뇌를 떨쳐버리면서 듣고는 깊이 공경한다면 모두가 위왕(威王)의 공덕이 있을 것이다.

문득 경의 머리에서 사실을 기록하고 이를 종합(綜合)하였다. 모두들 일찍 육근(六根)을 청정하게 하고 자존(慈尊)의 가회(嘉會)를 존앙(尊仰)하면서 속히 네 가지 덕을 성취하고 극락 국토의 현묘(玄妙)한 진리로 추향(趨向)하시오. 널리 이끄는 게 곤궁하지 않으면서 영원히 모든 후예(後裔)들에게 끼치는 게 이래야만 한다.

1) 降靈: 강신(降神)과 같은 의미이다. 즉 '영혼이 드리운다.'의 의미이다. 도솔천에서 강신하여 세상에 태어남이다.

2) 本致: 본래 품고 있는 의도(意圖).

3) 蘊結: 온(蘊)은 적(積)이니 온결은 결집(結集)을 말한다.

4) 大夏: 천축국(天竺國)을 미화(美化)한 말이다.

5) 震旦: 중국을 말한다.

6) 西晉惠帝永康: 진시황(秦始皇)이 국호를 진(晉)으로 바꾸어서 서진(西晉)이 되었고 무제(武帝)의 둘째 아들이 혜제(惠帝)이며 국호가 영강(永康)이었다.

7) 長安青門: 장안성 동쪽에 청문(青門)이 있었다.

8) 竺法護: 담마라박(曇摩羅剎)을 말한다.

9) 東晉安帝隆安: 안제(安帝)의 연호(年號)가 융안(隆安)이다.

10) 後秦弘始: 후진의 연호가 홍치(弘治)이다.

11) 龜茲沙門鳩摩羅什: 구자국(龜茲國) 사문(沙門) 구마라습을 말하며 구마라습은 번역하면 동수(童壽)이다.

12) 靈嶽降靈: 유악강령(維嶽降靈)과 같은 의미이다.

13) 仙苑: 석가모니 부처가 계신 곳을 말한다.

14) 機分小大之別: 기(機)는 근기의 이둔(利鈍)을 말하고 소대(小大)는 소승과 대승을 말한다.

15) 金河顧命: 히자나벌저강이 금하(金河)이고 그 강가에 바라숲에 구시라성이 있다. 고명(顧命)은 임종할 때 명령을 내리는 것을 말하는 것이다.

16) 道殊半滿之科: 근기에 따라 가르침을 내리는 것이다.

17) 乘時: 장교(藏教)와 통교(通教), 별교(別教)와 원교(圓教)를 말한다.

18) 無足覈其高會: 고회(高會)는 법화경 법회를 말한다. 핵(覈)은 엄격히 조사하는 것을 말한다. 즉 방편의 가르침을 벗어난 실교(實教)를 말함이다.

19) 大之文軌: 대승의 가르침을 말한다.

20) 化城引昔緣之不墜: 화성품(化城品)에 나오는 비유.

21) 繫珠明理性之常在: 오백제자수기품에 나오는 비유.

22) 鑿井顯示悟之多方: 법사품에서 비유 하신 말.

23) 玄猷: 유(猷)는 도(道)이다.

묘법연화경 별찬 서(妙法蓮華經別讚序)

청한자 설잠 찬(淸寒子雪岑撰)

原文

　昔天台智者大師 居修禪寺 作蓮經玄義文句
以示後之學士 高麗沙門諦觀 錄四敎[1] 並行於
世 學士講此經者 別立宗趣 以天台名焉 屬於
禪 而近代講者 好尚此經 欲究宗旨 但向敎中
句數 諍論 不向禪家勘辨 只認白毫相光 照於
東方 不知這個光明 亘徹古今 全沒巴鼻[2] 豈不
見道 數聲長笛 離亭晚 君向瀟湘[3]我向秦 因覽
是經 眼辨目覩 悠然[4]有禪家之趣 仍著短偈 幷
敍其奇蹟 渺然[5]五百世之下 黼黻[6]法音 笙鏞[7]
化儀者 自慶也 嗚呼 法不在言詮之上 言不在
臍嚮[8]之間 直須言法雙忘 可論妙法的的[9]大意
若乃循行[10]數墨 泥於句數 轉益知見 宗眼 不

明 非是究竟法故 香嚴[11]云 書中 語多虛 虛中
帶有無 却向書前會 放却意中珠 伊麼則 佛祖
公案 正如老婆拈黃葉 喚作金錢 啼止兒[12] 神
全 不是金錢 而這寶 在毘盧篋中 用則有分 取
則不可 如按胡蘆[13] 如弄明珠 直是按捺不得
雖然一向如是 潼關[14]路斷 極目[15]荊榛[16] 無人
覰著 山僧略轉一語 遙向白雲 笑指猿啼 他日
慣識峯 頂拍掌應笑矣

해석

예전에 천태지자대사(天台智者大師)는 수선사에 머물면서
묘법연화경의 현의(玄義)와 문구(文句)를 지어서 후대 학자
들에게 가르쳤으며, 고려(高麗) 사문(沙門) 제관(諦觀)은 사
교의(四敎儀)를 기록하여 함께 세상에 전해지고 있다.

학사들이 이 경을 강의하는데 따로 종취(宗趣)를 세워서
천태(天台)라고 말하며 선종(禪宗)에 속한다. 근대에 강의하
는 사람들도 더욱 이 경전을 좋아하고 종지(宗旨)를 궁구(窮
究)하고자 하는 사람들은 다만 교중(敎中)에서 자구(字句)를
헤아려 쟁론(諍論)하면서 선가(禪家)의 전통과 흐름을 따르
지 않고 있다. 다만 백호상(白毫相)의 광명(光明)이 동쪽을
비추는 것만 인식하고 어떤 광명(光明)인지를 알지 못하면

서 두루 고금(古今)을 통하여 모두 파악(把握)하여 수지하지 않고 어찌 성불할 수 있겠느냐?

종종 장적 소리는 끝내 정자를 벗어나는데 그대는 소상(瀟湘)을 향하고 나는 진(秦)나라로 가서 이 경전을 열람하므로 인하여 눈으로 판별(判別)하고 눈으로 보고 선가(禪家)의 종취를 생각하며, 간단한 게송에 염착하면서 아울러 기적(奇蹟)을 서술하였다.

묘연(渺然 : 끝 없이 멀고 넓은 모양)함이 500년을 내려오면서 훌륭한 문장과 법음이 생용(笙鏞 : 동쪽에 설치하는 생황과 서쪽에 설치하는 큰 종)으로 변화한 풍속은 스스로 축하한다.

오호(鳴呼)라! 불법(佛法)은 말로 설명하는데 있지 않고 말은 제향(臍嚮 : 단전) 사이에 있는 것도 아니며, 바로 언어와 법을 모두 잊어야만 미묘한 법의 명확한 대의(大意)를 논할 수 있다. 만약 이치를 이리저리 따라서 구절 이치에 빠지면 지견(知見)에는 도움이 되지만, 종안(宗眼)이 분명하지 않으면 구경법(究竟法)이 아니다.

그러므로 향엄선사(香嚴禪師)가 말하기를 "책속에 많은 말은 헛것이며 헛것에서 유무(有無)에 얽매이는데, 책 앞에 회합(會合)하려는 것을 그치고 놓아버리는 뜻에 보배가 있다."고 하였다.

이 무엇인가. 부처와 조사(祖師)의 공안(公案)이며, 바로 노파(老婆)가 낙엽을 들고는 돈이라고 말하자 어린 아이는 울음을 그친 것과 같다. 말로 설명하는 것은 금전(金錢)이 아니고 보배는 비로자나불의 상자에 있음이다.

작용에는 구분이 있으나 취득하는 것은 옳지 못하니 중의 머리를 쓰다듬는 것과 같고 명주(明珠)를 희롱하는 것과 같아 바로 힘쓰면서 증득하지 못하더라도 하나같이 여시(如是)함을 취향(趣向)하여라.

동관(潼關)으로 가는 길이 끊어졌으니 온통 보이는 것은 야생의 잡목들뿐이고 사람들도 보이지 않네.

산승(山僧)이 간략하게 한 마디 하겠노라.

"멀리 백운(白雲)을 향하여 미소지으며
원숭이가 우는 것을 가리키지만
어느 날 산봉우리에 오르면
익숙하게 알게 되리라."

손바닥을 치며 미소를 짓다.

1) 高麗沙門諦觀錄四教: 고려시대 때 승려로 생졸(生卒)이 확실하지 않다. 저서(著書)로 천태사교의(天台四教儀)가 있다.

2) 沒巴鼻: 선어(禪語)로 파악(把握)하여 수지(受持)할 수 없다는 뜻이다.

3) 瀟湘: 소수(瀟水)와 상수(湘水). 호남성의 범칭.

4) 悠然: 한적한 모양. 시름에 잠긴 모양.

5) 渺然: 끝없이 넓은 모양. 작은 모양. 멀어지거나 오래되어 형체가 사라져 버림.

6) 黼黻: 화려하게 꾸민 문장(文章). 문사(文辭)를 수식함.

7) 笙鏞: 동쪽에 설치하는 생황(笙簧)과 서쪽에 설치하는 큰 종.

8) 臍䐏: 단전(丹田)을 말하며 여기서는 참선하는 모습을 말한다.

9) 的的: 명확한 모양. 선명한 모양

10) 循行: 여러 곳으로 돌아다님.

11) 香嚴(?~ 898): 당나라 때 선사(禪師)로 백장(百丈) 회해(懷海) 선사에게 출가하였으나 후에 위산(潙山) 영우(靈祐) 선사에게서 배우다가 우연히 산중에서 풀을 베다가 기와가 대나무에 부딪혀서 소리가 나는 것으로 깨달았다.

12) 正如老婆拈黃葉 喚作金錢啼止兒: 노파가 낙엽을 들고 돈이라고 하자 어린아이가 울음을 그쳤다.

13) 葫蘆: '호로두'의 준말로 뜻은 호리병과 같은 까까머리, 승려의 머리를 말한다.

14) 潼關: 섬서성(陝西省)에 있는 관(關) 이름.

15) 極目: 시야에 가득 참.

16) 荊榛: 야생의 잡목이 우거진 숲을 말한다.

묘법연화경 별찬(妙法蓮華經別讚)

매월당 김시습 찬(梅月堂金時習撰)

將讚此經 先擧揚宗乘[1] 示衆云 昔靈山老 親宣
是法 山僧不可向土上加泥 雖然年年是好年 日
日是好日 時淸物泰 野老謳歌[2] 風景蒼然[3] 非古
非今 色空融合 無正無邪 江山遠檻 宛如水墨屏
風 松栢凌空 恰似神仙洞府 無邊義海 咸歸顧
眄[4]之中 萬像形容 盡入照臨之內 一道神光 更
無遮障 盍爲諸人 流通此法 嗚呼 境則然矣 人
向什麽處觀 觀向什麽處話 直是好語[5]難圓 又況
黃面老爺[6]云 自從鹿野苑終至金河[7] 於是二中
間 未曾說一字 飮光[8]上足 於末後拈花會上 只
破顔微笑而已 又梁普通年間[9] 二十八代孫菩提
達磨 密傳心印 碧眼西來 對帝曰不識 帝乃不契

遂渡江至魏 冷坐小林 黙黙全提[10] 得髓神光[11]
立雪求安 便卽答云 了不可得 宛如秋淸[12] 河淡
月白霜寒 了無一點些子商量 且道 如何甄別[13]
且聽古人語 流水盡從東海去 白雲長向嶽前來
築着礚著[14] 無處不通 現前知見 情與無情 皆說
妙法 亦能聽法 森羅萬象 海印交參[15] 非但我今
獨布言詮 刹塵說恒說常說 何時是了 又能說者
不從外入 不從中出 不是咽喉裏出來 不是意識
邊做着 非古然也 非今然也 能聽亦爾 天然之法
自然如是 囊裏錐鉈[16] 欲隱彌露 不妨重說 褒
揚[17]佛化 頌曰

如是妙法已曾宣　未降王宮明歷歷
阿難結集强安名　鳩摩羅什漫飜譯
我今讚唄令樂聞　任你諸人能聽法
佛法只在堪保任　直下承當莫生惑

해석

이 경전을 기리는데 있어서 먼저 종승(宗乘)을 거양(擧揚)
하고자 한다.

시중(示衆)하여 말하기를 "옛날 영산(靈山)에 있던 노인(석가모니)께서 몸소 이 불법(佛法)을 선양(宣揚)하였으니 산승 (山僧)은 그 기반 위에 진흙을 더할 수가 없다. 그러나 해마 다 진리이면 좋은 해이고 나날이 진리라면 더욱 좋다. 시절 이 청량(淸凉)하니 만물도 태평(泰平)하고 들에 늙은이는 노 래하고 풍경(風景)은 창연(蒼然)할 뿐이다. 고금(古今)이 없고 색(色)과 공(空)이 융합(融合)하여 정사(正邪)라고 할 것도 없 으며, 강산이 둘러싸고 있으니 완연(宛然)히 수묵(水墨)으로 된 병풍(屛風)과 같구나. 송백(松栢)은 허공으로 치솟았음이 흡사 신선이 사는 골짜기 마을이고 무변(無邊)한 의해(義海) 는 좌우로 살피는 속으로 모두 돌아와 만상(萬像)을 형용(形 容)하며, 모두가 안을 비추는 데로 증입(證入)하였다.

　하나인 진리의 신광(神光)이 다시 걸림없이 모든 사람들 을 감싸 안으려고 이 법을 유통(流通)하였다.”

　오호(嗚呼)라! 경계가 그렇다면 사람들은 어떤 곳을 취향 (趣向)하여 살펴야 하며 어떤 말을 살펴야 하는가? 바로 호 언(好言)은 원융(圓融)하기 어렵다. 또 하물며 황면노야(黃面 老爺 : 석가모니)가 말하기를 “녹야원으로부터 사라쌍수에 이르기까지 이 중간에서 일찍이 한 글자도 말하지 않았 다.”고 말하였는데, 가섭 제자가 끝에가서 꽃을 든 법회에 서 파안(破顔) 미소(微笑)지었다.

　또 양(梁)나라 보통년(普通年) 간에 28대손 보리달마가 비밀히 심인(心印)을 전하려고 벽안(碧眼)이 서쪽에서 오자, 황제가 대답하기를 "알지 못하겠다."고 하니 제왕(帝王)이 계합(契合)하지 못하자 드디어 강을 건너 위(魏)나라로 가서 소림사에 홀로 앉아 묵연(默然)하며 온전하게 드러내었다.

골수(骨髓)를 획득한 신광(神光)이 눈구덩이에 서서 편안함을 구하자, 바로 대답하여 말하기를 "끝내 증득할 수 없다."고 하였으니 완연(宛然)히 가을 정취에 강물은 담담(淡淡)할 뿐이고 달은 밝고 서리는 찬데 끝내 하나도 상량(商量)할 게 없었다.

또 어떻게 감별(鑑別)하여 말하고 또 고인의 말을 들어야 하는가? 유수(流水)는 끝까지 흘러 동쪽으로 가고 백운은 산악(山嶽)을 지나가고 있다. 축착개착(築着磕著)하면 통하지 않는 곳이 없으니 현전(現前)한 지견(知見)과 유정(有情)과 무정(無情)이 모두 미묘한 법을 말하고 있으며, 또한 법을 듣는다면 삼라만상이 해인(海印)에서 교참(交參)한다. 다만 내가 이제 혼잣말로 설명하는 게 아니고 모든 세간에서 항상 말하는 것인데, 어느 때에 깨달을 것인가?

또 말할 수 있는 것은 밖에서 들어오는 것도 아니고 중간에서 나오는 것도 아니며, 인후(咽喉)에서 나오는 것도 아니고 의식(意識)의 주변에서 염착(染著)하는 것도 아니며, 예전에도 그렇지 않았고 지금도 그렇지 않으니 듣는 게 역시 이런 것이다. 천연(天然)스러운 불법은 이처럼 자연스럽다.

낭리추망(囊裏錐鋩)이 오래 감추어져 있다가 드러났으니

거듭 말하기를 꺼리다가 부처님의 교화를 찬양(讚揚)하는 바이다.

게송으로 말하기를

> 이와 같은 미묘한 법을 이미 일찍이 선양하였으니
> 왕궁(王宮)에 태어나지 않았어도
> 분명(分明)하고 역력(歷歷)하였다네.
> 아난(阿難)이 결집(結集)하여
> 뚜렷히 경전 이름을 정하였으며,
> 구마라습은 뜻에 따라 번역(飜譯)하였다.
> 내가 이제 불경을 찬탄하며 즐겨 듣게 하고는
> 모든 사람들에게 불법(佛法)을
> 들을 수 있게 하려는데
> 불법은 다만 보임(保任)을 감당하는데 있으니
> 바로 알아듣고는 의혹(疑惑)을 일으키지 말라.

차거칠축대의(次擧七軸大意)

原文

只這蓮經七軸[18] 人人本有 不可名言 縱橫强說
但以衆生垢重 不知世諦是實相 麤法是妙法 安
處火宅 坐待煎熬[19] 故釋迦老子 初成正覺 在寂
滅場中 現舍那身[20] 服珍御服 與法身大士 根熟
八部[21] 以法界爲體 虛空爲用 說華嚴頓敎 其說
離相寂然 衆德悉備 一麤一妙 圓別同時 所謂刹
說塵說 佛說菩薩說 三世一時說是也 然此頓敎
宣於地上菩薩 及宿世上根 不宣於二乘 爾時如
來 脫舍那服 現劣應身 示從兜率 降胎摩耶 住
胎出胎 納妃[22]生子 出家苦行 見星悟道 六年出
山 坐木樹下 以草爲座 說漸敎法門 初爲五人
說諦緣法[23] 以明修斷之相 次說方等 彈偏折小
歎大褒圓 半滿俱說[24] 漸令純熟 次說般若 談諸
法空 融三汰諸 轉敎付財 俾克家業 衆志貞實[25]
方說此大乘圓敎 其說開權顯實[26] 會三歸一[27] 暢
寂場之本懷 開靈山之勝會 圓昔頓漸之義 融今
法喩之說 空假雙彰 始終一貫 諦緣度等 莫不同
攝 法會之初 文殊居先 所以彰實智也 方便之始

鶩子²⁸⁾在首 所以標權智也 火宅窮子 藥草授記
對中根也 化城授記 與學無學 對下根也 法師之
說 廣記也 寶塔之瑞 圓證也 達多授記 龍女成
佛 現此法之妙利也 菩薩忍持 聲聞廣被 顯此法
之弘化也 至若安樂之正行 菩薩之湧出 如來之
壽量 持此法也 分別隨喜 法師不輕 喻持法之利
益也 如來神力 如來流通之始也 藥王本事 菩薩
流通之始也 至於神力發起 言法囑累 然身苦行
三昧妙行 觀音圓行 乃至神力弘護 愛緣轉邪 其
事雖殊 流通則一也 常行一段²⁹⁾ 始終之義也 七
軸蓮經 智行之說也 一光東照 全彰智境 四法成
就行門悉備 初說三周明體³⁰⁾也 終顯六行³¹⁾明用
也 許多提唱 無非智行 智能證覺 行能成德 智
行兩全 乃得其妙 故標其題曰 妙法蓮華經 略釋
題意則 眞性湛然³²⁾ 逈絕言辭 謂之妙 實相通該
昭然³³⁾顯着 謂之法 花果同時 處染常淨 謂之蓮
虛而甚眞 萬行圓備 謂之華 開佛知見 普嶺悟入
謂之經 而其一部大藏 則皆以一大事因緣出世
純以一佛乘 開示其實 偈有曰 無理亦無三則教
一也 正直捨方便則行一也 但爲菩薩乘則一也
世間相常住則理一也 其時則日午也 其味則醍

醍也 性相兼該 體用雙彰 迷悟雙泯 種果圓成
此如獅子窟中 盡成金毛³⁴⁾ 旃檀林下 純是眞香
嗔喜偏圓 俱獲白牛之車 見聞隨喜 盡授靑蓮之
記 一事一相 無非妙法 一讚一揚 皆是妙心 推
而擧之 擴而充之 則山河大地 明暗色空 皆顯妙
體 生死涅槃 菩提煩惱 皆是妙用 一一圓融
一一周徧 無取無捨 無欠無餘 風颯颯³⁵⁾月團團³⁶⁾
燈明常顯於目前 鳥關關³⁷⁾花蔟蔟³⁸⁾ 普賢常行於
法界 卽法明心 燈籠鼓舞卽鱸顯妙 靈柱懷胎 諸
佛之能事畢矣 衆生之筌筏³⁹⁾ 大矣 莫有伶俐⁴⁰⁾漢
不惜身命 荷擔⁴¹⁾靈峰 奉宣流通者麼 不妨出來
將與汝隨喜了也 雖然如是 妙法不可以言辭稱
蓮華不可以眞假喩 將什麼隨喜 咄 將大乘妙法
蓮華經七字隨喜 讚曰

一光東照 全彰法體 一雨普滋 應化群機 保任
此事 終不虛也 誠諦之語 無有錯也 如智醫之留
藥 若輪王之與珠 直得雨霽雲收 空澄海潤 快覩
靈山玉毫⁴²⁾ 掀飜多寶妙塔 正當伊麼時 且道 一
光在甚處 千江有水千江月 萬里無雲萬里天

頌曰

雲起千山曉　風高萬木秋
石頭城下泊　浪打釣魚舟

해석

　묘법연화경(妙法蓮華經)에는 일곱 권이 있으니 사람마다 본래 있는 것을 이루 다 말할 수가 없어서 종횡(縱橫)으로 억지로 말할 뿐이며, 다만 중생이 번뇌에 싸인 세제(世諦)가 실상(實相)인 줄 알지 못하고 추법(麤法)이 묘법(妙法)인지 모르고 있으면서 화택(火宅)에 앉아 있으면서 애태우고 있다. 그러므로 석가모니 부처는 처음에 정각(正覺)을 성취(成就)하고 적멸장(寂滅場)에 있으면서 응신(應身)인 사나신(舍那身)을 드러내어 진귀(珍貴)한 임금의 복장을 입고 법신대사(法身大士)와 함께 근기(根機)가 팔부대중(八部大衆)들을 순숙(純熟)하게 하고 법계(法界)를 본체로 하고 허공으로 작용하면서 화엄돈교(華嚴頓敎)를 설법하였으니, 그 설법은 상(相)을 저버린 적연(寂然)으로 모든 덕을 구비(具備)하고 한편으로는 추(麤)하고 한편으로는 미묘(微妙)하며 원교(圓敎)와 별교(別敎)가 동시(同時)였다. 말하자면 찰설(刹說)이고 진설(塵說)이며, 부처님의 말씀이고 보살의 말씀이었으며, 삼세(三世)를 일시(一時)라고 말하였다.

그리고 이 돈교(頓敎)는 지상보살(地上菩薩)과 숙세(宿世)의 상근기(上根機)에게 선양(宣揚)하였지 이승(二乘)에게는 선양하지 않았다. 이때에 여래는 사나(舍那)의 옷을 벗어버리고 열등(劣等)한 응신으로 나타나 도솔천(兜率天)으로부터 마야부인(摩耶夫人)에게 잉태(孕胎)하여 있다가 태어났고 장가가서 자식을 낳고 출가 고행하여 별을 보고 진리를 깨달았다. 6년 후에 산을 나와서 나무 아래 앉아서 풀을 앉을 자리로 하고 점교(漸敎)의 법문을 설명하였다.

처음에는 다섯 비구(比丘)를 위하여 사제법(四諦法)과 12연기법(緣起法)을 설명하여 단견(斷見)의 상(相)을 밝혀서 수습하게 하였으며, 다음으로 방등부(方等部) 경전을 설법하여 편교(偏敎)를 물리치고 소승(小乘)을 자르고는 대승(大乘)을 찬탄하고 원교(圓敎)를 기려 반만구설(半滿俱說) 하였다가 점점 순숙(純熟)하게 하였다.

다음으로 반야부(般若部)를 설법하여 모든 법이 공(空)함을 담론(談論)하고 삼승(三乘)을 원융(圓融)하게 하고는 모든 것을 도태(淘汰)시키고 가르침을 전변(轉變)하려고 재물을 주어서 가업(家業)을 따라 이어가게하니 모든 의지가 진실하였다. 비로서 이 대승원교(大乘圓敎)를 설명하였는데 개권현실(開權顯實)을 설명하여 회삼귀일(會三歸一)하게 하고는 적멸장(寂滅場)인 본래 마음을 진술하였다.

영산(靈山)의 수승(殊勝)한 법회를 말하고 옛날의 돈교(頓教)와 점교(漸教)의 뜻을 원융(圓融)하게 하였으며, 이제 불법을 비유(譬喩)로 설법하여 융화(融和)하고 공관(空觀)과 가관(假觀)이 함께 밝히면서 시종일관(始終一貫)하여 사제(四諦)와 인연법(因緣法)과 육도(六度) 등을 동섭(同攝)하지 않음이 없다.

법회 초기에는 문수보살(文殊菩薩)이 우선하였는데 진실한 지혜를 밝힌 방편품(方便品)의 처음에는 사리불이 우두머리가 된 것은 권지(權智)를 표방(標榜)한 것이다. 화택(火宅)과 궁자(窮子)는 약초유품(藥草喩品)과 수기품(授記品)으로 중근기(中根機)를 상대(相對)함이며, 화성유품(化城喩品)과 오백제자수기품(五百弟子授記品)은 학·무학(學無學)과 함께 하근기(下根機)를 상대하였다. 법사품(法師品)은 널리 수기(授記)함이며, 견보탑품(見寶塔品)의 상서(祥瑞)로움은 원융(圓融)한 증거이며, 제바달다(提婆達多)의 수기(授記)와 용녀(龍女)가 성불할 것은 이 법의 미묘한 가치를 드러낸 것이다. 보살이 참고 수지(受持)하면 성문(聲聞)에게도 널리 미치게 되어 이 법이 널리 교화(教化)함을 드러내었으며, 안락행품(安樂行品)의 정행(正行)과 보살의 종지용출품(從地踊出品)과 여래수량품(如來壽量品)에 이르기까지는 이 법을 수지(受持)함이며, 분별공덕품(分別功德品)과 수희공덕품(隨喜功德品), 법사품(法師品)과 상불경보살품(常不輕菩薩品)은 법을 수지한 이익을 비유로 말한 것이다. 여래신력품(如來神力品)은 여래가 유통(流通)하는 시초(始初)이며 약왕보살본사품(藥王菩薩本事品)은 보살이 유통하는 시초이다.

신력(神力)이 발기(發起)함에 이르면 법을 촉루(囑累)한다고 말하였으며, 그리고 몸소 고행(苦行)하는 것이 삼매의 묘행(妙行)이고 관음(觀音)의 원행(圓行)이며, 신력이 널리 수호(守護)하는데 이르면 애착(愛着)하는 인연으로 사사로움을 전변(轉變)하니 그 사실이 비록 달라도 유통은 한결같음이다. 항상 수행하는 일단(一段)은 시종(始終)의 의의이다. 칠권의 묘법연화경은 지행(智行)의 설법(說法)이다.

하나의 광명(光明)이 동쪽을 비추니 지혜(智慧)의 경계로 온전히 드러났다. 사법이 성취되어 행문이 모두 갖추어 졌다. 처음 삼주설법으로 본체를 밝혔고 끝에는 육도를 드러내 효용을 밝혔다. 허다한 제창이 지행(知行)아님이 없고, 지혜는 깨달음을 증득(證得)할 수 있고 수행(修行)은 덕을 성취할 수 있으니 지행이 모두 온전하면 바로 미묘(微妙)함을 증득(證得)함이다. 그러므로 그 제목을 표방(標榜)하여 말하기를 〈묘법연화경〉이라 한다.

간략(簡略)하게 제목의 의미를 해석하면 의미(意味)는 진성(眞性)이 담연(湛然)하여 언사(言辭)를 멀리 저버렸으니 미묘(微妙)함이며, 실상(實相)을 통달하여 갖추고 소연(昭然)하면서도 현저(顯著)하니 법(法)이며, 꽃과 열매가 동시(同時)이며, 오염된 물에 있으면서도 항상 청정(淸淨)하니 연꽃이며, 허망(虛妄)하면서도 매우 참되고 만행(萬行)이 원만하게 구비되어 있으니 꽃이며, 부처님의 지견(知見)을 개시(開示)하여 골고루 오입(悟入)하게 하니 경(經)이다. 이 한 권의 위대한 경장(經藏)은 모두가 일대사인연(一大事因緣)으로 출세(出世)하여 일불승(一佛乘)으로 순숙(純熟)하여 그 보배를 개시(開示)한다.

게송에 말하기를,

"이치가 없고 또한 삼승(三乘)이 없으니
　가르침이 한결같음이며,
　바로 방편(方便)을 버리고 수행함이 한결같음이며,
　다만 보살승(菩薩乘)이 한결같음이며,
　세간에 항상 머물고 있으니 진리는 하나이다."

그때는 바로 해가 중천에 떠있을 때이고 그 맛은 제호(醍醐)이다. 성(性)과 상(相)이 함께 갖추어졌고 체(體)와 용(用)

이 모두 드러났으며, 미혹(迷惑)과 깨달음이 모두 민절(泯絕)하였고 씨앗과 열매가 원성(圓成)한 것이 사자굴에서 모두가 금모(金毛)를 이루었음과 같다.

전단향(旃檀香) 나무 숲 아래에서 순수하고 참다운 향, 성냄과 기쁨, 치우침과 원만(圓滿)함, 모두 백우(白牛)의 거(車)를 획득하고 견문(見聞)하고 수희(隨喜)하니 모두가 청련(靑蓮)의 수기를 받았다. 하나하나의 사상(事相)이 미묘한 법이 아님이 없고 하나하나의 찬양(讚揚)이 모두가 미묘한 마음이며, 받들어 거양(擧揚)하고 확충(擴充)하니 산하대지의 명암(明暗)과 색공(色空)이 모두가 미묘한 본체를 드러낸다. 생사(生死)와 열반(涅槃), 보리(菩提)와 번뇌(煩惱), 모두가 신묘한 작용이며, 하나하나가 원융(圓融)하고 하나하나가 주변(周徧)하여 취사(取捨)할 것도 없고 모자라고 남을 것도 없다. 바람은 세차게 불고 달은 둥글었고 등불이 밝아 항상 눈앞에 나타났으며, 새는 사이좋게 지저귀고 꽃은 만발하였다.

보현보살(普賢菩薩)은 항상 법계(法界)에서 수습하는 게 불법의 밝은 마음이고 등롱(燈籠)과 고무(鼓舞)는 성기면서도 미묘함을 드러내고 영주(靈柱)는 회태(懷胎)하여 모든 부처님의 할 일을 마쳤다. 중생의 통발과 뗏목의 크기는 영리(伶俐)한 사람에게만 있는 게 아니고 신명(身命)을 아끼지 않고 영봉(靈峯)을 어깨에 짊어지고 받들고 선양(宣揚)하며 유통(流通)하는 바이다.

출래(出來)하는 것을 방해하지 말고 그대가 함께 수희하여 마쳐야 한다. 비록 이와 같다고 하여도 미묘한 법은 말로 다할 수가 없고 연화(蓮華)는 진리를 가차(假借)한 비유라 할 수도 없으니 장차 무엇을 수희할 것이냐?

어이!

앞으로 '대승묘법연화경' 일곱 글자를 수희하여야 한다.

기리며 말하기를,

"한 줄기 광명이 동쪽을 비추자
온전히 드러나는 법체(法體),
한 줄기 비가 고르게 내려
중생들을 응화(應化)하는구나.
이 일을 보임(保任)한다면
끝내 허망하지 않을 것이며,
이 진실한 진리의 말씀은 착오가 있을 수가 없다.
슬기로운 의사의 약을 기다리는 것은
전륜성왕(轉輪聖王)이 구슬을 주는 것과 같아
바로 비가 개면 구름이 걷히고
허공(虛空)은 맑고 바다는 넓으니

영산(靈山)의 옥호(玉毫)를 흔쾌(欣快)히 보고
다보(多寶)의 신묘한 탑도 들어 올려 뒤집는다.
정당(正當)한 것은 어느 때인가
말하여라!
하나의 광명은 어디에 있느냐!
모든 강에 물이 있어 달이 비추고
만리(萬里)에 구름이 없으니
만리가 푸른 하늘일 뿐이다.”

게송으로 말하기를,
　“구름이 일자 모든 산이 밝았고
　　바람이 높이 일자 모든 나무가 가을이라네.
　　석두성(石頭城) 아래에서 자고
　　물결치니 낚시 줄 드리운다.”

1) 宗乘: 각 종파에서 홍보(弘報)하는 종의(宗義)를 말한다.

2) 謳歌: 노래함. 노래, 낭송 따위로 칭송함. 찬양하는 노래.

3) 蒼然: 빛깔이 푸른 모양.

4) 顧眄: 고개를 돌려 봄. 또는 곁눈질함. 좌고우면(左顧右眄)의 준말이다.

5) 好語: 호언(好言).

6) 黃面老爺: 석가모니를 말한다.

7) 金河: 부처가 열반하신 사라쌍수를 말한다.

8) 飮光: 가섭을 말한다.

9) 梁普通年間: 520~526년 사이를 말한다.

10) 全提: 전체를 제시(提示)한 것을 말한다.

11) 神光: 2조 혜가대사(慧可大師)를 말한다.

12) 秋淸: 가을의 정취(情趣)를 말한다.

13) 甄別: 감별하다, 구별하다.

14) 築着磕著: 치기도 하고 두드리기도 하면서 마음대로 가지고 놀다.

15) 交參: 서로 엇갈림.

16) 囊裏錐鋌: 주머니 안에 있는 송곳으로 재능이 있는 사람이 끝내 두각을 드러낸다는 말이다.

17) 褒揚: 표창하여 찬양함.

18) 軸: 축(軏)과 동일함. 중심 되는 것으로 권의 의미.

19) 煎熬: 애태우는 모양. 물기가 없이 바싹 졸임.

20) 舍那身: 응신불(應身佛)의 하나이다.

21) 八部: 불법을 수호하는 모든 신(神)들을 말한다. 천룡(天龍), 야차(夜叉), 건달바(乾達婆), 아수라(阿修羅), 가루라(迦樓羅), 긴나라(緊那羅), 비인(非人), 마후라가(摩睺羅伽).

22) 納妃: 장가감.

23) 諦緣法: 사제법(四諦法)과 인연법(因緣法)을 말한다.

24) 半滿俱說: '반(半)'은 세간사이고 '만(滿)'은 출세간사이다. 또 '반(半)'은 소승(小乘), 성문(聲聞)의 구부경(九部經)이고 '만(滿)'은 대승(大乘)으로 방등부(方等部) 경전을 말한다.

25) 貞實: 진실함. 충성스럽고 성실함.

26) 開權顯實: 삼승(三乘)의 권교(權敎) 방편(方便)을 열어서 일승(一乘)의 진리(眞理) 본체를 현시(現示)하는 것이다.

27) 會三歸一: 회삼입일(會三入一)이라고도 하며, 삼승(三乘)의 방편(方便)을 개시(開示)하여 일승(一乘)인 진리(眞理)에 증입(證入)하게 하는 것을 말한다.

28) 鷲子: 사리불을 말한다.

29) 一段: 문장이나 이야기 따위의 한 토막.

30) 三周明體: 삼주설법(三周說法)에 의하여 본체(本體)를 밝힌 것을 말한다. 법화경에서 적문(迹門) 정종분(正宗分)에서 개권현실(開權顯實)의 설명에서 세워진 명목(名目)이다. 또한 부처가 성문(聲聞)에게 일승(一乘)인 실상의 진리에 증입(證入)하게 하려고 상중하(上中下)의 근기를 성립하여 반복적으로 설법한 것이 삼주(三周)이며 이를 말하여 삼주설법이라고 한다.

31) 六行: 깨달음에 이르는 여섯 가지 수행으로 육도(六度)의 수행(修行)이다. 십신행(十信行), 십주행(十住行), 십행행(十行行), 십회향행(十廻向行), 십지행(十地行), 등각행(等覺行)을 말한다.

32) 湛然: 투명한 모양. 편안한 모양. 담박함 또는 고요함.

33) 昭然: 분명한 모양. 명백한 모양.

34) 金毛: 문수보살이 타고 다닌다는 금빛 털의 사자.

35) 颯颯: 소리를 형용하는 말이다. 노쇠(老衰)한 모양. 빠른 모양.

36) 團團: 둥근 모양. 둥근 달. 한데 모여 있는 모양.

37) 關關: 새가 사이좋게 지저귀는 소리.

38) 蔟蔟: 무리를 이루어 핀 모양.

39) 筌筏: 통발과 뗏목을 말한다.

40) 伶俐: 똑똑하고 민첩함.

41) 荷擔: 어깨에 멤, 또는 어깨에 메고 등에 짊어짐.

42) 玉毫: 부처님의 미간에 있는 흰 털. 백호(白毫)라고도 한다.

묘법연화경 제1권(妙法蓮華經 第一卷)

후진 구자국 삼장법사 구마라습 봉조 역(後秦龜茲國三藏法師鳩摩羅什奉詔譯)

묘법연화경 해(妙法蓮華經解)

서품 제일(序品第一)

방편품 제이(方便品第二)

묘법연화경 해(妙法蓮華經解)

온릉 개원련사 비구 계환 해(溫陵開元蓮寺比丘戒環解)

1: 通釋經題(경 제목을 꿰뚫어 해석한다)

原文

實相妙法巧喩蓮華 內則直指乎一心 外則該通
乎萬境 方華卽果處染常淨 此華之實相也 生佛
本有淪變[1]靡殊 此心地實相也 其狀虛假其精甚
眞 此境之實相也 心境萬類通謂之法 精粗[2]一致
凡聖同源 卽諸世諦觸事而眞 言詞不加示分別
不能解 故以妙稱也 六趣之所迷淪 蓋迷此也 諸
佛之所修證 蓋證此也 泊夫廣演言敎無數方便
蓋爲此也 但以衆生垢重根器未純 先說三乘假
名引導 故權而未實麤而未妙 及乎諸糞旣除心
相體信 乃示實相會歸一乘 則妙而無麤矣 諸佛

能事終畢於是也 然所謂妙法非去麤而取妙 蓋卽麤以顯妙也 所謂一乘非離三而說一 蓋會三而歸一也 卽麤顯妙猶蓮之卽染而淨 會三歸一猶蓮之自華而實 法喩雙彰名實並顯 故號妙法蓮花 夫證是法者 必以大智爲體妙行爲用 智譬則蓮行譬則華 智行兩全乃盡其妙 故經文始於一光東照 智境全彰終於四法 成就行門悉備正宗之初 三周[3]開示皆所以明體也 囑累之後六品敷揚 皆所以明用也 中間轍迹[4]無非智行 旁顯體用 兼明彰實相之大全[5] 列開悟之眞範 發明種智成就果德 故若有聞者無不成佛 凡能領悟卽得授記 一事一相無非妙法也 由是而往 山河大地明暗色空 擴而充之則物物證明智體 推而行之則步步普賢行門 直下卽法以明心 不復離物以觀妙 則所謂大事因緣一題盡之矣

해석

　실상(實相)의 미묘(微妙)한 법을 기묘(奇妙)하게 연꽃에 비유하니 안으로는 바로 일심(一心)을 가리키고 밖으로는 갖추어 꿰뚫으니 모든 경계(境界)이다. 꽃이 피면서 열매가 맺고 오물(汚物)에 있으면서도 항상 청정(淸淨)함에 비견하여 견준 것이니 연꽃이 실상(實相)이다. 중생과 부처가 본래 가지고 있어 윤변(淪變)하여도 달라지지 않으니 마음의 실상이다. 그 형상(形狀)은 허망(虛妄)함을 가차(假借)한 것이지만 그 정묘(精妙)함은 참된 진리이니 이 경계는 실상이다.

마음의 경계와 모든 것들을 꿰뚫으니 불법(佛法)이고 정밀(精密)함과 조잡(粗雜)함이 일치(一致)하고 범인(凡人)과 성인이 같은 근원이니 모든 세제(世諦)에서 닥치는 일마다 진실(眞實)된 게 언사(言詞)로 더할 게 없고 분별로 이해(理解)할 수가 없으므로 미묘하다고 말하였다. 육취(六趣)에 미혹(迷惑)하여 빠지게 된 것은 모두가 미묘함을 알지 못함이며, 모든 부처가 수증(修證)한 것은 미묘함을 깨달은 것이며, 대개 널리 펼친 언교(言敎)와 무수(無數)한 방편은 이를 수행(修行)한 것이다. 다만 중생들이 업(業)이 무겁고 근기(根器)가 순숙(純熟)하지 못하여 우선 삼승(三乘)을 가차(假借)하여 설명하면서 인도(引導)하므로 권교(權敎)로 진실하지 않아 조잡(粗雜)하여 미묘하지 못하지만, 모든 분뇨(糞尿)를 이르러서 모두 없앤 심상(心相)을 체득(體得)함을 믿으니 바로 실상을 현시(顯示)하여 일승(一乘)에 회귀(會歸)하게 하면 미묘하여 조잡함이 없어지니 모든 부처가 하는 일이 여기에서 마친다.

그러나 묘법(妙法)이라고 말하는 것은 조잡함을 버리고

미묘함을 취하는 것이 아니라 조잡함으로 미묘함을 현시(顯示)하는 것이다. 일승이라고 말하는 것도 삼승을 저버리라고 일승을 말하는 게 아니라 삼승을 회합(會合)하여 일승에 귀의(歸依)하라는 것이다. 바로 조잡한 것에서 미묘함을 현시하는 것은 연꽃이 오염된 물에 있지만 청정한 것이 삼승(三乘)을 회합(會合)하여 일승에 귀의하는 것과 같으며, 연꽃은 피면서 열매가 맺어지는 것처럼 진리와 비유(譬喩)가 모두 드러나 이름과 결실(結實)이 함께 드러나는 까닭으로 묘법연화(妙法蓮花)라고 이름하였다.

대개 이 법을 증득(證得)하는 것은 반드시 본래 지혜(智慧)를 본체로 하고 미묘(微妙)한 행위를 효용으로 하고 지혜에 비유하는 것은 연(蓮: 열매)이고 수행을 비유하는 것은 꽃이며, 지혜와 수행 모두가 온전하여야 그 미묘(微妙)함을 다한다. 그러므로 경문(經文)에서 "하나의 광명(光明)이 동쪽을 비추자 지혜와 경계가 온전히 밝아지며, 마침내 네 가지 법이 성취(成就)되고 수행(修行) 관문(關門)이 모두 갖추어진다."고 하였다.

정종분(正宗分) 처음에 삼주법문(三周法門)을 개시(開示)한 것은 모두가 본체를 분명하게 한 까닭이며, 촉루품(囑累品) 이후의 6품에서 부양(敷揚)한 것 모두는 효용을 분명하게 한 까닭이다. 중간(中間)에서 철적(轍迹)은 지혜와 수행 아님이 없음을 곁에서 현시(顯示)하고 체(體)와 용(用)을 겸하여 분명하게 하면서 실상의 대전(大全)을 창명(彰明)하여 깨달음의 진정한 틀을 열거하고 개시하며, 종지(種智)를 발명(發明)하고 과덕(果德)을 성취함이다. 그러므로 만약 듣는 사람이 있다면 성불(成佛)하지 않음이 없고 범인(凡人)도 깨달을 수 있어서 수기(授記)를 증득하게 되니 하나하나의 사상(事相)이 미묘하지 않을 수가 없다.

이로부터 산하대지(山河大地)와 명암공색(明暗空色)에 미치기까지를 확충(擴充)해보면 바로 사물마다 등명불(燈明佛) 지혜의 본체이니 추구(推究)하여 수행한다면 발걸음마다 보현보살(普賢菩薩)의 수행법문이다. 바로 법으로 마음을 밝히고 다시는 사물을 벗어나 미묘(微妙)함을 관조하지 않는 게 일대사인연(一大事因緣)이라 말하면서 하나의 제목이 되었다.

2: 통술비의(通述鄙意: 좁은 의견으로 꿰뚫어 기술한다)

原文

欽惟斯典盛行於世 人莫不願洛誦深造 而每見其難能者 非經之難特傳記之也 夫傳以通經爲義 辭達則已 類且繁分名相虛尙 多駢煙颿細科

塵飛 雜辯滔滔⁶⁾ 謾謾杳莫可究 所以難能也 竊觀
近世明經之體 一於經旨不泥陳言 欲約而盡深
而明 釋義不出科目立言必求綸貫 煥乎有文釋
然易解 今輒效爲斯解 然有其志無其才 深媿其
不逮也 妄意之初 竊謂法華爲三乘隲括⁷⁾大事指
南 與華嚴實相終始 於是兩載覃思⁸⁾華嚴經論 深
考吾佛降靈之本致 復咨謀宗匠探蹟講肆⁹⁾ 歷窮
智者慈恩廣疏古今作者注解 摭其所聞 參諸圓
覺楞嚴維摩諸經 稽覈宗趣證正事法 然後命筆
雖立科釋義有異舊說 而綜文會意稍合華嚴 削
繁錄實務在疏明 一大事佛知見而未敢自許 達
者苟不是古非今以人廢言 試詳覽之一校寄當否

해석

　우러러 이 경전이 세상에 성행(盛行)하는 것을 생각하면,
사람들이 연이어 외우고 깊이 연구함을 원하지 않음이 없
으면서도 매양 어렵다고 보는 것은 경전이 어려운 게 아니
라 특히 전승(傳承)되어지는 기록이 어렵다는 것이다. 대개
전승되어야 하는 것은 꿰뚫는 경전의 의의(意義)인데, 언사
(言辭)는 꿰뚫는 것으로 그치고, 어떤 부류(部類: 학자)들은
또 번잡(煩雜)한 명상(名相)을 구분하고 헛된 것을 숭상하며

모두 늘어놓는 상세한 과목은 연기처럼 날려버리고, 잡스러운 말들은 먼지처럼 날려버렸다. 잡스러운 변명은 부질없이 이어져 멀어지니 궁구(窮究)할 수가 없으므로 안타까울 뿐이다.

근세(近世)에 잠시 관찰하니 경전의 본체가 명확(明確)해졌고, 경전의 종지(宗旨)에 하나도 군더더기 말이 없이 간략(簡略)하게 심오(深奧)함을 모두 밝히고자 하였다. 뜻을 해석하는데 과목(科目)을 벗어날 수 없고 의견(意見)을 내세울 때에는 반드시 관철(貫徹)하고자 하는 실마리를 구해야만 한다. 밝히려는 것은 문장에 있으니 해석하여 이해하기 쉬워야만 한다. 여기서 갑자기 바치려는 게 해석(解釋)이지만 뜻하는 바가 있어도 재주는 없어 매우 부끄러운 것은 미치지 못할까 하는 바이다.

허망한 생각 처음에는 문득 법화경(法華經)은 삼승(三乘)을 바로잡는 일대사(一大事)가 지침(指針)으로 하니 화엄경(華嚴經)과 더불어 실상(實相)이 시종(始終)이라 하여 두 경전에 기재(記載)된 것에서 화엄경론(華嚴經論)을 깊이 생각하여 깊이 우리 부처님의 강령(降靈)의 본치(本致)를 고찰하였다.

다시 여러 종장(宗匠)들에게 자문(諮問)하고 강사(講師)들의 책들을 깊이 따르면서 지자대사(智者大師)와 자은대사(慈恩大師)의 광대한 주소(註疏)와 고금의 훌륭한 분들의 주해

(注解)를 역력히 궁구하며, 들은 것도 수습(修習)하였다. 아울러 원각경(圓覺經), 능엄경(楞嚴經), 유마경(維摩經)과 같은 모든 경전을 참고하여 종취(宗趣)의 핵심을 고찰하여 바로 불법을 섬기는 것을 증득(證得)하였다.

그런 후에 붓을 잡고 과목(科目) 해석으로 뜻을 세우니 예전의 말씀과 다르지만 문구를 종합(綜合)하면 회합(會合)하는 뜻은 화엄경과 마지막에 회합(會合)함이니, 번거로운 기록(記錄)은 삭제(削除)하고 진실로 일대사(一大事)인 불지견(佛知見)을 밝히는데 힘쓰면서 스스로에게 허용되는 게 없었다. 꿰뚫는 사람은 진실로 옛 것은 옳고 이제는 그르다는 사람들의 말도 그대로 두고 상세(詳細)히 이를 열람(閱覽)하여 한 번 옳고 그름을 교정(校訂)해 주기 바란다.

3: 통서과판(通敍科判: 과목을 서술하고 꿰뚫어서 종지를 판별한다)

原文

釋經有科 判教有宗 如禾有科以容其苞本 如水有宗以會其支派 嘗謂華嚴法華蓋一宗也 何以明之 夫法王應運出眞兆聖 唯爲一事無有餘乘[10] 是以首唱[11]華嚴特明頓法 雖知根鈍且稱本懷 及乎怖大昏惑[12] 乃權說方宜 至於衆志眞純

則還示實法 然則二經一始一終實相資發 故今
宗華嚴而科釋也 或謂華嚴純談實性 獨被大機
法華引權入實 三根齊被 二經旨趣逈不相及 引
彼釋此殆不知宗 而愚¹³⁾竊觀信解品 其父先來求
子不得 中止一城 其家大富 窮子遙見恐怖疾走
正喻初說華嚴也 臨終命子 委付財物 窮子歡喜
得大寶藏 正喻終說法華也 迹此觀之 始而驚怖
終而親附者無異父 窮之所棄達之所獲者無異寶
旣無以何爲而不應宗之耶 又況二經以智立 體
以行成德 放光現瑞全法界之眞機 融因會果開
修證之捷逕 凡所說法意緒並同 二經相宗亦足
見聖人說法始終一貫 果喻一事無有餘乘 旨趣
稍馴幸無深誚也 今科判此經二十八品分三 初
序分一品 二正宗分十九品 三流通分八品 正宗
二 初三周開示十品 自方便至學記八品 說三周
法授三根記 自法師至寶塔二品 授廣記以圓該
前記 會諸佛以圓證前法 二顯妙權持九品 自提
婆至安樂行三品 顯功行之妙也 自涌出至壽量
二品 顯本迹之妙也 自分別至不輕四品 顯聞持
之妙也 使由前開悟依此弘持 乃不失宗圓契妙
法 流通八品 自神力品發起囑累品付授 其餘六

品全體前法示現行境 流通是道 名以行契智常
然大用之門 今初序分者 開發正宗之端緒也 其
法有二 自人天衆集無量義畢 佛踞大定天雨四
華 六震撼無明之障緣 一光現智境之實相 此釋
尊標本圓發其緒也 其次彌勒示問文殊決疑 引
證明之本光 證今佛之瑞相 此大士承流助發其
緒也 自餘廣引意皆懸叙一經之本末 欲達正宗
必先明序分 則於深經猶繹絲之得緒無所不盡
猶陞堂之得序必臻其奧矣

해석

　경전(經典)을 해석하는 데에는 과목(科目)이 있어야 하고
가르침을 판별(判別)함에는 종지(宗旨)가 있어야 한다. 벼
에는 그루가 있어서 꽃망울이 기본이 되어 있는 것과 같
고 흐르는 물은 근원이 있고 지파(支派)에서 모이는 것과
같다.

　화엄경(華嚴經)과 법화경(法華經)은 하나의 종지(宗旨)이다.
어떻게 이를 밝히느냐 하면 대개 법왕(法王)은 진실로 성인
(聖人)의 조짐을 연출(演出)하였음이니 오직 일대사(一大事)
만 위한 것이지 다른 게 있을 수 없다. 그러므로 먼저 화엄
경을 창도(唱導)하여 특별히 돈법(頓法)을 밝혔지만 비로소

근기(根機)가 우둔(愚鈍)함을 알고는 본회(本懷: 마음)를 설명함에 놀라 크게 혼혹(昏惑)하므로 권교(權敎)를 설법하자 당연히 중생들의 의지(意志)가 참으로 순숙(純熟)함에 이르자 돌이켜 실법(實法: 실제법)을 개시(開示)하였다. 그러므로 이 두 경전은 하나는 발단(發端)이고 하나는 끝맺음으로 실상이 갖추어 드러나므로 여기서 화엄경을 근본으로 과목을 해석하였다.

혹 화엄경은 순숙(純熟)한 실성(實性)만을 말한다고 하고 홀로 큰 근기(根機)에 미치게 하지만 법화경은 방편을 인도(引導)하여 실상에 증입(證入)하여 세 근기가 모두 경전의 지취(旨趣)를 입게 되는 것은 서로 미치지 않으면서도 특수하다. 이를 풀이하려고 인용(引用)하는 것은 위태로워 종지(宗旨)를 알지 못함이다.

내가 몰래 신해품(信解品)을 관찰하는 데 아버지는 우선 아들을 구하고자 와서 찾지 못하여 한 도성(都城)에 머물렀는데, 집안은 크게 부유(富裕)하였지만 빈궁(貧窮)한 아들은 멀리서 보고는 놀라 달아나버린다. 이는 바로 처음에 말한 화엄경에 비유하며, 임종(臨終)할 때에 아들에게 명(命)하여 재물을 위임(委任)하고 부탁하자 아들은 환희(歡喜)하면서 큰 보장(寶藏)을 얻었음은 바로 법화경을 설법한 것에 비유함이다.

적문(迹門)이 이런 것을 관찰하면, 처음에는 놀라고 두려웠다가 끝내 아버지께 의지한 것은 다른 아버지가 아니다. 빈궁(貧窮)한 아들이 포기(抛棄)하고 도달(到達)하여 얻은 것은 다른 보배가 아니다.

이미 다른 게 없다면 어떻게 종지(宗旨)에 적응하지 않는가? 역시 두 경전으로 지혜(智慧)를 성립(成立)하고 본체(本體)로서 수행(修行)하여 덕을 성취(成就)하여 방광(放光)하고는 상서(祥瑞)로움을 드러내어 법계(法界)의 진정한 기틀을 온전하게 하였으며, 원융(圓融)한 인자(因子)가 결실(結實)에 회합(會合)하는 수증(修證)의 첩경(捷徑)을 개시한 것이다.

대개 설법(說法)한 의도(意圖)의 실마리는 같은 것이며, 두 경전 상호 종지(宗旨)는 역시 성인(聖人) 설법이 시종일관(始終一貫)임을 드러내었다. 결과적으로 일대사(一大事)만 있을 뿐 달리 믿을 게 없음에 비유함이다. 지취(旨趣)는 이미 길들여져 다행히도 깊이 책망(責望)할 게 없다.

여기서 이 경전 28품을 과판(科判)하여 3부분으로 나눈다. 처음 서분(序分)은 1품이고 정종분(正宗分)은 19품이며, 유통분(流通分)은 8품이다.

정종분은 둘로 나누는데, 첫째는 삼주설법(三周說法)을 개시(開示)하는 10품으로 방편품(方便品)에서 수학무학인기품(授學無學人記品)까지에서 삼주설법을 설법하여 삼근기(三根

機)를 수기한 것이며, 법사품(法師品)에서 견보탑품(見寶塔品)은 널리 수기(授記)하여 원만하게 이전(以前)의 수기를 갖추어 모든 부처가 원만하게 이전의 법을 증득함에 회합(會合)함이다. 둘째는 미묘(微妙)함을 드러내어 수지(受持)하기를 권면(勸勉)하는 9품으로 제바달다품(提婆達多品)에서 안락행품(安樂行品)까지는 공행(功行)이 미묘함을 드러내는 것이고 종지용출품(從地踊出品)과 여래수량품(如來壽量品)은 본문(本門)과 적문(迹門)의 미묘함을 드러냄이며, 분별공덕품(分別功德品)에서 상불경보살품(常不輕菩薩品)은 들어서 수지(受持)한 게 미묘함을 드러냄이다.

이전에 개오(開悟)로 말미암아 널리 수지(受持)함에 의하여 종지(宗旨)를 잃지 않고 원만하고 미묘한 법에 계합(契合)함이다.

유통분(流通分) 8품은 여래신력품(如來神力品)에서 발기(發起)하여 촉루품(囑累品)에서 부수(付授)하며, 나머지 6품에서는 전체(全體)가 이전(以前)의 법으로 수행의 경계(境界)를 시현(示現)하여 성불의 도를 유통(流通)하고 이름하여 수행으로 지혜에 계합(契合)하는 위대한 작용으로써의 법문(法門)이다.

여기 처음 서분(序分)은 정종(正宗)의 단서(端緒)를 개발(開發)함이며, 진리에는 두 가지가 있으니 인천(人天)의 무리들이 모인 곳에서 무량의처삼매(無量義處三昧)를 마치고는, 부처는 위대한 선정(禪定)에 들자 하늘에서 네 가지 꽃을 내렸으며, 여섯 가지 진동(震動)이 일어남은 무명(無明)의 장애(障礙)에 연유(緣由)한 것을 한데 모아 하나의 광명(光明)이 지혜인 경계의 실상(實相)을 드러냈다. 이는 석가모니 부처님의 표본(標本)이고 원만하게 그 실마리를 드러냈음이다.

다음으로 미륵보살(彌勒菩薩)이 묻고 문수보살이 의혹(疑惑)을 해결(解決)하였으니 등명(燈明)의 본래 광명을 끌어들여 여기서 부처님의 상서로운 형상(形相)을 증명(證明)하였다. 이는 대사(大士)가 유통(流通)함을 전승(傳承)한 것으로, 이런 단서(端緒)를 드러내는 것을 도운 것이다.

나머지는 널리 인도(引導)함으로, 의도(意圖)는 모두가 하나의 경전(經典)의 본말(本末)을 걸어서 서술(敍述)한 것으로, 바른 종지(宗旨)에 이르게 하고자 함이다. 반드시 먼저 서분(序分)을 밝히고 심오(深奧)한 경전에서 실마리를 풀어내듯 다하지 않음이 없이 실상을 증득(證得)함이며, 승당(陞堂: 법당의 오름. 즉 깨달음)하여 증득한 서분은 반드시 그 심오(深奧)함으로 나아가야만 한다.

4: 역경인시(譯經人時: 경을 해석한 사람과 시기)

原文

姚秦三藏法師鳩摩羅什奉詔譯

姚秦東晉僞王也 姓姚名興 爲秦國王 梵語鳩
摩羅什此云童壽 謂童年而有耆德[14]也 奉晉王
詔[15]飜譯此經

해석

요진(姚秦)의 삼장법사(三藏法師) 구마라습이 임금의 조서
(詔書)를 받들어 번역하다.

요진은 동진(東晉)의 위왕(僞王)이다. 성은 요씨이고 이름
은 흥(興)이며, 범어로는 구마라습이지만 번역하면 동수(童
壽)이다. 어렸을 때부터 기덕(耆德)이 있었음을 말한다. 진
왕의 조서를 받들어 이 경을 번역하였다.

1) 淪變: 침륜(沈淪)하여 변화(變化)하는 것을 말한다.

2) 精粗: 작음과 큼, 정밀(精密)함과 조잡(粗雜)함.

3) 三周: 법화경 적문(迹門) 정종분에서 성립한 개권현실(開權顯實)의 설법으로 명목(名目)이 되었다. 상중하(上中下)의 근기를 가진 성문들에게 반복하여 설법하는 게 세 번이다.

4) 轍迹: 수레바퀴의 자국. 경로(經路) 또는 과정(過程). 사물의 흔적.

5) 大全: 빠짐없이 갖추어져서 완전함.

6) 滔滔: 물이 세차게 흐르는 모양. 언행이나 어떤 일이 끊임없이 진행되는 것을 말한다.

7) 隳括: 도지개. 바로잡음.

8) 覃思: 깊이 생각함.

9) 肆: 옛 사적을 말한다. 즉 강사들의 서적을 말한다.

10) 乘: 시(恃)로 풀었다.

11) 唱: 창도(唱導)하여 앞장서서 주장함.

12) 昏惑: 사리에 어둡고 흐리멍텅함.

13) 愚: 대명사(代名詞)로 나를 낮추어 하는 말이다.

14) 耆德: 나이가 많고 덕망이 높은 사람.

15) 詔: 조서(詔書)를 말한다.

서품 제일(序品第一)

原文

讚曰

一切聖賢如電拂 如來是所說之主 恒沙衆生成
正覺 海會是能聽之伴 影響師資 會合同異龍天
欽仰 欲彰寂場本懷 光闡靈峰標格[1] 黑山[2]下 動
地放光 死水裡 興雲吐霧 大事因緣甚深 一切聖
凡難解 若非逸多 發問爭決 四衆 狐疑[3]前聖後
聖 一揆法王法令 當行 要見法王法令麼 妙印手
持沙塞[4]靜 當陽那肯露纖機 頌曰

靈鷲山中華正開　萬年枯荄長靑梅
莫言春色今方好　開了前年手自栽

　기리며 말하기를,

　일체의 성현(聖賢)은 번개가 치는 것과 같고 여래(如來)는 설법하는 주체(主體)이니 갠지스강의 모래 같은 중생들을 정각(正覺)하게 한다.

　진리 바다에 모여 들을 수 있는 도반(道伴)들이 스승의 자품(資品)에 영향을 받아 회합(會合)하며, 같고 다름이 있어도 용신(龍神)과 천신(天神)도 흠앙(欽仰)하여 적멸도량(寂滅道場)의 본회(本懷)를 창명(彰明)하게 하고 광명은 영봉(靈峯)에 표격(標格)을 천명(闡明)하였다. 흑산(黑山) 아래에서는 땅이 움직이면서 방광(放光)하고 죽은 물속에서는 구름이 일고 안개를 토해낸다. 일대사인연(一大事因緣)은 매우 깊어 일체 성인과 범인도 이해하기도 어렵다. 만약 방일(放逸)하지 않고 질문하지 않았는데도 사부대중은 호의(狐疑)를 다 투면서 해결한다. 이전의 성인과 후세의 성인은 하나의 도는 법왕(法王)의 법령(法令)으로 당연히 실천해야 하며, 법왕(法王)의 법령(法令)은 어떤 것인지 보아야만 하리라.

　신묘(神妙)한 인장(印章)을 손에 쥐고 요새(要塞)를 평정(平靜)하려면 당연히 적은 근기를 가진 중생도 거양(擧揚)하여 수긍(首肯)하게 하여야 한다.

　게송으로 말하기를,

"영축산(靈鷲山)에 꽃이 만발하였는데,
만년 마른 풀뿌리에 자라난 청매(靑梅)로다.
오늘의 춘색(春色)이 좋다고 말하지 말라.
지난해 손으로 심은 게 핀 것일 뿐이라네."

⑴ 부처가 불법(佛法)을 강의하는 장소와 또 상세하게 말하
면 여기에 모여들어 법을 청하는 아라한(阿羅漢)과 보살
(菩薩), 모든 천자(天子)들과 그 권속(眷屬)들을 말하다.

原文

如是我聞[5]

一時[6] 佛[7] 住王舍城[8] 耆闍崛山[9] 中 與大比丘[10]
衆萬二千人俱 皆是阿羅漢[11] 諸漏[12] 已盡 無復煩
惱 逮得己利[13] 盡諸有結[14] 心得自在 其名曰 阿
若憍陳如[15] 摩訶迦葉[16] 優樓頻螺迦葉 伽耶迦葉
那提迦葉[17] 舍利弗[18] 大目揵連[19] 摩訶迦施延[20]
阿㝹樓馱[21] 劫賓那[22] 憍梵波提[23] 離婆多[24] 畢陵
伽婆蹉[25] 薄拘羅[26] 摩訶拘絺羅[27] 難陀[28] 孫陀羅
難陀[29] 富樓那彌多羅尼子[30] 須菩提[31] 阿難[32] 羅
睺羅[33] 如是衆所知識大阿羅漢等

復有學 無學[34] 二千人 摩訶波闍波提[35] 比丘尼
與眷屬六千人俱 羅睺羅母耶輸陀羅[36] 比丘尼 亦
與眷屬俱 菩薩摩訶薩[37] 八萬人 皆於阿耨多羅三
藐三菩提[38] 不退轉[39] 皆得陀羅尼[40] 樂說辯才[41]
轉不退轉法輪[42] 供養無量百千諸佛 於諸佛所殖
衆德本[43] 常爲諸佛之所稱歎 以慈修身 善入佛

慧 通達大智⁴⁴⁾ 到於彼岸⁴⁵⁾ 名稱普聞無量世界⁴⁶⁾
能度無數百千衆生 其名曰 文殊師利⁴⁷⁾菩薩 觀
世音⁴⁸⁾菩薩 得大勢⁴⁹⁾菩薩 常精進⁵⁰⁾菩薩 不休
息⁵¹⁾菩薩 寶掌⁵²⁾菩薩 藥王⁵³⁾菩薩 勇施⁵⁴⁾菩薩 寶
月⁵⁵⁾菩薩 月光⁵⁶⁾菩薩 滿月⁵⁷⁾菩薩 大力⁵⁸⁾菩薩 無
量力⁵⁹⁾菩薩 越三界⁶⁰⁾菩薩 跋陀婆羅⁶¹⁾菩薩 彌
勒⁶²⁾菩薩 寶積⁶³⁾菩薩 導師⁶⁴⁾菩薩 如是等菩薩摩
訶薩八萬人俱

爾時釋提桓因⁶⁵⁾ 與其眷屬二萬天子俱 復有名
月天子 普香天子 寶光天子⁶⁶⁾ 四大天王⁶⁷⁾ 與其
眷屬萬天子俱 自在天子 大自在天子⁶⁸⁾ 與其眷
屬三萬天子俱 娑婆世界主 梵天王⁶⁹⁾ 尸棄大梵
光明大梵⁷⁰⁾等 與其眷屬萬二千天子俱 有八龍
王⁷¹⁾-難陀龍王 跋難陀龍王 娑伽羅龍王 和脩吉
龍王 德叉迦龍王 阿那婆達多龍王 摩那斯龍王
優鉢羅龍王等 各與若干百千眷屬俱 有四緊那
羅王⁷²⁾-法緊那羅王 妙法緊那羅王 大法緊那羅
王 持法緊那羅王 各與若干百千眷屬俱 有四乾
闥婆⁷³⁾王-樂乾闥婆王 樂音乾闥婆王 美乾闥婆
王 美音乾闥婆王 各與若干百千眷屬俱 有四阿
修羅⁷⁴⁾王-婆稚阿修羅王 佉羅騫馱阿修羅王 毘

摩質多羅阿修羅王 羅睺阿修羅王 各與若干
百千眷屬俱 有四迦樓羅⁷⁵⁾王-大威德迦樓羅王
大身迦樓羅王 大滿迦樓羅王 如意迦樓羅王 各
與若干百千眷屬俱 韋提希⁷⁶⁾子阿闍世王⁷⁷⁾與若
干百千眷屬俱 各禮佛足 退坐一面

해석

이처럼 나는 들었다.

어느 때 부처님께서 왕사성 기사굴산(耆闍崛山)에서 위대
한 비구 대중 · 1만 2천 사람들과 함께 있었는데, 모두가
아라한(阿羅漢)이니 여러가지 번뇌가 이미 다하여 다시 일
어나지 않았으며, 자기에게는 이익됨이 있어서 모든 존재
(有)의 결박(結縛)으로부터 벗어나 마음이 자재(自在)함을 증
득하였다.

이름을 말하면 아야교진여(阿若憍陳如) · 마하가섭(摩訶迦
葉) · 우루빈라가섭(優樓頻螺迦葉) · 가야가섭(伽耶迦葉) · 나제
가섭(那提迦葉) · 사리불(舍利弗) · 대목건련(大目揵連) · 마하
가전연(摩訶迦旃延) · 아누루타(阿㝹樓馱) · 겁빈나(劫賓那) ·
교범바제(憍梵波提) · 리바다(離婆多) · 필릉가바차(畢陵伽婆
蹉) · 박구라(薄拘羅) · 마하구치라(摩訶拘絺羅) · 난타(難陀) ·
손타라난타(孫陀羅難陀) · 부루나미다라니자(富樓那彌多羅尼

子)·수보리(須菩提)·라후라(羅睺羅) 등이었다. 이같은 모든 대중들에게 알려진 바와 같이 위대한 아라한들이었다.

또 배우려는 사람과 배움을 모두 마친 사람이 2천명이나 있었으며, 마하바제바제(摩訶波闍波提) 비구니는 그의 권속(眷屬) 6천명과 함께 있었으며, 라후라 어머니 야수다라(耶輸陀羅) 비구니도 또한 그의 권속과 함께 있었다.

또 보살마하살(菩薩摩訶薩) 8만 명들은 모두 아뇩다라삼먁삼보리에서 영원히 물러서지 않고 모두가 다라니의 일체 뜻을 깨닫고 사무애(四無礙)의 견해(見解)를 변재(辯才)로 즐기면서 불퇴전(不退轉)의 법륜(法輪)을 윤전(輪轉)하며, 무량한 백천 모든 부처님들께 공양하면서 모든 부처님 처소에서 보리인 모든 덕의 근본을 깊이깊이 심으면서 항상 모든 부처님의 칭찬을 받고 있었다. 자비심(慈悲心)으로 수신(修身)하면서 올바르게 부처님 지혜에 증입(證入)하여 위대한 지혜를 통달하여 열반인 피안(彼岸)에 이르렀다. 그들의 명성은 무량하고 무수한 세계에 고르게 들렸으며 무량하고 무수한 백천(百千) 중생을 제도(濟度)하고 있었다.

이름을 말하면 문수사리보살(文殊師利菩薩)·관세음보살(觀世音菩薩)·득대세보살(得大勢菩薩)·상정진보살(常精進菩薩)·불휴식보살(不休息菩薩)·보장보살(寶掌菩薩)·약왕보살(藥王菩薩)·용시보살(勇施菩薩)·보월보살(寶月菩薩)·월광보살(月光菩薩)·만월보살(滿月菩薩)·대력보살(大力菩薩)·무량력보살(無量力菩薩)·월삼계보살(越三界菩薩)·발타바라보살(跋陀波羅菩薩)·미륵보살(彌勒菩薩)·보적보살(寶積菩薩)·도사보살(導師菩薩)들이며, 이와 같은 보살마하살들 8만 명이 함께 하였다.

그때 석제환인(釋提桓因)은 그의 권속(眷屬) 2만 천자와 함께 있었으며, 또 명월천자(名月天子)·보향천자(普香天子)·보광천자(寶光天子)·사대천왕(四大天王)이 그들의 권속 1만 천자와 함께 하였으며, 자재천자(自在天子)와 대자재천자(大自在天子)도 그들의 권속 3만 천자와 함께 하였으며, 사바세계(娑婆世界)의 주인(主人)인 범천왕(梵天王)·시기대범(尸棄大梵)·광명대범(光明大梵)도 그들의 권속 1만 2천의 천자와 함께 있었다.

여덟 용왕(龍王)이 있었으니 난타용왕(難陀龍王)·발난타용왕(跋難陀龍王)·사가라용왕(娑伽羅龍王)·화수길용왕(和修吉龍王)·덕차가용왕(德叉迦龍王)·아나파달다용왕(阿那婆達多龍王)·마나사용왕(摩那斯龍王)·우발라용왕(優鉢羅龍王) 등이 제각기 백천의 권속과 함께 있었다.

네 긴다라왕(緊那羅王)이 있었으니 법긴나라왕(法緊那羅王)·묘법긴나라왕(妙法緊那羅王)·대법긴나라왕(大法緊那羅王)·지법긴나라왕(持法緊那羅王)도 제각기 백천의 권속들과 함께 있었다.

　네 건달바왕(乾闥婆王)이 있었으니 락건달바왕(樂乾闥婆王)·락음건달바왕(樂音乾闥婆王)·미건달바왕(美乾闥婆王)·미음건달바왕(美音乾闥婆王)도 제각기 백천의 권속과 함께 있었다.

　네 아수라왕(阿修羅王)이 있었으니 바치우수라왕(婆稚阿修羅王)·가리건타아수라왕(佉羅騫馱阿修羅王)·비미질다리아수라왕(毘摩質多羅阿修羅王)·라후아수라왕(羅睺阿修羅王)도 제각기 백천 권속과 함께 있었다.

　네 가루라왕(迦樓羅王)이 있었으니 대위덕가루라왕(大威德迦樓羅王)·대신가루라왕(大身迦樓羅王)·대만가루라왕(大滿迦樓羅王)·여의가루라왕(如意迦樓羅王)도 제각기 백천 권속과 함께 있었다.

　위제희(韋提希)의 아들 아사세왕(阿闍世王)도 백천 권속과 함께 있었다.

　이들 모두는 부처님 발에 예경(禮敬)한 후에 한쪽으로 물러나 앉아 있었다.

⑵ 부처가 설법하려하는데 일어나는 상서로움으로 하늘에서 꽃이 내려오고 여섯 가지 진동(震動)이 일어나며, 동시에 청법(聽法)하는 사람들이 환희(歡喜)하

는 정황을 묘사하다.

爾時世尊[78] 四衆[79]圍遶 供養 恭敬 尊重 讚歎
為諸菩薩說大乘經[80] 名無量義[81] 教菩薩法[82] 佛
所護念[83] 佛說此經已 結加趺坐[84] 入於無量義處
三昧[85] 身心不動 是時天雨曼陀羅華[86] 摩訶曼陀
羅華 曼殊沙華[87] 摩訶曼殊沙華 而散佛上 及諸
大衆 普佛世界[88] 六種震動[89] 爾時會中 比丘 比
丘尼 優婆塞 優婆夷[90] 天龍[91] 夜叉 乾闥婆 阿修
羅 迦樓羅 緊那羅 摩睺羅伽 人非人 及諸小王
轉輪聖王[92] 是諸大衆 得未曾有 歡喜合掌 一心
觀佛

해석

이때에 세존께서는 사부대중(四部大衆)에게 둘러싸여 공
양(供養)과 공경(恭敬), 존중(尊重)함과 찬탄(讚歎)을 받으시
면서 모든 보살들을 위하여 대승경전(大乘經典)을 말씀하셨
으니 무량의경(無量義經)이며, 보살을 교화(敎化)하는 법이
며 부처가 호념(護念)하는 경전이었다.

부처님께서는 이 경전을 설법하신 것을 마치시고 결가부

좌(結跏趺坐)하시고 무량의처(無量義處) 선정(禪定)에 진입(進入)하시니 몸과 마음이 움직이지 않았다. 그때에 하늘에서 만다라(曼陀羅)꽃 · 마하만다라꽃 · 만수사(曼殊沙)꽃 · 마하만수사 꽃이 내려와 부처님 위와 모든 대중들에게 흩뿌려지면서 부처님 세계에 미치자 육종(六種)으로 진동(震動)하였다.

　이때 모임 속에 있던 비구와 비구니, 우바새와 우바이, 천룡과 야차, 건달바와 아수라, 가루라와 긴나라, 마후라가와 인 · 비인(人 · 非人), 많은 소왕(小王)과 전륜성왕(轉輪聖王)과 이 많은 대중들이 미증유(未曾有)함을 증득(證得)하고는 환희(歡喜)하며, 합장하면서 오롯한 마음으로 부처님을 주시(注視)하였다.

⑶ 부처님의 상징인 신통을 말하는데, 미간에서 광명을 놓고 청중들이 하나의 광명이 비추는 가운데에서 아비지옥(阿鼻地獄)과 다른 세계의 모든 정황도 살피게 된다.

原文

　爾時佛放眉間白毫相⁹³⁾光 照東方萬八千世界靡不周遍 下至阿鼻地獄⁹⁴⁾ 上至阿迦尼吒天⁹⁵⁾ 於此世界 盡見彼土六趣衆生⁹⁶⁾ 又見彼土現在諸佛

及聞諸佛所說經法 并見彼諸比丘 比丘尼 優婆
塞 優婆夷 諸修行得道者 復見諸菩薩摩訶薩 種
種因緣[97] 種種信解[98] 種種相貌 行菩薩道[99] 復見
諸佛般涅槃[100]者 復見諸佛般涅槃後 以佛舍
利[101]起七寶塔[102]

해석

　이때에 부처님께서는 미간(眉間)에 백호상(白毫相)으로 광
명(光明)을 놓으시고는 동쪽으로 1만 8천 세계를 비추시니
고르지 않은 데가 없었고, 아래로는 아비지옥(阿鼻地獄)과
위로는 아가니타천(阿迦膩吒天) 까지에 이르렀다.

　이로써 법회에 참석한 대중들은 이 세계에서 저 세계의
육도(六道) 중생(衆生)을 모두 볼 수 있었고 또 저 세상의 현
재 모든 부처님을 볼 수 있었으며, 여러 부처가 설법하는
경전의 가르침을 들을 수 있었다. 아울러 저 세계에 많은
비구와 비구니, 우바새와 우바이 그리고 모든 진리를 수행
하는 사람을 볼 수가 있었으며, 또 모든 보살마하살들의
갖가지 인연(因緣)과 도리(道理), 신앙(信仰)과 이해(理解), 갖
가지 상모(相貌)로 보살도를 수행하는 것을 볼 수 있었다.

　또 모든 부처가 열반한 후에도 사람들이 칠보탑(七寶塔)을
건립(建立)하여 부처님의 사리(舍利)를 공양(供養)하면서 봉

양(奉養)하는 것도 볼 수가 있었다.

(4) 미륵보살과 다른 청중들 모두가 부처가 드러낸 이런 신기
   하고 드문 법상(法相)의 인연을 듣기를 바라고자 하였다.

原文

爾時彌勒菩薩作[103]是念 今者世尊現神變相 以
何因緣而有此瑞? 今佛世尊入于三昧 是不可思
議 現希有事 當以問誰? 誰能答者? 復作此念
是文殊師利 法王之子[104] 已曾親近供養過去無
量諸佛 必應見此希有之相 我今當問

爾時比丘 比丘尼 優婆塞 優婆夷 及諸天 龍 鬼
神等 咸[105]作此念 是佛光明神通之相 今當問誰?

해석

이때에 미륵보살(彌勒菩薩)은 이런 생각을 하였다.

"이제 세존께서 신기(神奇)하게도 변화(變化)한 법
상(法相)을 드러내시니 어떤 인연(因緣)으로 이런
상서로움이 있는가? 이제 부처가 진여(眞如)인 선
정(禪定)에 증입(證入)하셨으니 불가사의(不可思議)

하고 드물게 보는 일이다. 당연히 누구에게 물어
야 하고 누가 대답해 줄 수 있겠는가?"

또 이런 생각을 하였다.

"문수사리(文殊師利)는 부처님의 위대한 제자로 일
찍이 과거의 무량(無量)한 부처님을 가까이에서 공
양(供養)하였으므로 반드시 이런 희유(希有)한 법상
을 보았을 것이므로 내가 지금 물어보아야겠다."

이때에 비구와 비구니, 우바새와 우바이, 모든 천신(天神)
과 용신(龍神), 귀신들까지도 모두 이런 생각을 하였다.

"부처님의 광명과 신통한 법상의 인연을 누구에
게 물어야 마땅할까?"

(5) 미륵보살이 자기가 본 부처님의 광명(光明)이 아비지옥
(阿鼻地獄)에서 유정천(有頂天)에 이르기까지와 동방 1만
8천세계를 비추는 정황(情況)을 상세히 묘사(描寫)하면서
문수사리보살에게 청중(聽衆)을 대표하여 이런 신기한
현상에 대한 설명을 해달라고 한다.

爾時彌勒菩薩 欲自決疑 又觀四衆比丘 比丘
尼 優婆塞 優婆夷 及諸天 龍 鬼神等衆會之心
而問文殊師利言 以何因緣而有此瑞神通之相
放大光明 照于東方萬八千土 悉見彼佛國界莊
嚴? 於是彌勒菩薩欲重宣此義 以偈問曰

文殊師利　　導師[106] 何故
眉間白毫　　大光普照
雨曼陀羅　　曼殊沙華
栴檀香風　　悅可[107] 衆心

以是因緣　　地皆嚴淨
而此世界　　六種震動
時四部衆　　咸皆歡喜
身意快然[108]　得未曾有[109]

眉間光明　　照于東方
萬八千土　　皆如金色
從阿鼻獄　　上至有頂[110]
諸世界中　　六道衆生[111]

生死所趣¹¹²⁾　善惡業緣¹¹³⁾
受報好醜　於此悉見¹¹⁴⁾
又觀諸佛　聖主師子¹¹⁵⁾
演說經典　微妙第一

其聲清淨　出柔軟音
教諸菩薩　無數億萬
梵音¹¹⁶⁾深妙　令人樂聞
各於世界　講說正法

種種因緣　以無量喻¹¹⁷⁾
照明¹¹⁸⁾佛法　開悟衆生
若人遭苦　厭老病死
為說涅槃　盡諸苦際¹¹⁹⁾

若人有福　曾供養佛
志求勝法　為說緣覺¹²⁰⁾
若有佛子¹²¹⁾　修種種行¹²²⁾
求無上慧　為說淨道¹²³⁾

文殊師利　我住於此

見聞若斯¹²⁴⁾　　及千億事
如是衆多　　今當略說
我見彼土　　恒沙菩薩¹²⁵⁾

種種因緣　　而求佛道
或有行施　　金銀珊瑚
真珠摩尼¹²⁶⁾　車璩馬腦¹²⁷⁾
金剛¹²⁸⁾諸珍　奴婢車乘¹²⁹⁾

寶飾輦輿¹³⁰⁾　歡喜布施¹³¹⁾
迴向¹³²⁾佛道　願得是乘¹³³⁾
三界¹³⁴⁾第一　諸佛所歎
或有菩薩　　駟馬¹³⁵⁾寶車

欄楯華蓋¹³⁶⁾　軒飾¹³⁷⁾布施
復見菩薩　　身肉手足
及妻子施　　求無上道¹³⁸⁾
又見菩薩　　頭目身體

欣樂施與　　求佛智慧
文殊師利　　我見諸王

往詣¹³⁹⁾佛所　　問無上道
便捨樂土¹⁴⁰⁾　　宮殿臣妾

剃除鬚髮　　而被¹⁴¹⁾法服¹⁴²⁾
或見菩薩　　而作比丘
獨處閑靜　　樂誦經典
又見菩薩　　勇猛精進

入於深山　　思惟佛道
又見離欲　　常處空閑
深修禪定¹⁴³⁾　　得五神通¹⁴⁴⁾又
見菩薩¹⁴⁵⁾　　安禪合掌¹⁴⁶⁾

以千萬偈　　讚諸法王
復見菩薩　　智深志固
能問諸佛　　聞悉受持¹⁴⁷⁾
又見佛子　　定慧¹⁴⁸⁾具足

以無量喻　　爲衆講法
欣樂說法　　化諸菩薩
破魔¹⁴⁹⁾兵衆　　而擊法鼓

又見菩薩　　　寂然宴默¹⁵⁰⁾

天龍恭敬　　　不以為喜
又見菩薩　　　處林放光
濟地獄苦¹⁵¹⁾　令入佛道
又見佛子　　　未嘗睡眠¹⁵²⁾

經行林中　　　勤求佛道
又見具戒¹⁵³⁾　威儀無缺
淨如寶珠　　　以求佛道
又見佛子　　　住忍辱力¹⁵⁴⁾

增上慢人¹⁵⁵⁾　惡罵捶打
皆悉能忍　　　以求佛道
又見菩薩　　　離諸戲笑¹⁵⁶⁾
及癡眷屬　　　親近智者

一心除亂　　　攝念¹⁵⁷⁾山林
億千萬歲　　　以求佛道
或見菩薩　　　餚饍飲食
百種湯藥　　　施佛及僧

名衣上服　　價直千萬
或無價衣　　施佛及僧
千萬億種　　栴檀寶舍[158]
衆妙臥具　　施佛及僧

清淨園林　　華菓茂盛
流泉浴池　　施佛及僧
如是等施　　種種微妙
歡喜無厭　　求無上道

或有菩薩　　說寂滅法
種種教詔[159]　無數衆生
或見菩薩　　觀諸法性
無有二相[160]　猶如虛空[161]

又見佛子　　心無所著[162]
以此妙慧　　求無上道
文殊師利　　又有菩薩
佛滅度後　　供養舍利

又見佛子　　造諸塔廟

無數恒沙　　嚴飾國界[163)

寶塔高妙　　五千由旬[164)

縱廣正等[165)　　二千由旬

一一塔廟　　各千幢幡[166)

珠交露幔[167)　　寶鈴和鳴

諸天龍神　　人及非人

香華伎樂　　常以供養

文殊師利　　諸佛子等

爲供舍利　　嚴飾塔廟

國界自然　　殊特妙好

如天樹王[168)　　其華開敷[169)

佛放一光　　我及衆會

見此國界　　種種殊妙

諸佛神力　　智慧希有

放一淨光　　照無量國

我等見此　　得未曾有

佛子文殊　　願[170)決衆疑

四衆欣仰　　瞻仁¹⁷¹⁾及我
世尊何故　　放斯光明

佛子時答¹⁷²⁾　決疑令喜
何所饒益¹⁷³⁾　演斯光明
佛坐道場¹⁷⁴⁾　所得妙法
為欲說此　　為當授記¹⁷⁵⁾

示諸佛土　　衆寶嚴淨
及見諸佛　　此非小緣
文殊當知　　四衆龍神
瞻察仁者¹⁷⁶⁾　為說何等

해석

　이때에 미륵보살이 자기 의문도 해결하고 또한 사부대중(四部大衆)인 비구와 비구니·우바새와 우바이·천신과 용신·귀신들 모두의 마음을 알고는 문수사리에게 물었다.

　"어떤 인연으로 이런 상서(祥瑞)롭고 신통(神通)한 법상으로 위대한 광명을 일으켜 동쪽으로 1만 8천 국토를 비추어 다른 부처님 세계의 장엄(莊嚴)

함을 볼 수 있습니까?"

이에 미륵보살은 재차 자기의 이런 뜻을 펼치려고 게송
으로 물었다.

문수사리보살이여!
도사(導師)인 부처님께서는 어떤 까닭으로
양미간의 백호상(白毫相)에서
큰 광명을 드러내어 세계를 비추시며
하늘에서 만다라꽃과 만수사꽃도 내리고
전단향 향기로운 바람으로
중생들의 마음을 기쁘게 하십니까?

이런 인연으로 대지 모두는 엄정(嚴淨)하며
이 세계가 6가지로 진동(震動)하니
그때에 사부대중이 모두 환희(歡喜)하고
신심(身心)도 쾌연(快然)하면서
미증유(未曾有)함을 얻었다네.

미간(眉間)에서 드러낸 광명(光明)
동쪽으로 멀리 비추어

1만 8천 국토마다 금빛으로 가득하네.
아래로는 아비지옥(阿鼻地獄)에서
위로는 유정천(有頂天)에 이르기까지
모든 세계에 있는
윤회하는 육도중생까지 미치었다네.

생사(生死)하면서 달려가는 곳은
선악업(善惡業)에 인연하며
받는 과보(果報)의 추호(醜好)도 이로써 모두 보신다네.
또 보이는 모든 부처와 성주(聖主) 사자들이
연설(演說)하는 경전은 미묘(微妙)하기 제일이라네.

음성(音聲)은 청정(淸淨)하고
유연(柔軟)한 음성으로
무수(無數)한 억만(億萬)의 보살들을 교화(敎化)하며,
범음(梵音)은 심오(深奧)하고 미묘(微妙)하여
사람들이 즐겨 들으며,
세계의 곳곳에서 정법(正法)을 강설(講說)하시네.

갖가지 인연(因緣)과 무량(無量)한 비유(譬喻)로
불법(佛法)을 설명하여 중생들을 깨우치게 하시네.

사람들이 고뇌(苦惱)를 만나면
늙고 병들고 죽는 것을 싫어하니
열반(涅槃)을 설명하여 모든 괴로움을 끊게 하네.

만약 복(福)이 있는 사람이 있어
일찍이 부처님께 공양(供養)하며,
훌륭한 진리를 구하면 연각법(緣覺法)을 말해주며,
만약 불자(佛子)가 갖가지 수행을 하면서
무상(無上)한 지혜를 구하면
청정(淸淨)한 진리를 말해주네.

문수사리보살아!
내가 여기에 머물면서 보고 들은 게
이와 같은 천억(千億)의 일들과
모든 중생들의 일들을 이제 간략하게 말하겠다.
내가 본 저 국토의 갠지스강의
모래 수와 같은 보살들이
갖가지 인연으로 불도(佛道)를 구하거나
혹은 보시(布施)를 실천하여 금은(金銀)과 산호(珊瑚)
진주(眞珠)와 마니주(摩尼珠), 차거(硨磲)와 마뇌(碼碯)
금강석과 여러 진귀한 물건과

노비(奴婢)와 차승(車乘)

보배로 장식한 연가마를 환희(歡喜)하면서 보시하며,
불도(佛道)에 회향(廻向)하며 불승(佛乘)을 깨달으면
삼계에서 제일(第一)인 모든 부처가 찬탄(讚歎)하며,
혹 어떤 보살은 네 말이 끄는 보배 수레.

난간(欄杆)과 화려하게 꾸민 차개(車蓋)까지 보시하며,
또 어떤 보살은 몸과 수족같은 자기 재물을 보시하고
처자(妻子)의 재물까지도 보시하면서
무상도(無上道)를 갈구하네.
또 어떤 보살은 수족(手足)과 머리까지도 보시하며,

흔쾌(欣快)히 즐겨 보시(布施)하면서
부처님의 지혜를 구하네.
문수사리야! 내가 보는 모든 왕들은
부처님 처소(處所)에 다가가
무상도(無上道)를 여쭙고자
오욕(五欲)을 즐기던 국토와 궁전(宮殿)과
신첩(臣妾)까지 버리고

출가(出家)하여 머리를 깎고 법복(法服)을 걸치며,

어떤 보살은 비구(比丘)가 되어

혼자 한적(閑寂)하고 조용한 곳에 있으면서

경전을 즐겨 외우며,

또 어떤 보살은 용맹(勇猛)스럽게 정진(精進)하면서

깊은 산에 들어가 불도(佛道)를 사유(思惟)하며,

또 어떤 사람들은 욕망(欲望)도 저버리고

항상 한적한 곳에 머물며,

깊이 선정(禪定)을 수행하여

오신통(五神通)을 증득하며,

또 어떤 보살들은

선정(禪定)에 안주(安住)하면서 합장(合掌)하며,

천만 가지 게송(偈頌)으로 부처님을 찬탄(讚歎)하며,

또 어떤 보살들은 지혜(智慧)가 깊고

의지(意志)가 견고(堅固)하여

모든 것을 부처님께 여쭙고

들은 것 모두를 수지(受持)하며,

또 어떤 불자(佛子)들은

선정(禪定)과 지혜(智慧) 구족하여

무량(無量)한 비유로 대중을 위해 설법(說法)하며,

흔쾌히 설법하는 것을 즐기면서

모든 보살을 교화(敎化)하며,

마군(魔軍) 무리들을 없애려고

법고(法鼓)를 두드리네.

또 어떤 보살들은 적묵(寂默)하고 편안하게 앉아서

천룡(天龍)이 공경(恭敬)해도 기뻐하지 않으며,

또 보살을 보니 숲 속에서도 광명(光明)을 드리우며,

지옥 고뇌(苦惱)를 제도(濟度)하여

불도(佛道)에 들어오게 하며,

또 불자(佛子)를 보니 잠도 자지 않으면서

숲속을 거닐면서도 불도(佛道)를 간절히 갈구하며,

또 구족계(具足戒)를 드러내어

위의(威儀)가 흠이 없어

청정(淸淨)함이 보배로운 구슬과 같이 하며,

불도를 구하네.

또 불자(佛子)를 보니 인욕(忍辱)의 능력에 머물면서

오만(傲慢)에 가득 찬 사람이 욕하고 때리더라도

모든 것을 참으면서 불도를 간구(懇求)하며,

또 보살들은 모든 희롱(戲弄)과 비웃음과
어리석은 권속(眷屬)도 저버리고
슬기로운 사람에 친근(親近)하네.

일심(一心)으로 산란한 마음을 없애고
산림에서도 마음을 집중하며,
억천(億千) 만세(萬歲)를 지내면서도
불도를 간구(懇求)하며,
어떤 보살들은 맛있는 반찬과 음식들과
많은 탕약(湯藥)들을 부처님과 스님들께 보시하네.

훌륭한 의복(衣服)의 가치는 천만(千萬)으로 귀중하며,
혹은 가치를 따질 수 없는 옷도
부처님과 스님들께 보시하네.
천만억 종류의 전단(旃檀)으로 지은 집과
여러 가지 모든 침구(寢具)도
부처님과 스님들께 보시하네.
청정한 정원(庭園)과 숲에는 꽃과 과일이 무성(茂盛)하며,
흐르는 샘물과 목욕하는 연못도
부처님과 스님들께 보시하네.
이와 같은 보시(布施)는 갖가지로 미묘(微妙)하며,

환희하는 마음으로 만족하면서
무상도(無上道)를 간구하네.

혹은 보살들이 적멸법(寂滅法)을 말하면서
갖가지로 무수(無數)한 중생(衆生)을 교도(敎導)하며,
혹은 보살들이 모든 법성(法性)을 관조(觀照)하면서
이상(二相)이 없게 되니 허공(虛空)과 같아지네.

또 보니 어떤 불자는 염착(染著)하는 마음이 없으며,
미묘(微妙)한 지혜로 무상도를 간구하네.
문수사리여! 또 보살이 있으니
부처가 멸도(滅度)한 후에 사리(舍利)를 공양하며,
또 보니 어떤 불자는 모든 탑묘(塔廟)를 조성하고
무수(無數)한 항사(恒沙)로 세계를 장엄하게 장식하며,
보배로운 탑은 높고도 신묘하여 5천 유순(由旬)이며,
종횡으로 방정(方正)하여 2천 유순이라네.

하나하나의 탑묘(塔廟)마다
당(幢)과 번(幡)이 1천이며,
진주로 만든 교로만(交露幔)에
보배로운 방울이 울리며,

천신(天神)과 용신(龍神)들과 인간과 비인(非人)들이
향과 꽃과 기악(伎樂)으로 항상 공양한다네.

문수사리여! 모든 불자들이
사리를 공양하려고 탑묘를 장엄하게 꾸몄으니
이런 세계는 저절로 특수(特殊)하고
아름답고 미묘(微妙)하며
도리천(忉利天)의 수왕에게도 꽃이 핀 듯하네.

부처가 놓으신 하나의 광명은
나와 모든 회중(會衆)에 미치었으며,
이 세계에 갖가지 수승(殊勝)하고
신묘(神妙)함을 드러냈도다.
모든 부처님의 신통력(神通力)과
지혜(智慧)는 희유(稀有)하니
하나의 청정(淸淨)한 광명으로
무량한 나라를 비추는구나.

우리들은 이를 보고는 미증유(未曾有)함을 얻었으며,
불자인 문수사리야!
모두의 의혹(疑惑)을 해결해 주기를 바라네.

사부대중들이 그대와 나를 받들고
우러르며 첨앙(瞻仰)하니
세존은 어떤 까닭에 이런 광명을 놓으시는가?

불자는 즉시 회답(回答)하여
의혹을 풀어 기쁘게 하소서.
어떤 이익됨이 있기에
이런 광명을 연출(演出)하였는가?
부처는 도량에 앉으시어 증득한 미묘한 법을
말씀하시려 하는 것입니까?
수기(授記)하려 하시는 것입니까?
모든 불국토가 모든 보배로 엄정(嚴淨)하며,
모든 부처님을 뵙는 것은 적은 인연이 아닙니다.
문수사리여! 당연히 사부대중과 용신(龍神)까지도
당신을 첨앙(瞻仰)하며 우러르고 있으니
어떤 것인지 말하소서.

⑹ 문수보살이 대중들에게 말하기를 이런 일련의 정황들
은 위대한 법을 강설(講說)하려고 하는 것이니 장차 듣
게 될 것이라고 말한다.

爾時文殊師利語[177]彌勒菩薩摩訶薩[178]及諸大
士[179] 善男子[180]等 如我惟忖[181] 今佛世尊欲說大
法 雨大法雨[182] 吹大法螺[183] 擊大法鼓 演大法義
諸善男子 我於過去諸佛 曾見此瑞 放斯光已[184]
即說大法 是故當知 今佛現光 亦復如是 欲令衆
生 咸得聞知[185]一切世間難信之法[186] 故現斯瑞

諸善男子 如過去無量無邊不可思議阿僧祇
劫[187] 爾時有佛 號日月燈明[188]如來[189] 應供[190] 正
遍知[191] 明行足[192] 善逝[193]世間解[194] 無上士[195] 調
御丈夫[196] 天人師[197] 佛 世尊[198] 演說正法 初善中
善後善[199] 其義深遠 其語巧妙 純一無雜 具足清
白梵行[200]之相 為求聲聞者[201]說應四諦法[202] 度
生老病死 究竟涅槃 為求辟支佛者[203]說應十二
因緣法[204] 為諸菩薩說應六波羅蜜[205] 令得阿耨
多羅三藐三菩提 成一切種智[206]

次復有佛亦名日月燈明 次復有佛亦名日月燈
明 如是二萬佛 皆同一字 號日月燈明 又同一姓
姓頗羅墮[207] 彌勒當知 初佛後佛 皆同一字 名日
月燈明 十號具足 所可說法 初中後善 其最後佛
未出家時有八王子 一名有意 二名善意 三名無

量意 四名寶意 五名增意 六名除疑意 七名嚮意
八名法意 是八王子 威德自在 各領四天下²⁰⁸⁾ 是
諸王子 聞父出家 得阿耨多羅三藐三菩提 悉捨
王位亦隨出家 發大乘意²⁰⁹⁾ 常修梵行 皆為法師
已於千萬佛所 殖諸善本

　是時日月燈明佛說大乘經 名無量義 教菩薩法
佛所護念 說是經已 即於大眾中結加趺坐 入於
無量義處三昧 身心不動 是時 天雨曼陀羅華 摩
訶曼陀羅華 曼殊沙華 摩訶曼殊沙華 而散佛上
及諸大眾 普佛世界 六種震動 爾時會中 比丘
比丘尼 優婆塞 優婆夷 天 龍 夜叉 乾闥婆 阿修
羅 迦樓羅 緊那羅 摩睺羅伽 人非人 及諸小王
轉輪聖王等 是諸大眾 得未曾有 歡喜合掌 一心
觀佛

　爾時如來放眉間白毫相光 照東方萬八千佛土
靡不周遍 如今所見是諸佛土 彌勒當知 爾時會
中 有二十億菩薩樂欲聽法 是諸菩薩 見此光明
普照佛土 得未曾有 欲知此光所為因緣 時有菩
薩 名曰妙光²¹⁰⁾ 有八百弟子 是時日月燈明佛從
三昧起²¹¹⁾ 因妙光菩薩 說大乘經 名妙法蓮華 教
菩薩法 佛所護念 六十小劫²¹²⁾ 不起于座 時會聽

者亦坐一處 六十小劫身心不動 聽佛所說 謂如
食頃[213] 是時衆中 無有一人若[214]身若心而生懈倦
 日月燈明佛於六十小劫說是經已 即於梵 魔[215]
沙門[216] 婆羅門[217] 及天 人 阿修羅衆中 而宣此
言 如來於今日中夜 當入無餘涅槃[218] 時有菩薩
名曰德藏 日月燈明佛即授其記[219] 告諸比丘 是
德藏菩薩 次當作佛 號曰淨身多陀阿伽度[220] 阿
羅詞[221] 三藐三佛陀[222] 佛授記已 便於中夜 入無
餘涅槃 佛滅度後 妙光菩薩持妙法蓮華經 滿
八十小劫為人演說 日月燈明佛八子皆師[223]妙光
妙光教化令其堅固阿耨多羅三藐三菩提 是諸王
子 供養無量百千萬億佛已 皆成佛道 其最後成
佛者 名曰燃燈[224] 八百弟子中 有一人號曰求
名[225] 貪著利養[226] 雖復讀誦衆經 而不通利[227] 多
所忘失 故號求名 是人亦以種諸善根因緣故 得
值無量百千萬億諸佛 供養 恭敬 尊重 讚歎 彌
勒當知 爾時妙光菩薩豈異人[228]乎? 我身是也
求名菩薩 汝身是也 今見此瑞 與本[229]無異 是故
惟忖 今日如來當說大乘經 名妙法蓮華 教菩薩
法 佛所護念

이때에 문수사리보살이 미륵보살과 모든 대사들에게 말하기를, "선남자(善男子)들이여! 이제 내가 촌탁(忖度: 남의 마음을 미루어서 헤아림)하기로는 부처인 세존께서 위대한 불법(佛法)을 설명하시려고 큰 법우(法雨)를 내리시고 큰 법라(法螺)를 부시고 큰 법고(法鼓)를 울리시며, 위대한 법의 의미를 연설하실 것이다.

모든 선남자들이여! 나는 일찍이 과거의 모든 부처님에게서 이런 상서(祥瑞)로운 정황(情況)을 보았는데, 광명을 놓으시고는 바로 위대한 법을 설명하셨다. 그러므로 이제 부처님이 광명을 놓으신 것도 역시 이와 같아서 중생들 모두가 일체 세간에서 믿기 어려운 법을 들어서 알게 하려는 까닭으로 이런 상서로움을 나타내셨을 것이다."

모든 선남자들이여! 과거 무량(無量)하고 무변(無邊)하여 불가사의(不可思議)한 아승기겁(阿僧祇劫) 전에 그때에 부처가 계셨으니 이름이 일월등명여래(日月燈明如來)·응공(應供)·정변지(正遍知)·선서(善逝)·세간해(世間解)·무상사(無上士)·조어장부(調御丈夫)·천인사(天人師)·명행족(明行足)·불(佛)·세존(佛·世尊)이었다. 정법을 연설하시니 처음에도 옳았고 중간에도 옳았으며 나중에도 옳아 그 의의가 심원(深遠)하였으며, 말은 공교(工巧)하고 미묘(微妙)하면서 순일(純一)하여 잡란(雜亂)하지 않은 청정한 행위를 구족(具足)하였다. 성문(聲聞)을 간구(懇求)하는 사람을 위하여서는 사제법(四諦法)을 말하여 생로병사를 제도(濟度)하여 궁극에 열반하게 하며, 벽지불(辟支佛)을 간구하는 사람을 위하여서는 12인연법(因緣法)을 말하며, 모든 보살을 위해서는 6바라밀(波羅蜜)을 말하시어 아뇩다라삼먁삼보리를 증득하여 일체종지(一切種智)를 성취하게 하였다.

다른 부처님이 계셨으니 이름은 역시 일월등명(日月燈明)이고 다음에 또 부처님이 계셨으니 이름이 역시 일월등명이었다. 이처럼 2만의 부처님이 모두 하나의 일월등명이라고 말하였으며, 또 성(姓)도 같아서 파라타(頗羅墮)였다.

미륵은 알아야 합니다. 첫 부처님이나 나중 부처님 모두가 하나같이 일월등명이라고 이름하며 10가지 명호(名號)를 구족하면서 설법(說法)하신 법문도 처음과 중간 그리고 나중도 모두 옳았다네.

최후의 부처님께서 출가(出家)하시기 전에 8왕자가 있었는데, 이름은 유의(有意: Mati), 선의(善意: Sumati), 무량의(無量意: Anantamati), 보의(寶意: Ratnamati), 증의(增意: Visesamati), 제의의(除疑意: Vimatisamudghatin), 향의(響意: Ghosamati), 법의(法意: Dharmamati)였다. 이 8왕자는 위덕(威德)이 자재하여 제각기 사천하(四天下)를 거느렸으나 이

모든 왕자들이 아버지가 출가(出家)하여 아뇩다라삼먁삼보리를 증득하셨다는 것을 듣고는 모두가 왕위(王位)도 버리고 출가하여 대승(大乘) 보살의 의지(意志)를 드러내고 항상 청정한 행동을 수습(修習)하여 모두가 법사(法師)가 되었는데, 이미 천만의 부처님 처소에서 모든 선근(善根)을 심었던 것이다.

이때에 일월등명 부처가 대승경전(大乘經典)을 말씀하셨는데, 무량의경(無量義經)은 보살을 교화(敎化)하는 법이며 부처께서 호념(護念)하시는 경전이었다. 이 경전을 설법하여 마치고는 바로 대중 속에서 결가부좌(結跏趺坐)하시고 무량의처삼매(無量義處三昧)에 증입하시어 신심(身心)이 움직이지 않으셨다. 이때에 하늘에서는 만다라화와 마하만다라화, 만수사화와 마하만수사화가 내려와 부처님 머리와 모든 대중 위에 흩뿌리자 넓은 부처님 세계가 여섯 가지로 진동(震動)하였다. 이때에 회중에 있던 비구와 비구니, 우바새와 우바이, 천룡과 야차, 건달바와 가루라, 긴나라와 마후라가, 인비인(人非人)과 모든 작은 나라의 국왕과 전륜성왕에 이르기까지 모든 대중들이 미증유(未曾有)함을 얻고는 환희하면서 합장하고는 오롯한 마음으로 부처님을 응시(凝視)하고 있었다.

이때에 여래께서 미간(眉間)의 백호상(白毫相)으로 광명을 드러내시어 동쪽으로 1만 8천 불국토를 비추니 고르지 않음이 없었는데 지금 보이는 모든 불국토와 같았다. 미륵은 알아야 합니다. 그때 모인 대중 가운데 20억 보살이 즐겨 법을 들으려고 하다가 이 광명이 널리 부처님 세계를 고르게 비추는 것을 보고는 일찍이 없던 일이라고 하면서 이 광명이 비추는 인연을 알고자 하였다. 이때에 보살이 있었으니 이름은 묘광(妙光)이었으며 800명의 제자가 있었다. 이때에 일월등명부처가 삼매에서 일어나 묘광보살로 인(因)하여 대승경전을 말씀하시니 묘법연화경(妙法蓮華經)으로, 보살을 가르치는 법이며, 부처님이 호념하는 것으로 60소겁(小劫)을 자리에서 일어나지 않으셨다. 이때에 회중에 청중도 역시 한 자리에서 60소겁 동안을 신심(身心)이 움직이지 않고 앉아서 부처님 말씀을 듣기를 한 식경(食頃)이라 생각하였다. 이때에 회중에 한 사람도 신심(身心)에서 게으르거나 나태한 마음을 일으키지 않았다.

일월등명부처가 60소겁(小劫) 동안 이 경전을 설법하신 후 범천(梵天)과 마군(魔軍), 사문(沙門)과 바라문(婆羅門), 천·인(天·人)과 아수라(阿修羅)들이 모인 가운데에서 이런 말을 선포(宣布)하였다.

"여래께서 오늘 밤에 무여열반(無餘涅槃: 寂滅)에 들어가신다."

이때에 한 보살이 있었으니 이름은 덕장(德藏)이고 일월등명부처께서 그에게 수기(授記)를 주시면서 모든 비구들에게 말하기를 "이 덕장보살은 장차 부처가 될 것이니 그 이름은 정신다타아가도(淨身多陀阿伽度)·아라하(阿羅訶)·삼먁삼불타(三藐三佛陀)라고 하여라." 하였다.

부처님께서 수기를 마치시고는 갑자기 밤에 무여열반에 적멸(寂滅)하였다. 부처님께서 멸도하신 후 묘광보살이 묘법연화경을 수지(受持)하고 80소겁이 다하도록 사람들을 위하여 연설하였다. 일월등명부처님의 8왕자 모두는 묘광보살을 스승으로 삼았고 묘광보살은 그들을 교화하여 아뇩다라삼먁삼보리를 견고(堅固)하게 하였다. 이 모든 왕자들은 한량없는 백천 만억의 부처님께 공양하여 불도를 모두 성취(成就)하였으며, 최후에 성불한 사람을 연등(然燈)이라고 하였다.

8백 제자 중에 한 사람의 이름이 구명(求名)이었으니 이양(利養)에 탐착(貪着)하였으며 비록 많은 경전을 읽더라도 명백하게 깨닫지 못하고 많은 것을 잊어버렸으므로 구명이라고 이름 지었다. 이 사람 역시 선근(善根)을 많이 심은 인연으로 한량없는 백천만억 부처님을 만나 뵙고 공양(供養)하고 공경(恭敬)하며, 존중(尊重)하고 찬탄(讚歎)하였다.

"미륵아, 당연히 알아야 한다. 이때에 묘광보살이 어찌 다른 사람이겠느냐? 내 자신이 묘광이고 구명보살은 그대이다. 지금 이런 상서로움을 보니 근본과 다르지 않으니 그러므로 생각해 보아라. 지금 여래가 당연히 대승경전을 말씀하실 것이니 이름이 묘법연화경이며, 보살을 교화하는 법이며, 부처께서 호념하는 경전이다."

(7) 문수사리가 게송(偈頌)의 형식을 빌려 다시 자기가 듣고 본 바를 말하고 아울러 부처님이 묘법연화경을 강의할 것이니 대중들은 인내심을 가지고 기다리면 불법을 듣게 된다고 하였다.

原文

爾時文殊師利於大衆中 欲重宣此義 而說偈言

我念過去世　無量無數劫
有佛人中尊　號日月燈明
世尊演說法　度無量衆生
無數億菩薩　令入佛智慧

佛未出家時　所生八王子
見大聖[230]出家 亦隨修梵行
時佛說大乘　經名無量義

於諸大眾中　　而為廣分別[231]

佛說此經已　　即於法座上
加趺坐三昧　　名無量義處
天雨曼陀華　　天鼓自然鳴
諸天龍鬼神　　供養人中尊

一切諸佛土　　即時大震動
佛放眉間光　　現諸希有事
此光照東方　　萬八千佛土
示一切眾生　　生死業報處

有見諸佛土　　以眾寶莊嚴
琉璃頗梨[232]色　斯由佛光照
及見諸天人　　龍神夜叉眾
乾闥緊那羅　　各供養其佛

又見諸如來　　自然成佛道
身色如金山　　端嚴甚微妙
如淨琉璃中　　內現真金像
世尊在大眾　　敷演[233]深法義

一一諸佛土　聲聞衆無數
因佛光所照　悉見彼大衆
或有諸比丘　在於山林中
精進持淨戒²³⁴⁾　猶如護明珠

又見諸菩薩　行施忍辱等
其數如恒沙　斯由佛光照
又見諸菩薩　深入諸禪定
身心寂不動　以求無上道

又見諸菩薩　知法寂滅相²³⁵⁾
各於其國土　說法求佛道
爾時四部衆　見日月燈佛
現大神通力　其心皆歡喜

各各自相問　是事何因緣?
天人所奉尊²³⁶⁾　適²³⁷⁾從三昧起
讚妙光菩薩　汝為世間眼²³⁸⁾
一切所歸信　能奉持法藏²³⁹⁾

如我所說法　唯汝能證知²⁴⁰⁾

世尊既讚歎　　令妙光歡喜
說是法華經　　滿六十小劫
不起於此座　　所說上妙法

是妙光法師　　悉皆能受持
佛說是法華　　令衆歡喜已
尋[241]即於是日　告於天人衆
諸法實相義[242]　已爲汝等說

我今於中夜　　當入於涅槃
汝一心精進　　當離於放逸
諸佛甚難値　　億劫時一遇
世尊諸子等　　聞佛入涅槃

各各懷悲惱　　佛滅一何速
聖主法之王　　安慰無量衆
我若滅度時　　汝等勿憂怖
是德藏菩薩　　於無漏實相[243]

心已得通達　　其次當作佛
號曰爲淨身　　亦度無量衆

佛此夜滅度　　如薪盡火滅
分布諸舍利　　而起無量塔

比丘比丘尼　　其數如恒沙
倍復加精進　　以求無上道
是妙光法師　　奉持佛法藏
八十小劫中　　廣宣法華經

是諸八王子　　妙光所開化[244]
堅固無上道　　當見無數佛
供養諸佛已　　隨順行大道
相繼得成佛　　轉次[245]而授記

最後天中天[246]　　號曰燃燈佛
諸仙[247]之導師　　度脫無量衆
是妙光法師　　時有一弟子
心常懷懈怠　　貪著於名利

求名利無厭　　多遊族姓家[248]
棄捨所習誦　　廢忘不通利
以是因緣故　　號之為求名

亦行衆善業　　得見無數佛

供養於諸佛　　隨順行大道
具六波羅蜜　　今見釋師子[249)]
其後當作佛　　號名曰彌勒
廣度諸衆生　　其數無有量

彼佛滅度後　　懈怠者汝是
妙光法師者　　今則我身是
我見燈明佛　　本光瑞如此
以是知今佛　　欲說法華經

今相如本瑞　　是諸佛方便
今佛放光明　　助發實相義
諸人今當知　　合掌一心待
佛當雨法雨　　充足求道者

諸求三乘人　　若有疑悔者
佛當為除斷　　令盡無有餘

이때에 문수사리보살이 대중 속에서 이 뜻을 거듭 선포(宣布)하시려고 게송으로 말하였다.

내가 과거세(過去世)의 무량하고
무수한 겁을 생각해보니
부처가 계셨으니 사람들 속에서
존귀하신 일월등명(日月燈明)이었다.
세존께서 법을 연설(演說)하시어 무량 중생 제도하니
무수(無數) 억(億) 보살들이
부처 지혜에 증입(證入)하였다.

그 부처께서 출가(出家)하기 전에 낳으신 8왕자
대성(大聖)이 출가하신 것 보고
역시 따라서 범행(梵行)을 수습하며,
이때에 부처께서 대승경전 설법하시니
무량의경(無量義經)이었다.
이에 모든 대중들이 널리 분별하였다.
부처님께서 이 경전을
모두 설법하시고 법좌(法座)에서
결가부좌하시면서 삼매(三昧)에 드시니

무량의처(無量義處)였다.
하늘에서는 만다라 꽃 내리고
하늘 북이 저절로 울리니
모든 천룡과 귀신도 사람 가운데
최고인 분에게 공양하는구나.

일체의 모든 불국토가 바로 크게 진동(震動)하고
부처님은 미간(眉間)에서 광명을 놓으시자
모든 희유한 일들을 드러났다.
이 광명 동쪽으로 1만 8천 불국토를 비추니
일체 중생의 생사(生死)와
업보처(業報處)를 개시(開示)하였다.

보이는 모든 불국토는 모든 보배로 장엄하며,
유리 빛과 파리 빛은 부처 광명 비춰보게 되고
모든 천인(天人)과 용신(龍神)과 야차(夜叉) 무리들과
건달바와 긴나라도 보이는데
제각기 부처님께 공양하였다.

모든 여래(如來)께서
저절로 성불하는 진리를 드러내고

몸의 색이 금산(金山)과 같아 단엄(端嚴)하고
매우 미묘(微妙)하네.
깨끗한 유리병 속에 황금 빛 상(像)을 드러내듯
세존도 대중과 함께 계시면서
심오한 법의 뜻을 분석하며 말씀하신다.

하나하나의 불국토(佛國土)에 무수한 성문(聲聞) 대중
부처님의 광명으로 비춰 보니
모두가 그 대중들이었다.
혹 여러 비구(比丘)들은 산림(山林) 속에 있으면서
정진하며 수지한 청정한 계율
맑은 구슬 보호(保護)하듯 하네.

또 보이는 모든 보살이 보시(布施)와
인욕행(忍辱行)을 실천하며,
그 수가 항하(恒河)의 모래 같음을
부처 광명으로 보게 되네.
또 보이는 보살은
깊이 모든 선정(禪定)에 진입(進入)하여
신심(身心)이 적연(寂然)하고 부동하면서
무상도(無上道)를 간구하네.

또 보이는 모든 보살은 법(法)의 적멸상(寂滅相)을 알고
제각기 그 국토에서 설법하면서 불도를 간구하네.
이때에 사부대중(四部大衆)들이 일월등부처님이
위대한 신통력을 드러내는 것을
마음으로 모두 환희하였다네.

제각각 서로 묻기를 '이것은 어떤 인연인가?'
천인(天人)이 존숭하는 사람은
때마침 삼매에서 일어나
묘광보살을 찬탄하기를
"그대가 세간(世間)의 안목(眼目)이 되니
일체가 귀의하여 믿으면서
법장(法藏)을 받들고 수지하였다."

내가 말한 법과 같이 그대들은
긍정(肯定)하여 증지(證知)하여라.
세존께서 찬탄(讚歎)하시니
묘광보살도 환희(歡喜)하며,
이 법화경을 말하시고 60소겁(小劫)이 지나도록
자리에서 일어나지 않고 말씀하신 최고의 신묘한 법.

묘광법사께서는 이 모두를 수지(受持)하였다.

부처님께서 이 법화경을 설법하시자

중생 모두가 환희하며

오래지 않은 날에

천인(天人)들에게 선포(宣布)하시기를

"모든 법의 실상(實相)의 뜻을 그대들 위해 말했으니

나는 오늘 밤이 깊어지면 멸도(滅度)할 것이니

그대들은 일심(一心)으로 정진하며

방일(放逸)하지 말아라.

모든 부처 만나 뵙기 어려우니

억겁(億劫) 지나 만나볼까?"

세존의 모든 제자들 부처가 멸도함을 듣고는

제각각 우비고뇌(憂悲苦惱) 간직하며,

부처 멸도 어찌 이리도 빠른가.

성주(聖主)이신 법왕께서 무량한 중생

위로(慰勞)하여 말하기를

"내가 멸도(滅度)하더라도

그대들은 두려워하지 말라.

이 덕장보살(德藏菩薩)이 번뇌없는 실상으로

마음이 통달(通達)한 다음에 부처가 된다면
이름은 정신(淨身)부처님으로
역시 무량한 중생 제도하네."
부처가 오늘밤에 멸도(滅度)하며,
땔나무 다하고 불 꺼지면
모든 사리(舍利) 분포(分布)하여
무량한 탑을 세워라.

비구와 비구니 그 수도 항하의 모래 수와 같아서
더욱더 정진(精進)하여 무상도를 간구하자
이에 묘광법사께서
부처님 법장(法藏)을 받들어 모시고
80소겁 긴 세월 널리 법화경을 선포하셨다네.

그때 8왕자 모두는 묘광법사의 가르침과 지도 받아
견고(堅固)한 무상도로
당연히 무수한 부처님 뵈었다네.
모든 부처님 공양하고 수순(隨順)하게
위대한 진리 실천하며,
서로 차례대로 성불(成佛)하고
서로 이어 수기(授記)하였다네.

최후의 천중천(天中天)은 이름이 연등불(燃燈佛)로
모든 수행인(修行人)의 우두머리 되어
무량한 중생 도탈(度脫)하네.
이 묘광법사에게는 한 제자 있었으니
마음은 항상 해태(懈怠)하며
명리(名利)를 탐착(貪着)하네.

명리(名利)를 구하는 것에서 만족하지 않고
권문세가를 드나들며
경전을 습송(習誦)하는 것도 다하지 않아
명백(明白)하게 알지 못하였네.
이런 인연으로 이름이 구명(求名)이라 하였다.
역시 모든 선업(善業)을 실천하며,
무수한 부처님을 만나 뵙고
모든 부처님께 공양(供養)하면서
수순하게 대도(大道)를 실천하며,

육바라밀(六波羅蜜)을 구족하여
이제 석사자(釋師子)로 나타나서
그 후에 부처님이 될 것이니
이름이 미륵(彌勒)이라 하네.

널리 모든 중생 제도하면
그 수가 헤아릴 수 없으리라.

부처님이 멸도(滅度)한 후에
해태(懈怠)한 사람은 그대이고
묘광법사는 여기 있는 나(我)이니
내가 본 등명(燈明)부처님은
본래 서광(瑞光)이 이렇다네.
이로써 현재 부처 알게 하려고 법화경을 말하리라.

이제 상서(祥瑞)로운 상은
본래 서광과 같이 모든 부처 방편이며,
이제 부처가 광명(光明)을 놓아서
실상의(實相義)를 도와 드러내네.
그대들은 바로 알고 일심(一心)으로
합장하고 기다린다면
부처님은 법우(法雨)를 내리어서
구도자를 충족하게 할 것이네.
삼승법(三乘法)을 간구하는 사람들이
만약 의혹이 있다 하면
부처님은 제단(除斷)하여 남김없이 없애 주리라.

1) 標格: 기품. 풍도(風度). 모범(模範). 본보기로 써놓은 격식(格式).

2) 黑山: 선용어(禪用語)이다. 집착하는 정식(情識)과 분별작용(分別作用)이
   흑산(黑山) 암혈(巖穴)에 매몰되어 있는 것과 같이 불법(佛法)에도 움직이
   지 않는다는 의미이다.

3) 狐疑: 의심을 품음. 의심이 많아 선뜻 결정하지 못하고 머뭇거림.

4) 沙塞: 북방지역에 있는 요새(要塞).

5) 如是我聞: 경전 서문에 나오는 전형적인 문구로 싼스끄리뜨어 evaṃ
   mayā śrutam의 해석이다. 시(是)는 대명사이고 아(我)는 불경을 기록
   하고 정리한 사람으로 아난을 말한다. 그러나 설법(說法)할 때를 말하
   면 청중(聽衆)을 말한다고 할 수 있다.

6) 一時: 설법을 시작하면서 끝날 때까지를 말한다. 싼스끄리뜨어
   ekasmin samaye의 번역.

7) 佛: 깨달음이라 번역(翻譯)하며 성상(性相)을 확연히 깨달은 것을 말한다.

8) 王舍城: Rajāgṛha. 중인도 말갈타국의 수도이다. 불교 성지의 하나이다.

9) 耆闍崛山: Gṛdhrakuṭa parvata. 영축산(靈鷲山). 독수리가 영성(靈性)
   이 있어서 이 산에 모여 살았다고 한다.

10) 比丘: bhikṣu. 남성으로 출가 수행하는 사람을 말한다. 여성은 비구
    니(比丘尼)로 bhikṣuni라 한다.

11) 阿羅漢: arhat. 무생(無生)으로 번역하며, 소승불교에서 불제자들이 도
    달하는 최고의 계위(階位)로 다시는 생사에 윤회하지 않는다.

12) 諸漏: 많은 루(āsrava)로, 번뇌를 뜻하는 불교 용어이다.

13) 逮得己利: '체(逮)'는 '이르다'의 의미이다. 즉 노병사(老病死)를 저버려
    서 삼계를 벗어난 것은 자신에게는 이로운 것이지만 다른 사람을 이
    롭게 하지 못한 것을 말한다.

14) 有結: bhavasaṃyojana. 유(有: bhava)는 미혹하게 살아가는 것이고
    결(結: saṃyojana)은 신심(身心)을 속박하는 것을 말한다. 미혹하게 살
    면서 속박을 받는다는 것을 의미한다.

15) 阿若憍陳如: Ajñātakauṇḍinya. 석가모니의 법문을 들은 최초 다섯
    제자 중 하나이다. 번역하면 진리를 이해하였다고 하며, 이는 법의 본
    성을 본 것을 말한다.

16) 摩訶迦葉: Mahakāśyapa. 대음광(大飮光)이라 번역하며 석존의 10대
    제자 중 하나로 두타제일(頭陀第一)이라고 한다. 부처가 멸도한 후에

제1결집을 하였다.

17) 優樓頻螺迦葉(Uruvilvakāśyapa)·伽耶迦葉(Gayākāśyapa)·那提迦葉
(Nadikāśyapa): 삼형제로 외도(外道)를 신봉하다가 석존에게 귀의하였다.

18) 舍利弗(Sariputra): 여래의 십대제자 중 한 분으로 지혜제일이라 한다.

19) 大目揵連(Mahāmaudgalyāyana): 목련이라고도 하며 여래의 십대제자
중 한 분으로 신통제일(神通第一)이라 한다.

20) 摩訶迦旃延(Mahākātyāyana): 여래의 십대제자 중 한 분으로 논의제일
(論議第一)이다.

21) 阿耨樓馱(Aniruddha): 여래의 십대제자 중 한 분으로 천안체일(天眼第
一)이다.

22) 劫賓那(Kapphiṇa): 여래의 십대제자 중 한 분으로 천문(天文)·역수(曆
數)에 정통(精通)하였다.

23) 憍梵波提(Gavāṃpati): 여래의 제자로 계율에 정통하였다.

24) 離婆多(Revata): 여래의 제자로 사리불의 동생이며, 선정(禪定)을 즐겼
다고 한다.

25) 畢陵伽婆蹉(Pilindavatsa): 바라문 출신이다. 원래 성격이 교만하였는
데 부처님을 만나고 회개하고는 부처님의 제자가 되었다.

26) 薄拘羅(Bakkula): 여래의 제자로 무병제일(無病第一)이다.

27) 摩訶拘絺羅(Mahākauṣṭhila): 사리불의 숙부로 부처님의 제자가 되었다.

28) 難陀(Nanda): 본래 소를 키우는 사람이었으나 출가하여 부처님의 제
자가 되었다.

29) 孫陀羅難陀(Saundarananda): 부처님의 친동생으로 후에 부처님의 제
자가 되었다.

30) 富樓那彌多羅尼子(Pūrṇamaitrāyaṇiputra): 여래의 십대제자의 한 분으
로 설법제일(說法第一)이다.

31) 須菩提(Subhūti): 여래의 십대제자 중 한 분으로 해공제일(解空第一)이다.

32) 阿難(Ānanda): 여래의 십대제자 중 한 분으로 석존의 4촌이며 25년
동안 석존을 시봉하였다.

33) 羅睺羅(Rāhula): 석존이 출가(出家)하기 전에 태어난 아들. 밀행제일(密
行第一)이다.

34) 有學(saikṣa) 無學(aśaikṣa): 유학(有學)은 배울 게 남아있다는 의미이고
무학(無學)은 수행을 완성하였다는 의미이다. 성문승(聲聞乘)에서 3과
는 유학이고 아라한과는 무학이다.

35) 摩訶波闍波提(Mahāprajāpatī): 석가모니 부처님의 이모.

36) 耶輸陀羅(Yaśodhara): 석가모니가 출가하기 전 부인.
   ※ 정법화경(正法華經)에는 이 이름이 없다.

37) 菩薩摩訶薩(bodhisattva-mahāsattva): 위대한 수행자라는 뜻이다. 보살(菩薩)은 '상구보리(上求菩提) 하화중생(下化衆生)'하는 사람이고 마하살은 '위대한 사람'이라는 뜻이다.

38) 阿耨多羅三藐三菩提(anuttara-samyak-saṃbodhi): 무상정등정각(無上正等正覺)의 음역(音譯)이다. 불교에서 일체 번뇌를 단제(斷除)하고 일체 진리를 명료(明瞭)하게 아는 최고의 지혜로, 이런 지혜를 갖추면 성불(成佛)한다고 한다.

39) 不退轉: 나아감에서 물러서지 않음과 공행(功行)에서 나약하지 않으며, 정념(正念)을 잃지 않음이다.

40) 陀羅尼(dhāraṇī): 총지(總持)라고 번역한다. 교법을 마음에 간직하고 잃지 않는다는 의미가 있다. 보통 신비적인 장구나 주문을 말하고 있다.

41) 樂說辯才: 재지(才智)가 변재(辯才)가 민첩하여 요설(樂說)하는 게 무궁(無窮)함이다.

42) 轉不退轉法輪: 무상(無上)한 법륜(法輪)을 운전(輪轉)하여 중생을 교화하고 한편으로는 가르침에 의하여 수행(修行)하고 정진(精進)하는 것에서 물러서지 않음이다. 법륜은 불법(佛法)을 비유한 말이다.

43) 殖衆德本: 식(殖)은 배양(培養)을 말한다. 선인(善因)을 배양하는 게 덕의 근본이라는 말이다.

44) 通達大智: 대지(大智)는 앞에 불혜(佛慧)와 같은 의미이다.

45) 到於彼岸: 도(到)는 도달(到達)을 말하고 생사가 있는 세계를 차안(此岸)이라 하고 번뇌(煩惱)와 고난(苦難)을 중류(中流)라고 하고 생사를 벗어난 열반에 도달하는 경계를 피안(彼岸)이라 한다.

46) 普聞無量世界: 어디든지 들리는 무수한 세계를 말한다.

47) 文殊師利(Mañjuśrī): 묘덕(妙德), 묘길상(妙吉祥)이라 번역한다. 지혜의 덕을 갖춘 보살이다.

48) 觀世音(Avalokiteśvara): 관음(觀音)이라고 약칭하며, 관자재(觀自在), 광세음(光世音)이라 번역한다. 수능엄경에 유래가 자세하게 쓰여 있다.

49) 得大勢(Mahāsthāmaprāpta): 위대한 능력을 가진 보살로 대세지보살(大勢至菩薩)이라고도 한다. 아미타불(阿彌陀佛)을 관세음보살과 함께 협시

한다.

50) 常精進(Nityodyukta): 항상 노력하는 이름을 지닌 보살.

51) 不休息(Aniksiptadhura): 무거운 짐을 벗어던지지 않는 보살, 즉 수행하기를 쉬지 않는 보살. 옛날부터 익힌 선인(善因)을 폐지하지 않음을 말한다.

52) 寶掌(Ratnapāni): 보배를 손에 든 보살. 모든 보배에도 탐착하지 않고 사람들에게 내어주는 보살이다.

53) 藥王(Bhaisajyarāja): 약(藥)의 왕(王)이라는 의미이다. 설산에서 나는 최고의 약초(藥草)로 중생의 심신(心身)을 치료하기 위하여 모든 승려들에게 공양한 것을 말한다.

54) 勇施(Pradānaśūra): 간략한 뜻은 용맹심(勇猛心)을 가지고 위대한 보시 법문을 개시(開示)하여 일체 중생을 이익 되게 한다.

55) 寶月(Ratnacandra): 지극한 보배를 가지고 중생을 이롭게 하는 게 달과 같이 청량(淸凉)하여 열뇌(熱惱)를 제거함이다.

56) 月光(Ratnaprabha): 대지혜(大智慧)를 갖춘 게 달빛과 같이 청량(淸凉)하게 세상을 비춘다는 의미이다.

57) 滿月(Purnacandra): 오래 전부터 청정행을 수행하여 번뇌가 없어진 혜명(慧明)이 보름달과 같음이다.

58) 大力(Mahavikrāmin): 모든 공덕(功德)을 갖춘 위대한 역량(力量)으로 다른 사람을 구제(救濟)하는 것이다.

59) 無量力(Anantavikrāmin): 심오(深奧)하고 위대한 자비 역량을 갖춘 게 끝이 없어 말로 표현하지 못함이다.

60) 越三界(Trailokyavikrāmin): 복덕(福德)이 매우 돈독(敦篤)하고 위대한 지혜를 갖춘 게 세간(世間)을 초월하였다는 의미이다.

61) 跋陀婆羅(Bhadrapāla): 현호(賢護), 선수(善守)라고 번역함. 일체 중생이 이름만 들어도 반드시 깨닫게 된다는 뜻이다.

62) 彌勒(Maitreya): 자씨(慈氏)라고 번역하며, 미래세에 도솔천에 하생하여 중생을 구제한다는 보살이다.

63) 寶積(Ratnākara): 역겁(歷劫)동안 부지런히 모든 삼매를 수행하여 법보(法寶)가 충만하게 갖추어진 것을 말한다.

64) 導師(Susārthavaha): 사견(邪見)이 있는 사람에게도 대비심을 일으켜 정도(正道)로 들어오게 하는 것을 말한다.

65) 釋提桓因(Sakra devānam indra): 힌두교의 인드라 신이 불교에 들어온

것으로 불교의 호법신이다.

66) 명월천자(名月天子) 보향(普香: Samantagandha)천자 보광(寶光: Ratnaprabha)천자: 명월(名月: Candra)은 보길상(寶吉祥)이니 월천자(月天子)여서 대세지보살(大勢至菩薩)의 응현(應現)이고, 보향(普香)은 명성천자(明星天子)여서 허공장보살(虛空藏菩薩)의 응현이며, 보광(寶光: Ratnaprabha)은 보의(寶意)이니 일천자(日天子)여서 관세음보살의 응현이다.

67) 四大天王: 불교의 호법신으로 동쪽에 지국천왕(持國天王), 남쪽에 증장천왕(增長天王), 서쪽에 광목천왕(廣目天王), 북쪽에 다문천왕(多聞天王)이다.

68) 自在(Iśvara) 大自在(Maheśvara): 인드라교의 시바신의 다른 이름. 자재천왕(自在天王)은 욕계 화락천(化樂天)의 주인이고 대자재천왕(大自在天王)은 욕계의 타화자재천(他化自在天)의 주인이다.

69) 娑婆世界主 梵天王: 사바(娑婆: sahā)는 인토(忍土)로 번역한다. 범(梵: Brahman)은 신격화(神格化)한 것이다. 범중천(梵衆天), 범보천(梵輔天), 대범천(大梵天)이 있고 그 위에 범천왕(梵天王)이 있다.

70) 尸棄(Śikhin) 光明(Jotiṣprabha): 대범천의 이름이다.

71) 八龍王: 인간 이외에 불법을 수호하는 존재를 말하는데, 여기에는 천(天)·용(龍)·야차(夜叉)·건달바(乾達婆)·아수라(阿修羅)·가루라(迦樓羅)·긴나라(緊那羅)·마후라가(摩睺羅伽)의 8부류가 있다. 경에서 차례로 말하였다. 難陀(Nanda) 跋難陀(Upananda: 善) 娑伽羅(sāgara: 鹹海) 和脩吉(Vasuki: 多頭) 德叉迦(Takṣaka: 現毒) 阿那婆達多(Anavatapta: 無熱) 摩那斯(Manasvin: 大身) 優鉢羅(Utpalaka: 黛色) 등이 있다.

72) 緊那羅(Kiṃnara): 인비인(人非人)으로 번역한다. 얼굴은 사람과 같으나 머리에 뿔이 있으면서 제석천(帝釋天)이 되어서 불법(佛法)을 기려서 노래하는 신. 法緊那羅(Druma Kiṃnaraja), 妙法緊那羅(Sudharma Kiṃnaraja), 大法緊那羅(Dharmadhara Kiṃnaraja), 持法緊那羅(Mahādharma Kiṃnaraja).

73) 乾闥婆(Gandharva: 嗅香): 긴다라와 같이 제석(帝釋)에게 봉사하는데 향기를 먹고 하는 신으로 식향(食香)이라고 번역한다. 樂乾闥婆(Manojuna Gandharva), 樂音乾闥婆(Manojñasvara Gandharva), 美乾闥婆(Madhura Gandharva), 美音乾闥婆(Madhurasvara Gandharva).

74) 阿修羅(asura): 선신(善神)이었다가 악신(惡神)으로 변한 신으로 두려움

의 대상이다. 불법 수호의 팔부중에 귀신으로 존재하고 있다. 婆稚阿修羅(Balin asura), 佉羅騫馱阿修羅(Kharaskanandha asura), 毘摩質多羅阿修羅(Vemacitrin asura), 羅睺阿修羅(Rāhu asura).

75) 迦樓羅(Garuḍa 金翅鳥): 大威德迦樓羅(Mahātejas Garuḍa), 大身迦樓羅(Mahakāya Garuḍa), 大滿迦樓羅(Mahāpūrṇa Garuḍa), 如意迦樓羅(Maharddhiprāpta Garuḍa).

76) 韋提希(Vaidehi: 思惟): 마갈타국 빈비사라왕후이다.

77) 阿闍世王(Ajātasatru: 未生怨): 어머니 위제희가 잉태하였을 때에 점술사가 이 아이가 크면 부친을 해칠 것이라고 하여 이름을 지었다고 한다. 태자 시절에 석존 교단을 적대시하여 제발달다의 말을 믿고 부왕을 죽이고 어머니도 감금하였으나 석존의 가르침을 받아들인 후에 개과천선(改過遷善)하여 불교 신봉자가 되었다.

78) 世尊: 석가모니 부처님의 10가지 호(號)의 하나이다. 뜻은 석가모니는 모든 덕(德)을 구비하고 있어서 세존이라고 한다.

79) 四衆: 사부대중을 말하며, 비구와 비구니, 우바새와 우바이를 말한다.

80) 大乘經: 대승경전을 말하며, 법화경, 반야경, 대반열반경, 유마경 등이 있다. 대승은 불교의 양대 종파의 하나로 이타행(利他行)을 주장하여 중생을 해탈하도록 인도(引導)하고자 함에 있다. 승(乘)은 운재(運載)의 뜻으로 대승불교는 자기가 무량한 중생을 생사(生死) 윤회(輪迴)하는 차안(此岸)에서 열반인 피안(彼岸)으로 인도함으로 대승(大乘)이라고 하며, 한편 원시불교(原始佛敎)인 부파불교(部派佛敎)를 소승불교(小乘佛敎)라고 폄하하였다.

81) 無量義: 끝없이 심오(深奧)한 의의(意義)가 있다는 의미이다. 하나의 진리에서 무량한 뜻이 드러나는 것이다. 경에 말하기를 '이법(二法) 삼도(三道) 사과(四果)'라고 하였는데, 이법(二法)은 돈점법(頓漸法)이고 삼도(三道)는 삼승(三乘)이며, 사과(四果)는 성문(聲聞), 연각(緣覺), 보살(菩薩), 불(佛)의 네 위치를 말한다.

82) 敎菩薩法: 보살들을 교화하는 진리임을 말한다.

83) 佛所護念: 부처가 수호(守護)하고 지지(支持)한다는 의미(意味)이다.

84) 結加趺坐: 석존이 앉는 방법으로 먼저 오른발을 왼쪽 무릎 위를 누르고 다음으로 왼쪽 발로 오른쪽 발을 누르면서 앉는 것을 말한다. 항마(降魔)와 길상(吉祥)의 작용이 있다.

85) 無量義處三昧(ananta-nirdeśapratiṣṭhans): 진여(眞如)인 선정(禪定) 상태에 진입(進入)한 것을 가리킨다. 무량의(無量義)는 부처님의 무량무수하고 영원불변한 진리로, 불교에서 말하는 진여실상(眞如實相)이다. 삼매(三昧)는 정정(正定)으로 마음이 하나의 경계에 집중하여 산란(散亂)하지 않은 정신 상태이다.

86) 曼陀羅華(mandārava): 색이 아름답고 향기가 좋아서 보는 사람은 마음에서 희열을 느끼게 하는 천화(天花)이다.

87) 曼殊沙華(mañjūṣaka): 적단화(赤團花)이고, 람화(藍花)로 꽃 색은 적홍색이다.

88) 普佛世界: 부처가 통제하고 있는 세계라는 의미이다.

89) 六種震動: 동서남북과 상하에서 일어나는 진동(震動)으로 신기한 변화를 말하며, 부처가 위대한 설법을 하고자 할 때에 일어나는 상서로운 징조의 하나이다.

90) 優婆塞(upāsaka) 優婆夷(upāsikā: 삼보(三寶)를 믿고 오계를 수지한 속가(俗家)의 남녀 제자를 말한다.

91) 天龍: 천신(天神)과 용신(龍神)을 말한다. 팔부는 천(天)·용(龍)·야차(夜叉: yakśa)·건달바(乾達婆)·아수라(阿修羅)·가루라(迦樓羅)·긴나라(緊那羅)·마후라가(摩睺羅伽: mahoraga)를 말한다.

92) 轉輪聖王: 금륜(金輪)과 동륜(銅輪), 은륜(銀輪)과 철륜(鐵輪)의 왕을 말하며, 불교에서 최고의 세력을 가진 왕이다.

93) 眉間白毫相: 부처님의 32상의 하나로 비교적 현저(顯著)하고 신기한 용모(容貌)의 하나이다. 미간(眉間)의 흰털 1장(丈) 5척(尺)이 펼쳐지면서 광명이 일어나게 되는 것이다.

94) 阿鼻地獄(Avīci): 팔대지옥(八大地獄)의 하나이다. 무간지옥(無間地獄)이라고도 하며, 죄가 아주 무거운 사람이 들어가는 곳이다.

95) 阿迦尼吒天(Akaniṣṭha): 색구경천(色究竟天)으로 색계(色界) 18천에서 제일 높은 지위이다.

96) 六趣衆生: 육도(六道)에 있는 생명체로 성불하지 못한 귀신, 인간, 금수(禽獸)를 말한다. 육취(六趣)는 지옥(地獄)·아귀(餓鬼)·축생(畜生)·아수라(阿修羅)·인(人)·천(天)을 말한다.

97) 因緣: 결과를 생산하는 직접적인 원인은 인(因)이고 보조적인 원인은 연(緣)이다.

98) 信解: 의심하지 않는 게 신(信)이고 진리에 도달하는 것은 해(解)이다.

99) 行菩薩道: 보살이 중생을 교화하는 방법을 말한다. 육도만행(萬行六道)이 보살도(菩薩道)이고 이를 실천하는 게 수행(修行)이다

100) 般涅槃(parinirvaṇa): 완전한 열반. 멸도(滅度), 적멸(寂滅)이라고도 한다. 일반적으로는 일체번뇌를 저버리고 자유자재한 경계에 진입하는 것을 말한다.

101) 舍利(śarīra 骨身): 유골(遺骨), 신골(身骨)과 같은 의미이며 계정혜(戒定慧) 삼학을 수행한 결정체이다.

102) 七寶塔: 칠보로 장식한 탑이다.

103) 作: 생산(生産)의 의미이다.

104) 法王之子: 문수사리의 다른 이름이다. 법왕(法王)은 석가모니와 혹은 성불(成佛)의 결과를 수습(修習)하였음을 말한다. 이로 인하여 문수사리는 석가모니의 제일(第一) 법제자(法弟子)가 된 위대한 보살이므로 법왕지자(法王之子)라고 한다.

105) 咸: '모두'의 의미이다.

106) 導師: 사람들을 성불하게 하는 사람이라는 뜻과 불교를 설법하여 성불의 길로 이끄는 사람이라는 뜻이다.

107) 可: 적의(適宜)의 의미이다.

108) 快然: 유쾌(愉快)하고 즐거운 것을 말한다.

109) 未曾有(adbhuta): 원래 뜻은 '경이롭다'의 뜻과 '기이(奇異)하다'의 뜻이다. 뜻으로는 '일찍이 없던 일을 말한다.' 즉 불가사의(不可思議)의 의미와 같다.

110) 有頂: 색구경천(色究竟天)을 말한다. 색구경천은 유형세계(有形世界)의 최고처(最高處)로 유정(有頂), 정천(頂天)이라고도 한다.

111) 六道衆生: 육취중생(六趣衆生)과 같다. 성불하지 못한 중생이다.

112) 趣: 추(趨)와 같으며 추향(趨向)의 의미이다.

113) 業緣: 선업(善業)은 선과(善果)를 받고 악업(惡業)은 악과(惡果)를 받음을 말한다. 업은 과보를 초래함을 가리킨다는 뜻으로 언행(言行)을 의미한다.

114) 悉見: 모두를 본다는 의미이다. 실(悉)은 전부라는 뜻이다.

115) 聖主師子: 석가모니 부처님을 존칭(尊稱)하는 것의 하나이다. 부처는 성인(聖人)에서 우두머리이므로 성주(聖主)라고 하고 사(師)는 사(獅)로, 사자는 자재(自在)하며 두려움이 없다는 의미로 부처에 비유한다.

116) 梵音(brahmsvara): 부처가 설법하는 음성(音聲)으로, 부처님의 32상의

하나이다. 이 소리를 들으면 깨달음을 얻는다고 한다.

117) 以無量喻: 무수(無數)한 비유로 설명하는 것을 말한다. 이(以)는 용(用)의 의미이다. 유(喻)는 비유로 설명하는 것을 말한다.

118) 照明: 천명(闡明), 설명(說明)하는 것을 말한다.

119) 盡諸苦際: 모든 고난(苦難)을 완전히 없애는 것을 말한다.

120) 緣覺(pratyeka-buddha): 벽지불(辟支佛)이라고도 번역한다. 12인연(因緣)의 진리를 관찰하여 불교 진리를 깨닫는 부류를 말한다.

121) 佛子: 불교를 믿고 따르는 제자들을 말한다.

122) 修種種行: 발심하여 수습하는 육도만행(六度萬行)을 말한다.

123) 淨道: 청정한 불교의 진리를 말한다.

124) 若斯: 여차(如此)와 같다. 사(斯)는 차(此)이다.

125) 恒沙菩薩: 항사(恒沙)는 갠지스강을 말한다. 갠지스강의 모래수와 같이 많다는 의미로 사용하는데, 불경(佛經)에서 많이 쓰인다.

126) 摩尼: 진귀한 보배를 말한다.

127) 車璩馬腦: 차거(車璩)는 각종 아름다운 보석, 마뇌(馬腦)는 일종의 광석으로 광택(光澤)이 아름다워 장식물로 쓰인다.

128) 金剛: 다이아몬드를 말한다.

129) 車乘: 차량(車輛)을 말한다.

130) 寶飾輦輿: 진귀한 보배로 장식한 차와 가마. 연(輦)은 사람이 끄는 마차이다. 여(輿)는 가마이다.

131) 布施(dana): 아낌없이 베푸는 것을 말한다. 재시(財施), 법시(法施), 무외시(無畏施)가 있다.

132) 迴向: 자기가 수행한 공덕을 널리 다른 사람들에게 돌리는 것을 말한다.

133) 乘: 불승(佛乘)을 말한다.

134) 三界(trayo-dhatavah): 불교에서는 중생이 생존(生存)하는 세계를 3가지로 나누는데, ①욕계(欲界)는 음욕(淫欲) 식욕(食欲) 탐욕(貪欲) 등이 치성한 세계. ②색계(色界)는 욕계와 같은 탐욕은 없으나 미묘한 물질의 세계. ③무색계(無色界)는 물질세계마저 초월한 미묘한 정신적 세계.

135) 駟馬: 네 말이 끄는 차량을 말한다.

136) 欄楯華蓋: 차 위에 놓은 난간과 화려하게 장식한 덮개.

137) 軒飾: 화려하게 꾸민 차를 말한다. 헌(軒)은 귀족이 타는 차이다.

138) 無上道: 지고무상(至高無上)한 불교의 진리.

139) 詣: 도(到)의 의미이다.

140) 樂土: 국왕(國王)이 있는 국토를 말한다.

141) 被: 피(披)와 같다.

142) 法服: 출가한 승려가 입는 옷으로 승의(僧衣)이다.

143) 禪定(dhyāna): 선(禪)과 정(定)은 동일한 의미이며, 마음이 고요하여 정신이 집중한 상태를 말한다.

144) 五神通: 다섯 가지 신통력으로 ①천안통(天眼通), ②천이통(天耳通), ③타심통(他心通), ④숙명통(宿命通), ⑤신족통(神足通)이다.

145) 菩薩(bodhisattva): 각유정(覺有情), 대사(大士)라고 번역한다. 대승불교(大乘佛敎)의 이상적인 인간상으로 깨달음을 지향하는 사람들이다.

146) 合掌(anjalikarma): 두 손을 합하여 공손하게 인사하는 불교의 인사법이다.

147) 聞悉受持: 부처님께 들은 것을 법에 의하여 수행하는 것을 말한다. 불법(佛法)을 접수하는 것은 수(受)이고 법에 의하여 견지(堅持)하고 수행하는 게 지(持)이다.

148) 定慧: 선정과 지혜를 말한다.

149) 破魔: 불법을 파괴하는 일체의 사악(邪惡)한 신들을 없애버리는 것을 말한다. 한편 탐욕(貪欲)과 같은 번뇌로 불교를 수행하는데 장애가 되는 것을 마(魔)라고도 한다.

150) 宴默: 한가하게 앉아 침묵(沈默)하는 것을 말한다. 연(宴)은 안일(安逸)하고 한적(閑寂)한 것이다.

151) 濟地獄苦: 지옥에서 고난을 받는 중생을 제도하는 것을 말한다.

152) 睡眠: 수(睡)는 고단하여 자는 것이고 면(眠)은 정신없이 자는 것을 말한다.

153) 具戒: 구족계(具足戒)를 말한다. 이 계를 받아야만 정식으로 승려가 된다.

154) 住忍辱力: 인욕(忍辱)의 역량(力量)을 갖춘 것을 말한다.

155) 增上慢人: 맹목적으로 자기를 과시(誇示)하며 다른 사람을 깔보는 사람이다. '增上慢'은 불교용어이다. 증득한 게 없으면서도 자기가 깨달았다고 하면서 태만(怠慢)한 마음을 일으키는데, 불교에서 이런 부류의 사람의 죄는 매우 무겁다.

156) 戱笑: 희롱과 비웃음이며, 이는 마음을 산란(散亂)하게 하므로 저버

리면 적정(寂靜)해진다.

157) 攝念: 정신을 집중(集中)하는 것을 말한다. 일념(一念)에 안주(安住)하면 무념(無念)의 상태에 이르게 된다.

158) 寶舍: 화려하게 장식한 집을 말함.

159) 敎詔: 교도(敎導)함을 말한다.

160) 二相: 유상(有相)과 무상(無相)을 말한다.

161) 猶如虛空: 법성(法性)이 본래 공한 것은 하늘이 공(空)한 것과 같음이다.

162) 無所著: 어떤 세상 물정(物情)에 집착하지 않는 것을 말한다.

163) 國界: 세계(世界)를 말한다.

164) 由旬(yojana): 인도(印度)의 거리 단위이다. 성왕(聖王)이 하루 동안에 가는 거리를 이며, 40리에 해당한다.

165) 縱廣正等: 가로 세로가 서로 같은 것을 말한다.

166) 幢幡: 불전(佛殿)을 꾸미는 장엄구(莊嚴具)로 일종의 기(旗)라고 할 수 있다.

167) 交露幔: 보배로운 구슬로 만든 휘장(揮帳)인데 구슬 빛이 이슬을 머금고 있는 듯하므로 이렇게 불렀다.

168) 天樹王: 전설상에 도리천에 자라는 일종의 신비한 나무로 나무 중에서 으뜸가는 나무이다.

169) 開敷: 개방(開放)을 말한다.

170) 願: 희망(希望)을 말한다.

171) 仁: 인자(仁者)의 줄임말로 문수사리를 말한다.

172) 佛子時答: 불자(佛子)는 문수사리이고 시답(時答)은 즉시 회답(回答)하는 것을 말한다.

173) 饒益: 많이 이익되는 것을 말한다.

174) 道場: 원래는 부처가 성도(成道)한 곳이었으나 후에 법회(法會), 사찰(寺刹), 불법(佛法)을 배우는 곳으로 바뀌었다.

175) 授記(Maitreya): 입지(立志)하고 수행하는 제자에게 부처가 미래에 증과(證果)한 후에 성불한 부처님의 명호(名號)를 주는 것을 말한다.

176) 瞻察仁者: 머리를 쳐들고 상대방을 관망(觀望)함을 말한다.

177) 語: 고소(告訴)의 의미이다.

178) 彌勒菩薩摩訶薩(Maitreya): 부처님이 입멸(入滅)한 후에 56억 7천만년이 지나 이 사바세계에 출현한다는 보살을 말한다.

179) 大士(maha-sattva): 보살과 같은 의미이다.

180) 善男子(kula-putra): 불법(佛法)을 믿고 신심(信心)이 깊고 선을 수행하는 남자 재가 신자를 말한다. 우바새라고도 한다.

181) 惟忖: 사고(思考), 추상(推想)의 의미이다.

182) 法雨: 불교에서는 불법(佛法)이 감로(甘露)와 같아 중생을 자윤(滋潤)하게 하므로 비에 비유하여 말함이다.

183) 法螺: 법우(法雨)와 같은 의미이며, 불법을 소라의 소리에 비유한 것은 중생의 이름을 부르는 것에 비유함이다.

184) 己: 이후(以後)의 의미이다.

185) 咸得聞知: 모두가 듣고는 진실로 이해하며 아는 것을 말한다.

186) 難信之法: 세간에서 믿기 어려운 것은 원돈법문(圓頓法門)임을 말한다.

187) 阿僧祇劫(asaṃkhya-kalpa): 헤아릴 수 없는 긴 시간을 말한다. 아승기(阿僧祇)는 헤아릴 수 없는 수를 말한다. 겁(劫)은 천지가 형성하였다가 궤멸(潰滅)되는 것을 하나의 겁이라고 한다.

188) 日月燈明(Candrasūryapradīpa): 옛 부처님의 이름으로, 부처님의 광명이 일(日: candra), 월(月: sūrya), 등명(燈明: pradīpa)가 합성한 의미가 있다. 한편으로 삼학(三學)을 구비(具備)하여 수습(修習)하고 삼신(三身)을 원융(圓融)하게 증득(證得)하며, 삼덕(三德)을 원만하게 구족하고 삼지(三智)가 원명(圓明)한 것을 말한다고 하였다.

189) 如來(Tathāgata): 진여(眞如)의 도리를 믿고 정각(正覺)을 성취한 사람을 말한다. 한편으로 부처는 오고 감이 없는 것을 여래하고 한다고 하기도 한다.

190) 應供(Arhat): 천사(天使)와 사람에게서 당연히 공경(恭敬) 받아야만 한다는 의미이다.

191) 正遍知(Samyaksaṃbuddha): 일체 사물들을 정확하고 두루 알고 있다는 의미이다.

192) 明行足(Vidyacaraṇa-sampanna): 명철한 지혜(智慧)와 실천함이 원만(圓滿)하고 탁월(卓越)함을 말한다.

193) 善逝(Sugata): 피안(彼岸)에 도착하여 열반에 증입(證入)하였다는 의미이다.

194) 世間解(Lokavit): 세간의 일체를 잘 알고 나서 출세간(出世間)하여 해탈(解脫)에 이른 것을 말한다.

195) 無上士(Anuttara): 지고(至高) 무상(無上)한 사람이라는 의미이다.

196) 調御丈夫(Puruṣadamyasārathi): 부처는 순조(順調)롭게 중생을 교화(教

化)한다는 의미이다.

197) 天人師(śāstā-Devamanuṣyānāṃ): 인천(人天)의 도사(導師)라는 의미이다.

198) 佛世尊(Bhagavat): 불은 깨달은 사람이고 세존은 세상에서 존귀한 사람을 뜻한다.

199) 初善中善後善: 시선(時善), 혹은 삼선(三善)이라고도 한다. 초선(初善)은 보리심으로 끌어들이는 것이고 중선(中善)은 수행으로 인도(引導)하는 것이며 후선(後善)은 열반에 증입(證入)하게 함이다.

200) 具足淸白梵行: 범행(梵行: brahmacara)은 청정한 행위이며 승속(僧俗) 모두가 수행하는 청정한 행위이다.

201) 求聲聞者: 성문(聲聞: śrāvaka)은 부처가 음성으로 가르치는 것을 듣고 고집멸도(苦集滅道)의 진리를 깨닫고는 견혹(見惑)과 사혹(思惑)을 끊고 나한과(羅漢果)를 증득한 성인을 말한다.

202) 四諦法: 4가지 제(諦: satya)를 말하며, 고제(苦諦)는 세간의 생로병사의 고통이고 집제(集諦)는 인생에서 고통의 원인을 조성하는 것을 말하며, 멸제(滅諦)는 인생의 고통을 조성하는 근원을 단절(斷絕)하는 것이며, 도제(道諦)는 열반에 도달하는 수행 방법을 말한다.

203) 求辟支佛者: 벽지불(pratyekabuddha)은 독각(獨覺)이라고도 하며 12인연법을 관조(觀照)하여 미혹함을 끊고 깨달음을 얻어서 연각(緣覺)이라고도 번역한다. 대승불교에서는 성문과 연각을 폄하하여 말하고 있다.

204) 十二因緣法: 불교에서 생사윤회의 기본 이론을 구체적으로 지적한 12가지를 말한다. ①무명(無明): 근본적인 무지(無知). ②행(行): 의식 작용을 일으키는 동작. ③식(識): 식별작용. ④명색(名色): 명칭과 형태, 정신과 물질. ⑤육처(六處): 마음의 작용이 성립하는 여섯 가지 근본. 안(眼)·이(耳)·비(鼻)·설(舌)·신(身)·의(意)이다. ⑥촉(觸): 감각기관과 대상의 접촉. ⑦수(受): 외계로부터 받아들이는 감각. ⑧애(愛): 맹목적인 충동. 고통을 피하고 즐거움만 찾는 망령된 집착. ⑨취(取): 자기가 욕구하는 것을 취함. ⑩유(有): 생존(生存). ⑪생(生): 다른 몸을 받아 태어남. ⑫노사(老死): 늙어서 죽음을 말한다.

205) 六波羅蜜: 대승보살이 실천하는 여섯 가지 바라밀. 波羅蜜(pāramitā)로 완성과 최상을 의미한다. param(피안에) + itā(이르다)로 '피안에 도달하다'로 해석한다. 보시(布施: dāna), 지계(持戒: śīla), 인욕(忍辱: kśānti), 정진(精進: vīrya), 선정(禪定: dhyāna), 지혜(智慧: prajñā)이다.

206) 一切種智(sarvajñā-jñānā): 불지(佛智)로 일체 만법을 낱낱이 다 아는 지혜. 일체지(一切智: 성문과 연각지)와 도종지(道種智: 보살지)와 더불어 불교의 삼지(三智: 불지)라고 한다.

207) 頗羅墮(Bharadvāja): 예리(銳利)한 근기로 사유(思惟)하는 게 훌륭한 까닭이다.

208) 四天下: 사대주(四大洲)를 말한다.

209) 發大乘意: 대승불교에 의지하여 수행하려는 의지와 발원(發願).

210) 妙光(Varaprabha): 문수보살의 전신(前身)이라는 말도 있다.

211) 從三昧起: 진여실상(眞如實相)의 선정(禪定) 상태에서 출정(出定)하는 것을 말한다.

212) 小劫(antarakalpa): 8만4천년을 한 소겁이라 한다.

213) 食頃: 밥 한 술을 먹을 만큼 짧은 시간을 말한다.

214) 若: 혹(或)과 같다.

215) 梵魔: 범(梵)은 색계천(色界天)의 주인이고 마(魔)는 욕계천(欲界天)의 주인이다.

216) 沙門(śramaṇa): 승려를 말한다.

217) 婆羅門(brāhmaṇa): 인도 카스트 제도에서 상위에 있는 사제계급(司祭階級)을 말한다.

218) 無餘涅槃(anupadiśeṣa-nirvāṇa): 철저(徹底)하고 원만(圓滿)한 열반의 경계를 말한다.

219) 授記: 부처가 덕장(Śrīgarbha)에게 장래에 성불하겠다는 것을 예언하는 기별(記莂)을 주는 것을 말한다. 수기(授記: vyākaraṇa)

220) 淨身多陀阿伽度(Vimalanetra-tathāgata): 여래와 같은 의미이다.

221) 阿羅訶(arhat): 응공(應供)이라 번역한다.

222) 三藐三佛陀(samyak-saṃbuddha): 등정각(等正覺)과 정변지(正遍知)의 한역(漢譯)이다.

223) 師: 따르는 것을 말함.

224) 燃燈(Dīpaṃkara): 연등불을 말한다.

225) 求名(Yasaskāma): 명성(名聲)을 추구하는 사람을 말한다. 미륵 보살 이전(以前) 이름.

226) 貪著利養: 탐착하는 마음으로 재물을 이양(利養)하는 것을 말한다.

227) 通利: 명백하게 깨닫는 것을 말한다.

228) 異人: 다른 사람을 말한다.

229) 本: 본래 정황(情況)을 말한다.

230) 大聖: 성불한 8왕자의 부친을 말한다. 성인에는 3부류가 있는데, ①
외도(外道)로 오신통(五神通)을 얻은 사람. ②아나한과 벽지불 ③신통
을 얻은 보살과 부처님을 말한다. 여기서는 셋째를 말한다.

231) 分別: 변석(辨析)을 말한다.

232) 琉璃頗梨: 유리(琉璃)는 천연적으로 각종 광택이 있는 보석을 말한
다. 본래 이름은 벽유리(璧琉璃)이다. 파리(頗梨: sphatika)는 천연적인
수정을 말한다.

233) 敷演: 분석하여 강의하는 것을 말한다.

234) 淨戒: 청정한 계율을 말한다.

235) 法寂滅相: 법(法)은 제법(諸法)으로 현상계에 존재하고 있는 것은 독자적
으로 고정되어 존재하지 않지만, 차별(差別)과 대립(對立)을 벗어나 평등
한 하나로 존재하는 법이 있다고 하는 것을 법 적멸상(寂滅相)이라 한다.

236) 所奉尊: 존경과 섬김을 받는 사람으로 부처님을 가리킨다.

237) 適: 때마침의 뜻이다.

238) 世間眼: 세상 사람을 이끄는 사람을 말한다. 세상의 눈이 되어 정도
를 보게 하는 것과 부처가 세상 사람들의 눈을 뜨게 하여 정도를 보
게 하는 것의 두 가지가 있다.

239) 法藏(Dharma-kośa): 일월등명부처가 강의한 불법(佛法)을 말한다.

240) 證知: 불법을 꿰뚫어 알고 깨닫게 되는 것을 말한다.

241) 尋: 불구(不久)의 의미이다.

242) 諸法實相義: 범본에는 dharma-svabhava-mudrā로 기록되어 있는데,
법의 본질을 뜻한다. 이 세상 모든 것을 진실(眞實)한 모습을 말한다.

243) 無漏實相: 무루(無漏)는 번뇌가 없는 법이며, 실상(實相)은 이 세상 모
든 것의 진실한 모습이다.

244) 開化: 깨우침을 열어놓고 교화하면서 지도하는 것을 말한다.

245) 轉次: 상계(相繼)와 같은 의미이다.

246) 天中天(devatideva): 모든 천사(天使) 중에 제일 훌륭한 천사를 말하는
데, 이는 바로 부처님을 말한다.

247) 諸仙: 수행인 모두를 말한다. 성문, 보살들도 선(仙)이라고 한다.

248) 族姓家: 권문세가(權門勢家)를 말한다.

249) 釋師子: 석가모니의 제자 미륵을 말한다. 석가모니가 중생의 스승이
므로 석사(釋師)이고 자(子)는 제자(弟子)이다.

방편품 제이(方便品第二)

原文

二定宗分二 初分科敍義 二正宗分十九品分二
一三周開示十品分三 初說三周法授三根記 卽
方便至學記品是也 二授廣記圓該前記 卽法師
品三會 諸佛圓證前法卽寶塔品也 所謂三周者
法說一周被上根 卽方便品也 爲上根猛利則直
說法體故曰法說 喩說一周被中根 卽譬喩品也
爲中根稍鈍以譬喩始解 因緣說一周被下根 卽
化城品也 爲下根心鈍故假宿世因緣款啓 然根
雖列三 敎實通被也
初法說

2: 정종분(正宗分)을 둘로 나누는데, 첫째는 과목(科目)을 분류하여 뜻을 서술(敍述)하고 둘째는 정종분 19품을 둘로 나눈다.

첫째, 삼주설법(三周說法)은 10품을 셋으로 구분하여 개시(開示)하는데, 첫째는 삼주설법으로 세 근기에게 수기(授記)하는 것이니, 방편품(方便品)에서 수학무학인기품(授學無學人記品)까지이다. 둘째는 널리 수기하여 원만하게 이전의 수기를 갖추는 것이니, 법사품(法師品) 삼회(三會)로 모든 부처님이 이전의 불법을 원만히 증득하는 것이니 보탑품(寶塔品)이다. 삼주설법이라고 하는 것에서 불법(佛法)이 설법하는 한 주기(週期)는 상근기(上根機)로 방편품이다. 상근기의 예리한 기세를 위해서는 바로 법의 본체(本體)를 설법하는 까닭으로 법설(法說)이라고 한다. 비유하여 한 주기(週期)를 설법하는 것은 중근기(中根機)이며 바로 비유품(譬喩品)이다. 중근기의 조금 우둔함으로 비유로 이해하게 한다. 인연설(因緣說)을 설법하는 한 주기는 하근기(下根機)이며 화성품(化城品)이다. 하근기는 마음이 우둔한 까닭에 숙세(宿世)의 인연을 가차(假借)하여 계시(啓示)를 두드리게 한다. 그래서 근기를 셋으로 열거(列擧)하여 진실을 가르쳐 받아들이게 한다.

첫째, 법설(法說)

前之一光東照妙體已全然[1] 黙而識之不言而信
非垢重衆生所及 須假語言方便開示 故名方便品
蓋諸法寂滅相不可以言宣 唯在方便開示使自悟
入 故下正說之文 但云如是妙法諸佛如來時乃說
之 又云 諸佛唯以一大事出現 欲令衆生開佛知
見 自此之外無復正說 特以異方便助顯第一義而
已 至於三周九喩百界千如 皆異方便也 然則所
謂妙法所謂一大事者 終何說示 所謂佛知見所謂
第一義者 若爲開顯 而法華最後之唱又豈徒然哉
由是觀之 信有非思量分別所解者 存乎其間 而
云不可言宣 故不誣矣 則凡涉語言文字 皆爲方
便 故於正宗首標方便之名 深有旨也

해석

서분(序分)에서 한 줄기 광명이 동쪽으로 미묘한 본체(本體)를 비추니 이미 완전해져 묵연(黙然)히 이를 알고 말하지 않아도 믿게 된다. 업(業)이 무겁지 않은 중생들은 미치는 바이지만 반드시 언어(言語)인 방편을 가차(假借)하여 개시(開示)한 까닭에 방편품이라고 하였다. 모든 불법(佛法)의 적멸상(寂滅相)은 언어로 선양할 수가 없고 오로지 방편으로 개시하여야만 스스로 오입(悟入)하게 한다. 그러므로 아래 바로 설법한 글에서 '이처럼 미묘한 법은 모든 부처님과 여래가 때가 되었을 때를 말한다.'고 하였다.

또 말하기를 '모든 부처는 일대사인연(一大事因緣)으로 출현(出現)하여 중생들에게 불지견(佛知見)을 개시(開示)하게 하고자 하였다.'고 하였다. 이를 벗어나 다시 정설(正說)이 없으며, 특히 다른 방편으로 보조하여 제일의(第一義)를 현시(顯示)하게 하는데, 삼주설법(三周說法)과 아홉 가지 비유(譬喻)와 백계(百界)와 천여시(千如是)에 이른 게 다른 방편이다.

그렇다면 묘법(妙法)이라고 말하는 것과 일대사인연(一大事因緣)이라고 말하는 것을 끝내 어떻게 설법하여 현시할 것인가?

불지견(佛知見)이라고 말하는 것과 제일의(第一義)라고 말하는 것이 개시(開示)하여 현시(顯示)된다면 법화경의 최후의 주장은 또 어찌 옮겨야 하는가? 이로써 관조(觀照)하면 믿음은 사량(思量)과 분별로 이해하는 게 아니면 어디에 있을 것인가?

말하기를 '언어로 선양(宣揚)할 수 없다'고 하므로 속이는 게 아니다. 바로 언어와 문자를 섭렵(涉獵)하는 게 모두 방편이므로 정종분에서 우선 방편을 표방(標榜)하여 말하였으니 깊은 지취(旨趣)가 있음이다.

讚曰 大覺尊 從定起而歎方便 葛藤 彌天 舍利
弗 代衆疑而請解說 波濤 動地 一相 一味 猶且
筏喩 三止 三請 早居門外 三千妙境 叵測恒沙
菩薩 難信 直得無復枝葉 純有貞實 三千年一現
靈華 復開 一佛乘大事因緣 出世 一色一香 無
非實相 一稱一歎 咸趣菩提 要見趣菩提方便麼
　月船不犯東西岸　　須信篙人用意良 頌曰
　象王默默開方便　　鶖子重重廳偈言
　久黙本懷今始暢　　全提權實盡掀飜

해석

기리며 말하였다.

대각(大覺)이신 세존(世尊)께서 선정(禪定)에서 일어나시어
방편(方便)을 칭찬하자 갈등(葛藤)이 하늘을 찔렀다. 사리불
(舍利弗)이 대중의 의혹(疑惑)을 대신하여 해설하실 것을 청
하자 파도(波濤)가 일고 땅이 흔들리며, 일상(一相)이고 일
미(一味)인데 오로지 뗏목 비유만이 있었는데, 삼지(三止)하
라고 하자 삼청(三請)하면서 일찍 문 밖에 있다가 3,000여
신묘한 경계를 측량(測量)하기도 어려워 믿지도 않았다.

다시는 지엽(枝葉)이 없고 순수한 정실(貞實)만 있으니 삼

천 년에 한 번 피는 신령(神靈)스러운 꽃이 다시 피니 일불
승(一佛乘)의 일대사인연(一大事因緣)이 출세(出世)함이니 하
나하나의 색깔과 하나하나의 향기(香氣)가 실상(實相) 아님
이 없어 하나하나가 칭찬하고 찬탄하니 모두가 보리로 추
향(趨向)한다. 보리방편으로 취향하는 게 어떤 것인지 보기
바란다.

　달로 된 배는 동서 언덕을 침범(侵犯)하지 않음은
　반드시 노 젓는 사람이 용의(用意)가 옳음을 믿어야 한다.
　게송으로 말하기를,

　　　상왕(象王)은 묵묵(默默)히 방편법을
　　　개시(開示)하고 추자(鶖子)는 거듭하여
　　　게송(偈頌)과 말씀 듣고자 하네.
　　　묵연(默然)히 있다가
　　　본회(本懷)가 이제 비로소 펼쳐지니
　　　권실(權實)을 전제(全提)한
　　　모두가 치켜들어 뒤집는다.

⑴ 불법(佛法)은 지극히 정밀(精密)하고 지극히 심오(深奧)하여 중생들은 이해하기가 힘들어서 부처는 방편법(方便法)을 교육수단(敎育手段)으로 하면서 중생을 인도(引導)하여 부처님의 지혜를 증득하게 한다는 것을 말한다.

原文

爾時 世尊從三昧安詳[2]而起 告舍利弗[3] 諸佛智慧[4]甚深無量 其智慧門難解難入[5] 一切聲聞[6] 辟支佛[7]所不能知 所以者何 佛曾親近百千萬億無數諸佛 盡行諸佛無量道法 勇猛精進名稱普聞 成就甚深未曾有法 隨宜所說[8]意趣難解 舍利弗 吾從成佛已來 種種因緣 種種譬喻 廣演言教無數方便 引導衆生令離諸著[9] 所以者何 如來方便[10]知見波羅蜜[11]皆已具足[12] 舍利弗 如來知見廣大深遠 無量無礙[13] 力 無所畏[14] 禪定 解脫三昧[15] 深入無際 成就一切未曾有法 舍利弗 如來能種種分別 巧說諸法 言辭柔軟 悅可衆心 舍利弗 取要言之 無量無邊未曾有法 佛悉成就

止 舍利弗[16] 不須復說 所以者何 佛所成就第一希有難解之法 唯佛與佛[17]乃能究盡[18]諸法實相[19] 所謂諸法如是相 如是性 如是體 如是力 如

是作 如是因 如是緣 如是果 如是報 如是本末
究竟等[20]

그때 세존께서 조용히 무량의처(無量義處三昧)에서 일어나
시며 사리불에게 말씀하였다.

"모든 부처님의 지혜는 매우 심오(深奧)하기가 끝이 없으
며, 그 지혜의 관문은 이해하기도 힘들고 증입(證入)하기도
어려워서 일체 성문(聲聞)이나 벽지불(辟支佛)도 알 수 없다.
왜냐하면 부처는 일찍이 백천만억(百千萬億)의 무수(無數)한
부처님을 친근(親近)하여 여러 부처님의 한량없는 도법(道
法)을 수행하고 용맹(勇猛)스럽게 정진(精進)하여 그 이름이
널리 들리게 되었으며, 일찍이 없었던 매우 깊은 법을 성
취하여 당연함을 따라 의취(意趣)를 설법(說法)하였으므로
이해하기가 어렵다.

사리불아! 내가 성불한 후로 갖가지 인연(因緣)과 갖가지
비유(譬喩)로 널리 가르침을 펼치면서 무수한 방편으로 중
생들을 인도(引導)하여 모든 염착(染著)함을 저버리도록 하
였다. 왜냐하면 여래가 방편(方便)과 지견(知見)의 바라밀(波
羅蜜)을 이미 모두 구족(具足)했기 때문이다.

사리불아! 여래의 지견은 광대(廣大)하고 심오(深奧)하며
원대(遠大)하니 사무량심(四無量心) · 사무애(四無礙) · 십력

(十力)·사무소외(四無所畏)·선정(禪定)·해탈삼매(解脫三昧)를 깊이 증입(證入)하여 경계가 없어 일체에서 일찍이 없었던 법을 증득하였다.

사리불아! 여래는 갖가지로 분별(分別)하면서 공교(工巧)롭게 모든 법을 설명하며, 언사(言辭)가 유연(柔軟)하여 중생들의 마음을 기쁘게 한다. 사리불아! 긴요(緊要)한 것을 취하여 말하자면 무량(無量)하고 무변(無邊)한 미증유(未曾有)한 법을 부처는 모두 성취하였다.

그만두어라, 사리불아! 다시 말할 게 없다. 왜냐하면 부처가 성취한 제일 희유(稀有)하고 이해하기 어려운 법은 오로지 부처님과 부처님들만이 모든 실상(實相)의 법을 궁구할 수 있었다. 말하자면 모든 법은 여시상(如是相)과 여시성(如是性), 여시체(如是體)와 여시력(如是力), 여시작(如是作)과 여시인(如是因), 여시연(如是緣)과 여시과(如是果), 여시보(如是報)와 여시본말구경등(如是本末究竟等)이다."

(2) 여기서는 석가모니 부처님이 위에서 강의한 내용을 다시 천술(闡述)하였는데 게송 형식으로 말하였다.

原文

爾時世尊欲重宣此義 而說偈言

世雄[21]不可量　諸天及世人
一切衆生類　無能知佛者
佛力無所畏　解脱諸三昧
及佛諸餘法[22]　無能測量者

本從無數佛　具足行諸道
甚深微妙法　難見難可了[23]
於無量億劫　行此諸道已
道場[24]得成果　我已悉知見

如是大果報　種種性相[25]義
我及十方佛[26]　乃能知是事
是法不可示　言辭相寂滅[27]
諸餘衆生類　無有能得解

除諸菩薩衆　信力堅固者
諸佛弟子衆　曾供養諸佛
一切漏[28]已盡　住是最後身[29]
如是諸人等　其力所不堪[30]

假使滿世間　皆如舍利弗

盡思共度量[31] 不能測佛智
正使[32]滿十方 皆如舍利弗
及餘諸弟子 亦滿十方剎[33]

盡思共度量 亦復不能知
辟支佛利智 無漏最後身
亦滿十方界 其數如竹林
斯等共一心 於億無量劫

欲思佛實智[34] 莫能知少分[35]
新發意菩薩[36] 供養無數佛
了達[37]諸義趣 又能善說法
如稻麻竹葦[38] 充滿十方剎

一心以妙智 於恒河沙劫
咸皆共思量 不能知佛智
不退[39]諸菩薩 其數如恒沙
一心共思求 亦復不能知

又告舍利弗 無漏不思議[40]
甚深微妙法 我今已具得

唯我知是相[41]　十方佛亦然[42]
舍利弗當知　諸佛語無異

於佛所說法　當生大信力[43]
世尊法久後[44]　要當說眞實[45]
告諸聲聞眾　及求緣覺乘
我令脫苦縛　逮得[46]涅槃者

佛以方便力　示以三乘教
眾生處處著[47]　引之令得出

해석

이때 세존께서 거듭하여 이 뜻을 펴시려고 게송으로 말
씀하시었다.

　　세상 영웅인 줄 헤아리지 못하는

　　인천(人天)의 모두와

　　일체 중생들 모두도 부처님을 아는 사람 없다하네.

　　부처님의 십력(十力)과 사무소외(四無所畏)와

　　해탈(解脫)과 모든 삼매(三昧).

　　부처님과 모든 나머지 법에 이르기까지

　　측량(測量)할 사람도 없구나.

본래 무수한 부처 따르면서
구족(具足)하게 모든 진리 수습하며,
매우 심오(深奧)하고 미묘한 법은
보기도 어렵고 깨닫기도 어렵다 하네.
무량한 억겁(億劫)에서도
이런 모든 진리 수습하여 마치고
도량(道場)에서 획득한 성과(成果)를
내가 이제 모두 보았다네.

이와 같은 위대(偉大)한 과보(果報)
갖가지 성상(性相)의 의의를
나와 시방의 부처님만이 이런 일들을 알고 있으니
이 법은 개시(開示)할 수 없고
언사(言辭)의 상도 적멸한데,
모든 그 밖의 중생들이야 이해할 수가 없겠지.

모든 보살들로
신력(信力)이 견고한 사람은
제외하노니
모든 부처님 제자들은 일찍부터
모든 부처님께 공양하였네.

일체 번뇌가 없어지고 최후의 몸에 머문다 해도
이와 같은 모든 사람들도
그 능력을 감당하지
못하리라.

세상에 가득 찬 사람들이 모두
사리불(舍利弗)과 같다 하여도
생각을 다하여 함께 헤아려도
부처님 지혜는 측량하지 못하리라.
바로 시방(十方)에 사리불과
같은 사람들이 가득 하고
나머지 모든 제자들도
역시 시방의 찰토(刹土)를 채우면서
생각함을 다하고 함께 생각하더라도
역시 알지 못하리니
벽지불의 예리(銳利)한 지혜와
번뇌 없는 최후의 몸이
역시 시방세계에 충만하고
그 수가 죽림(竹林)과 같아도
이처럼 함께한 한결같은 마음은
무량한 억겁이었다네.

부처님의 진실(眞實)한 지혜를 생각하려 하지만
그 속에 사소(些少)한 부분도 알 수가 없네.
새로이 발의(發意)한 보살들도
무수한 부처에게 공양하며,
모든 의취(意趣)를 깨달아 통달하고
또 설법을 옳게 하면서
벼, 삼, 대, 갈대와 같이
시방 국토에 충만(充滿)하구나.

한결같은 신묘한 지혜와 항하사(恒河沙) 겁에서
모두가 함께 사량(思量)하여도
부처님 지혜는 알 수 없다네.
물러서지 않은 모든 보살들은
그 숫자가 항사와 같으며,
한결 같은 마음으로 함께 생각하며
간구하지만 역시 알 수 없다네.

또 사리불에게 말하노니,
고뇌(苦惱)도 없는 불가사의한
매우 심오(深奧)하고 미묘한 법을
나는 이미 갖추었다네.

내가 이와 같은 상모(相貌)를 알면
시방의 부처 역시 그러하니
사리불아! 모든 부처님의 말씀은
다르지 않음을 알아야 한다.

부처가 설법(說法)한 것에서 당연히
위대한 신력(信力)을 일으키면
세존(世尊)의 법(法)은 오랜 뒤에야
요긴(要緊)하고 당연한 진실법을 말하느니라.
모든 성문중(聲聞衆)들과 연각승(緣覺乘)을
구하는 사람들에게 말하노니
나는 고뇌(苦惱)의 계박(繫縛)을 벗어나
열반을 체득(逮得)하게 하리니.
부처는 방편력(方便力)으로 삼승교를 개시(開示)하여
중생들은 곳곳에서 염착하면
이를 인도하여 초출(超出)하게 한다네.

(3) 사리불(舍利弗)과 기타의 청중들이 불타(佛陀)를 상대하여 찬탄(讚歎)하는 제일 방편 법문의 원인(原因)에 미혹(迷惑)하여 이해하지 못한 것에 대하여 부처님의 해답을 요구한다.

爾時大衆中 有諸聲聞[48]漏盡[49]阿羅漢 阿若憍
陳如[50]等千二百人 及發聲聞 辟支佛心比丘 比
丘尼 優婆塞 優婆夷 各作[51]是念 今者 世尊何故
慇懃[52]稱歎方便而作是言 佛所得法甚深難解 有
所言說意趣難知 一切聲聞 辟支佛所不能及 佛
說一解脫[53]義 我等亦得此法到於涅槃 而今不知
是義所趣

爾時舍利弗知四衆心疑 自亦未了 而白佛言[54]
世尊 何因何緣慇懃稱歎諸佛第一方便 甚深微
妙 難解之法 我自昔來 未曾從佛聞如是說 今者
四衆咸皆有疑 唯願世尊敷演斯事 世尊何故慇
懃稱歎甚深微妙難解之法

그때에 대중 가운데 여러 성문(聲聞)들과 번뇌가 다한 아
라한(阿羅漢), 아야교진여와 같은 1천 2백인과 성문(聲聞)과
벽지불(辟支佛)의 마음을 일으키고, 비구·비구니·우바
새·우바이들이 제각기 이런 생각을 하였다.

"지금 세존께서는 어째서 은근(慇懃)히 방편을 찬탄하시
며 말씀하시기를 '부처가 증득한 진리는 매우 심오하여 이

해하기 어렵고 말하는 의취(意趣)는 알기 어려워 성문과 벽지불은 미칠 수 없다.'고 하시는가? 부처님께서 말하는 하나의 해탈이라고 하는 뜻에 우리들도 그런 진리를 증득하여 열반(涅槃)에 이르렀는데, 이제 추향(趨向)하고자 하는 뜻을 알 수 없구나."

그때 사리불(舍利弗)이 사부대중들이 마음으로 의혹(疑惑)을 일으키는 것을 알고 자기도 명백히 알지 못하여 부처님께 여쭈었다.

"세존이시여! 어떤 인연으로 여러 부처님들의 제일 방편과 매우 심오하고 미묘하며 이해하기도 힘든 진리를 은근히 칭찬합니까? 제가 예전부터 부처님으로부터 들은 적이 없었으니 지금 사부대중 모두가 의심하고 있습니다. 세존이시여! 이 일이 어떤 것인지 말씀하여 주시기를 바랍니다, 세존께서는 어떤 까닭으로 매우 심오하고 미묘하며 이해하기도 어려운 법을 은근히 칭찬하십니까?"

⑷ 사리불이 게송을 사용하는 형식으로 재차(再次) 부처께서 사부대중을 위하여 의문을 해결해 주기를 바라다.

原文

爾時舍利弗欲重宣此義 而說偈言

慧日⁵⁵⁾大聖尊　久乃說是法
自說得如是　力無畏三昧
禪定解脫⁵⁶⁾等　不可思議法
道場⁵⁷⁾所得法　無能發問者

我意難可測　亦無能問者
無問而自說　稱歎所行道
智慧甚微妙　諸佛之所得
無漏諸羅漢　及求涅槃者

今皆墮疑網　佛何故說是
其求緣覺者　比丘比丘尼
諸天龍鬼神　及乾闥婆等
相視懷猶豫⁵⁸⁾　瞻仰兩足尊⁵⁹⁾

是事為云何　願佛為解說
於諸聲聞眾　佛說我第一⁶⁰⁾
我今自於智　疑惑不能了
為是究竟法⁶¹⁾　為是所行道

佛口所生子⁶²⁾　合掌瞻仰待

願出微妙音　　時為如實說
諸天龍神等　　其數如恒沙
求佛諸菩薩　　大數[63]有八萬

又諸萬億國　　轉輪聖王至
合掌以敬心　　欲聞具足道[64]

해석

　이때에 사리불이 거듭하여 이 뜻을 펼치려고 게송으로
말하였다.

　　태양처럼 위대한 지혜를 갖춘

　　위대한 성존(聖尊)께서

　　오랜 후에 이런 법을 말씀하시네.

　　스스로 이와 같이 획득한

　　십력(十力)·무외삼매(無畏三昧).

　　선정(禪定)·해탈(解脫)과 같은

　　불가사의(不可思議)한 법을 설득(說得)하시네.

　　내가 있는 도량에서 수행하여 증득(證得)한 불법은

　　의혹(疑惑)을 드러내는 사람이 없으며

　　내 의도(意圖)로는 측량(測量)하기 어려워

질문할 것도 없으며
질문하지 않아도 스스로 말씀하시며,
수행한 진리(眞理)를 칭찬(稱歎)하면서
지혜는 매우 미묘(微妙)하지만
모든 부처가 증득(證得)한 것
번뇌 없는 모든 아라한과 열반을
간구(懇求)하는 사람들과

이제 모두가 의혹(疑惑)의 그물에 떨어졌는데
부처는 어떤 까닭으로 설명하려나?
연각(緣覺)을 구하는 사람과 비구와 비구니
모든 천신(天神)과 용신(龍神)
그리고 귀신과 건달바에 이르기까지
서로 보면서 마음에는 의문(疑問)을 품고
모두가 부처만 첨앙(瞻仰)하고 있으니

이런 일은 어떤 것인지 부처님께서
해결해 주시기 바라네.
모든 성문(聲聞) 중에서
부처님은 자기(我)가 제일이라 말하시네
제 좁은 지혜로는 의혹(疑惑)을 해결할 수 없는데

이것이 구경법(究竟法)입니까?
수행해야 하는 진리입니까?

부처 말씀 듣고 생겨난 제자들도
합장(合掌)하고 첨앙(瞻仰)하며 기다리네.
발원 하건데, 미묘한 음성으로
때에 따라 진실(眞實)대로 말씀하신다네.
모든 천신과 용신들도 그 수가 항하사와 같으며,
부처님을 간구하는 여러 보살들도
많은 수로 8만 명이 넘었다네,
또 모든 만억 국토에는
전륜성왕(轉輪聖王)이 이르렀고
공경심(恭敬心)으로 합장(合掌)하며,
구족하신 진리 듣고자 바랍니다.

⑸ 부처님께서 사리불이 재삼(再三) 간청(懇請)함으로 인하여
끝내 최고의 불법을 강설(講說)하기로 동의(同意)하였다.

原文

爾時佛告舍利弗 止 止⁶⁵⁾ 不須復說 若說是事⁶⁶⁾
一切世間諸天及人皆當驚疑

舍利弗重白佛言 世尊 唯願說之 唯⁶⁷⁾願說之
所以者何 是會無數百千萬億阿僧祇⁶⁸⁾衆生 曾見
諸佛 諸根猛利⁶⁹⁾ 智慧明了 聞佛所說 則能敬信

爾時舍利弗欲重宣此義 而說偈言 法王⁷⁰⁾無上
尊 唯說願勿慮 是會無量衆 有能敬信者

佛復止舍利弗 若說是事 一切世間天 人 阿修
羅皆當驚疑 增上慢⁷¹⁾比丘將墜於大坑⁷²⁾

爾時世尊重說偈言 止止不須說 我法妙難思
諸增上慢者 聞必不敬信

爾時舍利弗重白佛言 世尊 唯願說之 唯願說之
今此會中 如我等比⁷³⁾百千萬億 世世已曾從佛受
化⁷⁴⁾ 如此人等 必能敬信 長夜安隱⁷⁵⁾ 多所饒益

爾時舍利弗欲重宣此義 而說偈言

無上兩足尊	願說第一法
我為佛長子	唯垂分別說
是會無量衆	能敬信此法
佛已曾世世	教化如是等
皆一心合掌	欲聽受佛語
我等千二百	及餘求佛者
願為此衆故	唯垂⁷⁶⁾分別說

是等⁷⁷⁾聞此法　則生大歡喜

爾時世尊告舍利弗 汝已慇懃
三請 豈得不說 汝今諦聽 善思念之
吾當為汝分別解說

해석

그때 부처님께서 사리불에게 말씀하였다.

"그만 두어라, 그만 두어라. 다시 말할 게 없다. 만약 최상의 불법을 말하면 모든 세간의 하늘과 사람들이 모두 놀라면서 의혹(疑惑)을 가질 것이다."

사리불이 거듭하여 부처님께 여쭈었다. "세존이시여! 오로지 듣기를 바랄 뿐입니다. 듣기를 바랄 뿐입니다. 왜냐하면 여기에 모인 백천 만억의 아승기(阿僧祇) 중생들이 일찍 부처님을 뵙고 모든 근기(根機)가 맹리(猛利)하여 지혜가 명료(明瞭)하여져 부처님께서 말하는 것을 들으면 바로 공경(恭敬)하며 믿을 것입니다."

이때에 사리불이 이 뜻을 거듭 선포하고자 게송으로 말하였다.

더없이 존경스러운 위대한 법왕(法王)이시여!
염려 놓으시고 말씀하여 주시옵소서.
여기 모인 무량한 중생들이
공경(恭敬)하며 믿을 것입니다.

부처님은 다시 사리불에게
'그만 두라'고 말씀하셨다.
"사리불아! 만약 최상의 불법을 말한다면 모든 세간
(世間)의 천인(天人)과 아수라(阿修羅)들 모두가 놀라
의심(疑心)하며, 증상만(增上慢)의 비구들은 장차 큰
구덩이에 빠질 것이다."
이때에 세존께서 거듭하여 게송으로 말씀하셨다.
그만하여라. 그만하여라. 말하지도 말아라.
나의 법은 신묘(神妙)하고 헤아리기 어려워
모든 증상만인은 듣고도
믿지 않고 공경하지도 않는다.
이때에 사리불이 거듭하여 부처님께 여쭈었다.
"세존이시여! 말씀해 주시기를 원하옵니다. 말씀
해 주시기를 원합니다. 이 법회(法會)에서 저와 같
은 백천 만억 사람들이 세세생생(世世生生) 이미
부처님의 교화(敎化)를 받아왔습니다. 이 사람들

은 반드시 공경하여 믿어서 긴긴 밤을 안온하면
요익(饒益)됨이 많을 것입니다."
이때에 사리불이 거듭하여 이런 뜻을 선포(宣布)하
고자 게송으로 말하였다.

더없는 지혜(智慧)와 복덕(福德) 구족한 세존이시여!
제일(第一)인 법을 말씀하십시오.
저희들은 부처님의 장자(長子)이오니
분별하여 말씀하여 주십시오.
이 법회(法會)에 무량한 대중들이
이 법을 공경하며 믿을 것입니다.
부처님께서는 일찍이 세세생생(世世生生)
이들을 교화하였습니다.
모두가 일심(一心)으로 합장(合掌)하며
부처님의 말씀을 듣고자 합니다.
저희들 1,200인과 나머지 불도(佛道)를 구하는 사람들
이들을 위한 까닭으로 분별하여 말씀하여 주십시오.
이들은 이런 법을 듣고는
큰 환희심(歡喜心)을 일으키렵니다.

이때에 세존께서 사리불에게 말씀하셨다.

"그대가 은근(慇懃)스럽게 세 번이나 간청(懇請)하였으니 어찌 말하지 않겠느냐! 그대는 이제 자세히 듣고 올바르게 이를 생각하여라. 내가 너를 위하여 분별하여 해설(解說)할 것이다."

⑹ 업의 뿌리가 무겁고 깊은 대중들과 증상만인(增上慢人) 들은 최상(最上)의 진리를 이해하지 못하고 저절로 법회 에서 물러나간 것을 말하였다.

原文

說此語時 會中有比丘 比丘尼 優婆塞 優婆夷 五千人等 即從座起 禮佛而退 所以者何 此輩罪 根深重及[78] 增上慢 未得謂得 未證[79] 謂證 有如此 失 是以不住[80] 世尊默然而不制止

爾時佛告舍利弗 我今此衆 無復枝葉[81] 純有貞 實[82] 舍利弗 如是增上慢人 退亦佳矣 汝今善聽 當為汝說

舍利弗言 唯然[83] 世尊 願樂欲聞

해석

이렇게 말하자 회중(會中)에 있던 비구 · 비구니 · 우바이·우바새, 5,000여 명의 사람들이 자리에서 일어나 부처님께 예불(禮佛)하고 물러나갔다. 왜냐하면 이 무리들은 죄의 뿌리가 무겁고 깊으며, 또 증상만(增上慢)까지 있어서 증득(證得)하지 않았는데도 증득하였다고 하는 과실(過失)이 있으므로 머물러 있을 수가 없었다. 세존께서는 묵연히 계시면서 제지(制止)하지 않았다.

이때에 부처님께서 사리불에게 말씀하셨다.

"여기 대중들은 가지나 잎은 없고 순수한 열매만이 있다. 사리불아! 이런 증상만인(增上慢人)은 물러나가는 게 옳다. 너는 이제 잘 들어라. 너를 위하여 말할 것이다."

사리불이 말하였다.

"예, 세존이시여! 즐거이 듣고자 합니다."

⑺ 성불(成佛)하는 방법은 오로지 하나라는 것을 말하는데, 다만 사람들의 근기(根機)가 같지 않아 부처가 법을 강의(講義)할 때에 청중(聽衆)들의 구체적인 정황(情況)을 말하면서 유일(唯一)한 불승(佛乘)을 셋으로 나누어 설명하였음을 알게 한다. 이런 갖가지 방법은 방편법문(方便法門)임을 말한다.

佛告舍利弗如是妙法 諸佛如來[84]時乃說之 如
優曇鉢華[85] 時[86]一現耳 舍利弗 汝等當信佛之所
說 言不虛妄 舍利弗 諸佛隨宜[87]說法 意趣難解
所以者何 我以無數方便 種種因緣 譬喻言辭 演
說諸法 是法非思量分別[88]之所能解 唯有諸佛乃
能知之 所以者何 諸佛世尊唯以一大事因緣故
出現於世 舍利弗 云何名[89]諸佛世尊唯以一大事
因緣故出現於世 諸佛世尊 欲令眾生開[90]佛知
見[91] 使得清淨故 出現於世 欲示眾生佛之知見
故 出現於世 欲令眾生悟佛知見故 出現於世 欲
令眾生入[92]佛知見道故 出現於世 舍利弗 是為
諸佛以一大事因緣故出現於世

佛告舍利弗諸佛如來但[93]教化菩薩 諸有所作
常為一事 唯以佛之知見示悟眾生 舍利弗 如來
但以一佛乘[94]故 為眾生說法無有餘乘[95] 若二 若
三[96] 舍利弗 一切十方諸佛 法亦如是

舍利弗 過去諸佛 以無量無數方便 種種因緣
譬喻言辭 而為眾生演說諸法 是法皆為一佛乘
故 是諸眾生 從諸佛聞法 究竟[97]皆得一切種智[98]

舍利弗 未來諸佛當出於世 亦以無量無數方便

種種因緣 譬喻言辭 而為衆生演說諸法 是法皆
為一佛乘故 是諸衆生 從佛聞法 究竟皆得一切
種智

舍利弗 現在十方無量百千萬億佛土中 諸佛世
尊多所饒益[99] 安樂衆生 是諸佛亦以無量無數方
便 種種因緣 譬喻言辭 而為衆生演說諸法 是法
皆為一佛乘故 是諸衆生 從佛聞法 究竟皆得一
切種智

舍利弗 是諸佛但教化菩薩 欲以佛之知見示衆
生故 欲以佛之知見悟衆生故 欲令衆生入佛之
知見故

舍利弗 我今亦復如是 知諸衆生有種種欲 深
心所著[100] 隨其本性 以種種因緣 譬喻言辭 方便
力而為說法 舍利弗 如此皆為得一佛乘 一切種
智故

舍利弗 十方世界中 尚無二乘 何況有三 舍利
弗 諸佛出於五濁惡世[101] 所謂劫濁[102] 煩惱濁[103]
衆生濁[104] 見濁[105] 命濁[106] 如是 舍利弗 劫濁亂時
衆生垢重[107] 慳貪[108] 嫉妬 成就諸不善根故 諸佛
以方便力 於一佛乘分別說三[109] 舍利弗 若我弟
子 自謂阿羅漢 辟支佛者 不聞不知諸佛如來但

教化菩薩事 此非佛弟子 非阿羅漢 非辟支佛
　又¹¹⁰⁾ 舍利弗 是諸比丘 比丘尼 自謂已得阿羅
漢 是最後身¹¹¹⁾ 究竟涅槃 便不復志求阿耨多羅
三藐三菩提 當知此輩皆是增上慢人 所以者何
若有比丘 實得阿羅漢 若不信此法 無有是處
除¹¹²⁾佛滅度後 現前¹¹³⁾無佛 所以者何 佛滅度後
如是¹¹⁴⁾等經受持讀誦解義者 是人難得 若遇餘
佛 於此法中便得決了¹¹⁵⁾ 舍利弗 汝等當一心信
解受持佛語 諸佛如來言無虛妄 無有餘乘 唯一
佛乘

해석

　부처님께서 사리불에게 말씀하셨다.

　"이처럼 신묘(神妙)한 진리는 모든 부처님과 여래(如來)께
서 때가 되었을 때 말씀한 것이니 마치 우담바라(優曇鉢華)
가 한 번 피는 것과 같다. 사리불아! 너희들은 당연히 부처
님이 말씀한 것을 믿어야 하는데, 그 말은 허망(虛妄)하지
않다.

　사리불아! 모든 부처님께서 수의적(隨意的)으로 말씀한 진
리의 의취(意趣: 의의)는 이해하기 어렵다. 왜냐하면 나는
무수한 방편(方便)과 갖가지 인연(因緣)과 비유(譬喻)한 언사

(言辭)로 모든 진리를 연설(演說)한다. 진리는 사량(思量)하거나 분별(分別)로 이해할 수가 없고 오로지 모든 부처만이 알 수가 있다. 왜냐하면 모든 부처님과 세존은 오로지 일대사인연(一大事因緣)으로 이 세상에 출현(出現)하셨기 때문이다.

사리불아! 어떻게 모든 부처님과 세존이 오로지 일대사인연으로 이 세상에 출현하였다고 말하는가? 모든 부처님, 세존(世尊)께서는 중생들에게 부처님의 지견(知見)을 개시(開示)하여 청정(淸淨)하게 하시려는 까닭으로 세상에 출현하셨으며, 중생에게 부처님의 지견으로 오입(悟入)하게 하시려는 까닭으로 세상에 출현하셨으며, 중생에게 부처님의 지견의 길로 증입(證入)하게 하시려고 세상에 출현하시었다.

사리불아! 모든 부처가 일대사인연으로 세상에 출현하신 까닭이다.

부처님께서 사리불에게 말씀하셨다.

"모든 부처님과 여래께서는 오로지 보살을 교화하려 하면서 조작(造作)하는 여러가지 일도 항상 한 가지 일만 하게 되는데, 오로지 부처님의 지견(知見)으로 중생들을 개시(開示)하여 오입(悟入)하게 하고자 함이다.

사리불아! 여래는 다만 일불승만을 연고(緣故)로 하여 중생들을 위하여 설법하지 다른 승(乘)인 이승(二乘)과 삼승(三乘)과 같은 게 없다.

사리불아! 일체 시방의 모든 불법도 또한 이와 같다.

사리불아! 과거의 모든 부처님께서는 무량하고 무수한 방편과 갖가지 인연이나 비유하는 말로 중생들을 위하여 모든 진리를 연설하였으니 이 법 모두가 일불승(一佛乘)을 위한 연고이다. 바로 모든 중생들은 부처님을 따라 진리를 듣고 궁극에 모두가 일체종지(一切種智)를 체득하였다.

사리불아! 미래의 여러 부처님들께서도 세간(世間)에 태어나게 되면 무량하고 무수한 방편과 갖가지 인연과 비유한 언사(言辭)로 중생들을 위하여 모든 진리를 연설할 것이니, 이 진리는 일불승(一佛乘)인 연고이다. 이는 모든 중생들이 부처님을 따라 진리를 듣고 궁극에 모두가 일체종지를 체득하였다.

사리불아! 현재(現在) 시방(十方)에 무량한 백 천만억 불국토(佛國土)에서 모든 부처님과 세존(世尊)들이 중생들을 요익(饒益)하게 하고 안락(安樂)하게 하는데, 이 모든 부처 역시 무량하고 무수한 방편과 갖가지 인연과 비유한 언사로 중생들을 위하여 모든 법을 연설하는데, 이 법도 모두가 일불승을 위한 연고이다. 이는 모든 중생들이 부처님을 따라 진리를 듣고 궁극에 모두가 일체종지를 체득하였다.

사리불아! 이 모든 부처님들은 단지 보살을 교화(教化)하시어 부처님의 지견으로 중생들에게 개시(開示)하려는 연고이고 부처님의 지견으로 중생들을 오입(悟入)하게 하려는 연고이며, 중생들이 부처님의 지견으로 증입(證入)하게 하려는 연고이다.

사리불아! 나도 이제 역시 그와 같아서 모든 중생들은 갖가지 탐욕(貪欲)이 있어서 깊이 집착(執着)한다는 것을 알고 그 본성을 따라 갖가지 인연과 비유한 언사와 방편의 능력으로 설법(說法)을 하고자 한다. 사리불아! 이 모두가 일불승(一佛乘)과 일체종지(一切種智)를 체득하려는 연고와 같다.

사리불아! 시방세계에는 이승(二乘)도 없는데, 하물며 삼승(三乘)이 있겠느냐?

사리불아! 부처님께서는 오탁악세(五濁惡世)에 태어나셨으니 말하자면 겁탁(劫濁) · 번뇌탁(煩惱濁) · 중생탁(衆生濁) · 견탁(見濁) · 명탁(命濁)이다. 이처럼 사리불아! 겁탁(劫濁)이 요란(擾亂)할 때에는 중생들의 번뇌는 무거워 간탐(慳貪)하고 질투(嫉妬)하며, 모든 옳지 않은 근기(根機)를 성취하는 까닭에 모든 부처님들이 방편의 능력으로 일불승(一佛乘)에서 분별하여 삼승을 말한다.

사리불아! 만약 내 제자들이 스스로 '아라한이다, 벽지불이다'라고 하면서 모든 부처님과 여래가 단지 보살을 교화하는 법문을 듣지 못하고 알지 못하면 이들은 내 제자가 아니니 아라한도 아니고 벽지불도 아니다.

　또한 사리불아! 이 모든 비구와 비구니들은 '스스로 아라한을 체득하고 최후의 몸이 궁극에 열반하였다.'고 하면서 바로 다시 아뇩다라삼먁삼보리를 구하지 않으니 이와 같은 무리들 모두가 증상만인(增上慢人)임을 알아라. 왜냐하면 만약 비구로서 참으로 아라한을 체득하였으면 이 법을 믿지 않으면 옳지 않다. 부처님이 멸도(滅度)하신 후를 제외하고는 현전(現前)하는 부처는 없다. 왜냐하면 부처가 멸도한 후에 묘법연화경(妙法蓮華經)을 수지(受持)하고 독송(讀誦)하며 뜻을 이해하는 사람들은 만나기가 매우 어렵다. 만약 다른 부처님을 만난다면 이 법에서 청초(淸楚)하여지고 명료(明瞭)해질 것이다. 사리불아! 너희들은 당연히 한결같은 마음으로 부처님 말씀을 듣고 믿고 이해하면서 수지해야만 한다. 모든 부처님과 여래의 말씀은 허망(虛妄)한 게 없으며 다른 승(乘: 진리)이 있을 수 없고 오로지 일불승(一佛乘)일 뿐이다.

　(8) 여기에서도 게송의 형식(形式)을 빌어 위에 말한 내용을 강조하는데, 특별히 강조하고자 하는 것은 불조(佛祖)를 신봉(信奉)하고 공양(供養)하는 것과 성불(成佛)이다.

爾時世尊欲重宣此義 而說偈言

比丘比丘尼　　　有懷增上慢
優婆塞我慢[116]　　優婆夷不信
如是四衆等　　　其數有五千
不自見其過　　　於戒[117]有缺漏[118]

護惜其瑕疵[119]　　是[120]小智已出
衆中之糟糠[121]　　佛威德故去
斯人尠[122]福德　　不堪[123]受是法
此衆無枝葉　　　唯有諸貞實

舍利弗善聽　　　諸佛所得法
無量方便力　　　而為衆生說
衆生心所念　　　種種所行道[124]
若干諸欲性　　　先世[125]善惡業

佛悉知是[126]已　　以諸緣譬喻
言辭方便力　　　令一切歡喜
或說修多羅[127]　　伽陀[128]及本事[129]
本生[130]未曾有[131]　　亦說於因緣[132]

譬喻[133] 并祇夜[134]　　優波提舍[135] 經
鈍根[136] 樂小法　　貪著於生死
於諸無量佛　　不行深妙道
衆苦所惱亂　　為是說涅槃

我設是方便　　令得入佛慧
未曾說汝等　　當得成佛道[137]
所以未曾說　　說時未至故
今正是其時　　決定說大乘

我此九部法[138]　　隨順衆生說
入大乘為本　　以故說是經
有佛子心淨　　柔軟亦利根[139]
無量諸佛所　　而行深妙道

為此諸佛子　　說是大乘經
我記[140] 如是人　　來世成佛道
以深心念佛　　修持[141] 淨戒故
此等聞得佛　　大喜充遍身

佛知彼心行　　故為說大乘

聲聞若[142]菩薩　　聞我所說法
乃至於一偈　　　皆成佛無疑
十方佛土中　　　唯有一乘法

無二亦無三　　　除佛方便說[143]
但以假名字　　　引導於眾生
說佛智慧故　　　諸佛出於世
唯此一事[144]實　　餘二則非真[145]

終不以小乘　　　濟度於眾生
佛自住大乘　　　如其所得法
定慧力莊嚴[146]　以此度眾生
自證無上道　　　大乘平等法[147]

若以小乘化　　　乃至於一人
我則墮慳貪[148]　此事為不可
若人信歸佛　　　如來不欺誑[149]
亦無貪嫉意　　　斷諸法中惡

故佛於十方　　　而獨無所畏
我以相嚴身[150]　光明照世間

無量衆所尊　　　為說實相印¹⁵¹⁾
舍利弗當知　　　我本立誓願

欲令一切衆　　　如我等無異
如我昔所願　　　今者已滿足
化一切衆生　　　皆令入佛道
若我遇衆生　　　盡敎以佛道

無智者錯亂　　　迷惑不受敎
我知此衆生　　　未曾修善本
堅著¹⁵²⁾於五欲¹⁵³⁾　癡愛故生惱
以諸欲因緣　　　墜墮三惡道¹⁵⁴⁾

輪迴六趣¹⁵⁵⁾中　備受諸苦毒
受胎之微形　　　世世常增長¹⁵⁶⁾
薄德少福人　　　衆苦所逼迫
入邪見稠林　　　若有若無等¹⁵⁷⁾

依止¹⁵⁸⁾此諸見　具足六十二¹⁵⁹⁾
深著虛妄法　　　堅受不可捨
我慢自矜高　　　諂曲¹⁶⁰⁾心不實

於千萬億劫　　不聞佛名字

亦不聞正法　　如是人難度
是故舍利弗　　我為設方便
說諸盡苦道[161]　示之以涅槃
我雖說涅槃　　是亦非眞滅

諸法從本來　　常自寂滅相[162]
佛子行道已　　來世得作佛
我有方便力　　開示三乘法
一切諸世尊　　皆說一乘道

今此諸大衆　　皆應除疑惑
諸佛語無異　　唯一無二乘
過去無數劫　　無量滅度佛
百千萬億種　　其數不可量

如是諸世尊　　種種緣[163]譬喻
無數方便力　　演說諸法相
是諸世尊等　　皆說一乘法
化無量衆生　　令入於佛道

又諸大聖主[164] 知一切世間
天人群生類 深心之所欲
更以異方便 助顯第一義[165]
若有衆生類 値諸過去佛

若聞法布施 或持戒忍辱
精進禪智[166]等 種種修福慧
如是諸人等 皆已成佛道
諸佛滅度已[167] 若人善軟心

如是諸衆生 皆已成佛道
諸佛滅度已 供養舍利者
起萬億種塔 金銀及頗梨
車璖與馬腦 玫瑰琉璃珠[168]

清淨廣嚴飾 莊校於諸塔
或有起石廟 栴檀[169]及沈水[170]
木樒[171]并餘材 塼瓦泥土等
若於曠野中 積土成佛廟

或以七寶[172]成 鍮石[173]赤白銅

白鑞¹⁷⁴⁾及鉛錫　　　鐵木¹⁷⁵⁾及與泥
或以膠漆布¹⁷⁶⁾　　嚴飾作佛像
如是諸人等　　　皆已成佛道

乃至童子戲　　　聚沙為佛塔
如是諸人等　　　皆已成佛道
若人為佛故　　　建立諸形像
刻雕成衆相　　　皆已成佛道

彩畫作佛像　　　百福莊嚴相¹⁷⁷⁾
自作若使人¹⁷⁸⁾　　皆已成佛道
乃至童子戲　　　若草木及筆
或以指爪甲¹⁷⁹⁾　　而畫作佛像

如是諸人等　　　漸漸積功德
具足大悲心　　　皆已成佛道
但化諸菩薩　　　度脫無量衆
若人於塔廟　　　寶像及畫像

以華香幡蓋¹⁸⁰⁾　　敬心而供養
若使人作樂　　　擊鼓吹角貝¹⁸¹⁾

簫笛琴箜篌　　琵琶鐃[182]銅鈸
如是眾妙音　　盡持以供養

或以歡喜心　　歌唄[183]頌佛德
乃至一小音　　皆已成佛道
若人散亂心　　乃至以一華[184]
供養於畫像　　漸見無數佛

或有人禮拜　　或復但合掌
乃至舉一手　　或復小低頭
以此供養像　　漸見無量佛
自成無上道　　廣度無數眾

入無餘涅槃[185]　　如薪盡火滅
若人散亂心　　入於塔廟中
一稱南無[186]佛　　皆已成佛道
於諸過去佛[187]　　在世或滅度

若有聞是法　　皆已成佛道
未來諸世尊　　其數無有量
是諸如來等　　亦方便說法

一切諸如來　　以無量方便

度脫諸眾生　　入佛無漏智
若有聞法者　　無一不成佛
諸佛本誓願　　我所行佛道
普欲令眾生　　亦同得此道

未來世諸佛　　雖說百千億
無數諸法門[188]　　其實為一乘
諸佛兩足尊　　知法常無性[189]
佛種從緣起[190]　　是故說一乘

是法住法位[191]　　世間相常住[192]
於道場知已　　導師方便說
天人所供養　　現在十方佛
其數如恒沙　　出現於世間

安隱眾生故　　亦說如是法
知第一寂滅[193]　　以方便力故
雖示種種道　　其實為佛乘
知眾生諸行　　深心之所念

過去所習業　　　欲性[194]精進力
及諸根利鈍　　　以種種因緣
譬喻亦言辭　　　隨應方便說
今我亦如是　　　安隱眾生故

以種種法門　　　宣示[195]於佛道
我以智慧力　　　知眾生性欲[196]
方便說諸法　　　皆令得歡喜
舍利弗當知　　　我以佛眼觀

不求大勢佛[197]　及與斷苦法
深入諸邪見　　　以苦欲捨苦
為是眾生故　　　而起大悲心
我始坐道場　　　觀樹亦經行[198]

見六道眾生　　　貧窮無福慧
入生死嶮道　　　相續苦不斷
深著於五欲　　　如犛牛愛尾[199]
以貪愛自蔽　　　盲瞑[200]無所見

於三七日[201]中　思惟如是事

我所得智慧　　微妙最第一
衆生諸根鈍　　著樂癡所盲
如斯之等類　　云何而可度

爾時諸梵王　　及諸天帝釋
護世四天王　　及大自在天
并餘諸天衆　　眷屬百千萬
恭敬合掌禮　　請我轉法輪²⁰²⁾

尋念過去佛　　所行方便力
我今所得道　　亦應說三乘
作是思惟時　　十方佛皆現
梵音慰喩我　　善哉釋迦文²⁰³⁾

我即自思惟　　若但讚佛乘
衆生沒²⁰⁴⁾在苦　　不能信是法
破法不信故　　墜於三惡道
我寧不說法　　疾入於涅槃

第一之導師　　得是無上法
隨諸一切佛　　而用方便力

我等亦皆得　　最妙第一法
為諸衆生類　　分別說三乘

少智樂小法　　不自信作佛
是故以方便　　分別說諸果[205]
雖復說三乘　　但為教菩薩
舍利弗當知　　我聞聖師子[206]

深淨微妙音　　喜稱南無佛[207]
復作如是念　　我出濁惡世
如諸佛所說　　我亦隨順行
思惟是事已　　即趣波羅奈[208]

諸法寂滅相　　不可以言宣
以方便力故　　為五比丘[209]說
是名轉法輪　　便有涅槃音
及以阿羅漢　　法僧差別名[210]

從久遠劫來　　讚示涅槃法
生死苦永盡　　我常如是說
舍利弗當知　　我見佛子等

志求佛道者　　無量千萬億

咸以恭敬心　　皆來至佛所
曾從諸佛聞　　方便所說法
我即作是念　　如來所以出
為說佛慧故　　今正是其時

舍利弗當知　　鈍根小智人
著相[211]憍慢者　不能信是法
今我喜無畏　　於諸菩薩中
正直[212]捨方便　但說無上道

菩薩聞是法　　疑網皆已除
千二百羅漢[213]　悉亦當作佛
如三世諸佛　　說法之儀式
我今亦如是　　說無分別法[214]

諸佛[215]興出世　懸遠值遇難
正使出于世　　說是法復難
無量無數劫　　聞是法亦難
能聽是法者　　斯人亦復難

譬如優曇花　　一切皆愛樂
天人所希有　　時時乃一出
聞法歡喜讚　　乃至發一言
則為已供養　　一切三世佛

是人甚希有　　過於優曇花
汝等勿有疑　　我為諸法王
普告諸大眾　　但以一乘道
教化諸菩薩　　無聲聞弟子

汝等舍利弗　　聲聞及菩薩
當知是妙法　　諸佛之祕要[216]
以五濁惡世　　但樂著諸欲
如是等眾生　　終不求佛道

當來世惡人　　聞佛說一乘
迷惑不信受　　破法墮惡道
有慚愧清淨　　志求佛道者
當為如是等　　廣讚一乘道

舍利弗當知　　諸佛法如是

以萬億方便　　隨宜而說法
其不習學者　　不能曉了此
汝等旣已知　　諸佛世之師

隨宜方便事　　無復諸疑惑
心生大歡喜　　自知當作佛

이때에 세존께서 거듭 이 뜻을 선포하려고 게송으로 말씀하셨다.

비구와 비구니들은
증상만심(增上慢心)을 가지고 있고
우바새는 아만(我慢)에 가득하고
우바이들은 진리를 믿지 않으며,
이와 같은 사부대중들의 숫자는 5,000여 명,
스스로의 허물을 보지 못하고
계행이 결루(缺漏)되었구나.

그런 결점(缺點)들을 감추려는
속 좁은 사람들이 떠났으니
대중에서 찌꺼기들은

부처님의 위덕(威德)으로 떠났네.
이런 사람은 복덕(福德)이
적어 이 법을 감당할 수 없다네.
대중에는 지엽(枝葉)이 없고
모든 알맹이만이 남았구나.

사리불아! 자세히 들어라.
모든 부처가 증득(證得)한 법은
무량한 방편의 능력으로 중생을 위해 설법(說法)한다.
중생의 마음이 생각하는 바와
갖가지 수행하고자 하는 도는
약간의 모든 욕성(欲性)도 전생(前生)의 선악업(善惡業).
부처께서는 모두 알고 모든 인연과 비유(譬喩)와
언사(言辭)와 방편력으로
일체를 환희(歡喜)하게 한다네.
혹은 수다라(修多羅)로
가타(伽陀)와 본사(本事)로 설명하며,
본생(本生)이나 미증유함으로 인연을 말씀하신다네.

비유와 기야(祇夜)와 우바제사(優婆提舍)를 말해도
우둔한 근기로 소승법(小乘法)을 즐기며,

생사에 탐착하네.
무량한 부처님을 만나도
심오하고 미묘한 도를 실천하지 않으면
많은 고통에 시달리면서 열반법(涅槃法)을 말했다네.

내가 이런 방편법을 시설(施設)하여
부처님의 지혜에 들어오게 함이며,
너희들이 당연히 성불(成佛)하리라고
일찍 말하지 않았으니
그 말을 일찍 하지 않은 것은
때가 아직 이르지 않은 까닭이며,
지금에야 때가 되어 결정적인
대승법(大乘法)을 말하겠노라.

내가 말한 구부법(九部法)은
중생의 근기에 수순한 가르침이며,
대승에 증입(證入)하는 근본이므로
이 경전을 말하노라.
불자의 마음이 청정(淸淨)하고
유연(柔軟)하며 총명하면
무량한 부처님 처소(處所)에서

심오하고 미묘한 도를 실천하리라.
이 모든 불자(佛子)에게는 대승 경전 말해주며,
나는 이런 사람에게 수기(授記)하여
내세(來世)에서 불도를 이룬다고 하였다.
깊은 마음으로 염불(念佛)하고
청정한 계율 지키는 까닭에
이들이 부처님을 체득(體得)한다는 말 들으면
큰 기쁨이 몸에 가득하리라.

부처는 그런 심행(心行)을 알므로
대승법을 말씀하시며,
성문과 보살은 내가 설법하는 것을 듣고
게송(偈頌) 하나에 이르기까지
모두 성불(成佛)함을 의심하지 않는구나.
시방의 불국토에는 오로지 일승법만 있을 뿐이요.

이승(二乘)과 또한 삼승(三乘)도 없으면
부처님의 방편법 말씀을 저버려라.
단지 이름을 가차(假借)하여
중생을 인도(引導)하였을 뿐이라네,
부처는 지혜를 설법하는 연고(緣故)로

모든 부처 세상에 출현하시여
오로지 하나만이 진실일 뿐
나머지 둘은 진실이 아니라네.

끝내 소승(小乘)으로는 중생을 제도하지 못하니,
부처가 대승(大乘)으로 체득(體得)한 법은 그와 같아
선정(禪定)과 지혜(智慧)의 능력(能力)이
장엄(莊嚴)함으로 중생을 제도하며,
스스로 무상도(無上道)를 증득하니
대승의 평등법(平等法)이라네.

만약 소승(小乘)으로 교화함이
한 사람에 이른다고 하면
나는 간탐심(慳貪心)에 떨어지니
이런 일은 옳지 못하다네.
사람들이 믿고 귀의(歸依)한다면
여래는 속이지 않고
또한 탐욕과 질투하는 마음이 없어
모든 법에서 악을 없앨 것이다.

그러므로 부처는 시방(十方)에서

홀로 두려움이 없으며,

나는 상(相)으로 장엄하고

세간에 광명(光明)을 비추며,

무량한 중생의 존경을 받으며,

실상인(實相印)을 말한다.

사리불아! 내가 본래 건립(建立)한

서원(誓願)을 바로알아야 한다.

모든 중생들은 나와 같지 다르지 않음이로다.

내 예전부터의 원력(願力)을 이제야 만족하였구나.

일체 중생 교화하여 불도(佛道)에 들게 하네.

내가 중생을 만나서 불도로 가르침을 다한다면

무지(無智)한 사람은 착란(錯亂)하고

미혹(迷惑)한 사람은 가르침을 받아들이지 않으며,

내가 아는 이 중생들은

일찍이 선근(善根)을 심지 않았으며,

오욕(五欲)에 고착(固着)되어

어리석어 탐애(貪愛)하며 번뇌(煩惱)를 일으키며,

모든 탐욕(貪欲)과 인연(因緣)으로

삼악도(三惡道)에 떨어지네.

육취(六趣)에 구비되어 있는 모든

고뇌(苦惱)와 악독(惡毒)한

과보(果報)를 윤회(輪迴)하며,

태(胎)속에서 형성된 극히 미미(微微)한

모양은 세세생생(世世生生) 증장(增長)하며,

박덕(薄德)하여 복이 적은 사람은

모든 고통으로 핍박(逼迫)받으며,

사견(邪見)으로 들어간 숲속에서

유(有)와 무(無)에 집착하며,

이 삿된 견해에 의지하여 62가지 견해를 구족하고,

허망한 법을 깊이 집착하며,

받아들여 버릴 줄 모르며,

아만심(我慢心)과 자긍심(自矜心)이 높고

첨곡심(諂曲心)으로 진실하지 못하여,

천만 억겁을 지내면서도

부처님 이름을 듣지 못하였네.

또한 정법(正法)을 듣지 못하여

이런 사람들은 제도하기 어렵다.

그러므로 사리불아!

나는 방편법(方便法)을 시설(施設)하여

모든 고뇌(苦惱)를 끊는 것을 말해 주고

열반으로 현시(顯示)하면서

내가 비록 열반이라 말했지만 참된 적멸(寂滅)이 아
니니라.

예전부터 모든 법은

항상 저절로 적멸(寂滅)한 상이며,

불자가 수행한다면 내세(來世)에 부처가 되리라.

내가 방편법이 있어 삼승법(三乘法)을

개시(開示)하였지만

일체 모든 세존께서는

모두 일승(一乘)의 길만 말씀하시네.

이제 모든 대중들은 모두 의혹(疑惑)을 제거하며,

모든 부처 말씀 다르지 않고

일승(一乘)일 뿐이며 이승(二乘)이 없다 하네.

과거의 무수(無數)한 겁에

무량하게 멸도(滅度)한 부처님들

백 천 만억 그 인연과 수효를 헤아릴 수 없다네.

이와 같은 모든 세존 갖가지 인연(因緣)과 비유(譬喻),

무수(無數)한 방편력으로

모든 법상(法相)을 연설하시네.

이 모든 세존들께서
일승법(一乘法)을 말씀하시며,
무량한 중생 제도하여
불도(佛道)에 증입(證入)하게 하는구나.

또 모든 위대한 성주(聖主)께서는
일체 세간을 아시고
천인(天人)과 군생(群生)들이
깊은 마음으로 바라는 바를 아시며,
다시 다른 방편으로 제일의(第一義)를
유익하게 현시(顯示)하시면
만약 어떤 중생들이 과거 부처님을 만나 뵙고는
불법(佛法)을 듣고 보시(布施)하고
지계(持戒)하고 인욕(忍辱)하며,
정진(精進)하고 선정(禪定)하며 지혜(智慧)로
갖가지 복덕(福德)과 지혜(智慧)를 수습(修習)하면
이같은 모든 사람들은 모두 성불하는 길이며,
모든 부처가 멸도(滅度)한 후에 사람들
마음이 선하고 유연(柔軟)하다네.

이와 같은 모든 중생들 모두가 이미 성불한 길이고,

모든 부처가 멸도(滅度)한 후에

사리를 공양(供養)하며,

만억 가지 종탑(鐘塔)을 세우고

금은(金銀)과 파리(頗梨)와

차거(車璖)와 마뇌(馬腦),

민괴(玟瑰)와 유리(琉璃)와 진주(眞珠)들로

청정(淸淨)하고 넓고 장엄(莊嚴)하게 꾸미면서

모든 탑(塔)을 장식(裝飾)하며,

혹은 돌로 사당을 짓고

전단향(栴檀香)과 침수향(沈水香)과

목밀(木櫁)이며 다른 재목이나

기와와 벽돌과 진흙 등으로

넓고 거친 들 가운데 흙을 모아 절을 지으며,

동자(童子)의 유희(遊戲)에 이르기까지

흙모래로 불탑(佛塔)을 세운

이같은 모든 사람들도 이미 성불하는 길이며,

만약 사람이 부처님을 위한 연고(緣故)로

모든 형상(形像)을 건립(建立)하거나

모든 상을 조각(雕刻)하여 만든다면

모두가 성불하는 길이다.

혹은 칠보(七寶)와 유석(鍮石)과

적백색(赤白色)의 구리와

백랍(白鑞)과 납이나 주석과

철목(鐵木)과 진흙으로 만들거나

혹은 교칠포(膠漆布)로 치장하거나

부처님 상(像)을 장엄하게 장식하면

이같은 모든 사람들 모두가 성불하는 길이다.

부처님과 세존의 백 가지 복덕상(福德相)을

채색(彩色)하거나 그리며,

스스로 하거나 남을 시키면

모두가 성불하는 길이며,

아이들 유희(遊戲)에 이르기까지

초목(草木)과 연필로

혹은 조갑(爪甲)으로 그려서

불상(弗像)을 만든 사람들,

이같은 모든 사람들은 점점 공덕(功德)을 쌓고

대비심(大悲心)을 구족(具足)하면

모두가 성불하는 길이다.
단지 모든 보살을 교화하고
무량한 중생을 교화한다.
만약 사람들이 탑묘(塔廟)를
모든 보배로 만들고 상(像)을 그리면

꽃과 향과 번개(幡蓋)로
공경심(恭敬心)으로 공양(供養)하며,
사람들을 시켜 북을 두드리고
호각(號角)과 패영(貝贏)을 불며,
퉁소나 피리, 거문고와 공후(箜篌),
비파(琵琶)나 동발(銅鈸), 요령으로
이처럼 신묘한 음악을 연주하며,
정성을 다하여 공양(供養)하며,

혹은 환희심(歡喜心)을 가지고
범패(梵唄) 음악으로 부처님의 덕을 칭송(稱頌)하는
한 마디 음악에 이르러도 모두가 성불하는 길이다.
만약 마음이 산란(散亂)하여도 한 송이 꽃이라도
부처 화상에 공양한다면
점점 무수한 부처님을 뵙게 된다.

혹 사람들이 예배(禮拜)하거나

다만 합장(合掌)만 하거나

손을 한 번 들거나 머리를 조금 숙이더라도

이렇게 불상(佛像)에 공양한다면

점점 무수한 부처님을 보며,

저절로 무상도(無上道)를 성취하여

무수한 중생을 제도한다.

무여열반(無餘涅槃)에 증입(證入)하게 하며

섶이 다하면 불이 꺼지듯이

만약 사람이 산란심(散亂心)이

있다가 탑묘(塔廟)에 들어가

나무불(南無佛)을 한 번 하면

모두가 성불하는 길이다.

모든 과거불과 현재의 부처님과 멸도(滅度)한 후에도

만약 이법을 듣는다면 모두가 성불하는 길이다.

미래의 모든 세존(世尊)도

그 수가 한량(限量)이 없으며,

이 모든 여래들 역시 방편으로 설법(說法)하며,

일체의 모든 여래는 무량(無量)한 방편으로

모든 중생을 도탈(度脫)하여
부처님의 무루지(無漏智)에 증입(證入)하며,
이런 법문을 들은 사람은
성불(成佛)하지 않는 이 하나도 없다.
모든 부처님 본래 서원(誓願)은
내가 수행한 불도(佛道)는
널리 중생들도 역시 모두
이 도를 체득(體得)하게 하려함이라네.

미래세(未來世)의 모든 부처가
비록 백 천억을 말하였지만
무수한 모든 법문(法門)도
실제로는 일불승(一佛乘)이라네.
양족존(兩足尊)인 모든 부처는
모든 법은 항상 무성(無性)임을 알지만
부처님의 종자(種子)는 연기(緣起)따라
생기므로 일승(一乘)이라 말하였네.

이 법은 법의 지위(地位)에 머물렀고
세간상(世間相)에 항상 머무는 것을
도량에서 이미 알고 있는 도사(導師)는 방편을 말

하였네.
천인(天人)의 공양을 받고 있는
현재에 시방의 부처는
그 숫자가 항하(恒河)의 모래와 같이
세간(世間)에 출현하셨다네.

중생을 안은(安隱)하게 하려는 까닭에
역시 이와 같은 법을 설법(說法)하며,
제일적멸(第一寂滅)임을 알면서도
방편력(方便力)에 연고(緣故)하여
비록 갖가지 도를 현시(顯示)하지만
실제는 불승(佛乘)이라네.
중생의 모든 행위(行爲)를 알고
깊은 마음으로 생각한다네.

과거에 수습(修習)한 업(業)과
갖가지 욕락(欲樂)과 습성(習性)과 정진력(精進力)이
모든 근기(根機)의 이둔(利鈍)에 미치기까지
갖가지 인연(因緣)과 비유(譬喻)와 또한 언사(言辭)의
방편으로 설법하는 것에 수순(隨順)하게 응하여
이제 나도 역시 그와 같아

중생을 안은(安隱)하게 하려한다.

갖가지 법문으로 불도(佛道)를 선시(宣示)하려한다.

나는 지혜력(智慧力)으로 중생의 본성을 아는 까닭에

방편으로 모든 법을 말하여서

모두가 환희(歡喜)를 체득(體得)하게 하리라.

사리불아! 당연히 알아라.

나는 불안(佛眼)으로 관조(觀照)하여

육도(六道) 중생을 보니

빈궁(貧窮)하고 복혜(福慧)가 없으며,

생사의 험한 길에 들어가

상속(相續)한 고통이 그치지 않는구나.

오욕(五欲)을 깊이 탐착(貪着)하는 게

이우(犛牛)가 꼬리를 사랑하듯 하며,

탐애(貪愛) 속에 스스로 갇혀서

눈도 멀어 보이지도 않으니

위대한 부처님을 구하지 않고도

고통의 법을 끊음과 함께

삿된 소견에 깊이 빠져들어

쓸데없이 고행(苦行)하면서도

고보(苦報)를 저버리려 하는데,

나는 이런 중생들을 위한 까닭으로

대비심(大悲心)을 일으켰고

나는 최초(最初)에 도량에 앉았을 때에

나무를 보면서 경행(景行)하였으며,

21일 동안을 이런 일들을 사유(思惟)하며,

내가 체득(體得)하게 된 위대한 지혜는

미묘(微妙)하기가 제일(第一)이라네.

중생의 모든 근기(根機)는 우둔(愚鈍)하여

오락(娛樂)에 집착하며 어리석으니

눈도 멀고 어두우니,

이와 같은 부류(部類)들은

어떻게 제도(濟度)할 것인가?

그때에 모든 범천왕(梵天王)과 제석천왕(帝釋天王),

세간을 보호하는 사천왕(四天王)과

대자재천왕(大自在天王),

나머지 모든 천중(天衆)과 백 천만의 권속(眷屬)들이

공경하는 합장의 예를 갖추면서

나에게 법륜(法輪)을

윤전(輪轉)하기를 청원(請願)하였다.

내가 스스로 생각해보니
만약 일불승(一佛乘)만 찬탄한다면
중생들이 고해(苦海) 속에 빠져 있어서
이 진리를 믿지 않으며,
진리를 파괴(破壞)하며 믿지 않는 까닭으로
삼악도(三惡道)에 빠지리니
나는 차라리 설법하지 않고 속히 열반(涅槃)하려네.

과거의 부처께서 수행하신
방편력(方便力)을 찾아 생각하니
내가 이제 체득(體得)한 진리를
삼승으로 설법해야 하리라.
이런 생각할 때에 시방 부처 나타나서
범음(梵音)으로 위로(慰勞)하며 나를 일깨우시며,
장하시다! 석가모니불이여!

제일(第一)인 도사(導師)께서
무상법(無上法)을 체득(體得)하였지만,
모든 일체 부처님을 따라서

방편력(方便力)을 이용하네.

우리도 역시 모두 증득할

매우 미묘한 제일법(第一法),

모든 중생 부류(部類)들을 위하여

분별(分別)하며 삼승(三乘)으로 설법(說法)하리라.

사소한 지혜 즐기는 소승법(小乘法)은

부처 된다는 것을 스스로 믿지 않으며,

그러므로 방편으로 분별해서

모든 결실(結實)을 설명하네.

비록 다시 삼승(三乘)을 말하지만

단지 보살만 교화(敎化)할 뿐이라네.

사리불아! 당연히 알아라.

내가 들은 시방의 부처님들 말씀을

매우 청정(淸淨)하고 미묘(微妙)한 음성(音聲)과

기쁜 마음으로 나무불을 기리며,

다시 이런 생각 일으키는데,

나는 오탁악세(五濁惡世)에 태어나서

모든 부처님 말씀과 같이

나 역시 수순(隨順)하게 수행하며,

사유(思惟)함을 마치고는
바라나(波羅奈 : 녹야원)로 나아가리라.

모든 법의 적멸상(寂滅相)은
말로 선포(宣布)할 수가 없으나
방편의 능력(能力)으로 한 연고(緣故)로
다섯 비구를 위하여 설법(說法)하였으니,
이를 말하여 초전법륜(初轉法輪)이라 한다.
바로 열반의 소리가 있어 아라한에 까지 미쳐서
법보(法寶)와 승보(僧寶)의 이름이 차별일 뿐.

오랜 세월 지내면서 열반(涅槃)의 도를
칭찬(稱讚)하여 개시(開示)하며,
생사의 고통 다하라고 나는 항상 이렇게 말하였다.
사리불아! 당연히 알아라. 내가 보는 불자(佛子)들은
의지(意志)로 불도(佛道)를 구하는 사람은
무량한 천 만억이라네.

모두가 공경(恭敬)하는 마음으로
부처님 처소(處所)에 왔으니
일찍부터 모든 부처님을 따라

들은 것은 방편으로 설법한 것이며,
이제 내 생각으로는 여래가 출현하신 것은
부처님 지혜 말씀하려 함이니
지금이 바로 그때로다.

사리불아! 알아두어라.
우둔한 근기를 가진
아는 게 적은 사람들은
상에 집착(執着)하고 교만(憍慢)하여
이 법을 믿지 않는다.
이제 나는 기쁘고 두렵지 않아 모든 보살들에게
바로 방편법(方便法)을 내팽개치고
단지 무상(無上)한 진리만 말하겠다.

보살들이 이 법을 듣는다면
의혹(疑惑)의 그물이 모두 없어지며,
1,200 나한(羅漢)들도 모두 부처가 될 것이다.
삼세(三世)의 모든 부처님들 설법하던 의식대로
나도 이제 그처럼 분별하지 않고 설법하겠다.
모든 부처가 세상에 출현(出現)하는 것은
아주 멀어서 만나기 어려우며

바로 세상에 출현한다고 하여도
이런 법을 말하는 것은 더욱 어렵다.
무량(無量)하고 무수(無數)한 겁에
이런 법을 듣기도 또한 어려우며,
이 법을 들을 수 있는 사람은 또한 더욱 어렵다.

비유하면 우담바라(優曇鉢羅)꽃이 피면
일체 모두가 애락(愛樂)하는 것처럼
천계(天界)와 인간계(人間界)에는 드물게도
때가 되어야만 한 번 핀다.
법을 듣고 환희(歡喜)하며 찬탄(讚嘆)하는
한마디 말만 하여도
일체의 삼세 모든 부처님께 공양한 것과 같아진다.

이런 사람이 드물어서 우담바라꽃이
피는 것을 넘어섰다 한다.
그대들은 의혹(疑惑)을 가지지 말라.
나는 모두의 법왕(法王)이다.
대중들에게 말하는데, 일불승(一佛乘) 신묘한 도로
모든 보살 교화하니 성문 제자는 없다고 한다.

너희들 사리불(舍利弗)과 성문과 보살들은

알아야 한다. 이런 신묘(神妙)한 법은

모든 부처님의 비요(祕要)이며,

오탁악세(五濁惡世)에서 다만 여러 욕망에

즐겨 탐착(貪着)하므로

이런 중생들은 끝내 불도를 구할 수 없다.

미래에 오는 세상의 악인(惡人)들도

일승법문을 듣게 되면

미혹(迷惑)해서 믿고 받아들이지 않고

법을 없앴다면 삼악도(三惡道)에 떨어진다.

참괴심(慚愧心)과 청정심(淸淨心)이 있으면서

의지(意志)로 불도(佛道)를 구한다면

이와 같이 하면서 널리 일승도(一乘道)를 찬양하라.

사리불아! 알아야만 한다.

모든 불법(佛法)은 이와 같이

만억(萬億)의 방편(方便)으로 마땅함을 따라 설법한다.

학습하지 않은 사람은 이를 깨달을 수 없으며,

그대들은 이미 알았으니

모든 부처님과 세존의 스승이라.

마땅함에 따른 방편의 일들에서
모든 의혹(疑惑)을 다시 하지 않고
마음에서 큰 환희심(歡喜心)을 일으키면
스스로 부처가 된 것을 알게 된다.

1) 全然: 완전하게 구비함. 완전하고 순수한 모양.

2) 安詳: 안온상심(安穩詳審)의 준말이다.

3) 舍利弗: 부처님의 십대 제자 중 한 분으로, 지혜제일(智慧第一)이다.

4) 諸佛智慧: 일체지(一切智), 도종지(道種智), 일체종지(一切種智)를 말한다. 부처님의 지혜로 항상 실상인 평등한 위대한 지혜에 머물고 있는 것으로 부처님의 지혜이다.

5) 難解難入: 심오(深奧)하여 이해하기 쉽지 않고 신묘(神妙)한 까닭에 증입(證入)하기 쉽지 않다.

6) 聲聞: 성문(聲聞)을 수습하고 믿는 사람을 말한다.

7) 辟支佛: 연각(緣覺)을 수습하고 믿는 사람을 말한다.

8) 隨宜所說: 부처님의 가르침을 받아들이는 사람에게 그 능력에 맞는 가르치는 방법을 이용하여 법을 가르치는 것을 말한다.

9) 著: 탐착(貪着), 집착(執着), 염착(染著)을 말한다.

10) 方便(upāya): 방법과 수단의 의미이다.

11) 知見波羅蜜: 진리의 근원에 도달하는 것이 지(知)이고 불법이 본래 공(空)하다는 것을 깨닫는 것은 부처님의 견해(見解)이며 피안(彼岸)에 도달하는 게 바라밀(波羅蜜)이다. 반야바리밀의 다른 명칭.

12) 具足: 완전하게 구비하는 것으로 부처는 중생으로 있으면서도 지행(知行)을 완전무결하게 갖추었음을 말한다.

13) 無量無礙: 사무량심(四無量心: catvāry apramāṇani)과 사무애변(四無礙辯). ①자(慈: maitrī)무량심: 중생에세 즐거움을 주려는 마음이다. ②비(悲: karuṇā)무량심: 중생을 고뇌에서 건지려는 마음. ③희(喜: muditā)무량심: 중생의 기쁨을 자기 기쁨으로 여기는 마음. ④사(捨: upekṣā)무량심: 위의 3가지 마음과 달리 원친(怨親)을 평등하다고 생각하는 마음이다. 사무애변은 사무애지(四無礙智) 또는 사무애해(四無礙解)라고도 한다. 불보살의 설법은 4가지 자재한 능력이 있다는 뜻이다. ①법무애(法無礙: dharma-pratisaṃvid): 교법(敎法)에 있어서 걸리지 않음을 말함. ②의무애(義無礙: artha-p): 교법의 의의와 내용에 있어서 걸림이 없다는 의미. ③사무애(辭無礙: nirukti-p): 모든 언어를 통달(通達)하여 자재함을 말한다. ④요설무애(樂說無礙: pratibhāna-p): 위의 3가지 무애도 갖추고 중생을 위하여 설법하는 게 자재하여 중생들이 즐겨 들으려고 한다.

14) 力·無所畏: 십력(十力)과 사무소외(四無所畏)를 말한다. ①처비처지력
(處非處智力: sthāna-asthāna-jñāna-bala): 도리와 도리가 아닌 것을 변
별(辨別)하는 능력. ②업이숙지력(業異熟智力: karma-vipāka-jñāna-
bala): 업(業)과 그 과보의 관계(關係)를 여실(如實)히 아는 지력. ③정려
해탈등지등지력(靜慮解脫等持等至智力: mokṣa-samādhi-samāpatti-
jñāna-palabala): 선정(禪定), 팔해탈(八解脫), 삼삼매(三三昧), 등지지(等至
知)와 같은 선(禪)을 아는 능력. ④근상하지력(根上下智力: indriya-
parāpara-jnāna-bala): 중생 근기의 우열(優劣)을 아는 능력. ⑤종종승
해지력(種種勝解智力: nānā-adhimuk-tijñāna-bala): 중생의 갖가지 욕락
(欲樂)을 아는 능력. ⑥종종계지력(種種界智力: nānā-dhātu-jñāna-
palabala): 중생의 본성(本性)과 부류(部類)를 아는 능력. ⑦편취행지력
(遍趣行智力: sarvatra-gāminī-pratipaj-jñāna-bala): 중생의 업의 과보로
후세에 태어날 곳을 아는 능력. ⑧숙주수념지력(宿住隨念智力: pūrva-
nivāsa-anusmiti-jññāa-bala): 과거세의 것을 알고 모든 생각하여 끌어
내는 능력. ⑨사생지력(死生智力: cyuty-upapatti-jñāna-bala): 중생의
미래와 생사를 아는 능력. ⑩누진지력(漏盡智力: asvara-kṣaya-jñāna-
bala): 번뇌가 끊어진 경지를 아는 능력. 사무소외(四無所畏: catur-
vaisaradya)에는 ①정등각무소외(正等覺無所畏) ②누진무소외(漏盡無所畏)
③설장도무소외(說障道無所畏) ④설진고도무소외(說盡苦道無所畏)가 있
다.

15) 禪定 解脫三昧: 선정(禪定)은 인(因)이고 해탈(vlmokṣa)은 결실(結實)이
며, 삼매(三昧)는 정정(正定)이다. 삼매(samādhi)는 삼삼매(三三昧)를 말
하여 ①공삼매(空三昧) ②무상삼매(無相三昧) ③무원삼매(無願三昧)를 말
한다.

16) 止 舍利弗: 석존(釋尊)께서 법을 청중들에게 이해시키려고 생각하는 것
으로 3번을 사리불에게 말하였고, 사리불은 3번을 거듭하여 부처님에
게 설법해 주실 것을 청하였다. 이를 삼지삼청(三止三請)이라 한다.

17) 佛與佛: 석가모니 부처님과 다른 시방의 모든 부처님.

18) 究盡: 철저하고 명백함을 말한다.

19) 諸法實相: 제법(諸法)은 현상계의 사물과 존재의 의미이다. 즉 규범(規
範), 법칙(法則), 관례(慣例)와 이법(理法), 교법(敎法) 등의 의미를 가지고
있다. 실상(實相)은 진실이 있는 것을 의미하는 것으로 법의 자성(自性)
을 실상이라 한다. 제법실상이라 하면 법성(法性), 진실상(眞實相), 진실

리(眞實理) 등의 뜻이 있으며 천태종에서는 이로부터 생사즉열반(生死卽涅槃), 번뇌즉보리(煩惱卽菩提)라는 사상이 생기게 된다.

20) 如是相 ～ 如是本末究竟等: 10여시(如是)라고 한다.

21) 世雄: 부처님의 다른 이름이다.

22) 諸餘法: 그 나머지 많은 불법을 말함.

23) 了: 명료(明瞭)함을 말한다.

24) 道場: 부처가 수행하여 성공(成功)한 곳 또는 설법(說法)한 곳을 말한다.

25) 性相: 모든 사물의 본질과 표현되어 드러난 모양을 말한다.

26) 十方佛: 시방에 있는 모든 부처님을 말한다.

27) 言辭相寂滅: 적절(適切)한 언어로 표현할 수 없는 것을 말한다. 불법(佛法)의 제일의(第一義)는 언어로 표현 할 수 없다고 한다.

28) 漏: 번뇌를 말함.

29) 最後身: 현재 가지고 있는 몸이 생사윤회의 최후(最後)의 몸임을 말한다. 뜻으로 말하면 생사윤회의 속박을 벗어날 때가 되었음을 의미한다.

30) 其力所不堪: 다른 사람은 지혜로도 이해할 수 없음을 말한다. 불감(不堪)은 불능(不能)의 의미이다.

31) 盡思共度量: 정신을 온통 기울여서 촌탁(忖度)하고 생각하는 것을 말한다.

32) 正使: 즉사(卽使)를 말한다.

33) 十方刹: 시방에 있는 사찰. 刹은 불사(佛寺)를 말한다.

34) 實智: 진정한 지혜를 말한다.

35) 少分: 극히 작은 한 부분을 말한다.

36) 新發意菩薩: 처음 발심하여 수행하는 보살을 말한다. 발의(發意)는 발심(發心)을 말한다.

37) 了達: 명백하게 이해하는 것을 말한다.

38) 稻麻竹葦: 벼, 삼대, 대, 갈대는 매우 많은 것을 드러내는 것이다.

39) 不退: 불교를 배워서 도달(到達)하는 일정(一定)한 정력(定力)으로 게으르거나 소홀히 하지 않는 것을 말한다.

40) 無漏不思議: 법성(法性)이 청정하여 모든 번뇌에 염착하는 것을 저버려 마음으로나 입으로 논의(論議)할 수 없음을 말한다.

41) 是相: 모든 사물의 본래 상(相)으로 불법(佛法)이다. 시(是)는 모든 사물을 가리킨다.

42) 亦然: 이와 같다는 의미이다. 연(然)은 여시상(如是相)과 같다.

43) 大信力: 최고의 신임(信任)을 말한다.

44) 世尊法久後: 부처가 오랫동안 방편법문으로 강의(講義)한 후를 말한다.

45) 說眞實: 진정한 진여불법(眞如佛法)을 강의하는 것을 말한다.

46) 逮得: 획득(獲得), 도달(到達)을 말한다.

47) 處處著: 사사건건 탐착(貪着)하는 것을 말한다.

48) 聲聞: 성문승을 수습하는 사람을 말한다.

49) 漏盡: 부처님의 지혜를 구비(具備)하고 모든 번뇌를 단제(斷除)한 것을 말한다.

50) 阿若憍陳如(Ajñāata-kauṇḍinya): 서품 참고.

51) 作: 생산의 의미이다.

52) 慇懃: 간절(懇切)한 감정(憾情)을 가진 의도(意圖).

53) 一解脫: 동일한 해탈을 말한다.

54) 白佛言: 석가모니 부처에게 고하는 것을 말한다. 백(白)은 동사로 아랫사람이 윗사람에게 품신(稟申)하는 것이나 동료를 향하여 말하는 것을 말한다.

55) 慧日: 부처님의 지혜가 고묘(高妙)한 게 태양과 같음에 비유한 말이다.

56) 力無畏三昧 禪定解脫: 앞의 주 참고.

57) 道場: 깨달음과 연관된 장소.

58) 猶豫: 의혹(疑惑), 의념(疑念)을 말함.

59) 兩足尊: 부처님을 말한다. 양족(兩足)은 복(福)과 혜(慧)를 가리킨다.

60) 我第一: 내가 지혜 제일이라 하는 것이며, 여기에서 나는 사리불을 말한다.

61) 究竟法: 허망한 집착(執着)을 없애고 생사를 해탈(解脫)하여 정각(正覺)을 증득(證得)한 최고의 불법(佛法).

62) 佛口所生子: 불자(佛子)의 법신(法身)은 부처님을 따라 진리를 듣고 생겨났으므로 이렇게 말하였다.

63) 大數: 많은 수를 말함.

64) 具足道: 원만한 불법(佛法).

65) 止 止: 설득(說得)되지 않음이다.

66) 是事: 최상의 불법(佛法)을 말한다.

67) 唯: 희망을 표시하는 말이다.

68) 阿僧祇: 법으로 계산할 수 없는 긴 시간을 말한다.

69) 諸根猛利: 根(indriya)은 본래 감각기관(感覺器官)으로 그 기관이 가지고

있는 능력을 말하며, 눈으로는 보는 능력이 있음을 말하는 것과 같다. 여기에서는 중생이 깨달음을 일으키는 다섯 가지 능력으로 신(信)·정진(精進)·념(念)·정(定)·혜(慧)의 오근(五根)을 의미한다. 즉 능력이 비상(非常)하여 부처님의 설법을 이해하는 능력을 갖추었음을 의미한다.

70) 法王: 석가모니 부처님을 말한다.

71) 增上慢: 허망하게 스스로 오만(傲慢)하고 존대(尊大)하는 사람.

72) 大坑: 지옥(地獄)을 말한다. 불교에서 인식하기로는 증상만인(增上慢人)은 깨닫지 못하였으면서도 스스로 깨달았다고 하면서 허망하게 자기를 존대(尊大)하면 다른 사람에게 오만(傲慢)하면 죄가 무거워서 지옥(地獄)에 떨어진다.

73) 比: '하나같이'의 의미이다.

74) 受化: 부처님의 교화를 받고 있음을 말한다.

75) 長夜安隱: 장야(長夜)는 불법(佛法)을 깨닫기 이전으로 긴긴 밤에서 사는 것과 같음으로 무명(無明)에서 생사하는 것에 비유함이다. 안은(安隱)은 생사를 벗어나 열반을 얻는 것을 형용(形容)한 말이다.

76) 垂: 가르침을 주는 것을 말함.

77) 是等: 사람으로 이전에 와서 들은 청중(聽衆)을 말한다.

78) 及: 덧붙인다는 의미이다.

79) 證: 불과(佛果)를 증득한 것을 말한다.

80) 住: 정유(停留)의 의미이다.

81) 枝葉: 가지와 잎으로 회중(會中)을 떠나간 사람들을 말한다.

82) 貞實: 진지(眞摯)하고 독후(篤厚)한 청중(聽衆)을 말함.

83) 唯然: 찬동(贊同)함을 표시하는 대답을 말한다. '옳지'라고 해석하면 무방하다.

84) 諸佛如來: 시방삼세의 일체 부처님을 말한다.

85) 優曇鉢華(udumbara): 서응화(瑞應華)라 번역한다. 3,000년 만에 한 번 피는 꽃으로 그 꽃이 피면 부처님과 전륜성왕이 세상에 나타난다고 한다.

86) 時: 짧은 시간이나 우연(偶然)을 말한다.

87) 隨宜: 근거가 같지 않은 정황(情況)을 말한다.

88) 思量分別: 사유(思惟)하여 변석(辯析)하는 것을 말한다.

89) 云何名: 어떻게 말하는가?

90) 開: 개오(開悟)를 말함.

91) 佛知見(tathagatha-jnana-darsana): 지혜(智慧)와 견해(見解)를 말한다. 지견은 본질을 보는 것이며, 불은 세계의 여실한 상을 보고 깨닫는 것이다. 불지견은 중생이 개시오입을 통하여 성취되며 이는 부처님의 일대사인연이다. 개(開: samādāpana)·시(示: saṃdatśana)·오(悟: avatarana)·입(人: prati-bodhana)을 사불지견(四佛知見)이라 한다.

92) 入: 심입(深入)을 말한다.

93) 但: 다만, 오로지의 뜻이다.

94) 一佛乘: 불승(佛乘)으로 유일(唯一)한 것임을 말한다.

95) 餘乘: 기타의 이승(二乘), 삼승(三乘)을 말한다.

96) 若二 若三: 이(二)는 대승(大乘)과 소승(小乘)이며, 삼(三)은 성문승(聲聞乘), 연각승(緣覺乘), 보살승(菩薩乘)을 말한다.

97) 究竟: 최종(最終)을 말한다.

98) 一切種智: 불교에서의 3가지 지혜 중 하나. 부처님의 지혜 중 하나로, 일체 불법과 중생의 인과까지 모두를 아는 것을 말한다.

99) 饒益: 증익(增益)과 같다.

100) 深心所著: 각종 명리(名利)와 욕망(欲望)에 깊이 집착하는 마음을 말한다.

101) 五濁惡世(panca-kaṣāga): 겁탁(劫濁), 번뇌탁(煩惱濁), 중생탁(衆生濁), 견탁(見濁), 명탁(命濁)을 말한다.

102) 劫濁(kalpa-kaṣāya): 천재지변의 많은 세상에 오염되어 있는 것을 말한다.

103) 煩惱濁(kleśa-kaṣāya): 중생의 번뇌가 치성(熾盛)한 것을 말한다.

104) 衆生濁(sattva-kaṣāya): 중생의 심신(心身)이 쇠퇴(衰退)하여 고통은 많고 복이 적은 것을 말하는데, 즉 중생의 자질(資質)이 저하되는 것이다.

105) 見濁(dṛṣti-kaṣāya): 견(見)은 견해(見解)를 말하며, 사견(邪見)과 편견(偏見), 유신견(有身見: 아집) 등의 악견(惡見)이 성행(盛行)하는 것을 말한다.

106) 命濁(ayuṣ-kaṣāya): 중생의 수명이 차차 단축(短縮)되어 10년까지에 이르는 것을 말한다.

107) 垢重: 죄가 깊고 엄중(嚴重)한 것을 말한다.

108) 慳貪: 자기 것은 아끼고 남의 것을 탐내는 것을 말한다.

109) 於一佛乘分別說三: 유일(唯一)한 불승(佛乘)을 셋으로 나누어 설명하는 것을 말하는데, 삼승(三乘)은 방편설이고 일승(一乘)만이 진실한 진

리이다.

110) 又: 또한, '그리고'의 의미이다.

111) 最後身: 최후(最後)의 보신(報身)이다. 의미는 수행하여 성공(成功)한 일생이 인과응보(因果應報)를 저버린 현재의 신체가 최후의 보신이라는 뜻이다.

112) 除: '제외하고는'의 의미이다.

113) 現前: 현재(現在)의 의미이다.

114) 是: 묘법연화경을 말한다.

115) 決了: 청초(淸楚)하고 명료(明瞭)한 것을 말한다.

116) 我慢: 자아가 오만(傲慢)한 것을 말함.

117) 戒: 계율(戒律)을 말함.

118) 缺漏: 빠져서 없어짐.

119) 瑕疵: 결점(缺點)을 말함.

120) 是: 지시대명사이다.

121) 糟糠: 지게미와 쌀겨, 보잘 것 없는 음식. 여기서는 보잘 것 없는 사람을 뜻한다.

122) 尠: 소(少)의 뜻이다.

123) 不堪: 불능(不能)의 의미이다.

124) 行道: 하고자 하는 일의 원칙(原則).

125) 先世: 전세(前世), 전생(前生)을 말한다.

126) 已: 의(矣)의 의미이다.

127) 修多羅(sūtra): 경전(經典)을 말한다.

128) 伽陀(gāthā): 게송(偈頌)을 말한다.

129) 本事(itvṛttaka): 부처가 제자(弟子)들의 과거세(過去世)에서 행동(行動)과 인연(因緣)을 말하는 경문을 말한다.

130) 本生(jātaka): 부처가 자신의 전생에서 행동과 인연을 말한다.

131) 未曾有(adbhutadharma): 기적(奇蹟)과 같은 불가사의(不可思議)한 사적(事蹟)을 기록한 것을 말한다.

132) 因緣(nidana): 부처님의 법을 듣는 것과 설법하는 연유(緣由)를 말한다.

133) 譬喩(avadana): 비유를 인용하여 불법(佛法)을 설명하는 것이다.

134) 祇夜(geya): 중복(重複)하여 앞의 경문 내용을 게송을 다시 말하는 것을 말한다.

135) 優波提舍(upadeśa): 논의(論議)라고 번역한다. 문답(問答)형식(形式)으

로 교리(敎理)를 의론(議論)하는 것을 말한다.

136) 鈍根: 천성(天性)이 우둔한 사람을 말한다.

137) 成佛道: 성불(成佛)을 말한다.

138) 九部法: 12부경에서 수다라(修多羅), 가타(伽陀), 본사(本事), 본생(本生), 미증유(未曾有), 인연(因緣), 비유(譬喩), 기야(祇夜), 우바제사(優婆提舍)를 말한다.

139) 利根: 불법을 깨달을 만큼 총명(聰明)한 본성을 지닌 사람을 말한다.

140) 記: 수기(授記)를 줄인 말이다.

141) 淨戒: 청정(淸淨)하여 탐욕(貪欲)이 없는 계율(戒律)을 말한다.

142) 若: 혹(或)과 같다.

143) 除佛方便說: 부처가 사용한 방편법문은 이승과 삼승일 뿐, 이는 중생들을 불문(佛門)에 진입(進入)하게 하는 것일 뿐 실제상(實際上)에는 이승과 삼승이 없음을 말한다.

144) 一事: 유일(唯一)한 성불(成佛)의 대법(大法)을 말한다.

145) 餘二則非眞: 이승과 삼승은 진정한 불법이 아님을 말한다.

146) 定慧力莊嚴: 선정과 지혜, 그리고 십력(十力)의 장엄함을 말한다.

147) 平等法: 중생과 부처가 다르지 않다는 평등한 법을 말한다.

148) 我則墮慳貪: 소승불교의 목적은 개인의 성불이므로 한 사람도 제도(濟度)할 수 없으니 대승불교에서 보면 자기 사사로운 탐욕의 표현일 뿐이지 수행하여 올바른 결과를 얻을 수 없음이다. 여기서 아(我)는 소승의 가르침을 수행하는 사람을 가리키는 대명사이다.

149) 欺誑: 얼을 빼어 속이는 것을 말한다.

150) 相嚴身: 부처가 드러낸 장엄한 상호를 말한다. 부처가 가지고 있는 십력(十力)의 하나이다.

151) 實相印(dharma-svabhava-mudra): 부처님과 부처가 서로 전한 인증(印證)을 말하며 진여(眞如) 또는 무상(無相)을 의미한다.

152) 堅著: 완고(頑固)하게 집착(執着)하는 것을 말한다.

153) 五欲: 재욕(財慾), 색욕(色欲), 음식욕(飮食欲), 명예욕(名譽慾), 수면욕(睡眠欲)을 말한다.

154) 三惡道(durgati): 지옥(地獄), 아귀(餓鬼), 축생도(畜生道)를 말한다.

155) 六趣: 지옥(地獄), 아귀(餓鬼), 축생(畜生), 아수라(阿修羅), 인(人), 천(天)을 말한다.

156) 增長: 받아들인 고난(苦難)이 그치지 않고 늘어나는 것을 말한다.

157) 若有若無等: 유(有), 무(無)의 사견을 말한다. 불교는 만물이 진실로 항상 존재하는 것도 아니고, 완전히 허무(虛無)한 것도 아니라고 주장한다. 그러므로 유와 무에 집착하여 논하는 것 자체가 사견(邪見)이다.

158) 依止: 견지(堅持)하는 것을 말한다.

159) 具足六十二: 62가지의 사견(邪見)을 말한다. 세존 당시에 인도에서 유행한 불교 이외의 사상(思想)을 말한다. 오음(五陰)의 하나하나에서 일어나는 4가지 견해로 20가지가 되고 이를 다시 삼세(三世)로 일어나니 60견해가 되고 단견(斷見)과 상견(常見)이 있어서 합하면 62견이 된다.

160) 詔曲: 자기의 지조를 굽히고 아첨하는 것을 말한다.

161) 說諸盡苦道: 자기가 받고 있는 고통적인 생활(生活) 방식과 사상(思想) 방식 모두를 포기(抛棄)하라고 권고(勸告)하여 말하는 것을 의미한다.

162) 寂滅相: 형상(刑象)이 없는 것을 말한다. 불법은 살펴도 볼 수가 없고 이론에 염착하지도 않는다는 것을 말하여 적멸상이라고 한다.

163) 緣: 인연(因緣)으로 말하는 고사(故事)를 말한다.

164) 大聖主: 성주(聖主)는 성현(聖賢)의 우두머리라는 뜻으로 부처님을 말한다.

165) 第一義: 최고의 가르침. 진리를 말한다.

166) 布施, 持戒, 忍辱, 精進, 禪定, 智慧: 육바라밀을 말한다.

167) 已: 이후(以後)를 말한다.

168) 金銀, 頗梨, 車璩, 馬腦, 玫瑰, 琉璃, 眞珠: 종탑을 장식하는 보물이다. 이는 불법이 귀중하다는 것을 비유하는 말이다.

169) 栴檀(candana): 방향성(芳香性)을 가지고 있는 향나무의 일종.

170) 沈水: 침향(沉香)을 말한다.

171) 木櫁: 향기가 있는 나무를 말한다.

172) 七寶: 금(金), 은(銀), 유리(琉璃), 차거(硨磲), 마노(瑪瑙), 진주(眞珠), 매괴(玫瑰).

173) 鍮石: 황동(黃銅)을 말한다.

174) 白鑞: 땜질하는 납을 말한다.

175) 鐵木: 철로 주물하는 것과 나무로 조각하는 것을 말한다.

176) 膠漆布: 아교칠과 옻칠, 그리고 포목(布木)을 말한다.

177) 百福莊嚴相: 부처가 갖춘 32상 하나하나에 백복(百福)의 상(相)이 있음을 말한다.

178) 若使人: 다른 사람의 도움을 받아 불상을 조성(造成)하는 것을 말한

다. 약(若)은 혹(或)의 의미이다.

179) 爪甲: 손톱과 발톱을 말한다.

180) 華香幡蓋: 화(華)는 선인(善因)이고 향(香)은 선덕(善德)이며, 번(幡)은 선신(善身)이고 개(蓋)는 선과(善果)이다.

181) 角貝: 장각(長角)과 패영(貝嬴).

182) 鐃: 구리로 만든 그릇 형태로 두드리면 소리가 난다.

183) 歌唄: 음성으로 노래하는 것을 말하며 범음(梵音)으로 노래하는 게 범패(梵唄)이다.

184) 一華: 신선한 꽃을 말한다.

185) 無餘涅槃: 번뇌가 완전히 끊어져서 열반에 들어가는 것으로 완전히 궁극적(窮極的)인 적멸(寂滅)의 상태를 말한다.

186) 南無: 치경(致敬), 귀의(歸依), 충어(忠於)의 뜻이다.

187) 過去佛: 석가모니 이전의 칠불(七佛)을 말한다.

188) 法門: 불법(佛法)을 학습하여 깨달음을 획득하는 문호(門戶)를 말한다.

189) 法常無性: 법은 현상계(現象界)의 사물(事物)이며, 이는 연기(緣起)에 의하여 성립되어 존재하므로 자체로 존재하여 있는 게 아니다. 즉 생멸변화(生滅變化)하는 실체라는 것을 말한다.

190) 佛種從緣起: 연기(緣起)인 진리(眞理)를 말한다.

191) 是法住法位: 일체법의 본성(本性)이 공적(空寂)하고 여여부동(如如不動)하여 진여법(眞如法)의 지위(地位)에 안주(安住)한 것을 말한다.

192) 世間相常住: 세간(世間)의 망상(妄想)은 생멸하는 법이다. 상주(常住)하는 실상(實相)은 생멸(生滅)하지 않는다. 법이 무생(無生)임을 깨달으면 상(相)은 무상(無相)이며, 물속에 달과 같이 허망(虛妄)한 게 보인다. 무심(無心)으로 향상을 살피고 비추면 항상 공(空)이다.

193) 第一寂滅: 제일의공(第一義空)을 말한다. 모든 법은 청정(淸淨)하여 제일(第一)이며 항상 스스로 적멸(寂滅)하다.

194) 欲性: 욕락(欲樂)과 습성(習性)을 말한다.

195) 宣示: 널리 알리는 것을 말한다.

196) 性欲(Adhimukti): 탐욕(貪欲)스러운 성품(性品)과 같다. 마음과 의욕(意欲)이라고도 한다.

197) 大勢佛: 부처님을 말함. 즉 부처님의 세력이 광대하여 중생의 번뇌를 끊는다는 의미이다.

198) 觀樹亦經行: 석가모니가 성불(成佛)하기 전에 보리수 아래에서 정좌

(靜坐)하고 나무를 관조(觀照)하면서 인생의 진리를 응사(凝思)하였다. 어떤 때에는 잠시 나무 주위를 돌면서 졸음을 깨우거나 병을 예방(豫防)하였다. 경행(經行)은 돌아다니는 것을 말한다.

199) 犛牛愛尾: 이우(犛牛: camari)의 꼬리는 길어서 장식품(裝飾品)으로 사용하는데, 얼룩소 자체가 자기 꼬리를 감상하다가 구덩이에 빠져 죽는 것도 모르는 것에 비유한다. 바로 탐애하여 스스로 갇혀버리는 꼴이다.

200) 盲瞑: 눈이 없는 게 맹(盲)이고 흑암(黑暗)이 명(瞑)이다.

201) 三七日: 21일을 말한다.

202) 轉法輪: 불법(佛法)을 강설(講說)하는 것을 말한다.

203) 釋迦文(Sākya-muni): 석가(釋迦)는 성(姓)이고 모니(牟尼)는 어떤 때에는 문(文)이라 번역하면서 뜻은 인(仁), 유(儒), 인(忍), 적(寂)이며, 직접 성인이라고 번역하기도 한다.

204) 沒: 깊이깊이 빠져 들어가는 것을 말한다.

205) 諸果: 같지 않은 결실을 말한다.

206) 聖師子: 시방불(十方佛)과 같은 의미이다.

207) 南無佛(namas): 귀명(歸命), 경례(敬禮), 귀경(歸敬)의 뜻이다.

208) 波羅柰(Vārāṇasi): 현재 베나레스를 말한다. 이 지역은 갠지스강 유역에 있으며, 석가모니가 계실 때에는 많은 수행자들이 모여 있던 곳이다. 현재는 힌두교 성지(聖地)이다.

209) 五比丘: 석가모니가 성도(成道)한 후에 맨 먼저 제도(濟度)한 다섯 비구를 말한다. 교진여(憍陳如), 액편(額鞭), 발제(跋提), 십력가섭(十力迦葉), 마남구리(摩男俱利)이다.

210) 法僧差別名: 사제(四諦)는 법보(法寶)라고 하고 나한(羅漢)은 승보(僧寶: samgha)라고 한다.

211) 著相: 상(相: nimitta)은 표면적(表面的)인 양상(樣相)을 말한다. 내면(內面)의 실상(實相)을 알지 못하는 것이다.

212) 正直: 직접(直接)의 의미이다.

213) 千二百羅漢: 수행을 완성한 성자(聖者)들의 수를 말한다.

214) 無分別法: 이승(二乘)과 삼승(三乘)을 다시는 구별하지 않고 유일한 성불(成佛)의 위대한 법을 말한다.

215) 興: 출현(出現)을 말한다.

216) 祕要: 비결(祕訣)을 말한다.

묘법연화경 제2권(妙法蓮華經 第二卷)

후진 구자국 삼장법사 구마라습 봉조 역(後秦龜茲國三藏法師鳩摩羅什奉詔譯)

二 喩說一周被中根
들째, 비유로 한 곳에 이르게 하려고 중근기를 위하여 설법한다.

비유품 제삼(譬喩品第三)

신해품 제사(信解品第四)

비유품 제삼 (譬喻品第三)

原文

譬者引淺況[1]深 喻者托言訓曉 由前法說 示多
方便 皆爲一乘 上智已悟中根未解 故引三車
一門之淺 以況三乘一道之深 而訓曉焉 故名
譬喩品

經有九喩 謂火宅窮子藥草化城繫珠 鑿井王髻
父少醫師 舊唯言七喩 遺却鑿井父少二喩 謂是
旁出實非旁也 喩說文二 初法說緒餘 二喩說正
文 然法說緒餘合聯前品之末 喩說名題合標緒
餘之後

而分品似濫者 身子旣自領悟法說 欲以悟人故
陳悟喜之意 而爲機起疑發茲喩說 然則悟喜等
意 乃爲喩說之由 宜屬此品 文不爲濫

비(譬)는 하찮은 것을 인용(引用)하여 심오(深奧)한 것에 비유하여 말하는 것이고, 유(喩)는 말에 의탁(依託)하여 가르쳐 깨우치게 함이다. 앞의 법설(法說)에 연유(緣由)하여 다양한 방편(方便)을 개시(開示)하였으나 모두가 일승(一乘)이며 상근기의 지혜로는 이미 깨달았지만 중근기(中根機)는 이해하지 못하였다. 그러므로 삼거일문(三車一門)의 하찮은 말을 인용하여 삼승일도(三乘一道)의 심오함을 가르쳐 깨우치므로 비유품(譬喩品)이라 말한다.

경에는 아홉 가지 비유가 있는데, 화택(火宅)·궁자(窮子)·약초(藥草)·화성(化城)·계주(繫珠)·착정(鑿井)·왕계(王髻)·보소(父少)·의사(醫師)이며, 옛날에는 오직 일곱 가지 비유만을 말하였다. 보소(父少)와 의사(醫師)의 두 비유가 없어서 치워버렸다고 하지만 실제는 치워버린 게 아니다. 비유로 말하는 글에는 두 가지가 있으니 첫째는 법설(法說)에서 실마리를 남기는 것이고 둘째는 비유로 정문(正文)에서 말함이다. 그리고 법설의 실마리를 남긴 것은 서품(序品)의 말미(末尾)와 연합(聯合)하는 것이고 비유로 명제(名題)를 설명하는 것은 실마리의 나머지 후반부를 표방(標榜)하는 것이다.

품목(品目)을 나눈 것은 남용(濫用)하는 것 같지만 신자(身

子: 사리불)는 이미 스스로 법설을 깨달았고 사람들을 깨닫
게 하려는 까닭에 깨달음의 기쁜 의미를 진술하여 근기에
따라 의심을 일으켜 이런 비유를 드러냈다. 그리고 깨달음
의 기쁜 의미는 비유로 말하는 것에 연유하여 비유품에 예
속하는 것이니 글을 남용하는 게 아니다.

原文

讚曰

稚子無知 樂火宅而自娛 長者起悲 賜大車而
無偏 上根法說已悟 中根喻說方知 正是法無淺
深 悟有先後 比如指月擧扇 搖風動樹 定當作佛
　鶖子歡喜 自知授記 四衆讚歎 快哉一乘法門
奇哉勿妄宣傳 何故 入夜雪風政大緊 滿天星彩
月中寒 頌曰

柱根樑棟²⁾半欹斜 烟焰相煎苦莫加
長者一車超本望 從知火宅是蓮花

해석

기려서 말하였다.

어린아이가 무지(無知)하여 화택(火宅)을 즐기며 스스로
장난치니 장자는 비애심(悲哀心)을 일으켜 큰 마차를 주는

데 치우침이 없다. 상근기(上根機)는 법설(法說)에서 이미 깨달았고 중근기(中根機)는 설법(說法)에서 깨우쳐 바로 알게된다. 바로 이 진리는 심천(深淺)이 없고 깨달음에 선후(先後)가 있을 뿐이니 이는 달을 가리키려고 부채를 든것이며, 부는 바람에 나무가 움직임이니 바로 부처님이다.

추자(鶖子: 사리불)는 환희(歡喜)하고 스스로 수기(授記)함을알고 사중(四衆)이 찬탄하니 통쾌하구나!

일승법문(一乘法門)이여!

신기하도다. 허망한 선전(宣傳)이 아니다. 어떤 까닭인가.

밤이 되어 눈보라 치면 크게 긴장하게 되지만

온 천지 별들과 고운 달은 차기만 하다.

게송으로 말하기를

기둥뿌리와 동량(棟樑)은 반쯤 기울었고

연기와 불꽃은 서로 애태우니 고통이 더할 게 없구나.

장자(長者)가 내어준 하나의 마차는

본래 소망(所望)을 넘어섰고

알고 보니 화택(火宅)이 연화(蓮華)이더라.

⑴ 사리불이 부처님의 말씀을 듣고 난 후에 마음속 의문(疑問)을 해결하여 방편 설법(說法)의 진리가 명확(明確)해졌다.

原文

爾時舍利弗踊躍[3]歡喜 卽起合掌 瞻仰尊顏而白[4]佛言

今從世尊聞此法音 心懷勇躍 得未曾有[5] 所以者何 我昔從佛聞如是法 見諸菩薩授記作佛 而我等不預[6]斯事[7] 甚自感傷[8] 失[9]於如來無量知見

世尊 我常獨處山林樹下 若[10]坐若行 每[11]作是念 我等同入法性[12] 云何如來以小乘法而見[13]濟度 是我等[14]咎 非世尊也 所以者何 若我等待說所因成就阿耨多羅三藐三菩提者 必以大乘而得度脫 然我等不解方便隨宜所說[15] 初聞佛法 遇便信受 思惟取證[16]

世尊 我從昔來 終日竟夜每自剋責 而今從佛聞所未聞未曾有法 斷諸疑悔 身意泰然 快得安隱[17] 今日乃知眞是佛子 從佛口生 從法化生[18] 得佛法分[19]

그때에 사리불은 용약(踊躍)하고 환희(歡喜)하면서 일어나 합장(合掌)하며 부처님의 얼굴을 우러러보며 부처님께 여쭈었다.

"지금 세존의 법문을 듣고 나니 마음이 용약하여 이전에 없던 것을 체득하였습니다. 왜냐하면 제가 옛날 부처님을 따라서 이와 같은 법문을 들었을 때에 모든 보살들이 성불할 것이라는 수기(授記)를 받는 것을 보았으나 저희들은 이런 일에 참예(參預)하지 못하여 스스로 매우 마음이 상하면서 여래의 무량한 지견(知見)에 이를 수 없다고 하였습니다.

세존이시여! 저는 항상 혼자 숲속이나 나무 아래에 앉기도 하고 거닐면서 항상 생각하기를 '우리들 모두도 법성(法性)에 증입하였는데 어째서 여래께서는 소승법인 생멸의 법으로 제도(濟度)하시려는가?'라고 하였는데, 이는 저희들의 허물이고 세존의 인색(吝嗇)함이 아니었습니다. 왜냐하면 만약 저희들이 아뇩다라삼먁삼보리를 성취할 수 있는 방법을 말씀하실 때까지 기다렸다면 반드시 대승으로 도탈(度脫 : 제도하여 해탈함)할 수 있었을 것인데, 저희들은 방편(方便)과 수의(隨宜 : 내가 옳다고 생각하는 바를 따르는 방편법)함으로 말씀한 것을 이해하지 못하고 처음에 부처님 법문을 듣고는 바로 믿고 받아들여 사유(思惟)하여 증득(證得)하려 하였습니다.

세존이시여! 저는 옛날부터 종일 날이 새도록 매일 스스로를 책망(責望)하다가 이제 부처님을 따라 듣지 못하였던 미증유(未曾有)한 법을 듣고는 모든 의심(疑心)과 회한(悔恨)을 끊고 몸과 마음이 태연(泰然)해졌고 명쾌(明快)히 안은(安隱)함을 체득하였습니다. 오늘에야 비로소 참다운 불자(佛子)가 되었음을 알았으니 부처님의 말씀을 따라 태어났고 불법을 따라 교화(敎化)하여 대승불법(大乘佛法)을 체득(體得)하였습니다."

(2) 게송(偈頌)의 형식으로 앞에 말한 내용을 반복(反復)하여 말하면서 사리불이 미혹을 없앤 후의 희열(喜悅)하는 마음을 표현하였다.

爾時舍利弗欲重宣此義 而說偈言

我聞是法音　　得所未曾有
心懷大歡喜　　疑網[20]皆已除
昔來蒙[21]佛敎　　不失於大乘
佛音甚希有　　能除衆生惱

我已得漏盡[22]　　聞亦除憂惱
我處於山谷　　或在林樹下
若坐若經行　　常思惟是事

嗚呼深自責　云何而自欺

我等亦佛子　同入無漏法
不能於未來　演說無上道
金色三十二[23)]　十力諸解脫[24)]
同共一法中　而不得此事

八十種妙好[25)]　十八不共法[26)]
如是等功德　而我皆已失
我獨經行時　見佛在大衆
名聞滿十方　廣饒益衆生

自惟失此利[27)]　我爲自欺誑
我常於日夜　每思惟是事
欲以問世尊　爲失[28)]爲不失
我常見世尊　稱讚諸菩薩

以是於日夜　籌量[29)]如此事
今聞佛音聲　隨宜而說法
無漏難思議　令衆至道場
我本著邪見　爲諸梵志師[30)]

世尊知我心　　拔邪³¹⁾說涅槃
我悉除邪見　　於空法³²⁾得證
爾時心自謂³³⁾　得至於滅度
而今乃自覺　　非是實滅度

若得作佛時　　具三十二相
天人夜叉衆　　龍神等恭敬
是時乃可謂　　永盡滅無餘³⁴⁾
佛於大衆中　　說我當作佛

聞如是法音　　疑悔悉已除
初聞佛所說　　心中大驚疑
將非魔作佛³⁵⁾　惱亂我心耶
佛以種種緣　　譬喻巧言說

其心安如海　　我聞疑網斷
佛說過去世　　無量滅度佛
安住³⁶⁾方便中　亦皆說是法
現在未來佛　　其數無有量

亦以諸方便　　演說如是法

如今者世尊　　從生及出家
得道轉法輪　　亦以方便說
世尊說實道³⁷⁾　波旬無此事³⁸⁾

以是我定知　　非是魔作佛
我墮疑網故　　謂是魔所爲
聞佛柔軟音　　深遠甚微妙
演暢淸淨法　　我心大歡喜

疑悔永已盡　　安住實智³⁹⁾中
我定當作佛　　爲天人所敬
轉無上法輪　　敎化諸菩薩

해석

그때 사리불이 이 뜻을 거듭 펴려고 게송으로 말하였다.

나는 이 법음(法音)을 듣고
미증유(未曾有)함을 체득하였으며,
마음에 크게 환희(歡喜)를 품고 나니
의혹(疑惑)의 그물이 모두 걷히었네.
옛날부터 부처님 교화(敎化)를 입고는

대승법을 잃지 않았고
부처님 말씀 매우 희유(希有)하여
중생의 번뇌를 없애신다.
나는 이미 번뇌를 다하였으니
듣고는 역시 근심과 고뇌도 없어졌다.
내가 산골짜기에 있거나 혹 숲속에 있으면서
앉거나 걸을 때에도 항상 이 일만 생각하며,
오호(嗚呼)라! 매우 자책(自責)하면서
말하기를 '어떻게 나를 기만(欺瞞)하는가?'

나 역시 불자(佛子)로서
무루법(無漏法)에 증입하였으니
미래세(未來世)에 무상도(無上道)를
연설하지 못 할 것인가?
금색(金色)과 같은 몸은 32상(相),
십력(十力)과 모든 해탈,
그 모두가 한결같은 법,
이런 일을 체득(體得)하지 못하였네.

80가지 신묘(神妙)한 상호(相好), 18불공법(不共法),
이와 같은 공덕들을 나는 모두 잃어버렸다.

나 혼자 거닐면서 부처는 대중에 계시지만,
명문(名聞)이 시방에 가득하며
널리 중생을 요익하게 하는구나.

나는 이런 이익을 못 이루었으니
나 스스로 기광(欺誑)함이며,
밤낮없이 나는 항상 이런 일만 생각하면서
세존께 여쭙고자 하는 것은
'이루었느냐 이루지 못하였느냐?'이니
내가 항상 뵙는 세존께서는
모든 보살을 칭찬하신다네.

이로써 밤낮으로 이런 일들을 주량(籌量)하다가
이제 부처님 음성(音聲)듣고 수의(隨宜)하고 설법하며,
무루(無漏)함을 사의(思議)하기 어려워도
모두가 도량에 이르렀네.
나는 본래 사견(邪見)에 염착(染著)하여
모든 범지(梵志)의 스승이며,

세존(世尊)께서는 내 마음을 아시고
사견(邪見)을 뽑아내고 열반을 말씀하시며,

나는 사견을 모두 없애고 공법(空法)을 증득하였으며,
이때에 마음속으로 스스로 말하기를
'멸도에 이르렀구나'라고 말하였지만
이제 깨닫고 스스로 보니
참다운 멸도(滅度)가 아니었네.

만약 부처님이 되었다면 32상 구족(具足)이
천(天) · 인(人) · 야차(夜叉)들과
용신(龍神)들도 공경 할 때에
내가 '영원히 없애버린
무여열반(無餘涅槃)이라' 말한다.
부처는 대중(大衆) 앞에서
나의 성불(成佛) 수기(授記)할 것이며,
이런 법문 듣고 나서 의문(疑問)과
후회(後悔)도 모두 해결되었다.
처음에 부처님 설법을 듣고 나서
마음에 경이(驚異)와 의심(疑心)이 있었으니
마군(魔軍)이 성불하지 않았는데
뇌란(惱亂)하는 내 마음인가?
부처님은 갖가지 인연과 비유로
교묘(巧妙)하게 설법하시네.

마음이 안정(安定)되어 바다와 같아지니
나는 의혹(疑惑)이 단절(斷絶)된 것을 들었으며,
부처님은 과거세에 설법하여
무량(無量)하게 멸도한 부처님들,
방편법(方便法)에 있으면서
역시 모두 이 법을 설법하네.
현재와 미래의 부처 그 수는 헤아릴 수 없이

역시 모든 방편으로 이와 같은 법을 연설하신다.
지금 세존과 같이 태어나면서 출가(出家)하며,
진리를 증득하고 법륜을
전륜(轉輪)하는 것 역시 방편 설법이네.
세존이 말씀한 진실한 도는
파순(波旬)에게는 이런 일이 없다네.

이로써 나는 바로 알기에는
마군(魔軍)이 부처 된 것 아니며,
내가 의심 그물에 떨어져 마군이 되었음이었으며,
부처님의 유연(柔軟)한 음성 들으니
깊고 깊으면서 매우 미묘(微妙)하며,
청정법을 연설(演說)하여 선포(宣布)하시니

내 마음은 크게 환희(歡喜)하였다.

의심과 뉘우침도 영원히 없어지고

진실한 지혜(實智)에 안주하면

나는 결정적으로 부처님이 되어

천인(天人)의 공경을 받으며,

무상한 법륜을 전륜(轉輪)하며

모든 보살을 교화하리라.

⑶ 석존(釋尊)은 사리불이 장차 성불(成佛)할 것을 예언(預言)하면서 성불한 후에 재세(在世) 시간과 대중들과 멸도(滅度)한 후 정황을 묘사한다.

原文

爾時佛告舍利弗

吾今於天人 沙門[40] 婆羅門[41] 等大衆中說 我昔
曾於二萬億佛所[42] 爲無上道故 常教化汝 汝亦
長夜[43] 隨我受學 我以方便引導汝故 生[44] 我法中
舍利弗 我昔教汝志願佛道 汝今悉忘 而便自謂
已得滅度 我今還欲令汝憶念本願所行道故 爲諸
聲聞說是大乘經 名妙法蓮華 教菩薩法 佛所護念
舍利弗 汝於未來世 過無量無邊不可思議劫

供養若干千萬億佛 奉持正法 具足[45]菩薩所行之
道 當得作佛 號曰華光如來[46] 應供 正遍知 明行
足 善逝世間解 無上士 調御丈夫 天人師 佛世
尊 國名離垢[47] 其土平正 清淨嚴飾 安隱[48]豐樂
天人熾盛 琉璃爲地 有八交道[49] 黃金爲繩以界
其側 其傍各有七寶行樹[50] 常有華菓 華光如來
亦以三乘敎化衆生

舍利弗 彼佛[51]出時 雖非惡世 以本願故 說三
乘法 其劫[52]名大寶莊嚴[53] 何故名曰大寶莊嚴 其
國中以菩薩爲大寶故 彼諸菩薩 無量無邊 不可
思議 算數譬喻所不能及 非佛智力無能知者 若
欲行時 寶華承足 此諸菩薩 非初發意[54] 皆久殖
德本 於無量百千萬億佛所淨修梵行 恒[55]爲諸佛
之所稱歎 常修佛慧 具大神通 善知一切諸法之
門 質直無僞 志念堅固 如是菩薩 充滿其國

舍利弗 華光佛壽十二小劫 除爲王子未作佛時
其國人民 壽八小劫 華光如來過十二小劫 授堅
滿菩薩[56]阿耨多羅三藐三菩提記 告諸比丘 是堅
滿菩薩次當作佛 號曰華足安行 多陀阿伽度[57]
阿羅訶[58] 三藐三佛陀 其佛國土 亦復如是

舍利弗 是華光佛滅度之後 正法[59]住世三十二

小劫 像法[60] 住世亦三十二小劫

해석

그때 부처님께서 사리불에게 말씀하셨다.

"내가 이제 천(天)·인(人)·사문(沙門)·바라문(婆羅門) 대중들에게 말하겠다. 내가 예전에 2만 억불(億佛) 처소에서 무상도(無上道)를 위하는 까닭에 항상 너를 교화(敎化)하여 너도역시 오랫동안 나를 따라 배웠으니 내가 방편으로 너를 인도(引導)하였으므로 나의 법의 속에서 태어나게 되었다.

사리불아! 예전에 내가 너를 가르쳐 부처님 도에 뜻을 두게 하였는데, 네가 지금 잊어버리고 스스로 생각하기를 '이미 멸도(滅度)를 얻었노라.' 하기에 내가 이제 너로 하여금본래 원하고 수행(修行)하던 진리를 기억하여 생각하도록성문들에게 이 대승경(大乘經)을 말하노니 이름이〈묘법연화경(妙法蓮華經)〉이며, 보살을 교화하는 법이며, 부처님께서 보호하려고 생각하시는 경전이다.

사리불아! 너는 미래세(未來世)에 무량(無量)하고 무변(無邊)한 불가사의(不可思議)한 겁을 지내면서 여러 천 만억 부처님께 공양하며 올바른 법을 받들고 수지하면서 보살이수행할 도리(道理)를 구족(具足)하여 부처님이 될 것인데,이름은 화광여래(華光如來)·응공(應供)·정변지(正遍知)·명

행족(明行足)·선서(善逝)·세간해(世間解)·무상사(無上士)·
조어장부(調御丈夫)·천인사(天人師)·불(佛)·세존(世尊)이
라 하였다. 그 나라 이름은 이구(離垢)이니 이 땅은 평정(平
正)하며, 청정(淸淨)하고 장엄(莊嚴)하게 장식되었으며, 안온
(安穩)하고 풍요(豐饒)롭게 즐거워 천인(天人)이 치성(熾盛)하
였다. 유리로 땅이 되고 8방(方)으로 뻗어나간 길은 황금으
로 줄을 꼬아 드리웠으며, 그 길 옆에는 7보(寶)로 된 가로
수가 있어 항상 꽃과 열매가 무성(茂盛)하였다. 화광여래께
서도 또한 삼승으로 중생을 교화하셨다.

 사리불아! 그 부처께서 출현(出現)하실 때가 비록 악한 세
상은 아니었지만 본래부터 원하는 인연으로 삼승법을 말
씀하였다. 그 겁의 이름은 대보장엄(大寶莊嚴)이다. 어찌하
여 대보장엄이라고 하느냐 하면 그 나라는 보살을 큰 보배
로 삼기 때문이다. 그 모든 보살들은 무량(無量)하고 무변
(無邊)하여 불가사의(不可思議)이며, 헤아려서 비유하려고
하여도 미치지 못하며, 부처님의 지혜가 아니면 알 수가
없다. 걸어갈 때에는 보배로운 꽃들도 발을 받들고 있다.
이 모든 보살들은 처음 발심(發心)한 게 아니고 모두가 오
랜 옛날부터 덕의 근본을 심고 무량한 백천만억 부처님 계
신 곳에서 범행(梵行)을 청정(淸淨)하게 수행하여 항상 모든
부처님께서 칭찬하였으며, 항상 부처님의 지혜를 수습(修

習)하고 위대한 신통(神通)을 구비하여 일체 모든 법의 관문(關門)을 올바르게 알며, 질박(質朴)하고 위선(僞善)하지 않으며, 의지력(意志力)과 생각이 견고(堅固)하였으니 이런 보살들이 그 나라에 가득하였다.

사리불아! 화광불(華光佛)의 수명(壽命)은 12소겁이고 왕자가 되어 부처님이 되기 전은 제외(除外)한다. 그 나라 국민들은 수명은 8소겁이며, 화광여래가 12소겁을 지나 견만보살(堅滿菩薩)에게 아뇩다라삼먁삼보리의 수기(授記)를 주시면서 모든 비구에게 말씀하였다. 이 견만보살이 다음에 부처를 이룰 것이니 그 명호는 화족안행(華足安行) 다타아가도(多陀阿伽度) 아라하(阿羅訶) 삼먁삼붇타(三藐三佛陀)라 하며, 그 부처의 국토도 역시 이와 같다.

사리불아! 이 화광부처님께서 멸도하신 뒤에도 정법(正法)이 세상에 머무는 것은 32소겁이며, 상법(像法)도 역시 32소겁(小劫)에 머물 것이다.

⑷ 게송 형식을 빌어 사리불이 미래세(未來世)에 성불(成佛)한 정황(情況)을 기술하였다.

原文

爾時世尊欲重宣此義 而說偈言

舍利弗來世　　成佛普智尊⁶¹⁾
號名曰華光　　當度無量衆
供養無數佛　　具足菩薩行
十力等功德　　證於無上道

過無量劫已⁶²⁾　劫⁶³⁾名大寶嚴
世界⁶⁴⁾名離垢　清淨無瑕穢
以琉璃爲地　　金繩界其道
七寶雜色樹　　常有華菓實
彼國諸菩薩　　志念常堅固
神通波羅蜜⁶⁵⁾　皆已悉具足
於無數佛所　　善學菩薩道
如是等大士⁶⁶⁾　華光佛所化

佛爲王子時　　棄國捨世榮
於最末後身⁶⁷⁾　出家成佛道
華光佛住世　　壽十二小劫
其國人民衆　　壽命八小劫

佛滅度之後　　正法住於世
三十二小劫　　廣度諸衆生

正法滅盡已　　像法三十二
舍利廣流布　　天人普供養

華光佛所爲　　其事皆如是
其兩足聖尊[68]　　最勝[69]無倫匹[70]
彼卽是汝身　　宜應自欣慶

해석

　그때에 세존께서 그 뜻을 거듭 선포하시려고 게송으로
말씀하셨다.

　　사리불은 미래세에 불도를 성취하여
　　보편적(普遍的)으로 지혜롭고 존경스러울 것이며,
　　이름은 화광(華光)이며
　　무량한 중생을 제도(濟度)하리라.
　　무량한 부처를 공양(供養)하고 보살행을 구족하며,
　　십력과 같은 공덕(功德)으로 무상도를 설법하리라.

　　무량겁(無量劫)을 지난 후에
　　겁(劫)의 이름은 대보엄(大寶嚴)이고
　　세계의 이름은 이구(離垢)로

청정하여 때가 끼지 않았으며,

유리(琉璃)로 땅을 삼고 황금 줄을 길게 늘어

칠보(七寶)로 된 가로수에는 꽃과 열매가 만발하다.

그 나라는 모든 보살 의지(意志)로

생각 항상 견고(堅固)하며,

신통한 바라밀(波羅蜜)을

이미 모두 구족(具足)하였으며,

무수(無數)한 부처님 처소에서 보살도를 옳게 배우며,

이와 같은 대사(大士)들을

화광여래가 교화하심이로다.

왕자로 태어나서 나라도 버리고

세상 영화(榮華)도 버리면서

최후의 몸을 받아 나고자

출가(出家)하여 불도(佛道)를 성취하니

화광부처 세상에 계시면 수명(壽命)이 12소겁

그 나라 민중(民衆)들은 수명이 8소겁.

부처님이 멸도(滅度)한 후에 정법(正法)이

세상에 머물기 32소겁에 널리 모든 중생 제도한다.

정법(正法)이 없어진 후 상법(像法)이 32소겁

사리(舍利)가 널리 유포(流布)되어

천인(天人)들 모두가 공양하네.

화광부처 하고자 하는 일들 모두가 이와 같으며,

복과 지혜 구족한 성존(聖尊)은

필적(匹敵)할 게 없이 훌륭하며

그것이 그대의 몸 당연히 스스로 기뻐해야 할 것이다.

⑸ 청중들이 듣고 난후에 환희(歡喜)하고 고무(鼓舞)되는 장
면을 말하였다.

原文

爾時四部衆 比丘 比丘尼 優婆塞 優婆夷 天
龍 夜叉 乾闥婆 阿修羅 迦樓羅 緊那羅 摩睺羅
伽⁷¹⁾等大衆 見舍利弗於佛前受阿耨多羅三藐三
菩提記 心大歡喜 踊躍無量 各各脫身所著上衣
以供養佛 釋提桓因⁷²⁾ 梵天王⁷³⁾等 與無數天子
亦以天妙衣 天曼陀羅華 摩訶曼陀羅華⁷⁴⁾等 供
養於佛-所散天衣 住⁷⁵⁾虛空中 而自迴轉 諸天伎
樂百千萬種 於虛空中一時俱作 雨⁷⁶⁾衆天華-而

作是言

佛昔於波羅柰⁷⁷⁾初轉法輪⁷⁸⁾ 今乃復轉無上最大法輪

爾時諸天子欲重宣此義 而說偈言

昔於波羅柰　　轉四諦法輪⁷⁹⁾
分別說諸法　　五衆⁸⁰⁾之生滅
今復轉最妙　　無上大法輪
是法甚深奧　　少有能信者

我等從昔來　　數⁸¹⁾聞世尊說
未曾聞如是　　深妙之上法
世尊說是法　　我等皆隨喜
大智舍利弗　　今得受尊記
我等亦如是　　必當得作佛
於一切世間　　最尊無有上
佛道叵⁸²⁾思議　　方便隨宜說
我所有福業　　今世若過世
及見佛功德　　盡迴向佛道

해석

그때 사부대중(四部大衆)인 비구 · 비구니 · 우바새 · 우바이 · 천신(天神) · 용신(龍神) · 야차 · 건달바 · 아수라 · 가루라 · 긴나라 · 마후라가와 같은 대중들이 사리불이 부처님 앞에서 아뇩다라삼먁삼보리 수기를 받는 것을 보고 마음으로 크게 환희하고 용약(踊躍)함이 무량하여 제각기 입었던 상의(上衣)를 벗어 던지고 부처님께 공양하였다. 석제환인(釋提桓因)과 범천왕(梵天王)들도 무수한 천자(天子)들과 함께 하늘의 기묘(奇妙)한 옷과 하늘의 만다라꽃과 마하만다라꽃을 부처님께 공양하고 흩어버린 천의(天衣)는 허공에 머물면서 저절로 회전(回轉)하고 있었다. 그리고 하늘에서는 백 천만 가지의 풍악(風樂)이 일시에 울려 퍼지고 하늘에서는 꽃이 비 오듯 내리더니 이런 소리가 허공에서 들려왔다.

"부처님께서 옛날 바라나(波羅奈)에서 처음으로 법륜을 윤전(輪轉)하시더니 지금 다시 또 무상(無上)하고 최대(最大)인 법륜을 굴리시려 하신다."

그때에 모든 천자들이 거듭하여 이 뜻을 선포하려고 게송으로 말하였다.

옛날 바라나에서 사제법륜(四諦法輪) 윤전(輪轉)하며
오중(五衆)의 생멸법(生滅法)인
모든 법을 분별하여 말을 하시고

이제 다시 매우 훌륭하고
무상(無上)한 대법륜을 윤전하시니
이 법은 매우 심오(深奧)하여 믿는 사람이 드물구나.

저희들이 옛날부터 세존의 설법을 자주 들었지만
이와 같이 심오하고 미묘한
훌륭한 법은 아직 듣지 못하였네.
세존께서 이 법을 말씀하시니
저희들 모두는 기쁩니다.
위대한 지혜의 사리불이
세존의 수기(授記)를 받았으니
저희들도 역시 이처럼 당세에
부처님이 되겠습니다.
일체 세간에서 매우 존귀(尊貴)함이
더한 것이 없으리니
불도(佛道)는 불가사의(不可思議)하여
방편(方便)과 수의(隨宜)로 말한다.
내가 가진 복업(福業)은 금세나 과거세나
부처 공덕 보고나서
모든 것 불도에 회향(廻向)하리라.

(6) 이는 비유품(譬喩品)의 핵심(核心)으로 장자가 화택(火宅)에서 자식들을 구해내는 것을 비유하여 방편법으로 중생을 제도하는 것을 설명하였다.

原文

爾時舍利弗白佛言

世尊 我今無復疑悔 親於佛前得受阿耨多羅三藐三菩提記 是諸千二百心自在者[83] 昔住學地[84] 佛常教化言 我法能離生老病死 究竟涅槃 是學無學[85]人 亦各自以離我見及有無見[86]等謂得涅槃 而今於世尊前聞所未聞 皆墮疑惑 善哉 世尊 願爲四衆說其因緣 令離疑悔

爾時佛告舍利弗

我先不言 諸佛世尊以種種因緣 譬喩言辭方便說法 皆爲阿耨多羅三藐三菩提耶 是諸所說 皆爲化菩薩故 然 舍利弗 今當復以譬喩更明此義 諸有智者以譬喩得解

舍利弗 若國邑[87]聚落 有大長者 其年衰邁 財富無量 多有田宅及諸僮僕[88] 其家[89]廣大 唯有一門 多諸人衆 一百 二百乃至五百人

止住其中 堂閣朽故 牆壁隤落 柱根腐敗 梁棟

傾危 周匝俱時⁹⁰⁾欻然⁹¹⁾火起 焚燒舍宅 長者諸子
若⁹²⁾十⁹³⁾ 二十⁹⁴⁾ 或至三十⁹⁵⁾ 在此宅中 長者見是
大火從四面起 卽大驚怖 而作是念

　我雖能於此所燒之門安隱⁹⁶⁾得出 而諸子等 於
火宅内樂著嬉戲 不覺不知 不驚不怖 火來逼身
苦痛切己 心不厭患 無求出意

　舍利弗 是長者作是思惟 我身手有力 當以衣
裓⁹⁷⁾ 若以机案⁹⁸⁾ 從舍出之 復更思惟 是舍唯有
一門 而復狹小 諸子幼稚 未有所識 戀著戲處
或當墮落 爲火所燒 我當爲說怖畏之事 此舍已
燒 宜時疾出⁹⁹⁾ 無令爲火之所燒害 作是念已 如
所思惟 具告諸子 汝等速出 父雖憐愍 善言誘喻
而諸子等樂著嬉戲 不肯信受 不驚不畏 了無出
心 亦復不知何者是火 何者爲舍 云何爲失 但東
西走戲¹⁰⁰⁾ 視父而已

　爾時長者卽作是念 此舍已爲大火所燒 我及諸
子若不時出 必爲所焚 我今當設方便 令諸子等
得免斯害

　父知諸子先¹⁰¹⁾心各有所好種種珍玩奇異之物
情必樂著¹⁰²⁾ 而告之言 汝等所可¹⁰³⁾玩好¹⁰⁴⁾ 希有
難得 汝若不取 後必憂悔¹⁰⁵⁾ 如此種種羊車¹⁰⁶⁾ 鹿

車[107] 牛車[108] 今在門外 可以遊戲 汝等於此火宅
宜速出來 隨汝所欲 皆當與汝

　爾時諸子聞父所說珍玩之物 適其願故 心各勇
銳 互相推排 競共馳走 爭出火宅 是時長者見諸
子等安隱得出 皆於四衢道[109]中露地[110]而坐 無復
障礙[111] 其心泰然 歡喜踊躍 時諸子等各白父言
父先所許玩好之具 羊車 鹿車 牛車 願時賜與

　舍利弗 爾時長者各賜諸子等一大車 其車高廣
衆寶莊校 周匝欄楯[112] 四面懸鈴 又於其上張設
幰蓋[113] 亦以珍奇雜寶而嚴飾之 寶繩絞絡 垂諸
華纓[114] 重敷綩綖[115] 安置丹枕[116] 駕以白牛[117] 膚
色充潔 形體姝好 有大筋力 行步平正 其疾如風
又多僕從而侍衛之 所以者何 是大長者財富無
量 種種諸藏[118]悉皆充溢 而作是念

　我財物無極[119] 不應以下劣小車與諸子等 今此
幼童 皆是吾子 愛無偏黨[120] 我有如是七寶大車
其數無量 應當等心[121]各各與之 不宜差別 所以
者何 以我此物 周[122]給一國猶尚不匱[123] 何況諸子
　是時諸子各乘大車 得未曾有 非本所望
　舍利弗 於汝意云何 是長者等與[124]諸子珍寶大
車 寧[125]有虛妄不[126]

舍利弗言

不也 世尊 是長者但令諸子得免火難 全其軀
命 非爲虛妄 何以故 若全身命 便爲已得玩好之
具[127] 況復方便於彼火宅而拔濟[128]之 世尊 若是
長者 乃至不與最小一車 猶不虛妄 何以故 是長
者先作是意 我以方便令子得出 以是因緣 無虛
妄也 何況長者自知財富無量 欲饒益諸子 等與
大車

佛告舍利弗

善哉 善哉 如汝所言 舍利弗 如來亦復如是 則
爲一切世間之父 於諸怖畏[129] 衰惱[130] 憂患 無明
闇蔽[131] 永盡無餘 而悉成就無量知見[132] 力 無所
畏 有大神力及智慧力 具足方便 智慧波羅蜜[133]
大慈大悲 常無懈倦 恒求善事 利益一切 而生三
界朽故火宅 爲度衆生生老病死 憂悲 苦惱 愚癡
闇蔽[134] 三毒[135]之火 敎化令得阿耨多羅三藐三
菩提 見諸衆生爲生老病死 憂悲苦惱之所燒煮
亦以五欲[136]財利故 受種種苦 又以貪著追求故
現受衆苦 後受地獄 畜生 餓鬼之苦 若生天上
及在人間 貧窮困苦 愛別離苦[137] 怨憎會苦[138] 如
是等種種諸苦 衆生沒在其中 歡喜遊戲 不覺不

知 不驚不怖 亦不生厭 不求解脫 於此三界火宅
東西馳走 雖遭大苦 不以爲患

舍利弗 佛見此已 便作是念 我爲衆生之父 應
拔其苦難 與無量無邊佛智慧樂[139] 令其遊戲

舍利弗 如來復作是念 若我但以神力及智慧力
捨[140]於方便 爲諸衆生讚如來知見 力無所畏者
衆生不能以是得度 所以者何 是諸衆生 未免生
老病死 憂悲苦惱 而爲三界火宅所燒 何由能解
佛之智慧

舍利弗 如彼長者 雖復身手有力而不用之 但
以慇懃方便勉濟諸子火宅之難 然後各與珍寶大
車 如來亦復如是 雖有力 無所畏而不用之 但以
智慧方便 於三界火宅拔濟衆生 爲說三乘聲聞
辟支佛[141] 佛乘[142] 而作是言

汝等莫得樂住三界火宅 勿貪麤弊[143]色聲香味
觸也 若貪著生愛 則爲所燒 汝速出三界 當得三
乘聲聞 辟支佛 佛乘 我今爲汝保任[144]此事 終不
虛也 汝等但當勤修精進 如來以是方便誘進衆
生 復作是言

汝等當知此三乘法 皆是聖所稱歎 自在無繫[145]
無所依求 乘是三乘 以無漏根[146] 力[147] 覺[148] 道[149]

禪定 解脱 三昧[150]等而自娛樂 便得無量安隱快
樂

舍利弗 若有衆生 内有智性 從佛世尊聞法信
受 慇懃精進 欲速出三界 自求涅槃 是名聲聞乘
如彼諸子爲求羊車出於火宅

若有衆生 從佛世尊聞法信受 慇懃精進 求自
然慧[151] 樂獨善寂[152] 深知諸法因緣 是名辟支佛
乘 如彼諸子爲求鹿車出於火宅

若有衆生 從佛世尊聞法信受 勤修精進 求一
切智[153] 佛智[154] 自然智 無師智[155] 如來知見 力
無所畏 慇念 安樂無量衆生 利益天人 度脱一切
是名大乘 菩薩求此乘故 名爲摩訶薩[156] 如彼諸
子爲求牛車 出於火宅

舍利弗 如彼長者 見諸子等安隱得出火宅 到
無畏處[157] 自惟財富無量 等以大車而賜諸子 如
來亦復如是 爲一切衆生之父 若見無量億千衆
生 以佛敎門出三界苦 怖畏險道 得涅槃樂

如來爾時便作是念 我有無量無邊智慧 力 無
畏等諸佛法藏 是諸衆生皆是我子 等與大乘 不
令有人獨得滅度 皆以如來滅度而滅度之 是諸
衆生脱三界者 悉與諸佛禪定 解脱等娛樂之具

皆是一相¹⁵⁸⁾ 一種¹⁵⁹⁾ 聖¹⁶⁰⁾ 所稱歎 能生淨妙第一
之樂

舍利弗 如彼長者 初以三車誘引諸子 然後但
與大車 寶物莊嚴 安隱第一 然彼長者無虛妄之
咎 如來亦復如是 無有虛妄 初說三乘引導衆生
然後但以大乘而度脫之 何以故 如來有無量智
慧 力 無所畏諸法之藏 能與一切衆生大乘之法
但不盡能受¹⁶¹⁾

舍利弗 以是因緣 當知諸佛方便力故 於一佛
乘分別說三

해석

그때에 사리불이 부처님께 여쭈었다.

"세존이시여! 저는 이제 다시 의심할 게 없어 몸소 부처
님 앞에서 아뇩다라삼먁삼보리의 수기(授記)를 증득하였습
니다. 이는 1,200명의 마음이 자재(自在)한 것은 옛날에 배
우는 자리에서 부처님은 항상 교화하시며 말씀하시기를
'내 법은 생(生)·노(老)·병(病)·사(死)를 저버리고 궁극에
는 열반에 증입(證入)한다.'고 하시며, 배우는 사람들과 배
울 게 없는 사람들도 역시 제각기 나(我)라는 견해(我見)와
유(有)와 무(無)라는 견해도 저버림으로 열반을 증득한다고

하였는데, 이제 세존께서는 이전에 듣지 못하던 것을 듣고는 모두 의혹에 빠졌습니다. 훌륭하신 세존이시여! 사부대중(四部大衆)을 위하여 그런 인연(因緣)을 말하시어 의혹을 저버리고 뉘우치게 하십시오.”

그때 부처님께서 사리불에게 말씀하셨다.

“내가 먼저 ‘모든 부처와 세존은 갖가지 인연과 비유와 언사(言辭)의 방편으로 설법하는 모두가 아뇩다라삼먁삼보리이다.’라고 말하지 않았느냐? 이 말하여진 모두는 보살을 교화하는 까닭이다. 그리고 사리불아! 이제 다시 비유로 이 뜻을 다시 천명(闡明)할 것이니 모든 슬기로운 사람들은 비유로 견해를 증득하게 된다.”

사리불아! 어떤 나라 어떤 마을에 대장자(大長者)가 있었는데, 노년(老年)으로 몸은 쇠약(衰弱)하였지만 재부(財富)는 한정(限定)이 없고 많은 전지(田地)와 집, 그리고 동복(僮僕)이 있었다. 그 집은 광대(廣大)하였지만 대문은 하나이니 모든 사람 100명, 200명에서 500명에 이르기까지 그 안에 살고 있었다.

그 집은 모두 낡았으므로 담장과 벽이 무너졌고 기둥뿌리가 썩었으며, 대들보는 기울어져 위험하였는데, 사방에서 동시에 갑자기 불이 나서 집을 태우고 있었다. 장자의 모든 아들, 10명, 20명, 혹 30명까지 집안에 있었는데, 장자는 사방에서 큰 불이 일어나는 것을 보고 크게 놀라워하며 이렇게 생각하였다.

'나는 비록 불나는 곳을 벗어나 안전하게 나왔으나 모든 아이들은 화택(火宅)에서 장난치고 노느라고 이를 알지도 못하고 놀라워하지도 않으며, 불이 몸을 핍박(逼迫)하여 고통이 닥쳐오면 고통이 끝이 없을 것인데 마음으로 싫어하거나 근심하지 않으며 벗어나려는 의지(意志)마저 없구나.'

사리불아! 장자는 이런 생각을 하였다. '나는 몸과 손에 힘이 있으니 당연히 의계(衣裓)로 궤안(机案)을 담아 들고 나올 것이다.' 그리고 다시 생각하기를 '이 집은 대문이 하나이니 한꺼번에 나오기에는 협소(狹小)하다. 모든 자식들이 어리니 인식(認識)하지 못하고 노는 것에 빠져서 혹시 타락(墮落)하거나 불에 타지나 않을까? 나는 두렵고 공포스러운 일들을 말해주어 이 집이 타고 있으니 적당한 때에 빨리 벗어나야지 불에 타게 되는 피해(被害)를 입지 않는다.'고 생각하면서 생각한 바를 모든 아들들에게 '너희들은 빨리 문 밖으로 나와야만 한다.'고 말하였다. 아버지는 연민(憐愍)의 정으로 올바르게 말하여 깨우치려 하였지만 아들들은 노는 것을 즐기면서 믿고 받아들이지 않고 경외(驚畏)하지도 않으며 벗어날 마음이 없었으니 역시 어떤 게 화재(火災)인지를, 어떤 게 집인지, 어떤 게 잘못되었는지를 모르고 있지 않은가? 단지 동분서주(東奔西走)하는데 보고 있는 것은 아버지일 뿐이다.

그때에 장자는 이런 생각을 하였다. '이 집은 큰 화재로 타고 있으니 내 자식들이 때가 되어 나오지 않으면 반드시 타고 말 것이다. 나는 이제 방편을 시설(施設)하여 모든 자식들에게 이 피해를 모면(謀免)하게 하리라.'

그 아버지는 여러 자식들이 이전에 마음속으로 좋아하는 진귀(陳龜)하고 기이한 완구(玩具)를 이미 알고 있어서 감정(感情)이 반드시 즐거워하리라고 하면서 말하기를 '너희들이 가까이 두고 즐길 수 있는 것은 드물고도 얻기 어려운데, 너희들이 갖지 않는다면 후에 반드시 우회(憂懷: 안타깝다)할 것이다. 이런 갖가지 양거(羊車)와 녹거(鹿車), 우거(牛車)가 지금 대문 밖에 있으니 유희(遊戲)할 수 있을 것이다. 너희들이 이런 불타는 집에서 빨리 벗어나면 너희들이 바라는 것에 따라 모두 줄 것이다.'

이때에 자식들은 아버지가 말하는 진귀(珍貴)한 완구를 듣고는 바라는 것을 만난 까닭에 마음으로 제각기 날쌔고 재빠르게 서로 밀치고 다투면서 함께 뛰어나와 화택(火宅)을 벗어났다. 그때에 장자는 모든 자식들이 안전하게 뛰쳐나와 모두가 네거리에 앉아 있으니 다시 위험이 없어 마음이 태연(泰然)하여 기쁨에 날뛰었다. 그때에 자식들이 제각기 아버지에게 말하기를 '아버지께서 이전에 주신다고 하던 완구인 양거와 녹거, 그리고 우거를 원하는 때에 주십시오.'

사리불아! 그때 장자는 모든 자식들에게 제각기 평등(平等)하게 하나의 큰 수레를 주었는데, 그 수레들은 높고 넓었으며 여러 가지 보배로 장식(裝飾)되어 주위 난간(欄干)을 둘렀으며, 사방으로 풍경(風磬)을 달고 또 그 위에는 휘장(揮帳)을 치고 번개(幡蓋)를 설치하였으며, 또 진귀(珍貴)하고 잡다(雜多)한 보배로 장식하여 보배의 줄들이 얽혀서 드리웠고 화려한 영락(瓔珞)을 드리웠으며, 부드러운 자리를 겹겹으로 깔고 붉은 베개를 안치(安置)하였다. 피부색이 충결(充潔)하고 형체가 예쁘며 근력(筋力)이 세고 행보(行步)가 평정(平正)하며 달리는 게 질풍과 같은 흰 소로 끌게 하였다. 또 많은 시종(侍從)들이 곁에서 호위(護衛)하였다. 왜냐하면 대장자의 재부(財富)는 무량하여 갖가지 모든 창고마다 모든 게 가득하였으니 이런 생각을 하였다.

'내 재산은 한량이 없으니 변변하지 못한 적은 수레를 자식들에게 주지 않으련다. 지금 이 어린 것들 모두가 내 자식이니 사랑하는데 편벽됨이 없으며, 나는 이런 칠보(七寶)로 장식한 큰 수레는 세어도 무량하니 평등한 마음으로 제각각에게 주면서도 차별(差別)하지 않으리라. 왜냐하면 나는 이런 것으로 한 나라에 나누어주어도 모자라지 않을 것인데 하물며 내 자식이겠느냐?

이때에 자식들은 제각기 큰 수레에 올라 미증유(未曾有)함을 획득하였으나 본래 바라던 것은 아니었다,

사리불아! 네 생각은 어떠냐? 이 장자가 모든 자식들에게 평등하게 진귀한 보배로 된 큰 수레를 준 게 허망한 것이겠느냐?

사리불이 대답하였다.

"그렇지 않습니다. 세존이시여! 이 장자가 모든 자식들이 화난(火難)을 모면(謀免)하게 하고 그 생명을 온전하게 하였으니 허망한 게 아닙니다. 왜냐하면 생명을 온전하게 하면서 좋아하는 완구(玩具)를 얻었으며, 하물며 방편으로 화택(火宅)에서 벗어나게 하는 구제(救濟)이겠습니까? 세존이시여! 매우 작은 수레를 주지 않았더라도 허망한 게 아닙니다. 왜냐하면 장자가 이전에 생각하기를 '나는 방편을 써서 자식들을 벗어나게 하리라.'고 한 인연(因緣)으로 허망한 게 아닙니다. 하물며 장자 스스로 재부가 무량함을 알고 모든 자식들을 요익(饒益)하게 하려고 큰 수레를 평등(平等)하게 나누어 준 것이겠습니까?"

부처께서 사리불에게 말씀하셨다.

"옳지! 옳지! 네가 말한 것과 같다. 여래도 역시 그래서

일체 세간의 아버지이다. 모든 포외(怖畏) · 오쇠상(五衰相) · 고뇌(苦惱) · 번뇌(煩惱) · 우환(憂患) · 무명(無明)하여 암둔(闇鈍)함이 영원히 없어져 남김이 없어 무량한 지견(知見)을 성취하였으며, 십력(十力) · 사무소외(四無所畏)로 위대한 신통력과 지혜력이 있어 방편력과 지혜바라밀, 대자대비(大慈大悲)를 구족하고도 항상 게으르지 않으면서 항상 옳은 일만 간구(懇求)하여 일체중생을 이익되게 하고 삼계의 무너지는 곳에 출생(出生)하였으므로 화택(火宅)이며, 중생의 생로병사(生老病死) · 우비(憂悲) · 고뇌(苦惱) · 우치(愚癡) · 암폐(暗蔽) · 삼독(三毒)의 불길에서 교화하여 아뇩다라삼먁삼보리를 증득하게 한다. 모든 중생들을 보면 생로병사하면서 우비(憂悲)하고 고뇌(苦惱)하면서 타들어가고 있으며, 또한 오욕(五欲)으로 인한 재리(財利)에 연고(緣故)하여 갖가지 고뇌를 받고 있으며, 또한 탐착(貪着)하여 추구(追求)하는 연고로 모든 고통을 받고 후에 지옥(地獄) · 축생(畜生) · 아귀(餓鬼)의 고통을 받으며, 만약 천상(天上)과 인간계에 태어나도 빈궁(貧窮)하고 곤고(困苦)하거나 사랑하면서도 이별하는 고뇌와 원수를 싫어하는데 만나는 고뇌와 같은 갖가지 고뇌를 받는다. 중생은 이런 요지경 속에 있으면서도 즐거워서 유희(遊戱)하며, 각지(覺知)하지도 않고 경포(驚怖)하지도 않으며, 또한 싫어하지도 않고 해탈(解

脫)을 간구하지도 않는다. 이런 삼계(三界) 화택(火宅)에서 동분서주(東奔西走)하면서 비록 큰 고뇌(苦惱)를 만나도 걱정하지 않는다."

사리불아! 부처는 이런 것을 보고 이런 생각을 하였다. '나는 중생들의 아버지이니 당연히 이런 고난(苦難)을 발제(拔除)하고 무량하고 무변한 부처 지혜의 즐거움을 주어서 유희(遊戲)하게 하겠다.'

사리불아! 여래는 또 이런 생각을 하였다. '내가 만약 신통력(神通力)과 지혜력(智慧力)만으로 방편을 사용하지 않고 모든 중생을 위하여 여래 지견(知見)과 십력(十力)과 사무소외(四無所畏)를 찬탄(讚歎)하면서 중생을 이것으로는 제도(濟度)할 수가 없다. 왜냐하면 이 모든 중생들이 생로병사를 모면(謀免)하지 못하고 우비(憂悲), 고뇌(苦惱)하면서 삼계화택(三界火宅)에서 타고 있는데, 어떻게 부처의 지혜를 알 수 있을 것이냐?

사리불아! 저 장자(長者)가 비록 몸과 손에 힘은 있으나 이를 사용하지 않고 다만 은근(慇懃)한 방편(方便)으로 힘써서 모든 자식들에게 화택(火宅)의 재난(災難)을 구제(救濟)한 후에 제각기 진귀(珍貴)한 큰 보배 수레를 주는 것처럼 여래께서도 역시 이처럼 비록 십력(十力)과 사무소외(四無所畏)가 있으나 이를 시용하지 않고 다만 지혜 방편으로 삼계

화택(三界火宅)에서 중생들을 발제(拔濟)하고 삼승인 성문(聲聞)·벽지불(辟支佛)·불승(佛乘)을 말하면서 이런 말씀을 하였다.

'그대들은 삼계화택에 머무는 것을 즐거워하지 말고 조잡하고 저속한 색(色)·성(聲)·향(香)·미(味)·촉(觸)을 즐기는 것에 탐착하지 말라. 만약 탐착(貪着)하여 애착(愛着)함을 일으키면 바로 타게 되니 그대들은 속히 삼계를 벗어나서 삼승인 성문(聲聞)·벽지불(辟支佛)·불승(佛乘)을 획득(獲得)해야만 한다. 나는 이제 그대들을 위하여 이 일을 보임(保任)하는데 끝내 헛됨이 없다. 그대들은 단지 부지런히 수습(修習)하고 정진(精進)하여라.' 여래는 이런 방편으로 중생들을 유도(誘導)하여 정진(精進)하게 하면서 다시 말하였다.

"너희들은 당연히 이런 삼승법 모두가 성인들이 칭찬하는 것임을 알고 자재(自在)하여 계박(繫縛)됨이 없어 의지하여 구할 것도 없다. 이런 삼승을 믿기만 하면 번뇌가 없는 오근(五根)·오력(五力)·칠각지(七覺支)·팔성도(八聖道)·사선(四禪)·팔정(八定)·팔해탈(八解脫)·정정(正定)·정혜(正慧) 등으로 스스로 즐거울 것이며, 바로 무량하고 안온(安穩)한 쾌락을 얻을 것이다."

사리불아! 만약 중생들이 마음에 지혜(智慧)의 성품이 있어서 부처와 세존을 따르면서 불법(佛法)을 듣고 믿고 받아들여 은근(慇懃)히 정진하여 빨리 삼계(三界)를 벗어나고자 하면서 스스로 열반(涅槃)을 구하면 성문승(聲聞乘)이라 하며, 이와 같은 모든 자식들은 양거(羊車)를 구하려고 화택(火宅)에서 나왔다.

만약 중생들이 부처와 세존을 따르면서 불법을 듣고 믿고 받아들이면서 은근히 정진하여 자연적(自然的)인 지혜를 구하며, 혼자 고요한 것을 즐기면서 모든 법의 인연(因緣)을 깊이 알면 벽지불승(辟支佛乘)이라 하며, 이와 같은 자식들은 녹거(鹿車)를 구하려고 화택에서 나왔다.

만약 중생들이 부처와 세존을 따르면서 불법을 듣고 믿고 받아들이면서 부지런히 수습(修習)하고 정진하면서 일체지(一切智)·불지(佛智)·자연지(自然智)·무사지(無師智)·여래지견(如來知見)·십력(十力)·사무소외(四無所畏)·자민(慈愍)과 애념(愛念)·안온(安穩)과 쾌락(快樂)으로 무량한 중생을 안락(安樂)하게 하고 천인(天人)을 이익(利益)되게 하여 일체를 도탈(度脫)하게 하면 대승이라 하며, 보살은 이런 믿음을 구하는 까닭으로 마하살(摩訶薩)이라고 하며, 그런 자식들은 우거(牛車)를 구하려고 화택에서 나왔다.

사리불아! 장자가 모든 자식들이 안온(安穩)하게 화택에서 나와 두려움이 없는 곳에 도달(到達)한 것을 보고 스스로 생각하기를 재부(財富)는 무량하니 평등하게 큰 수레를 모든 자식에게 주겠다. 여래도 역시 이와 같아서 일체 중생의 아버지이니 만약 무량 억천의 중생들을 보면 불교의 방편 법문(法門)으로 삼계의 고뇌(苦惱)와 공포(恐怖)스럽고 두려운 험한 길에서 벗어나 열반의 즐거움을 획득하게 된다.

여래가 그때 생각하기를 '나는 무량(無量)하고 무변(無邊)한 지혜(智慧)와 십력(十力)과 사무소외(四無所畏)와 모든 부처의 법장(法藏)이 있고 이 모든 중생들 모두가 내 자식이니 고르게 대승(大乘)을 주어서 한 사람이라도 혼자만 멸도(滅度)할 게 아니라 모두를 여래의 멸도(滅度)로 멸도하게 하겠다.'고 하면서 모든 중생들이 삼계(三界)를 벗어나면 모두에게 모든 부처의 선정(禪定)과 해탈(解脫)과 같은 오락 기구를 주었으니 모두가 일상(一相)이고 일종(一種)으로 성인들이 칭찬하는 것으로 청정(淸淨)하고 신묘(神妙)한 제일의 즐거움을 일으켰다.

사리불아! 장자가 처음에는 세 수레로 모든 자식들을 유인(誘引)한 후에 다만 큰 수레 주었는데 보물이 장엄(莊嚴)하고 안온(安穩)함이 제일(第一)이었으며, 그리고 허망한 허물이 없었다. 여래도 그래서 허망함이 없고 처음에는 삼승(三乘)을 설법하여 중생을 인도(引導)하고 후에 대승으로 도탈(度脫)하게 하였다. 왜냐하면 여래는 무량한 지혜와 십력(十力)과 사무소외(四無所畏)의 모든 법장(法藏)이니 일체 중생에게 대승의 법을 준다고 해도 전부(全部) 받아들일 수 없다.

사리불아! 이런 인연으로 모든 부처의 방편력을 연고(緣故)로 일불승(一佛乘)에서 삼승(三乘)을 설법한 것을 당연히 알아야 한다.

⑺ 석가모니 부처님이 위의 진리를 거듭하여 새롭게 설명하는데 게송 형식을 빌려 설명하였다.

佛欲重宣此義 而說偈言

譬如[162] 長者 有一大宅 其宅久故 而復頓弊[163]
堂舍高危[164] 柱根摧朽 梁棟傾斜 基陛[165] 隤毀

牆壁圮坼[166]　　泥塗褫落[167]
覆苫[168] 亂墜　　椽梠差脫[169]
周障[170] 屈曲　　雜穢充遍
有五百人[171]　　止住其中

鵄梟[172]雕鷲[173]　烏鵲鳩鴿

蚖蛇[174]蝮蠍[175]　蜈蚣蚰蜒[176]

守宮[177]百足[178]　鼬狸[179]鼷鼠[180]

諸惡蟲輩　　　交橫馳走

屎尿臭處　　　不淨流溢

蜣蜋諸蟲　　　而集其上

狐狼野干[181]　　咀嚼踐蹋

齒齧[182]死屍　　骨肉狼藉

由是群狗　　　競來搏撮

飢羸[183]慞惶[184]　　處處求食

鬪諍齟掣　　　嘷吠[185]口睪吠

其舍恐怖　　　變狀如是

處處皆有　　　魑魅[186]魍魎[187]

夜叉惡鬼　　　食噉人肉

毒蟲之屬　　　諸惡禽獸

孚乳[188]產生　　　各自藏護

夜叉競來　　　爭取食之

食之旣飽　惡心轉熾
鬪諍之聲　甚可怖畏
鳩槃荼鬼[189]　蹲踞土埵

或時離地　一尺二尺
往返遊行　縱逸嬉戲
捉狗兩足　撲[190]令失聲
以脚加頸　怖狗自樂

復有諸鬼　其身長大
裸形[191]黑瘦　常住其中
發大惡聲　叫呼求食
復有諸鬼　其咽如針

復有諸鬼　首如牛頭
或食人肉　或復噉狗
頭髮蓬亂[192]　殘害凶險
飢渴所逼　叫喚馳走

夜叉餓鬼　諸惡鳥獸
飢急四向　窺看窓牖[193]

如是諸難　　恐畏無量
是朽故宅　　屬于一人

其人近出　　未久之間
於後舍宅　　欻然火起
四面一時　　其炎俱熾
棟梁椽柱　　爆聲震裂

摧折墮落　　牆壁崩倒
諸鬼神等　　揚聲大叫
雕鷲諸鳥　　鳩槃茶等
周慞章惶怖[194]　　不能自出

惡獸毒蟲　　藏竄孔穴
毘舍闍鬼[195]　　亦住其中
薄福德故　　爲火所逼
共相殘害　　飮血噉肉

野干之屬　　竝已前死
諸大惡獸　　競來食噉
臭烟烽火亭　　四面充塞

蚖蚰蚰蜒　　毒蛇之類

爲火所燒　　爭走出穴
鳩槃荼鬼　　隨取而食
又諸餓鬼　　頭上火燃
飢渴熱惱　　周章悶走

其宅如是　　甚可怖畏
毒害火災　　衆難非一
是時宅主　　在門外立
聞有人言　　汝諸子等

先因遊戲　　來入此宅
稚小無知　　歡娛樂著
長者聞已　　驚入火宅
方宜救濟　　令無燒害

告喩諸子　　說衆患難
惡鬼毒蟲　　災火蔓延
衆苦次第[196]　　相續不絕
毒蛇蚖蝮　　及諸夜叉

鳩槃荼鬼　　野干狐狗
雕鷲鵄梟　　百足之屬
飢渴惱急　　甚可怖畏
此苦難處　　況復大火

諸子無知　　雖聞父誨
猶故樂著　　嬉戲不已
是時長者　　而作是念
諸子如此　　益我愁惱

今此舍宅　　無一可樂
而諸子等　　耽湎¹⁹⁷⁾嬉戲
不受我敎　　將爲火害
卽便思惟　　設諸方便

告諸子等　　我有種種
珍玩之具　　妙寶好車
羊車鹿車　　大牛之車
今在門外　　汝等出來

吾爲汝等　　造作此車

隨意所樂　　　可以遊戲
諸子聞說　　　如此諸車
即時奔競　　　馳走而出

到於空地[198]　離諸苦難
長者見子　　　得出火宅
此諸子等　　　生育甚難
愚小無知　　　而入險宅

多諸毒蟲　　　魑魅可畏
大火猛炎　　　四面俱起
住於四衢　　　坐師子座[199]
而自慶言　　　我今快樂

此諸子等　　　生育甚難
愚小無知　　　而入險宅
多諸毒蟲　　　魑魅可畏
大火猛炎　　　四面俱起

而此諸子　　　貪樂嬉戲
我已救之　　　令得脫難

是故諸人　　我今快樂
爾時諸子　　知父安坐

皆詣[200]父所　而白父言
願賜我等　　三種寶車
如前所許　　諸子出來
當以三車　　隨汝所欲

今正是時　　唯垂給與
長者大富　　庫藏衆多
金銀琉璃　　車璖馬腦
以衆寶物　　造諸大車

莊校嚴飾　　周匝欄楯
四面懸鈴　　金繩交絡
眞珠羅網　　張施其上
金華諸瓔　　處處垂下

衆綵雜飾　　周匝圍繞
柔軟繒纊[201]　以爲茵蓐[202]
上妙細氈[203]　價直千億

鮮白淨潔　　以覆其上

有大白牛　　肥壯多力
形體姝好　　以駕寶車
多諸儐從　　而侍衛之
以是妙車　　等賜諸子

諸子是時　　歡喜踊躍
乘是寶車　　遊於四方
嬉戲快樂　　自在無礙[204]
告舍利弗　　我亦如是

衆聖中尊　　世間之父
一切衆生　　皆是吾子
深著世樂　　無有慧心
三界無安　　猶如火宅

衆苦充滿　　甚可怖畏
常有生老　　病死憂患
如是等火　　熾燃不息
如來已離　　三界火宅

寂然閑居　　安處林野
今此三界　　皆是我有
其中眾生　　悉是吾子
而今此處　　多諸患難

唯我一人　　能爲救護
雖復敎詔　　而不信受
於諸欲染²⁰⁵⁾　貪著深故
以是方便　　爲說三乘

令諸眾生　　知三界苦
開示演說　　出世間道
是諸子等　　若心決定
具足三明²⁰⁶⁾　及六神通²⁰⁷⁾

有得緣覺　　不退菩薩²⁰⁸⁾
汝舍利弗　　我爲眾生
以此譬喻　　說一佛乘
汝等若能　　信受是語

一切皆當　　得成佛道

是乘微妙　　清淨第一
於諸世間　　爲無有上[209]
佛所悅可　　一切衆生

所應稱讚　　供養禮拜
無量億千　　諸力解脫
禪定智慧　　及佛餘法
得如是乘　　令諸子等

日夜劫數[210]　常得遊戲
與諸菩薩　　及聲聞衆
乘此寶乘　　直至道場
以是因緣　　十方諦求[211]

更無餘乘　　除佛方便
告舍利弗　　汝諸人等
皆是吾子　　我則是父
汝等累劫[212]　衆苦所燒

我皆濟拔　　令出三界
我雖先說　　汝等滅度

但盡生死　　而實不滅
今所應作　　唯佛智慧

若有菩薩　　於是衆中
能一心聽　　諸佛實法
諸佛世尊　　雖以方便
所化衆生　　皆是菩薩

若人小智　　深著愛欲
爲此等故　　說於苦諦
衆生心喜　　得未曾有
佛說苦諦　　眞實無異

若有衆生　　不知苦本
深著苦因　　不能暫捨
爲是等故　　方便說道
諸苦所因　　貪欲爲本

若滅貪欲　　無所依止
滅盡諸苦　　名第三諦²¹³⁾
爲滅諦故　　修行於道

離諸苦縛　　名得解脫

是人於何　　而得解脫
但離虛妄[214]　名爲解脫
其實未得　　一切解脫[215]
佛說是人　　未實滅度

斯人未得　　無上道故
我意不欲　　令至滅度
我爲法王　　於法自在
安隱衆生　　故現於世

汝舍利弗　　我此法印
爲欲利益　　世間故說
在所遊方　　勿妄宣傳
若有聞者　　隨喜頂受[216]

當知是人　　阿鞞跋致[217]
若有信受　　此經法者
是人已曾　　見過去佛
恭敬供養　　亦聞是法

若人有能　　信汝所說
則爲見我　　亦見於汝
及比丘僧　　幷諸菩薩
斯法華經　　爲深智[218]說

淺識聞之　　迷惑不解
一切聲聞　　及辟支佛
於此經中　　力所不及
汝舍利弗　　尚於此經

以信得入　　況餘聲聞
其餘聲聞　　信佛語故
隨順此經　　非己智分[219]
又舍利弗　　憍慢懈怠

計[220]我見者　　莫說此經
凡夫淺識　　深著五欲
聞不能解　　亦勿爲說
若人不信　　毀謗此經

則斷一切　　世間佛種

或復顰蹙[221]　而懷疑惑
汝當聽說　此人罪報[222]
若佛在世　若滅度後

其有誹謗　如斯經典
見有讀誦　書持經者
輕賤憎嫉　而懷結恨
此人罪報　汝今復聽

其人命終　入阿鼻獄[223]
具足一劫　劫盡更生
如是展轉　至無數劫
從地獄出　當墮畜生

若狗野干　其形瘦[224]
鼾黶[225]疥癩　人所觸嬈[226]
又復爲人　之[227]所惡賤
常困飢渴　骨肉枯竭

生受楚毒[228]　死被瓦石
斷佛種故　受斯罪報

若作駝駝　　或生驢中
身常負重　　加諸杖捶

但念水草　　餘無所知
謗斯經故　　獲罪如是
有作野干　　來入聚落
身體疥癩[229)]　　又無一目

爲諸童子　　之所打擲
受諸苦痛　　或時致死
於此死已　　更受蟒身
其形長大　　五百由旬[230)]

聾騃[231)]無足　　宛轉[232)]腹行
爲諸小蟲　　之所唼食
晝夜受苦　　無有休息
謗斯經故　　獲罪如是

若得爲人　　諸根闇鈍
矬陋攣躄　　盲聾背傴[233)]
有所言說　　人不信受

口氣常臭　　鬼魅所著

貧窮下賤　　爲人所使
多病痟[234]瘦　無所依怙[235]
雖親附人　　人不在意[236]
若有所得　　尋[237]復忘失

若修醫道　　順方治病
更增他疾　　或復致死
若自有病　　無人救療
設服良藥　　而復增劇

若他反逆　　抄劫竊盜
如是等罪　　橫羅其殃
如斯罪人　　永不見佛
眾聖之王　　說法敎化

如斯罪人　　常生難處[238]
狂聾心亂　　永不聞法
於無數劫　　如恒河沙
生輒聾瘂　　諸根不具

常處地獄　　如遊園觀
在餘惡道　　如己舍宅
駝驢猪狗　　是其行處
謗斯經故　　獲罪如是

若得爲人　　聾盲瘖瘂
貧窮諸衰　　以自莊嚴
水腫乾痟　　疥癩癰疽[239)]
如是等病　　以爲衣服

身常臭處　　垢穢不淨
深著我見　　增益瞋恚[240)]
婬欲熾盛　　不擇禽獸
謗斯經故　　獲罪如是

告舍利弗　　謗斯經者
若說其罪　　窮劫不盡
以是因緣　　我故語汝
無智人中　　莫說此經

若有利根　　智慧明了

多聞强識　　求佛道者
如是之人　　乃可爲說
若人曾見　　億百千佛

殖諸善本　　深心堅固
如是之人　　乃可爲說
若人精進　　常修慈心
不惜身命　　乃可爲說

若人恭敬　　無有異心
離諸凡愚　　獨處山澤[241]
如是之人　　乃可爲說
又舍利弗　　若見有人

捨惡知識　　親近善友
如是之人　　乃可爲說
若見佛子　　持戒清潔
如淨明珠　　求大乘經

如是之人　　乃可爲說
若人無瞋　　質直柔軟

常愍一切　　　恭敬諸佛
如是之人　　　乃可爲說

復有佛子　　　於大衆中
以清淨心　　　種種因緣
譬喩言辭　　　說法無礙
如是之人　　　乃可爲說

若有比丘　　　爲一切智
四方求法　　　合掌頂受
但樂受持　　　大乘經典
乃至不受　　　餘經一偈

如是之人　　　乃可爲說
如人至心　　　求佛舍利
如是求經　　　得已[242]頂受
其人不復[243]　　志求餘經[244]

亦未曾念　　　外道典籍
如是之人　　　乃可爲說
告舍利弗　　　我說是相

求佛道者　　窮劫[245]不盡

如是等人　　則能信解
汝當爲說　　妙法華經

　부처님께서 이 뜻을 거듭 선포하시려고 게송으로 말씀하
셨다.

비유하면 장자(長者)가 큰 집 한 채가 있었는데,
그 집은 오래 되어 바로 무너질 것 같아
당사(堂舍)는 매우 위태롭고
기둥뿌리는 부러지고 노후(老朽)하였으며,
대들보는 기울어지고 주춧돌마저 무너졌고

담장과 벽은 헐리고 바른 흙마저 떨어지고,
지붕도 썩어 내려앉고 서까래도 부서졌고,
막혀 버린 골목길에는 오물만 가득하고
500명 식솔(食率)들이 그 속에서 살았다네.

소리개 · 올빼미 · 부엉이 · 독수리

까마귀·까치·비둘기·뻐꾸기
독사·뱀·살모사·전갈·지네
그리마·도마뱀·노래기·온갖 쥐
모든 해로운 벌레들이 서로서로 기거나 뛰놀며,

똥오줌 냄새나는 곳에는 더러운 게 가득하며,
말똥구리 모든 벌레들은 그 위에 날아들고,
여우·이리·야간(野干)들이 씹거나 짓밟으며,
서로 물어뜯으면서 죽어간
시체들 골육이 낭자(狼藉)하다.

굶주린 개들이 몰려와 끌고 당기며
굶주림이 두려워 이리저리 먹을 것을 찾아다니며,
투쟁하면서 끌고 다니며 으르렁 거리며 짖어대며,
그 집안의 공포(恐怖)는 이처럼 변하였다.

곳곳에 모두 도깨비와 망량(魍魎) 귀신(鬼神)
야차(夜叉)와 악귀(惡鬼)들은 인육(人肉)을 먹으며,
독충(毒蟲)의 무리들과 악독(惡毒)한 금수(禽獸)들은
알을 품거나 새끼를 젖먹이면서
제각기 몸을 숨기고 보호하고 있다.

야차(夜叉)들이 달려와서 다투면서 먹고 나서
배부르면 악심(惡心)이 치성(熾盛)하여
투쟁(鬪爭)하는 소리는 매우 공포(恐怖)스러우며,
구반다(鳩槃茶) 귀신들은 흙더미에 걸터앉아

어떤 때에는 땅 위로 한 자 두 자 뛰어오르며,
이리저리 돌아다니며 제멋대로 장난하며,
개의 다리 붙잡고 때리니 소리도 못 지르며,
다리로 목을 눌러 두려운 개를 보며 스스로 즐긴다.

또 다시 여러 귀신 그 키가 장대(長大)하여
검고 야윈 벗은 몸이 그 속에 항상 있어
큰 악성(惡聲)을 드러내고
절규(絶叫)하며 먹을 것을 구하네.
또 다시 어떤 귀신 목구멍이 바늘구멍

또 다른 어떤 귀신들은 머리는 소대가리,
혹은 사람과 개를 잡아먹으며,
머리카락은 난봉(亂蓬)하여 잔해하고 흉험(凶險)하며,
기갈이 닥쳐오면 울부짖고 내달리네.

야차(夜叉)와 아귀(餓鬼), 모든 악한 조수(鳥獸)들
기갈(飢渴)하여 사방(四方)으로 뛰어다녀
창문으로 살핀다네.
이와 같은 모든 재난(災難)
무섭고 두려움이 끝이 없네.
이처럼 낡은 집이 한 사람에 속했더니

그 사람이 집을 떠난 후 오래지 않아
그 집에 갑자기 불이 나서
사방이 한꺼번에 불길이 치성(熾盛)하여
대들보와 서까래 타는 폭음(爆音)이 진동(震動)하며,

꺾이고 무너지고 담과 벽이 무너지며,
온갖 귀신들은 소리 지르며 울부짖네.
부엉이와 독수리 모든 새들과 구반나들은
전부 놀라 어쩔 줄 몰라 하며 나오지도 못하더라.

악한 짐승 독한 벌레, 구멍 찾아 숨어들며,
비사사(毘舍闍)의 귀신들도 그 속에 머물더니
각박(刻薄)한 복덕(福德)으로 그 불에 쫓기면서
서로 다투며 해치고 피 마시고 살을 먹으며,

야간(野干)의 무리들이 함께 모두 죽었는데
크고 악한 금수(禽獸)들은 몰려와 씹어 먹으며,
그을린 연기 자욱하여 사방에 가득하네.
지네와 그리마, 독사의 무리들은

불에 타서 다투며 구멍에서 나올 때에
구반나 귀신들은 날름날름 주어먹네.
또 모든 아귀(餓鬼)들은 머리에 불이 붙어
배고프고 뜨거워서 황급(遑急)하게 달아나네.

그 집은 이처럼 매우 공포(恐怖)스러워서
악독(惡毒)한 피해와 화재까지
모든 재난 하나가 아니라네.
이때에 집 주인이 대문 밖에 서 있는데
사람들이 말하기를 '당신의 여러 자식들

유희(遊戱)하려고 이 집에 들어왔으나
어려서 알지 못하고 오락(娛樂)을 즐기고만 있구려.'
장자(長者)는 듣고 나서 놀라 화택(火宅)에 들어가
바로 구제(救濟)하여 타는 피해 없게 하려 하였다.

모든 자식 깨우치려 모든 환난(患難) 설명하며,
악귀(惡鬼)·독충(毒蟲)·화재(火災)가 만연(蔓延)하니
모든 고통은 차례대로 상속(相續)하여
그치지 않으며,
살모사와 독사·전갈, 모든 야차(夜叉)까지

구반나 귀신·야간(野干)·호구(狐狗)
부엉이·독수리
소리개·올빼미·노래기와 지네들이
기갈(飢渴)과 뇌란(惱亂)이 위급(危急)하여
매우 두려워하고 있는데,
이런 고통 난리 중에 하물며 큰 불까지 일어났네.

모든 자식 모르고 아버지 가르침을 들었으나
노는데 정신 팔려 즐거움이 그치지 않는구나.
이때 장자는 이런 생각 하게 되니
'모든 자식 이와 같으니
내 수심(愁心)과 번뇌는 늘어만 간다.

지금 이 집안에는 즐거움이 없건마는
모든 자식들은 노는 데에 탐닉(耽溺)하여

내 가르침 받아들이지 않으면 불의 피해 입으리라.'
바로 생각하여 모든 방편 시설(施設)하며,
자식들에게 말하기를 '나에게는 갖가지
진귀한 완구와 신묘한 보배와
훌륭한 수레가 있으니
양거(羊車)·녹거(鹿車)·큰 소가 끄는 수레인데,
지금 문 밖에 있으니 너희들이 문 밖을 나오너라

내가 너희를 위하여 이런 수레 만들었으니
마음대로 즐기면서 유희(遊戲)할 수 있으리라.'
자식들이 이와 같은 모든 수레라는 말을 듣고
바로 분주(奔走)하게 다투면서 빨리 달려 나와

공지(空地)에 이르더니 모든 고난(苦難) 저버리고
장자가 자식들을 보니 화택(火宅)을 벗어나서
네거리에 머물렀구나. 사자좌에 앉아서
경하(慶賀)하며 말하기를 '이제 나는 즐겁다네!

이 모든 자식들을 교육(敎育)하는 것은
매우 어려우니
어리석고 소견(所見)이 좁으며 무지하여

험악(險惡)한 집에 들어갔다.
모든 독충(毒蟲)과 도깨비도 무서운데,
맹렬(猛烈)하게 타는 큰 화재
사방에서 함께 일어나네.

이 모든 자식들이 노는 데에 탐락(貪樂)하였는데,
내가 이를 구제(救濟)하여 벗어나게 하였으니
그러므로 모든 사람들아! 나는 이제 즐겁구나!
이때 모든 자식들은
아버지가 편안하게 앉아 있는 것을 알고

아버지 처소에 나아가서 아버지께 말하기를
"저희에게 주시겠다고 하던 세 가지 보배로운 수레,
이전에 하신 말씀, '자식들이 나온다면,
당연히 세 가지 수레는 너희들이 바라던 것이리라.'

지금이 바로 그때이니 나누어 주십시오."
장자는 큰 부자이니 창고가 그득하여
금은 · 유리 · 차거 · 마뇌
모든 보물로 모든 큰 수레 만들었고,
장엄(莊嚴)하게 장식하여 난간(欄杆)을 둘렀으며,

사방에 풍경 달고 황금줄이 얽혀 있네.
진주로 만든 그물 장막(帳幕)으로 위를 덮고
금빛꽃과 여러 영락(瓔珞), 곳곳에 드리웠고,

갖가지 비단과 잡다(雜多)하게 장식(裝飾)하여
주변(周邊)을 드리웠으며,
유연(柔軟)한 비단과 솜으로 앉을 자리 만들었으며,
값나가는 섬세한 포목(布木)은 가치가 천억(千億)이라
신선(新鮮)하고 섬세(纖細)하고
또 정결(淨潔)한 천으로 그 수레 위를 덮었으며

큰 백우(白牛)가 있었으니 살찌고 기운 세고
모양도 예쁘고 훌륭하며 보배 수레를 끄는구나.
많고 많은 신하들이 곁에서 호위(護衛)하며
이런 신묘한 수레 자식들에게 주었더라.

이때에 모든 자식들은 환희(歡喜)하고 용약(踊躍)하며
이 보배 수레 타고 사방을 돌아다니네.
쾌락(快樂)하게 노는 모양 자재하고 걸림 없다네.
사리불(舍利弗)에게 말하기를 '나도 역시 이처럼
성인(聖人) 중에서 존귀(尊貴)하여 세간의 아버지이다.

일체 중생은 모두 내 자식인데
세간 욕락(欲樂)에 깊이 빠져 지혜로운 마음 없네.
삼계(三界)가 편안하지 않음이 불타는 집과 같다.

모든 고통 가득하여 매우 두렵다.
항상 생노병사(生老病死)와 우환(憂患)은
이처럼 불과 같아 치연(熾然)하여 그치지 않는다.
여래는 이미 삼계화택(三界火宅)을 저버렸다.

적연(寂然)함에 한가로이 있으며,
임야(林野)에 편안하게 있으며,
이제 이 삼계(三界) 모두가 나에게 있고
그 속에 중생(衆生)들은 모두 나의 자식,
이제 이곳에는 모두가 환난(患難)이라네.

오직 나야말로 구호(救護)할 수 있으니
비록 타이르고 다시 가르치고
믿고 받아들이지 않으며,
모든 욕망에 물들어 탐착(貪着)함이
더욱 깊어진 까닭이네.
방편(方便)으로 삼승(三乘)을 말하여서

모든 중생들이 삼계 고뇌(苦惱)를 알게 하고
출세간(出世間)의 길을 개시(開示)하고
연설(演說)하여 보이신다.
이 모든 자식들이 마음을 결정(決定)하면
삼명(三明)과 육신통(六神通)을 구족하네.

연각(緣覺)이나 불퇴전(不退轉)하는 보살이 있으니
그대 사리불아! 나는 중생을 위하여
이런 비유로 일불승(一佛乘)을 말하리라.
이제 그대들이 이 말을 믿고 받아들인다면

일체 모두가 불도(佛道)를 성취하리라.
이 믿음은 미묘(微妙)하여 청정하기 제일(第一)이며,
모든 세간(世間)에서 위가 없을 것이며,
부처님이 기뻐하며, 일체의 모든 중생들은

칭찬(稱讚)하고 공양하며 예배한다.
무량 억천 모든 능력(能力)과 해탈(解脫),
선정(禪定)과 지혜(智慧)와 여러 가지 불법(佛法)으로
이런 믿음을 획득하며, 자식들로 하여금
밤낮으로 오랜 세월 유희(遊戲)하게 하여 주며,

모든 보살과 성문중(聲聞衆)들이
이 보배로운 수레를 탄다면 도량에 바로 이른다네.
이런 인연(因緣)으로 시방에서 진리 구하여도
달리 부처님의 방편을
제외(除外)하고는 믿을 게 없다.
사리불에게 고하노니 너희 모두는
내 자식들이고 나는 네 아버지이다.
너희들은 오랜 겁을 두고
많은 고뇌(苦惱)을 겪었으니

내가 모두 건져내어 삼계를 벗어나게 하리라.
나 앞서 말하기를
'너희들도 멸도(滅度)하리라.' 하였으니
단지 생사를 다하였을 뿐 실제 멸도 아니라네.
이제 해야 할 것은 부처의 지혜(智慧)라네.

만약 어떤 보살이 이 대중 속에서
한결같은 마음으로 모든 부처님 법을 듣는다면
불세존(佛世尊)이 비로소 방편을 이용하여
중생은 교화하는 모두가 보살이라.

만약 사람이 적은 지혜로
애욕(愛欲)에 깊이 집착하면
이들을 위하여 고제(苦諦)를 설명한다.
중생들이 마음으로 기뻐하고
미증유(未曾有)를 얻으면,
부처님이 말한 고제는 진실하여 다르지 않음이다.

만약 중생들이 고뇌의 근본(根本) 알지 못하고
고뇌(苦惱)의 원인(原因)에 탐착하여
차차 버리지 않으면
이런 중생들을 위하여 방편으로 진리를 말한다.
모든 고뇌(苦惱)의 원인이 되는 것은
탐욕(貪欲)이 근본이다.

탐욕(貪欲)을 저버리면 의지(依止)할 데 없으니
모든 고뇌(苦惱)가 멸진(滅盡)하여
제삼제(第三諦)라 하네.
멸제(滅諦)인 까닭으로 도를 수행하면
모든 고뇌의 계박(繫縛) 벗어나면
해탈을 얻는다.

이 사람은 어찌하여 해탈을 얻었는가?
허망(虛妄)함을 저버리면 해탈이라 하지만,
실제로는 일체 해탈을 얻지 못하였으니
부처는 이런 사람을 실제 멸도(滅度)가 아니라 하네.

이런 사람은 위가 없는 도를 아직 얻지 못한 까닭에
나는 멸도(滅度)에 이르기를 바라지 않았다네.
나는 법왕(法王)으로 모든 법에서 자재(自在)하며
중생을 안온(安穩)하게 하려고 세상에 태어났다.

사리불(舍利弗)아! 나의 이 법인(法印)은
세간(世間)을 이익하게 하려는 까닭으로 설법한다.
이르는 곳에서 함부로 선전(宣傳)하지 않아도
듣는 사람은 기뻐하며 받아들인다.

이런 사람은 아비발치(阿毘跋致)임을 알아야 한다.
이 경전과 법을 믿고 받아들이는 사람이 있으면
이 사람은 지난 세상 부처님을 뵙고는
공경(恭敬)하고 공양(供養)하며 일승법을 들었다네.

만약 어떤 사람이 그대 말을 믿는다면

나를 보며 또한 너를 보는 것이며,

비구승과 보살에 이르기 까지

이 법화경(法華經)은 심오(深奧)한 지혜 말함이다.

천박(淺薄)한 지식으로 이를 들으면

미혹(迷惑)하여 이해(理解)하지 못하며,

일체 성문과 벽지불에 이르기까지

이 경 속에 능력(能力)이 미치지 못함이다.

그대 사리불아! 이 경전을 숭상(崇尙)하며,

신심(信心)으로 증입(證入)하는데 하물며

다른 성문이겠느냐?

다른 성문들은 부처님 말씀만 믿고서

이 경전(經典)에 수순(隨順)하지

자기 지혜로 지분(知分)한 게 아니다.

또 사리불아! 교만(憍慢)하고 해태(懈怠)하며,

아견(我見)을 계략(計略)하면 이 경전을 말하지 말고,

범부(凡夫)의 천박한 식견(識見)

오욕에 깊이 물들어서

들어도 모를 것이니 그에게는 말하지 말라.

만약 사람이 믿지 않는다면

이 경전을 훼방(毀謗)함이다.

바로 일체를 끊으면 세간(世間)의 부처종자이며,
혹 얼굴을 찌푸리거나 의혹(疑惑)을 가질 것이니
너희는 잘 들어라. 이런 사람 죄보(罪報)는
부처님이 있거나 멸도(滅度)한 후에도

이런 경전을 비방(誹謗)하고
독송(讀誦)하는 사람과 경전을 수지한 사람을 보면
경천(輕賤)하고 미워하고 질투하며 원한까지 품으면,
이런 사람의 죄보(罪報)를 너는 이제 다시 들어야한다.

그런 사람은 죽은 후에 아비지옥(阿鼻地獄) 들어가서,
1겁(劫)을 모두 채우고 다시 태어나는데,
이와 같은 전전(展轉)함은 무수겁에 이르리라.
지옥을 벗어나서 축생(畜生)에 떨어지네.

만약 개나 야간(野干)이 되면 그 형체는 여위었고
못생기고 더러우며, 사람들이 닿는 것도 싫어하며,
또 사람이 되면 천대(賤待)하고 싫어하며,
항상 곤고(困苦)하고 기갈(飢渴)하며,

골육이 고갈(枯竭)하네.

살아서는 모진 고초(苦楚)와 고통,
죽어서는 자갈 무덤,
부처 종자 끊은 까닭으로 이런 죄보(罪報)를 받으며,
만약 또 낙타로나 혹은 당나귀로 태어나며,
몸에는 항상 무거운 짐을 지고
모든 회초리를 맞으면서,

다만 수초(水草)만 생각할 뿐, 다른 것을 모르네.
이 경전 비방(誹謗)하면 이런 죄보(罪報) 받는다.
만약 야간(野干)이 취락(聚落)에 들어오면
신체에는 옴과 버짐나고 한쪽 눈까지 멀어지네.

모든 동자(童子)가 매를 맞게 되고
모든 고통(苦痛) 다 받다가 잘못하면 죽게 되고,
죽고 나서 구렁이 몸을 다시 받아
그 모양은 징그럽게 길어서 오백유순(五百由旬)이라네.

귀먹고 어리석으며 발이 없어
구불구불 기어 다니며,

모든 작은 벌레에게 쪼아 먹이면서
밤낮으로 받는 고통 쉴 사이가 없으며
이 경전을 비방(誹謗)하면
이런 죄보(罪報)를 받는다네.

어쩌다가 사람 되면 모든 근기 암둔(闇鈍)하며,
난쟁이 · 곰배팔이 · 절름발이
장님 · 귀머거리 · 곱사 등이 되어
그 사람 말하는 것 사람들이 믿지 않고
입에서는 추한 냄새 귀신들이 따라붙고

빈궁(貧窮)하고 천박(淺薄)하여 사람들이 부려먹고
병이 많고 수척하여 의지할 곳 전혀 없다.
다른 사람과 친근(親近)하려 해도
붙여 주는 사람 없고
어떤 소득 있더라도 오래지 않아 다시 잃게 되네.

만약 의술(醫術)을 수습하여 병을
치료한다고 하더라도
오히려 병만 더해지다가 죽음에 이른다네.
자신이 병이 나면 구원해 줄 사람 없으며,

좋은 약을 먹더라도 병세(病勢) 더욱 악화(惡化)되네.

다른 사람 반역죄(反逆罪)나
강도(強盜)질과 절도죄(竊盜罪),
이유 없이 말려들어 애매하게 벌을 받네.
이와 같은 죄인들은 영원히 부처님 못 뵙거늘
성인 중의 법왕이신 부처님이 교화(敎化)한다.

이런 죄인들은 항상 어렵게 태어나서
귀먹고 마음이 산란(散亂)하여
영원히 법을 듣지 못한다.
무수하고 오랜 항하사 모래 같은 세월,
태어나도 불구되어 귀먹어 말 못한다네.

항상 지옥에 있으면서 공원처럼 생각하고,
다른 악도에 있는 것도 자기 집과 같이 여기며,
낙타 · 나귀 · 개 · 돼지 그런 곳으로 가는 것이며,
이 경전 비방(誹謗)한 까닭에 이런 죄를 획득하였네.

사람으로 태어나도 귀머거리 · 장님 · 벙어리에다
빈궁(貧窮)하고 쇠약(衰弱)함으로

스스로 장엄(莊嚴)하다 하며,
수종다리 조갈증세 옴병과 악창(惡瘡)
이와 같은 병들이 의복이 된다.

몸은 항상 추한 냄새, 때가 많아 더러우며,
아견(我見)에 깊이 빠져서 분노(憤怒)만 늘어나네.
음욕(淫欲)이 치성하면 금수(禽獸)도 안 가리네.
이 경전을 비방하면 이런 죄보(罪報)를 받는다네.

사리불아, 이 경전 비방하는
그 죄를 말하려면 겁(劫)을 다해도 못한다네.
그런 인연으로 너에게 말하는데,
무지(無智)한 사람들에게는 이 경전을 말하지 말라.

만약 영리한 사람이 지혜가 매우 명철(明哲)하여
많이 듣고 굳게 인식(認識)하고 불도를 구한다면
이와 같은 사람에게는 말해 주고
이런 사람은 일찍이 백 천억 부처님 뵙고

모든 진리의 근본을 심었으며,
심심(深心)이 견고하면

이런 사람들에게는 말해 주며,
사람이 정진(精進)하고
항상 자애(慈愛)로운 마음 수습하며,
신명(身命)을 아끼지 않거든 이 경전 말해 주어라.

만약 어떤사람이 공경하면서 다른 마음이 없고
모든 범부의 어리석음 저버리고
홀로 산수(山水)간에 앉아
이런 사람에게 있다면 말해 주어라.
또 사리불아! 사람이

악한 지식 저버리고 선우(善友)에 친근하면
이런 사람에게는 〈법화경〉을 말해 주어라.
만약 불자(佛子)가 지계(持戒)하고 청결함이
정명주(淨明珠)와 같으면서
대승경(大乘經)을 구한다면

이런 사람에게는 말해 주어라.
사람이 성내지 않고
바탕이 정직(正直)하고 유연(柔軟)하며,
항상 모두를 가엾이 여기며 모든 부처를 공경하면

이런 사람에게는 〈법화경〉을 말해 주어라.

어떤 불자(佛子)가 대중 속에서
청정심(淸淨心)과 갖가지 인연(因緣)과
비유(譬喩)와 언사(言辭)로 설법하는데 걸림이 없다면
이런 사람에게는 말해 주어라.
어떤 비구가 일체 지혜를 이루려고
사방(四方)에서 법을 구하고 합장(合掌)하고 받들며,
다만 즐거이 대승경전(大乘經典)을 수지(受持)하며,
다른 경전의 한 게송도 받아들이지 않으면

이런 사람에게는 〈법화경〉을 말해 주어라.
사람이 지극(至極)한 마음으로
불(佛)과 사리를 구하고
이처럼 경전을 구하여 얻게 되면 받들어 모시며
그 사람이 다시 다른 경전을 구하지 않으며,

또한 외도(外道) 전적(典籍)을
염두(念頭)에 두지 않거든
이런 사람에게는 〈법화경〉을 말해 주어라.
사리불에게 말하는데, 내가 말한 이런 모양으로

불도를 구하는 사람은 겁을 다하여도 끝이 없다.
이와 같은 사람들은 믿어서 이해할 수 있으니
너는 당연히 〈묘법화경〉을 말해 주어라.

1) 況: 비유하여 말하다.
2) 樑棟: 용마루와 대들보로 나라의 중임(重任)을 맡을 만한 인재를 말한다.
3) 용약(踊躍): 기뻐서 날뛰는 것을 말한다. 격동(激動)과 흥분(興奮)의 의미가 있다.
4) 白: 고소(告訴)를 말한다.
5) 未曾有(adbhuta): 불가사의(不可思議) 또는 놀라움을 뜻하는 말이다.
6) 預: 참예(參預)를 말한다.
7) 斯事: 성불함을 수기(授記)하는 것을 말한다.
8) 感傷: 하찮은 일에도 마음이 흔들려 마음이 상한 것을 말한다.
9) 失: 이를 수 없음을 말한다.
10) 若: 혹(或)의 의미이다.
11) 每: 항상을 말한다.
12) 同入法性: 진실(眞實)의 본성(本性)으로 집착(執着)을 저버린 것이다. 실상(實相)을 의미한다. 동입(同入)은 삼승(三乘)이 모두 증득하는 것이다.
13) 見: 타인의 행동이 자기에게 미치는 것을 말한다. 견제도(見濟度)는 자기를 제도하는 것이다.
14) 咎: 잘못.
15) 方便隨宜所說: 부처님이 중생을 교화하는 경우에 채용하는 수단을 말한다. 부처님의 방편은 비상하고 교묘하여 중생의 근기에 매우 적당하게 만들어진 법으로 말하는 것이다. 선교방편(善巧方便 : upāya-kauśalya)
16) 取證: 결실(結實)을 증득(證得)하는 것을 말한다.
17) 安隱: 안온(安穩), 안정(安定)을 의미한다.
18) 從佛口生 從法化生: 부처님의 정통한 후계자(後繼者)로 원시불교 경전 이후에 정형적(定型的)인 표현이다. 종법화생(從法化生)은 법으로 교화(敎化)가 일어남이다.
19) 佛法分: 대승불법(大乘佛法)의 분제(分際).
20) 疑網(kānkṣa): 의심하는 것에 의하여 마음이 속박(束縛)되는 것을 그물과 같음에 비유한 말이다.
21) 蒙: 받아들인다는 의미이다.
22) 漏盡: 번뇌(煩惱)를 모두 없앤 불법(佛法)을 말한다.
23) 三十二: 32상을 말한다. 여기서는 미간백호상(眉間白毫相), 신금색상

(身金色相), 수족만망상(手足縵網相)과 같은 예를 말한다.

24) 十力諸解脫: 십력(十力)은 부처님이 갖추고 있는 10가지 지혜(智慧)와 역량(力量)을 말하고, 해탈(解脫)은 공(空), 무상(無相), 무원(無願)의 삼해탈(三解脫)과 팔해탈(八解脫)까지를 말한다.

25) 八十種妙好: 80가지의 부처님만이 가질 수 있는 신기(神奇)한 용모(容貌)로, 미세한 신체적인 특징이다. 32상은 현저(顯著)하게 드러나는 특징이다.

26) 十八不共法: 부처님만이 갖추고 있는 18가지 특징이다. 성문과 연각, 보살은 갖추고 있지 못한 공덕이다. 소승(小乘)에서는 십력(十力), 사무외(四無畏), 삼념주(三念住), 대비(大悲)의 18가지를 말한다. 몸에 과실(過失)이 없는 것(身無失), 말에 허물이 없는 것(口無失), 생각에 과실이 없는 것(念無失).

27) 失此利: 위에 열거한 부처님이 갖춘 각종 신기한 상(相)과 지혜(智慧)와 공덕(功德)을 말한다.

28) 失: '갖추고 있지 않다'의 의미이다. 부처님의 상과 지혜와 공덕을 갖추고 있지 않음이다.

29) 籌量: 이리저리 깊이 생각하는 것을 말한다.

30) 梵志師: 불교 이외의 외도(外道)들의 사부(師父)를 말한다.

31) 拔邪: 사견(邪見)을 발제(拔除)한 것을 말한다.

32) 空法: 공성(孔性)의 멸제(滅諦)를 증입(證入)하여 깨달은 것을 말한다.

33) 自謂: 자기가 인식(認識)하는 것을 말한다.

34) 無餘: 남은 의혹(疑惑)마저 없어진 것을 말한다. 궁극적인 멸도(滅度)이다.

35) 將非魔作佛: 마왕(魔王)이 부처로 현신(現身)하지 않았다면의 의미이다. 장비(將非)는 '이것 아님이 없다'의 뜻이다.

36) 安住: 자리를 잡고 편안하게 살다의 의미이다.

37) 實道: 진정(眞正)한 불법(佛法).

38) 波旬無此事: 파순(波旬: pāpīyas)은 악마의 이름으로 앞 문장의 마(魔)와 같은 의미이다. 무차사(無此事)는 설법한 진정한 불법과 맞지 않는 것을 말한다.

39) 實智: 진정한 불지(佛智)를 말한다.

40) 沙門(Śramaṇa): 노력하는 사람이라는 뜻으로 출가 수행하는 사람을 말한다.

41) 婆羅門: 인도의 사종계급을 말하는데, 그 중에서 신권(神權)을 장악한 최상위(最上位)의 계급이다.

42) 佛所: 부처님이 계시는 곳.

43) 長夜: 깨닫지 못하고 번뇌(煩惱)에서 어둡게 지낸 기나긴 세월을 말한다.

44) 生: 성장(成長)을 말한다.

45) 具足: 원만(圓滿)한 수행(修行)을 말한다.

46) 華光如來(Padma-prabha-tathāgata): 홍련(紅蓮)의 광명이 있는 여래라는 의미이다.

47) 離垢(Viraja): 각종 번뇌에 오염된 것을 말한다.

48) 安隱: 안정(安定)을 말한다.

49) 八交道: 8갈래로 교차(交叉)하는 교차로를 말한다.

50) 七寶行樹: 가로수가 유명한 칠보로 장식된 것을 말한다.

51) 彼佛: 실제로는 사리불이 수행하여 성취한 화광여래불이다.

52) 劫: 화광여래가 존재하는 시대(時代)를 말한다.

53) 大寶莊嚴(Maha-ratnapratimaṇḍita): 크고 진귀한 보배로 장식하였다는 의미이다.

54) 初發意: 강건(剛健)하게 입지(立志)하고 수습(修習)한 불법(佛法)을 말한다.

55) 恒: 항상의 의미이다.

56) 堅滿菩薩(Dhrtiparipurṇa): 의지(意志)가 견고(堅固)하고 충만(充滿)한 것을 말한다.

57) 多陀阿伽度(tathagata): 여래(如來)를 말한다.

58) 阿羅訶(arhat): 아라한과 같다.

59) 正法(saddharma): 석존 멸도 후에 불법 교설(敎說)과 수행(修行)과 증오(證悟)가 조금의 오류도 없는 시기이다.

60) 像法(saddharma-pratirūpaka): 교설과 수행만이 존재하는 시기이다. 말법시기는 불법이 장차 없어질 것을 말하는데 이 때에는 교설, 수행, 증오가 없다.

61) 成佛普智尊: 성불한 후에 가지게 된 지혜는 보편적으로 존경을 받게 되었음을 말한다.

62) 已: 이후(以後)를 말한다.

63) 劫: 시간의 단위이다. 여기서는 화광불이 존재하는 시대를 말한다.

64) 世界: 화광불의 국토를 말한다.

65) 波羅蜜: 생사가 윤회하는 차안(此岸)에서 열반의 피안(彼岸)으로 가는 것을 말한다.

66) 大士: 보살과 부처 모두를 말한다.

67) 最末後身: 생사 윤회하는 것을 이생에서 마지막으로 하고자 하는 것을 말한다.

68) 聖尊: 복과 지혜를 고르게 갖춘 부처님을 말한다.

69) 最勝: 매우 걸출(傑出)한 것, 또 매우 위대한 것.

70) 倫匹: 륜(倫)과 필(匹)은 같은 의미이다.

71) 天 龍 夜叉 乾闥婆 阿修羅 迦樓羅 緊那羅 摩睺羅伽: 천룡(天龍) 팔부(八部)를 말한다.

72) 釋提桓因: 서품 참조.

73) 梵天王: 서품 참조.

74) 曼陀羅華 摩訶曼陀羅華: 서품 참조.

75) 住: 표부(飄浮)를 말한다.

76) 雨: 낙하(落下)를 말한다.

77) 波羅奈(Varaṇasi): 서품 참조.

78) 初轉法輪: 사제(四諦)를 설법한 것을 말한다.

79) 四諦法輪: 사제설법을 말한다. 서품 참조.

80) 五衆: 오음, 오온을 말한다. 색(色: 형상)·수(受: 정욕)·상(想: 의념)·행(行: 행위)·식(識: 심령)을 말한다. 오중이 포괄하고 있는 객관현상과 주관현상을 말한다. 또 불교에서 오중은 다섯 출가인(出家人)을 말하는 경우도 있다. 비구, 비구니, 식차마나(式叉摩那: 學法女), 사미, 사미니를 말한다.

81) 數: 자주를 말한다.

82) 叵: 불가(不可)를 말한다.

83) 心自在者: 마음이 공적(空寂)하고 걸림이 없어 삼계(三界)에서 생사에 얽매임이 없어진 것을 말한다.

84) 住學地: 학습하는 단계에 있을 때를 말한다.

85) 學無學: 최고의 경지(境地)에 도달(到達)하여 다시 배울 게 없는 것을 말한다. 이는 대승과 소승에서 뜻하는 바가 같지 않으며, 여기서는 소승의 경지를 말하는 것이다.

86) 我見及有無見: 아견(我見)은 신견(身見)이며, 유무견(有無見)은 변견(邊見)이다.

87) 國邑: 대도시(大都市)를 말한다.

88) 僮僕: 종을 말한다.

89) 家: 방사(房舍)를 말한다.

90) 俱時: 동시(同時)를 말한다.

91) 欻然: 돌연(突然)의 의미이다.

92) 若: 혹(或)의 의미이다.

93) 十: 성문승(聲聞乘)에 비유한다.

94) 二十: 연각(緣覺)에 비유한다.

95) 三十: 보살(菩薩)에 비유한다.

96) 安隱: 안전(安全), 평안(平安)을 말한다.

97) 衣裓: 넓고 펼쳐진 장방형(長方形)의 보자기를 말한다.

98) 机案: 책상과 책을 말한다.

99) 宜時疾出: 적당한 때에 빨리 벗어나는 것을 말한다.

100) 走戱: 도망다니며 즐기는 것을 말한다.

101) 先: 종전(從前), 이전(以前)의 의미이다.

102) 樂著: 희환(喜歡)과 중시(重視)를 말한다.

103) 可: 애호(愛好)를 말한다.

104) 玩好: 가까이 두고 즐길 수 있는 것을 말한다.

105) 憂懷: 안타까워하는 모양이다.

106) 羊車: 양이 끄는 마차로, 성문승(聲聞乘)에 비유한다.

107) 鹿車: 인력(人力)으로 끄는 마차로, 연각승에 비유한다.

108) 牛車: 무거운 것을 싣는 마차로, 보살승에 비유한다.

109) 四衢道: 사통팔달(四通八達)하는 네거리로, 방편의 가르침이 모두 득
    도하게 하는 것에 비유한다.

110) 露地: 길바닥을 말한다. 한편 진여(眞如)의 진리에 있는 것을 로지(露
    地)에 앉았다고 한다.

111) 障礙: 위험(危險)을 말한다.

112) 欄楯: 난간(欄杆)을 말한다.

113) 幰蓋: 휘장(揮帳)과 덮개를 말한다.

114) 華纓: 실과 같은 것으로 만든 화려한 무늬의 장식물을 말한다.

115) 重敷綩綖: 넓게 펼쳐놓기 좋은 이불들을 말한다.

116) 丹枕: 붉은 색의 베개. 단(丹)은 지혜(智慧)이고 침(枕)은 선정(禪定)의
    비유이다.

117) 白牛: 백(白)은 정혜(淨慧)이고 우(牛)는 오근(五根)이다.

118) 藏: 창고를 말한다.

119) 無極: 무한(無限), 무수(無數)를 말한다.

120) 偏黨: 사사로움에 치우침.

121) 等心: 평등하게 대하는 마음이다.

122) 周: 온전한 것을 말한다.

123) 不匱: 결핍(缺乏)이 없음을 말한다.

124) 等與: 평등(平等)하게 공급(供給)하는 것을 말한다.

125) 寧: 그래 ~란 말인가?

126) 不: 의문사. 부(否)와 같음.

127) 玩好之具: 목숨을 보존하고 즐거움에도 여유(餘裕)가 있음을 얻음이다.

128) 拔濟: 삼계(三界)를 벗어나게 고해(苦海)를 제도한 것을 말한다.

129) 怖畏: 두려움과 무서움.

130) 衰惱: 노쇠(老衰)해지는 고뇌.

131) 無明闇蔽: 무명(無明)으로 인하여 어리석어서 호도(糊塗)하고 있음이다.

132) 知見(jñāna-darśana): 사물을 꿰뚫어 볼 수 있는 지혜.

133) 智慧波羅蜜(jñāna-parama-pāramitā): 최고의 지혜이다.

134) 闇蔽: 깜깜하게 가로 막혀 있는 것.

135) 三毒: 탐진치(貪瞋癡)를 말한다.

136) 五欲: 안(眼)·이(耳)·비(鼻)·설(舌)·신(身)·의(意)의 다섯 가지 감각 기관에 의하여 일어나는 욕망.

137) 愛別離苦: 사랑하는 사람과 이별하는 고뇌(苦惱). 팔고(八苦)의 하나 이다.

138) 怨憎會苦: 혐오(嫌惡)하는 사람과 만나는 고뇌. 팔고의 하나이다. 원 증(怨憎)은 원한(怨恨)을 말한다.

139) 佛智慧樂: 적멸(寂滅)의 즐거움을 말한다.

140) 捨: 사용(使用)하지 않음을 말한다.

141) 辟支佛: 연각(緣覺)과 같은 의미이다. 12인연을 관조(觀照)하여 깨닫 는다.

142) 佛乘: 보살도를 수행하여 성불하는 대승을 말한다.

143) 麤弊: 조잡하고 저속(低俗)한 것을 향수(享受)하는 것을 말한다.

144) 保任: 담보(擔保)하는 것을 말한다.

145) 無繫: 구속되지 않는 것을 말한다.

146) 無漏根: 수행하는 사람이 번뇌를 없애고 불법(佛法)을 성취하는 근성 (根性)으로 오근(五根)인 신(信)·근(勤)·염(念)·정(定)·혜(慧)이다.

147) 力: 오력(五力)으로 신력(信力), 정진력(精進力), 염력(念力), 정력(定力), 혜력(慧力)이다.

148) 覺: 칠각지(Sambodhianga)로 택법각지(擇法覺支), 정진각지(精進覺支), 희각지(喜覺支), 경안각지(輕安覺支), 염각지(念覺支), 정각지(定覺支), 사 각지(捨覺支)이다.

149) 道: 팔정도(八正道)로 정견(正見), 정사유(正思惟), 정어(正語), 정업(正 業), 정명(正命), 정정진(正精進), 정념(正念), 정정(正定)이다.

150) 三昧: 정(定), 정정(正定)으로 번역하며, 심신(心身)이 평정(平靜)함을 말한다.

151) 自然慧: 스스로 증오(證悟)한 지혜를 말한다.

152) 樂獨善寂: 혼자 있는 것을 즐기면서 고요한 것을 즐기는 것을 말한다.

153) 一切智: 일체 지혜를 밝게 아는 것.

154) 佛智: 부처의 지혜로, 일체종지(一切種智)이다.

155) 無師智: 스승의 가르침을 사용하지 않고 저절로 깨달은 지혜이다. 자연지와 같다.

156) 摩訶薩(Mahasattva): 대(大)의 의미이다.

157) 無畏處: 위험한 게 없는 곳을 말한다.

158) 一相: 평등(平等)하고 차별이 없는 만물의 실상(實相)이다.

159) 一種: 일체종지(一切種智)를 말한다.

160) 聖: 성인(聖人)으로 부처를 말한다.

161) 不盡能受: 소유(所有)한 사람들이 모두를 접수(接受)할 수가 없음이다.

162) 譬如: 비견(比肩)되는 정황(情況)을 드러내는 뜻을 가지고 있다.

163) 頓弊: 무너지는 것을 감당할 수 없음을 말한다.

164) 高危: 고준(高峻)과 위험(危險)의 합자(合字)이다. 뜻은 매우 위험한 것 을 말한다.

165) 基陛: 주춧돌을 말한다.

166) 圯坼: 훼렬(毁裂)을 말한다.

167) 褫落: 박락(剝落)을 말한다.

168) 覆苫: 지붕에 있는 초개(草蓋).

169) 椽梠差脫: 서까래가 뒤틀려서 무너지려 하는 것을 말한다.

170) 周障: 집안 곳곳을 말한다.

171) 五百人: 오도(五道) 중생을 말한다.

172) 鴟梟: 해로운 새를 말한다. 치(鴟)는 맹금류이고 효(梟)는 어미를 잡아먹는다고 하며, 모두가 해로운 새이다.

173) 雕鷲: 맹금류(猛禽類)이다.

174) 蚖蛇: 독사 종류를 말한다.

175) 蝮: 독충(毒蟲)을 말한다.

176) 蚰蜒: 벌레로 절지동물(節肢動物)이다.

177) 守宮: 벌레 이름이다.

178) 百足: 벌레 이름이다.

179) 狖狸: 벌레 이름이다.

180) 鼷鼠: 생쥐를 말한다.

181) 野干: 맹수의 이름으로 형체는 여우와 같고 소리는 이리와 같으며 높은 나무에서 자는 것을 좋아하고 몰려다니며 밤에만 운다.

182) 齊嚙: 씹어 뜯는 것을 말한다.

183) 飢羸: 못 먹어서 야윈 것을 말한다.

184) 憧惶: 허둥지둥하는 것을 말한다.

185) 喠喋: 서로 물어뜯는 모양을 말한다.

186) 魑魅: 전설상의 귀신을 말한다.

187) 魍魎: 전설상 산천(山川)에 있는 귀신.

188) 孚乳: 부화하거나 젖먹이는 것을 말한다. 부(孚)는 부(孵)로 맹금류가 알을 품는 것을 말한다.

189) 鳩槃茶鬼(kumbhaṇḍa): 귀신(鬼神) 영(靈)의 일종(一種). 병에 환(丸)을 가지고 있다는 의미로 인간의 정기(精氣)를 먹는 귀신(鬼神)이다.

190) 撲: 때리다의 의미이다.

191) 裸形: 몸을 드러내는 모양.

192) 蓬亂: 쑥대머리와 같은 것을 말한다.

193) 窓牖: 창문을 말한다.

194) 周憧惶怖: 전부 놀라 어쩔 줄 몰라 하는 것을 말한다. 주는 전부리며, 장(憧)은 황망(慌忙)해 하는 것이다.

195) 毘舍闍鬼(piśāca): 죽은 시신을 즐겨먹는 악귀(惡鬼)의 일종.

196) 次第: 계속하여 일어나는 것을 말한다.

197) 耽湎: 침닉(沈溺)을 말한다.

198) 空地: 열반에 이른 공적(空寂)을 말한다.

199) 師子座: 부처님이 앉는 자리이다. 사자좌(獅子座)라고도 한다.

200) 詣: 도(到)의 의미이다.

201) 繒纊: 비단과 솜을 말한다.

202) 茵蓐: 차 위에 방석을 말하다.

203) 細氎: 섬세한 면포(棉布).

204) 自在無礙: 몸이 자재(自在)하니 마음에 걸림이 없음을 말한다.

205) 於諸欲染: 각종 욕망에 오염되는 것을 말한다.

206) 三明: ①숙명명(宿命明): 과거세의 인연을 훤하게 아는 것. ②천안명 (天眼明): 미래세의 과보를 아는 것. ③누진명(漏盡明): 번뇌를 끊어서 얻는 지혜를 말한다.

207) 六神通: 천안통(天眼通), 천이통(天耳通), 타심통(他心通), 숙명통(宿命 通), 신경통(神境通), 누진통(漏盡通)이다. 발심하여 이런 신통과 삼명 을 바라면 성문승(聲聞乘)이다.

208) 不退菩薩: 무상(無上)한 보리에서 물러서지 않는 보살을 말한다.

209) 無有上: 이를 넘어서는 게 없음을 말한다.

210) 日夜劫數: 매일 밤낮으로 무수한 겁이 지났음을 말하며 이는 아주 오랜 세월을 말한다.

211) 十方諦求: 곳곳에서 진리를 탐구하는 것을 말한다.

212) 累劫: 무수한 겁처럼 긴 시간을 말한다.

213) 三諦: 멸제(滅諦)를 말한다.

214) 虛妄: 허망(虛妄)한 것을 가차(假借)한 진실하지 못한 세계를 말한다.

215) 一切解脫: 완전(完全)하고 철저(徹底)한 해탈을 말한다.

216) 隨喜頂受: 수순(隨順)하게 환희(歡喜)하며 정대(頂戴)하여 수지(受持)하 는 것을 말한다.

217) 阿鞞跋致(avaivartika): 불퇴전(不退轉), 불퇴위(不退位)를 말한다. 수행 하는 것에서 정진함을 그치지 않는 것이다.

218) 深智: 지혜가 매우 높은 것을 말한다.

219) 非己智分: 자기 지혜로 말미암은 게 아님을 말한다.

220) 計: 집착(執着)을 말한다.

221) 顰蹙: 얼굴을 찡그리는 것을 말한다.

222) 罪報: 악행(惡行)을 저질러서 얻게 되는 과보를 말한다.

223) 阿鼻獄: 8대 지옥의 하나로 죄가 아주 무거운 사람들만이 들어가는 지옥.

224) 乞瘦: 왜소하게 깡마른 것을 말한다.

225) 黧黮: 피부색이 흑색이나 황색인 것을 말한다.

226) 觸嬈: 내몰려고 때리는 것을 말한다.

227) 之: 아무 의미가 없다.

228) 楚毒: 고통(苦痛)을 말한다.

229) 疥癩: 개창(疥瘡)과 나창(癩瘡)을 말한다.

230) 由旬: 거리를 말하는 단위이다. 하루 걸을 수 있는 거리를 1유순(由旬)이라고 하며 일유순은 40리, 혹은 30리를 말한다.

231) 騃: 어리석은 것을 말한다.

232) 宛轉: 구불구불 기어 다니는 모양을 말한다.

233) 傴: 곱사등이를 말한다.

234) 痟: 두통병(頭痛病)을 말한다.

235) 依怙: 의지하는 것을 말한다.

236) 不在意: 중시(重視)하지 않는 것을 말한다.

237) 尋: '오래지 않아'라는 의미이다.

238) 難處: 팔난처(八難處)를 말한다. 지옥(地獄), 축생(畜生), 욱단월(郁單越), 장수천(長壽天: 색계, 무색계천), 맹농암아(盲聾暗啞) 세지총변(世智聰辨), 불전불후(佛前佛後).

239) 癥疽: 악창(惡瘡)을 말한다.

240) 瞋恚: 분노(憤怒)를 말한다.

241) 山澤: 산림천택(山林天澤)의 준말이다.

242) 得已: 획득한 후를 말한다.

243) 不復: 다시 하지 않음을 말한다.

244) 餘經: 불교 이외의 기타 경서(經書)를 말한다.

245) 窮劫: 영원(永遠)을 말한다.

신해품 제사(信解[1]品第四)

중근영오(中根領悟)

原文

信解者 因聞喩說 以信得入悟解法要也 前法
說一周 身子於喩品之初領悟 佛於喩品述成與
記 喩說一周 四大弟子於此品領悟 佛於藥草品
述成 授記品與記 然大迦葉爲上首弟子 而領悟
後於身子者 此經融會[2]二智 身子當機故先領悟
也 諸大弟子皆內秘外現 根非中下悟無先後 爲
助揚法化故 次第敷陳[3]也

해석

신해(信解)는 비유로 설법한 것을 들음으로 인하여 믿음을 획득하고 깨달음에 들어가 불법(佛法)의 요점(要點)을 이해함이다. 우선 일주설법(一周說法)으로 신자(身子: 사리불)가 비유품(譬喩品)에서 처음에 깨닫고 부처님은 비유품 서술하시고 수기(授記)를 주셨으며, 사대제자(四大弟子)는 이 신해품에서 깨달았고 부처님은 약초유품(藥草喻品)을 서술하시고 수기품(授記品)에서 수기를 주셨다. 그리고 대가섭(大迦葉)은 우두머리 제자로 신자에게서 깨달은 후에 이 경전에서 두 지혜를 융회(融會)하였다. 신자(身子)는 이를 감당(堪當)할 수 있는 까닭에 먼저 깨달은 것이고 모든 위대한 제자들도 모두 안에 숨긴 것을 밖으로 드러냈다. 근기가 중근기(中根機)나 하근기(下根機)가 아니고 깨달음에는 선후(先後)가 없으며, 불법(佛法)을 도와 거양(擧揚)하여 교화(敎化)하는 까닭에 차례대로 펼쳐서 말하였다.

原文

讚曰
如來 震雷音[4] 而廣說譬喩 解空 生栢[5] 悅而自慶 歡忻[6] 彈備折小 長者心心憐憫 引權入實 窮子念念知歸 不知一城財寶 浪走四方馳求 從前辜負佛恩 始覺展轉難酬 要見難酬之恩麼 粉骨碎身不足酬 一句了然超百億 頌曰

可憐窮子客他鄉　奔走天涯⁷⁾歲月長
一入王城尋我父　方知疇昔實承當

해석

기려서 말하였다.

여래께서는 진뇌음(震雷音)으로 널리 비유로 설명하였다. 해공(解空: 수보리)은 큰 희열(喜悅)이 일어나 스스로 경하(慶賀)하고 기쁘고 즐거워하며, 순식간에 갖추어지니 사소한 것도 끊어버렸다. 장자(長者)는 마음과 마음에서 연민(憐憫)하여 방편으로 인도하여 진리에 들어가려고 하고 가난한 자식은 순간순간 고향으로 돌아가려고 하면서도 하나의 성(城)이 재보(財寶)임을 알지 못하고 사방으로 분주히 달아나고 있을 뿐이다 종전에 짊어지고 있던 부처님의 은혜(恩惠)는 비록 깨달아도 전전(展轉)하면 갚기 어렵고 갚기 어려운데 은혜는 어떻게 하려느냐?

분골쇄신(粉骨碎身)하여도 갚기 어렵지만
한 구절에 명백(明白)해지면 백억(百億)을 넘어선다.
게송으로 말하기를

가련한 궁자(窮子)는 타향을 돌아다니다가
분주히 천애(天涯)한 세월은 길었다.

한 번 성에 들어와 아버지를 찾으니
바로 옛 모습 알아보고 진리를 계승함은 당연하다.

⑴ 수보리의 말을 빌어서 부자(父子)가 서로 잊어버렸다가
서로 부자 사이인 것을 알게 되는 일화(逸話)로 불법을 듣
고 일불승(一佛乘)을 믿고 받아들이는 것을 설명하였다.

原文

爾時慧命[8]須菩提[9] 摩訶迦延 摩訶迦葉 摩訶目
犍連 從佛所聞未曾有法 世尊授舍利弗阿耨多
羅三藐三菩提記 發希有心[10] 歡喜踊躍 卽從座
起 整衣服偏袒右肩 右膝著地 一心合掌 曲躬恭
敬 瞻仰尊顏而白佛言

我等居僧之首 年竝朽邁 自謂已得涅槃 無所
堪任[11] 不復進求阿耨多羅三藐三菩提 世尊往昔
說法旣久 我時在座 身體疲懈 但念空 無相 無
作[12] 於菩薩法[13]-遊戲神通[14] 淨佛國土 成就[15]衆
生-心不喜樂 所以者何 世尊令我等出於三界
得涅槃證 又今我等年已朽邁 於佛敎化菩薩阿
耨多羅三藐三菩提 不生一念好樂之心 我等今
於佛前 聞授聲聞阿耨多羅三藐三菩提記 心甚
歡喜 得未曾有 不謂[16]於今 忽然得聞希有之法
深自慶幸 獲大善利 無量珍寶 不求自得

世尊 我等今者樂說[17]譬喩以明斯義

譬若有人 年旣幼稚 捨父逃逝 久住他國 或十二十 至五十歲 年旣長大 加復窮困 馳騁四方以求衣食 漸漸遊行 遇向[18] 本國 其父先來 求子不得 中止一城 其家大富 財寶無量－金 銀 琉璃 珊瑚 虎珀 頗梨珠等 其諸倉庫 悉皆盈溢 多有僮僕[19] 臣佐[20] 吏民[21] 象馬車乘 牛羊無數－出入息利[22] 乃遍他國 商估賈客[23] 亦甚衆多

時貧窮子遊諸聚落 經歷國邑 遂到其父所止之城 父每[24] 念子 與子離別五十餘年 而未曾向人說如此事 但自思惟 心懷悔恨[25] 自念老朽 多有財物 金銀珍寶 倉庫盈溢 無有子息[26] 一旦終沒[27] 財物散失 無所委付[28] 是以慇懃每憶其子 復作是念 我若得子 委付財物 坦然[29] 快樂 無復憂慮

世尊 爾時窮子傭賃[30] 展轉遇到父舍 住立門側 遙見其父 踞師子床 寶机[31] 承足 諸婆羅門 刹利[32] 居士[33] 皆恭敬圍繞 以眞珠瓔珞 價直千萬 莊嚴其身 吏民 僮僕 手執白拂[34] 侍立左右 覆以寶帳 垂諸華幡[35] 香水灑地 散衆名華 羅列寶物 出内[36] 取與 有如是等種種嚴飾 威德特尊 窮子見父有大力勢 卽懷恐怖 悔來至此 竊[37] 作是念

此或是王 或是王等 非我傭力得物之處 不如往
至貧里 肆力[38]有地[39] 衣食易得 若久住此 或見
逼迫 强使我作 作是念已 疾走[40]而去

時富長者於師子座 見子便識 心大歡喜 卽作
是念

我財物庫藏 今有所付 我常思念此子 無由見
之 而忽自來 甚適我願 我雖年朽 猶故貪惜[41] 卽
遣傍人 急追將還 爾時使者 疾走往捉 窮子驚愕
稱怨大喚 我不相犯 何爲見捉 使者執之愈急 强
牽將還 于時窮子 自念無罪 而被囚執 此必定死
轉更惶怖 悶絶[42]躄地[43] 父遙見之 而語使言 不
須此人 勿强將來 以冷水灑面 令得醒悟 莫復與
語 所以者何 父知其子志意[44]下劣 自知豪貴爲
子所難[45] 審[46]知是子而以方便 不語他人云是我
子 使者語之 我今放汝 隨意所趣[47] 窮子歡喜 得
未曾有 從地而起 往至貧里 以求衣食

爾時長者將欲誘引其子而設方便 密遣二人 形
色憔悴無威德者 汝可詣彼 徐[48]語窮子 此有作
處[49] 倍與汝直[50] 窮子若許 將來使作 若言[51]欲
何所作 便可語之 雇汝除糞 我等二人亦共汝作
時二使人卽求窮子 旣已得之 具陳上事

爾時窮子先取其價 尋[52]與除糞 其父見子 愍而怪之 又以他日 於窓牖中遙見子身 羸瘦憔悴 糞土塵坌[53] 汚穢不淨 卽脫瓔珞 細軟上服 嚴飾之具 更著麤弊垢膩之衣 塵土坌身[54] 右手執持除糞之器 狀有所畏 語諸作人 汝等勤作 勿得懈息 以方便故 得近其子 後復告言 咄 男子 汝常此作 勿復餘去 當加汝價 諸有所須瓫器米麵鹽醋之屬 莫自疑難[55] 亦有老弊使人須者相給 好自安意 我如汝父 勿復憂慮 所以者何 我年老大而汝少壯 汝常作時 無有欺怠瞋恨怨言 都不見汝有此諸惡 如餘作人 自今已後 如所生子 卽時長者 更與作字[56] 名之爲兒 爾時窮子雖欣此遇猶故自謂客作[57]賤人 由是[58]之故 於二十年中常令除糞 過是已後 心相體信[59] 入出無難 然其所止猶在本處[60]

世尊 爾時長者有疾 自知將死不久 語窮子言 我今多有金銀珍寶 倉庫盈溢 其中多少 所應取與 汝悉知之 我心如是 當體此意 所以者何 今我與汝 便爲不異[61] 宜加用心 無令漏失 爾時窮子 卽受教勅 領知[62]衆物 金銀珍寶及諸庫藏 而無悕取[63]一飡[64]之意 然其所止故在本處 下劣之

心亦未能捨 復經少時 父知子意漸已通泰⁶⁵⁾ 成
就大志 自鄙先心⁶⁶⁾ 臨欲終時 而命其子幷會親
族 國王 大臣 刹利 居士 皆悉已集 卽自宣言 諸
君當知 此是我子 我之所生 於某城中 捨吾逃走
伶俜辛苦⁶⁷⁾五十餘年 其本字某 我名某甲 昔在
本城懷憂推覓⁶⁸⁾ 忽於此間遇會得之 此實我子
我實其父 今我所有一切財物 皆是子有 先所出
內 是子所知

世尊 是時窮子聞父此言 卽大歡喜 得未曾有 而
作是念 我本無心有所希求 今此寶藏自然而至

世尊 大富長者則是如來 我等皆似佛子 如來
常說我等爲子 世尊 我等以三苦⁶⁹⁾故 於生死中
受諸熱惱⁷⁰⁾ 迷惑無知 樂著小法 今日世尊令我
等思惟 蠲除諸法戲論之糞⁷¹⁾ 我等於中勤加精進
得至涅槃一日之價⁷²⁾ 旣得此已 心大歡喜 自以
爲足 而便自謂 於佛法中勤精進故 所得弘多⁷³⁾
然世尊先知我等 心著弊欲⁷⁴⁾ 樂於小法 便見縱
捨 不爲分別⁷⁵⁾ 汝等當有如來知見寶藏之分 世
尊以方便力 說如來智慧 我等從佛 得涅槃一日
之價 以爲大得 於此大乘 無有志求 我等又因如
來智慧 爲諸菩薩開示演說 而自於此無有志願

所以者何 佛知我等心樂小法 以方便力 隨我等
說 而我等不知眞是佛子 今我等方知世尊 於佛
智慧無所悋惜 所以者何 我等昔來眞是佛子 而
但樂小法 若我等有樂大[76]之心 佛則爲我說大乘
法 於此經中唯說一乘 而昔於菩薩前 毀呰[77]聲
聞樂小法者 然佛實以大乘教化 是故我等 說本
無心有所悕求 今法王大寶自然而至 如佛子所
應得者皆已得之

　이때에 혜명(慧命)인 수보리(須菩提)·마하가전련(摩訶迦旃
延)·마하가섭(摩訶迦葉)·마하목건련(摩訶目犍連)이 부처님
으로부터 미증유법(未曾有法)과 세존께서 사리불에게 아뇩
다라삼먁삼보리를 수기(授記)하신다는 것을 듣고는 희유(稀
有)한 마음을 일으키고 환희(歡喜)하고 용약(踊躍)하면서 자
리에서 일어나 의복(衣服)을 단정(端整)하게 하면서 오른쪽
어깨를 드러내고 오른쪽 무릎을 땅에 대고 오롯한 마음으
로 합장(合掌)하면서 허리를 굽혀 공경(恭敬)하며 부처님 얼
굴을 우러러 보면서 여쭈었다.

　"저희들은 대중(大衆)들의 우두머리로 나이가 이미 노쇠
(老衰)하였으니 저희 스스로 생각하기를 '이미 열반(涅槃)을

체득하였다.'고 하면서 감임(堪任)할 것이 없다고 하며, 더 나아가 아뇩다라삼먁삼보리를 구하지도 않았습니다. 세존께서 옛날부터 설법(說法)하신지가 오래이지만 저희는 그 자리에 있으면서도 몸이 게으르고 다만 공(空)·무상(無相)·무작(無作)만을 생각하였을 뿐, 보살법(菩薩法)에서 신통력(神通力)을 유희(遊戲)하고 불국토(佛國土)를 청정하게 하며, 중생을 성취하게 하는 오롯한 마음을 즐기려고 하지 않았습니다. 왜냐하면 세존께서는 저희들로 하여금 삼계(三界)에서 벗어나 열반을 증득(證得)하게 하였습니다. 또 이제는 저희들이 늙어서 부처님께서 보살을 교화(敎化)하는 아뇩다라삼먁삼보리에서 한 순간도 즐기려는 마음이 일어나지 않았습니다. 저희들은 이제 부처님 앞에서 성문(聲聞)들에게 아뇩다라삼먁삼보리를 수기하심을 듣고 마음으로 매우 환희하며 미증유함을 체득(體得)하였습니다. 이제 갑자기 희유한 불법을 듣고 매우 경사(慶事)스럽고 다행스럽게도 크고 훌륭한 이익을 획득하였지만 무량하고 진귀(珍貴)한 보물을 스스로 구하지도 않았고 생각조차 하지도 않았습니다.

세존이시여! 저희들은 이제 기꺼이 비유(譬喩)로 이 뜻을 밝히고자 합니다.

비유하면 어떤 사람이 어렸을 때에 아버지를 버리고 도

망가서 다른 나라에 10년·20년·50년을 살다 나이가 들어 매우 곤궁(困窮)해져서 이리저리 의식(衣食)을 찾아 헤매면서 차차 돌아다니다가 우연히 종전에 본국(本國)으로 가게 되었습니다. 아버지는 예전부터 아들을 찾았으나 만나지 못하고 어느 한 성(城)에 머물러 살았습니다. 그 집은 매우 부유(富裕)하여 재보(財寶)가 한량이 없어 금은(金銀)·유리(琉璃)·산호(珊瑚)·호박(琥珀)·파리(玻璃)·진주(眞珠) 같은 보물이 모든 창고에 가득하였고 많은 동복(僮僕)·시종(侍從)·청지기·코끼리가 끄는 수레·말이 끄는 수레와 소와 양이 무수(無數)하며, 많은 점포는 다른 나라에 까지 미쳐서 장사꾼들 역시 매우 많았습니다.

그때에 빈궁(貧窮)한 자식은 모든 취락(聚落)을 돌아다니다가 그 도읍(都邑)을 지나 드디어 아버지가 머무는 도성(都城)에 이르게 되었습니다. 아버지는 자식을 이별(離別)한 지 50여 년을 기억하고 있었지만 다른 사람에게 이런 일을 말한 적이 없었고 단지 스스로 항상 생각하고 있으면서 마음으로는 회한(悔恨)하며, 스스로 생각하기를 '나는 이미 늙었고 이 많은 재물과 금은과 진기한 보물이 창고에 가득하지만 자식이 없으니 죽고 나면 재물은 흩어질 것이고 맡길 곳이 없구나.' 이로써 은근히 자식(子息)을 기다리고 있으면서 다시 생각하기를 '내가 아들을 만나 재물을 맡기게 된다면 마음이 편하고 즐거워서 다른 걱정이 없을 것이다.'라고 하였습니다.

　세존이시여! 이때에 곤궁(困窮)한 자식은 품팔이로 전전(展轉)하다가 우연히 아버지 집에 이르러 대문 앞에 서 있다가 멀리서 그 아버지를 바라보니 사자상(獅子床)에 앉아 보배 책상은 발을 받쳤으며, 여러 바라문(婆羅門)과 찰제리(刹帝利)와 거사들이 모두 공경(恭敬)하며 위요(圍繞)하고 있었는데, 진주와 영락은 천만금의 가치로 그 몸을 장엄하게 장식하였으며, 시종과 동복(僮僕)들이 흰 불자(拂子)를 들고 좌우(左右)에 시립(侍立)하였습니다. 보배로 만든 장막(帳幕)을 위에 덮고 모든 꽃 번개(幡蓋)를 드리웠으며, 향수를 땅에 뿌리고 훌륭한 꽃을 흩었으며, 보물들을 벌려 출납(出納)하고 주고받는 갖가지 장엄(莊嚴)한 치장과 위덕(威德)이 매우 존귀(尊貴)하였습니다. 곤궁한 자식은 아버지의 큰 능력(能力)과 권세(權勢)를 보고는 두려워하며 여기에 온 것을 후회(後悔)하였습니다. 곤궁한 자식이 생각하기를 '저분은 왕(王)이 아니면 왕족일 것이니 내가 고용(雇傭)되어 품팔이 할 곳이 아니다. 차라리 가난한 마을에 가서 막일을 하며 의식(衣食)을 해결하는 것만 못하다. 만약 여기 오래 있으면 핍박(逼迫)받을 것이고 강제로 일을 시킬 것이다.'고 생각하면서 빨리 도망치려고 하였습니다.

이때 부자(富者)인 장자(長者)는 사자좌(獅子座)에서 자식을 바로 알아보고는 마음으로 크게 환희(歡喜)하며 이런 생각을 하였습니다.

'내 재물과 창고를 이제 맡길 데가 있구나. 내가 항상 이 자식을 생각하였지만 만날 수가 없었는데 갑자기 찾아왔으니 내가 원하는 것이로구나. 내가 비록 늙었지만 애석(愛惜)해 하는 마음이 있음이다.' 바로 옆에 사람을 보내어 급히 데리고 오도록 하였습니다. 그때에 곤궁한 자식은 스스로 죄도 없는데 끌려가면 반드시 죽을 것이라 하며 다시 당황하고 무서워하며, 민절(悶絶: 놀라운 마음)하여 넘어져 버렸습니다. 아버지는 멀리서 이를 보고는 사자를 보내어 말하기를 '이 사람을 억지로 데리고 오지 말라. 냉수를 얼굴에 끼얹어서 깨어나거든 다시는 말하지 말라.'고 하였습니다. 왜냐하면 아버지는 아들이 마음이 하열(下劣)한 줄 알고 스스로 자기가 호화(豪華)롭고 부귀한 것을 자식이 알고는 어려워한다는 것을 방편력으로 분명히 알고 있었으며, 다른 사람에게는 내 자식이라고 말하지 않았습니다. 사자를 시켜 말하기를 '내가 너를 놓아 줄 것이니 마음대로 가거라.'고 하자 곤궁한 자식은 환희하며 일어나 빈궁한 마을로 가서 의식을 구하고자 하였습니다.

이때에 장자는 자식을 유인(誘引)하기 위하여 방편을 시설(施設)하고 비밀리에 두 사람을 보내었는데 형색은 초췌(憔悴)하여 위덕(威德)이 없는 사람들이었습니다.

그리고 그곳에 도착하거든 차근차근 곤궁한 사람에게 말하기를 '일할 곳이 있는데 품삯은 두 배로 준다.'고 한 뒤 곤궁한 자식이 허락하거든 데리고 와서 일을 시키는데, '혹시 어떤 일이냐?'고 하면 바로 말해 주기를 '거름을 치우는 일로 너희들 둘도 함께 한다.'고 말하라고 했습니다. 이에 두 사람은 바로 곤궁한 자식을 찾아가서 들었던 대로 말해 주었습니다.

그때 곤궁(困窮)한 자식은 먼저 품삯을 받고 거름을 치웠습니다. 아버지가 아들을 보니 연민(憐愍)의 감정이 있으면서 괴이(怪異)하게 여겼습니다. 또 다른 날에 창문으로 멀리 일하는 자식을 보니 몸은 야위고 초췌(憔悴)하였으며, 거름과 먼지로 뒤범벅이 되어 더럽기가 그지없었습니다, 아버지는 영락(瓔珞)과 섬세하고 부드러운 웃옷과 장엄(莊嚴)하게 장식한 장신구(裝身具)도 벗고 다시 누추하고 헤어지고 더러운 옷을 입고 먼지를 뒤집어쓰고 오른 손으로 거름을 치우는 기구를 들었으니 형상(形狀)이 몹쓸것만 같았습니다. 일하는 모든 사람에게 말하기를 '그대들은 게으름을 피우지 말고 부지런히 일하라.'고 하면서 방편을 연고(緣故)로 하여 자식 가까이에 다가갔습니다. 후에 다시 말하기를 '예끼 이놈아! 너는 여기에서 일하지 다른 곳으로 가지 않으면 품삯을 더 줄 것이다. 또 필요한 항아리 · 쌀 · 밀가루 · 소금 · 간장 등을 근심하거나 곤란(困難)해 하지 말고, 또 늙은 하인도 줄 수 있으니 편안하게 살게 될 것이다. 나는 네 아버지와 같으니 우려(憂慮)할 게 없다. 왜냐하면 나는 이미 늙었고 너는 아직도 젊었으니 너는 항상 일할 때에 기만(欺滿)하거나 나태(懶怠)하거나 성내거나 원망(怨望)하는 말이 없으며 모든 것에서 어느 것이든지 악(惡)하게 보이지 않으니 다른 사람과 같다. 이후로는 친 자식처럼 여기겠노라.'라고 했습니다. 그리고 장자는 이름을 지어주고는 아들이라고 불렀습니다. 이때에 곤궁한 자식은 이런 대우(待遇)에 기쁘기도 하였지만 이전처럼 천한 일을 하는 사람이라고 스스로 여기고 있었습니다. 이로부터 20년 동안을 항상 거름만을 치우고 있었고 그 후로 마음으로 서로 믿게 되어 출입(出入)하는데 어려움이 없고 머무는 것도 본래 있던 것과 같았습니다.

세존이시여! 그때 장자는 병이 있어 머지않아 죽을 것을 알고 곤궁한 자식에게 말하기를 '나에게는 지금 많은 금은과 같은 진귀한 보배가 창고마다 가득하니 그 속에 많고 적고 주고받을 게 있으면 네가 모두 알아서 처리하여라. 내 마음이 이와 같으니 당연히 이 뜻을 알아야만 한다. 왜냐하면 이제 내가 너에게 주는 것은 다름이 없이 올바르게 마음을 쓰면서 헛되이 쓰지 않도록 하여라.'라고 했습니다.

그때에 곤궁한 자식은 가르치는 칙령(勅令)을 받고 모든 물건 금은과 진귀한 보배와 모든 창고를 알게 되었으며, 한 가지도 의도적(意圖的)으로 획득하려는 생각이 없었으며, 그 머무는 곳도 예전과 같았고 하열심(下劣心)을 버리지 못하고 있었습니다. 또 얼마를 지나서야 아버지는 자식의 뜻이 점점 태연(泰然)해지면서 큰 뜻을 성취하려고 예전 마음을 뉘우치는 것을 알았습니다. 임종(臨終)할 때가 되자 자식에게 명령하여 친족(親族)들과 국왕(國王)·대신(大臣)·찰제리(刹帝利)·거사(居士)들 모두를 소집하고는 바로 스스로 말하기를 '여러분은 알아야 합니다. 이 사람은 내 아들이고 내가 그를 낳았는데, 어떤 성에서 나를 버리고 도망갔다가 50년 동안을 헤매며 고생하였으며 그 본래 이름은 아무개이고 내 이름은 아무개였소. 오래전부터 여기에 있으면서 걱정하면서 찾았는데 갑자기 여기에서 우연히 만나게 되었소. 얘는 내 아들이고 내가 아버지이니 이제 내가 가지고 있던 모든 재물을 아들이 있으니 우선 출납(出納)하는 것을 이 아이가 알아서 할 것이오.'라고 하였습니다.

세존이시여! 이때에 곤궁한 자식은 아버지의 말을 듣고

는 크게 환희하고 미증유함을 획득하고는 생각하기를 '나는 본래 바라는 바가 없었는데 이제 이런 보배를 저절로 갖게 되었구나.'라고 하였습니다.

세존이시여! 큰 부자 장자는 바로 여래(如來)이고 저희들 모두는 부처님의 자식이니 여래께서는 항상 저희 자식들을 위하여 설법하셨습니다.

세존이시여! 저희들은 세 가지 고뇌(苦惱)를 연고(緣故)로 나고 죽는 속에서 모든 치열(熾熱)한 고뇌를 받으면서도 미혹(迷惑)하고 무지(無知)하여 소승법(小乘法)을 즐기고 집착(執着)합니다. 오늘 세존께서 저희들에게 '모든 법에서 희론(戲論)하는 분뇨(糞尿)와 같은 것을 깨끗이 제거(除去)하라'고 생각하게 하시나 저희들이 이에 더욱 정진하여 성취한 열반은 하루 품삯입니다. 이미 이를 획득하여 마음으로 크게 환희하며 스스로 만족하면서 바로 말씀하시기를 '이 불법에는 부지런히 정진한 까닭으로 획득하는 게 매우 많다.'고 하였습니다. 그리고 세존께서는 먼저 저희들을 아시고 마음이 낡아빠진 욕망으로 소승법을 즐기는 것을 아시면서 버리게 하려고 분별하지 않으시면서 '너희들에게 당연히 여래의 지견(知見)인 보장(寶藏)의 몫이 있다.'라고 하였습니다. 세존께서는 방편력으로 여래가 지닌 지혜를 말씀하셨으나 저희들은 부처님을 따라 열반의 하루 품삯만 받고 큰 것을 얻었다고 하였으며, 대승(大乘)을 향해 구하는 의지(意志)는 없었습니다.

저희들은 또 여래의가 지닌 지혜로 인하여 모든 보살들에게 연설(演說)을 개시(開示)하면서도 스스로는 이에 마음이 없었습니다. 왜냐하면 부처님께서는 저희들이 마음으로 소승법을 즐기는 것을 아시고 방편으로 저희들을 따라 말씀하셨으니 저희들은 진정한 부처님 자식인줄 몰랐습니다. 이제야 저희들은 세존을 알게 되었고 부처님 지혜는 인색(吝嗇)하거나 아낌이 없다는 것을 알았습니다. 왜냐하면 저희들은 예전부터 부처님의 진정한 아들이었지만 소승법만 즐겼고 만약 저희들이 대승을 즐기려는 마음이 있었다면 부처님께서는 저희들을 위하여 대승법을 말씀하셨을 것입니다.

이 경전에서는 오직 일승법(一乘法)만 말씀하시고 옛날 보살들 앞에서는 성문(聲聞)들은 소승법만 좋아한다고 나무라시면서도 부처님께서는 실제(實際) 대승으로 교화하셨습니다. 그러므로 저희들은 본래 마음으로 희구(希求)하는 게 없었는데 이제 법왕의 위대한 보배가 저절로 이르렀으니 불자로서 얻을 것을 모두 얻었습니다.

⑵ 노인이 떠돌아다니는 아들을 알아보는 고사(故事)를 인용하여 불제자(佛弟子)를 상대(相對)하는 부처가 불법(佛法)을 설명하여 체득(體得)하게 하는 과정을 반복하여 설명한다. 최후에는 불제자(佛弟子)가 부처님의 은근(慇懃)한 가르침에서 무한(無限)한 감격을 느끼게 되는 것을 말하고 있다.

原文

爾時摩訶迦葉欲重宣此義 而說偈言

我等今日	聞佛音敎[78]
歡喜踊躍	得未曾有
佛說聲聞	當得作佛
無上寶聚	不求自得
譬如童子	幼稚無識
捨父逃逝	遠到他土
周流諸國	五十餘年
其父憂念	四方推求
求之旣疲	頓止[79]一城
造立舍宅	五欲自娛[80]

其家巨富　　　多諸金銀
車璩馬腦　　　眞珠琉璃

象馬牛羊　　　輦輿車乘
田業僮僕　　　人民衆多
出入息利　　　乃遍他國
商估賈人　　　無處不有

千萬億衆　　　圍繞恭敬
常爲王者　　　之所愛念
群臣豪族　　　皆共宗重[81]
以諸緣故　　　往來者衆

豪富如是　　　有大力勢
而年朽邁　　　益[82]憂念子
夙夜[83]惟念　　　死時將至
癡子捨我　　　五十餘年

庫藏諸物　　　當如之何
爾時窮子　　　求索衣食
從邑至邑　　　從國至國

或有所得　　或無所得

飢餓羸瘦　　體生瘡癬
漸次經歷　　到父住城
傭賃展轉　　遂至父舍
爾時長者　　於其門内

施大寶帳　　處師子座
眷屬圍遶　　諸人侍衛
或有計算　　金銀寶物
出内財産　　注記券疏⁸⁴⁾

窮子見父　　豪貴尊嚴
謂是國王　　若是王等
驚怖自怪　　何故至此
覆⁸⁵⁾自念言　　我若久住

或見逼迫　　强驅使作
思惟是已　　馳走而去
借問貧里　　欲往傭作
長者是時　　在師子座

遙見其子　　默而識之
卽勅使者　　追捉將來
窮子驚喚　　迷悶躃地
是人執我　　必當見殺

何用衣食　　使我至此
長者知子　　愚癡狹劣
不信我言　　不信是父
卽以方便　　更遣餘人

眇目矬陋　　無威德者
汝可語之　　云當相雇
除諸糞穢　　倍與汝價
窮子聞之　　歡喜隨來

爲除糞穢　　淨諸房舍
長者於牖　　常見其子
念子愚劣　　樂爲鄙事
於是長者　　著弊垢衣

執除糞器　　往到子所

方便附近[86]　　語令勤作
旣益汝價　　　弁塗足油[87]
飲食充足　　　薦席[88]厚煖

如是苦言[89]　　汝當勤作
又以軟語　　　若[90]如我子
長者有智　　　漸令入出
經二十年　　　執作家事

示其金銀　　　眞珠頗梨
諸物出入　　　皆使令知
猶處門外　　　止宿草庵
自念貧事　　　我無此物

父知子心　　　漸已廣大
欲與財物　　　卽聚親族
國王大臣　　　刹利居士
於此大衆　　　說是我子

捨我他行　　　經五十歲
自見子來　　　已二十年

昔於某城　　而失是子
周行求索　　遂來至此

凡我所有　　舍宅人民
悉以付之　　恣其所用
子念昔貧　　志意下劣
今於父所　　大獲珍寶

并及舍宅　　一切財物
甚大歡喜　　得未曾有
佛亦如是　　知我樂小
未曾說言　　汝等作佛

而說我等　　得諸無漏
成就小乘　　聲聞弟子
佛勅我等　　說最上道
修習此者　　當得成佛

我承佛教　　爲大菩薩
以諸因緣　　種種譬喩
若干言辭　　說無上道

諸佛子等　　從我聞法

日夜思惟　　精勤修習
是時諸佛　　卽授其記
汝於來世　　當得作佛
一切諸佛　　祕藏之法⁹¹⁾

但爲菩薩　　演其實事
而不爲我　　說斯眞要
如彼窮子　　得近其父
雖知諸物　　心不希取

我等雖說　　佛法寶藏
自無志願　　亦復如是
我等內滅⁹²⁾　　自謂爲足
唯了⁹³⁾此事　　更無餘事

我等若聞　　淨佛國土
敎化衆生　　都無欣樂
所以者何　　一切諸法⁹⁴⁾
皆悉空寂　　無生無滅

無大無小　　無漏無爲⁹⁵⁾
如是思惟　　不生喜樂
我等長夜　　於佛智慧
無貪無著　　無復志願

而自於法　　謂是究竟⁹⁶⁾
我等長夜⁹⁷⁾　修習空法⁹⁸⁾
得脫三界　　苦惱之患
住最後身⁹⁹⁾　有餘涅槃¹⁰⁰⁾

佛所敎化　　得道不虛
則爲已得　　報佛之恩
我等雖爲　　諸佛子等
說菩薩法　　以求佛道

而於是法　　永¹⁰¹⁾無願樂
導師¹⁰²⁾見捨　觀我心故
初不勸進　　說有實利
如富長者　　知子志劣

以方便力　　柔伏其心

然後乃付　　一切財物
佛亦如是　　現希有事
知樂小者　　以方便力

調伏其心　　乃敎大智
我等今日　　得未曾有
非先所望　　而今自得
如彼窮子　　得無量寶

世尊我今　　得道得果[103]
於無漏法　　得淸淨眼[104]
我等長夜　　持佛淨戒
始於今日　　得其果報

法王法[105]中　　久修梵行[106]
今得無漏　　無上大果[107]
我等今者　　眞是聲聞
以佛道聲　　令一切聞

我等今者　　眞阿羅漢
於諸世間　　天人魔梵[108]

普於其中　　應受供養
世尊大恩　　以希有事

憐愍敎化　　利益我等
無量億劫　　誰能報者
手足供給¹⁰⁹⁾　　頭頂禮敬
一切供養　　皆不能報

若以頂戴¹¹⁰⁾　　兩肩荷負
於恒沙劫　　盡心恭敬
又以美饍　　無量寶衣
及諸臥具　　種種湯藥

牛頭栴檀¹¹¹⁾　　及諸珍寶
以起塔廟　　寶衣布地
如斯等事　　以用供養
於恒沙劫　　亦不能報

取相凡夫¹¹²⁾　　隨宜爲說
諸佛於法　　得最自在
知諸眾生　　種種欲樂

及其志力　　隨所堪任

以無量喩　　而爲說法
隨諸衆生　　宿世善根
又知成熟[113]　未成熟者
種種籌量[114]　分別知已

於一乘道 隨宜說三

해석

　그때에 마하가섭이 이 뜻을 거듭 선포(宣布)하려고 게송
으로 말하였다.

　저희들은 오늘 부처님 말씀을 듣고
　환희(歡喜)하여 용약(踊躍)하며
　미증유를 얻었습니다.
　성문(聲聞)들도 성불(成佛)한다 말씀하셨으며,
　무상한 보배더미 구하지 않았는데도
　저절로 얻었습니다.
　비유하면 어린 아이 유치(幼稚)하여 아는 게 없어
　애비 떠나 도망하여 객지(客地)로 멀리 가,

모든 나라 돌아다니기 50여년
그 아버지 걱정하며 사방으로 찾았습니다.

찾다가 지쳐서 한 성중(城中)에 머물러서
사택(舍宅)을 지어놓고 오욕락을 즐겼습니다.
그 집은 큰 부자이니 많은 금은과
자거 · 마노 · 진주 · 유리

말과 소 그리고 코끼리, 양(羊). 연(輦)과 수레들
논밭과 동복과 거느린 모든 하인도 많았으며,
출입하는 상점들은 다른 나라에도 미쳤고
주고받는 장사꾼은 있지 않은 곳이 없었나이다.

천만억의 사람들이 둘러서서 공경(恭敬)하며
항상 왕족(王族)들의 사랑도 받았으며
군신(群臣)과 호걸(豪傑)들도 모두가 경중(敬重)하며,
이런 인연으로 오가는 사람도 많았습니다.

부호가 이와 같고 큰 세력이 있다지만
나이가 늙어가니 아들 생각 간절하고
자나 깨나 생각하다가 죽을 때가 되었는데,

어리석은 아들놈은 나를 떠난 지 50여 년

창고마다 가득 찬 물건을 어찌한단 말인가?
이때에 곤궁(困窮)한 아들 의식(衣食)을 해결하러
이 읍에서 저 읍으로 이 나라에서 저 나라로
어떤 때는 얻는 게 있지만 어떤 때는 없었으니

굶주리고 못 먹어서 옴과 버짐 생겼으며,
서서히 돌아다니다가 아버지 사는 성에 이르러
품팔이로 전전(展轉)타가 아버지 집에 이르렀습니다.
이때 장자는 문 안에서 집안에 있으면서

보배 휘장 둘러치고 사자좌에 앉았으니
권속들이 위요하고 모든 사람들이 시위하며,
어떤 사람은 금은 보물 계산하고
주고받는 많은 재물 출납부에 기록합니다.

곤궁한 아들이 아버지를 보니
부호(富豪)하고 존엄(尊嚴)이니
이는 국왕(國王)이나 혹 왕족(王族)이라 생각하고
놀랍고 두려워서 스스로 괴이(怪異)해 하며,

다시 스스로 생각하기를 '내가 오래 여기 있다가는

혹은 핍박(逼迫)할 것이고 강제로 노역(勞役)시키리라.'
이렇게 생각하고 정신없이 도망하여
빈촌(貧村)으로 찾아들어 품을 팔며 살려고 하는데
장자가 이 때에 사자좌에 앉았다가

멀리서 그 아들 보고는
묵연(默然)히 그 아들 알아보고
사자를 보내어 붙들어 오게 하니
궁한 아들 크게 놀라 기절하고
쓰러지며 생각하기를
'이 사람이 나를 잡으니 나는 정말 죽었구나.

어떻게 의식이 이 지경에 이르게 되었느냐?'
장자(長者)는 아들이 우치(愚癡)하고
용렬(庸劣)하고 소견(所見)이 좁아
아버지 말 믿지도 않고
아버지인 줄도 모르는 것을 알고
바로 방편으로 다시 사람을 보내는데,

애꾸눈과 난쟁이인 위덕(威德)이 없는 사람을 시켜
'그대가 가서 말하기를 내게 와서 일을 하며,
모든 거름을 치운다면 품삯은 두 배라 하리라.'
곤궁한 자식이 이말을 듣고 기뻐하며 따라와

거름을 치우는 일도 하고
모든 방사를 깨끗하게 함이며,
장자가 창문으로 항상 자식을 보니
어리석고 용렬한 자식
비천한 일만 즐기는 것을 생각하며,
장자는 헤어지고 때 묻은 옷을 걸치고는

거름치우는 기구를 들고 아들에게 다가가서는
방편으로 접근하며 부지런히 일을 하면
'네 품삯을 올려주고 아울러 발에 바를 기름도 주고
음식도 충족시켜주고 따듯하게 덮을 것을 주리라.'

이렇게 충고하기를 '부지런히 일을 해야 한다.'
또 부드러운 말로 '너는 내 아들이다.'
장자는 슬기로워 안팎을 출입하게 하기를
20여 년을 지내면서 집안일을 돌보게 하였다네.

금은, 진주, 파려를 보여주고
모든 물건 출입(出入)하는 것을 모두 알게 하였으며,
대문 밖에 있는 초암(草庵)에서 자게 하며,
제 스스로 가난함만 생각하며,
'나는 가난하여 이런 물건이 없구나.'

아버지는 자식 마음이 점점 넓어짐을 보고는
재물을 물려주려고 친족들과
국왕과 대신, 바라문과 거사들을 모아놓고는
대중에게 말하기를 '이 아이는 내 아들인데

나를 버리고 객지로 다니기를 50여 년
스스로 아들이 온 게 20여 년
옛날 어떤 성(城)에서 아들을 잃었는데
돌아다니며 찾았다가 지금에 이르렀습니다.

내가 소유한 집과 사람들 모두
그에게 부여(附與)하고 마음대로 쓰게 하렵니다.'
아들은 예전 가난만 생각하고
의지(意志)가 하열(下劣)하였으나
이제 아버지의 거처에서 큰 재산 받게 되었네.

아울러 집과 일체 재물(財物)에
매우 크게 환희(歡喜)하며
미증유(未曾有)함을 얻었나이다.
부처님도 이와 같이 우리들이 소승(小乘)을
즐거워하는 것을 아시며,
'너도 성불하리라.'고 말하지 않으셨네.

저희들에게 말씀하시기를
모든 무루법(無漏法)을 얻었으면
소승(小乘)을 성취한
성문(聲聞) 제자(弟子)라 하셨습니다.
부처님은 우리에게 최상(最上) 불도(佛道) 말씀하시고
이를 수습(修習)하면 성불(成佛)하게 된다 하셨습니다.

부처님 가르침을 이은 저희들은
위대한 보살이 되어
모든 인연(因緣)과 갖가지 비유(譬喩)와
약간의 언사(言辭)로 무상도(無上道)를 말하겠습니다.
모든 불자들은 나를 따라 법을 듣고

밤낮으로 생각하며 부지런히 수습(修習)하면

때가 되면 모든 부처님께서 수기(授記)하여 이르기를
'그대들은 내세(來世)에 부처가 되리로다.'
일체 모든 부처님의 비장(祕藏)한 법(法)을

보살들만 위하여 비밀스럽고
미묘한 법을 말씀하시니
저희들을 위해서는 진실한 요점(要點)을
말하지 않으셨습니다.
저 곤궁한 아들이 아버지께 다가가서
모든 재물을 알았지만 마음으로
취하려고 하지 않은 것과 같다.

저희들도 비록 불법의 보장(寶藏)을 말씀하시지만
지원(志願)하려는 게 없는 것은 역시 이와 같습니다.
저희들도 번뇌 없어지는 것으로
스스로 만족하다 하며,
오로지 이 일을 마치는 것이지 다른 것은 없다 하며,
저희들이 청정(淸淨)한 불국토(佛國土)와
중생을 교화(敎化)하는 것을 들었지만
모두가 기뻐 즐기려 하지 않았다네.
왜냐하면 일체의 모든 법은

모두가 공적(空寂)하여 생멸(生滅)이 없고.

대승(大乘)과 소승(小乘)도 없으니
무루(無漏)와 무위(無爲)라네.
이처럼 사유(思惟)하면
희락(喜樂)이 일어나지도 않는다.
저희들은 오랜 세월 부처님의 위대한 지혜에
탐착(貪着)하지도 않았고
지원(志願)하지도 않았습니다.

스스로 얻은 법이 구경(究竟)이라 생각하며,
저희들은 오랫동안 공법(空法)을 수습하였습니다.
삼계의 고뇌(苦惱)의 환난(患難)을 벗어나
최후신(最後身)이 유여별반(有餘涅槃)에
머물렀습니다.

부처님의 교화(敎化) 받아들여
참된 도를 얻었으니 허망(虛妄)하지 않았으며,
부처님의 은혜(恩惠)에 보답(報答)하였다 하였으며,
저희들이 비록 모든 불자(佛子) 되었으니
보살법(菩薩法)을 말하여서 불도(佛道)를 구하오며,

이런 법에서 오랫동안 원하여 즐기지 않았으니.

도사(導師)께서 버려두고

저희 마음 관조(觀照)하는 까닭을 알고서는

처음에는 부지런히 정진하지 않아

진실한 이익을 말하였지만

부유한 장자는 자식의 의지가 용렬(庸劣)함을 알고는

방편의 능력으로 그 마음을

회유(懷柔)하여 조복(調伏)하고

후에 일체 재물(財物)을 부여(附與)하였습니다.

부처님도 이와 같아 희유(稀有)한 일을 드러내고

소승(小乘)을 즐기는 사람들도 방편력으로

그 마음을 조복(調伏)하게

위대한 지혜 가르치셨습니다.

저희들은 오늘에야 미증유를 얻었습니다.

예전에 바라던 것 아니었지만

이제 스스로 얻게 되니

저 곤궁한 자식이 무량한 보배를

얻은 것과 같습니다.

세존이시여!

제가 이제 도(道)와 결실(結實) 모두 얻고

무루법(無漏法)에서 청정한 안목(眼目)을 얻은 것은

저희들이 옛날부터

부처님의 청정계(淸淨戒)를 수지하고

오늘에야 비로소 그 과보(果報)를 얻었고

법왕(法王)의 법안에서 오랫동안 범행(梵行)을 수행하여

오늘에야 무루법인

무상(無上)한 대과(大果)를 얻었으니

저희들은 오늘에야 참다운 성문(聲聞)이 되었으니

불도(佛道)의 소리로 온갖 것을 듣게 되었습니다.

저희들은 오늘에야 참다운 아라한이라,

모든 세간에 천인(天人)과 마(魔)와 범천(梵天)까지

그 속에 많은 대중들에게

공양(供養)을 받게 되었습니다.

세존의 크신 은혜에 희유한 일로서

중생을 연민(憐愍)하여 교화하여

저희들은 이익케 하며,

무량한 억겁(億劫)에 누가 보답(報答)하겠습니까?
수족(手足)되어 공급하며 머리 조아리며 예경하며,
일체를 공양하여도 모두 갚지 못할 것입니다.

머리 위에 이거나 양 어깨에 메고 다니며,
항하사 오랜 세월 마음 다해 공양하고,
맛있는 음식과 무량하게 값나가는 의복과
모든 침대와 이불과 갖가지 탕약(湯藥),

우두전단과 좋은 향과 여러 가지 진귀한 보배로써
탑묘(塔廟)를 세우고 값나가는 옷을 땅에 깔고,
이와 같은 불사(佛事)로 공양을 하여도
항사겁을 지나도 그 은혜는
보답(報答)하지 못할 것입니다.

모든 부처님은 희유(稀有)하여 무량하고 끝이 없고
불가사의한 위대한 신통력과
무루(無漏)하고 무위(無爲)인 법왕이십니다.
용렬한 중생 위해 이런 일을 참으면서

범부상(凡夫相)을 취하고는 마땅하게 말씀하십니다.

부처님은 모든 법에서 자재(自在)함을 얻고서는
모든 중생 갖가지 욕락(欲樂)을 아시고는
의지력(意志力)으로 감내(堪耐)하며 따라가네.

무량(無量)한 비유(譬喩)로 설법(說法)하시며,
모든 중생들의 숙세(宿世)의 선근(善根)을 따라
또 성숙(成熟)함을 알고 성숙하지 않는 사람은
갖가지 계획하고 헤아려서 분별(分別)하여 아시고

일승(一乘)인 불도(佛道)에서
마땅함을 따라 삼승(三乘)을 말씀하셨나이다.

1) 信解(adhimukti): 강력한 경향(傾向), 의향(意向), 확신(確信)을 말한다.

2) 融會: 자세히 이해함.

3) 敷陳: 펼쳐서 말하다.

4) 震雷音: 울려 퍼지는 천둥소리로 부처님의 설법을 비유로 말하였다.

5) 栢: '크다'는 뜻으로 해석한다.

6) 歡忻: 기쁘고 즐거운 것을 말한다.

7) 天涯: 이 세상에 살아있는 부모와 혈육이 없음.

8) 慧命(āyuṣmat): 수행자의 존칭이다.

9) 須菩提 摩訶迦旃延 摩訶迦葉 摩訶目犍連: 부처님의 10대 제자들이다.

10) 發希有心: 조그만 성불의 욕망이 싹이 튼 것을 말한다.

11) 無所堪任: 감임(堪任)은 임무를 감당할 게 없다는 뜻이다. 다른 대사(大事)를 성취할 수 없음이다.

12) 空 · 無相 · 無作: 삼해탈(三解脫), 삼공(三空), 삼삼매(三三昧)라고도 한다. 공(空)은 모든 법성(法性)이 공한 것을 관찰하는 것이고, 무상(無相)은 모든 법성이 무상인 것을 관찰하는 것이고, 무작(無作)은 무원(無願)으로 무상을 알고 조작하려는 생각이 없음이다.

13) 菩薩法: 대승불법(大乘佛法)을 말한다.

14) 遊戲神通: 중생이 안락하게 되는 각종 신통력을 말한다.

15) 成就: 중생이 수행하여 성불하는 법을 말한다.

16) 不謂: 상상할 수 없음이다.

17) 樂說: 즐거운 마음으로 말하는 것을 말한다.

18) 向: 종전(從前), 과거(過去)를 말한다.

19) 僮僕: 사내 아이 종을 말한다.

20) 臣佐: 시종(侍從)을 말한다.

21) 吏民: 청지기를 말한다.

22) 出入息利: 도처에 재리(財利)를 도모(圖謀)하는 점포(店鋪)를 말한다.

23) 商估賈客: 상고(商估)는 사는 사람이다. 고대에는 사고파는 사람의 구별이 없었다. 그러므로 이는 장사꾼을 말한다.

24) 每: 항상.

25) 悔恨: 유감(遺憾)을 말한다.

26) 子息: 자손(子孫)을 말한다.

27) 終沒: 세상을 떠남을 말한다.

28) 委付: 맡기고 부탁함.

29) 坦然: 마음이 편한 것을 말한다.

30) 傭賃: 품팔이를 말한다.

31) 寶机: 보물로 만든 작은 책상.

32) 刹利: 찰제리(刹帝利: kṣatriya)로 고대 인도의 네 계급 중 하나로, 군정(軍政)의 실권(實權)을 장악하였다.

33) 居士(vaiśya): 고대 인도의 사회에서 상공업에 종사하는 계급을 말한다.

34) 白拂: 백색을 가진 총채를 말한다. 불(拂)은 나무와 상아로 만든 손잡이와 말총으로 만든 기구(器具)이다.

35) 華幡: 화려한 장식으로 만든 깃대를 말한다.

36) 出內: 지출과 수입을 말한다. 내(內)는 납(納)을 말한다.

37) 竊: 사적(私的)인 것을 말한다.

38) 肆力: 막노동을 말한다.

39) 有地: 토지를 가진 사람을 말한다.

40) 疾走: 달아나는 것을 말한다.

41) 貪惜: 자녀를 불쌍히 여기고 사랑하는 것을 말한다.

42) 悶絕: 지나치게 민망하여 정신을 잃고 기절하다는 뜻이다. 혼미(昏迷).

43) 躄地: 땅에 넘어지는 것을 말한다.

44) 志意: 생각, 사상(思想)을 말한다.

45) 所難: 박해(迫害)를 받는 것이나, 두려워하는 것을 말한다.

46) 審: 청초(淸楚), 명백(明白)을 말한다.

47) 趣: 추(趨)와 같다. 도(到), 왕(往)의 의미이다.

48) 徐: 천천히, 차근차근의 의미이다.

49) 作處: 작업하는 것을 말한다.

50) 直: 품삯, 직(直)은 치(値)로 통한다.

51) 若言: 자문(諮問)하는 것을 말한다.

52) 尋: 오래지 않아, 연후(然後)의 의미이다.

53) 坌: 진애(塵埃)를 말한다.

54) 坌身: 진애를 몸에 뒤집어 쓴 것을 말한다. 분(坌)은 동사이다.

55) 疑難: 근심하면서 곤란(困難)해 하는 것을 말한다.

56) 作字: 이름을 말한다.

57) 客作: 외지(外地)에서 온 일하는 사람을 말한다.

58) 是: 대명사로 바로 앞에서 말한 20년이다.

59) 心相體信: 두 사람 마음이 서로 맞아 서로 신임(信任)하게 된 것을 말한다.

60) 本處: 원래에 있던 곳을 말한다.

61) 不異: 두 사람이 다르지 않음을 말한다.

62) 領知: 관리(管理)하는데 선명(鮮明)하게 하는 것을 말한다.

63) 悕取: 획득(獲得)하기를 희망(希望)하는 것을 말한다.

64) 一飡: 한 끼의 식사로 여기서는 사소한 것을 말한다.

65) 漸已通泰: 점점 변하여 마음이 안정(安定)되어 가는 것을 말한다.

66) 自鄙先心: 곤궁한 자식이 초초(焦憔)함이 일어나지 않았지만 원래 곤궁하면서 가지고 있던 하열한 마음을 말한다.

67) 伶傅辛苦: 방황(彷徨)하면서 고생한 것을 말한다.

68) 推覓: 찾다의 뜻이다.

69) 三苦: 고고(苦苦), 괴고(壞苦), 행고(行苦)를 말한다.

70) 熱惱: 고뇌(苦惱)를 말한다.

71) 蠲除諸法戲論之糞: 일체 세간(世間)에서 갖가지 집착(執着)하는 견해(見解)는 희론(戲論)이며, 이는 분뇨(糞尿)와 같아 깨끗이 제거함이다.

72) 一日之價: 잠시의 쾌락을 말한다.

73) 弘多: 매우 많은 것을 말한다.

74) 弊欲: 조잡(粗雜)하고 세속적(世俗的)인 욕망을 말한다.

75) 分別: 자세히 분석하여 설명하는 것을 말한다.

76) 樂大: 대승법을 즐거이 취하려는 것을 말한다.

77) 毀呰: 비평하고 질책하는 것을 말한다.

78) 音教: 부처님 음성(音聲)으로 말하여 가르치는 것으로 구체적으로 말하면 비유품(譬喻品)의 설법이다.

79) 頓止: 정지(停止), 정류(停留)를 말한다.

80) 五欲自娛: 갖가지 욕망에 만족하게 구하며 즐기는 것을 말한다. 노인이 세속에서 자신이 부자이지만 후예가 없으면 즐겁지 않다. 이로써 마음이 우울하므로 오욕자오(五欲自娛)이다.

81) 宗重: 경중(敬重), 종(宗)은 존숭(尊崇)을 의미한다.

82) 益: 더욱의 의미이다.

83) 夙夜: 밤낮을 말한다.

84) 券疏: 장부(帳簿)를 말한다.

85) 覆: 우(又), 복(復)과 같다.

86) 附近: 접근(接近), 친근(親近)을 말한다.

87) 塗足油: 고대 인도에서 하층민의 생활이 매우 빈곤하여 발을 항상 건조하게 하고 갈라지는 것을 방지하기 위하여 발에 기름을 발랐다고 한다.

88) 薦席: 방석을 까는 것을 말한다. 천(薦)은 초석(草席)을 말한다.

89) 苦言: 듣기 언짢거나 거북한 충고의 말.

90) 若: 니(你)를 말한다.

91) 祕藏之法: 일체 모든 부처와 여래가 비밀스럽게 간직한 것을 말한다.

92) 內滅: 마음으로 갖가지 세속(世俗)의 명리적(名利的)인 욕구(欲求)를 없애버린 것을 말한다.

93) 了: 료결(了結), 완성(完成)을 말한다.

94) 諸法: 만사(萬事) 만물(萬物)을 말한다. 법(法)은 불경에서 어떤 때에는 불법(佛法)을 말하고 어떤 때에는 일체 사물과 현상(現象)을 말한다.

95) 無爲(asamskrta): 생멸변화가 없는 절대적인 존재를 말한다.

96) 究竟: 최고의 경계(境界)이다.

97) 長夜: 범부가 무명으로 오랜 세월을 지낸 것을 말한다.

98) 空法: 본성(本性)이 공한 것을 관조하는 것을 말한다.

99) 最後身: 번뇌가 없어지고 해탈 열반에 이른 것을 말한다.

100) 有餘涅槃: 유의열반(有依涅槃)이라고도 한다. 아라한이 모든 번뇌가 모두 끊어졌지만 색심(色心)에 의지하는 바가 있어 육신이 의연히 존재하는 상태를 말한다. 불완전한 열반으로 소승의 열반을 말한다.

101) 永: 장기(長期)를 말한다.

102) 導師: 불보살에 대한 경칭(敬稱)이다.

103) 果: 과위(果位)이다. 출가인(出家人)이 수행하여 도달한 경계를 말한다.

104) 淸淨眼: 무루법(無漏法)에서 평등(平等)하고 정관(正觀)인 지혜로 청정한 법안(法眼)이다.

105) 法王法: 법왕(法王)은 세존이며, 부처님은 만법의 왕임을 말한다.

106) 梵行(brahma-carya): 범은 청정의 의미이며 계율을 지니고 음욕을 단절하고 수행하는 것을 말한다.

107) 無上大果: 최고의 경계(境界)와 과위(果位)를 말한다.

108) 梵: 범천(梵天), 불교에서 호법천신(護法天神)이다.

109) 手足供給: 부지런히 노력하여 부처를 공양하는 것을 말한다.

110) 頂戴: 은혜에 감사함을 말한다. 머리에 이는 것.

111) 牛頭栴檀(gośīrṣacandana): 인도 우두산에서 나는 향나무 이름이다. 향기가 진하고 오래도록 없어지지 않아서 불상 제작 불구로 많이 사용하고 있다.

112) 取相凡夫: 세속인(世俗人)의 모양과 같이 변화하는 것을 말한다.

113) 成熟: 불제자(佛弟子)가 수행하여 도달한 효과적(效果的)인 단계에 이르는 것을 말한다.

114) 籌量: 계획하고 헤아림을 말한다.

묘법연화경 제3권(妙法蓮華經 第三卷)

묘법연화경 제3권(妙法蓮華經 第三卷)

약초유품 제오(藥草喻品第五)

여래술성(如來述成: 여래께서 서술하였다.)

原文

此品爲中根述成領悟之意也 大迦葉等前雖領
隨宜之權會歸之實 而未明一音密闡眞知冥化之
功 如彼大雲雨於一切 草木叢林隨分受潤 故佛
以此喩重與述成 以顯聖人平等之慈 若天地之無
私由萬物之自私也 故曰藥草喻品 三乘根性譬諸
草木 覺皇[1]道化等如一雨 雨雖一味而種有差別
故根莖大小之不同 法雖一相而機有利鈍 故道果
證趣之各異 此慈無不等而萬物自私也 草能治病
名藥草 以喩人天善種三乘智因能遠害滅惡者 若
四趣惡種生死業因 則徒爲蕪穢 非藥草矣 此譬

三乘文兼樹木 獨以藥草名品者 爲中根述成 取
當機立名耳 偈云 聲聞緣覺 聞法得果 是名藥草
各得增長是也 若諸菩薩是名大樹 非當機矣

해석

　이 품은 중근기(中根機)를 위한 깨달음의 의미(意味)를 서술
한 글이다. 대가섭(大迦葉) 등이 이전에 깨닫기는 하였으나
올바른 권교(權敎)를 따라 실교(實敎)에 회귀(會歸)하기는 하
였지만 하나의 소리로 비밀히 진지(眞知)로 무명(無明) 중생
을 교화(敎化)하는 공덕(功德)을 천명(闡明)하지 못하였다. 검
은 구름이 일체에 비를 내려 초목총림(草木叢林)이 분수에
따라 윤택(潤澤)하게 하는 것과 같이 부처님은 이 비유로 거
듭 기술하여 성인의 평등(平等)한 자애심(慈愛心)을 현시(顯
示)하였다. 천지(天地)는 사사로움이 없이 평등(平等)함에 연
유(緣由)하지만 만물은 스스로 사사로우므로 약초유품(藥草
喩品)이라고 말한다. 삼승(三乘)의 근성(根性)은 비유하면 모
든 초목(草木)이고 부처님께서 진리로 교화하는 것은 한 줄
기의 비와 같다. 비는 비록 한 맛을 내지만 종자(種子)에 따
라 차별이 있으므로 뿌리와 줄기의 크고 작음이 같지 않다.
불법이 하나의 형상(形相)이지만 근기에 이둔(利鈍)이 있는
까닭에 성불(成佛)의 결실을 증취(證趣)하는 게 제각기 다르

다. 이는 자애심(慈愛心)이 평등(平等)하지 않음이 없지만 만물이 스스로 사사로운 것이다. 초목이 병을 치료하면 약초(藥草)이니 비유(譬喩)로는 인천(人天)의 올바른 종자는 삼승(三乘)의 지혜 인자(因子)로 해악(害惡)한 것을 없앤다. 만약 사취(四趣)의 악한 종자는 생사업(生死業)의 씨앗이 되어 예초(穢草)만 무성하여 약초가 자랄 수가 없다. 이는 삼승(三乘)에 비유한 것으로 글에서 수목(樹木)을 겸하는데 약초만으로 이름을 한 것은 중근기(中根機)를 성불하게 하는 까닭에 근기를 감당(堪當)하여 이름을 성립한 것이다.

　게송에 말하기를 '성문(聲聞)과 연각(緣覺)은 법을 듣고 결실(結實)을 맺는 게 약초(藥草)라고 말하고 제각기 증장(增長)할 뿐이다.'고 하였다. 만약 모든 보살이 큰 수목이라고 한다면 근기를 감당하지 못한다.

原文

　讚曰 龍王潤萬物遍覆一雲 藥草生長稱性 覺皇示吾性 猶一菴摩[2] 三乘證趣隨機 宴坐[3] 水月道場 大唱空花佛事 隨力堪任有差 各自隨性不知信知純出醍醐[4] 本無醇醨[5] 酥酪[6] 要識無雜種底消息麼 打破鏡來無一事 杜鵑啼在落花枝 頌曰

上根聽了信無疑　中下聞之必自卑
不是龍王歎大小　上中下草自成私

해석

　기리며 말하였다. 용왕은 만물을 윤택하게 하고 고루 덮고 있는 먹구름으로 약초가 생장하니 불성(佛性)이라 하고 각황(覺皇:부처)은 내 불성을 개시(開示)하고 하나의 암마(菴摩)에 비유하고 삼승(三乘)은 근기를 따라 종취(宗趣)를 증득하고 수월도량(水月道場)에 좌선(坐禪)하면서 크게 공화(空花) 불사(佛事)를 노래하는데, 능력에 따라 감당하는 게 차이가 있음이다. 각자 본성에 따르는 것을 알지 못하고 순수하게 나온 제호(醍醐)만을 믿고 본래 순리(醇醨)와 소락(酥酪)은 없다고 하는데, 중요한 것은 잡종(雜種)의 소식이 없음을 아는 것이다.

　거울에 비춘 타파(打破)하면 하나의 사물도 없고

　두견이 울자 꽃은 가지에서 떨어진다.

　게송으로 말하기를,

　　상근기(上根機)는 듣고 믿는데 의심이 없고

　　중하의 근기는 듣고 반드시 스스로를 비하(卑下)한다.

　　용왕(龍王)은 대소를 어색해 하지 않으나

　　상중하(上中下)의 초목(草木)이 스스로 생각함이로다.

⑴ 큰 먹구름은 불법(佛法)에 비유하여 약초(藥草)와 풀과 나무는 중생(衆生)에 비유하고 중생은 근성(根性)이 비록 같지 않지만 법비가 내릴 때에 모두 각자의 근성에 따라 제각기 얻는 바가 있으니 모두에게 이익이 있음을 말한다.

原文

爾時世尊告摩訶迦葉及諸大弟子[7] 善哉 善哉
迦葉善說如來真實功德 誠如所言 如來復有無
量無邊阿僧祇[8]功德 汝等若[9]於無量億劫說不能
盡 迦葉 當知如來是諸法之王[10] 若有所說皆不
虛也 於一切法 以智方便而演說之 其所說法 皆
悉到於一切智地[11] 如來觀知一切諸法[12]之所歸
趣[13] 亦知一切眾生深心所行 通達無礙 又於諸
法究盡明了 示諸眾生一切智慧

迦葉 譬如三千大千世界[14] 山川谿谷土地所生
卉木叢林及諸藥草 種類若干 名色[15]各異 密雲
彌布 遍覆三千大千世界 一時等澍[16] 其澤普洽[17]
卉木叢林及諸藥草 小根小莖 小枝小葉 中根中
莖 中枝中葉 大根大莖 大枝大葉 諸樹大小 隨
上中下各有所受 一雲所雨 稱其種性而得生長
華菓敷實[18] 雖一地所生 一雨所潤 而諸草木 各

有差別

迦葉 當知如來亦復如是 出現於世 如大雲起
以大音聲 普遍世界天人 阿修羅[19] 如彼大雲遍
覆三千大千國土 於大衆中 而唱[20]是言 我是如
來 應供 正遍知 明行足 善逝 世間解 無上士 調
御丈夫 天人師 佛 世尊[21] 未度者令度 未解者令
解 未安者令安 未涅槃者令得涅槃 今世後世 如
實知之[22] 我是一切知者[23] 一切見者[24] 知道者[25]
開[26]道者 說道者 汝等天人 阿修羅衆 皆應到此
為聽法故 爾時無數千萬億種衆生 來至佛所而
聽法 如來于時 觀是衆生諸根利鈍 精進懈怠 隨
其所堪而為說法 種種無量[27] 皆令歡喜 快得善
利 是諸衆生聞是法已 現世安隱 後生善處[28] 以
道受樂[29] 亦得聞法 既聞法已 離諸障礙 於諸法
中 任力所能 漸得入道 如彼大雲 雨於一切卉木
叢林及諸藥草 如其種性 具足蒙潤 各得生長

如來說法 一相一味[30]——所謂 解脫相[31] 離相[32]
滅相[33] 究竟至於一切種智[34] 其有衆生聞如來法
若持讀誦 如說修行 所得功德 不自覺知 所以者
何 唯有如來知此衆生種相體性[35] 念何事 思何事
修何事 云何念 云何思 云何修[36] 以何法念[37] 以

何法思 以何法修 以何法得何法³⁸⁾ 衆生住於種種
之地³⁹⁾ 唯有如來如實見之 明了無礙 如彼卉木叢
林諸藥草等 而不自知上中下性 如來知是一相一
味之法——所謂 解脱相 離相 滅相——究竟涅槃
常寂滅相 終歸於空⁴⁰⁾ 佛知是已 觀衆生心欲而將
護⁴¹⁾之 是故不即⁴²⁾為說一切種智

汝等 迦葉 甚為希有 能知如來隨宜說法⁴³⁾ 能
信能受 所以者何 諸佛世尊隨宜說法 難解難知

해석

그때에 세존께서 마하가섭(摩訶迦葉)과 여러 제자들에게
말씀하셨다.

"옳지! 옳지! 가섭(迦葉)아! 여래의 진실한 공덕(功德)을 네
가 올바르게 말하였다. 진실로 말하자면 여래는 다시 무량
(無量)하고 무변(無邊)한 아승기(阿僧祇) 공덕이 있으니 너희
들이 무량한 억겁(億劫)을 말하여도 다할 수가 없다.

가섭아! 마땅히 알아야 한다. 여래는 모든 진리의 왕(王)
이니 말씀하신 게 허망(虛妄)하지 않다는 것을 알아야 한
다. 일체 법에서 지혜의 방편으로 연설(演說)하셨지만 그
설법(說法)한 것 모두는 일체지지(一切智地:일체를 아는 경지)
에 이르렀다. 여래는 일체 모든 법의 내용을 관찰(觀察)하

여 아셨으며, 또한 일체 중생이 깊은 마음이 수행하려는 것을 알고 통달(通達)하여 걸림이 없어야 한다. 또 모든 법의 궁극(窮極)까지 모두를 분명하게 알고 있으면서 모든 중생에게 일체 지혜를 개시(開示)하신다.

가섭아! 비유하면 삼천대천세계의 산천(山川)과 계곡(谿谷)과 땅에서 나는 풀과 나무 총림과 약초가 많지만 각양각색(各樣各色)인 것과 같다. 먹구름이 가득 퍼져 삼천대천세계를 뒤덮고 일시에 고르게 나무들과 모든 것들을 흠뻑 적시면, 풀과 나무와 총림(叢林)과 모든 약초(藥草)들의 작은 뿌리와 가지, 나뭇가지와 잎, 중간 뿌리와 가지 중간의 잎, 큰 뿌리와 큰 잎, 모든 크고 작은 나무의 상중하(上中下)를 따라 제각기 받아들인다. 하나의 구름에서 내리는 비가 그들의 종류에 따라서 자라나서 꽃이 피고 열매를 맺으니 비록 하나의 땅에서 나는 것이며, 하나의 비로 적셔지지만 여러 가지 풀과 나무가 저마다 차별(差別)이 있다.

가섭아! 마땅히 알아라. 여래도 역시 이와 같아 세상에 출현(出現)한 것은 큰 먹구름이 일어나고 큰 소리가 세계에 천인(天人)·아수라(阿修羅)에게 보편(普遍)하게 되고 큰 먹구름이 삼천대천세계를 뒤덮는 것과 같다. 대중에서 고성(高聲)으로 말하기를 '나는 여래(如來)·응공(應供)·정변지(正遍知)·조어장부(調御丈夫)·천인사(天人師)·불세존(佛世

尊)이며, 제도(濟度)하지 못한 사람을 이제 제도하고 이해
(理解)하지 못한 사람들을 이해하게 하며, 편안(便安)하지
않은 사람을 편안하게 하고 열반(涅槃)하지 않은 사람들을
열반하게 하며, 지금 세상과 후세(後世)를 여실(如實)하게
알고 있다. 나는 일체(一切)를 아는 사람이고 일체를 보는
사람이며, 도(道)를 알고 개시(開示)하는 사람이며, 도를 말
하는 사람이니 너희들 천인과 아수라들 모두도 여기에 와
법을 들어야 하는 연고이다.'"

  그때에 한량없는 천만 억 양상(樣相)의 중생들이 부처님
이 계신 곳에 와서 청법(聽法)하였다. 여래는 이때 중생들
의 모든 근기는 이둔(利鈍)과 정진(精進)과 해태(懈怠)가 있
음을 관찰(觀察)하고는 그들이 감당(堪當)할 수 있도록 법을
말씀하자 갖가지로 무량한 중생들이 모두 환희하고는 즐
거이 좋은 이익을 얻었다. 모든 중생들이 이런 법을 듣고
는 현세(現世)에서 안온(安穩)하고 후에 좋은 곳에 태어나
기를 인도함으로 즐거움에 이르게 되고 역시 법을 듣게 되
며, 법을 듣고는 모든 장애(障礙)를 저버리고 모든 법에서
그 능력에 따라 서서히 도에 들어가게 된다. 저 큰 먹구름
이 모든 곳에 비를 내리면 풀과 나무, 총림(叢林)과 모든 약
초에 이르기까지 그 종류의 성질대로 흠뻑 적셔져서 제각
기 자라나게 되는 것과 같다.

여래의 설법(說法)은 일상(一相)이며 한결같은 맛이니 말하자면 해탈상(解脫相)이고 이상(離相)이며 멸상(滅相)으로 구경(究竟)에는 일체종지(一切種智)에 이르게 된다. 어떤 중생이든지 여래의 법을 듣고 그대로 지니고 독송(讀誦)하며, 말한 것처럼 수행(修行)하여 얻는 공덕은 스스로는 깨닫지 못한다. 왜냐하면 여래는 중생들의 종류(種類)와 양상(樣相)과 본질(本質)과 성질(性質)을 알아 무엇을 생각하고 어떤 일을 마음에 두고 어떤 일을 수습(修習)하며, 어떻게 생각하고 어떤 마음을 쓰고 어떻게 수습하며, 어떤 법으로 생각하고 어떤 법을 마음에 두고 어떤 법으로 수습하며, 어떤 법으로 어떤 법을 증득해야 하며, 중생들이 갖가지 처지(處地)에 있는 것을 오로지 여래는 여실(如實)하게 보고 명확하게 알아 걸림이 없다. 마치 저 풀과 나무와 총림(叢林)과 모든 약초는 스스로는 상중하(上中下)의 성품(性品)을 알지 못한다.

여래는 이처럼 한 양상(樣相)이며 한결같은 맛의 법이니 말하자면 해탈상(解脫相)·이상(離相)·멸상(滅相)·구경(究竟)에 열반인 적멸상(寂滅相)으로 마침내는 공(空)에 귀의한다. 부처님은 이를 이미 아시고 중생의 욕망을 관찰하고 장차 보호하는 까닭에 일체종지(一切種智)를 말하지 않았다.

너 가섭아! 너희들은 매우 희유(稀有)하여 여래가 근기(根機)를 따라 법을 말씀하시는 줄 알고 받아들여야 한다. 왜냐하면 모든 부처님이 근기에 따라 말씀하시는 법은 이해(理解)하기 어렵고 알기도 어렵기 때문이다.

⑵ 앞의 내용을 게송을 빌어서 다시 말하는데, 비가 내려 만물을 윤택하게 하는 것을 불법이 중생을 이롭게 하는 것에 비유하였다.

原文

爾時世尊欲重宣此義 而說偈言

> 破有法王[44]　　出現世間
> 隨衆生欲　　　種種說法
> 如來尊重[45]　　智慧深遠
> 久默斯要[46]　　不務速說
>
> 有智[47]若聞　　則能信解
> 無智疑悔　　　則為永失
> 是故迦葉　　　隨力為說
> 以種種緣　　　令得正見

迦葉當知　　譬如大雲
起於世間　　遍覆一切
慧雲含潤　　電光晃曜
雷聲遠震　　令衆悅豫[48]

日光掩蔽　　地上清涼
靉靆[49]垂布　　如可承攬[50]
其雨普等　　四方俱下
流澍無量　　率土[51]充洽

山川險谷　　幽邃所生
卉木藥草　　大小諸樹
百穀苗稼　　甘蔗蒲萄
雨之所潤　　無不豐足

乾地普洽　　藥木竝茂
其雲所出　　一味之水[52]
草木叢林　　隨分[53]受潤
一切諸樹　　上中下等

稱其大小　　各得生長

根莖枝葉　　華菓光色
一雨所及　　皆得鮮澤
如其體相[54]　性分大小

所潤是一　　而各滋茂
佛亦如是　　出現於世
譬如大雲　　普覆一切
既出于世　　為諸衆生

分別演說　　諸法之實[55]
大聖世尊　　於諸天人
一切衆中　　而宣是言
我為如來　　兩足之尊[56]

出于世間　　猶如大雲
充潤一切　　枯槁[57]衆生
皆令離苦　　得安隱樂
世間之樂　　及涅槃樂

諸天人衆　　一心善聽
皆應到此　　覲[58]無上尊

我為世尊　　無能及者
安隱衆生　　故現於世

為大衆說　　甘露淨法⁵⁹⁾
其法一味　　解脫涅槃
以一妙音　　演暢斯義
常為大乘　　而作因緣⁶⁰⁾

我觀一切　　普皆平等
無有彼此　　愛憎之心
我無貪著　　亦無限礙⁶¹⁾
恒為一切　　平等說法

如為一人　　衆多亦然⁶²⁾
常演說法　　曾無他事
去來坐立　　終不疲厭
充足世間　　如雨普潤

貴賤上下　　持戒毁戒
威儀⁶³⁾具足　　及不具足
正見邪見　　利根鈍根

等雨法雨　　而無懈倦

一切衆生　　聞我法者
隨力所受　　住於諸地[64)]
或處人天　　轉輪聖王[65)]
釋梵諸王[66)]　是小藥草

知無漏法　　能得涅槃
起[67)]六神通[68)]　及得三明[69)]
獨處山林　　常行禪定
得緣覺證[70)]　是中藥草

求世尊處　　我[71)]當作佛
行精進定　　是上藥草
又諸佛子　　專心佛道
常行慈悲　　自知作佛

決定無疑　　是名小樹
安住[72)]神通　　轉不退輪[73)]
度無量億　　百千衆生
如是菩薩　　名為大樹

佛平等說　　如一味雨
隨衆生性　　所受不同
如彼草木　　所稟各異
佛以此喻　　方便開示

種種言辭　　演說一法
於佛智慧　　如海一渧
我雨法雨　　充滿世間
一味之法　　隨力修行

如彼叢林　　藥草諸樹
隨其大小　　漸增茂好
諸佛之法　　常以一味
令諸世間　　普得具足

漸次修行　　皆得道果[74]
聲聞緣覺　　處於山林
住最後身　　聞法得果
是名藥草　　各得增長

若諸菩薩　　智慧堅固

了達三界　　求最上乘
是名小樹　　而得增長
復有住禪[75]　得神通力

聞諸法空　　心大歡喜
放無數光　　度諸衆生
是名大樹　　而得增長
如是迦葉　　佛所說法

譬如大雲　　以一味雨
潤於人華[76]　各得成實
迦葉當知　　以諸因緣
種種譬喻　　開示佛道

是我方便　　諸佛亦然
今爲汝等　　說最實事
諸聲聞衆　　皆非滅度
汝等所行　　是菩薩道
漸漸修學　　悉當成佛

　그때에 세존께서 다시 이 뜻을 선포하시려고 게송으로
말씀하셨다.

　　유위를 파멸한 법왕께서 이 세간에 출현하시어
　　중생의 바람을 따라 갖가지로 설법하네.
　　존중하신 여래는 지혜가 심원하며,
　　오래도록 대승불법 말씀하시지 않고
　　속히 말씀하지도 않으셨네.

　　슬기로운 사람이 듣는다면
　　믿고 이해할 수 있지만
　　무지렁이는 유감스럽게도 의심하여
　　영원히 잃는다네.
　　그러므로 가섭아! 지혜가 깊고 원대(遠大)하여
　　갖가지 인연으로 바른 견해(見解)에 들게 한다네.

　　가섭아! 비유하면 큰 먹구름이
　　세간(世間)에서 일어나 모든 것을 뒤덮고는
　　지혜 구름은 물기를 품고 번갯불을 번쩍이며,
　　우레 소리 멀리까지 진동(震動)하자
　　중생들은 기뻐하네.

햇빛이 가려지면 지상은 서늘하며,
겹겹이 쌓인 구름 퍼져 있어 손에 잡힐 듯이
고르게 비 내리니 사방에 어디든지
무량하게 퍼부어서 대지를 충분히 적시네.

산천(山川)과 험한 골짜기 깊은 데에서 자라는
풀과 나무와 약초 그리고 크고 작은 모든 나무
온갖 곡식과 벼이삭과 벼, 감자(甘蔗)와 포도들은
비를 맞아 윤택하여 풍족(豐足)하지 않음이 없네.

메마른 땅 고루 젖어 약초와 나무 무성하며,
하나의 구름에서 내린 한결같은 물이
초목(草木)과 총림(叢林)을
분수에 따라 윤택하게 하네.
일체 모든 나무는 상중하(上中下) 등급(等級)있어

크고 작음에 알맞게 제각기 성장하고
뿌리와 줄기, 가지와 잎, 꽃과 열매 빛과 모양
한 비가 내렸는데 모두가 뚜렷이 윤택(潤澤)하네.
이런 본질과 양상 성질은 대소(大小)로 나눠져서
윤택하게 한 것은 하나이지만 제각기 무성하네.

부처님도 이와 같아 세상에 출현(出現)하였으니
비유하면 큰 먹구름이 일체를 덮고 있는 것과 같이.
세상에 출현하여 모든 중생을 위한다네.

모든 법의 진실을 분별하여 말씀하는
큰 성인 세존께서 여러 천인(天人)들과
많은 대중 속에서 선언하여 말하기를
'나는 여래로 양족존(兩足尊)'이라 한다.

세간에 출현함이 큰 구름과 같이
일체를 흠뻑 적시니 바짝 마른 일체 중생
모두 고뇌(苦惱)를 저버리고
안온락(安穩樂)을 얻는구나.
세간의 즐거움과 열반락(涅槃樂)을 얻었으니

모든 천인(天人)들은 일심(一心)으로 잘 들어서
모두가 여기 와서 무상한 존자를 친견하네.
나는 세존이며 미칠 사람이 없다네.
중생을 안온(安穩)하게 하려 세상에 출현하였다네.
대중들을 위하여 감로정법(甘露淨法) 설법하니
그 법은 한결같은 맛이 있어 해탈이며 열반이라네.

하나의 미묘(微妙)한 음성 이런 뜻을 연설하여
항상 대승법을 위해 인연(因緣)을 짓게 하네.

나는 일체 중생들을 모두 평등(平等)하게 보아
피차(彼此)와 애증(愛憎)하는 마음도 없다네.
나는 탐착(貪着)하는 마음도 없어
또한 자유자재하며,
항상 일체 중생을 위하여
평등하게 설법(說法)한다네.

한 사람을 위하듯이 모든 중생에게 또한 그렇게
항상 설법(說法)하면서 다른 일은 없다네.
가고 오고 앉거나 서서도 끝내 피곤한 줄 모르며,
세간에 충족(充足)하게 비가 흠뻑 적셔주네.

귀천(貴賤)과 상하(上下),
지계(持戒)한 사람과 파계(破戒)한 사람,
위의(威儀)를 구족하거나 구족하지 않은 사람,
정견(正見)을 가진 사람과 사견(邪見)을 가진 사람,
영리한 근기(根機)와 우둔한 근기,
고르게 법우(法雨)를 내리면서도 피곤하지 않았다네.

일체 중생들이 내 법을 듣는다면
능력 따라 받아들여 모든 경지에 머물 때에
혹은 인천, 전륜성왕, 제석천왕과 범천왕,
작은 약초까지도

무루법(無漏法)을 알아 열반을 증득(證得)하며,
육신통(六神通)을 갖추고 삼명(三明)까지 증득한 후에
산림에 혼자 앉아 항상 선정을 수습하고
연각을 증득하면 중품(中品)의 약초라네.

세존이 계신 곳을 찾아 '나도 성불하겠다고 하며,
정진하고 선정하면 이는 상품(上品)의 약초라네.
또 모든 불자들이 오롯한 마음으로
불도(佛道)를 수습하여
항상 자비를 수행하면 스스로 부처인 줄 알 것이며,

결정(決定)코 의심이 없어지면 이는 작은 나무라네.
신통을 갖추고 불퇴전(不退轉)의 법륜 윤전하여
무량억과 백천의 중생들을 제도하면
이런 보살들을 큰 나무라고 한다네.

부처님의 평등한 법은 한결같은 비와 같고
중생의 성품 따라 받는 것 같지 않으며,
비를 맞은 저 초목도 품수하는 게 제각각이네.
부처님은 이 비유로 방편을 개시(開示)하여

갖가지 언사(言辭)로 하나인 법을 말씀하시며,
부처님의 지혜는 바다의 물 한 방울
내 이제 법비 내려 세간(世間)을 충만하게 하였으니
일미(一味)의 법으로 능력 따라 수행하라.

저 총림(叢林) 속에 약초(藥草)와 모든 나무
크고 작음에 따라 점점 자라 무성하니 좋구나.
모든 부처님의 법은 항상 맛이 하나이지만
모든 세간에서 고르게 얻어 구족하며,

점차 수행하여 모두가 도과(道果)를 획득하네.
성문과 연각들이 산림에 있으면서
최후(最後)의 몸에 머물러서
법을 듣고 결과를 얻으니
이는 약초(藥草)라 하고 제각기 증장(增長)하네.

모든 보살들은 지혜가 견고(堅固)하여
삼계를 분명하게 알고 나서 최상승(最上乘)을 구하니
이는 작은 나무라 하며 증장한다네.
다시 선정에 머물며 신통력(神通力)을 얻으면

법의 공(空)함을 듣고 나서 마음으로 크게 환희하며
무수한 광명(光明)을 놓으시며 모든 중생 제도하니
이는 큰 나무라 하는데 증장(增長)한다네.
이와 같으니 가섭아! 부처님이 설법한 것은

비유하면 큰 먹구름이 한 맛인 비를 내려서
사람과 꽃을 윤택(潤澤)하게 하여
제각기 열매를 맺음이라네.
가섭아! 알아라. 여러 가지 인연과
갖가지 비유로 불도(佛道)를 개시(開示)하며,

이는 나의 방편이고 모든 부처도 그러했다.
이제 너희를 위하여 최상의 진실을 말하노라.
모든 성문중(聲聞衆)은 모두 멸도(滅度)한 게 아니다.
너희들이 보살도를 실천(實踐)하여
차차 배워나간다면 모두가 성불하리로다.

1) 覺皇: 부처님을 말한다.

2) 菴摩: 여감자(餘甘子)라고 하며, 식용과 약용으로 쓰이는 열매이다.

3) 宴坐: 좌선(坐禪).

4) 醍醐: 우유에 갈분을 타서 미음같이 쑨 죽을 말한다.

5) 醇醨: 진한 술과 묽은 술을 말한다.

6) 酥酪: 소나 양의 젖을 정제하여 만든 식품.

7) 諸大弟子: 마하가섭 등과 같은 성문제자로 상좌(上座)의 성문제자들이다.

8) 阿僧祇: 숫자로 무량(無量)하여 셀 수가 없는 것을 말한다.

9) 若: 설령 ~하더라도.

10) 諸法之王: 모든 교법(敎法)의 왕으로 부처님을 말한다.

11) 一切智地(savajñabhūmi): 일체 지혜의 단계를 증득한 것을 말한다. 일 체지는 알지 못하는 게 없는 불지(佛智)이며, 지(地)는 불법을 학습하는 과정에서 단계를 말한다.

12) 一切諸法: 모든 교법(敎法)을 가리킨다. 인승(人乘), 천승(千乘), 성문승 (聲聞乘), 연각승(緣覺乘), 장교(藏敎)의 보살승(菩薩乘), 통교(通敎)의 보살 승(菩薩乘), 별교(別敎)의 보살승(菩薩乘) 모두를 말하며, 오계(五戒), 십선 (十善), 사제(四諦), 십이인연(十二因緣), 육도(六度), 무생(無生), 여래장(如 來藏)의 일곱 가지 가르침을 말한다.

13) 歸趣: 내용(內容), 주지(主旨)를 말한다.

14) 三千大千世界(trisahāsramahāsasra-lokadhatu): 광대한 우주를 말한다. 불교의 우주관을 말한다.

15) 名色: 명칭(名稱)과 형태(形態).

16) 等澍: 균등하게 땅에 내리는 비를 말한다. 주(澍)는 동사이다.

17) 普洽: 고르게 땅을 윤택(潤澤)하게 하는 것을 말한다.

18) 敷實: 꽃이 피고 열매를 맺는 것을 말한다. 부(敷)는 편(遍)을 말한다.

19) 天·人·阿修羅: 1장 참고.

20) 唱: 고성으로 강의하는 것을 말한다.

21) 如來·應供·正遍知·明行足·善逝·世間解·無上士·調御丈夫· 天人師·佛·世尊: 2장 참고.

22) 如實知之: 도를 아는 진실한 정황(情況)을 말한다.

23) 一切知者: 부처님을 말한다. 부처님은 세 가지 지혜를 구족(具足)하여 일체지(一切智)라고 한다.

24) 一切見者: 모든 것을 보는 사람이다. 즉 부처님이다.

25) 知道者: 깨달음의 도를 아는 사람.

26) 開: 게시(揭示)로 사람들에게 도를 알게 하는 것을 말한다.

27) 無量: 무수한 설법(說法)방식(方式)을 말한다. 이는 인연(因緣)과 방편(方便), 비유(譬喩)를 말한다.

28) 後生善處: 내생(來生)에 의탁하여 태어나는 좋은 곳을 말한다. 여기서는 인계(人界)와 천계(天界)를 말한다.

29) 以道受樂: 불법(佛法)을 수습(修習)하여 얻게 되는 좋은 과보(果報)를 말한다. 도는 불법(佛法)이고 수(受)는 득도(得到)를 말한다.

30) 一相一味: 일상(一相)은 중생을 평등하게 관찰함으로 진여실상(眞如實相)이다. 일미(一味)는 일체를 윤택(潤澤)하게 하는 것을 말한다. 즉 불법(佛法)에 비유함이다.

31) 解脫相: 생사의 계박(繫縛)으로부터 해탈하는 불법을 말한다.

32) 離相: 일체 번뇌를 멀리 저버리는 것을 말한다. 공(空), 유(有)의 이변(二邊)을 저버린 중도제일의제(中道第一義諦)이다.

33) 滅相: 진공(眞空)의 진리에 도달하여 적멸락(寂滅樂)을 증득함을 말한다. 고인(苦因)과 고과(苦果)를 없애고 무여열반(無餘涅槃)을 증득함을 말한다.

34) 一切種智: 2장을 참고.

35) 種相體性: 종류(種類), 양상(樣相), 본질(本質), 성질(性質)을 말한다.

36) 云何念 云何思 云何修: 설법(說法)을 듣고 잊지 않는 게 념(念)이고, 깊이 묵상(默想)하는 게 사(思)이고 실천하는 게 수(修)이다. 여기서는 문사수(聞思修) 삼혜(三慧)를 말한다.

37) 以何法念: 어떤 방식으로 계념(繫念)하느냐를 말하는 것으로 법(法)은 방식(方式)을 말한다.

38) 以何法得何法: 경우를 달리한 삼승(三乘)이 어떤 수단으로 진리를 체득(體得)하느냐 하는 것을 말한다.

39) 種種之地: 갖가지로 다른 불교를 배우는 경지를 말한다.

40) 究竟涅槃常寂滅相 終歸於空: 부처의 가르침은 일상(一相)과 일미(一味)이다. 궁극적인 열반에 이르면 항상 적멸(寂滅)한 상태를 가지게 되며 이는 최종적으로 공(空)인 현상계와 차별계의 대립을 저버린 상태에 이르게 된다. 이것이 바로 공임을 말하고 있다.

41) 將護: 거들어 도와서 호지(護持)하게 하는 것을 말한다.

42) 即: 곧바로, 즉시.

43) 隨宜說法: 설법(說法)을 받아들이는 측에서 알아듣기 쉽게 설명하는 것을 말한다.

44) 破有法王: 유(有: bhava)는 윤회로 생존하는 것이며, 12인연(因緣)에서 10지(支)의 유(有)와 같다. 삼계(三界)에 미혹하게 살아가며 생존하는 것이다. 이를 타파한 것은 법왕인 부처님을 말하고 있다. 중생이 유(有)에 집착(執着)하므로 부처님은 공(空)으로써 이를 파괴한다는 말이다.

45) 尊重: 부처님이 일승(一乘)인 불법을 대하는 태도가 신중(愼重)한 것을 말한다.

46) 久默斯要: 오랫동안 말없이 지켜온 일불승(一佛乘)을 말한다. 요(要)는 일승대법(一乘大法)이다.

47) 有智: 지혜(智慧)로운 사람을 말한다.

48) 悅豫: 흥에 겨운 것을 말한다. 예(豫)는 쾌락(快樂)이다.

49) 靉靆: 구름이 겹겹이 쌓여있는 모양을 말한다.

50) 承攬: 손으로 잡을 수 있을 것 같음을 말한다.

51) 牽土: 대지를 고르게 하는 것을 말한다. 솔(牽)은 고르게 한다는 의미이다.

52) 一味之水: 한결같은 맛을 가진 것으로 빗물을 말한다.

53) 隨分: 각자의 종성(種性)을 따른 것을 말한다.

54) 體相: 형체와 모양을 말한다.

55) 諸法之實: 제법실상(諸法實相)을 말한다. 2장 참고.

56) 兩足之尊: 복혜(福慧)를 구족하였다는 뜻이다. 실지(實智)와 권지(權智)를 구족하였다는 뜻으로 쓰이기도 한다.

57) 枯槁: 중생들이 삼계의 고통으로 얻은 것이 고목(枯木)이 마른 것과 같음을 비유한 말이다.

58) 覲: 배견(拜見)하는 것을 말한다.

59) 甘露淨法: 감로(amṛta)는 맛과 향기가 있는 천신(天神)들이 먹는 불사(不死)하는 음료이다. 여기서는 불교의 교법(敎法)에 비유한 것이며, 생사윤회를 벗어난다는 의미로 쓰였다.

60) 作因緣: 일불승(一佛乘)인 대법(大法)에 인연이 있게 하는 것을 말한다.

61) 無限礙: 걸림이 없이 자유자재(自由自在)한 것을 말한다.

62) 然: 대명사로 평등설법(平等說法)을 말한다.

63) 威儀: 출가한 승려들의 사위의(四威儀)에서 규정(規定)과 궤범(軌範)을

말한다.

64) 住於諸地: 수행하는 게 같지 않아 도달한 경지(境地)가 다름이다.

65) 轉輪聖王: 세력이 매우 강한 왕이다. 1장 참고.

66) 釋梵諸王: 제석천(帝釋天)과 범천(梵天界)의 왕을 말한다.

67) 起: 획득(獲得), '갖추다'의 의미이다.

68) 六神通: 3품 참고.

69) 三明: 3품 참고.

70) 得緣覺證: 12인연을 관조(觀照)하여 득도(得道)한 사람을 말한다.

71) 我: 성불(成佛)의 입지(立志)를 세운 사람을 말한다.

72) 安住: 획득(獲得), 갖추다의 의미이다.

73) 轉不退輪: 항상 불법(佛法)을 강의하는 것을 쉬지 않는 것을 말한다.

74) 道果: 불법의 올바른 결실로 열반을 의미한다.

75) 住禪: 선정 상태에 머무는 것을 말한다.

76) 人華: 꽃을 사람에 비유한 것을 말한다.

묘법연화경 제3권(妙法蓮華經 第三卷)

수기품 제육(授記品第六)

중근득기(中根得記: 중근기가 수기를 증득하다)

原文

大迦葉等領悟喩說 得佛正道 當踐佛位 故與
說來果 名授記品 法華一會乃群機貞實所作已
辦之時 故正宗說示了無多事 直則會三乘於一
致 開四見[1]使悟入 而一一授記印其成佛 以示出
興功成本願滿足之意耳 然昔淨名嘗怪彌勒授一
生記 以正位中本無授記及得菩提 而法華已入
正位 何滯迹耶 抑有已故有記 入正位者尚有已
乎 蓋正位中雖無授記 亦不廢於授記 若華嚴性
海豈非正位 而十住之初妙覺之終 屢聞記莂 如
所謂淸淨心 所謂特勝境界者 曷嘗無哉 淨名曰

說法不有亦不無 以因緣故諸法生 無我無造無
受者 善惡之業亦不亡 正證之人固無已也 然善
惡之業豈有已之可記 豈無已之可忘哉 若世之
貧富貴賤修短[2]苦樂 昔作而今受 前召而後應 懸
疎網而不漏 淪浩劫[3]而莫遺者 其誰與記耶 今所
謂記者 特以助明不亡之理 而引發行人耳

해석

　대가섭(大迦葉) 등이 깨달은 비유의 설법(說法)은 부처님
의 정도(正道)를 증득하고는 당연히 부처님의 지위(地位)를
실천(實踐)하므로 미래의 결실(結實)을 함께 말하였으니 수
기품(授記品)이라 한다. 법화경을 설법하는 법회에서 대중
들의 근기가 정실(貞實)하여 조작하고자 하는 것을 판별하
는 까닭에 정종(正宗)으로 설법을 개시한 것은 다양한 일
들이 없음을 깨달음이다. 바로 삼승이 일치하는 것에 회
합(會合)하여 사견(四見)을 개시(開示)하여 오입(悟入)하게
된다. 한 제자 한 제자에게 수기하여 성불을 인가(認可)함
은 공덕이 일어나서 본래 소원을 성취하고 만족(滿足)함이
다. 그리고 옛날에 유마거사(維摩居士)가 미륵이 일생에서
수기를 받는다는 것을 괴이(怪異)하게 여겨 '정위(正位)에서
는 수기하여 보리심을 증득할 수 없다.'고 하였는데, 법화

경에서는 이미 정위에 증입(證入)하였는데, 어떻게 자취에 걸림이며, 억제(抑制)하여 자기가 있는 까닭에 수기(授記)가 있음이니 정위에 증입한 사람은 오히려 자기에게 달렸음이다.

　정위에는 비록 수기함이 없고 또한 수기를 그만 둔 것도 아니다. 만약 화엄경(華嚴經)의 성품 바다가 어찌 정위가 아닌가? 십주(十住)의 처음부터 묘각(妙覺)의 마지막까지 여러 차례 수기하는 게 있는 것으로 말하자면 청정한 마음이며 수승(殊勝)한 경계이니 어찌 없다고 하겠느냐? 정명경(淨名經)에서 말하기를 ‘설법은 있는 것도 아니고 없는 것도 아니며 인연으로 연유한 까닭에 모든 법이 생기며, 무아(無我)·무조(無造)·무수(無受)와 선악(善惡)의 업 역시 없어지는 것도 아니다.’라고 하였으니 바로 증득한 사람은 확고하게 없음이다. 그리고 세간의 빈부와 귀천(貴賤), 수단(修短)과 고락(苦樂)은 옛날에 지은 것을 이제 받는 것이며, 앞에서 소명(召命)함에 후에 적응하는 것이고 성긴 그물에 매달아도 새지 않으며, 지극히 긴 시간에 있어도 잃을 수가 없으니 누구에게 수기를 주겠느냐? 여기서 누구에게 수기를 준다고 말하는 것은 특별히 없어지지 않는 진리를 돕고 밝힘으로 수행을 드러낸 사람을 인도(引導)할 뿐이다.

法性如虛空 豈有高下國土 聲聞已圓極 故授
當來大果 自此永不退轉 決定當知作佛 也應花
落結果 必有種核傳芳 宛如⁴⁾飢逢王膳 直循聽敎
乃湌 噫 因在果果是因 懸疏網⁵⁾而不漏 昔作今
前召後 淪浩劫而莫遺 且道 不落因果 還有伎
倆⁶⁾麼 丈夫自有衝天志 莫向如來行處行 頌曰

現迹聲聞行已純　偶然今識果因眞
請君栽培桃千樹　直得東風自有春

해석

　법성(法性)은 허공과 같은데 어찌 국토에 고하(高下)가 있
을 것이며, 성문(聲聞)이 이미 원융(圓融)함이 극에 이르렀
으므로 미래에 큰 결실을 받을 것이다. 이로부터 영원히
물러서지 않는다면 결정코 부처님이 될 것임을 알아라. 이
는 꽃이 떨어지고 열매를 맺은 것이니 반드시 씨앗에서 향
기가 전해지며, 마치 굶주리다가 맛있는 반찬을 만난 것과
같고 바로 가르침을 먹는 것이다. 아아! 원인(原因)이 있어
야 결과가 있고, 결과가 있어서 원인이 있으니 성긴 그물
을 매달고 새지 않게 하라. 예전에 지은 것은 이제 앞에 있

음이고 후에 큰 겁에 빠지더라도 남기지 말라. 또 말한다.
인과에 떨어지지 말고 기량(伎倆)을 갖추어라.

　장부(丈夫)는 스스로 하늘을 찌르는 의지(意志)가 있어야 하며
여래(如來)가 수행한 곳으로 실천하지 말라.

　게송으로 말하기를,

　　현재 자취인 성문의 수행이 이미 순숙(純熟)하였으니
　　우연(偶然)히 이제사 결과와 원인의 진실을 알았네.
　　그대들에게 요청하니 도화(桃花) 천 그루를 심으면
　　바로 동풍(東風)이 불어오면 저절로 봄이라 한다.

⑴ 부처님이 마하가섭에게 수기(授記)하여 성불한다고 하면서 성불(成佛)한 후에 불국토의 정황(情況)을 예언하고 있다.

原文

爾時世尊說是偈[7]已 告諸大衆 唱如是言 我此
弟子摩訶迦葉[8] 於未來世 當得奉覲[9]三百萬億
諸佛世尊 供養恭敬 尊重讚歎 廣宣諸佛無量大
法 於最後身[10] 得成爲佛 名曰[11]光明如來 應供
正遍知 明行足 善逝 世間解 無上士 調御丈夫
天人師 佛 世尊 國名光德 劫名大莊嚴 佛壽
十二小劫 正法住世二十小劫 像法亦住二十小
劫 國界嚴飾 無諸穢惡 瓦礫荊棘 便利不淨[12] 其
土平正 無有高下 坑坎堆阜[13] 琉璃爲地 寶樹行
列 黃金爲繩 以界道側 散諸寶華 周遍清淨 其
國菩薩無量千億 諸聲聞衆亦復無數 無有魔事[14]
雖有魔及魔民 皆護佛法
　爾時世尊欲重宣此義 而說偈言

　　　　告諸比丘　　我以佛眼
　　　　見是迦葉　　於未來世
　　　　過無數劫　　當得作佛

而於來世　　供養奉覲

三百萬億　　諸佛世尊
爲佛智慧　　淨修梵行
供養最上[15)]　二足尊已
修習一切　　無上之慧

於最後身　　得成爲佛
其土清淨　　琉璃爲地
多諸寶樹　　行列道側
金繩界道　　見者歡喜

常出好香　　散眾名華
種種奇妙　　以爲莊嚴
其地平正　　無有丘坑
諸菩薩眾　　不可稱計

其心調柔[16)]　逮[17)]大神通
奉持諸佛　　大乘經典
諸聲聞眾　　無漏後身
法王之子[18)]　亦不可計

乃以天眼　　不能數知
其佛當壽　　十二小劫
正法住世　　二十小劫
像法亦住　　二十小劫
光明世尊　　其事如是

해석

　그때 세존(世尊)께서 이 게송(偈頌)을 모두 마치시고 모든 대중들에게 소리 높여 말씀하셨다.

　"내 제자(弟子)인 마하가섭은 내세에 당연히 3백 만억의 모든 부처와 세존을 친견(親見)하고 공양(供養)하면서 공경(恭敬)하고 존중(尊重)하며, 찬탄(讚歎)하고는 널리 모든 부처님의 무량한 지혜의 법을 선포(宣布)할 것이다. 최후신(最後身)에서 성불할 것이니 이름은 광명여래(光明如來) · 응공 · 정변지 · 명행족 · 선서 · 세간해 · 무상사 · 조어장부 · 천인사 · 불세존이라 한다. 나라 이름은 광덕(光德)이고 겁(劫)의 이름은 대장엄(大莊嚴)이며, 부처님의 수명은 12소겁(小劫)이고 정법(正法)은 세상에 20소겁을 머물 것이며, 상법(像法)도 20소겁을 머물 것이다. 그 나라는 장엄하게 꾸며졌으며 여러 가지 더럽고 악한 것과 기와와 돌, 가시덤불이나 대소변 같이 더러운 것도 없다. 국토는 평정(平正)

하여 높고 낮은 곳이나 구릉이나 산봉우리도 없고 유리로 땅이 되었으며, 길에는 보배나무가 늘어섰고 황금으로 줄을 꼬아 경계로 하며, 여러 가지 아름다운 꽃을 흩어서 고르고 청정(淸淨)하며, 그 나라의 보살은 한량이 없이 천 만억이며, 여러 성문 대중도 무수(無數)하고 마사(魔事)도 없으며, 만약 악마나 악마의 백성들이 있어도 모두 부처님 법을 보호할 것이다.

그때에 세존께서 거듭 이 뜻을 선포하시려고 게송으로 말씀하셨다.

모든 비구들에게 말한다.
부처님의 눈으로 여기 가섭을 보니 미래세에
무수한 겁을 지나면 부처님이 될 것이다.
내세에 공양(供養)하고 친견(親見)하는

3백 만억 모든 부처님과 세존.
부처님의 지혜와 청정(淸淨)한 범행을 실천하며,
최상(最上)을 공양하여 복과 혜가 존귀(尊貴)하며,
일체를 수습(修習)하니 무상(無上)한 지혜로다.

최후(最後)의 몸으로 성불하리로다.

그 국토 청정(淸淨)하여 유리가 땅이 되고
많은 보배나무 도로마다 가득하며,
황금 줄로 경계하니 보는 사람 환희롭다.

항상 좋은 향기 풍기는 모든 이름 있는 꽃을 흩어
갖가지로 기이(奇異)하고 미묘(微妙)하며 장엄하구나.
그 땅은 평정하여 구릉과 언덕도 없으며,
헤아려 셀 수도 없구나.

마음은 평정(平靜)하고 유화(柔和)하여
큰 신통을 이루었으며,
모든 부처님과 대승경전을 받들어 지니며,
모든 성문중은 번뇌 없는 후신(後身)이며,
법왕의 아들들도 그 수를 셀 수가 없구나.

천안으로 세더라도 알 수가 없으며,
그 부처 누릴 수명 12소겁이며,
정법(正法)으로 세간에 머물기를 20소겁이며,
상법으로 머무는 것도 20소겁이라네.
광명세존의 일들은 이와 같다네.

⑵ 가섭을 제외한 제자들이 마하가섭이 성불한다는 수기를 듣고는 매우 부처님을 선망(羨望) 자기들도 수기하여 성불하려 한다고 말한다.

原文

爾時大目犍連 須菩提 摩訶迦栴延等 皆悉悚慄[19] 一心合掌 瞻仰尊顔 目不暫捨 卽共同聲而說偈言

大雄猛[20]世尊　　諸釋之法王[21]
哀愍我等故　　而賜佛音聲
若知我深心　　見爲授記者
如以甘露灑[22]　除熱得淸涼

如從饑國來　　忽遇大王饍[23]
心猶懷疑懼　　未敢卽便食
若復得王敎[24]　然後乃敢食
我等亦如是　　每[25]惟小乘過[26]

不知當云何[27]　得佛無上慧
雖聞佛音聲　　言我等作佛

心尚懷憂懼 　 如未敢便食
若蒙佛授記 　 爾乃²⁸⁾快安樂

大雄猛世尊 　 常欲安世間
願賜我等記 　 如飢須教食

해석

　그때에 대목건련과 수보리, 마하가전연 등이 모두 두려워
어쩔 줄 모르면서 일심으로 합장하고 존안을 우러러 보면서
눈을 잠시도 떼지 않고 함께 소리 높여 게송으로 아뢰었다.

아주 뛰어나고 용감한 세존(世尊)이시여!
모든 석씨(釋氏)의 법왕(法王)이시오니
저희들을 애민(哀愍)히 여기시어
부처님의 말씀을 해 주십시오.
저의 깊은 마음을 아시고 수기를 드러내신다면
감로수(甘露水)로 끼얹어 열기를 없애고
청량(淸凉)함을 얻을 것입니다.

주린 배로 나라에 와 갑자기
대왕(大王)의 성찬(盛饌)을 만났지만

마음이 두려워서 감히 먹지 못하며,
만약 왕이 먹으라고 하신다면 후에 먹으렵니다.
저희들도 이처럼 소승(小乘) 이후 만을 생각하며,

어떻게 부처님의 무상(無上) 지혜를 구하는 줄 모르다가
비로소 부처님 말씀으로 저희들도 성불한다고 들었으나,
마음은 오히려 근심과 두려움에 감히 먹지 못합니다.
만약 부처님의 수기(授記)에 힘입으면
바로 안락할 것입니다.

위없이 뛰어나고 용맹하신 세존이시여!
항상 세간을 안락(安樂)하게 하시고자
저희에게 수기 주시기를 바라며
진리에 배 고프니 가르침을 윤허하십시오.

⑶ 수보리가 성불할 것을 수기하였다.

原文

爾時世尊知諸大弟子心之所念 告諸比丘 是須
菩提 於當來世 奉覲三百萬億那由他[29]佛 供養
恭敬 尊重讚歎 常修梵行 具菩薩道[30] 於最後身

得成爲佛 號曰名相如來[31] 應供 正遍知 明行足
善逝 世間解 無上士 調御丈夫 天人師 佛 世尊
劫名有寶 國名寶生 其土平正 頗梨爲地 寶樹莊
嚴 無諸丘坑 沙礫 荊棘 便利之穢 寶華覆地 周
遍清淨 其土人民 皆處寶臺 珍妙樓閣 聲聞弟子
無量無邊 算數譬喩所不能知 諸菩薩衆 無數千
萬億那由他 佛壽十二小劫 正法住世二十小劫
像法亦住二十小劫 其佛常處虛空[32] 爲衆說法 度
脫無量菩薩及聲聞衆

爾時世尊欲重宣此義 而說偈言

諸比丘衆　　今告汝等
皆當一心　　聽我所說
我大弟子　　須菩提者
當得作佛　　號曰名相

當供無數　　萬億諸佛
隨佛所行　　漸具大道
最後身得　　三十二相[33]
端正姝妙　　猶如寶山[34]

其佛國土　嚴淨第一
衆生見者　無不愛樂
佛於其中　度無量衆
其佛法中　多諸菩薩

皆悉利根　轉不退輪
彼國常以　菩薩莊嚴
諸聲聞衆　不可稱數
皆得三明³⁵⁾　具六神通³⁶⁾

住八解脫³⁷⁾　有大威德
其佛說法　現於無量
神通變化　不可思議
諸天人民　數如恒沙

皆共合掌　聽受佛語
其佛當壽　十二小劫
正法住世　二十小劫
像法亦住　二十小劫

그때에 세존께서 여러 제자들이 마음으로 생각하는 바를 아시고 모든 비구들에게 말씀하셨다.

"여기 수보리는 앞으로 오는 세상에 3백 만억 나유타(那由他) 부처님을 친견(親見)하고 공양하고 공경하며 존중하고 찬탄하면서 항상 범행(梵行)을 수습하여 보살의 도를 갖추어서 최후의 몸이 성불하면 이름이 명상여래(名相如來)·응공·정변지·명행족·선서·세간해·무상사·조어장부·천인사·불세존이며 겁의 이름은 유보(有寶)이며 나라는 보생(寶生)이다. 그 국토는 평정(平正)하며 파리(頗梨)로 땅이 되고 보배 나무로 장엄(莊嚴)하며 구릉이나 언덕이나 또 사금파리나 가시덤불이나 대소변 같은 더러운 게 없고 보배 꽃이 땅을 덮어 고루 청정하며, 그 국토의 인민(人民)은 모두 보배로운 집이나 진귀(珍貴)하고 묘한 누각에 살며 성문 제자들은 한량없고 끝이 없어 숫자로나 비유로도 세어서 알 수가 없고 모든 보살의 무리도 무수(無數)하여 천만 억 나유타이다. 부처님의 수명은 12소겁(小劫)이며 정법은 20소겁이고 상법도 20소겁이다. 그 부처님은 항상 허공에 머물면서 중생들을 위하여 설법하여 무량한 보살과 성문을 해탈 성불하도록 하리라."

이때에 세존께서 거듭 이 뜻을 게송으로 선포하셨다.

모든 비구들아! 이제 너희에게 말하는 것을
모두 마음을 기울여 잘 들어야만 한다.
내 제자 수보리는 부처님이 될 것이니
이름은 명상(名相)이다.

무수한 만억 보살을 공양하였으며
부처님 수행 따라 차차 대도(大道)를 구족하였다네.
최후(最後)의 몸을 얻으면 32상
단정하고 곱고 아름다워 보산(寶山)과 같으리라.

그 부처님 국토 엄정(嚴淨)하기 제일이고
중생이 보게 되면 애락(愛樂)하지 않을 수 없으리라.
부처님은 그 속에서 무량한 중생을 제도하고
그런 불법(佛法)에는 모든 보살이 있었다네.

모두가 영리(怜悧)한 근기로
불퇴전의 법륜을 윤전하며,
저 나라는 항상 보살로 장엄하리라.
성문 대중들도 셀 수 없이 많은 숫자,
모두가 삼명(三明)을 얻고 육신통(六神通)을 갖추었네.

8해탈(解脫)에 머물러 위대한 위덕(威德)이 있으니
그 부처님 설법(說法)하는 게 무량(無量)하며
신통변화는 불가사의(不可思議) 하다네.
모든 천인(天人)들의 백성들은
항하의 모래와 같으며,

모두가 합장(合掌)하며 부처님 말씀을 듣네.
그 부처님 수명은 12소겁(小劫)이요,
정법(正法)이 세상에 머물기를 20소겁이며,
상법(像法)도 머물기를 20소겁이라 하네.

(4) 마하가전연의 수기를 말하였다.

原文

爾時世尊復告諸比丘衆 我今語汝 是大迦旃延
於當來世 以諸供具³⁸⁾ 供養奉事八千億佛 恭敬
尊重 諸佛滅後 各起塔廟 高千由旬³⁹⁾ 縱廣正等⁴⁰⁾
五百由旬 皆以金 銀 琉璃 車𤦲 馬瑙 眞珠 玫
瑰⁴¹⁾ 七寶合成 衆華 瓔珞 塗香⁴²⁾ 末香⁴³⁾ 燒香⁴⁴⁾
繒蓋⁴⁵⁾ 幢幡⁴⁶⁾ 供養塔廟 過是已後 當復供養二萬
億佛 亦復如是 供養是諸佛已 具菩薩道 當得作

佛 號曰閻浮那提金光⁴⁷⁾ 如來 應供 正遍知 明行
足 善逝 世間解 無上士 調御丈夫 天人師 佛世
尊 其土平正 頗梨爲地 寶樹莊嚴 黃金爲繩以界
道側 妙華覆地 周遍淸淨 見者歡喜 無四惡道⁴⁸⁾
地獄 餓鬼 畜生 阿修羅道 多有天人 諸聲聞衆
及諸菩薩 無量萬億莊嚴其國 佛壽十二小劫 正
法住世二十小劫 像法亦住二十小劫
　爾時世尊欲重宣此義 而說偈言

諸比丘衆　　皆一心聽
如我所說　　眞實無異
是迦栴延　　當以種種
妙好供具　　供養諸佛

諸佛滅後　　起七寶塔
亦以華香　　供養舍利
其最後身　　得佛智慧
成等正覺⁴⁹⁾　　國土淸淨

度脫無量　　萬億衆生
皆爲十方　　之所供養

佛之光明　　無能勝者
其佛號曰　　閻浮金光

菩薩聲聞　　斷一切有⁵⁰⁾
無量無數　　莊嚴其國

해석

그때에 세존께서 다시 모든 비구들에게 말씀하셨다.

"내가 이제 너희들에게 말하는데 여기 대가전연(大迦㫋延)은 오는 세상에서 갖가지 공양하는 기구로 8천억 부처님을 공양하고 섬겼으며 공경하고 존중하였다. 모든 부처님이 멸도(滅度)한 후 제각기 탑묘(塔廟)를 세우는데, 높이는 1천 유순(由旬)이고 넓이는 정방형(正方形)으로 5백 유순이며, 모두가 금은(金銀)·유리·자거·마노·진주·매괴(玫瑰)의 칠보로 합성(合成)하였으며, 모든 꽃과 영락·도향(塗香)·말향(末香)·소향(燒香)·증개(繒蓋)·당번(幢幡)으로 탑묘(塔廟)에 공양하였다. 이렇게 한 후에는 다시 2만억 부처님께 공양하기를 이전과 같이 하였으니 이 모든 부처님께 공양을 한 후에 보살의 길을 갖추었으니 당연히 성불할 것이다. 그 이름은 염부나제금광여래(閻浮那提金光如來)·응공·정변지·명행족·선서·세간해·무상사·

조어장부·천인사·불세존이다. 그 국토는 평정하며 파리(頗梨)가 땅이며 보배나무로 장엄하고 황금으로 줄을 꼬아 길들을 경계하며, 신묘한 꽃들로 땅을 덮으니 주변이 청정하여 보는 사람들이 환희하며, 네 가지 악한 길인 지옥(地獄)·아귀(餓鬼)·축생(畜生)·아수라도 없고, 많은 천인(天人) 그리고 여러 성문과 무수한 만억 보살들이 그 나라를 장엄하게 하니 그 부처님의 수명은 12소겁이고 정법은 20소겁을 세상에 머물고 상법도 20소겁을 세상에 머문다."

그때에 세존께서 거듭하여 이 뜻을 선포하시려고 게송으로 말씀하셨다.

여러 비구들아!
모두 귀를 기울여 들어라.
내가 말하는 것은 진실하여 다른 게 없다.
여기 가전연은 갖가지 신묘하고 좋은
공구로 모든 부처님께 공양하였다.

부처님이 멸도(滅度)한 후에 칠보탑을 세우고
또한 꽃과 향으로 사리(舍利)를 공양하였으며,
그 최후의 몸으로 부처님의 지혜를 증득하고

등정각(等正覺)을 성취하여 국토가 청정하며,

무수한 만억의 중생들을 도탈(度脫)하였으니
도든 시방(十方)에서 공양을 받을 것이니
부처님의 광명(光明)보다 수승(殊勝)할 게 있을 것인가!
그 부처님 이름은
염부나제금광불(閻浮那提金光佛)이라 하리라.

보살과 성문들이 일체 유견(有見)을 끊고
무량하고 무수하게 그 국토를 장엄하느니라.

(5) 마하목건련의 수기 성불을 말하였다.

原文

爾時世尊復告大衆 我今語汝 是大目犍連 當
以種種供具供養八千諸佛 恭敬尊重 諸佛滅後
各起塔廟 高千由旬 縱廣正等五百由旬 皆以金
銀 琉璃 車璖 馬瑙 眞珠 玫瑰 七寶合成 衆華
瓔珞 塗香 末香 燒香 繒蓋 幢幡 以用供養 過是
已後 當復供養二百萬億諸佛 亦復如是 當得成
佛 號曰多摩羅跋栴檀香如來[51] 應供 正遍知 明

行足 善逝 世間解 無上士 調御丈夫 天人師 佛
世尊 劫名喜滿[52] 國名意樂[53] 其土平正 頗梨爲
地 寶樹莊嚴 散眞珠華 周遍清淨 見者歡喜 多
諸天 人 菩薩 聲聞 其數無量 佛壽二十四小劫
正法住世四十小劫 像法亦住四十小劫
　爾時世尊欲重宣此義 而說偈言

我此弟子　　　大目犍連
捨是身已[54]　　得見八千
二百萬億　　　諸佛世尊
爲佛道故　　　供養恭敬

於諸佛所　　　常修梵行
於無量劫　　　奉持佛法
諸佛滅後　　　起七寶塔
長表金刹[55]　　華香伎樂

而以供養　　　諸佛塔廟
漸漸具足　　　菩薩道已
於意樂國　　　而得作佛
號多摩羅　　　栴檀之香

其佛壽命　　二十四劫
常爲天人　　演說佛道
聲聞無量　　如恒河沙
三明六通　　有大威德

菩薩無數　　志固精進
於佛智慧　　皆不退轉
佛滅度後　　正法當住
四十小劫　　像法亦爾

我諸弟子　　威德具足
其數五百　　皆當授記
於未來世　　咸得成佛
我及汝等　　宿世因緣
吾今當說　　汝等善聽

해석

그때 세존께서 거듭 대중에게 말씀하셨다.

"내가 이제 너희들에게 말한다. 여기 대목건련은 갖가지 공구(供具)로써 8천의 모든 여러 부처님께 공양하고 공경하면서 존중하였다. 모든 부처님이 멸도(滅度)하신 후에 제각기 탑묘(塔廟)를 세웠는데 높이는 1천 유순(由旬)이고 정방형으로 500유순이 되었으며, 모두 금은·유리·자거·마노·진주·매괴 등 칠보(七寶)로 만들었고 많은 꽃과 영락·도향·말향·소향·증개·당번 등으로 공양하였다. 그런 후에 다시 2백 만억 모든 부처님께 공양하는 것을 이렇게 하고는 성불(成佛)하였으니 이름은 다마라발전단향(多摩羅跋栴檀香)여래·응공·정변지·명행족·선서·세간해·무상사·조어장부·천인사·불세존이다. 그 겁의 이름은 희만(喜滿)이며, 나라 이름은 의락(意樂)이었다. 국토는 평정하여 파리가 대지이며, 보배나무로 장엄하고 진주로 된 꽃을 흩어 고르게 청정하였으니 보는 사람들이 환희하였다. 모든 천인과 보살과 성문의 수도 무량하였다. 부처님의 수명은 24소겁이고 정법은 40소겁을 세상에 머물고 상법도 40소겁을 세상에 머물렀다."

이때에 세존께서 거듭 이 뜻을 선포하시려고 게송으로 말씀하셨다,

내 제자 대목건연은
몸을 버린 후, 8천분의 부처님 뵙고
2백 만억 모든 부처님과 세존을 친견(親見)하였다네.
부처님의 길을 가고자 하는 까닭에

공양하고 공경하며,

부처님 계신 곳에서 항상 범행을 수습하고
무량한 겁에서 불법(佛法)을 받들어 지녔다네.
모든 부처님 멸도(滅度)한 후에 칠보탑을 세우고
금찰(金刹)과 향화(香華)와
기락(伎樂)으로 표치(標幟)하고

모든 부처님 탑묘에 공양함으로써
차차 구족하니 보살도를 마치고는
의락국(意樂國)에서 부처님이 되었네.
이름은 다마라 전단향이며,

부처님의 수명(壽命)은 24소겁이며
항상 천인을 위하여 불도(佛道)를 연설하며,
성문이 무량하여 항하사(恒河沙)와 같으나
삼명(三明)과 육신통을 갖추어
큰 위덕(威德)이 있구나.

무수한 보살은 굳건한 의지로 정진하며
모두 부처님의 지혜에서 물러서지 않는구나.

부처님이 멸도한 후에 정법이 머물기를
40소겁이며 상법도 그렇다네.

내 모든 제자 위덕(威德)이 구족하니
그 수는 500이니 모두 수기(授記)하리로다.
미래세에 모두 성불함은
나와 너희들의 숙세(宿世)의 인연이니
내가 이제 말하는 것 너희들은 잘 들어라.

1) 四見: 눈으로 보고 혹은 추상하면서 어떤 사물에 대하여 일으키는 견해이다. 즉 4가지의 견해이다.
2) 修短: 길고 짧음. 장단.
3) 浩劫: 지극히 긴 시간.
4) 宛如: 마치, 흡사의 뜻이다.
5) 疏網: 성겨있는 그물을 말한다.
6) 伎倆: 수단과 방법을 말한다.
7) 是偈: 앞 5품에 있는 게송을 말한다.
8) 摩訶迦葉: 서품(序品) 참고.
9) 奉覲: 시봉(侍奉)하고 친견(親見)하는 것을 말한다.
10) 最後身: 2장 참고.
11) 光明如來(Raśmiprabhāsa): 광명(光明)은 부처님의 몸에서 나는 빛 또는 번뇌나 죄악의 암흑에 지혜와 견해를 갖도록 밝게 비추는 일. 여래(如來) 진리로부터 진리를 따라서 온 사람이라는 뜻으로 부처님을 달리 이르는 말이다.
12) 便利不淨: 대소변(大小便)처럼 더러운 것을 말한다.
13) 堆阜: 산령(山嶺)을 말한다.
14) 無有魔事: 마(魔)의 장애(障礙)와 사견(邪見)으로 일어나는 일을 말한다.
15) 最上: 지고무상(至高無上)한 부처님을 말한다.
16) 調柔: 평정(平靜)하고 유화(柔和)한 것을 말한다.
17) 逮: 갖춘 것을 말한다.
18) 法王之子: 일반적으로 불교를 믿는 제자들을 말한다.
19) 悚慄: 공황(恐慌)을 말한다. 수보리와 같은 위대한 제자들이 부처님이 돌아가시고 안 계시면 어떻게 성불할까 노심초사하는 모양을 말한다.
20) 大雄猛: 영리하고 용맹스러움을 말한다. 대웅(大雄)은 부처님을 말하며, 이는 위대한 지혜와 용맹스러움으로 모든 마군(魔軍)을 항복받으므로 대웅이라 한다.
21) 諸釋之法王: 석가족의 법왕이라는 뜻이다. 한편으로 석가모니 부처님의 제자를 말하기도 한다.
22) 甘露(amrta): 불사(不死)라고 번역한다.
23) 大王饍: 국왕의 선식(饍食)을 말한다.
24) 王敎: 국왕의 윤허(允許)를 말한다.

25) 每: 항상.

26) 過: 이후(以後).

27) 云何: 어쩔 줄 모르는 것을 말한다.

28) 爾乃: 바로, 이윽고의 의미이다.

29) 那由他(nayuta): 아주 큰 수의 단위로 억(億)이라고도 하고 어느 설에
는 10조(兆)라고도 한다. 삼백만억 나유타는 3×10^{24}이다.

30) 道: 불법(佛法)과 공덕(功德)을 말한다.

31) 名相如來(Śaśiketu): 수보리(須菩提)를 말한다.

32) 虛空: 법성(法性)을 비유한 말이다. 수보리는 해공(解空) 제일(第一)의
제자이므로 성불하고는 공(空)의 도리로 중생을 위하여 설법한다.

33) 三十二相: 비유품 참고.

34) 寶山: 명상여래가 적정(寂靜)하고 신중(愼重)한 모양이 보산(寶山)에 앉
아 있는 것 같다는 것을 형용하는 말이다.

35) 三明: 앞의 주 참고.

36) 六神通: 앞의 주 참고.

37) 八解脫: 번뇌의 속박에서 벗어나는 8가지 길이다. ①일념(一念)으로
생각하여 색욕(色欲)을 제거하고, ②생각을 한 곳에 집중하여 정신을
통일하고, ③탐심(貪心)이 일어나지 않게 다스려서 냉철함을 유지하
고, ④심신(心身)이 청정한 경지에 이르고 ⑤무한한 공간을 생각해 외
계의 차별상을 없애고, ⑥마음의 작용이나 몸이 함께 무한한 경계에
이르고, ⑦공간이나 마음의 경계를 초월한 근원에 이르고, ⑧그 근원
이 항상 현실에 나타나는 경지에 도달함이다.

38) 供具: 부처님께 공양하는 모든 것으로 꽃이나 진보(珍寶)와 같은 것을
말한다.

39) 由旬: 길이의 단위. 서품 참고.

40) 縱廣正等: 가로와 세로가 같은 것을 말한다.

41) 玫瑰: 옥의 일종으로 칠보의 하나이다. 적색을 띠고 있다.

42) 塗香: 바르는 형태의 향료.

43) 末香: 분말(粉末) 형태의 향료.

44) 燒香: 태우는 향료.

45) 繒蓋: 비단으로 만든 차 덮개.

46) 幢幡: 고대(古代)에 두 가지의 깃발을 말한다.

47) 閻浮那提金光(Jāmbūnada): 황금이 휘황찬란한 빛을 내는 것을 말한

다. 염부(閻浮)는 나무의 이름이고 그 나무 아래에 흐르는 하천을 염부나제(閻浮那提)라고 한다. 최상질의 황금으로 여래의 이름을 말하였다.

48) 四惡道: 육도 윤회에서 4가지 악취로 지옥, 아귀, 축생 아수라이다.

49) 等正覺: 무상정등정각(無上正等正覺)의 약칭이다.

50) 斷一切有: 유(有)는 현실적으로 생존의 뜻이다. 생사의 세계에서 생존을 끊는다는 것은 윤회의 세계를 벗어났음을 말한다.

51) 多摩羅跋栴檀香如來(Tamalapattracandanagandha): 다마라발(多摩羅跋) 나무 잎으로 전단향 나무 이름이다. 뜻으로는 자성이 청정하여 때 묻지 않은 것을 말한다.

52) 喜滿(Ratiparipurṇa): 기쁨이 충만(充滿)하다는 의미이다.

53) 意樂(Manobhirāma): 마음이 즐거운 것을 말한다.

54) 捨是身已: 오늘의 삶이 지나 간 후를 말한다. 즉 다른 생명을 개시(開始)한 것을 말한다.

55) 長表金剎: 영원한 것을 건립한 것을 나타내려고 금찰로 표지(標識)한 것을 말한다.

화성유품 제칠(化城喩品第七)

삼인연설일주(三因緣說一周: 삼인연설일주)

原文

化城本無而權設 以濟阻修願息之人 而進之令
至寶所 喻小果非實而權設 以濟樂小求證之人
而引之令入佛慧也 謂之因緣說者 由前喻說乃
至藥草 皆以法一而機異 恐下根以爲終不可及
遂生懈退 於是明曩因曾化示 今緣已熟勝果在
近 使無退墮而遂捨化城趨寶所也

해석

화성(化城)이 본래 없었으니 방편(方便)으로 말함이다. 중
생을 구제하기 어려워 수행(修行)과 원력(願力)을 그만 두려

는 사람들이 나가게 하여 보소(寶所)로 이끄는 것이다. 소승(小乘)의 결실(結實)은 진실이 아니므로 방편을 시설(施設)하여 소승을 즐겨 구하는 사람들을 제도(濟度)하고 증득(證得)하려는 사람들을 인도(引導)하여 부처님의 지혜(智慧)에 들어가게 함이다. 인연을 설법하였다고 말하는 것은 앞에 비유품(譬喩品)과 약초품(藥草品)에 이르기까지 모두가 하나인 불법(佛法)이지만 근기(根機)가 달라 하근기(下根機)는 두려워하여 끝내 따라오지 못하고 마침내는 해태(懈怠)한 마음을 일으킨다. 이에 이전(以前)의 인연을 밝히고 일찍이 교화를 개시(開示)하였으며, 여기서는 인연(因緣)을 성숙하게 하여 수승(殊勝)한 결실을 가까이 하면서 물러서지 않게 하면서 화성(化城)마저도 버리고 보소(寶所)로 추향(趨向)하게 하려고 함이다.

原文

一乘微妙法 無二[1]亦無三[2] 假名二地以休息 一眞珍寶所 無遠亦無阻 權立化城以安穩 向來譬諭諄諄[3] 胡乃狐疑[4]未了 哀愍小果之取證 歷陳夙昔之因緣 是知佛慧 難解難信 任他小乘 漸敎漸入 若了大城之是化 方覺寶所之非眞 然則畢竟以何爲證 無影樹頭花爛熳 從他採獻法

中王 頌曰

故鄕遼夐隔邊陲[5]　　水闊山遙路轉差
會得導師權化處　　方知寶所不曾移

해석

　일승(一乘)의 미묘(微妙)한 법은 둘도 아니고 셋도 아니며, 가차(假借)한 이름으로 두 경지에서 휴식(休息)할 뿐이다. 하나의 진리인 진귀(珍貴)한 보배가 있는 곳은 먼 것도 아니고 멀리 떨어진 것도 아니다. 방편으로 성립한 화성(化城)에서 안온(安穩)하며, 비유로 향하는 것에 충실하면 어찌 호의(狐疑)를 마치지 못하겠느냐? 슬프구나! 작은 결실을 증취(證取)하고 숙석(夙昔)의 인연을 말하고 있음이여! 바로 부처님의 지혜가 이해하기 힘들고 믿기 어려움을 알았으면 소승(小乘)을 내버려두고 점차 배워서 점차 들어가며 대성(大城)의 교화를 깨달으면 바로 보배롭게 여겼던 것은 진리가 아니라는 것을 깨닫는데, 필경(畢竟)에 어떻게 증득해야 하겠느냐?

　무영수(無影樹) 머리에 꽃이 난만(爛漫)하고

　그것을 따라 캐어내면 법중왕(法中王)이라네.

　게송으로 말하기를,

고향은 아득히 먼데 변경(邊境)으로 멀어졌구나.
물은 거칠고 산은 머니 길마저 어긋나게 되었다.
바로 도사(導師)가 방편으로 교화하는 곳을 깨달으면
보배로운 곳은 일찍 움직인 적이 없었다.

⑴ 대통지승여래를 소개하면서 아울러 그 시대가 아주 먼
  것임을 말하고 있다.

原文

佛告諸比丘⁶⁾ 乃往過去⁷⁾ 無量無邊不可思議阿
僧祇劫 爾時有佛 名大通智勝如來⁸⁾ 應供 正遍
知 明行足 善逝 世間解 無上士 調御丈夫 天人
師 佛 世尊 其國名好成⁹⁾ 劫名大相¹⁰⁾ 諸比丘 彼
佛滅度已來 甚大久遠 譬如三千大千世界¹¹⁾所有
地種¹²⁾ 假使有人磨以為墨 過於東方千國土乃下
一點 大如微塵 又過千國土復下一點 如是展轉
盡地種墨 於汝等意云何 是諸國土 若算師¹³⁾ 若
算師弟子 能得邊際¹⁴⁾ 知其數不
  不¹⁵⁾也 世尊
  諸比丘 是人所經國土 若點不點 盡末¹⁶⁾為塵
一塵一劫 彼佛滅度已來 復過是數無量無邊
百千萬億阿僧祇劫 我以如來知見力故 觀彼久
遠 猶若今日
  爾時世尊欲重宣此義 而說偈言

  我念過去世   無量無邊劫

有佛兩足尊　　名大通智勝
如人以力磨　　三千大千土
盡此諸地種　　皆悉以為墨

過於千國土　　乃下一塵點
如是展轉點　　盡此諸塵墨
如是諸國土　　點與不點等
復盡末為塵　　一塵為一劫

此諸微塵數　　其劫復過是
彼佛滅度來　　如是無量劫
如來無礙智[17]　知彼佛滅度
及聲聞菩薩　　如見今滅度
諸比丘當知　　佛智淨微妙
無漏無所礙　　通達無量劫

해석

부처님께서 여러 비구들에게 말씀하셨다.

"까마득한 옛날 한량없이 무변(無邊)하며 불가사의(不可思議)한 아승기겁에 부처님이 계셨으니 이름은 대통지승여래(大通智勝如來)·응공·정변지·명행족·선서·세간해·무상사·조어장부·천인사·불세존이었다. 그 나라의 이름은 호성(好成)이며 겁의 이름은 대상(大相)이었다.

비구들아! 그 부처님께서 열반하신 지가 매우 오래 되었으니 비유하면 삼천대천세계의 대지(大地)를 갈아 먹물을 만들어서 그것을 어떤 사람이 동방(東方)으로 1천 나라를 지나 티끌만한 한 점을 떨어뜨리면 크기가 미진(微塵)과 같으며, 또 1천 나라를 지나 한 점을 떨어뜨리면서 이렇게 전전(展轉)하다가 대지의 먹을 다한다면 너희들 생각을 어떠하냐? 이 여러 나라를 계산을 잘하는 사람이나 그 제자들이 그 끝을 셀 수 있다고 생각하느냐?"

"못할 것 같습니다. 세존이시여!!"

"모든 비구들아! 이 사람이 지나간 나라 속에 점 하나 떨어진 국토나 안 떨어진 국토를 모두 지워서 티끌로 만들어 그 한 티끌을 1겁이라 하더라도 그 부처님께서 멸도(滅度)하신 지는 더 오래 되어 한량없고 가없는 백 천 만억 아승기겁을 지났다. 나는 여래의 지견(知見)으로 그 오래된 일을 오늘처럼 볼 수가 있다."

그때에 세존께서 거듭 이 뜻을 선포하시려고 게송으로 말씀하셨다.

　　내가 지난 세상 생각하니

무량(無量)하고 가없는 겁에
양족존(兩足尊) 부처님이 계셨으니 이름은 대통지승
어떤 사람 능력으로 삼천대천세계 대지를 갈아
모든 대지를 다 갈아서 모두 먹으로 만들었다.

천 국토를 지나면서 한 방울을 떨어뜨려
이처럼 전전(展轉)하여 이 모든 먹물이 다하도록
이처럼 모든 국토에 떨어진 곳, 안 떨어진 곳
다시 티끌 만들어서 한 티끌이 한 겁(劫)이라네.

이 모든 미진수(微塵數)가 그 겁을 다시 지나
그 부처님 멸도(滅度)하고
이처럼 무량겁(無量劫)을 지났지만.
여래의 무애지(無礙智)는 그 부처님 멸도함을 알고
성문 보살도 이제 멸도하는 것을 본다네.
비구들아! 바로 알아두어라!
부처님 지혜 청정(淸淨)하고 미묘(微妙)하고
무루(無漏)하며 걸림이 없어 무량겁을 통달한다.

⑵ 대통지승불이 보리수 아래에서 깨달은 후에 본국(本國)에
도착하여 인민을 친애(親愛)하는 정황(情況)을 묘사하였다.

佛告諸比丘 大通智勝佛壽五百四十萬億那由
他劫[18] 其佛本坐道場[19] 破魔軍已[20] 垂得阿耨多
羅三藐三菩提 而諸佛法不現在前[21] 如是一小
劫[22]乃至十小劫 結加趺坐[23] 身心不動 而諸佛法
猶不在前 爾時忉利諸天[24] 先為彼佛於菩提樹[25]
下敷師子座 高一由旬 佛於此座當得阿耨多羅
三藐三菩提 適[26]坐此座 時諸梵天王雨衆天華
面[27]百由旬 香風時來 吹去萎華 更雨新者 如是
不絕 滿十小劫 供養於佛 乃至滅度常雨此華 四
王[28]諸天為供養佛 常擊天鼓 其餘諸天作天伎樂
滿十小劫 至于滅度亦復如是

諸比丘 大通智勝佛過十小劫 諸佛之法乃現在
前 成阿耨多羅三藐三菩提 其佛未出家時 有
十六子 其第一者名曰智積[29] 諸子各有種種珍異
玩好之具 聞父得成阿耨多羅三藐三菩提 皆捨
所珍 往詣佛所 諸母涕泣而隨送之 其祖轉輪聖
王[30] 與一百大臣及餘百千萬億人民 皆共圍繞
隨至道場 咸欲親近大通智勝如來 供養恭敬 尊
重讚歎 到已 頭面禮足[31] 繞佛畢已[32] 一心合掌
瞻仰世尊 以偈頌曰

大威德世尊　　為度衆生故
於無量億劫　　爾乃得成佛
諸願已具足　　善哉吉無上
世尊甚希有　　一坐十小劫

身體及手足　　靜然安不動
其心常惔怕[33]　未曾有散亂
究竟永寂滅　　安住無漏法
今者見世尊　　安隱成佛道

我等得善利　　稱慶大歡喜
衆生常苦惱　　盲瞑[34]無導師
不識苦盡道[35]　不知求解脫
長夜增惡趣[36]　減損諸天衆[37]

從[38]冥入於冥　　永不聞佛名
今佛得最上　　安隱無漏道
我等及天人　　爲得最大利
是故咸稽首[39]　歸命[40]無上尊

爾時十六王子偈讚佛已 勸請世尊轉於法輪[41]

咸作是言 世尊說法 多所安隱 憐愍 饒益諸天人
民 重說偈言

世雄[42] 無等倫　　百福自莊嚴[43]

得無上智慧　　願[44]為世間說

度脫於我等　　及諸衆生類

為分別顯示　　令得是智慧

若我等得佛　　衆生亦復然

世尊知衆生　　深心之所念

亦知所行道　　又知智慧力

欲樂及修福　　宿命所行業[45]

世尊悉知已　　當轉無上輪

해석

부처님께서 모든 비구에게 말하였다.

"대통지승부처님의 수명(壽命)은 54만억 나유타겁이다.
그 부처님이 처음에 도량에 계시면서 마군(魔軍)을 파멸(破
滅)하고 아뇩다라삼먁삼보리를 증득하려고 하였으나 모든
불법(佛法)이 앞에 나타나지 않았으며, 이처럼 1소겁에서
10소겁 동안을 결가부좌(結跏趺坐)하고 신심(身心)이 움직이
지 않았는데도 모든 불법(佛法)이 앞에 드러나지 않았다.

그때 도리천(忉利天)의 여러 사람들이 그 부처님을 위하여 보리수 아래 사자좌(師子座)를 펼치니 그 높이가 1유순(由旬)이었으며 부처님은 이 자리에서 아뇩다라삼먁삼보리를 증득하겠다고 하시면서 바로 이 자리에 앉자 그때에 범천왕(梵天王)이 많은 하늘 꽃을 내리니 면적(面積)이 100유순이나 되었다. 마침 향기로운 바람이 불어 와 시든 꽃은 날려 버리고 다시 새 꽃을 내리게 하였다. 이렇게 그치지 않고 10소겁을 채우고 멸도(滅度) 할 때까지도 항상 이런 꽃들을 흩었다. 사천왕(四天王)과 여러 하늘은 부처님께 공양하기 위하여 항상 하늘 북을 치고 그 밖의 여러 하늘은 하늘 기악(伎樂)을 울리며, 10소겁을 다하고 멸도하실 때까지 역시 이렇게 하였다,

모든 비구들아! 대통지승부처님께서는 10소겁을 지나서야 모든 불법(佛法)이 현전(現前)하여 아뇩다라삼먁삼보리를 성취하였다. 그 부처님이 출가하시기 전에는 16명의 아들이 있었으니 첫째 아들 이름은 지적(智積)이었다. 모든 아들들이 제각기 갖가지 진귀하고 기이한 완구(玩具)를 좋아하였지만, '아버지께서 아뇩다라삼먁삼보리를 증득하였다'는 말을 듣고 진귀한 것들을 모두 버리고 부처님 처소에 가서 참예(參詣)하려 하자 어머니는 눈물을 흘리며 떠나보냈다. 그의 할아버지인 전륜성왕(轉輪聖王)은 100대신(大臣)

과 백(百) 천(千) 만억 백성들에게 둘러싸여 도량으로 나가서는 모두가 대통지승여래에게 친근(親近)하여 공양(供養)하고 공경(恭敬)하며, 존중(尊重)하고 찬탄(讚歎)하고자 하였다. 모두가 도착하자 머리를 숙여 발에 예배한 후 부처님을 회요(回繞)하는 것을 마치고 일심(一心)으로 합장하며 세존을 첨앙(瞻仰)하면서 게송으로 말하기를,

위대한 위덕(威德)을 갖춘 세존께서는
중생을 제도(濟度)하시려는 연고로
무량한 억겁을 지나서야 성불(成佛)하셨습니다.
모든 발원(發願) 이미 구족하고
훌륭하고 좋은 모양 더할 나위 없습니다.
세존은 매우 희유(希有)하시어
한 번 앉으면 10소겁입니다.

신체와 수족들은 조용하고 편안하며,
움직이지 않으며,
그 마음은 항상 편안하여 산란(散亂)한 적 없으며,
구경에는 영원히 적멸(寂滅)하여
무루법에 안주합니다.
이제 세존을 보니 안은(安隱)하게

불도를 성취하셨습니다.

저희들은 크게 좋은 이득을 얻어
크게 환희(歡喜)합니다.
중생이 항상 고뇌(苦惱)함은
도사가 없는 맹인(盲人)과 같습니다.
고뇌를 다하는 길 알지 못하여
해탈을 구할 줄도 모릅니다.
긴긴 세월 악취(惡趣)에 쏘다니면
모든 천중은 적어지리다.

어둠 속만 파고들어 부처님 이름 못 듣더니
이제 부처님께서 얻은 최상(最上)이며,
안온(安穩)하고 무루한 도.
저희들 하늘 천인(天人), 큰 이익 얻으므로
모두가 머리 조아리며 무상한 세존께 귀의합니다.

  그때 16왕자들이 게송으로 부처님 찬탄하는 것을 마치고 세존께 법륜(法輪)을 윤전해주시기를 간청(懇請)하면서 모두가 이렇게 말하였다.
  "세존께서 하시는 설법은 저희들을 매우 안온(安穩)하게 합니다. 저희들을 불쌍히 여기시고 여러 천인(天人)의 백성들을 요익(饒益)하게 하십시오."라고 말하며, 거듭하여 게송으로 말하기를,

세상에서 뛰어나기를 비할 게 없고
백복(百福)으로 스스로 장엄(莊嚴)하며,
무상한 지혜를 증득한 분이시여!
세간(世間)을 위하여 말씀하십시오.
저희들과 모든 중생들을 도탈(度脫)하게 하시려고
분별(分別)하여 현시(顯示)하니 지혜를 얻으렵니다.
저희들이 성불하면 중생들도 역시 그렇습니다.
세존이 중생을 아는 것은 깊은 마음으로 생각한 것,
실천할 길을 알고 또 아는 지혜의 능력,
욕락(欲樂)과 수복(修福) 그리고 숙명(宿命)으로 행한 업,
세존께서 모두 아시니 마땅히 무상법륜을 윤전하셔야 합니다.

⑶ 석가모니 부처님의 긴 법문이다. 대통지승부처님이 성불(成佛)한 후에 부처님의 광명이 시방세계에 비추므로 천신(天神)과 모든 사람들이 와서 귀의하고 공양하면서 중생을 위하여 설법할 것을 간청하였다. 대통지승부처

님은 중생들의 간청을 받아들여 설법(說法)하는데 처음에는 사제(四諦)와 12인연설(因緣說)을 말하고 다음으로 묘법연화경(妙法蓮華經)의 중요함을 강조한다. 여기서는 16왕자가 부처님께 귀의하여 불법(佛法)을 수습(修習)하는 정황(情況)을 묘사하였다.

原文

佛告諸比丘 大通智勝佛得阿耨多羅三藐三菩提時 十方各五百萬億諸佛世界六種震動[46] 其國中間幽冥之處[47] 日月威光所不能照 而皆大明 其中眾生 各得相見 咸作是言 此中云何忽生眾生 又其國界[48] 諸天宮殿[49] 乃至梵宮[50] 六種震動 大光普照 遍滿世界 勝諸天光[51]

爾時東方五百萬億諸國土中 梵天宮殿光明照曜 倍於常明 諸梵天王各作是念 今者宮殿光明 昔所未有 以何因緣而現此相 是時諸梵天王 即各相詣 共議此事 時彼眾中 有一大梵天王 名救一切[52] 為諸梵眾而說偈言

我等諸宮殿　　光明昔未有
此是何因緣　　宜各共求之

為大德[53]天生　　為佛出世間
而此大光明　　遍照於十方

爾時五百萬億國土諸梵天王 與宮殿俱 各以衣裓[54] 盛諸天華 共詣西方推尋是相 見大通智勝如來處于道場菩提樹下 坐師子座 諸天 龍王 乾闥婆 緊那羅 摩睺羅伽 人非人等[55] 恭敬圍繞 及見十六王子請佛轉法輪 即時[56]諸梵天王頭面禮佛 繞百千匝 即以天華而散佛上——其所散華如須彌山[57] 并以供養佛菩提樹——其菩提樹高十由旬 華供養已 各以宮殿奉上彼佛 而作是言 唯[58]見哀愍 饒益我等 所獻宮殿 願垂[59]納處[60] 時諸梵天王 即於佛前 一心同聲以偈頌曰

世尊甚希有　　難可得值遇
具無量功德　　能救護一切
天人之大師　　哀愍於世間
十方諸眾生　　普皆蒙饒益

我等所從來　　五百萬億國
捨深禪定樂　　為供養佛故

我等先世福　　宮殿甚嚴飾
今以奉世尊　　唯願哀納受

爾時諸梵天王偈讚佛已 各作是言 唯願世尊轉
於法輪 度脫眾生 開涅槃道 時諸梵天王 一心同
聲而說偈言

世雄兩足尊　　唯願演說法
以大慈悲力　　度苦惱眾生

爾時大通智勝如來 默然許之[61]
又 諸比丘 東南方五百萬億國土諸大梵王 各
自見宮殿光明照曜 昔所未有 歡喜踊躍 生希有
心 即各相詣 共議此事 時彼眾中有一大梵天王
名曰大悲[62] 為諸梵眾而說偈言

是事何因緣　　而現如此相
我等諸宮殿　　光明昔未有
為大德天生　　為佛出世間
未曾見此相　　當共一心求
過千萬億土　　尋光共推之

多是佛出世　　度脫苦眾生

　爾時五百萬億諸梵天王與宮殿俱 各以衣裓盛
諸天華 共詣西北方推尋是相 見大通智勝如來
處于道場菩提樹下 坐師子座 諸天 龍王 乾闥婆
緊那羅 摩睺羅伽 人非人等 恭敬圍繞 及見十六
王子請佛轉法輪 時諸梵天王頭面禮佛 繞百千
匝 即以天華而散佛上――所散之華如須彌山
并以供養佛菩提樹 華供養已 各以宮殿奉上彼
佛 而作是言 唯見哀愍 饒益我等 所獻宮殿 願
垂納受 爾時諸梵天王即於佛前 一心同聲以偈
頌曰

聖主天中王[63]　　迦陵頻伽[64]聲
哀愍眾生者　　我等今敬禮
世尊甚希有　　久遠[65]乃一現
一百八十劫　　空過無有佛

三惡道充滿　　諸天眾減少
今佛出於世　　為眾生作眼[66]
世間所歸趣[67]　　救護於一切

為衆生之父　　哀愍饒益者
我等宿福慶　　今得值世尊

爾時諸梵天王偈讚佛已 各作是言 唯願世尊哀
愍一切 轉於法輪 度脫衆生 時諸梵天王 一心同
聲而說偈言

大聖轉法輪　　顯示諸法相[68]
度苦惱衆生　　令得大歡喜
衆生聞此法　　得道若生天
諸惡道減少　　忍善者[69]增益

爾時大通智勝如來默然許之
又 諸比丘 南方五百萬億國土諸大梵王 各自
見宮殿光明照曜 昔所未有 歡喜踊躍 生希有心
即各相詣 共議此事 以何因緣 我等宮殿有此光
曜 時彼衆中有一大梵天王 名曰妙法[70] 為諸梵
衆而說偈言

我等諸宮殿　　光明甚威曜
此非無因緣　　是相宜求之

過於百千劫　　未曾見是相
為大德天生　　為佛出世間

　爾時五百萬億諸梵天王與宮殿俱 各以衣裓盛
諸天華 共詣北方推尋是相 見大通智勝如來 處
于道場菩提樹下 坐師子座 諸天 龍王 乾闥婆
緊那羅 摩睺羅伽 人非人等 恭敬圍繞 及見十六
王子請佛轉法輪 時諸梵天王頭面禮佛 繞百千
匝 即以天華而散佛上——所散之華如須彌山
并以供養佛菩提樹 華供養已 各以宮殿奉上彼
佛 而作是言 唯見哀愍 饒益我等 所獻宮殿 願
垂納受 爾時諸梵天王 即於佛前 一心同聲以偈
頌曰

世尊甚難見　　破諸煩惱者
過百三十劫　　今乃得一見
諸飢渴眾生　　以法雨充滿
昔所未曾見　　無量智慧者
如優曇鉢花[71]　今日乃值遇
我等諸宮殿　　蒙光故嚴飾
世尊大慈悲　　唯願垂納受

爾時諸梵天王偈讚佛已 各作是言 唯願世尊轉
於法輪 令一切世間諸天 魔 梵[72] 沙門[73] 婆羅門
皆獲安隱而得度脫 時諸梵天王 一心同聲以偈
頌曰

唯願天人尊[74]　　轉無上法輪

擊于大法鼓　　而吹大法螺

普雨大法雨　　度無量眾生

我等咸歸請　　當演深遠音

爾時大通智勝如來默然許之 西南方乃至下
方[75] 亦復如是

爾時上方五百萬億國土諸大梵王 皆悉自覩所
止[76]宮殿光明威曜 昔所未有 歡喜踊躍 生希有
心 即各相詣 共議此事 以何因緣 我等宮殿 有
斯光明 時彼眾中有一大梵天王 名曰尸棄[77] 為
諸梵眾而說偈言

今以何因緣　　我等諸宮殿

威德光明曜　　嚴飾未曾有

如是之妙相　　昔所未聞見

為大德天生 　　為佛出世間

　爾時五百萬億諸梵天王與宮殿俱 各以衣裓盛
諸天華 共詣下方推尋是相 見大通智勝如來 處
于道場菩提樹下 坐師子座 諸天 龍王 乾闥婆 緊
那羅 摩睺羅伽 人非人等 恭敬圍繞 及見十六王
子請佛轉法輪 時諸梵天王頭面禮佛 繞百千匝
即以天華而散佛上──所散之花如須彌山 并以
供養佛菩提樹 花供養已 各以宮殿奉上彼佛 而
作是言 唯見哀愍 饒益我等 所獻宮殿 願垂納受
時諸梵天王 即於佛前 一心同聲以偈頌曰

　　　善哉見諸佛　　救世之聖尊
　　　能於三界獄　　勉出[78]諸衆生
　　　普智[79]天人尊　　哀愍群萌[80]類
　　　能開甘露門　　廣度於一切

　　　於昔無量劫　　空過無有佛
　　　世尊未出時　　十方常暗冥
　　　三惡道增長　　阿修羅亦盛
　　　諸天衆轉減[81]　　死多墮惡道

不從佛聞法　　常行不善事
色力⁸²⁾及智慧　　斯等皆減少
罪業因緣故　　失樂及樂想
住於邪見法　　不識善儀則⁸³⁾

不蒙佛所化　　常墮於惡道
佛為世間眼　　久遠時乃出
哀愍諸眾生　　故現於世間
超出⁸⁴⁾成正覺　　我等甚欣慶

及餘一切眾　　喜歡未曾有
我等諸宮殿　　蒙光故嚴飾
今以奉世尊　　唯垂哀納受
願以此功德　　普及於一切
我等與眾生　　皆共成佛道⁸⁵⁾

爾時五百萬億諸梵天王偈讚佛已 各白佛言 唯
願世尊轉於法輪 多所安隱 多所度脫 時諸梵天
王而說偈言

世尊轉法輪　　擊甘露法鼓

度苦惱衆生　　開示涅槃道
唯願受我請　　以大微妙音
哀愍而敷演⁸⁶⁾　　無量劫習法⁸⁷⁾

爾時大通智勝如來 受十方諸梵天王及十六王
子請 即時三轉十二行法輪⁸⁸⁾——若沙門 婆羅門
若天 魔 梵及餘世間所不能轉⁸⁹⁾——謂是苦⁹⁰⁾ 是
苦集 是苦滅 是苦滅道 及廣說十二因緣
法⁹¹⁾——無明緣⁹²⁾行 行緣識 識緣名色 名色緣六
入 六入緣觸 觸緣受 受緣愛 愛緣取 取緣有 有
緣生 生緣老死憂悲苦惱 無明滅則行滅 行滅則
識滅 識滅則名色滅 名色滅則六入滅 六入滅則
觸滅 觸滅則受滅 受滅則愛滅 愛滅則取滅 取滅
則有滅 有滅則生滅 生滅則老死憂悲苦惱滅
　佛於天人大衆之中說是法時 六百萬億那由他
人 以不受一切法⁹³⁾故 而於諸漏心⁹⁴⁾得解脫 皆得
深妙禪定⁹⁵⁾ 三明 六通⁹⁶⁾ 具八解脫⁹⁷⁾ 第二 第三
第四說法時 千萬億恒河沙那由他等衆生 亦以
不受一切法故 而於諸漏心得解脫 從是已後 諸
聲聞衆 無量無邊不可稱數
　爾時十六王子——皆以童子出家而為沙彌⁹⁸⁾

諸根通利[99] 智慧明了 已曾供養百千萬億諸佛
淨修梵行 求阿耨多羅三藐三菩提──俱白佛言
　世尊 是諸無量千萬億大德聲聞 皆已成就 世
尊亦當為我等說阿耨多羅三藐三菩提法 我等聞
已 皆共修學 世尊 我等志願如來知見[100] 深心所
念 佛自證知

　爾時轉輪聖王[101]所將眾中八萬億人 見十六王
子出家 亦求出家 王即聽許

　爾時彼佛 受沙彌請 過二萬劫已 乃於四眾之
中說是大乘經 名妙法蓮華 教菩薩法 佛所護念
說是經已 十六沙彌為阿耨多羅三藐三菩提故
皆共受持 諷誦[102]通利[103] 說是經時 十六菩薩沙
彌皆悉信受 聲聞眾中 亦有信解[104] 其餘眾生千
萬億種 皆生疑惑 佛說是經 於八千劫未曾休廢
說此經已 即入[105]靜室 住於禪定八萬四千劫 是
時十六菩薩沙彌 知佛入室寂然禪定 各昇法
座[106] 亦於八萬四千劫 為四部眾 廣說分別[107]妙
法華經 一一皆度六百萬億那由他恒河沙等眾生
示教利喜[108] 令發阿耨多羅三藐三菩提心

　大通智勝佛過八萬四千劫已 從三昧起 往詣法
座安詳[109]而坐 普告大眾

是十六菩薩沙彌 甚為希有 諸根通利 智慧明
了 已曾供養無量千萬億數諸佛 於諸佛所 常修
梵行 受持佛智 開示眾生 令入其中[110] 汝等皆當
數數[111] 親近而供養之 所以者何 若聲聞 辟支佛
及諸菩薩 能信是十六菩薩所說經法 受持不毀
者 是人皆當得阿耨多羅三藐三菩提 如來之慧

해석

부처님께서 모든 비구들에게 말씀하셨다.

"대통지승여래께서 아뇩다라삼먁삼보리를 증득(證得)하
셨을 때에 시방(十方)에서 제각기 5백 만억(萬億) 부처님 세
계가 여섯 가지로 진동(震動)하고 그 나라 가운데 유명(幽
冥:매우 어두움)한 곳에는 해와 달의 위광(威光)이 비출 수 없
는 곳도 모두가 크게 광명(光明)하였다. 중생들은 서로 쳐
다보면서 모두가 말하기를 '이런 일이 어떻게 갑자기 일어
나는가? 또한 그 나라는 모든 하늘의 궁전과 범천(梵天)의
궁전까지 여섯 가지로 진동하며 큰 광명이 고르게 비추어
세계를 두루 원만(圓滿)하게 하니 모든 하늘의 광명보다도
더 밝았다.'"

그 때에 동쪽 오백 만억 모든 불국토 속에서 범천 궁전(宮
殿)까지 광명이 비추었는데, 평상시 보다 배나 밝았다. 모

든 범천왕들이 제각기 생각하기를 '지금 이 궁전에 비추는 광명은 예전에 일찍이 없었던 것이니 어떤 인연으로 이런 상서로움이 일어나는가?' 그때에 모든 범천왕 등이 제각기 서로 참배하고는 이 일을 함께 의논하였다. 이 때에 그 대중 속에 위대한 범천왕 한 분이 있었는데 이름은 구일체(救一切)였으며, 모든 범천의 무리들을 위하여 게송으로 말하였다.

우리들의 모든 궁전(宮殿)에는
이런 광명이 일찍이 없었는데,
이 어떤 인연인지 제각기 함께 찾아보자.
위대한 덕이 있는 분이 태어나심인가
부처님이 태어나심인가?
이 위대한 광명으로 시방을 두루 비추는구나.

그때에 500 만억 국토에 모든 범천왕(梵天王)들이 궁전(宮殿)과 하늘 꽃을 가득 담은 그릇을 가지고 서방(西方)으로 가서 이 현상(現相)을 찾아갔다. 대통지승여래께서 도량의 보리수나무 아래 사자좌(師子座)에 앉으셨고, 제천(諸天)·용왕(龍王)·건달바·긴나라·마후라가·인·비인(人·非人)들이 그 주위에 둘러서서 공경하면서 16왕자가 부처님께 법륜(法輪)을 윤전(輪轉)하여 주심을 청하는 것을 보았다. 이때에 범천왕들도 바로 머리를 숙여 부처님께 예배하고 부처님 주위를 백천 번이나 돌며, 하늘 꽃을 부처님 위에 흩으니 그 흩어진 꽃은 수미산과 같았으며, 아울러 부처님이 앉으신 보리수에도 공양하니 그 보리수의 높이는 10유순(由旬)이었다.

꽃 공양을 마치고는 제각기 궁전을 부처님께 받들어 올리면서 말씀드렸다.

"저희들을 불쌍히 여기시고 저희를 요익(饒益)하게 하십시오. 봉헌(奉獻)한 궁전을 받아 주시기를 바랍니다."

이때에 모든 범천왕들이 부처님 앞에서 오롯한 마음과 음성의 게송으로 말하였다.

세존께서는 매우 희유(稀有)하여

만나 뵈옵기 어려우며,

무량한 공덕을 갖추시고 일체를 구호(救護)하십니다.

천인(天人)의 위대한 스승이 되어

세간을 어여삐 여기시며,

시방의 모든 중생들을 고루 요익(饒益)하게 하십니다.

저희들은 예전부터 오백 만억 국토에서

깊은 선정(禪定)의 즐거움도 모두 버린 것은

부처님을 공양(供養)하려 한 연고(緣故)입니다.

저희들의 선세(先世) 복덕으로

궁전이 매우 엄식(嚴飾)한 것을

이제사 세존(世尊)께 바치오니

원하는 것을 어여삐 여겨 받아 주십시오.

그때에 모든 범천왕들이 게송으로 부처님을 찬탄하는 것을 마치고 제각기 이런 말을 하였다.

"발원하는 것은 세존께서 법륜을 윤전하시어 중생을 제도하고 열반의 길을 개시하시는 것입니다."

이때에 모든 범천왕이 오롯한 마음으로 목소리를 같이하여 게송으로 말하였다.

세상의 영웅(英雄) 양족존(兩足尊)이시여!

발원하오니 법을 연설(演說)하시어

위대한 자비(慈悲)의 능력으로

고뇌(苦惱)하는 중생(衆生)을 제도(濟度)하소서.

그때에 대통지승여래께서 묵연(默然)히 허락(許諾)하셨다.

모든 비구들아! 동남방에 있는 5백 만억 국토에 모든 대범천왕들이 제각기 자기 궁전에 광명이 비추는 것을 보았는데 예전에 없던 일이었다. 이에 환희하고 뛰도록 기뻐하며, 희유한 마음을 일으키고 제각기 서로 참배하며, 이런 일을 의논하였는데, 그때에 대중 속에 하나의 대범천왕(大梵天王)이 있었는데 이름은 대비(大悲)였으며, 모든 범중(梵衆)들을 위하여 게송으로 말하였다.

이 일은 어떤 인연(因緣)으로
일어나는 현상입니까?
저희들의 모든 궁전(宮殿)에는
이런 광명 예전에는 없었습니다.
대덕(大德)이 태어나심입니까?
부처님이 출현하심입니까?
일찍 보지 못한 이런 현상(現相)을
오롯한 마음으로 찾으렵니다.
천만 억 많은 국토 지나면서
광명 찾아 모두 이를 추구하며,
많은 부처님의 출세는
고통 받는 중생을 도탈(度脫)하게 함일 것입니다.

그때에 오백 만억의 모든 범천왕(梵天王)들이 궁전과 제각기 하늘 꽃을 담은 그릇을 가지고 서북방으로 함께 가서 이런 현상을 찾아다니다가 대통지승여래가 도량의 보리수 아래 사자좌에 앉아 계심과 제천(諸天)·용왕·건달바·긴다라·라후라가·인·비인(人·非人)들이 공경하며 위요(圍繞)하면서 16왕자들이 부처님께 법륜을 윤전하기를 청하는 것을 보았다. 이때에 모든 범천왕(梵天王)들은 머리를 부처님 발에 대고는 주위를 백천(百千) 번 돌고 하늘 꽃을 부처님 위에 흩었으니 수미산과 같았다. 아울러 부처님의 보리수에도 공양하였다, 꽃 공양을 마치고 제각기 궁전을 부처님께 바치면서 이렇게 말을 하였다.

"세존께서는 저희를 어여삐 여기시고 저희를 이익되게 하시오니 헌납(獻納)하는 궁전을 받아주시기를 바랍니다."

그때에 모든 범천왕들이 부처님 앞으로 나아가서 오롯한 마음으로 같은 목소리를 내어 게송으로 말하였다.

　　성주(聖主)이신 천중왕(天中王)께서
　　가릉빈가(迦陵頻伽) 음성으로
　　중생을 어여삐 여기시니
　　저희들은 이제 공경(恭敬)의 예를 갖춥니다.
　　세존(世尊)은 매우 희유(稀有)하시어
　　매우 오랜만에 한 번 출현(出現)하시는데,

180겁을 헛되이 보내는 동안
부처님이 계시지 않았습니다.

삼악도(三惡道)는 충만(充滿)하고
모든 천중(天衆)들은 감소(減少)하며,
이제 부처님께서 세상에 출현하시니
중생의 눈에 띠게 되었습니다.
세간에 귀의(歸依)한 의의(意義)는
일체를 구호함이며,
중생의 어버이 되어 어여삐 여기며,
요익하게 하십니다.
저희들은 지난 세상 복의 경사로
이제야 세존을 만나게 되었나이다.

그때에 모든 범천왕들이 게송으로 부처님을 찬탄하는 것
을 마치고 제각기 이렇게 말하였다.
"세존이시여! 일체 중생을 어여삐 여기시어 법륜(法輪)을
윤전(輪轉)하시어 중생들을 도탈하게 하십시오."
이에 모든 범천왕들은 오롯한 마음으로 목소리를 같이하
여 게송으로 말하였다.

위대한 성인(聖人)이 법륜(法輪)을 윤전(輪轉)하시어
모든 법상(法相)을 현시(顯示)하시고
고뇌(苦惱)의 중생을 제도(濟度)하시어
위대한 환희(歡喜)를 얻게 하소서.
중생들은 이런 법을 듣고 진리를 얻어
천상(天上)에 태어나며,
모든 악도(惡道)는 감소하고 인욕(忍辱)하면서
항상 옳은 것에 힘쓰는 사람이 늘어날 것입니다.

그때에 대통지승여래께서 묵연히 허락하셨다.

또 여러 비구들아! 남방(南方)으로 5백 만억 국토에 제각각의 궁전에 빛이 비추는 것을 보는데 예전에는 없었으니 환희하면서 희유한 마음을 일으키고 제각기 서로 참배하면서 이런 일을 함께 의논하였다.

"어떤 인연으로 우리들 궁전에 이런 광명이 비치는가?"

그 대중에는 한 범천왕이 있었는데 이름이 묘법(妙法)이었으며, 모든 대중들을 위하여 게송으로 말하였다.

우리들의 모든 궁전에
광명(光明)이 매우 밝게 비추니
이는 인연이 없지 않을 것이며,

이 현상을 당연히 추구(推究)하여야 합니다.

100겁을 지나도록 이런 현상을 보지 못하였으니

대덕(大德)이 태어나심인가,

부처님이 출현(出現)하심인가?

그때에 5백 만억의 모든 범천왕들이 궁전과 갖가지 하늘 꽃을 담은 그릇을 가지고 북쪽으로 함께 가서 이런 현상(現相)을 추심(推尋)하다가 대통지승여래가 도량에서 보리수 아래에 앉아 계시면서 제천(諸天)·용왕·건달바·긴나라·마후라가·인·비인(人·非人)들은 공경을 하면서 위요(圍繞)하고, 16왕자가 부처님께 법륜을 윤전하시기를 청하는 것을 보았다. 이때에 모든 범천왕들도 머리를 숙여 부처님께 예배하고 부처님 주위를 백천 번 돌고는 바로 하늘 꽃을 부처님 계신 곳에 뿌렸는데 흩어진 꽃이 수미산과 같았으며, 아울러 부처님의 보리수에도 공양을 하였다. 제각기 가지고 온 궁전을 그 부처님께 받들어 올리며 이렇게 말하였다.

"저희들을 어여삐 여기시고 요익되게 하여 주십시오. 궁전을 봉헌하는 바이니 받아주십시오."

이때에 모든 범천왕들이 바로 부처님 앞에 나아가 오롯한 마음으로 목소리를 같이하여 게송으로 말하였다.

세존(世尊)은 모든 번뇌를 파멸(破滅)하시는 분이시니

만나 뵙기 어렵지만

130겁을 지나다가 이제야 뵙게 됐습니다.

모든 기갈(飢渴)하는 중생을 법으로 충만하게 하시니

일찍이 보지 못하던 무량한 지혜입니다.

우담바라(優曇鉢羅)꽃과 같아

오늘에야 만났습니다.

광명 입어 엄식(嚴飾) 된 저희들 모든 궁전을

세존의 위대한 자비(慈悲)로 받아주시길 바랍니다.

그때에 모든 범천왕들이 게송으로 부처님 찬탄을 마치고는 제각기 말하였다.

"세존께서 법륜을 윤전(輪轉)하시기를 희망하며 일체 세간의 천마(天魔)와 범천(梵天), 사문(沙門)과 바라문(婆羅門) 모두가 안은(安隱)하게 도탈을 획득하였으면 합니다."

이때에 모든 범천왕들이 오롯한 마음으로 목소리를 같이하여 게송으로 말하였다.

천인(天人)의 존자(尊者)에게 바라오니

무상(無上)한 법륜(法輪)을 윤전(輪轉)하시어

큰 법고(法鼓)를 두드리고 큰 법라(法螺)를 부시며,

고르게 큰 법우(法雨)를 내리시어
무량한 중생을 제도하소서.
저희들 모두가 귀의(歸依)하며 바라는데
당연히 깊고 원대한 음성으로 연설(演說)하소서.

그때 대통지승여래께서 묵연히 이를 허락하셨다. 서방과 하방 세계도 역시 이와 같았다.

그때에 상방(上方)으로부터 5백 만억 국토에 모든 범천왕들이 자기가 있던 궁전에 광명이 비추는 것을 보았는데, 일찍이 없었던 일이었다. 환희하고 용약(踊躍)하면서 희유한 마음을 일으키고 제각기 서로 참배하며 이 일을 논의하였다.

"어떤 인연으로 우리 궁전에 이런 광명이 있는가?"

이때에 그 속에 대범천왕이 있었는데 이름은 시기(尸棄)였으며, 모든 범천의 중생들을 위하여 게송으로 말하였다.

이게 어떤 인연인가?
우리들 모든 궁전마다 위덕(威德)과 광명이 비추고
장엄(莊嚴)하게 장식(裝飾)함이 없던 일이었네.
이와 같은 미묘한 현상은 예전에 보지 못하였는데,
대덕(大德)이 하늘에서 태어남인가?

부처님이 세간(世間)에 출현(出現)하심인가?

그때에 5백 만억의 범천왕들이 궁전과 갖가지 하늘 꽃을 담은 그릇을 가지고 함께 하방(下方)으로 내려가 이런 현상을 추심(推尋)하다가 대통지승여래가 도량의 보리수 아래 사자좌에 앉아 제천(諸天)·용왕·건달바·긴나라·마후라가·인·비인(人·非人)들이 공경하여 위요(圍繞)하며, 16왕자는 법륜을 운전하기를 청하는 것을 보았다. 그때에 모든 범천왕들은 머리를 숙여 부처님께 예배하고는 부처님 주위를 백천(百千) 번이나 돌면서 하늘 꽃을 부처님 위에 흩었는데, 그 꽃이 수미산과 같았다. 아울러 부처님이 계신 보리수에도 공양하였다. 꽃 공양을 마치고 제각기 궁전을 부처님께 봉헌하면서 이렇게 말하였다,

"저희들을 어여삐 여기시고 요익(饒益)하게 하여 주십시오. 궁전을 봉헌(奉獻)하오니 받아 주십시오."

이때에 모든 범천왕들이 부처님 앞에서 오롯한 마음으로 음성을 같이하여 게송으로 말씀드렸다.

옳지! 모든 부처님은 세상을 구제하는
성스러운 존자(尊者)이십니다!
삼계(三界)의 지옥에서 모든 중생들을

구출하시기 위해 노력하십니다.

일체 지혜를 구비(具備)하신 존자시여!

어린 중생들을 어여삐 여기시며,

감로법(甘露法)을 개시(開示)하여

일체를 제도하십시오.

예전에는 무량겁이 지나도록 부처님이 안 계셨습
니다.

세존이 계시지 않았을 때에는

시방(十方)은 어둡고 어두웠으니

삼악도(三惡道)가 증장(增長)하여

아수라(阿修羅)도 치성(熾盛)하였습니다.

모든 천중(天衆)들은 줄어들고 죽어서

많은 중생들이 악도(惡道)에 떨어졌습니다.

부처님 따라 법을 듣지 않고

항상 착한 일을 외면하며,

체력(體力)과 지혜(智慧) 또한 모두가 줄어들었습니다.

죄업(罪業)의 인연들로 즐거움과

즐거운 생각조차 잊게 되고

사견법(邪見法)에 머물며 옳은 진리를 몰랐습니다.

부처님의 교화(敎化)를 못 입어서
항상 악도(惡道)에 떨어지고
세간(世間)의 눈이신 부처님께서
오랜만에 출현(出現)하셨습니다.
모든 중생 어여삐 여기시어
세간(世間)에 출현하셨습니다.
초출(超出)하여 정각(正覺)을 성취하시니
저희들은 매우 기뻐 경축(慶祝)드립니다.

그 밖에 일체중생 환희(歡喜)하는 것은
일찍이 없던 일이오니,
광명 받아 장엄 된 저희들의 모든 궁전(宮殿)을
이제 세존께 봉헌(奉獻)하오니 받아만 주옵소서.
이 공덕으로 일체 보급(普及)하기를 바라면서
저희들과 중생들은 모두 성불하기를 기원합니다.
　그때에 5백 만억의 모든 범천왕들이 게송으로 부처님 찬
탄을 마치고 제각기 부처님께 말씀드렸다.
　"세존이시여! 법륜을 윤전하시어 모두가 안온하고 도탈
하게 해 주시기를 바랍니다."
　이에 모든 범천왕들이 게송으로 말하였다.

세존(世尊)이시여! 법륜(法輪)을 윤전하시고

감로(甘露)의 법고(法鼓)를 치시며,

고뇌(苦惱)하는 중생을 제도하시고자

열반도(涅槃道)를 개시(開示)하십시오.

오로지 저희들이 청하는 법음(法音)을

크게 미묘한 음성으로 받고자 하오니

어여삐 여기시어 부연(敷演)하시면

무량한 겁에 수습(修習)하는 법을 받아들이고자

합니다.

그때에 대통지승여래께서 시방에서 모든 범천왕(梵天王)과 16왕자(王子)의 청을 받으시고는 바로 삼전(三轉)과 12행(行)의 법륜(法輪)을 윤전하시니 사문(沙門)·바라문(婆羅門)·천(天)·마(魔)·범천(梵天) 그리고 다른 세간에서는 윤전할 수 없는 것을 말하였는데, 이는 고(苦)이고 고가 모이는 것(苦集)이며, 고가 없어지는 것(苦滅)이고 고를 없애는 길(苦滅道)이다.

범위를 넓혀서 12인연법(因緣法)을 말하였는데, 무명(無明)의 결과는 행(行)이고 행의 결과는 식(識)이며, 식의 결과는 명색(名色)이고 명색의 결과는 육입(六入)이며, 육입의 결과는 촉(觸)이고 촉의 결과는 수(受)이며, 수의 결과는 애(愛)이고 애의 결과는 취(取)이며, 취의 결과는 유(有)이고 유의 결과는 생(生)이며, 생의 결과는 노사(老死)와 우비(憂悲), 고뇌(苦惱)이다. 무명이 없어지면 행이 없어지고 행이 없어지면 식이 없어지며, 식이 없어지면 명색이 없어지고 명색이 없어지면 육입이 없어지며, 육입이 없어지면 촉이 없어지고 촉이 없어지면 수가 없어지며, 수가 없어지면 애가 없어지고, 애가 없어지면 취가 없어지며, 취가 없어지면 유가 없어지고 유가 없어지면 생이 없어지며, 생이 없어지면 노사와 우비, 고뇌가 없어진다.

부처님이 천인(天人) 대중들 속에서 이런 설법을 하였을 때에 6백만의 나유타 사람들이 일체법(一切法)을 받아들이지 않는 까닭으로 모든 번뇌심에서 해탈(解脫)을 증득하였고, 모두가 심오(深奧)하고 미묘(微妙)한 선정(禪定)·삼명(三明)·육통(六通)·8해탈(解脫)을 구비하였다. 둘째, 셋째, 넷째 설법을 할 때에도 천만 억 항하의 모래 같은 나유타 중생들이 또한 일천 번을 받아들이지 않는 까닭으로 모든 번뇌심에서 해탈을 증득하였다. 그 후로 여러 성문(聲聞) 대중들도 한량없고 끝이 없어 그 수를 헤아릴 수가 없다.

그때 16왕자들이 동자(童子)로 출가하여 사미(沙彌)가 되었고 육근(六根)이 영리하고 지혜가 명료(明瞭)하여 일찍이 백천만 억 모든 부처님께 공양하였으며, 청정하게 범행(梵行)을 수습하여 아뇩다라삼먁삼보리법을 간구(懇求)하면서 함께 부처님께 여쭈었다.

"세존이시여! 이 무량(無量)한 천만 억 대덕 성문들이 모두 이미 성취하였습니다. 세존이시여! 또 저희들을 위하여 아뇩다라삼먁삼보리법을 말씀하시면 저희들은 듣고 모두 함께 수학(修學)하겠습니다. 세존이시여! 저희들 의지(意志)로 원하는 여래지견(如來知見)과 깊은 마음으로 생각하는 바를 부처님은 스스로 증득하여 아십니다."

그때 전륜성왕(轉輪聖王)이 데리고 온 대중에 8만 억 사람들이 16왕자가 출가(出家)한 것을 보고 역시 출가하려하자 왕도 역시 허락하였다.

그때 부처님께서 사미(沙彌)들의 간청(懇請)을 받아들이시고 2만 겁을 지나 사부대중(四部大衆)들에게 대승경(大乘經)을 말씀하시니 그 이름이 묘법연화경(妙法蓮華經)이니, 보살을 교화(敎化)하는 법이며 부처님이 호념(護念)하는 것이다. 이 경전을 설명하는 것을 마치자 16사미들은 아뇩다라삼먁삼보리를 얻으려는 까닭에 모두 함께 수지(受持)하고 풍송(諷誦)하니 모두에게 이익이 되었다. 이 경을 설명하려고 할 때에 16보살 사미들 모두가 믿고 받아들이고 성문 대중 속에서도 역시 믿고 이해하는 사람이 있었으며, 그 외에 중생들 천만 억의 부류(部類)가 되는 중생들이 의혹(疑惑)의 마음을 일으켰다. 부처님께서 이 경전을 설명하신 게 8만

겁 동안을 쉬지 않았고, 이 경전을 모두 설명하시고는 바로 고요한 방에 들어가시어 8만 4천겁을 선정(禪定)에 머무르셨다. 그때에 16보살 사미들도 부처님께서 적정(寂靜)한 방에 들어가 적연(寂然)하게 선정(禪定)함을 알고 제각기 법좌(法座)에 올라가 역시 8만4천겁 동안을 사부대중을 위하여 널리 말하면서 묘법화경(妙法華經)을 분별(分別)하였다. 하나하나가 모두 6백 만억 나유타 항하의 모래 같은 중생들을 제도하고 가르침을 개시(開示)하여 모두를 이익하게 하는 기쁨에서 아뇩다라삼먁삼보리를 일으키게 하였다.

대통지승부처님이 8만 4천겁을 지내시고 법으로 나아가 편안하게 앉아서 대중들에게 말씀하셨다.

"여기 16보살사미들은 매우 희유하게 육근(六根)이 영리하고 지혜(智慧)도 명료(明瞭)하며, 일찍이 무량한 천 만억의 모든 부처님께 공양하다. 모든 부처님 계신 곳에서 항상 범행(梵行)을 수습(修習)하고 부처님 지혜를 수지(受持)하면서 중생들에게 개시(開示)하여 그 속에 증입(證入)하게 한다. 그대들도 당연히 자주자주 친근(親近)하여 공양해야만 한다. 왜냐하면 만약 성문(聲聞)과 벽지불(辟支佛)과 보살들이 이 16보살이 경법(經法)을 말한 것을 믿고 수지(受持)하면서 훼손(毁損)하지 않는 사람 모두는 아뇩다라삼먁삼보리인 여래의 지혜를 증득하기 때문이다."

⑷ 16위⑰의 왕자와 그 제자들이 간난(艱難)하며 불법을 배
　운 후에 또 하나의 화성(化城)의 비유를 사용하여 부처님
　께서 일불승(一佛乘)을 삼승(三乘)으로 분별하여 설명한
　목적은 중생들이 느슨하게 불법을 오랫동안 배우는 길
　에서 하나의 휴식(休息)의 기회를 주는 것으로 바로 최종
　목적지에 이르게 하고자 한 것임을 말하고 있다.

　佛告諸比丘 是十六菩薩 常樂說是妙法蓮華經
一一[112]菩薩所化六百萬億那由他恒河沙等衆生
世世所生與菩薩俱 從其聞法 悉皆信解 以此因
緣 得值四百萬億諸佛世尊 于今不盡
　諸比丘 我今語汝 彼佛弟子十六沙彌 今皆得
阿耨多羅三藐三菩提 於十方國土現在說法 有
無量百千萬億菩薩 聲聞 以為眷屬 其二[113]沙彌
東方作佛 一名阿閦[114] 在歡喜國 二名須彌頂[115]
東南方二佛 一名師子音[116] 二名師子相[117] 南方
二佛 一名虛空住[118] 二名常滅[119] 西南方二佛 一
名帝相[120] 二名梵相[121] 西方二佛 一名阿彌陀[122]
二名度一切世間苦惱[123] 西北方二佛 一名多摩
羅跋栴檀香神通[124] 二名須彌相[125] 北方二佛 一
名雲自在[126] 二名雲自在王[127] 東北方佛 名壞一

切世間怖畏¹²⁸⁾ 第十六 我釋迦牟尼佛 於娑婆國
土成阿耨多羅三藐三菩提

　諸比丘 我等為沙彌時 各各教化無量百千萬億
恒河沙等眾生 從我聞法 為阿耨多羅三藐三菩
提 此諸眾生 于今有住聲聞地¹²⁹⁾者 我常教化阿
耨多羅三藐三菩提 是諸人等 應以是法漸入佛
道 所以者何 如來智慧 難信難解 爾時¹³⁰⁾所化無
量恒河沙等眾生者 汝等諸比丘 及我滅度後未
來世中聲聞弟子是也 我滅度後 復有弟子不聞
是經 不知不覺¹³¹⁾菩薩所行 自¹³²⁾於所得功德生
滅度想 當入涅槃 我於餘國¹³³⁾作佛 更有異名 是
人雖生滅度之想入於涅槃 而於彼土求佛智慧
得聞是經 唯以佛乘¹³⁴⁾而得滅度 更無餘乘 除諸
如來¹³⁵⁾方便說法

　諸比丘 若如來自知涅槃時到 眾又清淨 信解
堅固 了達空法 深入¹³⁶⁾禪定 便集諸菩薩及聲聞
眾 為說是經 世間無有二乘而得滅度 唯一佛乘
得滅度耳 比丘當知 如來方便 深入眾生之性 知
其志樂小法 深著五欲 為是等故說於涅槃¹³⁷⁾ 是
人若聞 則便信受

　譬如五百由旬險難惡道 曠絕無人 怖畏之處

若有多衆 欲過此道至珍寶處[138) 有一導師 聰慧
明達 善知險道通塞之相[139) 將導衆人欲過此難
所將人衆中路懈退 白導師言 我等疲極 而復怖
畏 不能復進 前路猶遠 今欲退還 導師多諸方便
而作是念 此等[140) 可愍 云何捨大珍寶而欲退還
作是念已 以方便力 於險道中過三百由旬 化作
一城[141) 告衆人言 汝等勿怖 莫得退還 今此大城
可於中止 隨意所作 若入是城 快得安隱 若能前
至寶所 亦可得去 是時疲極之衆 心大歡喜 歎未
曾有 我等今者免斯惡道 快得安隱 於是衆人前
入化城 生已度想[142) 生安隱想[143) 爾時導師 知此
人衆既得止息 無復疲惓 即滅化城 語衆人言 汝
等去來[144) 寶處在近 向者[145) 大城 我所化作 為止
息耳

　諸比丘 如來亦復如是 今為汝等作大導師 知
諸生死煩惱惡道險難長遠 應去[146) 應度 若衆生
但[147) 聞一佛乘者 則不欲見佛 不欲親近 便作是
念 佛道長遠 久受勤苦乃可得成 佛知是心怯弱
下劣 以方便力 而於中道為止息故 說二涅槃[148)
若衆生住於二地[149) 如來爾時即便為說 汝等所
作未辦[150) 汝所住地 近於佛慧 當觀察籌量[151) 所

得涅槃非眞實也 但是如來方便之力 於一佛乘
分別說三 如彼導師 爲止息故 化作大城 旣知息
已 而告之言 寶處在近 此城非實 我化作耳

해석

　부처님께서 모든 비구에게 말씀하셨다.

　"여기 16보살들은 항상 묘법연화경을 즐겨 설법(說法)하고 하나하나 보살이 교화한 6백 만억(萬億) 나유타(那由他) 항하의 모래 같은 중생들은 태어나는 세상마다 보살들과 함께 태어나서 그들을 따라 법을 듣고 모두 믿고 이해하였으며, 이런 인연으로 4백 만억 여러 부처님과 세존을 만나 보는 것을 지금까지도 다하지 않았다."

　모든 비구들아! 내가 이제 너희에게 말하겠다.

　"그 부처님 제자 16명의 사미(沙彌)들은 이제 모두 아뇩다라삼먁삼보리를 증득하여 시방 국토에서 현재까지 설법을 하여 한량없는 백천만 억의 보살(菩薩)과 성문(聲聞)들이 권속(眷屬)이 되었다. 거기에서 두 명의 사미는 동방에서 부처님이 되었으니 첫째 이름은 아축(阿閦)으로 환희국(歡喜國)에 있으며, 둘째 이름은 수미정(須彌頂)이었다. 동남방에도 부처님 두 분이 계시니 첫째는 사자음(師子音)이고 둘째는 사자상(師子相)이다. 남방에도 부처님 두 분이 계시니 첫째는 허공주(虛空住)이고 둘째는 상멸(常滅)이다. 서남방에도 부처님 두 분이 계시니 첫째는 제상(帝相)이고 둘째는 범상(梵相)이다. 서방에도 부처님 두 분이 계시니 첫째는 아미타(阿彌陀)이고 둘째는 도일체세간고뇌(度一切世間苦惱)이다. 서북방에도 부처님 두 분이 계시니 첫째는 다마라발전당향신통(多摩羅跋栴檀香神通)이고 둘째는 수미상(須彌相)이다. 북방에도 부처님 두 분이 계시니 첫째는 운자재(雲自在)이고 둘째는 운자재왕(雲自在王)이다. 동북방에도 부처님 두 분이 계시니 첫째는 괴일체세간포외(壞一切世間怖畏)이고 동북방의 두 번째이자 전체의 16번째인 부처님은 나 석가모니부처이니 사바세계에서 아뇩다라삼먁삼보리를 성취하였다. 모든 비구들아! 내가 사미로 있을 때에 제각기 교화한 무량한 백천만 억 항하사와 같은 중생들이 나를 따라 법을 듣고 아뇩다라삼먁삼보리를 성취하였다. 이 모든 중생들이 현재 성문의 지위에 있을 때에 나는 아뇩다라삼먁삼보리로 교화(敎化)한다. 이 모든 사람들이 반드시 이 법으로 불도(佛道)에 들게 된다. 왜냐하면 여래의 지혜는 믿기 어렵고 이해하기 어렵다."

그때 교화한 무량한 항하의 모래 같은 중생들은 바로 너희들 비구와 내가 멸도(滅度)한 후 미래 세상에 태어날 성문(聲聞) 제자들이다. 내가 멸도한 후 어떤 제자가 이 경을 듣지 못하고 보살이 수행할 도리를 알지도 못하고 깨닫지도 못하면서 스스로 얻은 공덕으로 멸도(滅度)하였다는 생각을 내면 마땅히 열반에 증입(證入)한다. 내가 다른 나라에서 이름을 달리하여 성불할 것이니 이 사람이 비록 멸도하였다는 생각을 내어 열반(涅槃)에 들었으나, 그 국토에서 부처님의 지혜(智慧)를 다시 구하면 이 경을 얻어 듣게 된다. 그러므로 오로지 불승(佛乘)으로써 멸도를 증득할 뿐 그 외에 다른 승(乘)은 없는데, 여러 부처님께서 방편으로 설명한 것은 제외(除外)한다.

모든 비구들아! 만약 여래가 열반(涅槃)할 때에 이르러 대중들이 청정(淸淨)하고 믿는 견해가 견고(堅固)하고 공법(空法)을 깨닫고 선정(禪定)에 깊이 들어가면 바로 모든 보살과 성문들이 모여 이 경전을 말한다. 세간에는 이승(二乘)으로 멸도(滅度)하는 것은 없고 오로지 일불승(一佛乘)만으로 멸도한다고 한다.

당연히 알아야 한다. 여래께서는 방편으로 중생의 성품까지 깊이 들어가 그들의 의지(意志)가 소승법(小乘法)으로 오욕(五欲)에 깊이 염착하려는 것을 아시고 그들을 위하여 열반법(涅槃法)을 말씀하신다. 이 사람들이 만약 듣는다면 바로 믿고 받아들인다.

비유하면 500유순(由旬)이나 되는 험난(險難)하고 거친 길에 공허(空虛)함마저 끊어져 사람도 없어 두려운 곳에 많은 대중들이 지나다가 진귀(珍貴)한 보물이 있는 곳에 이르자 한 분의 도사(導師)가 있었으니 총명한 지혜로 매사를 밝게 통달하여 그 험난한 길이 막히고 통한 것을 잘 알고 있어 여러 사람을 거느리고 이 험난한 길을 통과하려고 하였다.

그런데 그 거느린 사람이 중도에서 나태(懶怠)함으로 그만 두려고 도사에게 말하였다,

"우리들은 매우 피곤하고 두려워서 더 나아가지 못가겠습니다. 갈 길이 아주 멀어 여기서 되돌아가고자 합니다."

도사는 모든 방편으로 이런 생각을 하였다.

"이들은 불쌍하구나. 왜 많은 진귀한 보배를 버리고 돌아가려고 하는가?"

이런 생각을 하고는 방편력으로 험난한 길을 3백 유순을 지나는 중에 하나의 성으로 변화하여 모든 사람에게 말하였다.

"그대들은 두려워하지 말고 되돌아가지도 말라. 이제 이 성에 들어가면 중지(中止)되어서 자기 뜻대로 할 수 있을 것이다. 이 성에 들어가면 즐겁고 안온(安穩)함을 얻고 앞으로 보물이 있는 곳에 이르면 얻을 수도 있을 것이다."

그때에 매우 피곤한 대중들은 마음으로 크게 환희하고 미증유(未曾有)함을 찬탄하고는 '이제 우리들은 이 험난한

길을 모면하고 즐겁고 안온하게 되겠네,'라고 생각하였다.
이 모든 사람들이 앞에 있는 변화로 된 성에 들어가 이미
제도(濟度)되었다는 생각으로 안온(安穩)하게 되었다. 이때
에 도사는 곧 변화로 이룬 성을 다시 없애고 여러 사람들
에게 말하였다.

"너희들도 출발하자. 보물 있는 곳이 가까워졌다. 앞에
있던 큰 성은 그대들을 휴식하게 하려고 내가 변화하여 만
든 것이었다."

모든 비구들아! 여래도 역시 이와 같아 이제 너희들을 위
하여 위대한 도사(導師)가 되어 모든 생사의 번뇌(煩惱)와
악도(惡道)는 험난하고 멀으니 반드시 벗어나야만 제도(濟
度)된다는 것을 알게 한다. 만약 중생들이 일불승(一佛乘)만
듣고 부처님을 만나려고 하지 않고 친근(親近)하려고 하지
않으면서 이런 생각을 한다.

'부처님이 되는 길은 멀고 멀어 오랫동안 고행(苦行)을 수
습(修習)하여야만 성불할 수 있다.'고. 그러므로 부처님께서
는 마음이 겁약(怯弱)하고 하열(下劣)한 것을 알고는 방편
능력으로 중도에서 쉬게 하시려고 두 가지 열반을 말씀하
신다. 만약 중생이 이지(二地)에 머무르면 여래는 그때 바
로 말하기를 '너희들은 할 바를 아직 변별(辨別)하지 못하였
고 너희들이 머문 곳은 부처의 지혜에 가까운 것이니 당연

히 관찰하여 이제 증득한 열반을 진실이 아니라고 생각하여라. 다만 여래가 방편력으로 일불승(一佛乘)을 분별하게 하려고 삼승(三乘)을 설명한 것일 뿐이다.'라고. 도사가 쉬게 하려고 변화하는 위대한 성을 만든 것과 같다. 쉬는 것이 다 되었으면 말하기를 '보물이 가까이 있다. 이 성은 진실이 아니고 내가 변화하여 만든 것일 뿐이다.'라고 한다.

⑤ 여기서는 위의 문장에서 중요한 대통지승부처님이 성불(成佛)하고 시방세계에서 중생들이 부처님이 되려는 것을 화성(化城)과 같다는 고사(故事)를 빌어 설명하고 있다.

原文

爾時世尊欲重宣此義 而說偈言
　　　大通智勝佛　　十劫坐道場
　　　佛法不現前　　不得成佛道
　　　諸天神龍王　　阿修羅衆等
　　　常雨於天華　　以供養彼佛

　　　諸天擊天鼓　　并作衆伎樂
　　　香風吹萎華　　更雨新好者

過十小劫已　　　乃得成佛道
諸天及世人　　　心皆懷踊躍[152)

彼佛十六子　　　皆與其眷屬
千萬億圍繞　　　俱行至佛所
頭面禮佛足　　　而請轉法輪
聖師子法雨　　　充我及一切

世尊甚難值[153)　久遠時一現
為覺悟群生　　　震動於一切
東方諸世界　　　五百萬億國
梵宮殿光曜　　　昔所未曾有

諸梵見此相　　　尋來至佛所
散花以供養　　　并奉上宮殿
請佛轉法輪　　　以偈而讚歎
佛知時未至　　　受請默然坐

三方[154)及四維[155)上下亦復爾
散花奉宮殿　　　請佛轉法輪
世尊甚難值　　　願以本慈悲[156)

廣開甘露門¹⁵⁷⁾　　轉無上法輪

無量慧世尊　　受彼眾人請
為宣種種法　　四諦十二緣
無明至老死　　皆從生緣有¹⁵⁸⁾
如是眾過患　　汝等應當知

宣暢是法時　　六百萬億姟¹⁵⁹⁾
得盡諸苦際¹⁶⁰⁾　　皆成阿羅漢
第二說法時　　千萬恒沙眾
於諸法不受　　亦得阿羅漢

從是後¹⁶¹⁾得道　　其數無有量
萬億劫算數　　不能得其邊
我等及營從¹⁶²⁾　　皆當成佛道
願得如世尊　　慧眼第一淨

佛知童子心　　宿世之所行
以無量因緣　　種種諸譬喻
時十六王子　　出家作沙彌
皆共請彼佛　　演說大乘法

說六波羅蜜¹⁶³⁾　　及諸神通事
分別真實法　　菩薩所行道
說是法華經　　如恒河沙偈
彼佛說經已　　靜室入禪定

一心一處坐　　八萬四千劫
是諸沙彌等　　知佛禪未出
為無量億衆　　說佛無上慧
各各坐法座　　說是大乘經

於佛宴寂¹⁶⁴⁾後　　宣揚助法化¹⁶⁵⁾
一一沙彌等　　所度諸衆生
有六百萬億　　恒河沙等衆
彼佛滅度後　　是諸聞法者

在在¹⁶⁶⁾諸佛土　　常與師俱生
是十六沙彌　　具足行佛道
今現在十方　　各得成正覺
爾時聞法者　　各在諸佛所

其有住聲聞　　漸教以佛道

我在十六數　　曾亦爲汝說
是故以方便　　引汝趣佛慧
以是本因緣　　今說法華經

令汝入佛道　　愼勿¹⁶⁷⁾懷驚懼
譬如險惡道　　逈絕多毒獸
又復無水草　　人所怖畏處
無數千萬衆　　欲過此險道

其路甚曠遠　　經五百由旬
時有一導師　　强識有智慧
明了心決定　　在險濟衆難
衆人皆疲倦　　而白導師言

我等今頓乏¹⁶⁸⁾　　於此欲退還
導師作是念　　此輩甚可愍
如何欲退還　　而失大珍寶
尋時¹⁶⁹⁾思方便　　當設神通力

化作大城郭　　莊嚴諸舍宅
周匝有園林　　渠流及浴池

重門高樓閣　　男女皆充滿
即作是化已　　慰衆言勿懼

汝等入此城　　各可隨所樂
諸人既入城　　心皆大歡喜
皆生安隱想　　自謂已得度
導師知息已　　集衆而告言

汝等當前進　　此是化城耳
我見汝疲極　　中路欲退還
故以方便力　　權化作此城
汝等勤精進　　當共至寶所

我亦復如是　　為一切導師
見諸求道者　　中路而懈廢
不能度生死　　煩惱諸險道
故以方便力　　為息[170]說涅槃

言汝等苦滅　　所作皆已辦
既知到涅槃　　皆得阿羅漢
爾乃集大衆　　為說真實法

諸佛方便力　　分別說三乘

唯有一佛乘　　息處故說二
今為汝說實[171]　汝所得非滅[172]
為佛一切智　　當發大精進
汝證一切智　　十力[173]等佛法
具三十二相　　乃是真實滅
　諸佛之導師　　為息說涅槃
既知是息已　　引入於佛慧

해석

　그때 세존께서 이 뜻을 선포하기 위하여 게송으로 말씀하셨다.

　대통지승(大通智勝) 여래께서
　10겁 동안을 도량에 앉아
　불법(佛法)이 현전(現前)하지 않아
　성불(成佛)하지 못한다.
　제천(諸天)·귀신(鬼神)·용왕(龍王)·아수라(阿修羅)들이
　항상 하늘 꽃을 내려 그런 부처님께 공양하네.

모든 천사(天使)들은 하늘 북을 울리고
아울러 모든 기악(伎樂)을 연주하네.
향기로운 바람은 시든 꽃을 불어제치고
다시 새롭고 좋은 꽃을 내린다네.
10소겁(小劫)을 지난 후에 불도(佛道)를 성취하고
하늘과 세상사람 마음을 모두 용약(踊躍)하게 하네.

저 부처님의 16왕자들 모두 권속과 함께,
천 만억이 위요(圍繞)하여
부처님 처소에 이르렀다네.
머리 숙여 예배하고 불법 가르침을 청하면서
'성자이시여! 법비를 내려
저와 모두를 충만하게 하옵소서.'
매우 만나기 어려운 세존(世尊)은
오랜 세월에 한 번이니
중생을 깨우치려고 일체를 진동(震動)하는구나.
동방의 모든 세계, 5백만억 국토마다
범천(梵天)의 궁전에 비친 광명 예전에 없었다네.

모든 범천들이 이런 현상을 보고
부처님 처소를 찾아가서

꽃을 흩어 공양하며 함께 궁전까지 봉헌하네.
부처님께 불법을 간청하며
게송으로 찬탄(讚歎)하네.
부처님은 때가 이르지 않았음을 아시고는
간청(懇請)을 받고도 말없이 앉아있네.

삼방(三方)·사유(四維)·상하(上下) 역시 이러하여
꽃을 흩고 궁전을 봉헌(奉獻)하며 불법을 간청하네.
만나기도 어려운 세존(世尊)은
위대한 자비의 원력으로
널리 감로문(甘露門)을 개시하여
무상한 법륜을 윤전한다네.
무량한 지혜(智慧)를 갖추신 세존(世尊)은
중생(衆生)의 간청(懇請)을 받아들이고는
갖가지 법을 선양(宣揚)하시면서
사제(四諦)·12인연(因緣)인
무명(無明)에서 노사(老死)에 이르기까지
모두가 삶을 따라 결과가 있는 것,
이와 같은 많은 환난(患難) 너희들은 알아야만 한다.

이런 법을 선양(宣揚)할 때에 6백만 억 해(垓),

모든 괴로움이 저버리고서야
모두 아라한이 되었다네.
두 번째 설법할 때에 천만 억 항사(恒沙)의 중생
세간법을 받아들이지 않고도
또한 아라한을 증득하였네.

이로부터 진리를 증득한 사람 수는 끝이 없었으며,
만억 겁(劫)을 헤아려도 그 끝을 알 수가 없다네.
16왕자 출가(出家)하여 사미(沙彌)가 되어
모두가 부처님께 간청(懇請)하기를
'대승법을 연설하시라'고.

우리들과 따르는 사람들,
모두 불도(佛道)를 성취하라니
발원(發願)하여 얻는 게 세존과 같으면
혜안(慧眼)이 제일 청정하며
부처님은 동자(童子)와 같은 마음으로
숙세(宿世)에 행한 일을 알고,
무량한 인연으로 갖가지 비유로서

육바라밀(六波羅蜜)과

모든 신통한 일에 미치기까지 말씀하신다.
진실법(眞實法)을 분별하면
보살이 진리를 수행하는 것이며,
이런 법화경(法華經)을 설법할 때에
항하사(恒河沙)와 같은 게송,
그 부처님 경전 설법(說法) 마치시고
고요한 방에서 선정(禪定)에 드셨다네.

오롯한 마음으로 한 곳에 앉기를 8만 4천 겁(劫),
모든 사미들은 부처님이 출정(出定)하지 않음을 알고
무량 억 중생들을 위하여
무상(無上)한 지혜를 말씀하시네.
제각기 법좌(法座)에 앉아 대승경을 설법하시네.

부처님이 조용히 입정(入定)한 후에는
선양(宣揚)하여 교화(敎化)를 도우며,
하나하나 사미들이 제도한 모든 중생,
6백만 억이니 항하사와 같구나.
그런 부처님 또한 멸도(滅度)한 후에
모두 이 법을 들은 사람.

자재한 모든 국토에 항상 스승과 함께 태어나리.
16사미 불도를 갖추어 실천하며,
지금 현재 시방에 있으면서 정각(正覺)을 이루었네.
그때에 법을 들은 이들은
부처님 처소에서 제각기 있었네.

성문(聲聞)에 있으면서 차차 불도를 가르쳤네.
내가 왕자로 있을 때에 그대 위해 말했으니
그런 연고인 방편으로 부처님의 지혜를 취한다네.
이런 본래 인연으로 이제 법화경을 말하였네.

너를 불도(佛道)에 증입(證入)하게 하려 하니
놀라거나 두려워하지 않는 게 매우 중요하다.
비유하면 험악한 길 인적도 끊기고 맹수도 많다.
또 물도 풀도 없어 두렵기 끝없는 곳,
무수한 천만 중생들이
이 험한 길을 지나가려 한다.

그 길은 멀고도 거친 길 지나가는데 500유순(由旬),
그때에 한 도사가 있었으니
지혜로움이 강하게 인식되는데,

명료한 마음으로 결정하길
험한 길에서 중생 제도 어렵다네.
중생들이 모두 피곤하여 도사에게 여쭙기를

'저희들은 이제 지치고 곤핍(困乏)하여
여기서 돌아가고 싶습니다.'
도사가 생각하길 '불쌍한 중생들이구나.
어찌하여 중도에 물러서서
많은 보배를 잃으려 하는가?'
때를 찾아 방편을 생각하고는 신통력을 시설하네.

변화로 지은 위대한 성, 장엄한 모든 저택(邸宅),
주위를 둘러싼 동산과 숲, 흐르는 냇물과 연못,
중문(重門)과 높은 누각(樓閣), 남녀가 모두 충만하며,
이런 변화를 마치고는 중생을 위로하며
두려워하지 말라 하네.

'너희들은 이 성에 들어가서
제각기 마음대로 즐겨라.'
모두가 성에 들어오자
마음으로 모두 크게 기뻐하면서

모두가 안온상(安穩想)을 일으키고
스스로 득도(得度)하였다 하네.
도사는 휴식(休息)을 다한 줄을 알고 나서
대중을 모아 놓고 하는 말

'너희들은 떠나가라. 여기는 변화한 성(城)이니
나는 너희들이 매우 피로하여
중도(中途)에 돌아가려 하여
방편력(方便力)으로 이 성을 만들었다.
너희들이 정진(精進)하면
당연히 모두 보물이 있는 곳에 이르리라.'

나도 역시 이와 같이 일체의 도사(導師)이다.
모든 구도자가 중도에서 게을러서 그만두면
생사를 제도하지 못함과
번뇌의 모든 험한 길을 보고는
방편력으로 휴식하게 하고는 열반(涅槃)을 말한다네.

너희들은 고통을 저버렸으니 모든 일을 다했노라.
열반에 이르렀으니
모두가 아라한(阿羅漢)임을 알리라.

이제 대중을 모아놓고 진실법(眞實法)을 말하는데
모든 부처님은 방편력으로 분별하여
삼승(三乘)을 말한다네.

오로지 일불승(一佛乘)만 있는데
휴식(休息)하게 하려는 까닭에 둘을 말하였네.
이제 너희들을 위하여 진실을 말하려니
너희들이 증득한 것은 진정한 멸도(滅度)가 아니라네.
부처님의 일체 지혜를 구비(具備)하려면
당연히 크게 정진(精進)하여야 하리니
너희들이 일체지(一切智)를 증득하고
십력(十力)과 같은 불법(佛法)을 증득하며
32상을 구비해야만 진실한 멸도(滅度)라네.
모든 도사이신 부처님은
쉬게 하려고 열반을 말씀하셨고
이미 다 쉬었으면 부처님 지혜로 인도(引導)하네.

1) 二: 대승과 소승을 말한다.

2) 三: 성문승, 연각승, 보살승을 말한다.

3) 諄諄: 자상하게 타이르는 모양.

4) 狐疑: 의심이 많아 선뜻 결정하지 못하고 머뭇거리는 것을 말한다.

5) 邊陲: 변경(變更)을 말한다.

6) 諸比丘: 500나한을 말한다.

7) 乃往過去: 아마득한 옛날을 말한다.

8) 大通智勝如來(Mahābhijñā-nabhibhu): 위대한 지혜를 통달하여 훌륭하 다는 의미이다.

9) 好成(Saṃbhavā): 생산할 수 있다는 뜻이며 기원(起源)을 의미한다.

10) 大相(Maharupā): 위대한 자태(姿態)가 있다는 뜻이다.

11) 三千大千世界: 5품 참고.

12) 地種: 대지(大地)를 말한다. 지수화풍(地水火風)이 생산하는 일체 사물 을 말한다. 이것에 만물의 씨앗이므로 사대(四大) 혹은 사대종(四大種) 이라 한다.

13) 算師: 수학자(數學者)를 말한다.

14) 邊際: 대지(大地)가 형성한 먹물이 떨어지지 않은 매우 먼 지방을 말한다.

15) 不: 의문사이다.

16) 末: 말(抹)로 해석해야 한다.

17) 無礙智: 어떤 장애가 없는 자유자재한 부처님의 지혜.

18) 五百四十萬億那由他劫: 540만×일천만×일천억을 말한다. 일설(一說) 에는 오백은 오도(五道)이고 사십은 사생(四生)을 말한다고 하여 오도에 있는 사생 모두를 도탈(度脫)하게 한다는 뜻을 말한다.

19) 道場(bodhi-maṇḍa): 깨달음을 개시(開示)하는 장소를 말한다.

20) 破魔軍已: 마군(魔軍)은 깨달음에 장애가 되는 것으로, 보살의 마음에 있는 번뇌(煩惱)의 실체적(實體的)인 본체(本體)를 말한다. 불경의 항마 성불(降魔成佛)한다는 말에 근거하였다.

21) 諸佛法不現在前: 모든 불법(佛法)은 모든 부처님이 증득하여야만 부처 님의 아뇩다라삼먁삼보리를 증득하게 된다. 여기서는 깨달음을 얻지 못하였다는 말이다.

22) 一小劫: 서품 참고.

23) 結加趺坐: 서품 참고.

24) 忉利諸天: 욕계(欲界)의 제육천(第六天)을 말한다.

25) 菩提樹: 석가모니 부처님이 보리수 아래에서 깨달았다고 하여 이런
    말이 생겼다.

26) 適: 바로, 곧의 뜻이다.

27) 面: 면적(面積)을 말한다.

28) 四王: 사천왕(四天王)을 말한다.

29) 智積(Jñānakara): 지혜의 광명이 있다는 의미이다.

30) 轉輪聖王: 고대 인도에서 생각하고 있는 전 세계를 통일할 수 있는
    이상적인 제왕을 말한다. 32상을 가지고 있고 무력(武力)보다는 정법
    (正法)을 사용하여 나라를 통치한다고 한다.

31) 頭面禮足: 인도에서 상대를 공경하는 최고의 예법(禮法)이다.

32) 繞佛畢已: 인도 예법의 하나이다. 자세하게 말하면 오른쪽으로 도는
    것이니 오른쪽 어깨로 부처님 주위를 3번 도는 것이다. 이를 우요삼
    잡(右繞三匝)이라 한다.

33) 怵怕: 담(怵)은 담(憺)과 같고 파(怕)는 안(安)이다.

34) 瞑: 위의 눈동자가 끊겨 있는 것을 말한다.

35) 苦盡道: 불법(佛法)을 말한다.

36) 惡趣: 악을 저지르려고 하는 것을 말한다.

37) 減損諸天衆: 천신(天神)과 세인(世人)의 숫자가 감소하는 것을 말한다.

38) 冥: 음간(陰間)으로 지옥을 말한다.

39) 稽首: 옛날의 예절을 말한다. 무릎을 꿇고 손을 땅에 대고 머리를 땅
    에 대고 절하는 것이다.

40) 歸命: 마음으로부터 부처님께 귀의하는 것을 말한다.

41) 轉於法輪: 불법을 설명하는 것을 말한다.

42) 世雄: 세상에 뛰어난 사람으로 부처님을 달리 표현한 말이다.

43) 百福自莊嚴: 모든 복덕이 저절로 장엄한 것을 말한다. 보살은 32상
    (相)과 80종호(種好)로 상호(相好)를 장엄하게 하는 것을 말한다.

44) 願: 희망(希望)을 말한다.

45) 宿命所行業: 중생이 과거세에서 행하였던 선악(善惡)의 업을 말한다.

46) 六種震動: 서품 참고.

47) 幽冥之處: 세계에서 가려진 암흑의 세계로 즉 암흑에 존재하는 중생
    이 있다는 의미가 된다.

48) 國界: 가지고 있는 불국토.

49) 天宮殿: 제천(諸天)들의 신이 사는 궁전.

50) 梵宮: 범천(梵天)의 궁전으로 후에는 사찰을 말하였다.

51) 天光: 해와 달에서 발출(發出)하는 빛이다.

52) 救一切(Sarvasattvtrātar): 일체 중생을 구제(救濟)한다는 뜻이다.

53) 大德: 불교에서 말하는 위대한 덕행(德行)이 있음을 가리킨다. 비구에 대해서는 장로(長老)나 불, 보살을 말한다.

54) 衣裓: 승려들이 어깨 위에 짊어진 것에는 손을 씻거나 물건을 담는 포목이 있는데 이를 말한다.

55) 諸天 龍王 乾闥婆 緊那羅 摩睺羅伽 人非人等: 서품 참고.

56) 即時: 곧, 즉, 당장의 의미이다. 구시(俱時)와 같은 의미이다.

57) 須彌山(Sumeru): 신묘하게 높은 산을 말한다.

58) 唯: 희망(希望)을 표시하는 말로 어기사(語氣辭)이다.

59) 垂: 공경(恭敬)하는 말로 상대방을 자기보다 높이는 말이다.

60) 納處: 접수(接受)를 말한다.

61) 默然許之: 부처님이 승낙하는 뜻을 표시하는 할 때에 몸으로 승낙하는 것은 신허(身許)이고 입으로 승낙하는 것은 구허(口許)이고 마음으로 승낙하는 심허(心許)가 있다. 여기서는 입으로 허락하는 것을 말하기보다 묵묵히 마음으로 허락한다는 뜻이다.

62) 大悲(Adhimatrakarunika): 매우 슬퍼하는 사람으로 중생을 어여삐 여기는 마음이 깊음이다.

63) 聖主天中王: 둘 모두가 불타의 존칭이다. 성주(聖主)는 성자의 우두머리라는 뜻이며, 천중왕(天中王)은 천(天: 神)의 왕(王)이라는 뜻이다.

64) 迦陵頻伽(kalavinka): 인도에서 나는 공작새의 일종으로 우는 소리가 매우 아름답다고 알려져 있다.

65) 久遠: 멀고 오래이다. 까마득하다.

66) 為衆生作眼: 선악(善惡)도 구별하지 못하는 눈도 없는 것과 같은 중생을 부처님이 세상에 나타나 교화(敎化)하고 인도(引導)하여 선악에 대한 안목(眼目)이 생긴 것을 말한다.

67) 趣: 의의(意義), 지념(志念)을 말한다.

68) 顯示諸法相: 세상에 존재하는 진리를 분명하게 밝히는 것을 말한다.

69) 忍善者: 인내(忍耐)하는 사람이 선을 수습하는 게 점점 늘어나는 것을 말한다.

70) 妙法(Sudharma): 불법(佛法)을 말한다.

71) 優曇鉢花(udumbara): 뽕나무과에 속하는 무화과의 일종이다. 인도에서는 상상의 식물로 3천년에 한 번 핀다는 꽃으로 이 꽃이 필 때에는 금륜명왕이 나타난다고 한다.

72) 梵: 범천왕(梵天王)을 말한다.

73) 沙門(Śramaṇa): 출가하여 수행하는 사람을 말한다.

74) 天人尊: 천신(天神)과 인간 모두가 존경한다는 의미로 부처님을 말한다.

75) 西南方乃至下方: 이미 동방(東方), 동남방(東南方), 남방(南方)을 기술하였으며 다음으로 상방(上方)을 기술하였는데, 여기서는 서남방(西南方)으로부터 서방(西方), 서북방(西北方)과 북방(北方), 동북방(東北方)과 하방(下方)을 간략하게 하고 서남방(西南方)과 하방을 간략하게 기술하려는 것을 말한다.

76) 所止: 머물고 있는 곳을 말한다.

77) 尸棄(Sikhin): 대범천(大梵天)의 이름이다.

78) 勉出: 노력(努力)하면서 구출(救出)하는 것을 말한다.

79) 普智: 일체 지혜를 갖추고 있는 것을 말한다.

80) 群萌: 중생을 말한다. 맹(萌)은 생(生)을 말한다.

81) 轉減: 점점 적어지는 것을 말한다.

82) 色力: 체력(體力)을 말한다. 색(色)은 육체 안에 있는 일체 물질을 말한다.

83) 儀則: 법칙(法則)과 원칙(原則)을 말한다.

84) 超出: 삼계의 고해(苦海)를 벗어나는 것을 말한다.

85) 願以此功德 普及於一切 我等與衆生 皆共成佛道 : 이는 회향문이라고 널리 알려졌다.

86) 敷演: 상세하게 설명함.

87) 無量劫習法: 무량한 겁 동안 축적(蓄積)하여 온 여래의 지혜(智慧)와 수습한 법문을 말한다.

88) 三轉十二行法輪: 삼전(三轉)은 3가지의 같지 않은 관점(觀點)에서 사제(四諦)를 강의하는 것을 말한다. 즉 시전(示轉)으로 사제의 소재를 드러내는 것이고, 권전(勸轉)으로 권면(勸勉)하여 수습하는 것이고, 증전(證轉)으로 자신이 증득하는 것이다. 십이행법(十二行法)은 사제인 고집멸도에 보는 관점에 따라 3가지로 기술할 수 있어서 3×4=12를 말한다.

89) 轉: 강술(講述), 전법륜(轉法輪)의 전(轉)과 같다.

90) 苦: 아래에 인(因)이 있다고 생각하고 이해하면 편하다.

91) 十二因緣法: ①무명(無明: avidyā): 사제와 연기의 진리를 모르는 것.
②행(行: saṃskara): 형성하는 능력이 있어서 일어나는 것으로 무명의
조건으로 잘못 삼업을 일으키는 것이다. ③식(識: vijñāña): 요별하는
작용과 대상을 인식하는 것으로 인식주체를 말한다. ④명색(名色:
nāma-rūpa): 명칭과 형태와 뜻을 말한다. 구체적인 식의 대상은 육경
이다. ⑤육입(六入: ṣad-āyatana): 육처(六處), 또는 육근이라고 한다. ⑥
촉(觸:sparśa): 육경(六境)과 육입(六入)과 육식(六識)이 화합한 것을 말한
다. ⑦수(受: vedanā): 고(苦)와 락(樂)을 감수(感受)하는 작용이다. ⑧애
(愛: tṛṣṇā): 갈애(渴愛)하는 것을 말한다. ⑨취(取: upādāna): 집착(執着)
하는 것이다. ⑩유(有: bhava): 윤회하는 존재이다. ⑪생(生: jati): 윤회
의 세계에 유전(流轉)하는 존재이다. ⑫노사(老死: jarā-maraṇa): 우비
(憂悲), 고뇌(苦惱)로 살아가는 것으로 삶은 현실적으로 고뇌(苦惱)로 존
재함을 말한다.

92) 緣: 생산을 말한다.

93) 一切法: 일체 번뇌의 법을 말한다.

94) 漏心: 고뇌(苦惱)하는 마음.

95) 深妙禪定: 범부(凡夫)가 선정(禪定)을 수습하여 번뇌(煩惱)를 조복(調伏)
하고 단제(斷除)해 버리는 것을 말한다. 성자의 선정은 견혹(見惑)과 사
혹(思惑)을 끊어서 진리를 체득하는 것이다. 이를 말하여 심묘선정(深
妙禪定)이라 한다.

96) 三明 六通: 2장, 3장 참고.

97) 八解脫: 삼계의 번뇌를 벗어나는 8가지 선정(禪定).

98) 沙彌(Śramāṇera): 10계를 받고 구족계를 받지 않은 승려, 일반적으로
7~20세까지 승려로 구족계를 받지 않은 승려를 말한다.

99) 諸根通利: 2장 참고.

100) 如來知見: 2장 참고.

101) 轉輪聖王: 1장 참고.

102) 諷誦: 글을 읽고 시를 읊음.

103) 通利: 원활하게 흐르는 이익.

104) 信解(adhimukti): 확인하여 일어나는 믿음에서 이해하는 마음이 일어
난다.

105) 靜室: 청정(淸靜)한 방을 말한다. 선정의 적정(寂靜)한 상태이다.

106) 法座: 설법(說法)하는 좌석.

107) 分別: 분석하고 변별하는 것이다.

108) 示教利喜: 중생이 받아들임으로 인하여 얻는 것은 환희(歡喜)이다. 이는 설법의 4가지 구비조건이다.

109) 安詳: 거동(擧動)이 찬찬함.

110) 其中: 불법(佛法) 속을 가리킨다.

111) 數數: 자주, 여러 차례.

112) 一一: 하나하나의 지위를 말한다.

113) 其二: 그 속에서 2지위.

114) 阿閦(Akṣobhya): 적정(寂靜)하여 움직이지 않는다는 뜻으로 진노(瞋怒) 하지 않는다.

115) 須彌頂(Merukuṭa): 수미산의 산꼭대기를 말한다.

116) 師子音(Siṃhaghoṣa): 사자의 포효(咆哮).

117) 師子相(Siṃhadhvaja): 사자를 상징하는 기를 말한다.

118) 虛空住(Ākaśāpratiṣṭhita): 허공에 안주하고 있다는 뜻.

119) 常滅(Nityaparinirvrta): 항상 완전무결한 적멸(寂滅)에 있다는 뜻.

120) 帝相(Indradhvaja): 위덕(威德)이 존엄하여 천제상(天帝相)을 드러내는 것이다.

121) 梵相(Brahmadhvaja): 청정행을 구비하여 범천상이 드러난다.

122) 阿彌陀(Amitāyus): 무량수(無量壽), 무량광(無量光)으로 번역한다.

123) 一切世間苦惱(Sarvalokadhātūpadravaudvegapratyuttīrṇa): 위대한 자비 심으로 세간의 일체고액(一切苦厄)을 도탈하게 한다.

124) 多摩羅跋栴檀香神通(Tamālapattracandanagandhbhābhijña): 부처님의 신통력(神通力)과 공덕(功德)이 신묘(神妙)한 향기로 법계에 충만(充滿) 하여 비길 게 없음을 말한다.

125) 須彌相(Merukalpa): 수미산에 나타나는 대해(大海)를 말한다.

126) 雲自在(Meghasvaradīpa): 모든 법계에서 대자재함을 말한다.

127) 雲自在王(Meghasvararāja): 구름처럼 자재(自在)하여 거래(去來)에서 걸 림이 없이 최정각(最正覺)을 이루어서 법 중에서 왕임을 말한다.

128) 壞一切世間怖畏(Sarvalokabhayacchambhitatvavidhvaṃsanakara): 세간 중생들은 색신(色身)을 애착함으로 말미암아 많은 공포(恐怖)가 있는 데 부처님은 중생을 위하여 그런 소굴을 없애버려서 일체 두려움의 상(相)을 저버리게 한다.

129) 住聲聞地: 성문승의 지위를 말한다.

130) 爾時: 16왕자가 사미(沙彌)였을 때를 말한다.

131) 不知不覺: 진리를 알지도 못하고 깨닫지도 못하는 것을 말한다.

132) 自: 스스로 인식하는 것을 말한다.

133) 餘國: 기타 국가를 말한다.

134) 佛乘: 여기서는 대승불교(大乘佛敎)를 말한다.

135) 除諸如來: 부처님이 방편으로 설법한 삼승은 실제로는 삼승이 없이도 성불한다는 유일한 대승불교임을 말하고 있다.

136) 深入: 깊이 있게 진리를 인식하는 것을 말한다.

137) 涅槃: 유여열반(有餘涅槃)을 말한다.

138) 珍寶處: 갖가지 진귀한 보배가 있는 곳을 말한다. 이는 성불에 비유한 말이다.

139) 通塞之相: 길이 트이고 막힌 모양을 말하다. 사악(邪惡)한 길에 들어가면 고통을 받으니 색상(塞相)이고, 범인을 넘어서 성인의 경지에 이르니 통상(通相)이다.

140) 此等: 길을 가던 도중에 물러서려던 사람들을 말한다.

141) 化作一城: 화(化)는 변화를 말하며, 방편력으로 환술(幻術)을 일으켜서 하나의 도시를 현출(現出)하는 것을 말한다.

142) 生已度想: 험난(險難)한 관문을 통과했다는 생각을 말한다. 비유로는 소승의 아나한과를 성취하여 자기 완성을 이룬 것을 말한다.

143) 生安隱想: 삶이 안온(安穩)하게 되었다는 생각을 일으키는 것이다.

144) 去來: 출발(出發)을 말한다. 래(來)는 어기사(語氣詞)이다.

145) 向者: 바로 대면(對面)한의 뜻이다. 즉 변화한 열반의 대성으로 이는 유여열반(有餘涅槃)이다.

146) 去: 탈리(脫離)를 말한다.

147) 但: 단지.

148) 二涅槃: 성문(聲聞)과 연각(緣覺)이 의지하는 유여열반(有餘涅槃)을 말한다.

149) 二地: 이토(二土)라고도 한다. 이는 보토(報土)와 화토(化土)이다. 보토는 자기가 수용(受用)하는 진정한 정토(淨土)이고 화토는 부처님이 중생을 유도하기 위하여 변화(變化)하여 드러낸 정토이다. 유여열반과 무여열반이라고 해석하기도 한다.

150) 所作未辦: 하고자 하는 일을 완성하지 못한 것이다. 여기서는 불도를 구하는 것을 모두 이루지 못함을 말한다.

151) 籌量: 사고(思考)를 말한다.

152) 踊躍: 마음이 격동(激動)하고 흥분(興奮)한 것을 말한다.

153) 値: 우(遇)와 같다.

154) 三方: 남방과 서방, 북방을 말한다.

155) 四維: 남동, 남서, 북동, 북서를 말한다.

156) 本慈悲: 본래 인지(因地)에서 일어나는 위대한 자비심(慈悲心)이다.

157) 甘露門: 천상(天上)의 감로(甘露)는 불사약(不死藥)이고 부처님의 법도(法道)는 감로문(甘露門)이며, 부처님이 널리 개시(開示)하여 법륜을 윤전하기를 바라는 것은 모든 중생들이 감로(甘露)의 맛을 보게 하는 것이다.

158) 從生緣有: 세상에 살아가면서 일어나는 인과응보(因果應報)를 말한다.

159) 姟: 나유타를 말한다. 일설(一說)에는 해는 10경(京)이다. 10만(萬)이 억(億)이고 십억(十億)이 조(兆)이고 십조(十兆)가 경(京)이고 십경(十京)이 해이다.

160) 苦際: 고통(苦痛) 받는 일을 말한다.

161) 從是後: 이로부터의 뜻이다.

162) 營從: 시종(侍從)을 말한다.

163) 六波羅蜜: 육도(六度)를 말한다. 여섯 가지 중생을 제도하여 피안에 이르게 하는 불법으로 보시(布施)·지계(持戒)·인욕(忍辱)·정진(精進)·선정(禪定)·지혜(智慧)를 말한다.

164) 宴寂: 평온(平穩)하게 입정(入定)한다는 뜻이다. 연(宴)은 평정(平靜)을 말한다.

165) 法化: 불법(佛法)을 이용하여 교화하는 것을 말한다.

166) 在在: 제각기 자재(自在)한 것을 말한다.

167) 慎勿: 모든 것에서 중요하지 않은 것을 말한다.

168) 頓乏: 지치고 곤핍(困乏)한 것을 말한다.

169) 尋時: 오래지 않다의 뜻이다.

170) 為息: 중생들이 중도에 휴식(休息)하게 함을 말한다.

171) 實: 진실한 일승대법(一乘大法)을 말한다.

172) 非滅: 진정한 멸도(滅度)가 아닌 것을 말한다.

173) 十力: 3장 참고.

묘법연화경 제4권(妙法蓮華經 第四卷)

묘법연화경 제4권 (妙法蓮華經 第四卷)

오백제자수기품 제팔(五百弟子授記品第八)

하근령오득기(下根領悟得記: 하근령오득기)

原文

三周說法各隨機領悟而述成與記 前化城品因
緣說一周以被下根 滿慈與五百羅漢等於此領悟
佛爲述成與記 五百授記品 然此線記滿慈 次記
五百千二之衆 而特取五百名品者 滿慈乃大弟
子 內秘外現爲衆標領 雖先與記非是當機 又
千二居末不當名品故也 十大弟子無非上根 領
悟得記本無先後 但各專一德隨機總衆耳 滿慈
說法第一 而五百羅漢常說無上道故 號爲普明
是當說法之機故 以滿慈總之 如阿難羅云 亦大
弟子而總學衆 各有以也

삼주설법(三周說法)은 제각각의 근기에 따라 깨닫게 하고 수기를 준 것을 기록하였다. 앞에서 화성품(化城品)에서 인연을 말한 것은 하근기(下根機)를 위한 것이고 만자(滿慈: 부루나미다라니의 아들)와 500나한(羅漢)들이 여기에서 깨닫게 되니 부처님은 말씀을 끝내고 수기한 까닭으로 오백수기품(五百授記品)이라 하였다. 그리고 여기서는 먼저 만자가 수기(授記)를 받고 다음에 500대중, 1,200대중을 수기하였으나 먼저 500명을 수기한 것은 만자가 위대한 제자이기 때문이다. 마음에 모든 것을 비장(祕藏)하고 있던 것을 밖으로 드러내어 대중들을 영도하는 표지(標識)가 되었다. 비록 먼저 수기를 주었다고 해서 적절한 근기가 아니다. 또 1,200 대중들은 끝에 가면 품의 명칭과 맞지 않다. 십대 제자(弟子)들은 상근기가 아님이 없고 깨달아서 수기를 얻는 것에서는 선후(先後)가 없고, 다만 제각기 하나의 덕만을 전일(專一)하여 근기에 따라 모든 중생들을 통솔(統率)한다. 만자는 설법제일이고 500나한에게 항상 무상도를 설법하는 까닭에 호를 보명(普明)이라 했다. 이처럼 설법하는 근기를 감당하는 까닭으로 만자는 이를 통솔한다. 아난과 라훌라(羅睺羅)가 역시 위대한 제자이지만 배우는 대중을 거느리고 있으므로 제각기 존재할 뿐이다.

讚曰 頻伽音調御 曾與一乘授記 臊陀[1]觜滿慈
獨摽五百居先 內秘外現 位當聲聞 過現未來 常
宣正法 周知國土莊嚴 成就無邊功德 從玆五百
授記 皆同一號普明 却嗟衣珠之未認 謾走他方
而自足 若非導師之哀愍 何當劣獸之渡河 雖是
奔波異轍 共合渡頭不殊 如何是不殊底道理 阿
耨池中一派來 四海魚龍以爲命 頌曰

不知衣裏裸明珠　奔走他鄉歲月逾
今夕鷲峰逢故友　依然杲日出東隅

해석

찬하며 말한다.

가릉빈가의 음조(音調)로 이끌면서 일찍이 일승(一乘) 수
기(授記)를 주었으며, 조타(臊陀)의 부리에 차 있는 자애(慈
愛)로움은 500을 우선으로 표식(標式)하고 안에서 비밀스러
움을 밖으로 드러내니 지위는 당연히 성문(聲聞)이고 과거
현재·미래에 항상 정법(正法)을 선양하여 국토 장엄을 고
르게 알고 무변한 공덕을 성취하였다. 이로부터 500수기
는 모두가 동일한 이름이 보명(普明)인데, 슬프구나, 옷 속

에 보배를 인식하지 못하고 타향으로 돌아다니며 자족(自足)하고 있었으니, 만약 도사의 애민(哀愍)함이 아니면 어떻게 하열(下劣)한 짐승이 강을 건너겠느냐! 비록 분주한 파도에 다른 자취라도 모두가 함께 한 나루터는 다르지 않으니 어떤 게 다르지 않은 도리인가?

아뇩다라삼먁삼보리의 연못 속에 한 부류가 오자

사해(四海)의 어룡(魚龍)들이 명령을 받든다. 계송으로 말하기를

옷 속에 적나라하고 맑은 구슬을 알지도 못하고
분주하게 타향(他鄕)을 다니면서 세월을 보냈구나.
오늘 저녁 영축산(靈鷲山) 봉우리에서
옛 친구 만나니
의연(依然)한 태양은 동쪽에서 높이 떠오른다네.

⑴ 부루나미다라니자가 부처님을 우르푸고 무한한 경앙(敬
仰)심으로 감정을 묘사하고 있다.

原文

爾時富樓那彌多羅尼子²⁾ 從佛聞是智慧方便隨
宜說法³⁾ 又聞授諸大弟子阿耨多羅三藐三菩提
記⁴⁾ 復聞宿世因緣之事⁵⁾ 復聞諸佛有大自在神
通之力 得未曾有 心淨⁶⁾踊躍 卽從座起 到於佛
前 頭面禮足 却住⁷⁾一面 瞻仰尊顏目不暫捨 而
作是念

世尊甚奇特 所爲希有 隨順世間若干⁸⁾種性 以
方便知見⁹⁾而爲說法 拔出¹⁰⁾衆生處處貪著 我等
於佛功德 言不能宣¹¹⁾唯佛世尊能知我等深心本
願¹²⁾

해석

그때 부루나미다라니자(富樓那彌多羅尼子)는 부처님을 따
라 부처님이 지혜의 방편으로 마땅함을 따라 설법(說法)하
시는 것을 듣고, 또 모든 제자들이 아뇩다라삼먁삼보리를
수기(授記)하심을 들었으며, 또 숙세(宿世)의 인연의 일들을
들었으며, 또 여러 부처님들은 자유롭고 위대한 신통력(神

通力)이 있음을 듣고 미증유(未曾有)를 얻어 마음이 청정(清淨)하여 뛸 듯이 기뻐하며, 자리에서 일어나 부처님께 머리 숙여 예배하고 한쪽으로 물러나 부처님의 존안(尊顔)을 우러러보되 눈을 잠시도 깜박이지 않고 생각하였다.

"세존께서는 매우 특이(特異)하시고 하시는 일이 또한 희유하시어 세간의 여러 종성(種性)을 따라 방편(方便)과 지견(知見)으로써 법을 설하시어 중생이 집착하는 것을 발출(拔出)하게 하시니 우리들은 그 부처님의 공덕을 말로 다할 수가 없습니다. 오로지 부처님 세존만이 우리들의 깊은 마음 속 본래 바라는 바를 알고 계시지요."

(2) 부루나 존자(尊者)가 장차 성불(成佛)할 것을 예언(預言)하면서 미래 부처님 나라에서의 정황(情況)을 묘사(描寫)하다.

原文

爾時佛告諸比丘 汝等見是富樓那彌多羅尼子不[13] 我常稱其於說法人中最爲第一 亦常歎[14]其種種功德 精勤護持助宣[15]我法 能於四衆示敎利

喜¹⁶⁾ 具足¹⁷⁾解釋佛之正法 而大饒益¹⁸⁾同梵行者¹⁹⁾
自捨²⁰⁾如來 無能盡其言論之辯 汝等勿謂²¹⁾富樓
那但能²²⁾護持助宣我法 亦於過去九十億諸佛所
護持助宣佛之正法 於彼說法人中亦最第一 又
於諸佛所說空法 明了通達 得四無礙智²³⁾ 常能
審諦²⁴⁾清淨說法 無有疑惑 具足菩薩神通之力
隨其壽命 常修梵行 彼佛世人咸²⁵⁾皆謂之實是聲
聞²⁶⁾ 而富樓那以斯方便 饒益無量百千衆生 又
化無量阿僧祇²⁷⁾人 令立阿耨多羅三藐三菩提 爲
淨佛土故 常作佛事²⁸⁾敎化衆生

　諸比丘 富樓那亦於七佛²⁹⁾說法人中而得第一
今於我所說法人中亦爲第一 於賢劫³⁰⁾中當來³¹⁾
諸佛 說法人中亦復第一 而皆護持助宣佛法 亦
於未來 護持助宣無量無邊諸佛之法 敎化饒益
無量衆生 令立阿耨多羅三藐三菩提 爲淨佛土
故 常勤精進敎化衆生 漸漸具足菩薩之道 過無
量阿僧祇劫 當於此土 得阿耨多羅三藐三菩提
號曰法明³²⁾如來 應供 正遍知 明行足 善逝 世間
解 無上士 調御丈夫 天人師 佛 世尊 其佛以恒
河沙等³³⁾三千大千世界爲一佛土 七寶爲地 地平
如掌 無有山陵谿澗溝壑 七寶臺觀³⁴⁾充滿其中

諸天宮殿近處虛空³⁵⁾ 人天交接 兩得相見 無諸
惡道 亦無女人 一切眾生 皆以化生³⁶⁾ 無有婬欲
得大神通 身出光明 飛行自在 志念堅固 精進智
慧 普皆金色 三十二相而自莊嚴 其國眾生 常以
二食 一者 法喜食³⁷⁾ 二者 禪悅食³⁸⁾ 有無量阿僧
祇千萬億那由他諸菩薩眾 得大神通 四無礙智
善能³⁹⁾ 教化眾生之類 其聲聞眾 算數校計⁴⁰⁾所不
能知 皆得具足六通 三明⁴¹⁾ 及八解脫 其佛國土
有如是等無量功德莊嚴成就 劫名寶明⁴²⁾ 國名善
淨⁴³⁾ 其佛壽命無量阿僧祇劫 法住⁴⁴⁾甚久 佛滅度
後 起七寶塔遍滿其國

해석

그 때 부처님께서 모든 비구들에게 말씀하셨다.

"너희들은 이런 부루나미다라니자를 보았느냐? 나는 항
상 설법(說法)하는 사람들 중에서 제일이라고 칭찬하였고
또 갖가지 공덕을 찬탄(讚歎)하였으며, 정근(精勤)하면서 나
의 법을 선양(宣揚)하는 것을 호지(護持)하여 사부대중에게
가르침을 개시(開示)하여 이롭고 기쁘게 하며, 부처님의 정
법을 구족(具足)하게 해석(解釋)하고, 같이 범행(梵行)을 하
는 사람들을 크게 요익(饒益)되게 한다. 여래를 제외(除外)

하고는 그 언론(言論)의 변(辯)을 당할 사람이 없다. 너희들은 부루나가 나의 법만 호지(護持)하고 선양하는 것을 돕는다고 말하지 말라. 또 과거 90억 여러 부처님이 계신 곳에서 부처님의 정법(正法)을 호지하고 선양하는 것을 도와 설법하는 사람들 중에서 제일이었다. 또 부처님께서 말씀하신 공법(空法)에도 분명하게 통달하여 사무애지(四無礙智)를 증득(證得)하고 항상 자세히 살펴서 청정(淸淨)하게 설법하여 의혹(疑惑)이 있을 수가 없었으니 보살의 신통한 능력을 갖추고 있었다. 그 수명(壽命)을 따라 항상 범행(梵行)을 수습하여 부처님 처소에 세상 사람들 모두가 진실한 성문이라고 말하였다. 부루나는 이런 방편으로 무량한 백천 중생들을 이익되게 하고 또 무량한 아승기(阿僧祇)의 사람들을 교화하여 아뇩다라삼먁삼보리를 건립(建立)하게 하였다. 불국토를 청정하게 하려는 까닭에 항상 불사(佛事)를 하면서 중생들을 교화(敎化)하였다.

모든 비구들아! 부루나는 또 과거 일곱 부처님 처소에서 설법하는 사람 중에서 제일이었고 현겁에서나 미래의 모든 처소에서 설법하는 사람 중에서 제일이며, 모두가 불법을 호지(護持)하면서 선양(宣揚)하는 것을 돕는다. 미래세에서도 무량하고 무변한 모든 부처님의 법을 호지하면서 선양하는 것을 도우며 무량한 중생들을 교화하여 요익하게 하면서 아뇩다라삼먁삼보리를 건립하게 한다. 불국토를 청정하게 하려는 까닭에 항상 부지런히 정진하여 중생을 교화하면서 점차 보살의 도를 갖추게 된다. 무량한 아승기 겁을 지나 이 땅에서 아뇩다라삼먁삼보리를 증득하여 이름이 법명여래(法明如來)·응공·정변지·명행족·선서·세간해·무상사·조어정부·천인사·불세존이다.

그 부처님께서는 항하사와 같은 삼천대천세계를 하나의 부처님 국토로 만드니 칠보가 땅이 되고 땅이 평탄(平坦)하기가 손바닥과 같고 산이나 계곡이나 구릉도 없으며, 칠보로 된 누각(樓閣)이 그 가운데 가득하며 많은 하늘의 궁전이 허공 가까이 있어 인간과 하늘이 교접(交接)할 수 있으며, 모든 악도가 없고 또 여인도 없으며, 일체 중생이 모두 화생(化生)하여 음욕(婬欲)도 없다. 위대한 신통을 획득하고 몸에서는 빛이 나며, 비행(飛行)하는 게 자재(自在)하고 의지와 생각이 견고(堅固)하며, 정진과 지혜가 고른 황금색으로 32상이 저절로 장엄(莊嚴)하였다. 그 나라의 중생들은 항상 두 끼를 먹는데 하나는 법희식(法喜食)이고 하나는 선열식(禪悅食)이다. 무량한 아승기 천만억 나유타(那由他)의 모든 보살 대중이 있어 그들도 위대한 신통력과 사무애지를 증득하여 옳게 중생들을 교화하며, 그 나라의 성문대중도 수를 헤아릴 수 없이 많이 육신통(六神通)과 삼명(三明)과

팔해탈(八解脫)을 증득하여 구족하였다. 그 부처님의 국토
는 이처럼 한량없는 공덕으로 장엄하게 이루어졌으며, 그
겁의 이름은 보명(寶明)이고 나라 이름은 선정(善淨)이며,
부처님의 수명은 한량없는 아승기 겁이다. 법이 세상에 오
래 머물러 그 부처님이 멸도(滅度)한 후에도 그 나라 가득
히 칠보탑을 세울 것이다."

(3) 부루나가 앞에서 서술(敍述)한 내용 외에 부루나가 마음
    으로 대승(大乘)을 수습(修習)하면서 밖으로는 소승적(小
    乘的)인 표현을 하는 것은 방편법문(方便法門)으로 중생
    을 유도(誘導)하는 것임을 밝혔다.

原文

爾時世尊欲重宣此義 而說偈言

　　　諸比丘諦聽　　佛子[45]所行道
　　　善學方便故　　不可得思議
　　　知衆樂小法　　而畏於大智
　　　是故諸菩薩　　作聲聞緣覺[46]

　　　以無數方便　　化諸衆生類

自說是聲聞　　去佛道甚遠
度脫無量衆　　皆悉得成就
雖小欲懈怠[47)]　　漸當令作佛

內祕菩薩行　　外現是聲聞
少欲[48)]厭生死　　實自淨佛土
示衆有三毒[49)]　　又現邪見相[50)]
我弟子如是　　方便度衆生

若我具足說[51)]　　種種現化事[52)]
衆生聞是者　　心則懷疑惑
今此富樓那　　於昔千億佛
勤修所行道　　宣[53)]護諸佛法

爲求無上慧　　而於諸佛所
現居弟子上　　多聞有智慧
所說無所畏　　能令衆歡喜
未曾有疲惓　　而以助佛事

已度[54)]大神通　　具四無礙智
知諸根利鈍　　常說淸淨法

演暢如是義　　教諸千億衆
令住⁵⁵⁾大乘法　　而自淨佛土

未來亦供養　　無量無數佛
護助宣正法　　亦自淨佛土
常以諸方便　　說法無所畏
度不可計衆　　成就一切智

供養諸如來　　護持法寶藏⁵⁶⁾
其後得成佛　　號名曰法明
其國名善淨　　七寶所合成
劫名爲寶明　　菩薩衆甚多

其數無量億　　皆度大神通
威德力具足　　充滿其國土
聲聞亦無數　　三明八解脫
得四無礙智　　以是等爲僧⁵⁷⁾

其國諸衆生　　婬欲皆已斷
純一⁵⁸⁾變化生　　具相莊嚴身
法喜禪悅食　　更無餘食想

無有諸女人　　亦無諸惡道

富樓那比丘　　功德悉成滿
當得斯淨土　　賢聖眾甚多
如是無量事　　我今但略說

해석

　그때 세존께서 거듭 이 뜻을 선포하시려고 게송으로 말씀하셨다.

　모든 비구들아, 새겨들어라.
　불자(佛子)가 실천하는 진리는
　옳게 배운 방편(方便)인 까닭으로
　불가사의(不可思議)하다.
　중생들은 소승법을 즐기면서
　위대한 지혜(智慧)를 두려워하는 까닭에
　모든 보살(菩薩)들은 성문(聲聞)과 연각(緣覺)이 되어

　무수(無數)한 방편(方便)으로
　모든 중생들을 교화하며,
　스스로 성문(聲聞)이라 말하면서

불도(佛道)는 매우 요원하다고 한다.
무량(無量)한 중생을 도탈(度脫)하고
모두 성취하게 하며,
비록 소승을 즐겨 게을러도 차차 부처를 이루게
한다네.

안으로는 보살행(菩薩行)을 비장(祕藏)하고
밖으로는 성문(聲聞)이니
소승법(小乘法)에서도 생사(生死)를 싫어하니
진실로는 스스로 청정(淸淨)한 불국토(佛國土)라네.
중생에게 삼독(三毒)이 있음을 드러내고
또 사견상(邪見相)을 드러내면서
내 제자들 이같은 방편으로 중생을 제도(濟度)
하네.

내가 구족(具足)하게 말해 주면
갖가지로 드러내고 교화하는 일,
중생이 이를 들으면 마음으로 의혹(疑惑)을 품는
다네.
이제 여기 있는 부루나는 예전 천억의 부처님들
에게서

부지런히 대승 보살의 청정한 진리를 실천하며
모든 불법을 선양(宣揚)하고 옳게 호지(護持)하였다네.

무상(無上)한 진리를 모든
부처님 계신 곳에서 간구(懇求)하려고
제자로 있을 때에도 많이 들어 슬기롭고,
두려움이 없이 설법(說法)하여
중생들을 환희(歡喜)하게 하면서도
피로하거나 권태(倦怠)로워 하지 않으면서
불사(佛事)를 도왔네.

이미 위대한 신통력(神通力)과
사무애지(四無礙智)를 구비(具備)하고
모든 근기의 이둔(利鈍)을 알아
항상 청정법(淸淨法)을 설명하네.
이런 뜻을 연창(演暢)하여 모든 천억 대중을 가르
치며,
대승법(大乘法)에 안주(安住)하니
몸소 불국토를 청정하게 하네.

미래에도 역시 무량(無量)하고

무수(無數)한 부처님께 공양하고

정법(正法)을 호지(護持)하고 선양(宣揚)하니

역시 불국토는 저절로 청정(淸淨)하네.

항상 모든 방편(方便)으로

설법(說法)하니 두려움이 없으며,

제도(濟度)한 중생을 셀 수가 없이

일체지(一切智)를 성취하였네.

모든 여래(如來)께 공양(供養)하고

법보장(法寶藏)을 호지(護持)하여

후에 성불(成佛)하여 이름이 법명(法明)이라네.

그 나라는 선정(善淨)이며

칠보(七寶)로 합성(合成)하여 이루어졌으니

겁(劫)의 이름은 보명(寶明)이며

그 나라에 보살 대중이 많기도 하네.

그 수는 무량(無量)한 억(億)으로

모두 도탈(度脫)한 대신통(大神通)과

위덕력(威德力)을 구족하여

그 나라에 충만(充滿)하네.

성문중(聲聞衆)도 또한 무수(無數)하여

삼명(三明)과 팔해탈(八解脫)을 갖추고

사무애지(四無礙智)를 증득하여
이와 같은 승려가 되었다네.

그 나라의 모든 중생은 음욕(婬欲)이 끊어졌고
완전한 변화로 태어나 장엄신(莊嚴身)을 구족했
다네.
법희식(法喜食)과 선열식(禪悅食)이 있을 뿐
다른 음식 생각이 없으며,
여인들이 있지 않았으니
역시 모든 악도(惡道)도 없다네.

부루나 비구는 공덕(功德)을 모두 원만하게 성취
하여
이런 정토(淨土)에서 많은 성현(聖賢)을 얻었으며,
이런 무량(無量)한 일들을 내가 이제 간략하게 말
하려 한다.

(4) 1,200아라한이 성불수기(成佛授記)하는 일을 말하였다.
여기서는 중점적으로 5000아라한을 다루었다.

爾時千二百阿羅漢 心自在⁵⁹⁾者 作是念 我等歡
喜 得未曾有 若世尊各見⁶⁰⁾授記 如餘大弟子者
不亦快乎

佛知此等心之所念 告摩訶迦葉 是千二百阿羅
漢 我今當現前⁶¹⁾次第⁶²⁾與授阿耨多羅三藐三菩
提記 於此衆中 我大弟子憍陳如比丘 當供養六
萬二千億佛 然後得成爲佛 號曰普明如來 應供
正遍知 明行足 善逝 世間解 無上士 調御丈夫
天人師 佛 世尊 其五百阿羅漢 優樓頻螺迦葉
伽耶迦葉 那提迦葉 迦留陀夷⁶³⁾ 優陀夷⁶⁴⁾ 阿㝹
樓馱 離婆多⁶⁵⁾ 劫賓那 薄拘羅 周陀⁶⁶⁾ 莎伽陀⁶⁷⁾
等 皆當得阿耨多羅三藐三菩提 盡同一號 名曰
普明

爾時世尊欲重宣此義 而說偈言

憍陳如比丘	當見無量佛
過阿僧祇劫⁶⁸⁾	乃成等正覺⁶⁹⁾
常放大光明	具足諸神通
名聞遍十方	一切之所敬

常說無上道　　故號爲普明
其國土清淨　　菩薩皆勇猛
咸昇妙樓閣　　遊諸十方國
以無上供具[70]　奉獻於諸佛

作是供養已　　心懷大歡喜
須臾還本國　　有如是神力
佛壽六萬劫　　正法住倍壽[71]
像法復倍是[72]　法滅天人憂

其五百比丘　　次第當作佛
同號曰普明　　轉次而授記
我滅度之後　　某甲[73]當作佛
其所化世間　　亦如我今日

國土之嚴淨　　及諸神通力
菩薩聲聞眾　　正法及像法
壽命劫多少　　皆如上所說
迦葉汝已知　　五百自在者

餘諸聲聞眾　　亦當復如是

其不在此會　　汝當爲宣說

해석

그때에 1,200아라한이 마음의 자재(自在)함을 증득하고 이렇게 생각하였다.

"우리들은 일찍이 없었던 것을 증득(證得)하였는데 만약 세존께서 제각기 보시면서 나머지 위대한 제자와 같이 수기(授記)하신다면 얼마나 기쁠까?"

부처님께서는 이들이 마음으로 생각하는 바를 아시고 마하가섭(摩訶迦葉)에게 말씀하셨다.

"이 1,200아라한들에게 내가 현전(現前)하여 차례대로 아뇩다라삼먁삼보리를 수기(授記)할 것이다. 이 중에 나의 큰 제자 교진여비구(憍陳如比丘)는 앞으로 6만2천억의 부처님을 공양한 후에 성불하니, 그 이름은 보명(普明)여래·응공·정변지·명행족·선서·세간해·무상사·조어정부·천인사·불세존이다. 500아라한은 우루빈나가섭·가야가섭·나제가섭·가류타이·우타이·우누루타·주타·사가타 등도 모두 아뇩다라삼먁삼보리를 증득할 것이며, 모두가 같은 이름일 것이니 바로 보명이다."

그때 세존께서 이 뜻을 거듭 선양(宣揚)하시려고 게송으로 말씀하셨다.

사랑하는 교진여비구야!
앞으로 무량한 부처를 뵙고
아승기겁을 지나면 등정각(等正覺)을 성취(成就)할
것이다.
항상 위대한 광명(光明)을 나투며 모든 신통력을
구족하며,
이름이 시방에 들리니 일체에게 공경(恭敬)을 받는다.

항상 무상(無上)한 진리를 설법하므로 보명(普明)이
라 한다네.
그 국토는 청정(淸淨)하고 보살 모두는 용맹(勇猛)
하며,
모두 미묘한 누각(樓閣)에 오르거나 시방의 국토를
돌아다닌다.
위없는 공양하는 기구로 모든 부처님께 봉헌(奉獻)
한다네.

이렇게 공양을 마친 후에는
마음으로 큰 환희를 머금으며,
잠깐 사이에 본국(本國)으로 돌아가니
이와 같은 신통력이 있다네.

부처님의 수명(壽命)은 6만 겁이고
정법(正法)은 머물기 12만겁,
상법(像法)도 또한 24만겁이니,
법이 없어질 것을 천인(天人)이 걱정할까?

500비구도 차례로 부처님이 되어
모두 이름이 보명이니
점차 변화(變化)하여 수기(授記)하리라.
내가 멸도(滅度)한 후에 누구든지 성불(成佛)하리니
그 부처님이 교화하는 세계도
역시 내가 교화한 오늘날과 같으리라.

국토는 엄정하고 모든 신통력에 이른
보살과 성문중은 정법과 상법에 머무르며,
수명은 겁의 다소(多少)가 있으니
모두 위에서 말한 것과 같다네.
가섭아! 너는 이미
500의 자유로운 아나한을 알았듯이
나머지 모든 성문(聲聞) 대중 역시 이와 같으리라.
이 법회에 있지 않더라도
그대는 당연히 선양하여 말하여야 한다.

(5) 500나한이 수기한 후에 희열심과 깊이 느낀 바를 묘사
하였다. 특히 여기서 자기가 과거에 생각하였던 '적은
것을 증득한 게 있으니 바로 만족하리라.'고 한 것을 반
성한다.

原文

爾時五百阿羅漢於佛前得受記已 歡喜踊躍 卽
從座起 到於佛前 頭面禮足 悔過自責[74] 世尊 我
等常作是念 自謂已得究竟滅度 今乃知之 如無
智者 所以者何 我等應得如來智慧 而便自以小
智爲足

世尊 譬如有人至親友家 醉酒而臥 是時親友
官事[75]當行 以無價寶珠繫其衣裏 與之而去[76] 其
人醉臥 都不覺知 起已[77] 遊行 到於他國 爲衣食
故 勤力求索 甚大艱難 若少有所得 便以爲足
於後親友會遇見之 而作是言 咄哉[78] 丈夫 何爲
衣食乃至如是 我昔欲令汝得安樂 五欲[79]自恣[80]
於某年日月 以無價寶珠繫汝衣裏 今故現在 而
汝不知 勤苦憂惱 以求自活 甚爲癡也 汝今可以
此寶貿易所須 常可如意 無所乏短

佛亦如是 爲菩薩時 敎化我等 令發一切智心

而尋⁸¹⁾廢忘 不知不覺 旣得阿羅漢道 自謂滅度
資生艱難⁸²⁾ 得少爲足 一切智願⁸³⁾ 猶在不失 今
者世尊覺悟我等 作如是言 諸比丘 汝等所得 非
究竟滅 我久令汝等種佛善根 以方便故 示涅
槃⁸⁴⁾相 而汝謂爲實得滅度

世尊 我今乃知實是菩薩⁸⁵⁾ 得受阿耨多羅三藐
三菩提記 以是因緣 甚大歡喜 得未曾有

爾時阿若憍陳如等 欲重宣此義 而說偈言

我等聞無上　　安隱⁸⁶⁾授記聲
歡喜未曾有　　禮無量智佛
今於世尊前　　自悔諸過咎
於無量佛寶　　得少涅槃分⁸⁷⁾

如無智愚人　　便自以爲足
譬如貧窮人　　往至親友家
其家甚大富　　具設諸餚饍
以無價寶珠　　繫著內衣裏

默與而捨去　　時臥不覺知
是人旣已起　　遊行詣他國

求衣食自濟⁸⁸⁾　　資生甚艱難
得少便爲足　　更不願好者

不覺内衣裏　　有無價寶珠
與珠之親友　　後見此貧人
苦切責⁸⁹⁾之已　　示以所繫珠
貧人見此珠　　其心大歡喜

富有諸財物　　五欲而自恣
我等亦如是　　世尊於長夜⁹⁰⁾
常愍見敎化　　令種無上願⁹¹⁾
我等無智故　　不覺亦不知

得少涅槃分　　自足不求餘
今佛覺悟我　　言非實滅度
得佛無上慧　　爾乃⁹²⁾爲眞滅
我今從佛聞　　授記莊嚴事⁹³⁾
及轉次受決⁹⁴⁾　　身心遍歡喜

해석

그때에 500아라한이 부처님으로부터 수기(授記)를 받고 환희(歡喜)하고 용약(踊躍)하면서 자리에서 일어나 부처님 처소에 가서 머리를 부처님 발에 대고 예를 갖추고는 잘못을 뉘우치고 자책(自責)하였다.

"세존이시여! 저희들이 항상 생각하기를 '스스로 구경(究竟)인 멸도(滅度)를 증득하였다.'고 하였는데, 이제 지혜롭지 못한 것을 알게 되었습니다. 왜냐하면 저희들은 증득해야만 하는 것은 여래의 지혜(智慧)인데 조그만 지혜를 증득하고는 만족하였습니다.

세존이시여! 비유하면 어떤 사람이 친구의 집에 가서 술에 취해 누워있었습니다. 그때 친구가 공무(公務)로 집을 나가면서 가격(價格)도 모를 보배 구슬을 옷 속에 매달아 주고 나갔습니다. 그 사람은 취하여 누워 있으면서 모두 깨닫지 못하고 있다가 일어나서 가다가 다른 나라에 이르게 되었습니다. 의식(衣食)을 해결하려고 힘들여 노력하면서 일을 찾고 있었지만 몹시 가난하여 적은 소득(所得)으로 만족해야만 하였습니다. 후에 친구가 그를 만나서 말하기를 '어이구 이 멍청아! 의식을 해결하느라 이 지경에 이르렀구나. 내가 옛날 네가 안락(安樂)함을 얻어 오욕(五欲)을 멋대로 즐기도록 어느 해 어느 달 어느 날에 값으로 따질 수 없는 보배 구슬을 네 옷 속에 넣어 주었다. 지금도 있을 것인데 너는 모르고 있구나. 고생스럽게 살면서 근심하고 걱정하면서 자활(自活)하려고 하니 매우 어리석은 일이구나. 너는 이제 이 보물로 무역(貿易)을 한다면 항상 여의(如意)하여 궁핍(窮乏)하지 않을 것이다.'

부처님도 역시 이와 같사오니 보살(菩薩)이었을 때에 우리들을 교화하시어 일체 지혜로운 마음을 일으키도록 하셨으나 우리들은 오래지 않아 이것을 잊어버리고 지각(知覺)하지 못하고 있었습니다. 또한 이미 아라한도(阿羅漢道)를 증득하고는 스스로 멸도(滅度)하였다고 하면서도 자생(資生)한 간난(艱難)함으로 적은 것에 만족하고 있었습니다. 그러나 일체지를 원하는 마음은 잃지 않았습니다. 이제 세존께서 저희들을 깨닫게 하시려고 이렇게 말씀하시기를.

'모든 비구들아! 너희들이 증득한 것은 궁극의 멸도(滅度)가 아니다. 내가 오랫동안 너희들이 부처님의 선근(善根)을 심어 방편으로 열반상(涅槃相)을 보였는데 너희들은 참으로 멸도(滅度)를 증득하였다고 생각한다.'

세존(世尊)이시여! 저희들은 이제야 보살이 참으로 아뇩다라삼먁삼보리를 증득(證得)함을 알았습니다. 이 인연으로 매우 환희하며 미증유(未曾有)함을 얻었습니다."

그때에 아약교진여가 이 뜻을 거듭 선양하려고 게송으로 말하였다.

저희들은 무상(無上)하고
안은(安隱)한 수기(授記)의 소리를 듣고,
환희(歡喜)함이 미증유(未曾有)하였으며,
무량한 지혜로운 부처님께 예를 갖춥니다.
이제 세존의 앞에서 스스로 모든 허물을 뉘우치며,
무량한 부처님 보배 속에서
작은 열반(涅槃)만을 깨달았습니다.

슬기롭지 못한 어리석은 사람과 같아서
스스로 만족하려고 하였으니
비유하면 빈궁(貧窮)한 사람이 친구 집에 갔는데,
그 집은 매우 부유(富裕)하여 성대한 음식을 차리고
값으로 따질 수 없는 보배로운 구슬을
옷 속에 매어 두었습니다.

그리고는 조용히 나가 버리니
술에 취해 누워있어서 알지 못하였습니다.
이 사람이 일어나서 길을 가다가 타국(他國)에까지
이르러서
의식(衣食)을 구하여 스스로 구제(救濟)하니
자생(資生)하기는 매우 간난(艱難)하여서,

적은 것에 민족하고 다시 좋은 것을 바라지도 않
았습니다.

내의(內衣)에 있는 값으로 따질 수 없는
보배 구슬을 깨닫지 못하다가
구슬을 준 친구가 후에 빈궁(貧窮)한 사람 만난 후에
몹시 책망(責望)하며 괴로워하며 매단 구슬을 보여
주었는데
빈궁한 사람이 구슬을 보고 마음으로 크게 환희
하였습니다.

빈궁한 사람은 그때서야 모든 재물로
오욕(五欲)을 제멋대로 즐겼습니다.
저희도 역시 이와 같아서 세존(世尊)께서 긴 세월을
항상 어여삐 보시고 교화하시면서
무상(無上)한 원력을 심어주셨는데
저희들이 무지한 까닭에 깨닫지도 알지도 못하였
습니다.

작은 열반을 얻고는 스스로 만족하고
나머지는 구하려고 하지 않았습니다.

이제 부처께서는 저희들을 깨닫게 하시려고
그것은 참된 멸도(滅度)가 아니라 하셨습니다.
부처님의 위없는 지혜를 얻어야만
참으로 멸도라고 하셨습니다.
제가 이제 부처님을 따라 듣기로는
수기(授記)하신 장엄한 일들과
차례를 따라 수결(受決)할 것이라 하시니
신심(身心)이 모두 환희롭기만 합니다.

1) 臊陀: 세존이 과거세에 앵무새였을 때 이름이다.

2) 富樓那彌多羅尼子(Pūrṇamaitrāyaṇiputra): 제1장 참고.

3) 智慧方便隨宜說法: 부처님의 지혜로 교화하는 수단. 상대방의 소질과 상황에 응하여 설법한다는 뜻이다.

4) 聞授諸大弟子阿耨多羅三藐三菩提記: 비유품에서 사리불에 이어서 마하가섭 등이 성불(成佛)한 것을 말한다.

5) 宿世因緣之事: 화성품(化城品)에 과거에 있었던 사실을 말한다.

6) 心淨: 마음이 청정하고 순결한 것을 말한다.

7) 却住: 뒤로 물러서는 것을 말한다.

8) 種性: 세간(世間)에서 같지 않은 종류의 생물과 같지 않은 근성(根性)을 말한다.

9) 方便知見: 방편지(方便智)로 중생을 위하여 설법하는 것을 말한다.

10) 拔出: 깨끗이 없애는 것을 말한다.

11) 宣: 칭설(稱說)을 말한다.

12) 本願: 인위(因位)에서의 서원(誓願)을 말한다. 부처와 보살이 과거에 성불하기 이전에 중생을 제도하기 위하여 드러낸 서원이다.

13) 不: 부(否)로 의문(疑問)을 드러내는 어기사(語氣辭)이다.

14) 歎: 찬탄(讚歎)을 말한다.

15) 助宣: 도와서 선양(宣揚)하는 것을 말한다.

16) 利喜: 사람들에게 이익과 은혜를 베풀어 기쁘게 하는 것을 말한다.

17) 具足: 구비(具備), 원만(圓滿)을 말한다.

18) 大饒益: 매우 큰 이익이 되는 것을 말한다.

19) 同梵行者: 불법을 수습하는 사람을 말한다.

20) 自捨: 제외(除外)의 의미이다.

21) 謂: 인식(認識)을 말한다.

22) 但能: 다만의 뜻이다.

23) 四無礙智: ①법무애(法無礙): 불법을 설명하고 해석하는 게 원융하여 걸림이 없는 것. ②의무애(義無礙): 불법(佛法)의 의리를 설명하고 해석하는 게 원융(圓融)하여 걸림이 없는 것. ③사무애(辭無礙): 모든 언어에 통달하여 자유롭게 설법하여 걸림이 없는 것 ④요설무애(樂說無礙): 앞의 세 가지 무애를 즐거워하며 중생을 위하여 설법하며 바른 진리에 회합하게 한다. 수의설법(隨宜說法)이며, 이는 중생을 신해(信

解)하여 무애하게 한다.

24) 審諦: 심(審)은 명백(明白)이며, 체(諦)는 청초(淸楚)를 말한다.

25) 咸: 모두를 말한다.

26) 聲聞: 성문승(聲聞乘)의 제자(弟子)를 말한다.

27) 阿僧祇: 셀 수 없도록 무량(無量)한 수를 말한다.

28) 佛事: 불법을 선양(宣揚)하는 것과 중생을 개도(開導)하는 것 모두를 말한다.

29) 七佛: 석가모니 이전의 비바시불(毘婆尸佛: Vippasin), 시기불(尸棄佛: Śikhin), 비사부불(毘舍浮佛: Vessabhū), 구류손불(拘留孫佛: Koṇḍañña), 구나함모니불(俱那含牟尼佛: Konāgamana), 가섭불(迦葉佛: Kassapa)과 석가모니불(釋迦牟尼佛: Śākyamuni)을 합하여 말한 것이다.

30) 賢劫(bhadra-kalpa): 현재의 시대를 말한다. 과거주겁(過去住劫)은 장엄겁(莊嚴劫)이라 하고 미래주겁(未來住劫)은 성숙겁(星宿劫)이라 하며, 현재주겁(現在住劫)을 현겁(賢劫)이라고 한다. 현겁시대에는 1,000명의 부처가 세상에 태어나 모두가 성현이 되어 현겁이라 하였다.

31) 當來: 미래(未來), 장래(將來)를 말한다.

32) 法明(dharma-prabhāsa): 법의 빛이라는 뜻.

33) 恒河沙等: 수량이 매우 많은 것을 갠지스강의 모래알과 같다는 것으로 말하였다.

34) 臺觀: 높은 누각(樓閣)을 말한다.

35) 近處虛空: 땅에서 솟아 하늘을 찌르듯이 있는 것을 말한다.

36) 化生(aupapāduka): 부처의 능력으로 의탁하는 게 없이 태어나는 것을 말한다. 태생(胎生), 난생(卵生), 습생(濕生), 화생(化生)을 사생(四生)이라 한다.

37) 法喜食: 불법(佛法)을 기쁜 마음으로 듣는 것을 말한다. 불법이 식(食)임을 말한다.

38) 禪悅食: 선정(禪定)에 진입(進入)하는 것을 말한다. 마음이 희열(喜悅)로 충만하는 것이니 선정이 식(食)임을 말한다.

39) 善能: 충분히, 능히, 잘의 뜻을 가진 부사이다.

40) 算數校計: 숫자로 세어서 헤아릴 수 있는 것이니 계산(計算)할 수 있음을 말한다.

41) 三明: 천안통(天眼通), 숙명통(宿命通), 누진통(漏盡通).

42) 寶明(Ratnāvabhāsa): 보물의 휘황찬란함을 말한다.

43) 善淨(Suviśuddha): 매우 청정한 것을 말한다.

44) 法住: 정법이 세상에 머무는 시간을 말한다.

45) 佛子: 부루나를 가리킨다.

46) 是故諸菩薩 作聲聞緣覺: 열등(劣等)한 가르침을 원하는 대중(大衆)은 보살의 가르침을 들으면 두려움이 일어날까 두려워하며, 보살은 중생과 같이 교화(敎化)하는 화신(化身) 보살로 성문(聲聞)과 연각(緣覺)의 몸으로 나타난다.

47) 小欲懈怠: 소욕(小欲)은 소승법(小乘法)을 원하고 대승(大乘)의 가르침을 바라지 않는 것을 말한다. 여기에서 해태(懈怠)한 마음이 일어나는 것을 말한다.

48) 少欲: 소욕(小欲)과 같음.

49) 示衆有三毒: 탐진치(貪瞋癡)를 삼독(三毒)이라고 하며, 이는 모두 번뇌의 근원이다. 시중(示衆)은 사리불(舍利弗)의 진(瞋), 난타(難陀)의 탐(貪), 조달(調達)의 치(癡)를 말한다.

50) 邪見相: 잘못된 견해와 잘못된 견해로 나타난 잘못된 일들을 말한다. 또 다른 교의(敎義)의 표현을 신봉(信奉)하는 것을 말한다.

51) 具足說: 완전하게 대승불법(大乘佛法)을 강설(講說)하는 것을 말한다.

52) 種種現化事: 화현(化現)하여 나타난다는 뜻이다. 중생을 구제하기 위하여 변화를 드러내는 것이다.

53) 宣: 선양(宣揚)함을 말한다.

54) 已度: 부루나가 제도(濟度)하여 생사고해를 초월(超越)한 것을 말한다.

55) 住: 머물러 수습(修習)하는 것을 말한다.

56) 法寶藏: 불법(佛法)을 말한다.

57) 以是等爲僧: 여기서 승(saṃgha)은 승단(僧團)을 말한다. 즉 교단(敎團)의 구성요소인 수행자(修行者)들이다.

58) 純一: 완전을 말한다.

59) 心自在: 마음으로 번뇌를 단제(斷除)하여 자유로운 경계에 진입(進入)한 것을 말한다.

60) 見: 다른 사람이 자기를 상대(相對)하는 모양을 표시하는 말이다.

61) 今當現前: 곧 하고자 하는 것을 의미한다.

62) 次第: 순서대로의 의미이다.

63) 迦留陀夷(Kālodāyin): 흑광(黑光)이라고 번역한다. 석가모니가 출가 이전의 스승인데 후에 출가하여 수행하였다.

64) 優陀夷(Udāyin): 가비라성 국사(國師)의 아들로 석가모니 태자 시절의 학우(學友)이다. 후에 출가하였다. 근도제일(勤導第一)이라고 한다.

65) 離婆多(Revata): 사리불의 동생이다.

66) 周陀: 주타반탁가(周陀半託迦)의 준말. 주리반특(周利槃特)이라고도 한다. 매우 우둔(愚鈍)하여 사람들에게 경시(輕視)를 받았으나 아라한을 성취하였다. 반특(槃特)의 게송이 있다.

67) 莎伽陀(Svāgata): 선래(善來)라고 번역한다.

68) 阿僧祇劫: 제1장 참고.

69) 等正覺: 6장 수기품 참고.

70) 無上供具: 최고의 공양물품.

71) 倍壽: 부처님 수명의 두 배로 12만겁이다.

72) 倍是: 정법(正法)이 세간에 있는 시간의 두 배로 24만 겁이다. 시(是)는 정법이 머무는 시간을 말한다.

73) 某甲: 누구든지를 말한다.

74) 悔過自責: 과(過)는 과실(過失)로, 여기서는 대승보살의 진리로 가지 않은 것을 말한다.

75) 官事: 공무(公務), 공용(公用)을 말한다.

76) 去: 헤어지다의 뜻.

77) 起己: 술이 깨에 침상에서 일어난 후,

78) 咄哉: 놀라움을 드러내는 감탄사(感歎詞)로 어이구라는 말이다.

79) 五欲: 재물욕(財物欲), 색욕(色欲), 명예욕(名譽慾), 식욕(食欲), 수면욕(睡眠欲). 방편품 참고.

80) 自恣: 생각하는 것 무엇이든지 성취하는 것을 말한다.

81) 尋: 오래지 않음을 말한다.

82) 資生艱難: 자생(資生)은 역경(易經) 곤괘(坤卦)에 '彖曰 至哉坤元 萬物資生 乃順承天(단에 말하기를 지극하구나, 곤원이여, 만물이 자생하는 것은 하늘에 수순함을 이은 것이구나.)'에서 나온 말이다. 그러나 불교에서는 삶에서 노력 한 자라고 해석하였다. 자생은 생활하는 것이다. 여기서 자생간난(資生艱難)은 생활이 곤란한 것을 말한다.

83) 一切智願: 석가모니 부처님이 보살이었을 때에 교화한 지혜와 다른 사람들이 건립하였던 성불의 의지(意志)와 원력을 말한다. 부처님의 일체지가 지행하며 서원(誓願)하는 것을 말한다.

84) 涅槃: 유여열반(有餘涅槃)을 말한다.

85) 實是菩薩: 확실하게 증득(證得)한 보살의 지위를 말한다.

86) 安隱: 부처님이 수기(授記)한 음성(音聲)이 평정(平靜)하고 아름다운 것을 형용(形容)한 말이다.

87) 得少涅槃分: 이승의 증과(證果)로 깨달은 열반을 말한다.

88) 自濟: 스스로를 구제하는 것을 말한다.

89) 苦切責: 심각하게 질책(叱責)하는 것을 말한다.

90) 長夜: 긴 세월을 말한다.

91) 無上願: 성불(成佛)하려는 최고의 바람을 말한다.

92) 爾乃: 바로, 이내, 이(爾)는 저(這)이고 내(乃)는 재(纔)이다.

93) 授記莊嚴事: 미래에 성불할 것이라고 예언한 나라가 장엄한 것을 말한다.

94) 受決: 부처님의 수기를 접수(接受)하는 것을 말한다. 결(決)은 결(訣)과 같다.

수학무학인기품 제구(授學無學人記品第九)

유학중득기(有學衆得記: 유학중득기)

原文

此記小聲聞衆也 舊說裂此爲二 謂學與無學
然無學卽羅漢 已在千二之記 不當重列 此卽學
於無學小聲聞而已 研眞斷惑名學 眞窮惑盡名
無學 此未得無學而亦預佛記者 若有聞法者 無
一不成佛故也

해석

이 수기(授記)는 소수(小數) 성문의 무리들이다. 옛날에는
이를 둘로 나누어 학(學)과 무학(無學)으로 설법하였다. 그
러나 무학은 바로 나한(羅漢)이며, 이미 1,200나한은 수기

하였기 때문에 다시 열거(列擧)하는 것은 온당(穩當)하지 못하다. 여기서 무학(無學)으로서의 학(學)은 소수의 성문으로 진리를 연구하여 미혹(迷惑)을 끊은 학(學)을 말하고 진리가 궁구(窮究)한 미혹이 다한 것을 무학이라 한다. 이는 무학을 증득하지 못하였으나 역시 부처님의 수기를 받을 것이라 예견(豫見)하여 한 사람도 성불(成佛)하지 않음이 없는 까닭이다.

原文

讚曰 妙音如毒鼓聞聲 津却喪命 佛法如好堅
出家 均是沒量 阿難羅云 緣重故侍者長子 欲傳
諸佛之法藏 權現密行而多聞 多聞第一國名 常
立勝幡密行無上佛號 足踏寶華 二千次第作佛
同受一名寶相 信知梅杏各異也應幹化無私 旣
是無私 委甚有差別 猿抱子歸青嶂外 鳥啣花落
碧岩前 頌曰

三周妙法隨根說　特地春風無短長
看取晚枝猶帶露　徒敎萬里盡馨香[1]

기리며 말하였다.

"묘음(妙音)은 독을 바른 북과 같아 소리를 듣게 되면 생명(生命)을 잃고 불법(佛法)은 좋아하는 게 굳건하면 출가(出家)하여 보편하게 되면 생각도 잊게 된다. 아난(阿難)과 라후라(羅睺羅)는 인연이 지중(至重)한 까닭으로 시자(侍者)와 장자(長子)였다. 모든 부처의 법장(法藏)을 전하고자 방편(方便)으로 밀행(密行)과 다문(多聞)을 드러내어 다문제일(多聞第一)이 나라 이름이고 상립승번(常立勝幡) 밀행무상(密行無上)이 부처님 이름으로 2천 명이 차례로 성불(成佛)하여 모두가 하나의 이름인 보상(寶相)을 받고 매화나무와 은행나무처럼 믿고 아는 게 제각기 다르고 줄기에 따라서 교화하지만 사사로움이 없다. 이미 사사로움이 없는데도 매우 차별(差別)이 심하다.

  원숭이가 자식을 껴안고 청장(靑嶂) 밖으로 돌아가고
  새는 꽃을 머금고 푸른 바위 앞에 떨어졌다.

게송으로 말하기를

  세 번 도는 미묘한 법은 근기(根機)따라 말함이며,
  특별히 춘풍(春風)이라 해서 장단(長短)이 없다.
  늙은 가지를 살펴보면 띠를 드러내고
  모든 가르침은 후세에 까지 미친다네.

⑴ 아난과 라후라가 수기(授記)를 청구(請求)하자 석가모니 불이 아난에게 수기하는 정황(情況)을 말하였다.

原文

爾時阿難 羅睺羅而作是念 我等每自思惟[2] 設[3] 得受記 不亦快乎 卽從座起 到於佛前 頭面禮足 俱白佛言 世尊 我等於此[4] 亦應有分[5] 唯有如來 我等所歸 又我等爲一切世間天 人 阿修羅所見 知識[6]——阿難常爲侍者 護持法藏[7] 羅睺羅是佛 之子——若佛見授阿耨多羅三藐三菩提記者 我 願旣滿 眾望亦足 爾時 學 無學聲聞弟子二千人 皆從座起 偏袒右肩[8] 到於佛前 一心合掌 瞻仰 世尊 如阿難 羅睺羅所願 住立一面

爾時佛告阿難 汝於來世當得作佛 號山海慧自 在通王[9] 如來 應供 正遍知 明行足 善逝 世間解 無上士 調御丈夫 天人師 佛 世尊 當供養 六十二億諸佛 護持法藏 然後得阿耨多羅三藐 三菩提 敎化二十千萬億恒河沙諸菩薩等 令成 阿耨多羅三藐三菩提 國名常立勝幡[10] 其土清淨 琉璃爲地 劫名妙音遍滿[11] 其佛壽命 無量千萬 億阿僧祇劫 若人於千萬億無量阿僧祇劫中算數

校計 不能得知 正法住世倍於壽命 像法住世復
倍正法 阿難 是山海慧自在通王佛 爲十方無量
千萬億恒河沙等諸佛如來所共讚歎 稱其功德
　爾時世尊欲重宣此義 而說偈言

我今僧中¹²⁾說	阿難持法者¹³⁾
當供養諸佛	然後成正覺
號曰山海慧	自在通王佛
其國土清淨	名常立勝幡
敎化諸菩薩	其數如恒沙
佛有大威德	名聞滿十方
壽命無有量	以愍衆生故
正法倍壽命	像法復倍是
如恒河沙等	無數諸衆生
於此佛法中	種佛道因緣

해석

　그때에 아난(阿難)과 라후라(羅睺羅)가 이런 생각을 하였다.
"매양(每樣) 생각하기를 '우리도 수기(授記)를 받게 된다면
기쁘지 않겠는가?'라고 하면서 자리에서 일어나 부처님 앞
으로 나아가서 머리를 발에 대고 예를 갖추고는 부처님께

여쭈었다.

"세존이시여! 저희도 이에 역시 응분(應分)의 여래가 있으니 저희도 귀의(歸依)할 것입니다. 또 저희는 일체 세간(世間)의 천인(天人)과 아수라(阿修羅)에게도 알려져 있습니다. 아난은 항상 시자(侍者)로 법장(法藏)을 호지(護持)하며 라후라는 부처님의 아들입니다. 만약 부처님께서 아뇩다라삼먁삼보리의 수기를 주신다면 저희 소원도 만족하고 대중들의 소원도 만족할 것입니다."

이때에 배우는 사람과 배울 게 없는 성문 제자 2천인이 모두 자리에서 일어나 오른쪽 어깨를 벗어 드러내고 부처님 앞에 나아가 합장(合掌)하면서 일심(一心)으로 세존을 첨앙(瞻仰)하였는데, 아난과 라후라가 바라는 것과 같이 하고는 한쪽으로 물러나 앉아 있었다.

이때에 부처님께서 아난에게 말씀하셨다.

"너는 내세(來世)에 성불할 것이니 이름은 산해혜자재통왕여래(山海慧自在通王如來)·응공·정변지·명행족·선서·세간해·무상사·조어장부·천인사·불세존이다. 당연히 62억의 모든 부처님을 공양(供養)하고 법장(法藏)을 호지(護持)한 후에 아뇩다라삼먁삼보리를 증득할 것이다. 20천만 억 항하(恒河)의 모래같이 많은 보살들을 교화하여 아뇩다라삼먁삼보리를 성취하게 할 것이다. 나라 이름은 상립승번(常立勝幡)이고 국토는 청정하며 유리(琉璃)가 대지(大地)이다. 겁의 이름은 묘음편만(妙音遍滿)이고 부처님의 수명은 무량 천만 억 아승기 겁이며, 만약 사람이 천만 억 무량 아승기 겁을 세어서 헤아려도 알지 못한다. 정법(正法)이 세상에 머무는 것은 수명의 두 배이고 상법(像法)이 세상에 머무는 것은 정법의 두 배가 된다. 아난아! 이 산하혜자재통왕불은 시방세계 한량없는 천만 억 항하의 모래 같은 여러 부처님 여래께서 모두 함께 그 공덕을 칭찬할 것이다."

그때에 세존께서 거듭 이 뜻을 선양하려고 게송으로 말씀하셨다.

내가 이제 승단(僧團)에게 말하겠다.
아난이 법을 호지하고
당연히 모든 부처께
공양(供養)한 후에 정각을 성취한다.
이름은 산해혜자재통왕불(山海慧自在通王佛)이고
국토는 청정한 상립승번(常立勝幡)이다.
교화한 모든 보살은
그 수가 항하사(恒河沙)와 같으며,
부처님은 위대한 덕이 있어

명성(名聲)이 시방에 가득하며,

수명은 무량하며 중생을 어여삐 여기는 까닭에

정법(正法)은 두 배의 수명이며

상법은 정법의 두 배라네.

항하의 모래 같은 무수한 중생들이

불도(佛道)의 인연을 심을 것이라네.

(2) 제자들이 아난이 획득한 수기에 의문을 가지자 석가모
  니부처가 아난이 수기한 원인을 설명한다.

原文

爾時會中新發意[14]菩薩八千人 咸作是念 我等
尚不聞諸大菩薩得如是記 有何因緣而諸聲聞得
如是決[15]

爾時世尊知諸菩薩心之所念 而告之曰 諸善男
子[16] 我與阿難等 於空王佛[17]所 同時發阿耨多羅
三藐三菩提心 阿難常樂多聞 我常勤精進 是故
我已得成阿耨多羅三藐三菩提 而阿難護持我法
亦護將來諸佛法藏 敎化成就諸菩薩衆 其本願
如是 故獲斯記

阿難面於[18]佛前 自聞授記及國土莊嚴 所願具

足 心大歡喜 得未曾有 卽時憶念[19] 過去無量千
萬億諸佛法藏 通達無礙 如今所聞 亦識本願[20]
　爾時阿難而說偈言

世尊甚希有　　令我念過去
無量諸佛法　　如今日所聞
我今無復疑　　安住於佛道
方便[21]爲侍者　　護持諸佛法

해석

　그때에 법회에는 새롭게 뜻을 드러낸 보살 8,000명이 모두 이런 생각을 하였다.

　"우리들은 모든 위대한 보살들도 이와 같이 수기를 획득하였다는 말을 듣지 못하였는데, 어떤 인연으로 모든 성문들이 이런 결정(決定)을 들을 수 있단 말인가?"

　그때에 세존께서 모든 보살들이 마음으로 생각하는 것을 아시고 말씀하셨다.

　"모든 선남자(善男子)들이여! 나는 아난과 함께 공왕불(空王佛)의 처소(處所)에서 동시에 아뇩다라삼먁삼보리의 마음을 일으켰으며, 아난은 항상 다문(多聞)하기를 좋아하였고 나는 항상 열심히 정진한 까닭으로 아뇩다라삼먁삼보리를 성취하였다. 아난은 나의 법을 호지(護持)하고 또한 앞으로 올 모든 부처님의 법장(法藏)을 호지하고 모든 보살 대중들을 교화하여 성취하게 할 것이니 본래 이와 같은 것을 원하였으므로 이런 수기를 획득(獲得)한 것이다."

아난이 부처님을 대면(對面)하면서 수기(授記)하여 국토가 장엄(莊嚴)함을 듣고는 바라는 게 구족하여 마음이 크게 환희(歡喜)하며 미증유(未曾有)함을 얻었다. 그리고 바로 과거의 무량한 천만 억 모든 부처님의 법장(法藏)을 기억하고 생각하며, 무애(無礙)함을 통달(通達)하니 지금 듣는 것과 같아서 역시 본래 발원(發願)한 것을 알 수가 있었다.

이때에 아난이 게송으로 말하였다.

세존(世尊)이시여! 매우 희유(稀有)한 일입니다.
저로 하여금 과거를 생각하게 하시면서
무량(無量)한 모든 불법을
오늘 듣는 것처럼 듣고 있습니다.
저는 다시 의심하지 않고
불도(佛道)에 안주(安住)하겠습니다.
방편으로 부처님 시자(侍者)가 되어
모든 불법(佛法)을 보호(保護)하고
수지(受持)하렵니다.

⑶ 석가모니 부처님이 라후라의 수기를 예언하면서 라후
라가 성불하기 전후 정황(情況)을 설명하고 있다.

爾時佛告羅睺羅 汝於來世當得作佛 號蹈七寶
華如來[22) 應供 正遍知 明行足 善逝 世間解 無
上士 調御丈夫 天人師 佛 世尊 當供養十世界
微塵等數[23) 諸佛如來 常爲諸佛而作長子 猶如今
也 是蹈七寶華佛 國土莊嚴 壽命劫數 所化弟子
正法 像法 亦如山海慧自在通王如來無異 亦爲
此佛而作長子 過是已後 當得阿耨多羅三藐三
菩提
爾時世尊欲重宣此義 而說偈言

我爲太子時	羅睺爲長子[24)
我今成佛道	受法爲法子[25)
於未來世中	見無量億佛
皆爲其長子	一心求佛道

羅睺羅密行[26)	唯我能知之
現爲我長子	以示諸衆生

$$無量億千萬 \quad 功德不可數$$
$$安住於佛法 \quad 以求無上道$$

해석

그때 부처님께서 라후라에게 말씀하셨다.

"너는 내세(來世)에 성불할 것이니 이름은 도칠보화여래(蹈七寶華如來)·응공·정변지·명행족·선서·세간해·무상사·조어장부·천인사·불세존이다. 시방세계에 미진(微塵)과 같은 모든 부처님과 여래를 공양(供養)하면서 모든 부처님의 장자(長子)가 된 게 지금과 같았다. 이 도칠보화불은 국토가 장엄하고 수명(壽命)은 겁수(劫數)이며 교화할 제자와 정법(正法)과 상법(像法) 역시 산해혜자재통왕여래와 다르지 않으며, 역시 이 부처님의 장자가 되리라. 이렇게 한 후에 반드시 아뇩다라삼먁삼보리를 증득하리라."

이때에 세존이 거듭 이 뜻을 선포하시려고 게송으로 말씀하셨다.

내가 태자가 되었을 때에
라후라가 장자(長子)였으니
이제 내가 불도(佛道)를 성취하자
법을 받아 법자(法子)가 되었다네.

미래세에서 무량한 모든 부처님 뵙고는
모두 그 장자가 되어 오롯한 마음으로
무상도(無上道)를 간구(懇求)하네.

라후라의 밀행(密行)을 나만 혼자 알 수 있으니
지금은 내 장자가 되어
모든 중생에게 드러났으며,
무량(無量)한 천만 억 공덕(功德)
이루 다 헤아릴 수 없지만
불법(佛法)에 안주(安住)하면서
무상도를 간구하네.

⑷ 석가모니 부처님이 학(學), 무학(無學)의 제자들에게 수
   기하는 것을 말하였다.

原文

爾時世尊見學 無學二千人 其意柔軟 寂然清
淨 一心觀佛 佛告阿難 汝見是學 無學二千人不
唯然 已見

阿難 是諸人等 當供養五十世界微塵數諸佛如
來 恭敬尊重 護持法藏 末後[27]同時於十方國各

得成佛 皆同一號 名曰寶相[28]如來 應供 正遍知
明行足 善逝 世間解 無上士 調御丈夫 天人師
佛 世尊 壽命一劫 國土莊嚴 聲聞 菩薩 正法 像
法 皆悉同等

爾時世尊欲重宣此義 而說偈言

是二千聲聞　　　　今於我前住[29]
悉皆與授記　　　　未來當成佛
所供養諸佛　　　　如上說塵數
護持其法藏　　　　後當成正覺

各於十方國　　　　悉同一名號
俱時[30]坐道場　　　　以證無上慧
皆名爲寶相　　　　國土及弟子
正法與像法　　　　悉等無有異
咸以諸神通　　　　度十方衆生
名聞普周遍　　　　漸入於涅槃

爾時學 無學二千人 聞佛授記 歡喜踊躍 而說
偈言

世尊慧燈明[31]　　我聞授記音
心歡喜充滿　　如甘露[32]見灌

해석

　그때 세존께서 학(學)·무학(無學) 2,000인을 보시니 의지가 유연하고 적정하며 청정하여 오롯한 마음으로 부처님을 앙망(仰望)함으로 보고 있었다. 부처님이 아난에게 말씀하셨다.

　"너는 이 학(學)·무학인(無學人) 2,000명을 보고 있느냐?"

　"예! 벌써 보았습니다."

　"아난아! 이 많은 사람들은 반드시 50세계의 미진한 수의 모든 부처님과 여래를 공양(供養)하고 공경(恭敬)하면서 존중(尊重)하며 법장(法藏)을 호지(護持)하고 있다. 맨 끝에 동시에 시방 국토에서 제각기 성불하여 모두가 같은 이름일 것이니 보상여래(寶相如來)·응공·정변지·명행족·선서·세간해·무상사·조어장부·천인사·불세존이다. 그 부처님의 수명은 1겁이며 국토는 장엄하며 성문(聲聞)과 보살, 정법(正法)과 상법(像法) 모두가 동등(同等)하리라."

　그때에 세존께서 이 뜻을 거듭 선포하시려고 게송으로 말씀하셨다.

여기 2,000명의 성문(聲聞)들이
지금 내 앞에 있으니
모두에게 수기(授記)를 주어
미래에 성불하게 하리라.
위에서 말한
미진수(微塵數)의 모든 부처님께 공양하였고,
그 법장(法藏)을 호지(護持)하였으니
후에 당연히 정각을 성취(成就)하리라.

제각기 시방 국토에서
모두가 한결같은 이름을 갖추고는
도량에 앉아 무상(無上)한 지혜를 증득하리라.
모두의 이름을 보상(寶相)이라 할 것이니
국토(國土)와 그 제자, 정법(正法)과 상법(像法)이
모두가 같아 다르지 않으리라.
모두가 여러 신통력으로 시방의 중생을 제도하여
이름이 널리 주변(周徧)에 들리면서
점차 열반에 증입(證入)하게 하네.

그때 학(學)·무학(無學) 2,000인이 부처님께서 주시는
수기를 받고 환희하고 용약(踊躍)한 마음에 게송으로 말

하였다.

　　세존은 지혜(智慧)의 밝은 등불!

　　저희들 수기(授記)한다는 말씀을 듣고

　　마음이 환희(歡喜)로 충만(充滿)하여

　　감로(甘露)의 관정(灌頂)을 보는 것 같습니다.

1) 馨香: 멀리까지 풍기는 향기(香氣), 후대에까지 전하여지는 명성(名聲)을 말한다.
2) 每自思惟: 매자(每自)는 늘 자중함을 말한다. 늘 자중하면서 생각한다는 뜻이다.
3) 設: 결과를 설정한 것을 말한다.
4) 於此: 성불할 것을 수기하는 것을 말한다.
5) 亦應有分: 분(分)은 취득(取得)한 것을 말하는데, 분(分)은 이전(以前)의 의미가 있다. 즉 아난과 라후라는 먼저 수기하였을 것이라는 생각과 수기할 자격이 당연하다고 생각하는 것을 말한다.
6) 所見知識: 이해(理解)하는 바를 말한다.
7) 法藏: 불경(佛經)과 불법(佛法)을 가리킨다.
8) 偏袒右肩: 제4장 주 참고.
9) 山海慧自在通王(Sāgaravarabuddhivikrīḍitābhijñā): 아난이 성불한 후에 지혜는 산해(山海)와 같고 자유자재(自由自在)하며 신통(神通)이 광대(廣大)함을 말한다.
10) 常立勝幡(Anavanāmitavaijayanta): 항상 승리의 깃발을 세우고 있는 것이다. 아난이 성불한 후에 변재(辯才)가 비길 사람이 없고 법력(法力)이 대적(對敵)할 사람이 없는 것을 말한다.
11) 妙音遍滿(Manojñaśabdābhigarjita): 아난이 성불한 후에 다른 사람에게 설법하는 음성이 미묘하여 온 천지에 두루 퍼진다는 것을 말한다.
12) 僧中: 승(僧)은 승가(僧伽)의 약자이다.
13) 持法者: 부처님의 가르침을 보호하고 지니고 있는 사람.
14) 新發意(navayānasaṃprasthitra): 굳건히 세운 결심을 말한다.
15) 決: 기(記)와 같으며, 성불한다는 예언(預言)이나 보증(保證)을 말한다.
16) 善男子: 불교에 귀의한 남자들을 말한다.
17) 空王佛(Dharmaganābhyudgataraja): 일체가 공인 것을 깨달은 부처님으로, 만법의 왕이다. 석가모니 부처님과 아난이 일찍이 이 부처님에게서 성불하겠다는 서원을 하였다.
18) 面於: 대면(對面)하는 것을 말한다.
19) 卽時憶念: 즉시(卽時)는 곧의 뜻이고, 억념(憶念)은 잊어버리지 않고 생각해내는 것을 말한다.
20) 本願: 보살이 과거세에 서원(誓願)한 것을 말한다.

21) 方便: 근기(根機)에 따라 일을 하는 것을 말한다.

22) 踏七寶華如來(Saptaratnapadma-vikrantagamin): 칠보로 만든 연화를 신고 있다는 의미이다.

23) 微塵等數: 10개의 삼천대천세계를 부수어 미진(微塵)으로 된 것이 이처럼 많은 수량(數量)이라는 의미를 말한다.

24) 長子(jyeṣṭhaputra): 당시 인도 계급 사회에서는 후계자, 상속자라는 의미를 가지고 있다.

25) 法子: 불자(佛子)와 같다.

26) 密行: 계를 지키면서 비밀스럽게 수행하는 것을 말한다.

27) 末後: 최후(最後)를 말한다.

28) 寶相如來(Ratnaketurāja): 부처님 상(像)이 장엄(莊嚴)함을 말한다.

29) 於我前住: 내 면전(面前)에 서있음을 말한다.

30) 俱時: 동시(同時)를 말한다.

31) 慧燈明: 부처님 지혜가 명량(明亮)하기가 등불과 같음을 말한다.

32) 甘露(amṛta): 하늘의 신들이 먹는 음식인데 여기서는 부처님의 가르침을 비유로 말한 것이다.

묘법연화경 제4권(妙法蓮華經 第四卷)

법사품 제십(法師品第十)

原文

能持正法足以師人 謂之法師 此授廣記利圓該
前記 而號法師品者 所以廣記持經之人 而推尊
之故也 經擧現前八部四衆等類 及佛滅後聞經
隨喜 皆與授記 是謂廣記 前雖對三周法授三根
記 而收機未盡 故此圓該 乃圓敎之統要也 旣爲
統要 允屬正宗 而舊科於此遂分流通 亦隨所見

해석

정법(正法)을 수지(受持)하고 사람들의 스승이 되기에 흡
족한 사람을 법사(法師)라고 한다. 이는 광기(廣記)를 이익
하게 하며 원만함이 이전의 수기를 갖추었으므로 법사품
이라고 한다. 그러므로 광기하고 경전을 수지(受持)한 사람

법사품 제십 571

을 추존(推尊)하는 까닭이다. 경전에서 거양(擧揚)하는 팔부(八部)와 사부대중(四部大衆)들은 부처님이 돌아가신 후에 경전을 듣고 기뻐하면서 모두 수기하는 것을 광기(廣記)라고 한다. 이전에 삼주설법(三周說法)으로 삼근기(三根機)를 수기하게 하였지만 여기서는 모든 근기를 그치지 않으면서 섭수(攝受)하므로 원만하게 갖춘다고 한다. 이는 원교(圓敎)의 통요(通要)이며, 이 통요는 정종(正宗)에 속하고 이전의 과목(科目)에서는 이를 유통분(流通分)이라 하였는데, 역시 보는 바에 따른 것일 뿐이다.

原文

讚曰 欲闡覺皇[1]之祕典 撈摝[2]群生 正在法師之弘宣[3] 激揚[4]濁世 要以慈忍爲衣室 亦以法空爲敷座 方可名爲菩薩 卽能宣揚大事 在在處處 雖無舍利靈牙 言言句句 皆是繪繼寶塔 搖塵演說之側 遣化人以來護 稽顙隨喜之人 知證果之因圓 雖然如是 金剛經云 說法者 無法可說 是名說法 這間還有恭敬讚歎分也無 咄 烏鷄冒雪衝陽焰 赤蝀穿樓和啞音 頌曰

鳳啣丹詔御樓前　萬戶千門盡妙傳

一法圓該無遠近　方知帝力未能宣

기리며 말한다.

"부처님의 비전(祕典)을 천양(闡揚)하여 중생들을 깨우치려면 바로 법사(法師)의 홍선(弘宣)함이 있어야 하며, 오탁악세(五濁惡世)에서 격양(激揚)함이 있어야 한다. 중요한 것은 자인(慈忍)이 옷과 방을 갖추면서 역시 법공(法空)을 펼치고 앉아야만 보살(菩薩)이라 할 수가 있다. 바로 대사(大事)를 선양(宣揚)하고 있는 곳곳에는 비록 사리(舍利)의 신령스러운 어금니가 없어도 말하는 구절구절이 모두가 보탑(寶塔)을 치장하는 것이 되어 연설하는 측면으로 조금 동요(動搖)하면 교화(敎化)되어 와서 호지(護持)하며, 예를 갖추고 기쁘게 받아드리는 사람은 증과(證果)의 원인(原因)이 원만하다. 비로소 이와 같아지며 금강경에 말하기를 '설법은 설법하는 법이 없는 것을 설법이라고 한다.'고 하였다. 이는 공경(恭敬)하고 찬탄(讚歎)하는 것이 분명(分明)하지 않은가?

아아! 오골계 머리는 눈이 내리면 아지랑이와 부딪치고 붉은 무지개를 뚫으면서도 말이 없다.

게송으로 말하하기를

봉황(鳳凰)이 단사(丹砂)를 머금고

알리면서 누각 앞으로 이끌어

만호(萬戸)와 천문(千門)에 다할 때까지

미묘한 전승(傳承)은,

한 법은 원융(圓融)함을 갖추니 원근(遠近)도 없어

비로소 황제의 능력이

선포되지 않았음을 알겠더라.

(1) 반복(反復)하여 묘법연화경의 중요성과 신성성(神聖性)을 강조하였다. 사람들에게 묘법연화경을 수지(受持)하고 독송(讀誦)하고 해설(解說)하고 서사(書寫)하는 사람은 위대한 보살로 인간세계에 중생을 제도하려고 온 사람이기에 공경하고 부처님처럼 공경해야 한다. 그러나 그렇지 못하면 이보다 더 큰 죄악이 없다고 한다.

原文

爾時世尊因⁵⁾藥王菩薩 告八萬大士⁶⁾ 藥王 汝見
是大衆中 無量諸天 龍王 夜叉 乾闥婆 阿修羅
迦樓羅 緊那羅 摩睺羅伽⁷⁾ 人與非人⁸⁾ 及比丘
比丘尼 優婆塞 優婆夷 求聲聞者 求辟支佛者⁹⁾
求佛道者 如是等類 咸於佛前 聞妙法華經一偈

一句 乃至¹⁰⁾一念隨喜¹¹⁾者 我皆與授記 當得阿耨多羅三藐三菩提

佛告藥王 又如來滅度之後 若有人聞妙法華經乃至一偈一句 一念隨喜者 我亦與授阿耨多羅三藐三菩提記 若復有人 受持 讀誦 解說 書寫¹²⁾妙法華經 乃至一偈 於此經卷敬視如佛 種種供養——華 香 瓔珞 末香 塗香 燒香 繒蓋 幢幡 衣服 伎樂 乃至合掌恭敬 藥王 當知是諸人等 已曾供養十萬億佛 於諸佛所成就大願 愍衆生故 生此人間

藥王 若有人問 『何等衆生 於未來世當得作佛』應示『是諸人¹³⁾等 於未來世必得作佛』何以故 若善男子 善女人¹⁴⁾ 於法華經 乃至一句 受持 讀誦 解說 書寫 種種供養經卷——華 香 瓔珞 末香 塗香 燒香 繒蓋 幢幡 衣服 伎樂 合掌恭敬 是人 一切世間所應瞻奉 應以如來供養而供養之 當知此人是大菩薩 成就阿耨多羅三藐三菩提 哀愍衆生 願生此間¹⁵⁾ 廣演分別妙法華經 何況盡能受持 種種供養者

藥王 當知是人 自捨清淨業報¹⁶⁾ 於我滅度後 愍衆生故 生於惡世 廣演此經 若是善男子 善女

人 我滅度後 能竊[17]爲一人說法華經 乃至一句
當知是人則[18]如來使[19] 如來所遣 行如來事[20] 何
況於大衆中廣爲人說

藥王 若有惡人 以不善心 於一劫中[21]現於佛前
常毀罵佛 其罪尚輕 若人以一惡言 毀呰[22]在家
出家讀誦法華經者 其罪甚重

藥王 其有讀誦法華經者 當知是人以佛莊嚴而
自莊嚴 則爲如來肩所荷擔[23] 其所至方[24] 應隨向
禮[25] 一心合掌 恭敬供養 尊重讚歎 華 香 瓔珞
末香 塗香 燒香 繒蓋 幢幡 衣服 餚饌 作諸伎樂
人中上供[26] 而供養之 應持天寶而以散之 天上
寶聚[27] 應以奉獻 所以者何 是人歡喜說法 須臾[28]
聞之 即得究竟阿耨多羅三藐三菩提故

爾時世尊欲重宣此義 而說偈言

若欲住佛道　　成就自然智[29]
常當勤供養　　受持法華者
其有欲疾得[30]　一切種智慧[31]
當受持是經　　幷供養持者[32]

若有能受持　　妙法華經者.

當知佛所使　　愍念諸衆生
諸有[33]能受持　　妙法華經者
捨於清淨土　　愍衆故生此

當知如是人　　自在所欲生[34]
能於此惡世　　廣說無上法
應以天華香　　及天寶衣服
天上妙寶聚　　供養說法者

吾滅後惡世　　能持是經者
當合掌禮敬　　如供養世尊
上饌[35]衆甘美　　及種種衣服
供養是佛子　　冀[36]得須臾聞

若能於後世　　受持是經者
我遣在人中　　行於如來事
若於一劫中　　常懷不善心
作色[37]而罵佛　　獲無量重罪

其有讀誦持　　是法華經者
須臾加惡言　　其罪復過彼

有人求佛道　　而於一劫中
合掌在我前　　以無數偈讚

由是讚佛故　　得無量功德
歎美持經者　　其福復過彼
於八十億劫　　以最妙色聲[38]
及與香味觸[39]　供養持經者

如是供養已　　若得須臾聞
則應自欣慶　　我今獲大利
藥王今告汝　　我所說諸經
而於此經中　　法華最第一

해석

　그때에 세존은 약왕보살(藥王菩薩)로 인하여 8만 대사들에게 말씀하셨다.

　"약왕아! 너는 이 대중 속에서 무량한 제천(諸天)·용왕(龍王)·야차(夜叉)·건달바(乾達婆)·아수라(阿修羅)·가루라(迦樓羅)·긴나라(緊那羅)·인비인(人非人)·비구(比丘)·비구니(比丘尼)·우바새(優婆塞)·우바이(優婆夷)·성문(聲聞)을 구하는 사람·벽지불(辟支佛)을 구하는 사람·불도(佛道)를 구하는 사람·이와 같은 부류들이 모두 부처님 앞에 나아가 묘법연화경의 한 게송이나 한 구절을 듣고 한결같은 마음으로 따라서 기뻐하면 나는 모두에게 수기(授記)를 주어 아뇩다라삼먁삼보리를 증득하게 하겠다."

부처님이 약왕 보살에게 말씀하셨다.

"또 여래께서 멸도(滅度)하신 후 만약 어떤 사람이 묘법연화경에서 한 게송(偈頌)과 한 구절을 듣고 한결같은 마음으로 따라 기뻐하면 나도 또한 아뇩다라삼먁삼보리를 수기하여 줄 것이다. 또 어떤 사람이 묘법연화경을 수지(受持)하고 독송(讀誦)하며, 해설(解說)하고 서사(書寫)하거나 한 게송에 이르기까지 이 경에서 부처님과 같이 공경(恭敬)하게 보면서 갖가지로 공양(供養)하는데, 꽃·향(香)·영락(瓔珞)·말향(末香)·도향(塗香)·소향(燒香)·증개(繒蓋)·당번(幢幡)·의복(衣服)·기락(伎樂) 등으로 합장(合掌)하고 공경한다. 약왕아! 이처럼 많은 사람들이 일찍이 10만 억불(億佛)에게 공양하고 모든 부처님 처소(處所)에서 위대한 서원을 성취하였지만 중생을 어여삐 여기는 까닭으로 인간으로 태어났다."

"약왕아! 어떤 사람이 '어떤 중생이 미래세에 성불합니까?'하면 응대(應對)하여 개시(開示)하기를 '이런 사람들이 미래세에 성불한다.'고 대답하라. 왜냐하면 만약 선남자 선여인이 법화경에서 한 구절이라도 수지하고 독송하며, 해설하고 서사하면서 경전에 갖가지 꽃·향(香)·영락(瓔珞)·말향(末香)·도향(塗香)·소향(燒香)·증개(繒蓋)·당번(幢幡)·의복(衣服)·기악(伎樂)으로 공경하고 합장하면 이런 사람들은 일체 세간에서 반드시 첨앙(瞻仰)하고 봉양(奉養)하는데, 당연히 여래께 공양하는 것과 같이 공양해야만 한다. 당연히 알아라! 이런 사람들은 위대한 보살로 아녹다라삼먁삼보리를 성취하였지만 중생을 어여삐 여겨서 이 세상에 태어나기를 원했으며, 묘법연화경을 널리 분별(分別)하여 연설한다. 하물며 모두를 수지(受持)하고 갖가지로 공양(供養)하는 것은 말하여 무엇 하겠느냐?"

"약왕아! 이런 사람은 스스로 청정(淸淨)한 업보(業報)를 버리고 내가 멸도(滅度)한 후에 중생을 어여삐 여기는 까닭으로 오탁악세(五濁惡世)에 태어나 이 경을 널리 연설한다는 것을 알아야만 한다. 만약 선남자 선여인이 내가 멸도한 후 은밀히 한 사람을 위해서라도 법화경 한 구절이라도 말해 준다면 이런 사람은 여래의 사자(使者)로, 여래가 파견(派遣)하여 여래의 일을 하는 것이다. 하물며 대중 속에서 널리 사람을 위하여 말하는 것이겠느냐?"

"약왕아! 만약 어떤 악인(惡人)이 옳지 못한 마음으로 1겁 동안을 부처님 앞에 나아가 항상 부처님을 헐뜯거나 모욕(侮

辱)하더라도 그 죄는 오히려 가볍지만, 만약 어떤 사람이 악언(惡言)으로 재가(在家)에서나 출가(出家)하여 법화경을 독송하는 사람을 헐뜯는다면 그 죄는 매우 무겁다."

"약왕아! 법화경(法華經)을 독송하는 사람이 있으면 이런 사람은 부처의 장엄(莊嚴)으로 저절로 장엄해지며 하담여래를 어깨에 짊어진 것과 같다. 이르는 곳마다 따라서 예를 갖추고 한결같은 마음으로 합장(合掌)하며 공경(恭敬)하고 공양(供養)하며 존중(尊重)하고 찬탄(讚歎)하며, 꽃·향·영락·말향·도향·소향·증개·당번·의복·희찬(餚饌)·모든 기악을 만들어 사람 중에서 최고의 공양을 하며, 당연히 하늘의 보배를 가져다가 흩고 천상(天上)의 보배를 모아 봉헌(奉獻)하여야 한다. 왜냐하면 이런 사람이 환희하면서 설법하면 바로 구경의 아뇩다라삼먁삼보리를 증득하는 까닭이다."

그때에 세존이 이 뜻을 거듭 선양하려고 게송으로 말씀하였다.

불도(佛道)에 머물러 자연지(自然智)를 성취하려면
항상 법화경 수지(受持)한 사람을
부지런히 공양하며,
일체종지(一切種智)인 지혜를 빨리 얻고자 하면
이 경전을 수지하고

아울러 지닌 사람을 공양하라.

만약 어떤 사람이 묘법화경을 수지하면
부처님께서 시켜서 한 것임을 알고
모든 중생을 어여삐 생각하는 것을 알아라.
모두가 묘법화경을 수지하면
청정한 국토도 버리고 중생을
어여삐 여긴 까닭으로 이 국토에 태어났다.

이런 사람들은
자재하게 태어나고자 함을 알아야 한다.
이런 악한 세상에서
무상한 불법을 널리 설법할 것이다.
하늘 꽃과 하늘 향 하늘의 보배로운 의복들과
천상의 신묘한 보배를 모아
설법하는 사람에게 공양한다.

내가 멸도한 후 악세에서 이 경전을 수지하고
합장하고 예경하기를
세존을 공양하는 것과 같이 하라.
맛있고 좋은 음식과 갖가지 의복을

이 불자에게 공양하며 잠깐 동안이라도
설법 듣기를 바랄지니라.

후세에 어떤 사람이 이 경전을 수지한 사람은
내가 그를 세상에 파견하여
여래의 일을 수행하게 함이니라.
만약 1겁 동안에 그 마음이 약해져서
화를 내며 부처님을 욕한다면
무량한 죄를 얻을 것이다.

법화경을 독송하고 수지하는 사람은
잠깐이라도 욕을 해도 그 죄는 더욱 크다.
불도(佛道)를 구하려고 긴 세월 1겁 동안
내 앞에서 합장하고 게송을 찬탄하여라.

부처님을 찬탄(讚歎)하는 까닭으로
무량 공덕을 얻고
찬미(讚美)하고 경을 수지하면
그 복은 더욱 클 것이다.
80억 겁 동안에 가장 신묘(神妙)한 안색과 음악과
향과 음식, 그리고 촉감으로

사람들에게 쾌감을 주고
경전을 가진 사람 공양하면

이런 공양을 마친 후에 잠깐 설법을 들더라도
마음이 흔쾌(欣快)하고
경사(慶事)스러운 큰 이익을 얻으리라.
약왕이여! 말하노라!
내가 말한 모든 경전 중에서도
법화경이 제일(第一)이니라.

⑵ 석가모니 부처님은 다시 법화경의 중요성을 강조하고
경을 설법(說法)하거나 수지(受持)하며, 독송하거나 실천
하는 법사의 중요한 위치를 말하면서 자신이 이들을 영
원히 보살핀다고 말한다.

原文

爾時佛復告藥王菩薩摩訶薩 我所說經典無量
千萬億 已說 今說 當說[40] 而於其中 此法華經最
爲難信難解
　藥王 此經是諸佛祕要之藏[41] 不可分布妄授與
人 諸佛世尊之所守護 從昔已來 未曾顯說[42] 而

此經者 如來現在 猶多怨嫉 況滅度後

藥王 當知如來滅後 其能書 持 讀 誦 供養 爲
他人說者 如來則爲以衣覆之 又爲他方現在諸
佛[43]之所護念[44] 是人有大信力[45] 及志願力[46] 諸
善根力[47] 當知是人與如來共宿[48] 則爲如來手摩
其頭[49]

藥王 在在處處[50] 若[51]說 若讀 若誦 若書 若經
卷所住處 皆應起七寶塔 極令高廣嚴飾 不須復
安舍利 所以者何 此中已有如來全身 此塔 應以
一切華 香 瓔珞 繒蓋 幢幡 伎樂 歌頌 供養恭敬
尊重讚歎 若有人得見此塔 禮拜 供養 當知是
等[52]皆近阿耨多羅三藐三菩提

藥王 多有人在家 出家行菩薩道 若不能得見
聞 讀誦 書持 供養是法華經者 當知是人未善[53]
行菩薩道 若有得聞是經典者 乃能善行[54]菩薩之
道 其有眾生求佛道者 若見 若聞是法華經 聞已
信解受持者 當知是人得近阿耨多羅三藐三菩提

藥王 譬如有人渴乏須水 於彼高原穿鑿求之[55]
猶見乾土 知水尚遠 施功不已 轉見濕土 遂漸至
泥 其心決定[56] 知水必近 菩薩亦復如是 若未聞
未解 未能修習是法華經者 當知是人去阿耨多

羅三藐三菩提尚遠 若得聞解 思惟 修習 必知得
近阿耨多羅三藐三菩提 所以者何 一切菩薩阿
耨多羅三藐三菩提 皆屬[57]此經——此經開方便
門 示眞實相[58] 是法華經藏 深固幽遠[59] 無人能
到[60] 今佛教化成就菩薩而爲開示

藥王 若有菩薩聞是法華經 驚疑 怖畏 當知是
爲新發意菩薩 若聲聞人聞是經 驚疑 怖畏 當知
是爲增上慢者

藥王 若有善男子 善女人 如來滅後 欲爲四衆
說是法華經者 云何應說 是善男子 善女人 入如
來室[61] 著如來衣 坐如來座 爾乃[62]應爲四衆廣說
斯經 如來室者 一切衆生中大慈悲心是 如來衣
者 柔和忍辱心是 如來座者 一切法空是 安住是
中[63] 然後以不懈怠心 爲諸菩薩及四衆廣說是法
華經

藥王 我於餘國 遣化人[64]爲其集[65]聽法衆 亦遣
化比丘 比丘尼 優婆塞 優婆夷[66]聽其說法 是諸
化人 聞法信受 隨順不逆 若說法者在空閑處[67]
我時[68]廣遣天 龍 鬼神 乾闥婆 阿修羅等 聽其說
法 我雖在異國 時時令說法者得見我身 若於此
經忘失句逗[69] 我還爲說 令得具足[70]

爾時世尊欲重宣此義 而說偈言

欲捨諸懈怠　　應當[71]聽此經
是經難得聞　　信受者亦難
如人渴須水　　穿鑿於高原
猶見乾燥土　　知去水尚遠

漸見濕土泥　　決定知近水
藥王汝當知　　如是諸人等
不聞法華經　　去佛智甚遠
若聞是深經　　決了聲聞法[72]

是諸經之王　　聞已諦[73]思惟
當知此人等　　近於佛智慧
若人說此經　　應入如來室
著於如來衣　　而坐如來座

處衆無所畏　　廣爲分別說
大慈悲爲室　　柔和忍辱衣
諸法空爲座　　處此[74]爲說法
若說此經時　　有人惡口罵

加刀杖瓦石　念佛故應忍
我千萬億土　現淨堅固身
於無量億劫　爲衆生說法
若我滅度後　能說此經者

我遣化四衆　比丘比丘尼
及淸信士女[75]　供養於法師
引導諸衆生　集之令聽法
若人欲加惡　刀杖及瓦石

則遣變化人　爲之作衞護
若說法之人　獨在空閑處
寂寞無人聲　讀誦此經典
我爾時爲現　淸淨光明身

若忘失章句　爲說令通利[76]
若人具是德　或爲四衆說
空處讀誦經　皆得見我身
若人在空閑　我遣天龍王

夜叉鬼神等　爲作聽法衆

是人樂說法　　分別無罣礙[77]
諸佛護念故　　能令大衆喜
若親近法師　　速得菩薩道
隨順是[78]學　　得見恒沙佛

해석

　그때에 부처님께서 다시 약왕보살에게 말씀하셨다.

　"내가 말하고자하는 경전(經典)은 무량한 천만 억으로 이미 설법하기도 하였고 이제 설법하며, 앞으로도 설법하겠지만 그 중에서 이 법화경이 믿기도 어렵고 이해하기도 어렵다.

　약왕(藥王)아! 이 경전은 모든 부처님의 비요(祕要)가 감추어져 있어서 허망하게 다른 사람에게 분포(分布)하거나 나누어줄 수 없다. 모든 부처님 세존께서 수호(守護)하는 것이며, 예전부터 이제까지 이 경을 드러내어 설법하지 않은 것은 여래가 지금 이 세상에 계시는 데에도 원망(怨望)과 질투(嫉妬)가 많은데 하물며 멸도(滅度)한 후이겠느냐?

　약왕아! 반드시 알아두어라! 여래가 멸도(滅度)한 후에도 이 경을 쓰거나 수지(受持)하며, 독송(讀誦)하거나 공양(供養)하며, 다른 사람을 위하여 설명한다면 여래께서는 옷으로 그를 덮어주실 것이며, 또 다른 지방에 계신 모든 부처님의 호념(護念)을 받게 될 것이다. 이런 사람은 위대한 신력(信力)과 지원력(志願力)과 모든 선근력(善根力)이 있게 된다. 이런 사람은 여래와 함께 자고 여래께서 그의 머리를 어루만지는 것과 같을 것이다.

약왕아! 어느 곳에서 있던지 이 경전을 혹은 설법(說法)하고 혹은 독송(讀誦)하며, 혹은 쓰거나 혹은 경권(經卷)이 있는 곳에는 모두 칠보탑(七寶塔)을 일으키되 매우 높고도 넓도록 장엄(莊嚴)하게 꾸미면서 다시 사리(舍利)를 봉안할 게 없다. 왜냐하면 이 속에 이미 여래의 전신(全身)이 있기 때문이다. 그러므로 이 탑은 일체의 꽃과 향(香), 영락(瓔珞)과 회개(繪蓋), 당번(幢幡)과 기악(伎樂), 가송(歌頌)으로 공양하고 공경(恭敬)하면서 존중하고 찬탄(讚歎)한 것이다. 만약 사람들이 이 탑을 보고 예배하고 공양하면 이들 모두는 아뇩다라삼먁삼보리를 접근(接近)한 사람임을 알아두어라.

약왕아! 많은 사람들이 재가(在家)에서나 출가(出家)해서나 보살도(菩薩道)를 실천할 때에 만약 이 법화경을 견문(見聞)하거나 독송(讀誦)하며, 서지(書持)하거나 공양하지 않으면 이런 사람은 보살도를 옳게 실천하지 않는 사람이다. 즉 만약 이 경전을 얻어 들은 사람은 옳게 보살도를 실천하는 사람이다. 중생들이 불도(佛道)를 구하려고 하면 이 법화경을 견문(見聞)하고 이를 마치고 신해(信解)하고 수지

(受持)하는 사람은 아뇩다라삼먁삼보리에 근접(近接)하였음을 알아두어라.

약왕아! 비유하면 어떤 사람이 목이 말라 물을 구하려고 높은 고원(高原)에서 천착(穿鑿)하여 물을 구할 때에 마른 흙이 나오는 것을 보면 샘물이 아직 멀리 있음을 알고 공들이는 것을 쉬지 않으면 젖은 흙을 보게 되고 드디어 진흙이 나오는 것을 보게 되면 마음으로 샘물이 가까이 있음을 결정적으로 알게 된다. 보살도 이와 같아서 법화경을 듣지 못하여 이해하지 못하고 수습(修習)하지 않았으니 이런 사람은 아뇩다라삼먁삼보리와는 더욱 멀리 떨어졌음을 알아두어라. 만약 이런 법화경을 듣고 이해하며, 사유(思惟)하고 수습(修習)하면 반드시 아뇩다라삼먁삼보리에 접근(接近)하였음을 알게 된다. 왜냐하면 일체 보살의 아뇩다라삼먁삼보리 모두가 이 경전에 속하며, 이 경전은 방편문(方便門)을 열어서 진실상(眞實相)을 드러낸다. 이 법화경의 법장(法藏)은 그 뜻이 심오(深奧)하고 견고(堅固)하며, 유원(幽遠)하여 도달한 사람은 없지만 여기서 부처님은 보살을 교화(教化)하여 성취(成就)하게 하려고 개시(開示)하였다.

약왕아! 만약 어떤 보살이 이 법화경을 듣고 놀라서 의심(疑心)하고 무서워하고 두려워하면, 이런 사람은 새로운 의도(意圖)를 드러낸 보살이며, 만약 성문(聲聞)이 이 경을 듣고 놀라서 의심하고 무서워하고 두려워하면 이런 사람은 증상만인(增上慢人)임을 알아두어라.

약왕아! 만약 선남자(善男子)·선여인(善女人)이 여래께서 멸도(滅度)하신 후 사부대중(四部大衆)을 위하여 법화경을 설법하고자 하면 어떻게 설법해야 하는가? 선남자 선여인은 여래(如來)의 방에 들어가 여래의 옷을 입고 여래의 법좌(法座)에 앉아서 사부대중을 위하여 법화경을 설법해야 한다. 여래의 방은 일체 중생에게 일으키는 위대한 자비심(慈悲心)이며, 여래의 옷은 유화심(柔和心)과 인욕심(忍辱心)이며, 여래의 법좌는 일체법(一切法)이 공(空)인 것이다. 이런 속에 안주(安住)한 후에 해태(懈怠)하는 마음이 없이 여러 보살과 사부대중을 위하여 이 법화경을 널리 설법해야 한다.

약왕아! 그렇게 되면 내가 변화인(變化人)을 파견(派遣)하여 설법을 들을 대중을 모으고 또 변화한 비구·비구니·우바새·우바이들을 파견하여 그 설법을 듣게 할 것이니 이 변화한 사람들은 법을 듣고 수지(受持)하며 수순(隨順)하여 거역하지 않을 것이다. 만약 설법하는 사람이 고요하고 한적(閑寂)한 곳에 있으면 내가 그때에 널리 천룡(天龍)·귀신(鬼神)·건달바(乾達婆)·아수라(阿修羅) 등을 파견하여 설법을 듣게 하며, 또 내가 다른 나라에 가 있을지라도 설법하는 사람으로 하여금 나의 몸을 얻어 보게 하며, 또 만약 설법하다가 이 경전의 구절(句節)을 잊게 되면 내가 알려 주어 구족(具足)하게 할 것이다.”

　그때 세존께서 이 뜻을 거듭 선양(宣揚)하시려고 게송으로 말씀하셨다.

　　모든 해태(懈怠)한 마음을 버리고
　　이 경전을 들어야 하리니
　　이 경전은 듣기도 어렵고
　　신수(信受)하기도 어렵다.
　　목마른 어떤 사람이 물을 구하려고
　　고원(高原)을 천착(穿鑿)할 때에
　　건조(乾燥)한 흙을 보면
　　물이 멀리 있는 줄 알게 된다.

　　습한 진흙을 볼 때에는
　　물이 가까이 있음을 마침내 안다.
　　약왕아! 그대는 알아두어라.
　　이와 같이 모든 사람들도
　　법화경을 듣지 않으면
　　부처님의 지혜에 아주 멀지만

만약 이 심오(深奧)한 경전을 들으면
마침내 성문법(聲聞法)을 깨닫는다.

이는 모든 경전의 왕(王)인 법화경을
잘 듣고 깨달아 자세히 사유(思惟)하면
이런 사람들은 부처님 지혜에 가까우니
이 경전 설법하려면
여래방(如來房)에 들어가야만 하고
여래의 옷을 입고 여래의 법좌(法座)에
앉아야만 하리라.

대중 속에서 두려움 없이 분별하여 설법하라.
위대한 자비는 방이며
유화심(柔和心)과 인욕심(忍辱心)은 옷이라네.
법공은 법좌가 되니 이에 앉아서 설법하여라.
만약 이 경전을 설법할 때에
사람들이 악구(惡口)로 모욕하거나

칼과 막대기, 돌로 때려도
염불(念佛)하는 까닭으로 참으면서
나는 천만 억 국토에 청정(淸淨)하고

견고한 몸으로 나타나
무량한 억겁(億劫)에서 중생을 위해 설법하리라.
내가 멸도(滅度)한 후에
이 경전을 설법하는 사람은

나는 변화한 사부대중을 파견(派遣)하고
비구·비구니,
청신사(淸信士)·청신녀(淸信女)들을 보내고
법사께 공양하며,
모든 중생을 인도(引導)하여
모이게 하여 법을 듣게 하려 한다.
사람들이 악구(惡口)로 모욕하고
칼과 막대기, 돌로 때리려 하면

변화인(變化人)을 파견(派遣)하여
위호(衛護)할 것이다.
설법하는 사람이 고요한 곳에 홀로 앉아
적막(寂寞)한 곳에 인적조차
끊어진 곳에서 이 경전 독송하면
나는 그때에 나타나 청정 광명 드러내리라.

혹 장구(章句)를 잊게 되면 설법하여
원활하게 해주고
이런 덕을 갖추고는 사부대중에게 설법하고
고요한 곳에서 경전을 읽으면
모두 나의 몸을 보게 되네.
공한(空閑)한 곳에 있으면
나는 천왕(天王)·용왕(龍王),

야차(夜叉)·귀신들을 파견하여 법을 듣게 하리
라.
이런 사람 설법을 즐겨 걸림 없는 법을 분별하고
모든 부처님이 호념(護念)한 까닭으로
사부대중은 기뻐하네.
만약 법사(法師)에게 친근하면
빨리 보살도를 증득하리라.
이런 법사에게 배운다면 항사(恒沙)한
부처님을 보게 되리라.

1) 覺皇: 깨달은 사람으로 부처님을 말한다.

2) 撈摝: 제도(濟度)와 같은 의미로 쓰였다.

3) 弘宣: 널리 선양(宣揚)함을 말한다.

4) 激揚: 격탁양청(激濁揚淸)의 준말이다. 탁한 것을 흘려보내고 청정한 것을 드러내는 것을 말한다.

5) 囙: 통과(通過)를 말한다.

6) 八萬大士: 8만인의 보살을 말한다.

7) 龍王 夜叉 乾闥婆 阿修羅 迦樓羅 緊那羅 摩睺羅伽: 제일품(第一品) 참고.

8) 人與非人: 인간과 인간 이외의 의미를 가지고 있다.

9) 求辟支佛者: 연각승(緣覺乘)을 수행하는 제자이다. 독자적으로 12인연법을 관조(觀照)하여 깨달은 사람이다.

10) 乃至: 심지어의 뜻이다.

11) 一念隨喜: 하나의 법화경을 찬미(讚美)하고 신수(信受)하려는 마음의 자세를 말한다.

12) 受持 讀誦 解說 書寫: 독(讀)과 송(誦)을 분리하여 천태학에서는 다섯 가지 수행이라고 한다. 수지(受持)는 경전의 의의(意義)를 요해(了解)하는 것이고, 믿고 받아들여 잊지 않게 하기 위하여 경전을 소리 내어 읽으며, 송(誦)은 경전을 외우는 것을 말한다.

13) 是諸人: 법화경을 신봉(信奉)하는 사람을 말한다.

14) 善男子 善女人(kulaputra, kula-duhitr): 양가(良家)의 자제(子弟)들을 말한다. 불교에서는 불제자를 이르는 말로 많이 사용하고 있다.

15) 願生此間: 인간계에 탄생하고자 한 것을 말한다.

16) 自捨淸淨業報: 미묘하고 안락한 불국토에서의 생활을 버린 것을 말한다.

17) 竊: 개별적으로의 의미이다.

18) 則: 시(是)의 의미이다.

19) 如來使: 여래의 사자(使者), 대행자(代行者)라는 뜻이다.

20) 行如來事: 여래가 하고자 하는 일로, 바로 중생을 교화하는 것을 말한다.

21) 於一劫中: 1겁이 지나가는 속에서의 의미이다.

22) 呰: 모욕하고 헐뜯는 것을 말한다.

23) 爲如來肩所荷擔: 하담여래(荷擔如來)가 어깨에 짊어지고 있는 책임을 말한다.

24) 所至方: 이르는 곳마다의 의미이다.

25) 應隨向禮: 세상 사람들이 지극한 예를 갖추는 것을 말한다.

26) 上供: 최상의 공양물을 말한다.

27) 寶聚: 각양각색의 보물을 말한다.

28) 須臾(muhūrta): 매우 짧은 시간을 말한다.

29) 自然智(svayambhūjñāna): 자연적(自然的)으로 계회(契會)하여 진리를 성취한 지혜를 말한다.

30) 疾得: 속히의 뜻이다.

31) 一切種智慧(sarvajñatva): 부처님이 일체를 아는 지혜를 말한다.

32) 持者: 법화경을 수지(受持)하는 사람을 말한다.

33) 諸有: 주격(主格)으로 소유(所有)의 의미가 있다.

34) 自在所欲生: 자유자재(自由自在)하게 자기가 원하는 곳에 태어나는 것을 의미한다.

35) 上饌: 매우 맛있는 음식을 말한다.

36) 冀: 희망(希望)을 말한다.

37) 作色: 분노(忿怒)를 드러내는 것을 말한다.

38) 色聲: 안색(顏色)과 음악(音樂)을 말한다.

39) 觸: 남에게 쾌감을 느끼게 하는 것을 말한다.

40) 已說 今說 當說: 천태(天台)에서 이설(已說)은 대품반야(大品般若) 이상의 돈교(頓敎)와 점교(漸敎) 모두를 말하고 금설(今說)은 무량의경(無量義經)을 말하며 당설(當說)은 열반경(涅槃經)을 말한다. 법화경은 이 모든 경을 초월하는 제일의 경전이라는 의미가 있다.

41) 諸佛祕要之藏: 모든 부처님의 비밀로, 가장 중요한 가르침이 감추어져 있다는 의미이다.

42) 顯說: 공개적(公開的)으로 드러난 것을 말한다.

43) 現在諸佛: 석가모니 부처님이 멸도(滅度)한 후 법화경을 강설할 때 동시대에 있는 모든 부처님을 말한다.

44) 護念: 호지(護持)와 염기(念記)를 말한다.

45) 大信力: 불법(佛法)을 믿는 견고(堅固)한 믿음으로 인하여 일어나는 위대한 역량(力量)이다.

46) 志願力: 성불을 지원(志願)함으로 일어나는 역량이다.

47) 諸善根力: 갖가지 선근이 배양되어 일어나는 역량이다.

48) 共宿: 함께 있다는 의미이다.

49) 摩其頭: 달리 보호(保護)하는 것을 말한다. 마두(摩頭)는 마정(摩頂)과 같은 뜻이다.

50) 在在處處: 각처(各處)를 말한다.

51) 若: 혹(或)과 같은 뜻이다.

52) 是等: 법화경 불탑(佛塔)을 안치(安置)하고 예배하며 공양하는 것을 말한다.

53) 未善: 옳지 않음을 말한다.

54) 乃能善行: 선행(善行)은 능히라고 새긴다.

55) 譬如有人渴乏須水 於彼高原穿鑿求之: 고원(高原)에서 우물을 파는 비유로, 법화경 7비유에서 6비유이다. 여기서 건토(乾土)는 삼장교(三藏教: 아함소승), 습토(濕土)는 방등경(方等經)과 반야경(般若經)을 말하며, 진흙은 바로 무상도(無上道)를 말하며 법화경에 비유한 것을 말이다. 천착(穿鑿)은 샘물을 파는 것을 말한다.

56) 決定: 긍정(肯定)을 말한다.

57) 屬: 포함(包含)을 의미한다.

58) 此經開方便門 示眞實相: 방편(方便)은 삼승(三乘)의 가르침을 말한다. 진실상(眞實相)은 우주 만유(萬有)의 진실상으로, 불교의 진리를 말한다.

59) 藏 深固幽遠: 견줄 게 없는 심오(深奧)한 진리를 간직하고 있음을 말한다.

60) 到: 도달(到達), 이해(理解)를 의미한다.

61) 入如來室: 비유이다. 자세한 내용은 다음 문구에 있다.

62) 爾乃: 이런 모양으로의 의미이다.

63) 是中: 자비심(慈悲心), 유화심(柔和心), 인욕심(忍辱心), 일체법공(一切法空)을 말한다.

64) 化人(nirmita): 부처님이 신통력을 발휘(發揮)하여 변화(變化)한 사람을 말한다.

65) 集: 소집(召集)을 의미한다.

66) 比丘 比丘尼 優婆塞 優婆夷: 화인(化人)과 같다.

67) 空閑處(aranya): 한적(閑寂)하고 수행하기 적당한 장소를 말한다.

68) 時: 때가 되었음을 말한다.

69) 句逗: 구독(句讀)이라고도 하며, 문장에서 휴지(休止)와 정돈(停頓)하는 곳을 말한다.

70) 具足: 원만(圓滿)의 의미이다.

71) 應當: 같은 뜻을 반복하는 복합어(複合語)이다.

72) 決了聲聞法: 성문승은 부처님의 방편설법(方便說法)에 불과함을 철저히 규명(糾明)하여, 이는 하나의 권교(權敎)에서의 수행방법임을 말한다. 여기서 이 성문법을 버리고 대승불법을 추구하게 된다. 결료(決了)는 철저하게 규명하는 것을 말한다.

73) 諦: 자세(仔細)함을 말한다.

74) 處此: 부처님의 법력(法力)을 구족함을 말한다. 차(此)는 바로 부처님의 자비(慈悲)와 인욕(忍辱)과 법공(法空)인 불교의 진리를 말한다.

75) 淸信士女: 우바새, 우바이와 같다.

76) 通利: 원활하게 흘러 매끄럽게 하는 것을 말한다.

77) 無罣礙: 경전을 설법하는 게 원활하게 이루어지는 것을 말한다.

78) 隨順是師: 법화경을 강설(講說)하는 법사의 말을 듣고 따르는 것을 말한다.

묘법연화경 제4권(妙法蓮華經 第四卷)

견보탑품 제십일(見寶塔品第十一)

原文

自開會至此 三周法備四衆記圓 法身已全本願
已足 故感過去多寶踊願塔現全身 盡十方說法
分身諸佛圓會圓證 所以然者 示十方三世過現
諸佛說示修證之道 圓備於此

해석

스스로 법회를 개시(開示)함이 이에 이르니 삼주설법(三周
說法)을 구비(具備)하여 사부대중(四部大衆)들이 원만(圓滿)하
게 수기(授記)하였다. 법신(法身)은 이미 온전하고 원력(願
力)은 본래 구족하였으므로 과거 다보(多寶) 부처님께서 감
응(感應)하고는 용출(湧出)하여 서원(誓願)한 탑에 전신(全身)
을 드러내고는 시방에서 설법(說法)한 분신(分身)과 모든 부

처님이 원만하게 회증(會證)하였다. 시방 삼세에 과거 현재
모든 부처님이 수증(修證)한 진리를 현시(顯示)하니 이에서
원만(圓滿)하게 구비하였다.

讚曰 釋迦說三周 授記已圓 多寶現全身 湧出
半空 讚言善哉善哉 復道如是如是 先證後悟 皆
由夙昔[1] 本願 變士移人 盡是願力神通 集化佛以
問訊[2] 開寶鑰而相看 色身不散 四衆歡而散花
分座分座 三世現而融會[3] 今不生昔不滅 從知處
處作證 古猶今今是昔 欲令世世流通 伊麽則祇
今還有說聽也無 龍帶晚雲歸洞府 鴈拖秋色過
衡陽 頌曰

寶塔開來萬法融　頭頭物物盡圓通
現前說聽全身在　看取松杉十里風

기리며 말하였다.
석가모니 부처님은 삼주설법(三周說法)을 마치고 수기(授
記)를 원만하게 하자 다보(多寶) 부처님이 전신(全身)을 드러

내어 공중으로 반쯤 치솟으며 찬탄하여 말하기를 '옳지, 옳지!'라고 하다가 다시 말하기를 '그렇지, 그렇지!'라고 하였다. 먼저 증명하고 후에 깨달음이니 모두가 옛날의 본래 원력(願力)으로 말미암아 선비가 사람으로 변이(變移)한 것이다. 모두가 원력(願力)이 신통(神通)함이며, 소집하여 교화하는 부처님이 신문(訊問)하는 것으로 보배의 빗장을 열어 서로 살피니 색신(色身)이 흩어지지 않아 사부대중이 찬탄(讚歎)하며, 꽃을 흩었고 분좌(分座)하고 분좌하여 삼세(三世)가 현전(現前)하며 융회(融會)하였다. 금생(今生)에 생기지도 않았고 예전에 없어지지도 않았다. 곳곳에서 증득하는 것을 알게 되면 예전이 지금이고 지금이 예전이니, 세세(世世)에 유통하려하면 무엇이 이제 말하고 듣는 것인가?

　용은 늦게 구름을 타고 동굴로 돌아가고
　기러기는 가을 색에 의지하여 형양(衡陽)을 지나간다.
　게송으로 말하기를,

　　보탑(寶塔)이 열리자 만법(萬法)이 원융(圓融)하고
　　두두물물(頭頭物物) 모두가 원통(圓通)하구나.
　　현전(現前)하여 말하고 듣는 전신(全身)이 있으니
　　소나무 삼나무 숲 10리의 바람을 살펴보아라.

⑴ 다보탑의 모양과 중생들이 경앙(敬仰)하는 것을 자세히
   묘사하였다.

原文

爾時佛前有七寶塔[4] 高五百由旬[5] 縱廣
二百五十由旬 從地踊出 住在空中[6] 種種寶物而
莊校[7]之 五千欄楯[8] 龕室[9]千萬 無數幢幡以爲嚴
飾 垂寶瓔珞寶鈴萬億而懸其上 四面皆出多摩
羅跋栴檀[10]之香 充遍世界 其諸幡蓋 以金 銀 琉
璃 車璩 馬腦 眞珠 玫瑰 七寶合成 高至四天王
宮[11] 三十三天[12]雨天曼陀羅華[13] 供養寶塔 餘諸
天 龍 夜叉 乾闥婆 阿修羅 迦樓羅 緊那羅 摩睺
羅伽[14] 人非人等 千萬億衆 以一切華 香 瓔珞
幡蓋 伎樂 供養寶塔 恭敬 尊重 讚歎

해석

그때 부처님 앞에 7보탑(寶塔)이 있었는데, 높이는 500유
순(由旬)이고 가로 세로가 250유순이었으며, 땅에서 용출
(湧出)하여 공중에 머물러 있었으니 갖가지 보물로 장엄(莊
嚴)하게 꾸며져 있었다. 5,000의 난간(欄杆)과 천만의 감실
(龕室)이 있었으며 무수한 당번(幢幡)으로 장엄하게 장식되

어 있었고 보배인 영락(瓔珞)을 드리우고 보배 방울 만억이 그 위에 달려 있었다. 사방으로는 다마라발전단향(多摩羅跋栴檀香)을 피워 세계에 고르게 충만(充滿)하였다. 모든 번개(幡蓋)는 금은·유리·차거·마노·민괴 등 칠보를 모아 이루었고 높이는 사천왕궁(四天王宮)에 이르렀다. 33천은 하늘의 만다라화가 내려 보탑에 공양하였다. 나머지 용천(龍天)·야차·건달바·아수라·가루라·긴나라·마후라가 등과 인·비인(人·非人) 등의 천 만억 무리가 온갖 꽃과 향, 영락과 번개, 기악들로 보배탑에 공양하고 공경하고 존중하면서 찬탄하였다.

(2) 보탑(寶塔)이 출현한 원인을 말하고 아울러 고불(古佛)인 다보여래(多寶如來)가 석가모니 부처님의 법화경 설법을 들으려고 하는 장면을 사실적으로 묘사하였다. 여기에서 각종 신기(神奇)한 현상은 법화경의 신성성과 중요성을 누차 강조한 것이다.

原文

爾時寶塔中出大音聲歎言 善哉 善哉 釋迦牟尼世尊 能以平等[15]大慧 敎菩薩法 佛所護念 妙法華經 爲大衆說 如是[16] 如是 釋迦牟尼世尊 如

所說者 皆是眞實

爾時四衆 見大寶塔住在空中 又聞塔中所出音
聲 皆得法喜[17] 怪未曾有 從座而起 恭敬合掌 却
住[18]一面 爾時有菩薩摩訶薩 名大樂說[19] 知一切
世間天 人 阿修羅 等心之所疑 而白佛言 世尊
以何因緣 有此寶塔從地踊出[20] 又於其中發是音
聲

爾時佛告大樂說菩薩 此寶塔中有如來全身[21]
乃往過去[22]東方無量千萬億阿僧祇世界 國名寶
淨[23] 彼中有佛 號曰多寶[24] 其佛行菩薩道時 作[25]
大誓願 若我成佛 滅度之後 於十方國土有說法
華經處 我之塔廟 爲聽是經故 踊現其前 爲作證
明[26] 讚言善哉

彼佛成道已[27] 臨滅度時 於天人大衆中告諸比
丘 我滅度後 欲供養我全身者 應起一大塔 其佛
以神通願力[28] 十方世界 在在處處 若有說法華
經者 彼之寶塔皆踊出其前 全身在於塔中 讚言
善哉 善哉

大樂說 今多寶如來塔 聞說法華經故 從地踊
出 讚言 善哉 善哉

是時大樂說菩薩 以[29]如來神力故 白佛言 世尊

我等願欲見此佛身

佛告大樂說菩薩摩訶薩 是多寶佛 有深重願[30] 若我寶塔 爲聽法華經故 出於諸佛前時 其有欲以我身示四衆者 彼佛分身諸佛[31]——在於十方世界說法 盡還集一處[32] 然後我身乃出現耳

大樂說 我分身諸佛——在於十方世界說法者 今應當集

大樂說白佛言 世尊 我等亦願欲見世尊分身諸佛 禮拜供養

爾時佛放白毫一光[33] 卽見東方五百萬億那由他[34]恒河沙等國土諸佛 彼諸國土 皆以頗梨[35]爲地 寶樹 寶衣以爲莊嚴 無數千萬億菩薩充滿其中 遍張[36]寶幔[37] 寶網羅上 彼國諸佛 以大妙音而說諸法 及見無量千萬億菩薩 遍滿諸國 爲衆說法 南西北方 四維[38]上下 白毫相光所照之處亦復如是 爾時十方諸佛 各告衆菩薩言 善男子我今應往娑婆世界 釋迦牟尼佛所 幷供養多寶如來寶塔

時娑婆世界卽變清淨[39] 琉璃爲地 寶樹莊嚴 黃金爲繩以界八道[40] 無諸聚落[41] 村營 城邑 大海江河 山川 林藪[42] 燒大寶香[43] 曼陀羅華遍布其

地 以寶網幔 羅覆其上⁴⁴⁾ 懸諸寶鈴 唯留此會衆⁴⁵⁾ 移諸天人置於他土

是時 諸佛各將⁴⁶⁾一大菩薩以爲侍者 至娑婆世界 各到寶樹下 一一⁴⁷⁾寶樹高五百由旬 枝 葉 華 菓次第⁴⁸⁾莊嚴 諸寶樹下皆有師子之座⁴⁹⁾ 高五由旬 亦以大寶而校飾之 爾時諸佛 各於此座結加趺坐⁵⁰⁾ 如是展轉⁵¹⁾遍滿三千大千世界 而於釋迦牟尼佛一方⁵²⁾所分之身猶故⁵³⁾未盡

時釋迦牟尼佛 欲容受所分身諸佛故 八方各更變二百萬億那由他⁵⁴⁾國 皆令清淨 無有地獄 餓鬼 畜生及阿修羅 又移諸天 人置於他土 所化之國 亦以琉璃爲地 寶樹莊嚴 樹高五百由旬 枝 葉 華 菓次第嚴飾 樹下皆有寶師子座 高五由旬 種種諸寶以爲莊校 亦無大海 江河 及目眞隣陀山⁵⁵⁾ 摩訶目眞隣陀山⁵⁶⁾ 鐵圍山⁵⁷⁾ 大鐵圍山 須彌山⁵⁸⁾等諸山王 通⁵⁹⁾爲一佛國土 寶地平正 寶交⁶⁰⁾露幔⁶¹⁾遍覆其上 懸諸幡蓋 燒大寶香 諸天寶華遍布其地

釋迦牟尼佛爲諸佛當來⁶²⁾坐故 復於八方各更變二百萬億那由他國 皆令清淨 無有地獄 餓鬼畜生及阿修羅 又移諸天 人置於他土 所化之國

亦以琉璃爲地 寶樹莊嚴 樹高五百由旬 枝 葉
華 菓次第莊嚴 樹下皆有寶師子座 高五由旬 亦
以大寶而校飾之 亦無大海 江河 及目眞隣陀山
摩訶目眞隣陀山 鐵圍山 大鐵圍山 須彌山等諸
山王 通爲一佛國土 寶地平正 寶交露幔 遍覆其
上 懸諸幡蓋 燒大寶香 諸天寶華遍布其地

　爾時東方釋迦牟尼佛所分之身 百千萬億那由
他恒河沙等國土中諸佛 各各說法 來集於此 如
是次第十方諸佛皆悉來集 坐於八方[63] 爾時一一
方[64] 四百萬億那由他國土諸佛如來遍滿其中 是
時 諸佛各在寶樹下 坐師子座 皆遣侍者問訊[65]
釋迦牟尼佛 各齎[66] 寶華滿掬[67] 而告之言 善男子
汝往詣耆闍崛山釋迦牟尼佛所 如我辭[68] 曰 少病
少惱 氣力安樂 及菩薩 聲聞衆悉安隱不 以此寶
華散佛供養 而作[69] 是言 彼某甲佛[70] 與[71] 欲開此
寶塔 諸佛遣使 亦復如是

　爾時釋迦牟尼佛 見所分身佛悉已來集 各各坐
於師子之座 皆聞諸佛與欲同開寶塔 卽從座起
住虛空中 一切四衆 起立合掌 一心觀佛 於是釋
迦牟尼佛 以右指開七寶塔戶[72] 出大音聲 如却[73]
關鑰[74] 開大城門 卽時一切衆會[75] 皆見多寶如來

於寶塔中坐師子座 全身不散⁷⁶⁾ 如入禪定 又聞
其言 善哉 善哉 釋迦牟尼佛 快說是法華經 我
爲聽是經故而來至此 爾時四衆等 見過去無量
千萬億劫滅度佛說如是言 歎未曾有 以天寶華
聚散⁷⁷⁾ 多寶佛及釋迦牟尼佛上

爾時多寶佛 於寶塔中分半座與釋迦牟尼佛 而
作是言 釋迦牟尼佛 可就此座 卽時釋迦牟尼佛
入其塔中 坐其半座 結加趺坐 爾時 大衆見二如
來在七寶塔中師子座上 結加趺坐 各作是念 佛
座高遠 唯願⁷⁸⁾如來以神通力 令我等輩俱處虛空
卽時釋迦牟尼佛 以神通力 接諸大衆皆在虛空
以大音聲普告四衆 誰能於此娑婆國土廣說妙法
華經 今正是時 如來不久當入涅槃 佛欲以此妙
法華經付囑⁷⁹⁾有在⁸⁰⁾

해석

그때에 보탑(寶塔)에서 큰 소리를 내어 찬탄하면서 말하
였다

"옳지, 옳지! 석가모니 세존이시여! 평등하고 위대한 지
혜로 보살을 가르치는 법이며, 부처님께서 보호(保護)하시
고 생각하시는 묘법연화경을 대중을 위하여 설법(說法)하

십니다. 그렇지, 그렇고말고! 석가모니 세존께서 말씀하시는 것은 모두가 진실합니다."

그때에 사부대중(四部大衆)이 큰 보배탑이 허공에 정지(靜止)해 있는 것을 보고 또 그 탑에서 소리가 나는 것을 듣고는 모두 기뻐하며 전에 있지 않은 것이어서 괴이(怪異)하게 여기고는 자리에서 일어나 공경(恭敬)하게 합장(合掌)한 후에 한쪽으로 물러서 있었다. 그때 대요설(大樂說)이라는 보살마하살이 있었는데, 일체 세간의 천인과 아수라들이 마음으로 의심하는 것을 알고 부처님께 여쭈었다.

"세존이시여! 어떤 인연으로 이런 보배탑이 땅에서 솟아났으며 또 그 속에서 이런 소리가 납니까?"

그때 부처님께서 대요설보살에게 말씀하셨다.

"이 보배탑에는 여래(如來)의 전신(全身)이 있고 오랜 옛날에 동방(東方)으로 한량없는 천만 억 아승기 세계를 지나서 보정(寶淨)이라는 나라가 있었으며, 그 나라에 부처님이 계셨으니 이름이 다보(多寶)였다. 그 부처님께서 보살도(菩薩道)를 실천할 때에 위대한 서원(誓願)을 세웠다.

'내가 만약 성불하여 멸도(滅度)한 후 시방국토에서 법화경을 설법하는 곳이 있으면 나의 탑묘(塔廟)가 이 경을 들으려고 하는 까닭으로 그 앞에 나타나 증명하고 거룩하다고 찬양할 것이다.'

그 부처님이 성도(成道)하신 후 멸도(滅度)함에 이르러서 하늘과 인간 속에 모든 비구들에게 말씀하셨다.

'내가 멸도한 후에 나의 전신(全身)을 공양하려는 사람은 당연히 하나의 큰 탑을 세워라.'

그 부처는 신통(神通)한 원력(願力)을 가지고 있어 시방세계 어디에서나 법화경을 설법하는 사람이 있으면 그 보배탑이 모두 그 앞에 솟아나서 찬탄하여 말하기를 '옳고 옳구나!'라고 할 것이다.

대요설아! 이제 다보여래탑도 법화경을 설법하는 것을 들으려는 까닭으로 땅에서 솟아서 찬탄하여 말하기를 '옳지 옳구나!'라고 한다."

그때에 대요설보살이 여래의 신통한 힘으로 부처님께 여쭈었다.

'세존이시여! 저희들은 부처님의 전신을 보고자 합니다.'

부처님께서 대요설보살에게 말씀하셨다.

"이 다보불은 중대하게 바라는 게 있으니, 만약 보탑이 법화경을 듣기 위하여 모든 부처님 앞에 솟아올라 사부대중들에게 자기 몸을 보이려고 하는 것은 시방세계에 있는 내 분신(分身)인 모든 부처님을 설법하는 곳으로 모은 후에야 보일 것이다.

대요설아! 내가 분신하여 모든 부처님을 이제 시방세계

에서 설법하는 사람이 있는 곳으로 모이게 하리라.”

대요설이 부처님께 여쭈었다.

“세존이시여! 저희들 역시 세존의 분신인 모든 부처님을 뵙고 예배하고 공양하겠습니다.”

그때에 부처님께서 백호광명(白毫光明)을 나투시니 바로 동방 5백만 억 나유타 항하의 모래 같이 많은 국토에 있는 여러 부처님들을 볼 수 있었다. 그 모든 국토는 파리(頗梨)로 되었으며, 보배나무와 보배꽃으로 장엄(莊嚴)되어 있었고, 무수한 천만 억 보살이 그 속에 충만(充滿)하였고, 보배 장막이 둘러쳐져 있었고 보배 그물이 위를 덮었다. 그 나라의 모든 부처님들은 크고 신묘(神妙)한 음성으로 모든 법을 설법하였는데, 무량한 천만 억 보살이 모든 국토에 가득하여 중생을 위하여 설법하였다. 남쪽·서쪽·북쪽·사유(四維)·상하(上下)에 백호상의 빛이 비추는 곳에서는 모두가 이와 같았다. 이때에 시방의 모든 부처님이 제각기 모든 보살들에게 말씀하시었다.

“선남자야! 나는 이제 석가모니 부처님이 계신 사바세계에 가서 공양하고 아울러 다보여래보탑에도 공양하려 한다.”

그때에 사바세계(娑婆世界)는 바로 청정하게 되어 유리가 국토가 되고 보배 나무로 장엄하고 황금 줄이 드리워 팔도

(八道)를 경계하고 모든 취락(聚落)·촌영(村營)·성읍(城邑)·
대해(大海)·강하(江河)·산천(山川)·임수(林藪)를 없앴다.
큰 보향(寶香)을 태우고 만다라꽃을 그 땅 위에 고르게 덮
고 보배 그물인 장막으로 그 위를 모두 덮고 모두 보배 방
울을 달았다. 다만 회중(會衆)들만이 머물 뿐 모든 천인(天
人)들은 다른 국토로 이동(移動)하였다.

그때에 모든 부처님은 제각기 하나의 대보살을 시자(侍
者)로 하여 사바세계에 와서 제각기 보배 나무 아래에 머물
렀다. 하나하나의 보배 나무의 높이는 500유순이고 가지
와 잎, 꽃과 열매 모두가 차례대로 장엄(莊嚴)되었으며, 모
든 보배 나무 아래에는 모두 사자좌(師子座)가 있었으니 역
시 큰 보배로 장엄하게 장식되어 있었다. 그때에 모든 부
처님이 제각기 이 자리에서 결가부좌(結跏趺坐)를 하였다.
이처럼 전전(展轉)하여 삼천대천세계에 가득하였지만 석가
모니부처님의 한쪽 방위(方位)의 분신불(分身佛)에도 여전히
미치지 못하였다.

그때에 석가모니 부처님께서는 분신(分身)인 모든 부처님
을 앉게 하시려고 8방(方)으로 제각기 2백만 억 나유타 국
토 모두를 청정하게 하시어 지옥(地獄)·아귀(餓鬼)·축생
(畜生)·아수라(阿修羅)가 없어지고 모든 천인(天人)이 다른
국토로 이동하였다. 변화(變化)한 국토는 역시 유리(琉璃)로

만들어졌고 보배로운 나무로 장엄되었으며, 나무의 높이는 500유순이고 가지와 잎, 꽃과 열매는 차례대로 장엄하게 장식되었고 나무 아래에는 모두 보배로운 사자좌(師子座)가 있었는데, 높이는 500유순으로 갖가지 보배로 장엄하게 꾸며져 있었다. 또한 대해(大海)·강하(江河)·목진린타산(目眞隣陀山)·마하목진린타산·철위산(鐵圍山)·대철위산(大鐵圍山)·수미산(須彌山) 등의 모든 산왕(山王)이 없이 모두가 하나의 불국토로 정리되었다. 그 보배 땅은 평탄하고 보배로 교차하며 드러나는 장막(帳幕)을 그 위에 덮었으며, 여러 가지 번개를 달고 큰 보배 향을 태우며 많은 하늘의 보배 꽃을 그 국토에 펼쳤다.

그때 동방(東方)에 석가모니 부처님의 분신(分身)들이 백천만 억 나유타 항하의 모래 같은 국토에서 모든 부처님이 제각기 설법하다가 이리로 모여 들었는데, 이와 같이 차례로 하여 시방(十方)의 모든 부처님이 몰려와 8방에 앉았다. 이때 하나하나의 방위에서 4백만 억 나유타 국토에 모든 부처님과 여래가 그 속에 가득하였다. 이때에 모든 부처님이 제각기 보배나무 아래 사자좌에 앉았는데, 모두 시자(侍者)들을 파견하여 석가모니 부처님께 문안(問安)을 드리면서 제각기 보배로운 꽃을 손에 가득히 휴대(携帶)하고는 말하였다.

"선남자야! 그대는 기사굴산의 석가모니 부처님의 처소에 가서 내 말과 같이 말하여라. '질병(疾病)도 없고 번뇌(煩惱)도 없으시며 기력(氣力)이 안락(安樂)하시니 보살중(菩薩衆)과 성문중(聲聞衆) 모두가 안은(安隱)하십니까?' 그리고는 이 보배 꽃을 부처님께 흩어 공양하며 이렇게 말하여라. '저 아무개 부처님께서 이런 보배 탑을 열어주시기를 바랍니다.'"

모든 부처님이 시자를 보내어 역시 이와 같이 하였다.

그때에 석가모니 부처님께서는 분신(分身)인 모든 부처님이 와서 제각기 사자좌(師子座)에 앉아 있는 것을 보시고 모든 부처님들도 보탑(寶塔)을 열 것에 동의(同意)한다는 것을 들었다. 바로 자리에서 일어나 허공(虛空)에 정지(靜止)하시니 일체 사부대중들이 일어서서 합장하고 일심(一心)으로 부처님을 우러러 보았다. 이에 석가모니 부처님께서 오른손가락으로 칠보탑문(七寶塔門)을 여시자 큰 소리가 나는데 큰 성문(城門)의 자물쇠가 열리는 것과 같았다. 바로 여기에 모인 대중들 모두가 다보여래(多寶如來)가 보탑 속에 사자좌(師子座)로 앉아 있는 것을 보고는 온 몸이 흩어지지 않고 선정(禪定)에 들어간 것과 같았다. 또 음성(音聲)을 듣고 말하였다. '옳지, 옳구나! 석가모니 부처님이시여! 석가모니 부처님께서 이 법화경을 흔쾌(欣快)히 말씀하시니 이 경을 들으려고 이곳에 왔구나.' 그때에 사부대중들이 한량없는 천만 억겁의 오랜 과거에 멸도(滅度)하신 부처님께서 이렇게 말씀하신 것은 일찍이 없었던 것이라고 찬탄하며, 하늘의 보배 꽃을 다보 부처님과 석가모니 부처님께 흩었다.

그때에 다보불(多寶佛)께서 보탑(寶塔) 속에서 자리를 반으로 나누어 석가모니 부처님께 드리며 말씀하셨다.

"석가모니 부처님이시여, 여기에 앉으십시오."

그러자 바로 석가모니 부처님께서 그 탑 속으로 들어가 반으로 나눈 자리에 결가부좌(結跏趺坐)하고 앉았다. 그때에 대중들은 두 분 여래께서 칠보탑(七寶塔) 속에 사자좌(師子座)에서 결가부좌한 것을 보고는 이런 생각을 하였다. '부처님은 매우 높고도 멀리 계시니 여래의 신통력(神通力)으로 저희들도 허공에 함께 하게 해주시기를 바랍니다.'고 하자 바로 석가모니 부처님께서 신통력을 드러내시어 대중들을 허공 가운데로 모두 이끌어 올리시고 큰 음성으로 사부대중에게 고르게 말씀하셨다.

"누가 이 사바세계에서 묘법화경을 설법(說法)할 수 있겠느냐? 지금이 바로 그때이다. 여래는 머지않아 열반에 들어갈 터이니 부처님은 이 묘법연화경을 부촉(付囑)하려는 사람을 바라고 있다."

⑶ 석가모니 부처님이 반복하여 법화경의 중요성을 강조하면서 자신이 멸도(滅度)한 후에 이 경전을 수지하기 어렵다는 것을 말하며, 대중들에게 은근(慇懃)하고 간절하게 이 경전을 공부하라고 권하고 있다.

原文

爾時世尊欲重宣此義 而說偈言

聖主世尊[81]　　雖久滅度
在寶塔中　　　尚爲法來[82]
諸人云何[83]　　不勤爲法
此佛滅度　　　無央數劫[84]

處處[85]聽法　　以難遇故
彼佛本願　　　我滅度後
在在[86]所往　　常爲聽法
又我分身　　　無量諸佛

如恒沙等　　　來欲聽法
及見滅度　　　多寶如來
各捨[87]妙土　　及弟子衆

天人龍神　　諸供養事

令法久住[88]　故來至此
爲坐諸佛　　以神通力
移無量衆　　令國淸淨
諸佛各各　　詣[89]寶樹下

如淸淨池　　蓮華莊嚴
其寶樹下　　諸師子座
佛坐其上　　光明嚴飾
如夜闇[90]中　　燃大炬火

身出妙香　　遍十方國
衆生蒙薰[91]　喜不自勝
譬如[92]大風　　吹小樹枝
以是方便　　令法久住

告諸大衆　　我滅度後
誰能護持　　讀說斯經
今於佛前　　自說誓言
其多寶佛　　雖久滅度

以大誓願　　而師子吼⁹³⁾
多寶如來　　及與我身
所集化佛　　當知此意⁹⁴⁾
諸佛子等　　誰能護法

當發大願　　令得久住⁹⁵⁾
其有能護　　此經法者
則爲⁹⁶⁾供養　　我及多寶
此多寶佛　　處於寶塔

常遊十方　　爲是經故
亦復供養　　諸來化佛
莊嚴光飾　　諸世界者
若說此經　　則爲見我

多寶如來　　及諸化佛
諸善男子　　各諦思惟
此爲難事　　宜⁹⁷⁾發大願
諸餘經典　　數如恒沙

雖說此等　　未足爲難

若接須彌⁹⁸⁾　　擲置他方
無數佛土　　亦未爲難
若以足指　　動大千界

遠擲他國　　亦未爲難
若立有頂⁹⁹⁾　　爲衆演說
無量餘經　　亦未爲難
若佛滅後　　於惡世中

能說此經　　是則爲難
假使有人　　手把虛空¹⁰⁰⁾
而以遊行　　亦未爲難
於我滅後　　若自書持

若使人書　　是則爲難
若以大地　　置足甲上
昇於梵天¹⁰¹⁾　　亦未爲難
佛滅度後　　於惡世中

暫¹⁰²⁾讀此經　　是則爲難
假使劫燒¹⁰³⁾　　擔負乾草

入中不燒　　亦未爲難
我滅度後　　若持此經

爲一人說　　是則爲難
若持八萬　　四千法藏[104]
十二部經[105]　爲人演說
令諸聽者　　得六神通[106]

雖能如是　　亦未爲難
於我滅後　　聽受此經
問其義趣　　是則爲難
若人說法　　令千萬億

無量無數　　恒沙衆生
得阿羅漢[107]　具六神通
雖有是益[108]　亦未爲難
於我滅後　　若能奉持

如斯經典　　是則爲難
我爲佛道[109]　於無量土
從始至今　　廣說諸經

而於其中　　此經第一

若有能持　　則持佛身
諸善男子　　於我滅後
誰能受持　　讀誦此經
今於佛前　　自說誓言

此經難持　　若暫持者
我則歡喜　　諸佛亦然
如是之人　　諸佛所歎[110]
是則勇猛　　是則精進

是名持戒　　行頭陀[111]者
則爲疾得[112]　無上佛道
能於來世　　讀持此經
是眞佛子　　住淳善[113]地

佛滅度後　　能解其義
是諸天人　　世間之眼[114]
於恐畏世[115]　能須臾說
一切天人　　皆應供養

 그때 세존께서 이런 뜻을 거듭 선양하시려고 게송으로
말씀하셨다.

　성주(聖主)이신 세존께서
　비록 멸도(滅度)하신 지 오래 되었지만
　보탑(寶塔) 속에 계시면서
　법화경(法華經)을 들으려 오셨는데
　어찌하여 모든 사람들은 법화경을 실천하지 않는가?
　이는 부처님이 멸도 한 후
　무앙수(無央數) 겁이 지났으니

　곳곳에서 법화경을 듣고 만나기 어려운 까닭이라네.
　그 부처님의 본래 소원은 내가 멸도(滅度)한 후에
　라도
　어디든지 머무는 곳에서 항상 법화경을 들으리라.
　또 나의 분신(分身)은 무량한 모든 부처라네.

　항사(恒沙)와 같은 여러 부처님이 와서 법을 듣고
　자 하네.
　오래 전 멸도(滅度)하신 다보여래(多寶如來)도 나타

나고
제각기 신묘(神妙)한 국토를 버린 제자들의 무리들과
천인(天人)과 용신(龍神)들도 모두가 공양하는 일이
라네.

법이 오래 머물게 하려고 이곳에 왔다네.
모든 부처님을 앉게 하려고 신통력(神通力)으로
무량한 중생을 옮기시어 국토를 청정(淸淨)하게 하며,
모든 부처님은 제각기 보배 나무 아래에 이르렀네.

청정(淸淨)한 연못에 연화(蓮華)가 장엄하고
보배나무 아래는 모두가 사자좌(師子座)이고
부처님은 그 위에 앉으시니
광명으로 장엄하게 장식되어
깊은밤 어둠에서도 크게 타는 횃불 같다네.

몸에서 나는 신묘(神妙)한 향기 시방에 고르니
중생이 향기 맡고 기뻐 어쩔 줄 모르네.
세찬 바람이 작은 나뭇가지에 불어오듯
이런 방편으로 오래 머물게 하리라.

모든 대중에게 말하기를 내가 멸도(滅度)한 후
누가 이 경전을 호지(護持)하고 읽고 설법(說法)할까?
이제 부처님 전(前)에서
스스로 설법한다고 서원(誓願)하며 말하여라.
그런 다보여래 비록 멸도한 지 오래이나

이런 위대한 서원(誓願)으로
사자후(獅子吼)를 하신다네.
다보여래(多寶如來)와 나의 몸과
모여든 화신불(化身佛)이 이런 뜻을 알 것이네.
모든 불자(佛子)들아! 누가 호법(護法)하겠느냐!

위대한 발원(發願) 일으켜야 오래도록 머문다네.
이런 경전과 진리를 호지(護持)한다면
나와 다보여래께 고르게 공양한 것이라네.
이 다보불은 보탑(寶塔)에 거처(居處)하네.

시방세계 다니는 것은
이 경전(經典)을 위한 까닭이라네.
또한 오신 화신불(化身佛)께 다시 공양하며,
광명으로 모든 세계를 장엄하게 장식하며,

이 경전을 설법(說法)하면 나와

다보여래(多寶如來)와 모든 화신불을 본 것이라네.
모든 선남자야! 제각기 세밀하게 생각하라.
이는 어려운 일이니 의당(宜當) 큰 서원을 드러내
어라.
이 밖의 여러 경전 항하사(恒河沙) 수와 같지만

비록 이런 경전(經典)을 설명하여도
만족(滿足)하지 못하면 어려운 것이라네.
만약 수미산(須彌山)을 집어 올려서 다른 지방의
무수(無數)한 나라에 던져버리는 것은 어렵지 않다.
만약 발가락 하나로 삼천대천세계를 움직여서

멀리 다른 나라에 던지는 것도 어렵지 않다네.
유정천(有頂天)에 올라가서 중생을 위해 연설하는
것도
무량한 다른 경전을 연설하는 것도 역시 어렵지
않다.
만약 부처님이 멸도(滅度)한 후에 오탁악세에서

이 경전을 설법(說法)하는 게 가장 어렵다.
가령 어떤 사람이 손으로 허공(虛空)을 잡고
그 속을 유행(遊行)하여도 어렵지 않다.
내가 멸도(滅度)한 후에 스스로 써서 가지거나

다른 사람에게 쓰게 시키는 게 어렵다.
대지(大地)를 발톱 위에 올려놓고
범천(梵天)에 오르는 것도 어렵지 않다.
부처님이 멸도한 후에 오탁악세(五濁惡世)에서

잠시 동안이라도 이 경전을 읽는 일이 어렵다.
가령 큰 화재가 일어난 속에 마른 풀을 짊어지고
들어가 타지 않는 것은 어렵지 않지만,
내가 멸도한 후에 이 경전을 호지(護持)하고

한 사람을 위하여 설법(說法)하는 게 어렵다.
만약 8만 4천 법장(法藏)과
12부 경전(經典)을 봉지(奉持)하고
다른 사람을 위하여 연설(演說)하여
모든 듣는 사람들이 육신통(六神通)을 얻게 하는 것,

이와 같이 하는 것도 어렵지 않다.
내가 멸도한 후에 이 경전을 듣고 수지(受持)하며,
그 의취(義趣)를 묻는 게 어렵다.
만약 사람들이 설법하여 천만 억

무량하고 무수하고 항하사와 같은 중생이
아라한도(阿羅漢道)를 획득하고 육신통을 구족하여
비로소 이익이 있게 하는 것은 어렵지 않지만,
내가 멸도한 후에 이 경전을 봉지(奉持)하고

이 경전과 같이 한다는 게 어렵다.
나는 불도(佛道)를 위하여 무량한 국토에서
처음부터 지금까지 모든 경전을 널리 말하였지만
그 중에서 이 경전이 제일(第一)이라.

수지(受持)하면 불신(佛身)을 봉지(奉持)하는 것이라네.
모든 선남자야! 내가 멸도한 후
누가 수지하며 이 경전을 독송할까?
이제 부처님 앞에서
스스로 서원(誓願)하고 맹세하며 말하라.

이 경전은 수지(受持)하기 어렵지만
잠시라도 수지하는 사람은
내가 환희(歡喜)하며 모든 부처님도 그럴 것이니
이와 같은 사람들은 모든 부처님의 찬미(讚美)를
받으리라.
이것이 용맹심(勇猛心)이고 정진심(精進心)이며,

이는 지계(持戒)이고 두타행(頭陀行)이며,
무상한 불도(佛道)를 속히 증득하게 한다.
내세에서 이 경전을 독송하고 수지하면
이는 진실한 불자로서
아름다운 불국토에 머무르는 것이다.

부처님이 멸도하신 후 그 뜻을 이해하면
이런 모든 천인(天人)이 세간의 안목(眼目)이 되며,
두렵고 공포스러운 세상에서
잠시 동안이라도 설법한다면
일체의 천인이 모두 공양(供養)하리라.

1) 夙昔: 옛날을 말한다.

2) 問訊: 캐물음, 신문(訊問)함, 합장하면서 안부를 물음.

3) 融會: 녹아서 함께 어울림. 자세히 이해함.

4) 七寶塔: 칠보로 조성된 탑을 말한다.

5) 由旬: 2장 참조.

6) 住在空中: 공중에 탑이 부상(浮上)하여 정지(靜止)해 있는 것을 말한다.

7) 莊校: 장식이 장엄(莊嚴)한 것을 말한다. 교(校)는 장식(裝飾)을 말한다.

8) 欄楯: 난간(欄杆)을 말한다.

9) 龕室: 불상(佛像)이 안치되어 있는 조그만 누각(樓閣)을 말한다.

10) 多摩羅跋栴檀: 6장 참조.

11) 四天王宮: 사대천왕이 머무는 곳을 말한다.

12) 三十三天: 도리천과 같다. 제7장 참조.

13) 曼陀羅華: 1장 참조.

14) 諸天 龍 夜叉 乾闥婆 阿修羅 迦樓羅 緊那羅 摩睺羅伽: 천룡팔부(天龍八部)들로 인간 이외의 불법을 수호하는 사람들을 보호한다.

15) 平等: 불교에서는 우주 만물이 동일체(同一體)라고 인식하여 일체법(一切法)과 일체중생(一切衆生)은 차별이 없이 모두가 평등하다.

16) 如是: 여차(如此)와 같다.

17) 法喜: 불법(佛法)을 듣고서 일으키는 환희(歡喜)이다. 여기서는 보탑이 땅에서 솟아오른 것을 보고 일으킨 것을 말한다. 즉 법화경이 진실교라고 하는 것을 말한다.

18) 却住: 물러서는 것을 말한다. 각(却)은 퇴(退)이다.

19) 大樂說(Mahāpratibhāna): 위대한 변재(辯才)를 갖추고 있다는 말이다. 요설(樂說)은 사무애지(四無礙智)의 하나로 보살의 이름이다.

20) 踊出: 나타나는 것을 말한다. 용(踊)은 상(上) 또는 승(昇)의 의미이다.

21) 如來全身: 다보여래(多寶如來)의 신체 모두를 말한다. 탑에는 본래 유골(遺骨)을 안치하도록 공양하는 곳이니 입멸(入滅)한 후에 다보여래의 신체 전신을 탑에 안치하여 소리가 들리게 된 것이다.

22) 乃往過去: 매우 멀고 먼 옛날.

23) 寶淨(Ratnaviśuddha): 보배가 맑고 깨끗하다는 뜻이다.

24) 多寶(Prabhūtaratna): 많은 보배라는 의미이다.

25) 作: 세우다의 뜻이다.

26) 證明: 법화경의 말씀이 모두 진리임을 증명함이다.

27) 成道已: 성도(成道)한 후를 말한다. 성도(成道)는 성불(成佛)을 의미한다. 이(已)는 이후(以後)이다.

28) 神通願力: 신통한 원력(願力)과 이해(理解)를 말한다. 부처님의 불가사의(不可思議)하고 초능력적(超能力的)인 서원력(誓願力)을 의미한다.

29) 以: ~에 의하여.

30) 深重願: 중대(重大)한 원망(願望)을 말한다.

31) 分身諸佛: 석가모니불의 분신(分身)인 모든 부처님을 말한다.

32) 還集一處: 시방세계에서 한 곳에 소집(召集)되는 것을 말한다.

33) 白毫一光: 중도(中道)를 말한다.

34) 那由他: 숫자를 말한다. 조(兆)에 해당한다.

35) 頗梨: 수정의 일종으로 칠보(七寶)의 하나이다.

36) 遍張: 널리 펼쳐진 것을 말한다.

37) 幔: 장막(帳幕)을 말한다.

38) 四維: 동북, 동남, 서북, 서남의 간방(間方)을 말한다.

39) 娑婆世界卽變淸淨: 석가모니 부처님이 시방의 분신인 모든 부처님을 환연하기 위하여 사바세계를 청정한 불국토로 만든 것을 말한다.

40) 黃金爲繩以界八道: 불국토가 장엄하다는 표현의 하나이다. 황금의 줄로 8개의 교차하는 길을 구별하였다는 뜻이며, 팔도(八道)는 팔교도(八交道)를 말한다.

41) 聚落: 사람들이 거처하는 지방을 말한다.

42) 林藪: 산림과 늪을 말한다. 수(藪)는 많은 풀이 자라기 위한 호수나 연못.

43) 大寶香: 공양하려고 태우는 향료(香料)의 하나이다. 매우 귀한 향료이다.

44) 其上: 대지(大地)를 말한다.

45) 此會衆: 법화회상(法華會上)에 참가한 모든 사람을 말한다.

46) 將: 인솔하다의 의미이다.

47) 一一: 낱낱이, 하나하나.

48) 次第: 차례대로.

49) 師子座(simhaasana): 부처님 자리에 앉는 것을 말한다. 부처님을 사자에 비유함이다.

50) 結加趺坐: 앉는 방법의 하나로 여래가 앉는 방법이다.

51) 展轉: 모든 것이 반복(反復)되어 전개되는 것을 말한다.

52) 一方: 한 방향(方向)을 말한다.

53) 猶故: 여전히.

54) 二百萬億那由他: 2백만×1천만×1천억=2×10²⁴의 수이다.

55) 目眞隣陀山(Micilinda): 산 이름으로, 살고 있는 용의 이름으로 된 것이다.

56) 摩訶目眞隣陀山(Maha-micilinda): 마하는 크다는 의미이다.

57) 鐵圍山(Cakravada): 수미산을 중심으로 9산(山) 8해(海)가 있는데, 이 중 가장 밖에 있는 쇠로 된 산 이름이다.

58) 須彌山(Sumeru): 세계 중심에 있는 산, 높이가 8만 유순이나 되며, 꼭 대기에는 제석천(帝釋天)이 중턱에는 사왕천(四王天)이 산다고 한다.

59) 通: 전부(全部) 정리(整理)하는 것을 말한다.

60) 寶交: 보물이 서로 섞여 교직(交織)되어 있는 것을 말한다.

61) 露幔: 길거리에 걸려 있는 장막을 말한다.

62) 當來: 장차 도래할 것을 바라는 것을 말한다.

63) 八方: 부처님의 주위를 말한다.

64) 一一方: 하나하나의 방향을 말한다.

65) 問訊: 문후(問候)를 말한다.

66) 齎: 휴대(携帶)를 말한다.

67) 滿匊: 만수(滿手)를 말한다. 국(匊)은 두 손을 말한다.

68) 我辭: 내 말.

69) 作: 설(說)을 말한다.

70) 某甲佛: 모갑(某甲)은 시자가 말하는 부처님의 이름을 말한다. 파견(派遣)한 시자가 부처님께 문안드리면서 분신불(分身佛)의 이름을 말하는 것이다.

71) 與: 찬성(贊成), 동의(同意)를 뜻한다.

72) 戶: 문(門)을 말한다.

73) 却: 추출(抽出), 추개(推開)를 말한다.

74) 關鑰: 문을 잠가 놓은 횡목(横木)을 말한다.

75) 衆會: 법화경 법회에 참가한 대중을 말한다.

76) 不散: 무너지지 않는 것을 말한다.

77) 聚散: 한 곳에 모아 방치(放置)하거나 분산(分散)하는 것을 말한다.

78) 唯願: 희망(希望)을 말한다.

79) 付囑: 위탁(委託)으로 교법(教法)을 위탁하는 것을 말한다.

80) 有在: 유인(有人)을 말하는데, 여기서는 중임(重任)을 맡을 사람을 말한다.

81) 聖主世尊: 모든 성인의 으뜸이라는 뜻이며, 여기서는 다보여래(多寶如

來) 부처님을 말한다.

82) 尙爲法來: 법화경을 듣기 위해 온 것을 말한다.

83) 云何: 어떻게.

84) 無央數劫: 무앙(無央)은 무한(無限)을 말하여, 헤아릴 수 없는 겁을 말한다.

85) 處處: 법화경을 강설(講說)하는 곳을 말한다.

86) 在在: 상동(上同).

87) 捨: 시사(施舍)를 말한다. 즉 다보여래에게 헌납(獻納)한 것을 말한다.

88) 令法久住: 법화경을 오랫동안 세상에 전해지게 하려고 한 것을 말한다.

89) 詣: 도(到)와 같다.

90) 闇: 칠흙같은 어두움을 말한다.

91) 蒙薰: 부처님이 내품는 향기(香氣)를 받아들이게 되는 것을 말한다. 훈(薰)은 향기를 말한다.

92) 譬如: 불법(佛法)의 향기를 대풍(大風)에 비유하고 중생은 작은 가지에 비유하였다.

93) 師子吼: 부처님과 조사(祖師)의 설법(說法)이 세계를 진동(震動)시킨다는 것을 말한다.

94) 此意: 법화경을 강설하여야 한다는 중차대한 책임의식을 말한다.

95) 令得久住: 법화경을 세상에 오래 머물게 하는 것을 말한다.

96) 爲: 동등하게.

97) 宜: 마땅히, 당연히, 의당.

98) 接須彌: 수미산(須彌山)을 들어 올리는 것을 말한다.

99) 立有頂(Akaniṣtha): 유정세계의 최고 위치를 말한다.

100) 虛空: 하늘, 공중.

101) 梵天(Brahman): 브라만의 세계.

102) 暫: 짧은 시간을 말한다.

103) 劫燒: 겁(劫)이 파멸(破滅)할 때에 일어나는 대화재(大火災)를 말한다.

104) 八萬 四千法藏: 불교에서는 중생은 8만 4천 번뇌가 있어서 8만 4천 경법(經法)으로 중생의 번뇌를 없앤다는 의미에서 8만4천 법장(法藏)이 있다고 한다.

105) 十二部經: 12분교(分敎)라고도 한다. 불교에서 경전(經典)에 의거한 내용과 표현이 같지 않으며, 부처님이 설법하는 경전을 12로 나누어 말한다. 즉 계경(契經), 응송(應頌), 별기(別記), 풍송(諷誦), 자설(自說),

인연(因緣), 비유(譬喩), 본사(本事), 본생(本生), 방광(方廣), 미증유법(未曾有法), 의론(議論)이다.

106) 令諸聽者 得六神通: 여섯 가지의 불가사의한 초인적인 능력을 갖추게 되는 것을 말한다.

107) 得阿羅漢: 아라한의 지위를 증득하는 것을 말한다.

108) 是益: 사소한 은혜(恩惠)를 말한다.

109) 爲佛道: 불법(佛法)을 수습(修習)하고 강설(講說)한 것을 말한다. 위(爲)는 동사로 수습(修習)과 강설(講說)을 말한다.

110) 歎: 찬미(讚美)를 말한다.

111) 頭陀(dhūta): 의식주(衣食住)에 탐착(貪着)하지 않고 오로지 수행에만 전념하는 것을 말한다.

112) 疾得: 속히 증득하는 것을 말한다.

113) 住淳善: 아름다운 불국토를 말한다. 순(淳)은 후(厚), 청(淸), 박(樸)의 뜻이 있다.

114) 世間之眼: 세상을 이끄는 도사(導師)를 말한다. 법화경을 수지하기를 좋아하는 천신과 세상 사람들의 안목으로, 이는 불법의 진리로 다른 사람을 지시(指示)할 수 있다.

115) 恐畏世: 두려운 세상을 말한다.

제바달다품 제십이(提婆達多品第十二)

原文

提婆達多亦曰調達 此云天授 爲斛飯王子禱天
而生也 昔爲仙人授佛妙法 如來因之遂致成佛
今欲明其所授而顯法妙利 故以名品

해석

제바달다(提婆達多)는 조달(調達) 또는 천수(天授)라고 번역
한다. 곡반왕(斛飯王)의 아들로, 하늘에 기도하여 낳았다고
한다. 옛날에는 선인(仙人)으로 부처님께 묘법(妙法)을 받았
는데, 여래는 이로 인하여 성불(成佛)한다고 하였으며, 여
기서 그 수기(授記)한 바를 밝히고 묘법(妙法)의 이로움을
밝히고 있기 때문에 제바달다품이라고 하였다.

讚曰 妙法圓融 盡令含識依歸 一源清淨 本無
衆生順逆 不見達多授記 又不見龍女成佛 竪窮
過去 善惡都歸一握 橫遍當時 男女本自圓成 身
爲床座 只緣妙法無厭 獻以寶珠 任他眞心無碍
故今授記作佛 而且刹那圓證 因果歷然 更無差
別 讚歎妙法 功不唐捐[1] 雖然如是 梵仙[2]所說
文殊所化 有什麼奇特 鬧市騎來人不識 擡眸鷄
子過新羅 頌曰

達多親授靈山記　龍女親傳大海宣
善惡尊卑不須說　杲杲白日[3]正當天

해석

기리며 말하였다.

"신묘한 법은 원융(圓融)하여 모두가 알음알이를 머금고
하나의 근원인 청정(淸淨)함에 귀의(歸依)하게 되어 본래 중
생(衆生)도 순역(順逆)도 없다. 제바달다의 수기(授記)도 보
이지 않고 또 용녀(龍女)가 성불하는 것도 보이지 않았다.
바로 과거를 궁구(窮究)하면 선악(善惡) 모두가 한 주먹 속
에 들어오고 횡(橫)으로 미치면 당시에 남녀(男女)가 저절로

원만(圓滿)하게 성취하여 자신이 법상(法床)에 앉았다. 단지 묘법(妙法)에 인연하는 것을 싫어하지 않고 보주(寶珠)를 헌납(獻納)하며, 진심(眞心)이 걸림이 없이 자유로워 이제 수기를 받아 부처님이 되었다. 찰나(刹那)에 원만하게 증득하니 인과(因果)가 역연(歷然)하고 다시는 차별이 없었으니 묘법(妙法)을 찬탄하고 공덕(功德)은 포기하지 않음이니 비로소 이와 같아졌다. 범선(梵仙)이 설법한 바이며 문수가 교화(敎化)한 바이니 어떤 기특(奇特)한 게 있는가?

저자거리에 말을 타고 온 사람을 알아보지 못하고
눈을 치켜뜬 닭은 신라(新羅)를 지나쳤다네.
게송으로 말하기를,

제바달다는 몸소 영산(靈山)에서 수기(授記)를 받았고
용녀(龍女)는 친히 큰 바다에 선양(宣揚)함을 전하였구나.
선악(善惡)과 존비(尊卑)는 말하지 않고있는
밝은 태양은 하늘에 떠있을 뿐이다.

⑴ 석가모니 부처님이 성불하기 이전에 불도를 찾아서 고
생한 과정을 기술하였다.

原文

爾時佛告諸菩薩及天人四衆 吾於過去無量劫
中 求法華經 無有懈惓 於多劫中常作國王 發願
求於無上菩提⁴⁾ 心不退轉⁵⁾ 爲欲滿足⁶⁾六波羅蜜⁷⁾
勤行布施 心無悋惜 象 馬 七珍⁸⁾ 國 城 妻 子 奴
婢 僕從 頭目髓腦身肉手足 不惜軀命 時
世⁹⁾人民壽命無量 爲¹⁰⁾於法故 捐捨國位 委政太
子 擊鼓宣令四方求法 誰能爲我說大乘者 吾當
終身供給走使¹¹⁾ 時有仙人來白王言 我有大乘
名妙法華經 若不違我 當爲宣說 王聞仙言 歡喜
踊躍 卽隨仙人 供給所須——採菓 汲水 拾薪
設食 乃至以身而爲床座¹²⁾——身心無惓 于時¹³⁾
奉事 經於千歲 爲於法故 精勤給侍 令無所乏
　爾時世尊欲重宣此義 而說偈言

我念過去劫　　爲求大法故
雖作世¹⁴⁾國王　不貪五欲樂¹⁵⁾
搥鍾¹⁶⁾告四方　誰有大法者

若爲我解說　　身當爲奴僕

時有阿私[17]仙　來白於大王
我有微妙法　　世間所希有
若能修行者　　吾當爲汝說
時王聞仙言　　心生大喜悅

卽便隨仙人　　供給於所須
採薪及菓蓏[18]　隨時恭敬與
情存妙法故　　身心無懈倦
普爲諸衆生　　勤求於大法

亦不爲己身　　及[19]以五欲樂
故爲大國王　　勤求獲此法
遂致得成佛　　今故爲汝說

해석

　그때에 부처님께서 모든 보살들과 천인(天人)과 사부대중 (四部大衆)에게 말씀하셨다.

　"나는 무량한 겁 동안에 법화경(法華經)을 구하면서 게으르거나 나태(懶怠)함이 없었다. 많은 겁 동안 항상 국왕(國

王)으로 있으면서도 무상한 보리를 발원(發願)하며 마음으로는 물러서지도 않았다. 육바라밀(六波羅蜜)에 만족하려고 부지런히 보시를 실천할 때에도 마음에는 인색(吝嗇)함이 없었으며, 코끼리·말·칠진(七珍)·국토(國土)·처자(妻子)노비(奴婢)·복종(僕從)·머리·눈·뇌수(腦髓)·몸·육·수족(手足) 등을 아끼지 않았다. 그때에 세상 사람들의 수명은 한량이 없었지만 진리를 찾기 위하여 국왕의 지위도 버리고 태자(太子)에게 정사(政事)를 물러주고 북을 치면서 사방(四方)에 법을 구한다고 칙령(勅令)을 선포하였다.

'누구든지 나를 위하여 대승법을 설법하는 사람이 있으면 나는 그를 평생 받들어 모시겠다.'

바로 그때에 한 선인(仙人)이 와서 왕에게 말하였다.

'나에게 묘법화경(妙法華經)이라는 대승경이 있는데, 만약 나의 말을 어기지 않는다면 당연히 설법하겠다.'

선인의 말을 듣고 왕은 환희(歡喜)하고 용약(踊躍)하면서 바로 선인을 따라가 필수품(必需品)을 공급하려고 열매도 따고 물도 긷고, 땔나무도 하고 밥도 지으며, 몸이 앉을 의자가 되어도 신심(身心)은 게으르지 않으면서 때에 맞게 봉사(奉事)하였다. 천년동안 하였지만 법을 위하는 까닭에 오히려 정근(精勤)하며 모시는데 조금의 부족함도 없었다."

그때에 세존께서 거듭 이 뜻을 선포하시려고 게송으로

말씀하셨다.

내가 과거 겁(劫)을 생각해 보니
위대한 진리를 구하려는 까닭에
비록 당시에 국왕이었지만
오욕락(五欲樂)을 탐내지 않고
종을 치며 사방에 고하기를
"누가 위대한 진리를 가진 사람 있어서
나를 위하여 해설한다면 나는 노복이 되리라."

그때에 아사선인이 와서 대왕에게 말하기를
"저에게 미묘한 진리 있어 세간에서는 희유합니다.
만약 수행하고자 하다면 내가 그대 위해 말하리
라."
그때에 왕은 선인(仙人)의 말을 듣고
마음으로 크게 환희하였다.

바로 선인을 따라가서 필수품을 공급하며
땔감과 과라(菓蓏)를 때에 맞춰
공경(恭敬)히 공양드리지만
마음은 미묘한 진리에 있는 까닭에

신심(身心)은 게으르지 않다네.
널리 중생 위하여서 부지런히 위대한 법을 구하며

자기를 위해 오욕락을 하지 않는다.
그러므로 대국왕(大國王)은 이런 법을
부지런히 구하고 호지(護持)하며,
드디어 성불하였으니 그대 위해 말하리라.

⑵ 석가모니 부처님이 자기와 제바달다의 전생(前生) 인연
(因緣)을 설명하고 제바달다가 장래에 성불할 정황을 서
술한다.

原文

佛告諸比丘 爾時王者 則我身是 時仙人者 今
提婆達多是 由提婆達多善知識²⁰⁾故 令我具足六
波羅蜜 慈悲喜捨²¹⁾ 三十二相²²⁾ 八十種好²³⁾ 紫磨
金色²⁴⁾ 十力²⁵⁾ 四無所畏²⁶⁾ 四攝法²⁷⁾ 十八不共²⁸⁾
神通²⁹⁾道力³⁰⁾ 成等正覺³¹⁾ 廣度衆生 皆因提婆達
多善知識故
　告諸四衆 提婆達多却後³²⁾過無量劫 當得成佛
號曰天王³³⁾如來 應供 正遍知 明行足 善逝 世間

解 無上士 調御丈夫 天人師 佛 世尊 世界³⁴⁾ 名
天道³⁵⁾ 時天王佛住世二十中劫³⁶⁾ 廣爲眾生說於
妙法 恒河沙眾生得阿羅漢果 無量眾生發緣覺
心 恒河沙眾生發無上道心³⁷⁾ 得無生忍³⁸⁾ 至不退
轉 時天王佛般涅槃³⁹⁾ 後 正法住世二十中劫 全
身舍利⁴⁰⁾ 起七寶塔 高六十由旬 縱廣四十由旬
諸天人民 悉以雜華 末香 燒香 塗香 衣服 瓔珞
幢幡 寶蓋 伎樂 歌頌 禮拜供養七寶妙塔 無量
眾生得阿羅漢果 無量眾生悟辟支佛 不可思議
眾生發菩提心⁴¹⁾ 至不退轉

해석

부처님께서 모든 비구들에게 말씀하셨다.

"그때의 왕은 지금 내 몸이고 그때 선인(仙人)은 지금 제
바달다이다. 제바달다는 선지식(善知識)이었으므로 나에게
육바라밀(六波羅蜜) · 자비(慈悲) · 희사(喜事) · 32상(相) · 80
종호(種好) · 자마금색(紫磨金色) · 십력(十力) · 사무소외(四無
所畏) · 사섭법(四攝法) · 18불공법(不共法) · 신통력(神通力) ·
도력(道力)을 구족하여 무상정등정각(無上正等正覺)을 이루
게 하여 널리 중생을 제도하게 한 모두가 제바달다 선지식
을 만난 까닭이다."

모든 사부대중에게 말하겠다.

"제바달다는 이후에 무량한 겁을 지나 성불(成佛)할 것이니 이름은 천왕여래(天王如來)·응공·정변지·명행족·선서·세간해·무상사·조어장부·천인사·불세존이며, 이 세계의 이름은 천도(天道)이다. 그때 천왕불(天王佛)이 세상에 머물기를 20중겁(中劫)으로 널리 중생을 위하여 미묘한 법을 연설하면, 항하(恒河)의 모래 같은 많은 중생들이 아라한과(阿羅漢果)를 증득하고 또 무량한 중생들이 연각심(緣覺心)을 드러내고, 항하사 같은 중생들이 무상(無上)한 도심(道心)을 드러내어 무생인(無生忍)을 증득하고 불퇴전(不退轉)하게 된다. 천왕불이 열반한 후에는 정법(正法)이 20중겁을 세상에 머물 것이며, 전신(全身)의 사리(舍利)로 칠보탑(七寶塔)을 세우니 높이는 60유순(由旬)이고 종횡(縱橫)으로는 40유순이며, 모든 천인들이 여러 가지 꽃·말향(末香)·소향(燒香)·도향(塗香)·의복(衣服)·영락(瓔珞)·당번(幢幡)·보개(寶蓋)·기악(伎樂)·가송(歌頌)으로 칠보탑에 예배하고 공양한다. 무량한 중생이 아라한과를 증득하고 무량한 중생들이 벽지불을 깨닫고 불가사의한 중생들이 보리심을 일으켜 물러서지 않았다."

⑶ 법화경에서 제바달다품의 중요성을 강조한다.

原文

佛告諸比丘 未來世中 若有善男子 善女人 聞
妙法華經提婆達多品 淨心信敬不生疑惑者 不
墮地獄 餓鬼 畜生 生十方佛前 所生之處 常聞
此經 若生人天中 受⁴²⁾勝⁴³⁾妙樂 若在佛前 蓮華
化生⁴⁴⁾

해석

부처님께서 비구들에게 말씀하셨다.

"미래세에서 만약 선남자 · 선여인(善女人)이 묘법화경 제
바달다품을 듣고 청정한 마음으로 믿고 공경(恭敬)하면서
의혹(疑惑)을 일으키지 않는 사람은 지옥(地獄) · 아귀(餓鬼)
· 축생(畜生)의 어디에도 떨어지지 않고 시방의 부처님 앞
에 태어나 태어난 곳에서 항상 이 경전을 듣게 된다. 만약
인천(人天)에 태어나면 훌륭하고 신묘(神妙)한 즐거움을 누
릴 것이며, 만약 부처님 앞에 있게 되면 연화(蓮華)로 변화
하여 태어난다."

(4) 8살 난 용녀(龍女)가 성불(成佛)한 것은 정각(正覺)을 구하려
고 결심(決心)한 것인데, 이를 설명하고는 법화경만 믿고
받아들이면 일체 중생 모두가 성불할 수 있다고 말한다.

原文

於時下方多寶世尊[45]所從菩薩 名曰智積[46] 白[47]
多寶佛 當還本土 釋迦牟尼佛告智積曰 善男子
且待須臾 此有菩薩 名文殊師利 可與相見 論說
妙法 可還本土

爾時文殊師利 坐千葉蓮華 大如車輪──俱來
菩薩亦坐寶蓮華──從於大海娑竭羅龍宮[48]自
然踊出[49] 住虛空中 詣[50]靈鷲山[51] 從蓮華下 至於
佛所 頭面敬禮二世尊足 修敬已畢 往智積所 共
相慰問 却坐一面

智積菩薩問文殊師利 仁[52]往龍宮 所化眾生 其
數幾何

文殊師利言 其數無量 不可稱計 非口所宣[53]
非心所測 且待須臾 自當有證 所言未竟[54] 無數
菩薩坐寶蓮華 從海踊出 詣靈鷲山 住在虛空 此
諸菩薩 皆是文殊師利之所化度 具菩薩行 皆共
論說六波羅蜜 本聲聞人[55] 在虛空中說聲聞行

今皆修行大乘空義 文殊師利謂智積曰 於海敎
化 其事如是

爾時智積菩薩 以偈讚曰

大智德[56]勇健[57]　　化度無量衆
今此諸大會　　　及我皆已見
演暢[58]實相義　　開闡[59]一乘法
廣導諸衆生　　　令速成菩提

文殊師利言 我於海中 唯常宣說妙法華經
智積問文殊師利言 此經甚深微妙 諸經中寶
世所希有 頗有衆生 勤加精進 修行此經 速得
佛不[60]
文殊師利言 有娑竭羅龍王女 年始八歲 智慧
利根 善知衆生諸根行業[61] 得陀羅尼[62] 諸佛所說
甚深祕藏[63] 悉能受持 深入禪定 了達[64]諸法 於
刹那[65]頃[66]發菩提心 得不退轉 辯才無礙 慈念衆
生 猶如赤子[67] 功德具足 心念口演 微妙廣大 慈
悲仁讓 志意和雅[68] 能至菩提
智積菩薩言 我見釋迦如來 於無量劫難行苦
行[69] 積功累德 求菩提道 未曾止息 觀三千大千

世界⁷⁰⁾ 乃至無有如芥子⁷¹⁾ 許⁷²⁾ 非是菩薩捨身命處
爲衆生故 然後乃得成菩提道⁷³⁾ 不信此女於須臾
頃 便成正覺

言論未訖⁷⁴⁾ 時龍王女忽現於前 頭面禮敬 却住
一面 以偈讚曰

深達⁷⁵⁾ 罪福相　遍照⁷⁶⁾ 於十方
微妙淨法身　具相三十二
以八十種好　用莊嚴法身
天人所戴仰　龍神咸恭敬
一切衆生類　無不宗⁷⁷⁾ 奉者
又聞成菩提　唯佛當證知
我闡大乘教　度脫苦衆生

時舍利弗語龍女言 汝謂不久得無上道 是事難
信 所以者何 女身垢穢⁷⁸⁾ 非是法器⁷⁹⁾ 云何能得
無上菩提 佛道懸曠⁸⁰⁾ 經無量劫勤苦積行 具修
諸度⁸¹⁾ 然後乃成 又女人身猶有五障⁸²⁾ 一者 不
得作梵天王 二者 帝釋 三者 魔王 四者 轉輪聖
王 五者 佛身 云何女身速得成佛

爾時龍女有一寶珠 價直⁸³⁾ 三千大千世界 持以

上佛 佛卽受之 龍女謂智積菩薩 尊者[84] 舍利弗
言 我獻寶珠 世尊納受 是事疾不

答言 甚疾 女言 以汝神力 觀我成佛 復速於此

當時衆會 皆見龍女忽然之間變成男子 具菩
薩行 卽往南方無垢世界 坐寶蓮華 成等正覺
三十二相 八十種好 普爲十方一切衆生演說
妙法

爾時娑婆世界 菩薩 聲聞 天龍八部[85] 人與非
人 皆遙見彼龍女成佛 普爲時會人天說法 心
大歡喜 悉遙敬禮 無量衆生 聞法解悟 得不退
轉 無量衆生 得受道記[86] 無垢世界 六反[87]震動
娑婆世界 三千衆生住不退地 三千衆生發菩提
心而得受記 智積菩薩及舍利弗 一切衆會 默
然信受

해석

그때에 하방세계(下方世界)에서 다보세존(多寶世尊)을 따라
온 보살이 있었으니 이름은 지적(智積)이었으며 다보불에
게 말하였다.

"제 나라로 돌아가렵니다."

석가모니 부처님께서 지적보살에게 말씀하셨다.

"선남자야! 잠시 기다려라. 여기 문수(文殊)라는 보살이 있으니 서로 만나보고 미묘(微妙)한 법을 논설(論說)하고 본국으로 돌아가거라."

그때 문수사리는 천 개 잎의 연꽃 위에 앉아 있었는데 큰 수레와 같았다. 함께 오는 보살들도 역시 보배로운 연꽃에 앉아 큰 바다의 사갈라 용궁(龍宮)으로부터 저절로 솟아올라 허공에 머물다가 영취산(靈鷲山)에 도착하여 연꽃에서 내려와 부처님 처소에 이르러 머리를 조아리고 두 분 세존(世尊)의 발에 경례(敬禮)하였다. 예경(禮敬)하는 것을 마치고는 지적(智積)의 처소에 가서 서로 위문(慰問)하고 한쪽으로 물러나 있었다.

지적보살이 문수사리보살에게 물었다.

"인자는 용궁에 가서 교화한 중생의 수가 얼마입니까?"

문수사리보살이 대답하였다.

"그 수는 무량하여 셀 수도 없고 입으로 말할 수도 없고 마음으로 측량(測量)할 수도 없지만 잠시 기다린다면 저절로 증명할 것입니다."

문수사리보살이 말을 마치기도 전에 무수한 보살이 보배로운 연화에 앉아 바다로부터 용출(湧出)하여 영취산에 도착하여 허공에 정지(靜止)해 있었다. 이 보살 모두가 문수사리보살이 교화하고 제도하였으며 보살행(菩薩行)을 구비하고 모두가 함께 육바라밀을 논설(論說)하였다. 본래 성문이었던 사람은 허공에서 성문행(聲聞行)을 설법하였는데, 이제는 모두가 대승의 공의(空義)를 수행하고 있었다. 문수사리보살이 지적보살에게 말하였다.

"바다에서 교화한 일은 이렇습니다."

이때에 지적보살이 게송으로 찬탄하였다.

> 위대한 지혜(智慧)와 위덕(威德), 용건(勇健)함으로
> 무량한 중생을 교화(敎化)하고 제도(濟度)하셨으며,
> 이제 이 큰 법회에 나와 모든 대중에게 나타나셨구나.
> 실상의(實相義)를 연창(演暢)하시면서
>
> 널리 뭇 중생들을 인도(引導)하시어
> 속히 보리를 성취하게 하시네.

문수사리보살이 말하였다.

"저는 바다 속에서 오로지 묘법연화경만 강설하였습니다."

지적보살이 문수사리보살에게 물었다.

"이 경은 매우 심오(深奧)하고 미묘(微妙)하여 모든 경전

중에서 보물로, 세상에서 희유(稀有)합니다. 모든 중생들이 부지런히 정진하여 이 경전을 수행한다면 빨리 성불할 수 있습니까?"

문수사리가 대답하였다.

"사갈라용왕에게 딸이 있었는데 8살이고 슬기롭고 영리(怜悧)한 근기(根機)로 중생의 모든 뿌리인 행업(行業)을 옳게 알아서 다라니(陀羅尼)를 증득하였고 모든 부처님들이 설법하신 매우 심오(深奧)한 비장(祕藏)을 모두 수지(受持)하였습니다. 깊이 선정(禪定)에 들어 모든 진리를 요달(了達)하였으며, 찰나에서 보리심(菩提心)을 드러내어 불퇴전법(不退轉法)을 증득하여 변재(辯才)에 걸림이 없었습니다. 자애(慈愛)로움으로 중생을 친자식같이 생각하며, 공덕(功德)을 구족하고 마음으로 생각하며, 입으로 말하는 게 미묘하고 광대(廣大)하며, 자비로우며 어질고 겸양(謙讓)한 지의(志意)가 화아(和雅)하여 보리에 이를 수 있었습니다."

지적보살이 말하였다.

"내가 본 석가여래(釋迦如來)께서는 무량한 겁 동안 고난(苦難)을 겪으시면서 공덕(功德)을 축적하시면서 보리도를 갈구(渴求)하시는 것을 그만 두신 적이 없습니다. 삼천대천세계(三千大千世界)에서 겨자씨만한 땅에 이르기까지 보살은 자신의 목숨을 버리지 않음이 없었던 것은 중생(衆生)을 위한 까닭이며, 그 후에 보리도(菩提道)를 성취하셨습니다. 이 용녀(龍女)가 잠깐 동안 정각(正覺)을 성취하였다는 것을 믿지 못하겠습니다."

그런 말이 채 끝나기 전에 용녀가 홀연히 앞에 나타나 머리를 조아리고 예경(禮敬)하며 한쪽으로 물러나 있다가 게송으로 말하였다,

부처님은 중생의 죄복상(罪福相)을 깊이 통달하고 시방(十方)을 고르게 비추며,
미묘하고 청정(淸淨)한 법신(法身)은 32상을 구족하였으며,
80종호(種好)로 법신을 장엄하게 하였습니다.
천인(天人)이 항상 존앙(尊仰)하는 바이며
용신(龍神)도 모두 공경(恭敬)하며,
일체 중생의 부류가 존경(尊敬)하여 받들지 않음이 없습니다.
또 보리를 성취하였다고 들으면
오직 부처님만이 증명(證明)함을 알게 되며,
나는 대승교(大乘敎)를 천명(闡明)하여
고뇌(苦惱)하는 중생들을 도탈(度脫)하게 하겠습니다."

그때에 사리불이 용녀에게 말하였다.

"그대가 머지않아 무상도(無上道)를 증득한다고 하는 일은 믿지 못하겠다. 왜냐하면 여자의 몸은 구예(垢穢)하여 청정하지 못하기 때문에 법기(法器)가 아닌데, 어떻게 무상보리를 증득한단 말이냐? 불도(佛道)는 이루는 것은 아주 요원(遙遠)한 것으로 무량한 겁 동안 고통을 겪으면서 축적(蓄積)된 수행과 모든 법도(法度)를 갖추어 수습(修習)한 후에 성취하는 것이다. 또 여인은 다섯 가지 장애가 있다. 첫째는 범천왕(梵天王)이 될 수가 없으며, 둘째는 제석(帝釋)이 될 수 없으며, 셋째는 마왕(魔王)이 될 수 없으며, 넷째는 전륜성왕(轉輪聖王)이 될 수 없으며, 다섯째는 불신(佛身)이 될 수 없다. 어떻게 여자가 빨리 성불할 수 있단 말이냐?"

그때 용녀에게 보물로 된 구슬하나가 있었으니 가치는 삼천대천세계에 버금가는 것이었으나 지니고 있다가 부처님께 드렸다. 부처님이 이를 받아들이자 용녀가 지적보살과 사리불존자에게 말하였다.

"제가 보물로 된 구슬을 봉헌(奉獻)하자 세존께서는 받아들였는데 이는 빠르지 않습니까?"

대답하였다.

"매우 빠르다."

용녀가 말하였다.

"그대들도 신통력(神通力)으로 내가 성불(成佛)한 것을 관찰하면 이보다 더 빠를 것입니다."

그때 모인 대중들 모두가 용녀를 보자 갑자기 남자(男子)가 되어 보살행을 구비(具備)하고는 남쪽으로 무구세계(無垢世界)에 가서 보련화(寶蓮華)에 앉아 정등정각(正等正覺)과 32상(相), 80종호(種好)를 성취하고는 널리 시방의 일체 중생을 위하여 고르게 미묘한 진리를 연설하고 있었다.

그때에 사바세계의 보살(菩薩)·성문(聲聞)·천룡팔부(天龍八部)·사람과 사람이 아닌 부류들 모두는 멀리서 용녀가 성불(成佛)하는 것을 보았고, 그때 모인 인천(人天)을 위하여 설법하는 것을 보고는 마음으로 크게 환희하여 모두가 멀리서 예경(禮敬)하였다. 무량한 중생들은 법문을 듣고 이해(理解)하고 깨달아 불퇴전(不退轉)함을 증득(證得)하였으며, 무량한 중생들이 수기(授記)를 받았다. 무구세계(無垢世界)는 여섯 가지로 진동하였으며, 사바세계의 3,000대중들은 불퇴전(不退轉)의 지위(地位)에 머물렀으며 3,000의 중생들은 보리심(菩提心)을 드러내어 수기를 얻었다. 지적보살과 사리불과 일체 모임에 있던 대중들도 묵연(默然)히 믿고 받아들였다.

1) 唐捐: 쓸데없이 소비하다. 모든 것을 포기하다.

2) 梵仙: 석가모니 부처님을 말한다.

3) 杲杲白日: 밝은 태양을 말한다.

4) 無上菩提: 최고의 지혜. 보리는 시비를 분명하게 변별하고 진리를 깨달았다는 뜻이다.

5) 不退轉: 게으르지 않은 것을 말한다.

6) 滿足: 구족(具足), 원만(圓滿)함을 말한다.

7) 六波羅蜜: 대승 보살이 실천해야할 덕목이다. 보시(布施: dāna), 지계(持戒: śīla), 인욕(忍辱: kśānti), 정진(精進: virya), 선정(禪定: dhyāna), 지혜(智慧: rajñā)이다.

8) 七珍: 칠보(七寶)를 말한다.

9) 時世: 당시(當時).

10) 爲: 동사로 심구(尋究)를 말한다.

11) 走使: 노복(奴僕)을 말한다.

12) 床座: 앉는 자리를 말한다.

13) 于時: 때에 따라.

14) 世: 당시(當時).

15) 五欲樂: 재물욕(財物欲), 색욕(色欲), 음식욕(飮食欲), 명예욕(名譽慾), 무명욕(無明欲)을 말한다.

16) 搥鍾: 종을 두드리는 것이다. '搥'는 종을 치는 기구이다.

17) 阿私(Asita): 단정(端正)하기가 비길 게 없는 것을 말한다. 즉 형모(形貌)와 지혜의 훌륭함이 비길 게 없음이다.

18) 菓蓏: 과일을 말한다. 과(菓)는 나무에서 열리는 과일이고 라(蓏)는 덩굴식물에서 자라는 과일이다.

19) 以: ~에 의하여.

20) 善知識(kalyana-mitra): 훌륭한 친구, 또는 친한 친구. 지식은 지인 또는 알고 있다는 뜻이다. 일체의 지식(知識)을 깨닫고 고명(高明)한 것이 모든 사람을 넘어서는 사람을 말한다.

21) 慈悲喜捨: 사무량심(四無量心)이라고도 한다. 자(慈)는 즐거움을 주는 마음, 비(悲)는 괴로움을 없애는 마음, 희(喜)는 남의 즐거운 일을 보고 기뻐하는 마음, 사(捨)는 마음이 평등한 상태를 말한다.

22) 三十二相: 부처님이 가지고 있는 32가지 보통 사람들에게는 없는 상

서(祥瑞)로운 상을 말한다. 자마금색(紫磨金色)도 이 중 하나이다.

23) 八十種好: 32상과 같으며 이는 특이(特異)한 신체적인 특징을 말한다.

24) 紫磨金色(suvarnavarna-cchavita): 부처님의 신체가 황금색의 피부색을 가지고 있다는 것을 말한다.

25) 十力: 부처님이 가지고 있는 10가지 지혜와 능력. 제2장 참고.

26) 四無所畏: 부처님이 설법(說法)할 때 가지고 있는 4가지 두렵지 않은 마음. 제2장 참고.

27) 四攝法(catvāri saṃgraha-vastūni): 중생을 제도하기 위하여 사용하는 4가지 방법. ①보시(布施): 법과 재물과 두려움을 없애주는 것을 베푸는 것. ②애어(愛語): 따뜻하고 사랑스러운 말로 대하는 것. ③이행(利行): 착한 일로 이익을 주는 것. ④동사(同事): 상대방 입장에서 함께 일하는 것.

28) 十八不共: 부처님만 가지고 있고 다른 사람들은 가지지 못한 18가지 공덕(功德). 제3장 참고.

29) 神通: 불가사의한 신통한 능력. 육신통이 있다.

30) 道力: 깨달음을 체득(體得)하면 일어나는 능력.

31) 等正覺(Samyaksarmbodhi): 무상정등정각을 말한다.

32) 却後: 이후(以後)를 말한다.

33) 天王(Devaraja): 신의 왕이라는 뜻이다.

34) 世界: 천왕여래(天王如來)가 다스리는 불국토(佛國土).

35) 天道(Devasopāna): 하늘의 계단이라는 뜻.

36) 二十中劫: 매우 긴 시간의 단위로 대중소(大中小)가 동일(同一)하다.

37) 發無上道心: 최고의 불도(佛道)를 찾으려고 지향(志向)하는 것을 말한다.

38) 無生忍: 무생법인으로 생멸이 없는 불교의 진리에 명료(明瞭)한 것을 말한다. 여기서 인(忍)은 체인(體認)을 말한다.

39) 般涅槃: 멸도(滅度)를 말한다.

40) 全身舍利: 전신의 유골이 남아 있는 상태를 말한다.

41) 發菩提心: 최고의 불법을 지향하려고 수행하는 것을 말한다.

42) 受: 향수(享受)를 말한다.

43) 勝: 우월(優越)하고 훌륭한 것을 말한다.

44) 蓮華化生: 불국토(佛國土)에서 고결(高潔)한 연화로 변화하여 태어나는 것으로 다시는 태생(胎生)하지 않음을 말한다.

45) 下方多寶世尊: 앞에서 다보불의 보탑(寶塔)이 땅에서 용출(湧出)하였으

므로 하방세계(下方世界)라고 한다.

46) 智積(Prajñakūta): 지혜를 축적(蓄積)하였다는 의미이다.

47) 白: 고소(告訴)를 말한다.

48) 娑竭羅龍宮: 8용궁(龍宮)의 하나이다. 사갈라(娑竭羅, sāgara)는 대해(大海)를 말하며 사가라(娑伽羅)와 같다.

49) 踊出: 높이 올라가는 것을 말한다.

50) 詣: 도(到)를 말한다.

51) 靈鷲山: 법화회상(法華會上)이 있는 곳을 말한다.

52) 仁: 인자(仁者). 이인칭(二人稱) 대명사로 존칭(尊稱)이다. 여기서는 문수사리보살을 말한다.

53) 宣: 강설(講說)을 말한다.

54) 未竟: 종결지울 수 없음이다.

55) 本聲聞人: 본래 성문승(聲聞乘)을 수습(修習)하는 사람을 말한다.

56) 大智德: 위대한 지혜와 덕을 갖춘 사람을 말한다.

57) 勇健: 용맹스럽고 날쌘 것을 말한다.

58) 演暢: 알아듣도록 말하여 주는 것을 말한다.

59) 開闡: 드러내놓고 천명(闡明)하는 것을 말한다.
   ※ 頗 ~ 不: 파(頗)는 의문문에 관형어처럼 붙는 말로 불확실성을 드러내는 말이다.

60) 不: 부(否)로 의문사(疑問詞)이다.

61) 諸根行業: 갖가지로 같지 않은 근성(根性)과 이로 이루어지는 죄복(罪福)으로 나타나는 행위(行爲)를 말한다. 근(indriya)은 감각기관과 그 능력을 의미한다.

62) 陀羅尼(dharani): 총지(總持)라고도 하며, 이는 불교가 가지고 있는 일체 법장(法藏)을 말한다.

63) 甚深祕藏: 매우 심오(深奧)하고 은밀(隱密)한 불법(佛法)의 보장(寶藏)을 말한다.

64) 了達: 분명하게 이해(理解)하는 것을 말한다.

65) 刹那: 아주 짧은 시간을 말한다.

66) 頃: 경각(頃刻). 아주 짧은 시간을 말한다.

67) 赤子: 영아(嬰兒)를 말한다.

68) 和雅: 화순(和順)하고 우아(優雅)한 것을 말한다.

69) 難行苦行: 난행(難行)은 괴로운 수행을 말한다. 즉 고난(苦難)의 행군

(行軍)이다.

70) 三千大千世界: 대우주(大宇宙)에 상당하는 광대하고 많은 세계를 말한다. 제5장 참고.

71) 芥子: 겨자씨를 말하며, 매우 작은 것에 비유한다.

72) 許: 처소(處所), 지방(地方)을 말한다.

73) 菩提道: 도는 보리(bodhi)의 옛날 번역이다. 제5장 도과(道果) 참조.

74) 未訖: 끝내지 않음을 말한다. 흘(訖)은 완필(完畢)을 말한다.

75) 深達: 매우 깊이 이해하고 있는 것을 말한다.

76) 遍照: 통철하게 길을 아는 것을 말한다.

77) 宗: 존경(尊敬)을 의미한다.

78) 垢穢: 때가 묻어 더러운 것을 말한다.

79) 法器: 불법(佛法)을 접수(接受)하고 전승(傳承)할 수 있을 만한 인재(人才)를 말한다.

80) 懸曠: 성불(成佛)하는 길이 요원(遙遠)함을 말한다.

81) 諸度: 갖가지 법도(法度)를 말한다.

82) 五障: 여자가 성불(成佛)하는데 다섯 가지 장애(障礙)를 서술하였다.

83) 價直: 가치(價值)를 말한다. 직(直)은 치(值)와 같다.

84) 尊者: 덕(德)과 지혜(智慧)를 구비하고 남들이 존경(尊敬)할만한 사람을 말한다.

85) 天龍八部: 불법을 수호하는 신장들로 천 용 야차 건달바 아수라 가루라 긴나라 마후라가를 말한다. 이 중에서 천룡(天龍)이 대표적이다.

86) 受道記: 수기(授記)를 말한다.

87) 六反: 육차(六次), 육종(六種)을 말한다.

묘법연화경 제4권(妙法蓮華經 第四卷)

권지품 제십삼(勸持品第十三)

原文

因前宣付 又因上顯勸故 衆願持說以廣道化
故名持品 於文初 藥王等願此方持 次聲聞衆願
他方持 後大菩薩願十方持者 此方堪忍難化 非
藥王洪願不能 他方爲善國土故聲聞能之 十方
廣漠故須八十萬億大菩薩也

해석

이전(以前)의 것에 연유(緣由)하여 선양(宣揚)할 것을 부촉
(付囑)하고 또 연유에서 권면(勸勉)하면서 대중들이 수지(受
持)하기를 바라며, 설법(說法)하여 진리를 널리 교화하므로
지품(持品)이라고 하였다. 문장의 처음에 약왕보살(藥王菩
薩) 등의 원력은 차방(此方)에서 수지하고 다음으로 성문(聲

聞) 대중들의 원력은 타방(他方)에서 수지하며, 후에 위대한
보살의 원력은 시방에서 수지한다. 차방에서는 인욕(忍辱)
을 감내(堪耐)하며 교화하기가 힘들어 약왕보살이 아니면
위대한 원력을 감당할 수가 없다. 타방(他方)에서는 옳은
국토인 까닭에 성문(聲聞)도 이를 감내할 수가 있으며, 시
방은 넓고 광막(廣漠)한 까닭에 80만억의 위대한 보살만이
감당할 수가 있음이다.

原文

讚曰 昔人已重道輕生 信妙法而專專[1] 今人應
密助顯揚 持妙法而拳拳[2] 是故藥王與二萬大士
以慈忍而誓弘此土 五百幷六千聖尼 授新記而
轉化他方 復回靑蓮之眼[3] 默許師子之音 古今始
終相傳 善惡逆順擁護 偉哉大士弘願 至哉碎身
難酬 卽今莫有知恩報恩者麼 朝朝雞向五更[4]啼
春來處處山花秀 頌曰

雲捲秋空月印潭	何須特地說喃喃
至今宣化何曾問	花似絿羅水似藍
重道輕生不愛身	卽今似續是何人
會中三乘持當世	銘骨如何報此恩

기리며 말하였다.

옛사람은 진리를 귀중(貴重)하게 여기고 생명까지도 경시(輕視)하였고 요즈음 사람들은 은밀(隱密)히 현양(顯揚)하려고 하며 묘법(妙法)을 지니기에 정성스럽고 간절하게 한다. 그러므로 약왕보살(藥王菩薩)과 2만의 대사(大士)가 자비(慈悲)와 인욕(忍辱)으로 이 국토에서 서원(誓願)하고 500나한(羅漢)과 6,000명의 비구니(比丘尼)는 새로이 수기(授記)를 받아 다른 국토에서 전전(展轉)하며 교화한다. 다시 청련(青蓮)의 안목을 회복하여 묵연(默然)히 허락받은 사자의 음성으로 고금(古今)에서 시종(始終) 서로 전하면서 선악(善惡)과 순역(順逆)을 옹호(擁護)하니 위대하구나! 대사의 넓은 서원이여! 지극(至極)하구나! 분골쇄신(粉骨碎身)하여도 갚기 어려운데 이제 은혜를 알고도 갚기 어려운 것이 없음이여!

아침마다 닭은 오경(五更)에 울고

봄이 오니 곳곳 산에는 꽃이 화려하구나.

게송으로 말하기를,

구름이 걷힌 가을 하늘 달은 연못에 잠기고
어찌 특별한 곳에서 말려고 할 게 있는가?
지금 교화를 베푸는데 어찌 일찍 들었더냐?

꽃은 흰 비단과 같고 물은 쪽빛과 같구나.

진리를 귀중히 여기고 생명을 경시하며 몸을 애착하지 않으며,

이제 어떤 사람이 상속(相續)하려는가.

법화 회중(會中)에 삼승(三乘)이 미래에 호지하면서 뼈 속 깊이 새기고 어떻게 이 은혜를 보답해야 할는지?

⑴ 보살과 그 권속(眷屬)들, 500나한과 8,000의 학(學) 무학(無學)인들이 법화경을 수지하고 강의할 것을 서원하겠다고 말하는 것을 서술하였다.

爾時藥王菩薩摩訶薩[5] 及大樂說菩薩摩訶薩[6] 與二萬菩薩眷屬俱 皆於佛前作[7]是誓言 唯願世尊不以爲慮[8] 我等於佛滅後 當奉持 讀誦 說此經典 後惡世衆生 善根轉少 多增上慢 貪利[9]供養 增不善根 遠離解脫 雖難可敎化 我等當起[10] 大忍力 讀誦此經 持說 書寫 種種供養 不惜身命

爾時衆中五百阿羅漢[11] 得受記者 白佛言 世尊 我等亦自誓願 於異國土[12] 廣說此經

復有學 無學八千人 得受記者 從座而起 合掌向佛作是誓言 世尊 我等亦當於他國土廣說此經 所以者何 是娑婆國中 人多弊惡[13] 懷增上慢[14] 功德淺薄 瞋濁諂曲[15] 心不實故

해석

그때 약왕보살마하살과 대요설보살마하살이 2만 보살

의 권속(眷屬)과 함께 부처님 앞에 나와 서원(誓願)을 말하였다.

"서원(誓願)합니다. 세존(世尊)이시여! 염려하지 마십시오. 부처님께서 멸도(滅度)하신 후에 저희들은 이 경전(經典)을 봉지(奉持)하고 독송(讀誦)하며, 설법(說法)하겠습니다. 이후에 악한 세상에 중생들의 선근(善根)은 점점 적어지고 모두가 증상만(增上慢)을 일으키고 공양(供養) 욕심을 부려 옳지 못한 근기는 많아지고 해탈마저도 저버립니다. 비록 교화하기 어렵더라도 저희들은 위대한 인내력(忍耐力)을 일으키어 이 경전을 독송하고 호지하며 설법하고 갖가지로 공양하는데 신명(身命)을 아끼지 않겠습니다."

그때에 대중에서 500아라한이 수기를 받고 부처님께 여쭈었다.

"세존이시여! 저희들도 역시 다른 나라에서 이 경전을 널리 설법(說法)할 것을 서원합니다."

다시 학(學)·무학(無學)인 8,000명이 수기를 받고 자리에서 일어나 부처님을 향하여 합장(合掌)하고 이렇게 서원하였다.

"세존이시여! 저희들도 역시 다른 국가에 가서 이 경전을 설법하겠습니다. 왜냐하면 이 사바세계에는 폐악(弊惡)한 사람들이 많고 증상만(增上慢)을 품고 공덕(功德)이 천박(淺

薄)하며, 쉽게 성내고 첨곡(諂曲)하여 마음이 진실(眞實)하지
못한 까닭입니다."

⑵ 석가모니 부처님의 이모 마하파사파제 비구니와 다른
6,000명의 비구니가 수기하는 정황을 서술하였다.

原文

爾時佛姨母[16)]摩訶波闍波提[17)]比丘尼 與學 無
學比丘尼六千人俱 從座而起 一心合掌 瞻仰尊
顔 目不暫捨 於時世尊告憍曇彌[18)]何故憂色[19)]而
視如來 汝心將無謂[20)]我不說汝名 授阿耨多羅三
藐三菩提記耶 憍曇彌 我先總說一切聲聞皆已
授記 今汝欲知記者[21)]將來之世 當於六萬
八千億諸佛法中爲大法師[22)]及六千學 無學比丘
尼俱爲法師 汝如是漸漸具菩薩道 當得作佛 號
一切衆生喜見如來[23)]應供 正遍知 明行足 善逝
世間解 無上士 調御丈夫 天人師 佛 世尊 憍曇
彌 是一切衆生喜見佛及六千菩薩 轉次[24)]授記得
阿耨多羅三藐三菩提

그때에 부처님의 이모(姨母)인 마하파사파제 비구니는 아직도 배우는 사람과 배울 게 없는 비구니 6,000명과 함께 자리에서 일어나 일심(一心)으로 합장(合掌)하면서 부처님의 존안(尊顔)을 첨앙(瞻仰)하면서 잠시도 눈을 떼지 않았다. 그때에 세존(世尊)께서 교담미(憍曇彌)에게 말씀하셨다.

"어떻게 근심스러운 얼굴로 여래를 보는가? 그대는 내가 그대 이름을 말하지 않아서 수기(授記)를 주지 않을까 걱정하고 있구나. 교담미여! 내가 먼저 일체 성문(聲聞) 모두가 수기(授記)를 받을 것이라 말하였거늘 이제는 그대가 수기를 원한다면 그대는 장차 오는 세상에서 6만 8천억 모든 부처님 법에서 위대한 법사(法師)가 될 것이며, 6,000명의 배운 비구니와 배울 게 없는 비구니도 함께 법사가 될 것이다. 그대가 이와 같이 점차 보살도(菩薩道)를 갖추면 당장에 성불(成佛)하여 이름은 일체중생희견여래(一切衆生喜見如來)·응공·정변지·명행족·선서·세간해·무상사·조어장부·천인사·불세존이라고 한다. 교담미야! 이 일체중생희견불과 6,000명의 보살이 차례대로 수기하여 아뇩다라삼먁삼보리를 증득할 것이다."

(3) 석가모니 부처님이 출가하기 전 부인인 야수다라와 아들 나후라에게 수기를 주는 상황을 서술하였다.

原文

爾時羅睺羅[25]母耶輸陀羅[26]比丘尼作是念 世尊
於授記中 獨不說我名

佛告耶輸陀羅 汝於來世百千萬億諸佛法中修
菩薩行 爲大法師 漸具佛道 於善國[27]中當得作
佛 號具足千萬光相如來 應供 正遍知 明行足
善逝 世間解 無上士 調御丈夫 天人師 佛 世尊
佛壽無量阿僧祇劫

爾時摩訶波闍波提比丘尼及耶輸陀羅比丘尼
幷其眷屬 皆大歡喜 得未曾有 卽於佛前而說
偈言

世尊導師　　安隱[28]天人
我等聞記　　心安具足

諸比丘尼說是偈已 白佛言 世尊 我等亦能於
他方國土廣宣此經

그때에 나후라의 어머니 야수다라비구니가 이런 생각을 하였다.

"세존은 수기를 주면서 내 이름만 말씀하지 않는구나."

부처님이 야수다라(耶輸陀羅) 비구니에게 말씀하였다.

"그대는 내세(來世)에 백천만 억 모든 부처님 법에서 보살행(菩薩行)을 수행하여 위대한 법사(法師)가 되어 점차 불도(佛道)를 구족하여 훌륭한 국토에서 성불할 것이니 이름은 구족천만광상여래(具足千萬光相如來)·응공·정변지·명행족·조어장부·천인사·불세존이다. 부처님의 수명은 무량한 아승기겁이다."

그때에 마하파사파제 비구니와 야수다라 비구니가 그 권속들과 함께 모두 환희하고 미증유함을 증득하고는 부처님 앞에서 게송으로 말하였다.

세존(世尊)이시고 도사(導師)이시며
천인(天人)을 안은(安隱)하게 하시는 분,
저희는 수기(授記)함을 듣고
마음이 편안함을 구족하였습니다.

모든 비구니들이 이 게송을 마치고 부처님께 여쭈었다.

"세존이시여! 저희도 역시 다른 국토에서 이 경전을 널리 선양(宣揚)하겠습니다."

(4) 법화회상에 참가한 보살들이 부처님 앞에서 서원(誓願)하기를 미래 오탁악세(五濁惡世)에서 인욕(忍辱)하면서 전력을 다하여 법화경을 강설할 것을 말하였다.

原文

爾時世尊視八十萬億那由他諸菩薩摩訶薩 是諸菩薩——皆是阿惟越致²⁹⁾ 轉不退法輪 得諸陀羅尼³⁰⁾——卽從座起 至於佛前 一心合掌 而作是念 若世尊告勅³¹⁾我等持說此經者 當如佛敎³²⁾廣宣斯法 復作是念 佛今默然 不見告勅 我當云何」時諸菩薩敬順佛意 幷欲自滿本願³³⁾便於佛前 作師子吼³⁴⁾而發誓言 世尊 我等於如來滅後 周旋往返十方世界 能令衆生書寫此經 受持讀誦 解說其義 如法修行 正憶念³⁵⁾ 皆是佛之威力 唯願世尊 在於他方遙見守護
卽時諸菩薩俱同發聲 而說偈言

　　唯願不爲慮　　於佛滅度後

恐怖惡世中　　我等當廣說
有諸無智人　　惡口罵詈³⁶⁾等
及加刀杖者　　我等皆當忍

惡世中比丘　　邪智心諂曲³⁷⁾
未得謂爲得　　我慢心充滿
或有阿練若³⁸⁾　納衣³⁹⁾在空閑⁴⁰⁾
自謂行眞道　　輕賤人間者

貪著利養故　　與白衣⁴¹⁾說法
爲世所恭敬　　如六通羅漢⁴²⁾
是人懷惡心　　常念世俗事
假名阿練若　　好出⁴³⁾我等過

而作如是言　　此諸比丘⁴⁴⁾等
爲貪利養故　　說外道⁴⁵⁾論議
自作此經典⁴⁶⁾　誑惑世間人
爲求名聞故　　分別⁴⁷⁾於是經

常在大衆中　　欲毀我等故
向國王大臣　　婆羅門居士

及餘比丘衆　　誹謗說我惡
謂是邪見人　　說外道論議

我等敬佛故　　悉忍是諸惡
爲斯[48]所輕言[49]　汝等[50]皆是佛
如此輕慢言　　皆當忍受之
濁劫惡世中　　多有諸恐怖

惡鬼入其身　　罵詈毀辱我
我等敬信佛　　當著忍辱鎧[51]
爲說是經故　　忍此諸難事
我不愛身命　　但惜無上道

我等於來世　　護持佛所囑[52]
世尊自當知　　濁世惡比丘
不知佛方便　　隨宜所說法
惡口而嚬蹙　　數數[53]見擯出[54]

遠離於塔寺　　如是等衆惡
念佛告勅故　　皆當忍是事
諸聚落城邑　　其有求法者

我皆到其所　　說佛所囑法

我是世尊使　　處衆無所畏
我當善說法　　願佛安隱住
我於世尊前　　諸來十方佛
發如是誓言　　佛自知我心

해석

　그때에 세존께서 80만억 나유타(那由他)의 많은 보살마하살을 보셨다. 이 모든 보살들은 아유월치(阿惟越致)로서 불퇴전(不退轉)의 법륜을 윤전(輪轉)하면서 모든 다라니를 획득하고는 자리에서 일어나 부처님 앞에 나아가 일심(一心)으로 합장하고 이런 생각을 하였다.

　"만약 세존께서 저희들에게 이 경전을 수지(受持)하고 설법(說法)하라고 하시면 당연히 부처님의 가르침처럼 이 경전을 설법(說法)하겠습니다."

　다시 이런 생각도 하였다.

　"부처님께서 이제 묵연(默然)히 계시면서 말씀이 없으시니 저희들은 어떻게 해야 합니까?"

　그때 모든 보살들이 부처님 의도(意圖)를 경순(敬順)하면서 아울러 본래 원력(願力)을 스스로 충만(充滿)하려고 부처님 앞에 나와서 사자후(獅子吼)로 서원을 드러내었다.

"세존이시여! 저희들도 여래께서 멸도(滅度)하신 후에는 시방세계를 두루 돌아다니며 중생들에게 이 경전을 베끼거나 수지(受持)하고 독송(讀誦)하면서 그 뜻을 해설(解說)하게 하며, 불법(佛法)과 같이 수행하고 바로 기억(記憶)하며, 생각하는 모두가 부처님의 위력(威力)입니다. 오로지 세존께서는 다른 국토에 계실지라도 멀리서 보고 수호(守護)하시기를 바랍니다."

바로 그때에 모든 보살들이 함께 이구동성으로 게송을 말하였다.

부처님이 멸도(滅度)하신 후를 걱정하지 마십시오.
두렵고 악한 세상에서도 저희들은 멀리 설법(說法)하렵니다.
어리석은 중생들이 나쁜 말로 욕을 하고
칼과 막대로 괴롭히더라도 저희들은 참으렵니다.

악한 세상 비구들은 삿된 지혜와 마음이 첨곡(諂曲)하여
깨닫지 못하고도 깨달았다고 하며 아만(我慢)으로 가득합니다.

조용한 곳에 있으면서 누더기 옷 걸쳐 입고
참다운 진리 실천한다고 하면서 인간을 경천(輕賤)
합니다.

이양(利養)에 탐착(貪着)하는 까닭에 속인들에게 설
법하며,
세상에서 받는 공경 육신통(六神通)의 나한(羅漢)과
같아
이런 사람 악심(惡心) 품어 세상 일만 생각하고
아련야(阿練若)라 말하면서 우리 허물 즐겨서 끌어
내려합니다.

이렇게 말합니다. "이 모든 비구들은
이익만을 탐착하고 외도(外道)만을 논의(論議)하면서
스스로 경전 만들어 세간인을 광혹(誑惑)하게 하며,
명예를 구하려는 까닭에 이 경전을 분별한다."

항상 대중 속에 있으면서
우리들을 훼괴(毁壞)하려는 까닭으로
국왕(國王)과 대신(大臣), 바라문과 거사(居士),
나머지 여러 비구 대중들을 향하여

우리를 나쁘다고 비방(誹謗)하는 말을 하기를
사견(邪見)을 가진 이 사람들이
외도(外道)를 말하고 논의(論議)한다 할 것입니다.

우리들은 부처님을 공경하는 까닭으로 모든 악을
참으면서
경멸(輕蔑)하는 말을 하여 '너희는 모두 부처님'이
라고 하여도
이는 경만(輕慢)한 말과 같이 여겨 모두 참고 견디
겠습니다.
오탁악겁(五濁惡劫)의 악세(惡世)에서
많은 사람들은 공포(恐怖)가 있으며

악한 귀신 몸에 들어와 나를 욕하고 훼욕(毀辱)하
여도
우리들은 부처님 공경(恭敬)하여 믿으며
인욕(忍辱)의 갑옷을 입겠습니다.
이 경전을 설법하려는 까닭으로
이 모든 어려운 일 참겠나이다.
저희는 신명(身命)에 애착하지 않고
다만 무상도(無上道)만 사랑하겠습니다.

저희들은 내세(來世)에서
부처님을 호지(護持)하고 부촉(咐囑)하리니
세존께서는 보살펴 주시옵소서.
오탁악세(五濁惡世)의 악한 비구들은
부처님의 방편 따라 당연히 설법(說法)할 줄 모르고
악구(惡口)로 빈축(嚬蹙)하여 자주 되돌아보고 내쫓
으며,

탑사(塔寺)에서 멀리 떠나가게 할지라도
이와 같은 모든 죄악
부처님이 내리신 것이라 생각하는 까닭으로
이런 일을 모두 인내(忍耐)하겠습니다.
모든 촌락(村落)에서나 성읍(城邑)에서
법을 구하는 사람이 있다면
저는 그곳으로 찾아가서 부촉(咐囑)하신 법을 설하
렵니다.

저는 세존의 사자(使者)이니 두려움 없이
옳게 설법할 것이니 부처께서는 안온(安穩)하게 계
십시오.
저는 세존의 앞과 모든 미래의 시방불(十方佛)께

이처럼 서원(誓願)하며 말씀드리오니
부처님께서는 제 마음을 살펴주시옵소서.

1) 專專: 마음을 한 곳에 집중하는 모양을 말한다.

2) 拳拳: 정성스럽고 간절한 모양.

3) 靑蓮之眼: 깨달음의 안목(眼目)을 말한다.

4) 五更: 새벽 3시부터 5시 사이를 말한다.

5) 藥王菩薩摩訶薩(Bhaiṣajyarāja): 제1장 참조.

6) 大樂說菩薩摩訶薩(Mahāpratibhāna): 제11장 참조.

7) 作: 나와 서는 것을 말한다.

8) 不以爲慮: 법화경을 수지(受持)하고 강의(講義)하는 것을 염려하지 말라
는 말이다.

9) 貪利: 욕심부리다. 탐내다.
   ※ 범어본에는 재리(財利)와 명문(名聞)에 집착한다고 하였다.

10) 起: 일으키다. 운용(運用)하다의 뜻.

11) 五百阿羅漢: 오백제자수기품에서 부처님의 수기를 받은 500아라한을
말한다.

12) 異國土: 사바세계와 다른 나라라는 뜻. 사람들의 근기가 열악하여 교
화하기 곤란한 것을 말한다.

13) 弊惡: 폐(弊)는 악(惡)과 같은 뜻이다.

14) 增上慢: 교만심(驕慢心)을 말한다.

15) 瞋濁諂曲: 진(瞋)은 노(怒)와 같은 뜻이고, 첨곡(諂曲)은 다른 사람에게
아첨하는 것을 말한다.

16) 姨母: 어머니의 형제를 말한다.

17) 摩訶波闍波提(Mahāprajāpati): Mahāprajāpati는 일반명사로 황후(皇
后)를 의미한다.

18) 憍曇彌(Gotami): 6,000명 비구니의 우두머리를 말한다. 여기서는 이
모인 마하파사파제를 말한다.

19) 憂色: 걱정스러운 안색(顏色)을 말한다.

20) 將無謂: 어떤 연유가 아닌 것도 없이.

21) 知記者: 자기가 수기(授記)하여 성불하는 결과에 대한 구체적인 정황
(情況)을 말한다.

22) 大法師: 위대한 설법자(說法者)를 말한다.

23) 一切衆生喜見如來(Sarvasattvapriyadarśana): 일체 중생에게 기쁨을 드
러낸다는 뜻.

24) 轉次: 순서에 의하여.

25) 羅睺羅(Rāhula): 석가모니 부처님의 태자(太子) 시절 아들.

26) 耶輸陀羅(Yaśodhrā): 석가모니 부처님의 태자 시절 부인.

27) 善國(Bhadra): 아름답고 살기 좋은 나라를 말한다. 나라 이름으로 생각하면 된다.

28) 安隱: 안온(安穩)과 같다.

29) 阿惟越致(avaivartika): 불퇴전(不退轉)을 말한다. 이는 보살위(菩薩位)에 속하며 성불(成佛)의 길에서 물러서지 않는 것을 말한다.

30) 陀羅尼(dhāraṇi): 총지(總持)라고 하며 불가사의한 효험(効驗)이 있는 주문(呪文)을 말한다.

31) 勅: 고계(告誡), 부촉(附囑)을 말한다.

32) 佛教: 부처님의 교도(敎導)를 말한다.

33) 自滿本願: 자기가 본래 성취하고자 한 서원(誓願)을 말한다.

34) 師子吼: 보살의 설법이 세상을 진동(震動)한다는 것에 비유한 말이다.

35) 正憶念: 정확하게 기억하고 생각하는 것을 말한다.

36) 罵詈: 욕하고 꾸짖는 것을 말한다.

37) 諂曲: 남에게 아첨하기 위하여 자기를 굽히는 것을 말한다.

38) 阿練若(araṇya): 원래는 삼림(森林)이라는 뜻이었으나 변하여 수행자가 수행하기 적당한 곳을 의미하는 말로 변하였다. 즉 조용한 장소를 말한다.

39) 納衣: 출가한 수행자가 입는 옷으로 12두타행(頭陀行)의 하나이다. 여기서는 동사로 납의를 꿰매는 것을 말한다.

40) 空閑: 조용한 곳을 말한다.

41) 白衣: 재가(在家)를 말하며 속인(俗人)이라고도 한다.

42) 六通羅漢: 육신통을 획득한 아라한을 말한다.

43) 好出: 즐겨 찾아서 말하는 것을 말한다.

44) 比丘: 여기서는 법화경을 강설하는 비구를 말한다.

45) 外道: 불교 이외의 기타 종교와 학파를 말한다.

46) 自作此經典: 법화경을 위조(僞造)하는 것을 말한다. 즉 미래의 악세(惡世)가 되면 승려들이 법화경 강의하는 것을 싫어한다는 말이 있다.

47) 分別: 변별(辨別)하고 분석(分析)하여 강의하는 것을 말한다.

48) 爲斯: 사(斯)는 지시대명사로 악세(惡世)에서의 악승(惡僧)을 말한다.

49) 輕言: 경멸(輕蔑)하는 말.

50) 汝等 ～: 악승(惡僧)이 법화경을 수지한 승려를 상대(相對)한 것을 풍자
(諷刺)한 말이다.
51) 忍辱鎧: 인욕을 갑옷에 비유한 말이다.
52) 所囑: 부처님이 부촉(咐囑)한 법화경을 말한다.
53) 數數: 여러 차례.
54) 見擯出: 몰아내는 것을 말한다. 견(見)은 피(被)의 의미이다. 빈출(擯出)
은 배척을 말한다.

묘법연화경 제5권(妙法蓮華經 第五卷)

묘법연화경 제5권 (妙法蓮華經 第五卷)

안락행품 제십사(安樂行品第十四)

原文

萬行依於三業本於智悲 智以處己 悲以應物
皆欲不失其正 正則安而樂 不正則危而憂 故
此特依文殊正智 示正身正語正意大悲四法 名
安樂行品 由前持品菩薩敬順佛意 願於惡世護
持此經誓忍諸難 而大聖以謂 能忍諸難 未若
必使之無難 故爲說四安樂行 四行旣正則一性
安恬 靜與道合動與神會 其完不爲物挫 雖臨
危難不知其爲危難也 其固不爲物傾 雖對欲惡
不知其爲欲惡也 夫躬行是行則涉惡世而持經
入紛華¹⁾以應物 無所往而不安且樂矣 是謂必
使之無難也

해석

　만행(萬行)은 삼업(三業)에 의지하지만 본래는 지혜(智慧)와 자비(慈悲)가 근본이다. 지혜로 처신(處身)하고 자비(慈悲)로 중생을 상대하며, 모두 그 올바름을 잃지 않기를 바란다. 올바르면 편안(便安)하고 즐거우며, 올바르지 않으면 위태(危殆)롭고 걱정스럽다. 그러므로 특히 문수보살(文殊菩薩)의 올바른 지혜에 의지하여 정신(正身)·정어(正語)·정의(正意)·대비(大悲)의 네 가지 법을 현시(顯示)하여 안락행품(安樂行品)이라고 한다. 이전의 지품(持品)에 연유하여 보살은 부처님의 의도(意圖)에 경순(敬順)하여 오탁악세(五濁惡世)에서 이 경전(經典)을 호지(護持)하고 모든 재난(災難)을 인욕(忍辱)하기를 서원(誓願)하니 위대한 성인(聖人)을 말하자면 모든 재난에도 인욕(忍辱)한다고 한다. 반드시 재난이 없게 하지 못하는 까닭에 네 가지 안락행(安樂行)을 말하며, 네 가지 수행이 바르면 하나의 성품(性品)이 편안하고 고요하게 되어 안정(安靜)과 함께 진리와 회합(會合)하여 움직임과 함께 정신(精神)이 회합한다. 그것이 완전(完全)하면 중생이 좌절(挫折)하지 않고 비록 위험해도 그 위험한 재난을 인식하지 못한다. 그 견고한 의지가 사물에 기울지 않고 비록 사악(邪惡)하려고 하여도 그 사악하려는 것을 알지 못하게 된다. 대개 자신의 행동을 바로 실천함에서 오탁악세

(五濁惡世)에도 경전을 지니고 건너면 분화(紛華)에 들어가 사물을 대하면서 가는 게 없어 불안하더라도 즐거울 뿐이다. 이는 반드시 재난이 없게 되는 것이다.

原文

讚曰 佛愍五濁眾生 宣說四法[2]正行 燦燦瓔珞之珠 颯颯[3]清涼之風 欲作苦海船筏 可乏大道資糧 所謂身能攝護 遠離惱亂 口必防閑 要說正法 一心平等 無諸諂曲 三業安閑 可特妙典 此是初心儀軌 應須仔細點撿 況此蓮經一部 勝於輪王髻珠 宜爾裏誠全荷 當見夢裏毫光 要知四安樂 三業精修 流通末世 不爲物挫底消息麼 聞道五互風浪急 未聞沈却濟人舟 頌曰

持經濁世甚爲難　　四法偏弘乃可安
悲智雙修全荷擔　　縱橫出入大無端

부처님은 오탁악세(五濁惡世)의 중생을 어여삐 여기면서 사법(四法)과 정행(正行)을 선설(宣說)하였으니 영락(瓔珞) 구슬같이 빛나고 빛나며, 청량(清涼)한 바람이 불어오는구나. 고해(苦海)의 배와 뗏목을 만들어 대도(大道)를 자량(資糧)하여 저버리려 한다. 말하자면 자신을 굳건히 호지(護持)하여 멀리 뇌란(惱亂)을 저버리고 입으로는 반드시 한가(閑暇)함을 막고 정법(正法)을 말하는 게 요긴(要緊)하며, 일심(一心)이 평등하여 모든 첨곡(諂曲)이 없어서 삼업(三業)이 편안하게 쉬어야만 묘전(妙典)을 지닐 수가 있는 것이다. 이는 초심(初心)의 의궤(儀軌)이고 자세히 점검(點檢)하면 항차 이 연화경의 한 부분은 전륜성왕(轉輪聖王)의 계주(髻珠)보다 훌륭하니 당연히 이 속에서 성실하고 온전히 책망(責望)하면 당연히 꿈속에서 호광(毫光)을 보고 네 가지 안락(安樂)을 알게 되는 게 요긴(要緊)하며, 삼업(三業)이 치밀하게 수행되어 말세(末世)에 유통(流通)하면 사물에 결박(結縛)되지 않은 소식(消息)은 어떤 것인가?

　도를 들은 오호(五互)의 풍랑(風浪)은 급하게 잠기어 가는데 사람을 구제(救濟)하는 배는 듣지 못하였네.

　게송으로 말하기를,

　오탁악세(五濁惡世)에서 이 경전을 수지하는 것은 매우 어렵구나.

　사법(四法)이 널리 펼쳐져야 편안할 수 있으리니

　자비(慈悲)와 지혜 함께 닦아야만

　모두를 짊어질 수 있어서

　종횡(縱橫) 출입(出入)이 바르지 않아도 크다고 하네.

⑴ 네 가지 안락행(安樂行)에서 신안락행(身安樂行)을 말한다.

原文

爾時文殊師利法王子[4]菩薩摩訶薩白佛言 世尊
是諸菩薩 甚爲難有[5] 敬順佛故 發大誓願 於後
惡世 護持讀說是法華經 世尊 菩薩摩訶薩於後
惡世 云何能說是經

佛告文殊師利 若菩薩摩訶薩 於後惡世欲說是
經 當安住四法[6] 一者 安住[7]菩薩行處及親近處[8]
能爲眾生演說是經

文殊師利 云何名菩薩摩訶薩行處 若菩薩摩訶
薩住忍辱地[9] 柔和善順而不卒暴[10] 心亦不驚 又
復於法[11]無所行[12] 而觀諸法如實相[13] 亦不行不
分別[14] 是名菩薩摩訶薩行處 云何名菩薩摩訶薩
親近處 菩薩摩訶薩不親近國王 王子 大臣 官長
不親近諸外道梵志[15] 尼揵子[16]等 及造世俗文
筆[17] 讚詠外書[18] 及路伽耶陀[19] 逆路伽耶陀[20]者
亦不親近諸有兇戲[21] 相扠相撲[22] 及那羅[23]等種
種變現[24]之戲 又不親近旃陀羅[25] 及畜猪羊鷄狗
畋獵[26]漁捕諸惡律儀[27] 如是人等 或時來者 則爲
說法 無所悕望 又不親近求聲聞[28]比丘 比丘尼

優婆塞 優婆夷 亦不問訊[29] 若[30]於房中 若經行
處[31] 若在講堂中 不共住止[32] 或時來者 隨宜說
法 無所悕求

　文殊師利 又菩薩摩訶薩不應於女人身 取能生
欲想[33]相而爲說法 亦不樂見 若入他家 不與小
女 處女 寡女等共語 亦復不近五種不男[34]之人
以爲親厚 不獨入他家 若有因緣[35]須獨入時 但
一心念佛 若爲女人說法 不露齒笑 不現胸臆[36]
乃至爲法猶不親厚 況復餘事 不樂畜[37]年少弟子
沙彌[38] 小兒 亦不樂與同師 常好坐禪[39] 在於閑
處 修攝[40]其心 文殊師利 是名初[41]親近處

　復次 菩薩摩訶薩觀一切法空 如[42]實相 不顚
倒[43] 不動[44] 不退[45] 不轉[46] 如虛空[47] 無所有性 一
切語言道斷[48] 不生[49] 不出[50] 不起[51] 無名 無相[52]
實無所有 無量 無邊[53] 無礙 無障 但以因緣有[54]
從顚倒生[55]故說 常樂觀如是法相 是名菩薩摩訶
薩第二親近處

　爾時世尊欲重宣此義 而說偈言

　　若有菩薩　　　於後惡世
　　無怖畏心　　　欲說是經

應入行處⁵⁶⁾　　及親近處
常離國王　　及國王子

大臣官長　　兇險戲者
及旃陀羅　　外道梵志
亦不親近　　增上慢人
貪著小乘　　三藏⁵⁷⁾學者

破戒比丘　　名字⁵⁸⁾羅漢
及比丘尼　　好戲笑者
深著五欲　　求現滅度
諸優婆夷　　皆勿親近

寡女處女　　及諸不男
皆勿親近　　以爲親厚
亦莫親近　　屠兒魁膾⁵⁹⁾
畋獵漁捕　　爲利殺害

販肉自活　　衒賣⁶⁰⁾女色
如是之人　　皆勿親近
兇險相撲　　種種嬉戲

諸婬女等　　盡勿親近

莫獨屛處⁶¹⁾　　爲女說法
若說法時　　無得戲笑
入里⁶²⁾乞食　　將⁶³⁾一比丘
若無比丘　　一心念佛

是則名爲　　行處近處
以此二處　　能安樂說
又復不行⁶⁴⁾　　上中下法⁶⁵⁾
有爲無爲⁶⁶⁾　　實不實法⁶⁷⁾

亦不分別　　是男是女⁶⁸⁾
不得⁶⁹⁾諸法　　不知不見
是則名爲　　菩薩行處
一切諸法　　空無所有

無有常住⁷⁰⁾　　亦無起滅⁷¹⁾
是名智者　　所親近處
顚倒分別　　諸法有無⁷²⁾
是實非實⁷³⁾　　是生非生⁷⁴⁾

在於閑處　　修攝其心
安住不動　　如須彌山
觀一切法　　皆無所有
猶如虛空　　無有堅固⁷⁵⁾

不生不出　　不動不退
常住一相⁷⁶⁾　是名近處
若有比丘　　於我滅後
入是行處　　及親近處

說斯經⁷⁷⁾時　無有怯弱
菩薩有時　　入於靜室
以正憶念　　隨義觀法
從禪定起　　爲諸國王

王子臣民　　婆羅門等
開化⁷⁸⁾演暢　說斯經典
其心安隱　　無有怯弱
文殊師利　　是名菩薩
安住初法⁷⁹⁾　能於後世
說法華經

그때에 문수사리(文殊師利) 법왕자(法王子) 보살마하살(菩薩摩訶薩)이 부처님께 여쭈었다. "세존이시여! 이 모든 보살들이 증득(證得)하는 것은 매우 어렵지만 이들은 부처님을 공경(恭敬)하고 순종(順從)하는 까닭으로 위대한 서원(誓願)을 드러내어 미래 오탁악세에서 이 법화경을 호지(護持)하고 독송(讀誦)하고 설법(說法)합니다. 세존이시여! 이런 보살마하살들은 미래의 오탁악세에서 어떻게 설법해야만 합니까?"

부처님께서 문수사리에게 대답하셨다. "만약 보살마하살이 미래 오탁악세에 이 경전을 설법하려면 당연히 네 가지 법에 안주하여야 한다. 첫째는 보살이 자신이 실천할 곳과 친근한 곳에 안주하여 중생을 위하여 이 경전을 설법해야만 한다.

문수사리야! 어떤 게 보살마하살이 실천할 곳이라 하느냐? 만약 보살마하살이 인욕지(忍辱地)에 안주(安住)하면서 유화(柔和)하고 올바르게 수순(隨順)하며, 조급(躁急)하거나 불안(不安)하지 않으면서 마음이 또한 놀라지 않으며, 또 다시 법에 집착(執着)하는 게 없어야 하고 모든 법을 실상(實相)과 같이 관찰(觀察)하고 또한 행하지도 않고 분별하지도 않아야 하며, 이것이 바로 보살마하살의 실천이다.

문수사리야! 보살마하살이 친근(親近)할 곳은 어떤 것이 겠느냐? 보살마하살은 국왕(國王)·왕자(王子)·대신(大臣)·관장(官長)과 친근하지 말고, 모든 외도(外道)·범지(梵志)·니건자(尼犍子)들과도 친근하지 않아야 하며, 세속(世俗)의 문학작품과 외도(外道) 서적을 찬탄하고 노래하는 것과 로가야타(路伽耶陀)와 역로가야타(逆路伽耶陀)에도 친근하지 않아야 하며, 또한 모든 흥희(兇戲)·상차상박(相扠相撲)·나라(那羅) 등의 갖가지 변현(變現)의 장난에도 친근하지 않아야 하며, 또 전다라(栴陀羅)와 돼지·양·닭·개 등을 기르는 사람과 사냥하고 물고기를 잡는 등의 여러 가지 악업(惡業)에 종사하는 사람들과도 친근하지 않아야 한다. 이와 같은 사람들이 혹시 오면 설법을 하지만 바람이 있다고 슬퍼하지도 말라. 또 소승(小乘)의 비구·비구니·우바새·우바이와도 친근하지도 말고 신문(訊問)하지도 말라. 만약 방에서나 경행처(經行處)에서나 강당에 있을 때에나 함께 머물지 말라. 혹 찾아온다면 근기에 따라 설법하지만 구하는 것으로 슬퍼하지도 말라.

문수사리야! 또 보살마하살은 여인의 신상(身上)에서 음탕(淫蕩)한 생각을 일으키면 설법하지 말고 역시 즐겨 보려고도 하지 말라. 만약 다른 집에 가더라도 소녀(小女)·처녀(處女)·과부(寡婦)와 함께 말하지도 말라. 또 다시 오종

불남(五種不男)과 깊이 친근하지 말고 혼자 다른 사람의 집에 들어가지 말며, 만약 인연(因緣)이 있어서 혼자 들어갈 때에는 오로지 부처님만 생각하라. 만약 여인을 위하여 설법할 때에는 이를 드러내어 웃지 말고 가슴을 헤쳐 보이지 말며, 법을 위함에 이르러도 깊이 친근하지 못하거늘 하물며 다른 일이야 말하여 무엇 하겠느냐? 나이 어린 제자(弟子)·사미(沙彌)·소아(小兒)를 기르는 것을 즐기지 말고 또한 한 스승만 좋아하지 말라. 항상 좌선(坐禪)을 좋아하고 한적(閑寂)한 곳에 있으면서 마음을 수습(修習)하여 총섭(摠攝)하여라. 문수사리야! 이것이 첫째 친근(親近)할 곳이다.

또 보살마하살은 일체의 법이 공(空)한 진실(眞實)이 본래 상(相)이라는 것을 관찰하고 전도(顚倒)하지도 않고 신심(身心)이 사물에 흔들리지도 않으며, 깨달음을 구하겠다는 의지에서 영원히 물러서지 않음을 따라 생사윤회(生死輪廻)를 저버리니 심성(心性)이 수양하는 게 허공(虛空)과 같으면 세속의 잡념(雜念)이 없어진다. 일체 언어가 끊어져 생사(生死)도 없고 출입(出入)도 없으며, 기멸(起滅)도 없고 법이라고 형용(形容)할 것도 없고 법이라 말할 것도 없으니 확실(確實)하게 조금의 번뇌도 없어지면 법력(法力)은 무량하고 무변(無邊)하여 장애(障礙)가 없다. 다만 인연이 있어 전도(顚倒)함을 따라 망상(妄想)이 일어나는 것을 말할 뿐이다.

항상 이와 같은 법상(法相)을 즐겨 관찰하는 게 보살 마하
살이 친근해야 하는 둘째이다."

　그때에 세존께서 거듭 이 뜻을 선양하시고자 게송으로
말씀하셨다.

　　　만약 보살이 미래의 오탁악세(五濁惡世)에서
　　　두려운 마음이 없이 이 경전을 설법(說法)하려면
　　　보살이 안주(安住)하며 수행하는 곳과
　　　친근(親近)할 곳에 들어가야 하며,
　　　항상 국왕(國王)이나 나라의 왕자들,

　　　대신이나 고관대작(高官大爵),
　　　흉험(兇險)하게 장난치는 사람,
　　　전다라(栴陀羅)와 외도(外道)의
　　　범지(梵志)까지도 멀리하고
　　　증상만인(增上慢人)과 소승에 탐착(貪着)하는
　　　삼장(三藏)의 학자도 친근하지 말고,

　　　파계(破戒)한 비구니, 이름뿐인 나한(羅漢),
　　　비구니와 웃으면서 희롱(戲弄)하기를 즐기는 사람,
　　　오욕락(五欲樂)을 탐착하면서도

멸도(滅度)를 구하려는
모든 우바이도 모두 친근하지 말라.

만약 이런 사람들이 호기심(好奇心)으로 찾아와
보살의 처소(處所)에 이르러
불도(佛道)를 듣고자 한다면,
보살은 두렵지 않은 마음으로
바라는 게 없이 진리를 말해 주어라.

과부나 처녀, 모든 남자답지 않은 사람,
모두에게 친근(親近)하지 말고 깊은 정(情)도 주지 말라.
또 짐승을 도살(屠殺)하는 아이와 괴수(魁帥),
사냥하고 고기 잡으면서
이익 위해 살해(殺害)하는 사람들과도 친근하지 말고,

고기 팔아 살아가며 여색(女色)을 매매하는
이런 사람들도 친근(親近)하지 말라.
흉험(兇凶險)하게 서로 때리며
갖가지로 희롱하며 노는 사람,
모든 음탕(淫蕩)한 여인들 모두와 친근하지 말라.

혼자 있으면서 여인 위해 설법(說法)하지 말고
설법(說法)할 때에는 희소(戲笑)하지 말라.
마을에서 걸식(乞食)할 때 한 비구라도 함께 하고
만약 비구가 없으면 오롯한 마음으로 염불(念佛)하라.

이렇게 할 것을 말하여
수행(修行)할 것과 친근(親近)할 것,
이런 두 곳에서 안락(安樂)하면서 설법(說法)한다.
또 다시 상(上)·중(中)·하법(下法)과
유위법(有爲法)과 무위법(無爲法),
진실(眞實)한 법과 진실하지 않은 법에
집착(執着)하지도 말라.

이것은 남자 몫 이것은 여자 몫이라
분별(分別)하지도 말라.
모든 법에 집착(執着)하지 않고
지견(知見)하지도 않아
이렇게 할 것을 말하여
보살이 수행할 것이라한다.
일체의 모든 법은 본래 공이니
소유(所有)할 수 없다.

상주(常住)하지도 않아서

역시 기멸(起滅)할 것도 없으며,

지혜있는 사람은 친근(親近)할 곳이라 한다.

전도(顚倒)된 망상(妄想)으로 말미암아

모든 법의 유무(有無)를 분별(分別)하여

진실(眞實)을 시비(是非)하며 생멸(生滅)을 시비한다.

한적(閑寂)한 곳에 있으면서

그 마음을 수습(修習)하여 총섭(總攝)하며,

안주(安住)하여 움직이지 않는 것은

수미산(須彌山)과 같다.

일체법 모두는 소유(所有)할 게

없다는 것을 관찰하면

허공(虛空)과 같아 견고(堅固)하다고 할 것도 없다.

생멸(生滅)도 없고 출입(出入)하지도 않고

동정(動靜)하지도 않고 물러서지도 않으면서

항상 하나의 상(相)에 있는 것을

친근(親近)할 곳이라 한다.

비구들이 있다면 내가 멸도(滅度)한 후에

안락행처(安樂行處)와 친근한 곳에

증입(證入)하여야 한다.

이 경전을 설법(說法)할 때에
겁약(怯弱)함이 있을 수 없다.
보살이 고요한 방에 들어갈 때가 있다면
올바르게 기억(記憶)하고 생각하여
정의(正義)를 따라 진리를 관찰(觀察)하여라.
선정(禪定)에서 일어나서 국왕과

왕자(王子)와 신민(臣民) 그리고 바라문을 위하여
이 경전을 개시(開示)하고 교화(敎化)하며,
연설(演說)하여 선양(宣揚)하려고 설법(說法)하면
그 마음이 안온(安穩)하여 겁약(怯弱)함이 없으리라.
문수사리야! 이를 보살이
처음 법에 안주(安住)하다가 후세(後世)에까지
법화경을 설법(說法)해야 하는 것이다.

(2) 네 가지 안락행에서 둘째 구안락행(口安樂行)을 말한다.

原文

又 文殊師利 如來滅後 於末法[80]中欲說是經

應住安樂行 若口宣說 若讀經時 不樂說人及經
典過[81] 亦不輕慢諸餘[82] 法師 不說他人好惡 長短
於聲聞人 亦不稱名[83] 說其過惡 亦不稱名讚歎其
美 又亦不生怨嫌[84]之心 善修如是安樂心[85]故 諸
有聽者不逆其意 有所難問[86] 不以小乘法答 但
以大乘而爲解說 令得一切種智[87]

　爾時世尊欲重宣此義 而說偈言

菩薩常樂　　　安隱說法
於清淨地　　　而施床座[88]
以油塗身　　　澡浴塵穢
著新淨衣　　　内外俱淨

安處法座　　　隨問爲說
若有比丘　　　及比丘尼
諸優婆塞　　　及優婆夷
國王王子　　　群臣士民

以微妙義　　　和顏爲說
若有難問　　　隨義而答
因緣譬喩　　　敷演[89]分別

以是方便　　皆使發心[90]

漸漸增益　　入於佛道
除嬾惰意　　及懈怠想
離諸憂惱　　慈心說法
晝夜常說　　無上道敎[91]

以諸因緣　　無量譬喩
開示衆生　　咸[92]令歡喜
衣服臥具　　飮食醫藥
而於其中　　無所悕望[93]

但一心念[94]　　說法因緣
願成佛道　　令衆亦爾[95]
是則大利　　安樂供養
我滅度後　　若有比丘

能演說斯[96]　　妙法華經
心無嫉恚[97]　　諸惱障礙
亦無憂愁　　及罵詈者
又無怖畏　　加刀杖等

亦無擯出 安住忍故
智者如是 善修其心
能住安樂 如我上說
其人功德 千萬億劫
算數譬喩 說不能盡

해석

"또 문수사리야! 여래가 멸도(滅度)한 후 말법시대(末法時代)에 이 경전을 설법하려면 안락행에 안주(安住)해야만 한다. 입으로 선양(宣揚)하는 설법(說法)은 독경(讀經)을 할 때에 설법하는 사람과 경전의 허물을 말하지 않아야 하며, 또한 모든 다른 법사(法師)들도 경만(輕慢)하지 않아야 하며, 다른 사람의 좋고 나쁜 장단점(長短點)을 말하지도 말라. 성문인(聲聞人)으로 명설(名說)을 칭찬하지 말고 그 허물과 나쁜 것을 말하지도 말며, 또한 그 훌륭함을 말하려고도 하지도 말고 또 원망과 싫어하는 마음도 갖지 말라. 이와 같은 안락(安樂)한 마음을 옳게 수습(修習)한 까닭에 여러 듣는 사람들이 그 뜻을 거역(拒逆)하지 못하고 어려운 질문이 있으면 소승법으로 대답하지 말고 대승법으로 해설(解說)해야만 일체종지(一切種智)를 증득하게 된다."

그때에 세존께서 거듭 뜻을 선양하시려고 게송으로 말씀

하셨다.

보살(菩薩)은 항상 안온(安穩)하게
설법하는 것을 즐기며,
청정한 마음으로 법좌(法座)에 시설(施設)하시네.
기름을 몸에 바르고 먼지와 때를 씻고
청정한 새 옷을 입어 안 밖이 모두 청정하다네.

법좌(法座)에 편안하게 앉아 질문에 따라 설법하네.
만약 비구와 비구니,
모든 우바새와 우바이,
국왕(國王)과 왕자(王子), 모든 신하와 백성들에게

미묘(微妙)한 뜻과 평화로운 표정으로 설법하시네.
만약 어려운 질문을 하여도 뜻을 따라 대답하고
인연(因緣)과 비유(譬喩)로 설법을
전개하여 분별하게 하네.
이런 방편으로 모두가 발심(發心)하였다네.

점점 증익(增益)하면 불도(佛道)에 증입(證入)하고
게으르고 나태(懶怠)한 의지(意志)와

해태(懈怠)한 마음을 없애고
모든 우뇌(憂惱)를 저버리려고
자애심(慈愛心)으로 설법 하네.
주야(晝夜)로 항상 무상(無上)한
진리의 가르침을 설법하며,

모든 인연(因緣)과 무량한 비유(譬喩)로서
중생들에게 개시(開示)하니 모두들 환희(歡喜)하네.
의복(衣服)과 침구(寢具), 음식과 의약품,
그 속에서 바라는 게 없으면서

오롯한 마음으로 생각하며 설법(說法)한 인연은
불도(佛道)를 성취하기를 바라고
중생도 역시 성불하기를 바라네.
이는 위대한 이익이고 안락(安樂)한 공양이라네.
내가 멸도(滅度)한 후 만약 비구들이 있다면,

이 묘법연화경(妙法蓮華經)을 연설하면서
마음에 성내거나 질투(嫉妬),
모든 번뇌(煩惱)의 장애(障礙)가 없으며,
또한 우수(憂愁)와 꾸짖는 사람도 없으며,

또 두려움과 칼이나 막대기로
가해(加害)하는 일도 없으며,

역시 내쫓기지 않는 것은
인욕(忍辱)에 안주한 까닭이라네.
지혜로운 사람은 이와 같이
마음을 옳게 수습(修習)하여
안락(安樂)함에 머무르려면
위에서 말한 것과 같이 해야 된다.
그 사람의 공덕(功德)은 천만 억겁을
헤아려 비유하여도 다 말하지 못하리라.

⑶ 네 가지 안락행에서 셋째 의안락행(意安樂行)을 말한다.

原文

又 文殊師利菩薩摩訶薩 於後末世法欲滅時[98]
受持 讀誦斯經典者 無懷嫉妬諂誑[99]之心 亦勿
輕罵學佛道者 求其長短 若比丘 比丘尼 優婆塞
優婆夷 求聲聞者 求辟支佛者 求菩薩道者 無得
惱之[100] 令其疑悔 語其人言 汝等去道甚遠 終不
能得一切種智 所以者何？汝是放逸[101]之人 於

道懈怠故 又亦不應戲論¹⁰²⁾諸法 有所諍競¹⁰³⁾ 當
於一切衆生起大悲想¹⁰⁴⁾ 於諸如來起慈父想¹⁰⁵⁾
於諸菩薩起大師想 於十方諸大菩薩 常應深心
恭敬禮拜 於一切衆生 平等說法 以順法¹⁰⁶⁾故 不
多不少¹⁰⁷⁾ 乃至深愛法者 亦不爲多說

　文殊師利 是菩薩摩訶薩 於後末世法欲滅時
有成就¹⁰⁸⁾是第三安樂行者 說是法時 無能惱亂
得好同學共讀誦是經 亦得大衆而來聽受 聽已
能持¹⁰⁹⁾ 持已能誦 誦已能說 說已能書 若使人
書¹¹⁰⁾ 供養經卷 恭敬 尊重 讚歎
　爾時世尊欲重宣此義 而說偈言

若欲說是經　　當捨嫉恚慢
諂誑邪僞心　　常修質直行
不輕蔑於人　　亦不戲論法
不令他疑悔　　云汝不得佛

是佛子說法　　常柔和能忍
慈悲於一切　　不生懈怠心
十方大菩薩　　愍衆¹¹¹⁾故行道
應生恭敬心　　是則我大師

於諸佛世尊　　生無上父想
破於憍慢[112]心　說法無障礙
第三法如是　　智者應守護
一心安樂行　　無量衆所敬

해석

또 문수사리야! 보살마하살이 말세(末世)에 법이 없어지려고 할 때에 법화경을 수지(受持)하고 독송(讀誦)하는 사람은 질투(嫉妬)하거나 아첨(阿諂)하거나 기광(欺誑)하는 마음을 품지 말고 또한 불도를 배우는 사람을 욕하거나 경멸(輕蔑)하지도 말고 장점과 단점을 말하려고도 하지도 말라. 만약 비구·비구니·우바새·우바이로서 성문(聲聞)을 구하는 사람이나 벽지불(辟支佛)을 구하는 사람이나 보살도(菩薩道)를 구하는 사람들이 증득(證得)하지 못하면 고뇌(苦惱)하면서 의심과 후회(後悔)를 일으키는데, 그런 사람들에게 '그대들은 지나온 길이 너무 멀어 끝내 일체 종지를 증득하지 못한다. 왜냐하면 그대들은 방일(放逸)한 사람으로 진리에서 해태(懈怠)한 까닭이다.'고 말하고, 또 모든 법을 희롱(戱弄)하여 논의(論議)하지도 말고 다투어 쟁론하지도 말라. 당연히 일체 중생에게 대비(大悲)의 생각을 일으키고 모든 여래에서 자부상(慈父想)을 일으키며, 보살에게는 위대한 스승의 생각을 일으키고 시방에 모든 위대한 보살에게 항상 깊은 마음으로 공경(恭敬)하고 예배(禮拜)한다. 일체 중생에게 평등(平等)하게 설법하여 법에 수순(隨順)하는 까닭으로 대중에게는 다소(多少)의 차별도 없으며, 깊이 법을 애착(愛着)하는 사람에게는 역시 많은 설법을 하지 않는다.

문수사리야! 이런 보살마하살은 말세(末世)에 불법(佛法)이 없어지려고 할 때에 셋째 안락행(安樂行)을 성취한 사람들이 이 법을 설법할 때에는 뇌란(惱亂)이 없으며, 함께 이 경전을 배우고 독송(讀誦)하며, 또 대중들에게 와서 듣게 하고 듣고는 수지(受持)하며, 수지하고는 독송하며, 독송하고는 설법(說法)하고 설법하고는 서사(書寫)하며, 다른 사람에게 서사하게 하면서 경전을 공양하며 공경하면서 존중하고 찬탄한다.

그때 세존께서 그 뜻을 거듭 선양하고자 게송으로 말씀하셨다.

만약 법화경(法華經)을 설법하고자 한다면
성내고 질투(嫉妬)하고 교만(驕慢)한 마음과
아첨(阿諂)하고 기광(欺誑)하며
사악(邪惡)한 위선(僞善)도 버리고
항상 질박(質樸)하고 정직(正直)한

품행(品行)을 수습(修習)하라.
사람들을 경멸하지 말고
또한 진리를 희론하지도 말라.
불법을 배우는 사람이 의심(疑心)과
후회(後悔)하지 않게 하고
그대는 성불하지 못한다고 망언하지도 말라.

이런 불자(佛子)가 설법하면
항상 유화(柔和)하여 인욕(忍辱)하게 되고
일체 중생에게 자비(慈悲)로우니
해태(懈怠)한 마음이 일어나지 않는다.
시방의 위대한 보살은 중생을
어여삐 여기는 까닭으로
불법(佛法)을 실천(實踐)하였으며,
다른 사람에게 공경심(恭敬心)을 일으켰으니
이는 나의 큰 스승이다.

모든 부처님과 세존(世尊)께서는
더할 나위 없는 어버이와 같은 생각을 일으키며,
교만심(憍慢心)을 부수니
설법(說法)에서 장애가 없다.

셋째 법이 이러하니 슬기로운 사람은

수호(守護)해야 하고

일심(一心)으로 안락하게 실천하면

무량한 중생에게 공경(恭敬)을 받는다.

(4) 넷째 서원(誓願) 안락행(安樂行)을 중점적으로 말한 후에
다시 법화경의 중요성을 강조하였다.

原文

又 文殊師利 菩薩摩訶薩 於後末世法欲滅時
有持是法華經者 於在家[113] 出家人中生大慈心
於非菩薩人[114]中生大悲心 應作是念 如是之人
則爲大失 如來方便隨宜說法 不聞不知不覺 不
問不信不解 其人雖不問不信不解是經 我得阿
耨多羅三藐三菩提時 隨在何地[115] 以神通力 智
慧力引之 令得住是法中

文殊師利 是菩薩摩訶薩 於如來滅後 有成就
此第四法[116]者 說是法時 無有過失 常爲比丘 比
丘尼 優婆塞 優婆夷 國王 王子 大臣 人民 婆羅
門 居士[117]等 供養恭敬 尊重讚歎 虛空諸天[118]
爲聽法故亦常隨侍 若在聚落 城邑 空閑林中 有

人來欲難問者 諸天晝夜常爲法故而衛護之 能
令聽者皆得歡喜 所以者何 此經是一切過去 未
來 現在諸佛神力所護故

文殊師利 是法華經 於無量國中 乃至名字不
可得聞 何況得見受持讀誦

文殊師利 譬如强力轉輪聖王 欲以威勢降伏諸
國 而諸小王不順其命 時轉輪王起種種兵而往
討罰 王見兵衆戰有功者 卽大歡喜 隨功賞賜 或
與田宅 聚落 城邑 或與衣服 嚴身之具[119] 或與
種種珍寶 金 銀 琉璃 車璩 馬腦 珊瑚 虎珀 象
馬車乘 奴婢人民 唯髻中明珠[120] 不以與之 所以
者何 獨王頂上有此一珠 若以與之 王諸眷屬必
大驚怪

文殊師利 如來亦復如是 以禪定智慧力得法國
土 王於三界[121] 而諸魔王不肯順伏 如來賢聖[122]
諸將與之共戰 其有功者 心亦歡喜 於四衆[123]中
爲說諸經 令其心悅 賜以禪定 解脫 無漏根力[124]
諸法之財 又復賜與涅槃之城[125] 言得滅度 引導
其心 令皆歡喜 而不爲說是法華經

文殊師利 如轉輪王 見諸兵衆有大功者 心甚
歡喜 以此難信[126]之珠 久在髻中不妄與人 而今

與之 如來亦復如是 於三界中爲大法王 以法敎
化一切衆生 見賢聖軍 與五陰魔[127) 煩惱魔[128) 死
魔[129) 共戰 有大功勳 滅三毒[130) 出三界 破魔網
爾時如來亦大歡喜 此法華經 能令衆生至[131)一
切智 一切世間多怨難信 先所未說而今說之

　文殊師利 此法華經 是諸如來第一之說 於諸
說中最爲甚深 末後賜與 如彼强力之王久護明
珠 今乃與之

　文殊師利 此法華經 諸佛如來祕密之藏 於諸
經中最在其上 長夜守護不妄宣說 始於今日乃
與汝等而敷演之

　爾時世尊欲重宣此義 而說偈言

　　　　常行忍辱　　哀愍一切
　　　　乃能演說　　佛所讚經
　　　　後末世時　　持此經者
　　　　於家出家　　及非菩薩

　　　　應生慈悲　　斯等不聞
　　　　不信是經　　則爲大失
　　　　我得佛道　　以諸方便

爲說此法　　令住其中¹³²⁾

譬如强力　　轉輪之王
兵戰有功　　賞賜諸物
象馬車乘　　嚴身之具
及諸田宅　　聚落城邑

或與衣服　　種種珍寶
奴婢財物　　歡喜賜與
如有勇健　　能爲¹³³⁾難事
王解髻中　　明珠賜之

如來亦爾　　爲諸法王
忍辱大力　　智慧寶藏
以大慈悲　　如法化世
見一切人　　受諸苦惱

欲求解脫　　與諸魔戰
爲是衆生　　說種種法
以大方便　　說此諸經
旣知衆生　　得其力¹³⁴⁾已

末後乃爲　　說是法華
如王解髻　　明珠與之
此經爲尊　　衆經中上
我常守護　　不妄開示

今正是時[135]　爲汝等說
我滅度後　　求佛道者
欲得安隱　　演說斯經
應當親近　　如是四法

讀是經者　　常無憂惱
又無病痛　　顏色鮮白
不生貧窮　　卑賤醜陋
衆生樂見　　如慕賢聖

天諸童子[136]　以爲給使[137]
刀杖不加　　毒不能害
若人惡罵　　口則閉塞[138]
遊行無畏　　如師子王

智慧光明　　如日之照

若於夢中　　但見妙事
見諸如來　　坐師子座
諸比丘衆　　圍繞說法

又見龍神　　阿修羅等
數如恒沙　　恭敬合掌
自見其身　　而爲說法
又見諸佛　　身相金色

放無量光　　照於一切
以梵音聲　　演說諸法
佛爲四衆　　說無上法
見身處中　　合掌讚佛

聞法歡喜　　而爲供養
得陀羅尼　　證不退智
佛知其心　　深入佛道
卽爲授記　　成最正覺

汝善男子　　當於來世
得無量智　　佛之大道

國土嚴淨　　廣大無比
亦有四衆　　合掌聽法

又見自身　　在山林中
修習善法　　證諸實相
深入禪定　　見十方佛

諸佛身金色　　百福相莊嚴
聞法爲人說　　常有是好夢
又夢作國王　　捨宮殿眷屬
及上妙五欲[139]　　行詣於道場

在菩提樹下　　而處師子座
求道過七日　　得諸佛之智
成無上道已　　起而轉法輪
爲四衆說法　　經千萬億劫

說無漏妙法　　度無量衆生
後當入涅槃　　如烟盡燈滅
若後惡世中　　說是第一法
是人得大利　　如上諸功德

또 문수사리야! 여래께서도 역시 이와 같아서 선정(禪定)
과 지혜(智慧)의 능력으로 법의 국토를 획득하고 삼계(三界)
에 왕이 되었으나 여러 마왕(魔王)들이 순순히 항복하지 않
았다. 여래의 현인(賢人)과 성인(聖人)인 모든 장군(將軍)들
이 함께 전쟁을 하여 공적이 있는 사람은 마음이 환희하고
사부대중(四部大衆)을 위하여 모든 경전을 설법하여 마음을
기쁘게 한다. 선정·해탈·번뇌가 없는 근성(根性)과 역량
(力量)·불법(佛法)의 재보(財寶)를 하사(下賜)하고 또 다시
열반의 경계를 하사하여 멸도(滅度)하면 해탈을 얻었다는
말로 그 마음을 인도(引導)하여 모두 환희(歡喜)하여도 법화
경을 설법하지 않았다.

문수사리야! 보살마하살이 말세(末世)에 불법이 없어지려
고 할 때에 이 법화경(法華經)을 수지(受持)하면 불법을 믿는
재가인(在家人)이나 출가인(出家人)이나 다른 사람을 즐겁게
하는 위대한 자애심(慈愛心)을 일으키고 보살이 아닌 사람
에게서도 고난(苦難)을 발제(拔除)하려는 위대한 비애심(悲
哀心)을 일으키면서 이렇게 생각한다. '이런 사람들은 큰 손
실(損失)을 입게 될 것이니 여래가 방편으로 수의(隨宜) 설
법하는 것을 듣지도 못하고 지각(知覺)하지도 못하여 질문
(質問)하지도 않고 신해(信解)하지도 않는다. 그런 사람들이

비록 이 경전을 묻지도 않고 신해하지 않아도 나는 아뇩다라삼먁삼보리를 증득(證得)할 때에는 어디든지 따라가서 신통력과 지혜의 능력으로 이들을 인도(引導)하여 이 불법에 머무르게 하리라.'고 하였다.

문수사리야! 보살마하살이 여래께서 멸도(滅度)한 후 이 넷째 법을 성취하면 설법할 때에 허물이 없어서 항상 비구 · 비구니 · 우바새 · 우바이 · 국왕 · 왕자 · 대신 · 인민 · 바라문 · 거사들이 그에게 공양(供養)하고 공경(恭敬)하며, 존중(尊重)하고 찬탄(讚歎)한다. 허공의 모든 천사들도 불법(佛法)을 들으려고 항상 따라다니면서 모신다. 만약 촌락(村落)이나 성읍(城邑)이나 고요한 숲속에 있을 때에 사람이 찾아와 어려운 질문을 하면 모든 천사들이 주야(晝夜)로 항상 불법을 위하는 까닭에 이를 위호(衛護)하여 듣는 사람들 모두는 환희(歡喜)한다. 왜냐하면 이 법화경은 일체의 과거 · 미래 · 현재의 여러 부처님들이 신통력으로 보호하는 까닭이다.

문수사리야! 이 법화경은 무량한 나라에서 이름을 들을 수가 없는데 하물며 얻어 보고 수지(受持)하고 독송(讀誦)하는 것이야 말해 무엇 하겠느냐?

문수사리야! 비유하면 강력(强力)한 전륜성왕(轉輪聖王)이 위세(威勢)로 모든 나라를 항복(降伏)하고자 하면 모든 작은 나라 왕들이 그 명령을 거역할 때에 전륜성왕은 많은 전쟁을 일으켜서 토벌(討罰)할 것이다. 왕은 병사들이 전쟁하는 속에서 공적(功績)이 있는 사람을 보고 크게 환희하며 공적에 따라 상(賞)을 주는데, 혹은 전택(田宅)·취락(聚落)·성읍(城邑)을 주거나 혹은 의복(衣服)·장신구(裝身具)를 주고, 혹은 갖가지 진보(珍寶)인 금은·유리·차거·마노·산호·호박·코끼리·말·수레·남종·여종·인민(人民)을 준다. 오로지 상투 속에 있는 밝은 구슬은 주지 않는데, 왜냐하면 이 구슬은 왕의 이마에 단 하나뿐이기 때문이다. 만약 이것을 준다면 왕과 그 권속들은 반드시 크게 놀랄 것이다.

문수사리야! 전륜성왕(轉輪聖王)이 병사(兵士)들 중에서 공적(功績)이 있는 이들을 보고 마음이 크게 환희하고는 믿기가 어려운 구슬을 오랫동안 상투 속에 감추고 함부로 사람들에게 주지 않다가 이제야 주는데, 여래께서도 역시 이와 같아서 삼계(三界)에서 위대하신 법왕(法王)이 되어 법으로 일체 중생을 교화한다. 성현(聖賢)인 장군들이 나타나 오음마(五陰魔)·번뇌마(煩惱魔)·사마(死魔)와 함께 전쟁을 하여 큰 공훈(功勳)이 있는 것을 보았고, 또 삼독(三毒)을 괴멸(壞滅)하고 삼계(三界)를 초출(超出)하여 마군(魔軍)의 투망(投網)을 파괴하는 것을 보는데, 이때에 여래께서 역시 크게 환희한다. 이 법화경은 중생을 일체지(一切智)에 이르게 하지만 일체 세간에서 많은 원망(怨望)으로 믿기 어려워 우선 설법하지 않은 것을 이제야 설법(說法)한다.

문수사리야! 이 법화경은 모든 여래의 제일 설법(說法)이고 모든 설법에서 매우 깊고 심오(深奧)한 것이니 말세(末世)에 주는 것은 전륜성왕이 오래 명주를 보호(保護)하고 있다가 이제야 주는 것과 같다.

문수사리야! 이 법화경은 모든 부처님과 여래의 비밀스러운 창고이며, 모든 경전에서 최고(最高)로 위에 있으니 오랫동안 수호(守護)하여 함부로 말하지 않다가 비로소 오늘 너희들에게 연설(演說)하게 되었다.

그때에 세존께서 거듭하여 이 뜻을 선양하려고 게송으로 말씀하셨다.

항상 인욕(忍辱)을 실천하고
일체 중생을 어여삐 여기시면서
부처님께서는 찬탄(讚歎)하신
경전(經典)을 연설(演說)하시려 하네.
말세(末世)가 되어 이 경전을 수지(受持)하면
재가자(在家者)나 출가자(出家者)나
보살이 아니더라도

자비심(慈悲心)을 일으켰지만 이들은 듣지 못하여
이 경전을 믿지 않아 큰 과오(過誤)를 범하였다.
내가 성불(成佛)하면 모든 방편(方便)으로
이 법을 설법(說法)하여 그 속에 머물게 하겠다.

비유하면 강력한 전륜성왕(轉輪聖王)이
전장(戰場)에서 공훈(功勳)이 있으면
여러 가지 상을 하사(下賜)하는데,
코끼리 · 말 · 차승(車乘) · 장신구(裝身具),
모든 전택(田宅) · 취락(聚落) · 성읍(城邑),

혹은 의복(衣服)과 갖가지
진보(珍寶) · 노비(奴婢) · 재물을
환희하도록 하사(下賜)하신다.
용맹(勇猛)하고 튼튼하여 어려운 일도 해치우자
왕은 상투를 풀어서 맑은 구슬을 하사 하신다.

여래도 역시 그러하여 모든 법왕(法王)이 되어
인욕(忍辱)하는 위대한 능력과 지혜의 보장(寶藏)을
위대한 자비력(慈悲力)으로
법답게 세상을 교화(敎化)한다.

일체 중생이 모든 고뇌(苦惱) 받음을 보고

해탈(解脫)을 구하려고 모든 마군(魔軍)과 전쟁하며,
중생을 위하여 갖가지로 설법(說法)한다.
위대한 방편으로 이 모든 경전을 말씀하시며,
중생들이 힘을 얻는 것을 알고 계신다.

맨 나중에는 법화경을 설법하시니
전륜성왕이 상투 풀어 명주를 주는 것과 같고
이 경전은 존귀(尊貴)하여 경전 중에 제일이라,
내가 항상 수호(守護)하여 개시(開示)하지 않았다.

이제 때가 되어 너희들을 위하여
설법(說法)하려 한다.
내가 멸도(滅度)한 후에
불도(佛道)를 구하려는 사람은
안온(安穩)하기를 바라서
이 경전을 연설(演說)하려고 하니
당연히 이와 같은 네 가지 법에
친근(親近)해야 한다.

이 경전을 읽는 사람은 항상 우뇌(憂惱)가 없으며,

또 병통(病痛)이 없어

안색(顏色)이 선명(鮮明)하고 아름다우며,

빈궁(貧窮)하고 비천(卑賤)하거나

추잡(醜雜)하고 미천(微賤)하게

태어나지 않는다.

중생들이 즐겨 보는 성현(聖賢)을

사모(思慕)하는 것과 같다.

하늘의 여러 동자(童子)들이 시종(侍從)이 되어서

칼과 회초리로 가해(加害)하지도 못하고

어떤 악독(惡毒)한 것도 침해(侵害)할 수가 없으며,

사람들이 욕을 하려고 하면 입을 막아 버린다.

두려움 없이 유행(遊行)하는 것은

사자왕(師子王)과 같으며,

지혜의 광명은 해가 비치는 것과 같다.

꿈속에서 미묘(微妙)한 일이 보이는 것과 같다.

모든 여래가 사자좌에 앉은 게 보이고

모든 비구들에게 둘러싸여 설법(說法)한다.

또 용신(龍神)과 아수라(阿修羅)들이 보이는데
항하사(恒河沙)와 같은 수의 무리들이
공경(恭敬)하고 합장(合掌)하며,
저절로 그 몸을 나타내어 설법(說法)을 한다.
또 모든 부처님이 보이는데
신상(身相)이 금색(金色)이며,

무량한 광명(光明)을 방광(放光)하여 일체를 비추고
범천(梵天)의 음성으로 모든 법을 연설하신다.
부처님은 사부대중을 위해
무상(無上)한 진리를 설법하며,
몸을 드러내는 곳에서 합장(合掌)하고
부처님을 찬탄(讚歎)하며,

법을 듣고 환희(歡喜)하고 공양 하며,
다라니를 획득(獲得)하여
불퇴전(不退轉)의 지혜를 증거(證據)하신다.
부처님은 그 마음을 아시고 깊이 불도에 들어가서
수기(授記)를 받아들여 최정각(最正覺)을 성취하셨다.

너희들 선남자여! 내세(來世)를 당하여

무량지(無量智)와 부처님의 위대한 도를 증득하라.
국토가 엄정(嚴淨)하고 광대(廣大)한 게
비길 게 없다.
또 사부대중이 있어 합장하며 진리를 듣는다.

또 자신을 보니 산림(山林)에 있으면서
선법(禪法)을 수습(修習)하여
모든 실상(實相)을 증거하며,
깊이 선정(禪定)에 들어서
시방(十方)의 부처님을 보는구나.

모든 부처님의 몸은 금색(金色)으로
백복상(百福相)이 장엄(莊嚴)하며,
법을 듣고 다른 사람 위해 설법(說法)하려 하니
항상 좋은 꿈이다.
또 꿈속에서 국왕(國王)이 되어
궁전(宮殿)과 권속(眷屬)과
가장 미묘한 오욕락(五欲樂)도 모두 버리고
도량에 나아가 참배(參拜)하신다.

보리수나무 아래 사자좌에 앉아서는

구도(求道)하길 7일이 지났는데
모든 부처님의 지혜를 증득하신다.
무상도(無上道)를 성취하고 일어서서
법륜(法輪)을 윤전(輪轉)하여
사부대중 위한 설법 천만 억겁을 지났으며,

번뇌 없는 미묘법(微妙法)을 설법하여
무량 중생 제도하였다.
후에 열반에 들 때에는 등불이
모두 꺼지고 연기마저 없으리니,
후세에 오탁악세(五濁惡世) 중에
제일법(第一法)을 설법하여
이런 사람 얻는 이익은
모든 공덕(功德) 중에 최상(最上)이다.

1) 紛華: 번성하여 화려함.
2) 四法: 교법(敎法), 이법(理法), 행법(行法), 과법(果法)을 말한다. 여기서는 정신(正身), 정어(正語), 정의(正意), 대비(大悲)를 말한다.
3) 颯颯: 바람 소리를 말한다.
4) 法王子: 부처님의 제자라는 뜻이다. 법왕(法王)은 불법의 왕으로 석가모니를 말하며 자(子)는 제자라는 뜻이다.
5) 是諸菩薩 甚爲難有: 시제보살(是諸菩薩)은 권지품에서 부처님이 멸도하신 후 악세에 부처님의 명령을 받들어서 법화경을 홍양하려고 서원한 보살을 말한다. 난유(難有)는 난득(難得)을 말한다.
6) 四法: 4가지 안락행(安樂行)을 실천할 곳. 신구의(身口意) 서원(誓願)의 4가지를 수행하는 곳으로 차례대로 경전에서 설명한다. ①교행처(敎行處)와 친근처(親近處)로 신안락행(身安樂行)이며, ②계구과(誡口過)인 선설법(善說法)으로 구안락행(口安樂行)이며, ③삼정심업(三淨心業)인 탐진치를 저버리는 것으로 의안락행(意安樂行)이며, ④자비를 일으키어 일체를 제도(濟度)하기를 서원하는 것으로 서원안락행(誓願安樂行)이다.
7) 安住: 굳건하게 지키는 원칙(原則)을 말한다.
8) 行處及親近處: 행처(行處, ācarā)는 행동의 뜻이며, 친근처(親近處, gocara)는 행동 교제의 범위 영역을 뜻한다.
9) 住忍辱地: 인욕정신(忍辱精神)을 구비하는 것을 말한다.
10) 卒暴: 조급하고 불안한 것을 말한다. 졸(卒)은 졸(猝), 촉(促)과 통하여 급촉(急促)한 모양이다.
11) 法: 만사(萬事)와 만물(萬物)을 말한다.
12) 無所行: 집착(執着)하는 바가 없는 것을 말한다. 행(行)은 일하는 것을 말하는데, 집착하는 것이다.
13) 諸法如實相: 현상계에 존재하는 진실된 자체(自體)의 상(相)을 말한다.
14) 不分別: 불교에서 주장하는 만법(萬法) 평등(平等)으로, 중생을 구제하려는 마음을 형성하여 집착(執着)하는 마음을 없애는데 도움이 된다. 천태대사(天台大師)는 공(空)과 유(有)의 이변(二邊)을 분별하지 않는 중도라고 말하였다.
15) 梵志(brāhmaṇa): 바라문을 말한다. 여기서는 외도(外道)로 출가인(出家人)을 말한다.
16) 尼揵子(Nirgrantha): 외도(外道)를 신봉(信奉)하는 재가인(在家人)이다.

17) 世俗文筆: 세속 사회에서의 문학작품. 문필(文筆)은 운문(韻文)과 산문(散文)을 말한다.

18) 讚詠外書: 찬(讚)은 찬가(讚歌)이며 영(詠)은 가영(歌詠)이다. 외서(外書)는 외도(外道)의 서적(書籍)이다.

19) 路伽耶陀(Lokāyata): 순세외도(順世外道)라고 번역하며 고대 인도에서 유물론(唯物論)에 입각(立脚)하여 사상을 전개한 한 부류이다.

20) 逆路伽耶陀: 세상의 인정(人情)과 관습(慣習)을 가르치는 입장에서 극단(極端)의 쾌락주의를 표방(標榜)하는 것을 원칙으로 한다.

21) 諸有兒戲: 흉악하게 논다는 의미이다.

22) 相扠相撲: 상차(相扠)는 권투이고 상박(相撲)은 레슬링으로 한길에서 사람들을 모아놓고 행하는 것을 말한다.

23) 邪羅(nata): 배우(俳優)를 말한다. 능력을 다투어가며 경쟁하는 것을 말한다.

24) 變現: 연기하는 것을 말한다.

25) 旃陀羅(caṇḍāla): 고대 인도 카스트 제도에서 최하층의 천민(賤民)이다. 대개 수렵(狩獵) 어업(漁業) 도살(屠殺)하는 일에 종사하였다.

26) 畋獵: 사냥하는 것을 말한다.

27) 惡律儀: 도살(屠殺)이나 수렵(狩獵)을 좋아하거나 이런 행동을 생업(生業)으로 삼고 행위를 하는 것을 말한다.

28) 求聲聞: 소승불법(小乘佛法)을 말한다.

29) 問訊: 상호 가르침을 청하거나 문후(問候)하는 것을 말한다.

30) 若: 혹(或)을 말한다.

31) 經行處(caṅkramya): 좌선(坐禪) 등을 수행하여 피로하면 일정한 장소에서 편안하게 쉬는 곳을 말한다.

32) 住止: 함께 지내는 것을 말한다.

33) 取能生欲想: 음탕(淫蕩)한 상상(想像)을 일으키는 것을 말한다. 취능생(取能生)은 획득하는 것으로 의사(意思)를 일으킴이다. 욕(欲)은 음욕(淫欲)이다. 상상(想相)은 상상(想像)을 말한다.

34) 五種不男: 다섯 가지로 생리에 결함이 있는 남성을 말한다. 1) 생불능남(生不能男): 나면서부터 남근이 발육하지 못한 사람, 2) 건불능남(揵不能男): 칼로 남근을 잘라 버린 사람, 3) 투불능남(妬不能男): 다른 사람의 음행(淫行)을 보고 정욕을 일으키는 사람, 4) 변불능남(變不能男): 다른 사람과 음행을 할 때 남근을 상실하여 불구가 된 사람, 5) 반불

능남(半不能男): 반 달은 남근(男根)을 사용하고 반 달은 사용하지 못하는 사람.

35) 因緣: 원인(原因)을 말한다.

36) 胸臆: 흉(胸)과 억(臆)은 같은 뜻이다.

37) 畜: '받아들이다'의 뜻.

38) 沙彌: 처음에 십계(十戒)를 받은 남자를 말한다.

39) 坐禪: 불교도(佛敎徒)가 수행하는 방법으로 매일 일정한 시간에 정좌(靜坐)하며 일체의 잡념(雜念)을 없애는 것을 말한다.

40) 修攝: 수습(修習)하여 섭정(攝定)하는 것을 말한다.

41) 初: 우선(于先), 제일(第一).

42) 空如: 공(空)마저도 없는 상태를 말한다. 여(如)는 형용사로 말의 말미에 붙인다. 일체법(一切法)은 본성이 공적(空寂)하여 그 기멸(起滅)을 구하려고 하여도 획득할 수가 없으므로 본래 공(空)임을 알게 된다. 비록 본성이 공하여도 용(用)의 작용을 막을 수가 없고 다시 이는 가의(假義)이고, 공(空)과 가(假)가 다른 게 아닌 게 중도(中道)이다. 하나도 아니고 셋도 아니며 셋이면서 하나인 게 실상(實相)과 같다.

43) 顚倒: 사상(思想)이 전도(顚倒)되어 착오(錯誤)를 일으킨 것을 말한다.

44) 不動: 신심(身心)이 밖의 사물에 따라 움직이지 않는 것. 법성(法性)이 본래 공하여 여여부동(如如不動)이다.

45) 不退: 깨달음을 구하는 의지(意志)에서 물러서지 않음이다. 본성(本性)이 평등(平等)함을 깨달아 물러서려는 마음이 일어나지 않음이다.

46) 不轉: 생사윤회(生死輪廻)에 들어가지 않음이다. 화살이 활시위를 떠나 돌아오지 않음이다.

47) 如虛空: 큰 허공과 같아 일체 상(相)이 없음이다.

48) 語言道斷: 보살이 도달(到達)한 사상(思想)은 언어로 표현할 방법이 없음을 말한다. 즉 입으로 논의(論議)할 수 없으니 언어로 표현할 길이 없음이다. 도(道)는 방식(方式), 방법(方法)을 말한다.

49) 不生: 보살이 도달한 생멸(生滅)이 없는 경계.

50) 不出: 업(業)은 환화(幻化)와 같으니 본래 출입(出入)이 없다.

51) 不起: 시종(始終)이 없으니 본래 기멸(起滅)이 없다.

52) 無名 無相: 모양을 형용(形容)할 수 없음이다.

53) 無量 無邊: 무한(無限)한 법력(法力)을 헤아릴 수 없음이다.

54) 以因緣有: 만물의 존재는 각종 인연이 화합하여 출현(出現)한 것이다.

이는 일체 현상과 사물 모두는 각종(各種) 물질의 원인이 모여서 형성
된 것이다. 질적(質的)인 규정과 독립성이 없이 만물은 가상(假相)으로
존재하는 것일 뿐 진실하지 못하여 공(空)이 인(因)이 된다.

55) 從顚倒生: 생각의 착오(錯誤)로 일으키는 사물에는 생멸(生滅)이 있다
는 허망한 견해를 말한다. 불교는 만물이 실유(實有)하다는 것을 인정
하지 않으므로 저절로 생멸을 인정하지 않는다.

56) 入行處: 앞에서 말한 '안주보살행처(安住菩薩行處)'이다. 보살이 수행할
원칙을 견지(堅持)함을 말한다.

57) 三藏: 불교에서 경(經)·율(律)·논(論)을 말한다. 경은 부처님이 말씀
하신 것이고 논은 경의 의미를 해석(解釋)한 것이며, 율은 지켜야 할
규율(規律)을 기록하였다.

58) 名字: 명예상(名譽上)으로 즉 스스로 칭찬하는 말이다.

59) 魁膾: 백정을 말한다. '魁'는 수령이고 '膾'는 세세(細細)히 도려내는 것
을 말한다.

60) 衒賣: 아름답게 꾸며서 파는 것을 말한다.

61) 屛處: 은폐(隱蔽)된 곳을 말한다.

62) 里: 마을을 말한다.

63) 將: 함께 하는 것을 말한다.

64) 不行: 집착(執着)하지 않는 것을 말한다.

65) 上中下法: 보살승(菩薩乘), 연각승(緣覺乘), 성문승(聲聞乘)을 말한다.

66) 有爲無爲: '有爲'는 유위법으로 일체는 상호연계(相互連繫)되어 생멸(生
滅) 변화(變化)하는 사물이라고 하는 것을 말한다. '無爲'는 인연이 화
합하여 존재하는 게 아니고 생멸변화가 없는 절대 존재를 말한다. 원
래는 열반(涅槃)의 별명(別名)이다.

67) 實不實法: '實'은 실법(實法)은 만법개공(萬法皆空)의 실상을 말한다. '不
實法'은 진실이 아닌 모든 것을 말한다.

68) 是男是女: 인공(人空)이므로 남녀의 분별이 없다.

69) 不得: 집착(執着)하지 않는 것을 말한다.

70) 常住: 영원불멸한 사물(事物)을 말한다.

71) 起滅: 생사를 말한다. 즉 출현(出現)과 소실(消失)을 말한다.

72) 諸法有無: 각종 사물의 존재(存在)와 무(無)를 깨닫는 것을 말한다. 불
교에서는 유(有)에 집착하지도 않고 무(無)에 집착하지도 않음이다.

73) 是實非實: 소승(小乘)에서 유(有)를 근본으로 하면 일체법이 있다는 것

에 집착하고 공(空)을 근본으로 하면 일체법이 몽환(夢幻)과 같은 것에 집착함을 말한다.

74) 是生非生: 소승(小乘)에서는 색(色)은 연(緣)을 따른다고 하여 생법(生法)이라 하고 본성(本性)이 본래 있어서 연(緣)을 따라 일어나지 않으니 생법이 아니라고 한다.

75) 堅固: 견고(堅固)하게 막아놓는 것을 말한다.

76) 一相: 불이(不二)로 차별이 없는 평등(平等)한 상태를 말한다.

77) 斯經: 법화경을 말한다. 사(斯)는 이것이라는 대명사이다.

78) 開化: 개시(開示)와 교화(敎化)를 말한다.

79) 初法: 안락행법(安樂行法)을 말한다.

80) 末法: 불법이 쇠락(衰落)하는 시기를 말한다.

81) 過: 허물을 말한다.

82) 餘: 나머지, 기타(其他)의 뜻이다.

83) 稱名: 이름과 성(姓)을 말한다.

84) 怨嫌: 원한(怨恨)과 증오(憎惡)를 말한다.

85) 安樂心: 평정(平靜)하고 유화(柔和)한 마음상태를 말한다.

86) 有所難問: 질문하는 데 어렵게 묻는 것을 말한다.

87) 一切種智(buddhajñāna): 중도(中道)인 일체 종지를 말한다.

88) 床座: 법좌(法座)를 말한다. 고대 침대가 상(床)이다.

89) 敷演: 설법을 전개(展開)하는 것을 말한다.

90) 發心: 대승불교를 탐구하려고 마음을 굳힌 것을 말한다.

91) 無上道敎: 최고의 불법(佛法)을 말한다. 불교(佛敎)라는 말이 있으면 불법은 도(道)라고 말한다.

92) 咸: '모두'.

93) 無所悕望: 설법을 할 때에 상대에게 '의복과 침구, 또는 음식과 의약품'을 요구하지 않는 것을 말한다.

94) 一心念: '한 마음 한 뜻'을 말한다.

95) 爾: 대명사로 '성불도(成佛道)'를 말한다.

96) 斯: 대명사로 법화경(法華經)을 말한다.

97) 嫉恚: 질투(嫉妬)하여 미워하는 것을 말한다.

98) 末世法欲滅時: 불법(佛法)이 쇠락(衰落)하였을 때를 말함.

99) 諂誑: 아첨(阿諂)과 기광(欺誑)을 말한다.

100) 惱之: 다른 사람을 번뇌(煩惱)하게 하는 것을 말한다.

101) 放逸: 방종(放縱)을 말한다.

102) 戱論: 잘못된 언론. 즉 착오(錯誤)된 관점(觀點)으로 불법을 해석하는 것을 말한다.

103) 諍競: 쟁론(爭論)하는 것을 말한다.

104) 起大悲想: 중생을 구제하겠다는 생각을 일으키는 것.

105) 起慈父想: 부처님 보는 것을 자애로운 아버지 보는 것과 같은 생각을 일으키는 것을 말한다.
   ※ 자(慈)는 중생을 애호(愛護)하여 환희(歡喜)하게 하는 것이고 비(悲)는 중생을 어여삐 여겨 고난(苦難)을 없애는 것을 말한다.

106) 順法: 만법이 평등(平等)하다는 불법(佛法)의 교의(教義)를 말한다.

107) 不多不少: 청중(聽衆)이 같지 않음으로 인해서 다소(多少)의 차별이 있는 것을 말한다.

108) 成就: 성공(成功)하여 견지(堅持)하는 것을 말한다.

109) 持: 접수(接受)를 말한다.

110) 若使人書: 진리를 듣고는 법화경을 서사(書寫)하는 것을 말한다.

111) 愍衆: 중생을 어여삐 여기는 것을 말한다.

112) 憍慢: 오만(傲慢). 교(憍)는 교오(驕傲)를 말한다.

113) 在家: 불교를 신봉(信奉)하지만 출가하지 않은 사람을 말한다.

114) 非菩薩人: 불교에 귀의(歸依)하지 않은 사람을 말한다.

115) 隨在何地: 어디든지를 논하지 않음을 말한다.

116) 第四法: 넷째 서원(誓願) 안락법(安樂法)을 말한다.

117) 居士(grha-pati): 본래 의미는 가장(家長)이지만 고대 인도에서는 상공업의 발달하였으니 이에 종사하는 사람들로 부유(富裕)한 자산가 계급을 형성하였다.

118) 虛空諸天: 하늘에 있는 모든 천신(天神)을 말한다.

119) 嚴身之具: 장신구(裝身具)를 말한다.

120) 髻中明珠: 계(髻)는 머리 꼭대기나 머리 뒤에 만든 머리로 상투와 비슷하다. 명주(明珠)는 상투 속에 있는 것으로 비유하면 법화경(法華經)을 말한다.

121) 三界: 욕계(欲界), 색계(色界), 무색계(無色界)를 말한다.

122) 賢聖: 불교를 수행하는 사람으로 진리를 보는 위치(見道位)에 이른 사람들을 말한다.

123) 四衆: 사부대중(四部大衆)을 말한다.

124) 無漏根力: 삼계(三界)의 번뇌(煩惱)를 벗어나는 근성(根性)과 역량(力量)을 말한다. 오근(五根)은 신(信)·근(勤)·념(念)·정(定)·혜(慧)를 말한다. 오력(五力)은 신(信)·정진(精進)·념(念)·정(定)·혜(慧)를 말한다.

125) 涅槃之城: 열반의 경계를 말한다.

126) 難信: 기묘(奇妙)하여 획득하기 어렵다고 믿고만 있을 뿐이다.

127) 五陰魔: 색수상행식으로 일어나는 갖가지 번뇌를 말한다.

128) 煩惱魔: 번뇌가 우리 몸과 마음을 어지럽게 해 깨닫지 못하도록 일으키는 장애를 말한다.

129) 死魔: 목숨을 빼앗아 아무 일도 할 수 없게 하는 장애를 말한다.

130) 三毒: 탐진치(貪瞋癡)의 번뇌를 말한다.

131) 至: 도달(到達), 일체지(一切智)를 증득하는 것을 말한다.

132) 令住其中: 중생 모두가 불법(佛法)을 수지(受持)하고 수습(修習)하게 하는 것을 말한다. 기(其)는 불법(佛法)을 말한다.

133) 爲: '해치우다'의 뜻이다.

134) 得其力: 모든 마군(魔軍)들과 전쟁을 할 때에 중생들이 위대한 힘이 받쳐주고 있다는 것을 아는 것이다.

135) 今正是時: 법화경을 전수(傳授)할 적당한 시기임을 말한다.

136) 天諸童子: 천상에 있는 모든 선동(仙童)을 말함.

137) 給使: 시종(侍從)을 말한다.

138) 口則閉塞: 넷째 안락행(安樂行)을 견지(堅持)하고 법화경(法華經)을 수지한 사람의 신통력(神通力)이 광대(廣大)하여 모든 부처님의 보호를 받는 것을 말한다. 이로 인하여 다른 사람을 욕하는 사람이 입을 열지 못하게 하는 것을 말한다.

139) 妙五欲: 세속(世俗)의 최고의 욕망을 말한다. 오욕은 재(財)·색(色)·명(名)·음식(飮食)·수면(睡眠)을 말한다.

묘법연화경 제5권(妙法蓮華經 第五卷)

종지용출품 제십오(從地踊出品第十五)

原文

此顯妙法智力所化之迹也 娑婆下界有六萬恒
沙菩薩 從無數劫修佛智慧 悉是釋尊所化 常樂
靜處勤行精進故 不依人天而住下方空中 以示
常樂深智無有障礙也 今爲顯此妙迹示作遺模
兼將發起壽量秘說故 從地湧出因以名品

해석

여기서는 묘법(妙法)의 지혜 능력으로 교화(敎化)하는 자
취를 현시(顯示)하였다. 사바세계(娑婆世界) 아래에 6만의
항하사 보살이 있었는데, 무수겁(無數劫) 동안 부처님의 지
혜를 수행(修行)하였으니 모두가 석존(釋尊)의 교화를 받았
다. 항상 고요한 곳을 즐기며 부지런히 정진(精進)한 까닭

에 인천(人天)에 의지하지 않고 하방(下方)의 허공에 살면서도 항상 심오(深奧)한 지혜를 즐거워하여 장애(障礙)가 없음을 드러냈다. 여기서는 이 미묘한 자취를 현시하여 모범(模範)을 남기고 겸하여 수량(壽量)을 발기(發起)함을 비밀히 설법하는 까닭으로 종지용출(從地湧出)에 연유(緣由)하여 이름하였다.

原文

如來止他方 菩薩將現化跡 菩薩從下界湧出 大闡神通 唱導而指虛空 衆會如雲 讚歎而住一面 多劫半日 至若從容問訊 大衆驚疑 威儀挺特 佛智難思 雖出釋宮不遠 所化弟子難筭 所以補處生迷 世人難信 此如壯人 指老爲子 未免當來 謂佛爲妄 奈爲如此 石火一揮天外去 癡人猶望月還星 頌曰

寂場素父[1]顔如玉
寂場老兒髮如雪
出處不遠化彌多
誰知神鼎還丹藥

여래가 타방(他方) 국토(國土)에 머무르자 보살은 장차 변화할 자취를 드러내려고 하계(下界)로부터 용출(湧出)하여 크게 신통력을 천명(闡明)하고 창도(唱導)하면서 허공을 가리키자 모여드는 사람들이 구름과 같이 많았는데, 찬탄(讚歎)하고는 한쪽으로 물러섰다가 다겁(多劫)의 한나절에 조용히 신문(訊問)하니 대중들이 놀라고 의심하였으며 위의(威儀)는 매우 특출(特出)하였다. 부처님의 지혜는 생각하기 어렵고 비록 석궁(釋宮)을 나와도 멀어지지 않았고 교화한 제자는 셀 수가 없었다. 그러므로 보처(補處)에서는 미혹(迷惑)하여 세상 사람들이 믿기 어렵고 이는 씩씩한 사람과 같아 노인의 자식이 되었으니 오는 것을 면하지 못하고 부처님도 잊으니 어찌 이와 같은가?

부싯돌에 불이 한 번 번쩍이다가 하늘로 가고

어리석은 사람은 달을 보다가 돌이켜 별을 돌아본다.

게송으로 말하기를,

적멸(寂滅)한 곳에 소부(素父)는 안색이 옥과 같고
적멸한 곳에 늙은이 머리카락은 눈과 같이 희구나.
출처는 머지않아 매우 많고
신정(神鼎)이 환단약(還丹藥)임을 누가 알리요?

⑴ 사바세계의 무수한 보살들이 종지용출(從地湧出)한 후에 부처님을 향하여 예경(禮敬)하는 정황을 말하고 있다.

原文

爾時他方國土諸來菩薩摩訶薩 過八恒河沙數 於大衆中起立 合掌作禮而白佛言 世尊 若聽[2]我 等 於佛滅後 在此娑婆世界 懃加精進 護持 讀 誦 書寫 供養是經典者 當於此土而廣說之

爾時佛告諸菩薩摩訶薩衆 止 善男子 不須汝 等護持此經 所以者何 我娑婆世界自有六萬恒 河沙等菩薩摩訶薩 一一菩薩各有六萬恒河沙眷 屬 是諸人等 能於我滅後 護持 讀誦 廣說此經

佛說是時 娑婆世界三千大千國土地皆震裂 而 於其中 有無量千萬億菩薩摩訶薩同時踊出 是 諸菩薩 身皆金色 三十二相 無量光明 先盡在此 娑婆世界之下 此界[3]虛空中住 是諸菩薩 聞釋迦 牟尼佛所說音聲 從下發[4]來 一一菩薩皆是大衆 唱導[5]之首 各將[6]六萬恒河沙眷屬 況將五萬 四 萬 三萬 二萬 一萬恒河沙等眷屬者 況復乃至一 恒河沙 半恒河沙 四分之一 乃至千萬億那由他 分之一 況復千萬億那由他眷屬 況復億萬眷屬

況復千萬 百萬 乃至一萬 況復一千 一百 乃至
一十 況復將五 四 三 二 一弟子者 況復單己[7]
樂遠離行[8] 如是等比[9] 無量無邊 算數譬喻所不
能知

　是諸菩薩從地出已 各詣虛空七寶妙塔多寶如
來 釋迦牟尼佛所 到已 向二世尊頭面禮足 及至
諸寶樹下師子座上佛所 亦皆作禮 右繞三匝[10]
合掌恭敬 以諸菩薩種種讚法而以讚歎 住在一
面 欣樂瞻仰於二世尊 是諸菩薩摩訶薩 從初踊
出 以諸菩薩種種讚法而讚於佛 如是時間 經
五十小劫 是時釋迦牟尼佛默然而坐 及諸四眾
亦皆默然五十小劫 佛神力故 令諸大眾謂[11]如
半日

해석

　그때에 타방국토에서 온 여러 보살마하살들이 8항하(恒
河)의 모래 수보다 많았는데 그들이 대중 속에서 일어나 합
장 예배하며 부처님께 여쭈었다. "세존(世尊)이시여! 저희
들에게 윤허하여 주십시오. 부처님이 멸도(滅度)하신 후에
도 저희들은 사바세계(娑婆世界)에 있으면서 부지런히 정진
(精進)하고 이 경전을 호지(護持)하며, 독송(讀誦)하고 서사

(書寫)하면서 이 국토에서 당연히 널리 연설하겠습니다."

　그때 부처님이 모든 보살마하살에게 말씀하셨다. "그만 두어라. 선남자야! 너희들은 이 경전을 호지(護持)하려고 하지 말라. 왜냐하면 사바세계에는 6만 항하의 모래 같은 보살마하살 하나하나가 제각기 6만 항하사 권속(眷屬)이 있으며 이 모든 사람들은 내가 멸도(滅度)한 후에 이 경전을 받아 호지하고 독송(讀誦)하고 널리 연설(演說)하기 때문이다."

　부처님이 이렇게 말씀하셨을 때에 사바세계의 삼천대천 국토의 땅이 모두 진동(震動)하고 갈라지더니 그 속에서 무량한 천만 억 보살마하살이 동시(同時)에 용출(湧出)하였다. 이 모든 보살의 몸은 금색(金色)으로 32상(相)을 갖추었으며, 무량(無量)한 광명은 먼저 이 사바세계 아래 허공에 머물기를 다하여 이 모든 보살들이 석가모니 부처님이 연설하는 음성을 듣고는 아래에서 솟아오른 것이다. 하나하나의 보살들은 대중들을 창도(唱導)하는 대표로 제각기 6만 항하(恒河)의 모래수와 같은 권속(眷屬)을 거느리고 있었으며, 5만·4만·3만·2만·1만의 항하와 같은 권속 내지 한 항하의 모래 같은 권속과 하나의 항하사에 이르기까지와 반(半) 항하의 모래 같은 수 또는 1/4 항하의 모래 같은 수의 권속을 거느리며, 천만 억 나유타분(那由他分)의 일이나 천만 억 나유타 권속 또는 억만의 권속을 거느리며, 천만(千萬) 내지 백만(百萬), 1만 또는 1천이나 1백으로부터 일십(一十)까지와 하물며, 5, 4, 3, 2, 1의 제자(弟子)들이겠는가? 하물며 다시 독단적(獨斷的)으로 대중을 벗어나 단독으로 수행하는 것이겠는가? 이와 같이 교화(敎化)한 무량(無量)하고 무변(無邊)한 중생들을 세어서 비유하여도 알 수가 없다.

이 모든 보살들이 대지(大地)로부터 솟아올라 허공에 칠보(七寶) 탑에 계신 다보여래(多寶如來)와 석가모니 부처님이 계신 데에 찾아가 세존께 머리를 숙여 예배하고 모든 보배 나무 아래 사자좌 위 부처님 거처에 예를 갖추고는 오른쪽으로 세 번 돌고 합장하고 공경하며, 여러 보살들이 하는 갖가지 찬탄(讚歎)하는 법으로 찬탄하고 한쪽으로 물러나 기쁜 마음으로 세존(世尊)을 우러러보며, 이와 같은 보살마하살이 땅에서 솟아올라 모든 보살의 갖가지 찬탄하는 법으로 부처님을 찬탄하니 이런 시간이 50소겁(小劫)이 지났거늘 그때 석가모니 부처님께서도 잠자코 말없이 앉아 계시니 여러 사부대중(四部大衆)들도 또한 잠자코 앉아 50소겁이 지났지만 부처님의 신통력(神通力)으로 모든 대중들은 한나절과 같이 생각하였다.

⑵ 네 분의 위대한 보살과 석가모니 부처가 상호 문후(問候)하는 정황(情況)이다.

原文

爾時四衆 亦以佛神力故 見諸菩薩遍滿無量
百千萬億國土虛空 是菩薩衆中有四導師[12] 一名
上行[13] 二名無邊行[14] 三名淨行[15] 四名安立行[16]
是四菩薩 於其衆中最爲上首唱導之師 在大衆
前 各共合掌 觀釋迦牟尼佛而問訊[17]言 世尊 少
病 少惱 安樂行不 所應度者[18] 受敎易不 不令世
尊生疲勞耶
　爾時四大菩薩而說偈言

世尊安樂　　少病少惱
敎化衆生　　得無[19]疲惓
又諸衆生　　受化易不
不令世尊　　生疲勞耶

爾時世尊 於菩薩大衆中而作是言 如是 如是
諸善男子 如來安樂 少病 少惱 諸衆生等 易可
化度 無有疲勞 所以者何 是諸衆生 世世已來[20]

常受我化 亦於過去諸佛供養尊重 種諸善根 此
諸衆生 始見我身 聞我所說 卽皆信受入²¹⁾如來
慧 除先修習學小乘者 如是之人²²⁾ 我今亦令得
聞是經 入於佛慧

爾時諸大菩薩而說偈言

<blockquote>

善哉善哉　　大雄世尊
諸衆生等　　易可化度
能問諸佛　　甚深智慧
聞已信行　　我等隨喜

</blockquote>

於時世尊讚歎上首諸大菩薩 善哉 善哉 善男
子 汝等能於如來發隨喜心

해석

　그때에 사부대중들이 부처님의 신통력(神通力)으로 모든
보살이 무량한 백천만 억 국토 허공에 가득한 것을 보았
다. 이 보살 중에는 네 도사(導師)가 있었으니 첫째 이름은
상행(上行)이며, 둘째 이름은 무변행(無邊行)이며, 셋째 이름
은 정행(淨行)이며, 넷째 이름은 안립행(安立行)이다. 이 네
보살은 그 대중에서 최고 대표로 그들을 창도(唱導)하는 법

사였는데, 대중 앞에 나와 제각기 합장하고 석가모니 부처님을 우러러 문후(問候)를 드리며 말하였다. "세존이시여! 병도 없고 고뇌(苦惱)도 없으시면서 안락(安樂)하십니까? 제도(濟度)받을 중생들이 가르침을 쉽게 받아들이지 않고 세존을 괴롭히지나 않습니까?"

그때 4대 보살이 게송으로 말하였다.

세존께서는 안락(安樂)하시어
병도 없고 고뇌도 없으며,
중생을 교화하는 데에 피로하시지는 않습니까?
또한 모든 중생(衆生) 교화를 쉽게 받아들여
세존께서는 피곤하시지 않으십니까?

그때 세존께서 보살 대중들에게 말씀하셨다. "그렇고 그렇다. 선남자들이여! 여래는 안락하여 병도 없고 고뇌(苦惱)도 없으며, 모든 중생들이 쉽게 교화되어 피로함이 없다. 왜냐하면 이 모든 중생들은 오랜 세상으로부터 항상 나의 교화를 받았으며, 또한 과거의 모든 부처님을 공양(供養)하고 존중(尊重)하면서 모든 선근(善根)을 심었다. 이 모든 보살은 처음에는 내 몸을 보고 내가 설법하는 것을 듣고 모두가 믿고 받아들여 여래의 지혜를 획득하니 먼저 수습(修習)하여 배운 소승(小乘)을 제외(除外)한다. 이런 사람을 내가 이 경전을 설법하여 부처님 지혜에 증입(證入)하게 하겠다."

그때에 많은 위대한 보살들이 게송으로 말하였다.

훌륭하고 훌륭하십니다.
대웅(大雄)이신 세존이시여!
모든 중생들을 쉽게 제도하며,
모든 부처님의 깊고 깊은 지혜를 질문(質問)하며,
듣고 믿으면서 실천하니 저희들은 기쁩니다.

이때에 세존께서 대중들의 대표가 되어 여러 위대한 보살을 찬탄하였다. "훌륭하고 훌륭하구나. 선남자들이여! 너희들이 여래법(如來法)에서 수희(隨喜)하는 마음을 드러내는구나."

(3) 석가모니 부처님과 미륵보살이 일문일답(一問一答)을 통하여 한 걸음 더 나아가 종지용출(從地湧出)한 모든 보살의 내력(來歷)과 보살들이 하계(下界)에 은거(隱居)한 원인을 말하고 있다.

爾時彌勒菩薩及八千恒河沙諸菩薩衆 皆作是
念 我等從昔已來 不見不聞如是大菩薩摩訶薩
衆 從地踊出 住世尊前 合掌 供養 問訊如來

時彌勒菩薩摩訶薩 知八千恒河沙諸菩薩等心
之所念 幷欲自決所疑 合掌向佛 以偈問曰

無量千萬億　　　大衆諸菩薩
昔所未曾見　　　願兩足尊[23]說
是[24]從何所來　　以何因緣集
巨身大神通[25]　　智慧巨思議

其志念堅固　　　有大忍辱力
衆生所樂見　　　爲從何所來
一一諸菩薩　　　所將諸眷屬
其數無有量　　　如恒河沙等

或有大菩薩　　　將六萬恒沙
如是諸大衆　　　一心求佛道
是諸大師等　　　六萬恒河沙
俱來供養佛　　　及護持是經

將五萬恒沙　　其數過於是²⁶⁾
四萬及三萬　　二萬至一萬
一千一百等　　乃至一恒沙
半及三四分　　億萬分之一

千萬那由他　　萬億諸弟子
乃至於半億　　其數復過上
百萬至一萬　　一千及一百
五十與一十　　乃至三二一

單己無眷屬　　樂於獨處者
俱來至佛所　　其數轉過上²⁷⁾
如是諸大衆　　若人行籌數²⁸⁾
過於恒沙劫　　猶不能盡知

是諸大威德　　精進菩薩衆
誰爲其說法　　敎化而成就
從誰初發心　　稱揚何佛法
受持行誰經²⁹⁾　　修習何佛道

如是諸菩薩　　神通大智力

四方地震裂　　皆從中踊出
世尊我昔來　　未曾見是事
願說其所從　　國土之名號

我常遊諸國　　未曾見是衆
我於此衆中　　乃不識一人
忽然從地出　　願說其因緣
今此之大會　　無量百千億

是諸菩薩等　　皆欲知此事
是諸菩薩衆　　本末之因緣
無量德世尊　　唯願決衆疑

爾時釋迦牟尼分身諸佛 從無量千萬億他方國土來者 在於八方諸寶樹下 師子座上 結加趺坐 其佛侍者[30] 各各見是菩薩大衆 於三千大千世界四方 從地踊出 住於虛空 各白其佛[31]言 世尊 此諸無量無邊阿僧祇菩薩大衆 從何所來

爾時諸佛各告侍者 諸善男子 且待須臾[32] 有菩薩摩訶薩 名曰彌勒 釋迦牟尼佛之所授記 次後[33]作佛 以問斯事 佛今答之 汝等自當因是[34]得

聞

爾時釋迦牟尼佛告彌勒菩薩 善哉 善哉 阿逸
多[35] 乃能問佛如是大事 汝等當共一心 被精進
鎧[36] 發堅固意 如來今欲顯發[37]宣示諸佛智慧 諸
佛自在神通之力 諸佛師子奮迅之力 諸佛威猛
大勢之力

爾時世尊欲重宣此義 而說偈言

當精進一心　　我欲說此事
勿得有疑悔　　佛智叵[38]思議
汝今出信力[39]　住於忍善[40]中
昔所未聞法　　今皆當得聞

我今安慰汝　　勿得懷疑懼
佛無不實語　　智慧不可量
所得第一法[41]　甚深叵分別
如是今當說　　汝等一心聽

爾時世尊說此偈已 告彌勒菩薩 我今於此大衆
宣告汝等 阿逸多 是諸大菩薩摩訶薩 無量無數
阿僧祇 從地踊出 汝等昔所未見者 我於是娑婆

世界得阿耨多羅三藐三菩提已 教化示導⁴²⁾ 是諸
菩薩 調伏⁴³⁾ 其心 令發道意 此諸菩薩 皆於是娑
婆世界之下 此界虛空中住 於諸經典 讀誦通
利⁴⁴⁾ 思惟分別 正憶念⁴⁵⁾ 阿逸多 是諸善男子等
不樂在眾多⁴⁶⁾ 有所說 常樂靜處 懃行精進未曾休
息 亦不依止⁴⁷⁾ 人天而住 常樂深智 無有障礙 亦
常樂於諸佛之法 一心精進 求無上慧
　爾時世尊欲重宣此義 而說偈言

　　　　阿逸汝當知　　是諸大菩薩
　　　　從無數劫來　　修習佛智慧
　　　　悉是我所化　　令發大道心
　　　　此等是我子　　依止是世界

　　　　常行頭陀事⁴⁸⁾　志樂於靜處
　　　　捨大眾憒鬧⁴⁹⁾　不樂多所說
　　　　如是諸子等　　學習我道法
　　　　晝夜常精進　　爲求佛道故

　　　　在娑婆世界　　下方空中住
　　　　志念力堅固　　常懃求智慧

說種種妙法　其心無所畏
我於伽耶城⁵⁰⁾　菩提樹下坐

得成最正覺　轉無上法輪
爾乃敎化之　令初發道心
今皆住不退　悉當得成佛
我今說實語　汝等一心信
我從久遠來　敎化是等衆

해석

　그때에 미륵보살과 8천의 항하사와 같은 많은 보살은 이런 생각을 하였다. "저희들은 지금까지 이처럼 위대한 보살마하살이 땅에서 용출하여 세존 앞에서 합장하고 공양하고 여래에 문후하는 것을 보지도 듣지도 못하였는데…."
　이때에 미륵보살마하살은 8천 항하사(恒河沙)와 같은 모든 보살들이 이런 생각을 하는 것을 알고는 함께 자기의 의혹(疑惑)도 결단(決斷)하려고 부처님께 합장하고 게송으로 여쭈었다.

　무량한 천만 억 대중인 모든 보살들
　일찍이 본 적도 없으니

양족존께서 말씀해 주십시오.
어디에서 오셨으며 어떤 인연으로 모였습니까?
큰 몸과 위대한 신통력, 지혜도 불가사의입니다.

그 의지(意志)도 견고하고 위대한
인욕력(忍辱力)도 갖추었으니,
중생(衆生)들이 보기를 좋아합니다.
이들은 어디에서 왔습니까?
하나하나 보살들이 거느린 그 권속(眷屬)
항하의 모래 같아 헤아릴 수 없습니다.

혹 위대한 보살은 6만의 항하의 모래 수 같으며,
이처럼 많은 대중들이 일심(一心)으로
불도(佛道)를 구합니다.
이 모든 대사(大師)들이 6만의 항하사로
모두 와서 부처님께 공양(供養)하고
이 경전을 호지(護持)하겠습니다.

5만의 항하사 수보다 더 많으며,
4만과 3만, 2만과 1만이며,
1천이요 1백이며, 하나의 항하사(恒河沙)

2분의 1이나 3분의 1, 4분의 1, 억만분의 1이며,

천만억 나유타(那由他)며 만억의 모든 제자,
반(半) 억(億)에 이르기까지 그 수보다 더 많고
백만 내지 일만이며, 1천에서 1백이며,
50에서 10을 지나 3, 2, 1에 이릅니다.

권속(眷屬)없이 홀몸으로 다니기를 즐기면서
부처님 처소(處所)에 함께 이른 것도
그 보다 더 많습니다.
이처럼 많은 대중 사람들이 숫자를 헤아리려도
항사겁(恒沙劫)을 다해도 모두 알지 하겠습니다.

이 모든 위대한 위덕(威德)으로
정진(精進)하는 보살 대중,
누가 설법(說法)하고 교화(敎化)하여
성취시켰습니까?
누구 따라 발심(發心)하여
어떤 불법을 칭양(稱揚)하였습니까?
어떤 경전(經典)을 수지하고 실천하여
어떤 불도를 수습(修習)하였습니까?

이처럼 많은 보살 신통력과 위대한 지혜,
사방의 대지 진동(震動)시켜 가르면서
모두가 그 속에서 용출(湧出)하였습니다.
옛날부터 이런 일은 못 보던 희유한 일입니다.
그들이 온 국토(國土)의 이름을 말씀하여 주십시오.

제가 항상 모든 국토 다녔지만
이런 대중 보지 못하였고
저는 이 대중에 아는 사람 하나도 없으며,
홀연히 땅에서 솟아 오른 그 인연을 말하여 주십시오.
이제 여기 모인 무량한 백천만 억,

이 많은 보살들도 모두 이런 일을 알고자 하며,
이 모든 보살 대중 본말(本末)의 인연을
무량한 위덕을 갖추신 세존께서 모든
의혹의 결단(決斷)을 하여 주십시오.

그때 석가모니 부처님의 분신(分身)이신 여러 부처님들이 무량한 천만 억 타방(他方) 국토에서 찾아와 8방(方)의 모든 보배로운 나무 아래 사자좌(獅子座)에 가부좌(跏趺坐)하고 앉았다. 그 시자(侍者)들도 제각기 보살 대중이 삼천대천세계의 사방(四方)에서 대지로부터 솟아올라 허공에 머무는 것을 보고 제각기 부처님께 여쭈었다. "세존이시여! 이 무량하고 무변한 아승기겁(阿僧祇劫)의 보살 대중은 어디에서 왔습니까?"

그때에 모든 부처님이 시자들에게 말씀하셨다. "모든 선남자야! 잠깐 기다려라. 미륵이라는 보살 마하살이 있는데 석가모니 부처님의 수기를 받아서 성불하리라. 그 보살이 이런 일을 질문하였으니 부처님이 대답할 것이며 그대들은 저절로 듣게 될 것이다."

그때 석가모니 부처님이 미륵보살에게 말씀하셨다. "훌륭하고 훌륭하구나! 아일다(阿逸多)여! 이런 위대한 일을 질문하다니, 너희들은 일심(一心)으로 정진(精進)하여 견고(堅固)한 의지를 일으켜라. 여래는 이제 모든 부처님의 지혜와 자재한 신통력(神通力)과 부처님들의 사자와 같은 신속한 위덕(威德)과 큰 맹호와 같은 위덕(威德)과 위대한 세력(勢力)을 드러내어 펼쳐 보이려고 한다."

그때에 세존께서 거듭하여 이 뜻을 펼치시려고 게송으로 말씀하셨다.

응당 오롯한 마음으로 정진(精進)하라.
내가 이 사실을 말할 것이니

의심 하지도 말라.
부처님 지혜는 불가사의(不可思議)하다.
네가 이제 믿음을 드러내는 능력이
인욕(忍辱)에 훌륭하게 머무르니
일찍이 듣지 못한 법문을 이제 모두 들을 것이다.

내가 이제 안위(安慰)하게 할 것이니
의심(疑心)하거나 두려워하지 말라.
부처님 말씀 진실(眞實)이니
지혜(智慧)는 또한 헤아릴 수 없다.
증득한 제일법(第一法)은
매우 심오(深奧)하여 분별하기도 어렵다.
이와 같음을 이제 바로 연설하려니
그대들은 오롯한 마음으로 들어라.

그때 세존께서 게송을 모두 말씀하시고 미륵보살에게 말씀하셨다. "내가 이 대중 속에서 너희들에게 말하겠다. 아일다여! 이 모든 위대한 보살마하살이 무량(無量)하고 무수(無數)한 아승기(阿僧祇)인데 모두가 대지에서 용출한 것은 너희들이 일찍 보지 못한 것이고 나는 사바세계에서 아눅다라삼먁삼보리를 증득하고 교화(敎化)하면서 개시(開示)하고 인도(引導)하여 그 마음을 조복(調伏)하여 깨닫게 하였다. 이 모든 보살들은 모두 이 사바세계 아래 허공에 머무르며, 이 세계는 허공에 머물렀으며 모든 경전을 읽고 원활(圓滑)하여 막히지 않게 사유(思惟)하고 분별하여 바르게 기억(記憶)하고 생각하였다. 아일다야! 이 모든 선남자들은 대중 속에서 많이 말하는 것을 즐거워하지도 않고 항상 고요한 곳을 즐겨 부지런히 정진하는 것을 쉬지 않았으며, 또한 인천(人天)에 의지하지도 않으며 안주(安住)하였다. 항상 심오(深奧)한 지혜를 즐기려고 하여 장애(障礙)가 없고 또한 항상 모든 부처님의 법을 항상 즐거워하여 오롯한 마음으로 정진하며 무상(無上)한 지혜를 갈구(渴求)하였다."

그때에 세존께서 거듭하여 이 뜻을 선양하시려고 게송으로 말씀하셨다.

아일다야! 응당 알아야 한다. 이 모든 보살들은
무수한 겁(劫)으로부터
부처님 지혜(智慧)를 수습(修習)하였으며,
이 모두는 나의 교화(敎化)에 힘입어
크게 깨닫고자 하는 마음을 일으켰다.
이들 모두는 나의 자식들이고
이 세계에 의지하고 있다.

항상 두타행(頭陀行)을 실천하고
의지(意志)는 고요한 곳에 있기를 즐기며,
대중(大衆)과 함께 하며 시끄러운 것을 버리고
말을 많이 하려고 하지 않았다.
이와 같은 모든 자식들이
나의 깨닫는 법을 학습(學習)하며,
주야(晝夜)로 항상 정진(精進)하며
불도를 갈구하고자 하는 까닭이다.

사바세계 아래에 허공에 있으면서도
의지(意志)와 염력(念力)이 견고(堅固)하여
항상 부지런히 지혜를 구하며,
갖가지 미묘(微妙)한 불법을 연설하여
마음에는 두려움이 없었다.
나는 가야성(伽耶城) 보리수 아래에서

훌륭한 정각(正覺)을 성취하여
무상(無上)한 법륜(法輪)을 운전(輪轉)하였다.
이처럼 교화하는 것은
첫째로 도심(道心)을 드러냄이며,
이제 모두가 불퇴전(不退轉)에 머물러

모두가 성불(成佛)을 증득하여야 한다.

내가 이제 진실로 말하는데

너희들은 오롯한 마음으로 믿어야 하리니

나는 아주 오래전부터

이 대중들을 교화하여 왔다.

(4) 미륵보살이 모든 불보살(佛菩薩)과 대중들을 대표(代表)하여 '석가모니 부처님은 성불한 지가 오래지 않았는데, 종지용출(從地湧出)한 많은 보살들은 무량무변(無量無邊)한 겁부터 불법을 수습하였는데 석가모니 부처님이 최초에 교화하는 보살로 설법하게 되었는가?'라고 의혹(疑惑)을 일으킨다. 또 하물며 부처님이 짧은 시간에 이렇게 많은 보살을 교화하는가에 대한 질문이다. 이에 대한 답은 여래수량품(如來壽量品)에 있다.

原文

爾時 彌勒菩薩摩訶薩及無數諸菩薩等 心生疑惑 怪未曾有 而作是念 云何世尊於少時間 教化如是無量無邊阿僧祇諸大菩薩 令住[51]阿耨多羅三藐三菩提 卽白佛言 世尊 如來爲太子時 出於釋宮[52] 去[53]伽耶城不遠 坐於道場 得成阿耨多羅

三藐三菩提 從是已來 始過四十餘年 世尊 云何
於此少時 大作佛事[54] 以佛勢力 以佛功德 敎化
如是無量大菩薩衆 當成阿耨多羅三藐三菩提

　世尊 此大菩薩衆 假使有人於千萬億劫數不能
盡 不得其邊[55] 斯等久遠已來 於無量無邊諸佛
所 殖諸善根 成就菩薩道 常修梵行[56] 世尊 如此
之事[57] 世所難信 譬如有人 色美髮黑 年二十五
指百歲人 言 是我子 其百歲人 亦指年少 言 是
我父 生育我等 是事難信 佛亦如是 得道已來[58]
其實未久 而此大衆諸菩薩等 已於無量千萬億
劫 爲佛道故 懃行精進 善入出住[59]無量百千萬
億三昧[60] 得大神通 久修梵行 善能次第習諸善
法[61] 巧於問答 人中之寶 一切世間甚爲希有 今
日世尊方云 得佛道時 初令發心 敎化示導 令
向[62]阿耨多羅三藐三菩提 世尊得佛未久 乃能作
此大功德事 我等雖復信佛隨宜所說 佛所出言
未曾虛妄 佛所知者皆悉通達[63] 然諸新發意菩
薩[64] 於佛滅後 若聞是語 或[65] 不信受 而起破法
罪業因緣[66] 唯然[67] 世尊 願爲解說 除我等疑 及
未來世諸善男子聞此事已 亦不生疑

　爾時彌勒菩薩欲重宣此義 而說偈言

佛昔從釋種⁶⁸⁾　出家近伽耶
坐於菩提樹　爾來尚未久
此諸佛子等　其數不可量
久已行佛道　住於神通力

善學菩薩道　不染世間法⁶⁹⁾
如蓮華在水　從地而踊出
皆起恭敬心　住於世尊前
是事難思議　云何而可信

佛得道甚近⁷⁰⁾　所成就甚多
願爲除衆疑　如實分別說
譬如少壯人　年始二十五
示人百歲子　髮白而面皺

是等我所生　子亦說是父
父少而子老　擧世所不信
世尊亦如是　得道來甚近
是諸菩薩等　志固無怯弱

從無量劫來　而行菩薩道

巧於難問答　　其心無所畏
忍辱心決定[71]　端正有威德
十方佛所讚　　善能分別說

不樂在人衆　　常好在禪定
爲求佛道故　　於下空中住
我等從佛聞　　於此事無疑
願佛爲未來[72]　演說令開解[73]

若有於此經　　生疑不信者
卽當墮惡道[74]　願今爲解說
是無量菩薩　　云何於少時
敎化令發心　　而住不退地

해석

　그때 미륵보살마하살과 수없이 많은 보살들이 마음으로
의혹(疑惑)을 일으키고 일찍이 없었던 일들을 이상하게 여
기고 이런 생각을 하였다. "세존께서는 어떻게 이 짧은 기
간에 이처럼 무량무변(無量無邊)하고 아승기(阿僧祇)의 여러
위대한 보살들은 교화하여 아뇩다라삼먁삼보리를 굳건하
게 수습하게 하셨을까?" 바로 부처님께 여쭈었다. "세존이

시여! 태자(太子)로 계실 때에 석씨 왕궁을 나오시어 멀지 않은 가야성(伽耶城)으로 가시어 도량에 앉아 아뇩다라삼먁삼보리를 성취하신 후 40여 년입니다. 세존이시여! 어떻게 이 짧은 시간에 크게 불사(佛事)를 성취하시고 부처님의 세력(勢力)과 공덕(功德)으로 이처럼 무량한 위대한 보살 대중들을 교화하여 아뇩다라삼먁삼보리를 성취하게 하셨습니까?

세존이시여! 이 많은 보살들을 가령 어떤 사람이 천만억 겁 동안 계산(計算)한다고 하여도 다하지 못하고 끝을 셀 수가 없습니다. 이들은 오래전부터 무량무변한 모든 부처님 처소(處所)에서 모든 선근(善根)을 심고 보살도(菩薩道)를 성취하여 항상 범행(梵行)을 수습하였습니다. 세존이시여! 이런 사실을 세상에서는 믿을 수 없습니다. 비유하자면 어떤 사람이 얼굴색이 좋고 검은 머리카락을 가진 25살의 젊은이가 100살 된 노인을 가리켜 '이 사람은 내 아들이다'라고 하고, 100살 된 노인이 젊은이를 가리켜 말하기를 '이 사람은 내 아버지이며 나를 생육(生育)하였다'고 하면 이런 일은 믿기 어렵습니다. 부처님도 역시 이와 같아서 성불(成佛)한 지가 오래지 않지만 이 많은 보살들은 무량한 천만 억겁(億劫)에서 불도를 성취하려는 까닭으로 부지런히 정진하고 무량한 백천 억 삼매(三昧)에 옳게 출입(出入)하여 안주(安住)하면서 위대한 신통력을 성취하고 오랫동안 범행을 수습(修習)하고 올바르게 차례대로 모든 선법(善法)을 수습하여 문답(問答)하며 선교(善巧)하니, 사람들 중에 보배이며 일체 세간에서 희유(希有)합니다. 오늘 세존께서 말씀하시기를 '불도(佛道)를 성취하였을 때에 처음 발심(發心)하여 교화(敎化)하며, 개시(開示)하고 인도(引導)하여 아뇩다라삼먁삼보리를 지향(志向)하게 하였다.'고 하셨습니다. 세존께서 성불한 지가 오래지 않아 이런 위대한 공덕(功德)의 일들을 하였습니다. 저희들은 비로소 부처님께서 의로움을 따라 설법하신 말씀은 모두 허망(虛妄)하지 않으며 부처님의 지혜는 모든 것을 통달(通達)하였음을 믿습니다. 그리고 모든 새롭게 의지(意志)를 드러낸 보살들은 부처님께서 멸도(滅度)하신 후에 혹은 신수(信受)하지 않으면 불법을 파괴하는 인연을 일으킬 것입니다. 그러니 세존이시여! 해설해 주시어 저희들의 의혹(疑惑)을 풀어주시고 미래세의 모든 선남자(善男子)들이 이런 일을 들어도 역시 의혹을 일으키지 않게 하십시오."

그때에 미륵보살이 이 뜻을 거듭하여 선양(宣揚)하려고 계송으로 말하였다.

　　부처님은 오랜 옛날

석(釋)씨 집안에서 출가(出家)하여
가야성(伽耶城) 가까이에
보리수(菩提樹)에 앉으시어 오래지 않아
교화(敎化)한 모든 불자들의 숫자는 헤아릴 수 없고
오래 불도를 수행하여
신통력(神通力)에 안주하였습니다.

옳게 보살도(菩薩道)를 배워
세간법에 머무르지 않았으며,
연꽃이 물에 핀 것과 같이
대지(大地)에서 용출(湧出)하였습니다.
모두가 공경심(恭敬心)을 일으키어
세존 앞에 머무르니
이런 일은 불가사의(不可思議)함이니
어떻게 믿을 수 있겠습니까?

부처님이 성불하신 것은 매우 근래(近來)인데
성취한 바는 매우 많습니다.
원하오니 모든 의혹 없애시어
진실로 분별하여 말씀하십시요.
비유하면 25살 젊은이가

백발의 머리카락과 주름진 얼굴을 가리키며,

이들은 내 아들이라 하고 아들도 아버지라 하니
애비는 젊고 아들은 늙었으니
세상 누가 믿겠습니까?
세존 역시 이와 같아 성불한 지 근래(近來)이지만
이 모든 보살들은 의지가 견고(堅固)하여
겁약(怯弱)함이 없으며,

무량(無量)한 겁부터 보살도를 수행하여
어려운 문답(問答)에서 선교(善巧)하며
마음은 두려움도 없고
인욕(忍辱)의 마음 결정되고
단정(端正)하며 위덕이 있으니
시방의 부처님 찬탄을 받고
옳게 분별하여 말씀하십니다.

대중 속에 있는 것 즐기지 않고
항상 선정(禪定)에 있기를 즐기면서
불도(佛道)를 구하려는 까닭에
허공 아래에 머무십니다.

저희들은 부처님께 들어서 의혹이 없으오니
부처님께서는 미래를 위하여
연설하여 이해도록 하십시오.

만약 이 경전(經典)을 의혹(疑惑)하여 믿지 않는다면,
악도(惡道)에 떨어지니 해설하여 주십시오.
무량한 보살들이 어찌하여 짧은 시간에
교화(敎化)하여 발심(發心)하게 하여
불퇴지(不退地)에 머물게 하셨습니까?

1) 素父: 부처님를 말한다.

2) 聽: 윤허(允許). 복종하다.

3) 此界: 사바세계의 하면(下面)을 말한다.

4) 發: 용출(湧出).

5) 唱導: 불경(佛經)을 선창(宣唱)하여 중생을 개도(開導)하는 것을 말한다.

6) 將: 이끌다, 거느리다, 인솔하다.

7) 單己: 독자적인 한 사람.

8) 樂遠離行: 대중의 무리를 멀리 하는 것을 즐기고 독자적으로 수행하는 것을 말한다.

9) 如是等比: 이와 같은 한 부류(部類)의 사람을 말한다. 비(比)는 서로 가까운 또는 같은 부류를 말한다.

10) 右繞三匝: 인도 고대 예법의 하나이다. 주(周), 편(遍). 주위를 한 번 도는 것을 일잡(一匝)이라 한다. 이는 제자가 부처님을 대하는 예법이다.

11) 謂: 인식하다, 느끼다의 의미이다.

12) 導師: 불경(佛經)을 연설하여 중생을 인도(引導)하는 법사(法師)를 말한다.

13) 上行(Viśiṣṭacāritra)

14) 無邊行(Anantacāritra)

15) 淨行(Viśuddhacāritra)

16) 安立行(Supratiṣṭhitacāritra)

17) 問訊: 문후(問候)하는 것을 말한다.

18) 所應度者: 제도(濟度)를 받아들이는 중생을 말한다.

19) 得無: 막비(莫非), 하지 않다의 의미이다.

20) 已來: 이래(以來).

21) 入: 획득(獲得)을 말한다.

22) 如是之人: 소승불교를 수습하는 사람을 말한다.

23) 兩足尊: 부처님을 말함. 양족(兩足)은 사람을 말하며 사람들 중에서 지존(至尊)함을 뜻한다.

24) 是: 지하(地下)에서 용출(湧出)한 모든 보살을 말한다.

25) 巨身大神通: 몸이 거대(巨大)하고 신통이 광대(廣大)함을 말한다.

26) 其數過於是: 모든 대사가 수량(數量)을 초과한 것을 말한다. 하나하나 보살의 권속인(眷屬人) 수를 말한다.

27) 其數轉過上: 인솔하는 많은 권속(眷屬)을 말한다. 전(轉)은 반이(反而)를 말한다.

28) 行籌數: 숫자를 계산하는 공구(工具)로 계산(計算)하는 것을 말한다.

29) 誰經: 어떤 불교 경전을 말한다.

30) 侍者: 제각기 분신으로 법화회상에 온 위대한 보살을 말한다.

31) 佛: 각 방면에서 온 분신불(分身佛)을 말한다.

32) 須臾(muhūrta): 매우 짧은 순간을 말한다.

33) 次後: 다음으로의 의미이다.

34) 因是: 이로 인(因)하여의 뜻이다. 미륵이 질문하고 석가모니 부처님이 대답하는 것을 말한다.

35) 阿逸多(Ajita): 미륵보살을 말한다. 범어의 의역은 정복(征服)한다의 뜻이 있다.

36) 被精進鎧: 용맹정진(勇猛精進)을 갑옷을 입은 것에 비유한 말이다.

37) 顯發: 명확하게 게시(揭示)하는 것을 말한다.

38) 叵: 불가(不可)이다.

39) 信力: 불법(佛法)을 신앙하여 획득한 역량(力量)을 말한다.

40) 忍善: 인욕(忍辱)과 옳은 것을 실천하는 것을 말한다.

41) 第一法: 최고의 불법으로 구체적으로는 법화경을 말한다.

42) 示導: 인도(引導)를 말한다.

43) 調伏: 모든 악을 제압(制壓)하는 것을 말한다.

44) 通利: 원활하여 막힘이 없는 것을 말한다.

45) 正憶念: 올바르게 기억하여 생각해 내는 것을 말한다.

46) 衆多: 매우 많은 사람을 말한다.

47) 依止: 접근(接近)을 말한다. 의존하는 것을 말한다. 즉 사람이나 신에 의존하는 것이다.

48) 常行頭陀事: 두타(頭陀, dhūta)는 의식주에 관련하여 탐착하는 마음을 버리는 수행을 하는 것을 말한다.

49) 憒閙: 사람들이 혼잡(混雜)스러워 번뇌(煩惱)로 시끄러운 것을 말한다.

50) 伽耶城: 중인도 마갈타국에 있는 도시의 성인데, 이 도시 남쪽 10㎞ 지점에 부처님이 성도하신 부다가야가 있다.

51) 住: 굳건하게 수습하는 것을 말한다.

52) 釋宮: 석가모니 부처님이 태자 때에 있던 궁전(宮殿)을 말한다.

53) 去: 거리(距離)를 말한다.

54) 佛事: 구체적으로 말하면 중생(衆生)을 교화(敎化)하는 것을 말한다.

55) 不得其邊: 확실한 수를 계산(計算)할 수 없는 것을 말한다.

56) 梵行(brahmacaryā): 청정하고 탐욕(貪欲)이 없는 행위를 말한다. 범(梵)은 청정을 말한다.

57) 如此之事: 부처님이 말씀하시는 종지용출(從地湧出)의 보살 모두가 교화에 힘입어 성취한 일을 말한다.

58) 得道已來: 도(道)는 깨달음이며 깨달음을 증득한 후부터라는 의미이다.

59) 入出住: 입정(入定), 출정(出定), 주정(住定)을 말한다.

60) 三昧: 삼마지(三摩地)를 말하며 정정(正定)을 의미한다. 일체 잡념(雜念)을 배제(排除)하고 심신(心神)이 평정(平靜)한 것을 말한다.

61) 次第習諸善法: 차제(次第)는 순서대로이며, 불도(佛道)를 수행하는 단계로 수행하는 덕목(德目)이다. 선법(善法)은 차례대로 수습(修習)하는 것을 말한다.

62) 向: 귀의(歸依)를 말한다.

63) 通達: 이치(理致)에 수순(隨順)하여 문장을 이루고 정리(情理)에 회합(會合)하는 것을 말한다.

64) 新發意菩薩: 부처님이 돌아가신 후에 대승불교(大乘佛敎)에 귀의하는 사람을 말한다.

65) 或: 어쩌면, 아마.

66) 起破法罪業因緣: 불법(佛法)을 파괴(破壞)하는 하나의 죄업(罪業)을 형성하는 인연(因緣)을 말한다.

67) 唯然: 정인(正因)이며 연(然)은 대명사로, 위에서 강의한 원인(原因)을 말한다.

68) 釋種: 석씨의 종족.

69) 世間法: 세속(世俗)의 일체 사물을 말한다. 법(法)은 사물(事物)이다.

70) 甚近: 시간이 매우 짧은 것을 말한다.

71) 決定: 견정(堅定)을 말한다.

72) 未來: 미래에 불교(佛敎)에 입문(入門)하는 중생을 말한다.

73) 開解: 명백(明白)을 말한다.

74) 惡道: 삼악도(三惡道)로 지옥, 아귀, 축생을 말한다.

여래수량품 제십육(如來壽量品第十六)

原文

前品顯迹而滯者迷本 故情疑久近見起生滅 欲
契如實本際難矣 故此顯本釋其疑滯 使知如來
本無生滅 伽耶[1]之化特爲機 所受之命稱性無量
故曰如來壽量品 文云如來如實知見三界之相
無有生死退出 亦無在世滅度 後云 其有菩薩聞
說壽量卽能信受 顯於未來長壽度生 至坐道場
說壽亦爾 意明本迹一如世相常住 稱性之壽人
皆有之 苟能正信順受 不以生滅心行而自夭閼[2]
則三界之相可如實知 遂能現壽量以存存 示生
滅而化化 智力神用與如來等矣 故曰顯本勸持

앞 장에서 자취를 드러내어 막힌 것은 근본(根本)에 미혹(迷惑)한 것이므로 의정(疑情)이 오래 가까이 드러나서 생멸(生滅)을 일으킨 것이니 여실(如實)한 본래 진리에 계합(契合)하는 게 어렵다. 그러므로 여기에서 본문(本門)을 현시(顯示)하여 그 의정에 막힌 것을 풀어주어 여래(如來)는 본래 생멸이 없음을 알게 하였다. 가야(伽耶)의 화신(化身)은 특별한 근기(根機)가 되어 받아들이는 수명(壽命)은 본성(本性)이 무량한 것과 같으므로 여래수량품(如來壽量品)이라 하였다. 글에서 말하기를 "여래는 삼계의 상(相)을 여실(如實)하게 지견(知見)하여 생사(生死)에서 퇴출(退出)하는 게 있을 수가 없고 또한 세상에서 멸도(滅度)하지도 않는다."고 하였다. 후에 또 말하기를 "보살이 듣고 말한 수량(壽量)을 바로 믿고 받아들이고 미래(未來)에 장수(長壽)하면서 중생을 제도하고 도량(道場)에 앉아 수명을 말하는 것 역시 이와 같다."고 하였다. 의도(意圖)는 본문(本門)과 적문(迹門)이 일여(一如)임을 밝히고 세상(世相)에 상주(常住)하면서 성품(性品)과 같이 장수하는 사람 모두가 있으니 진실로 바로 믿고 수순(隨順)하게 받아들이고 생멸심(生滅心)으로 수행하지 않아야만 저절로 없어지니 삼계(三界)의 상을 진실로 아는 것과 같다. 드디어 수량(壽量)을 드러내어 존재(存在)하게 되고 생멸(生滅)을 드러내면서 교화(敎化)하는구나. 지혜의 능력과 신통한 작용이 여래와 같아지게 된다. 그러므로 말하기를 "근본(根本)을 현시(顯示)하여 권면(勸勉)하여 수지(受持)하게 함이다."고 하였다.

原文

讚曰 淨法界身 本無出沒 大悲願力 示有去來
欲識如來壽量 假饒塵墨³⁾ 難喩 續燃燈證菩提 平
地蒼波 降王宮入涅槃 老婆黃葉 非生現生 萬水
蟾光⁴⁾ 非滅現滅 天心日月 權爲衆生 說法示滅
宛如醫師 留藥告去 伊麼則古佛現在 奈何不見
不離當處常湛然 覓則知君不可見 頌曰

如來壽量曠無攀　　只爲衆生換舊顔
未識慈尊須急去　　堂堂⁵⁾常在古靈山

해석

청정한 법신(法身)의 몸은 본래 출몰(出沒)이 없고 대비(大悲)의 원력(願力)만 거래(去來)가 있음을 현시(現示)하였다. 여래의 수명을 알고자 하면 속세의 글을 가차(假借)하여 깨우치기 어렵고 연등불(燃燈佛)을 상속(相續)하여 보리를 증득함이니 평지(平地)에 이는 푸른 파도이다. 왕궁(王宮)에 태어나 열반에 들어가니 노파(老婆)의 황엽(黃葉)이지 현생(現生)에서 일어난 게 아니니 물 위에 달빛이며, 현멸(現滅)에서 없어지지 않으니 천심(天心)인 일월(日月)이다. 중생들을 위하여 방편으로 설법하여 없어짐을 현시(顯示)한다. 완연(宛然)히 의사와 같아 약을 두고 간다고 고하니 이는 고불(古佛)이 현존(現在)함이며 어떻게 보지 못하는가?

당처(當處)는 저버리지 않으면서 항상 담연(湛然)한데
찾아서 알고 보면 그대가 보지 못하였을 뿐,
게송으로 말하기를,

여래의 수명은 공허(空虛)하여 잡을 수가 없고
다만 중생이 옛 모습으로 바뀔 뿐이다.
자비(慈悲)로운 세존께서
황급히 가시는 것을 알지 못하지만
당당(堂堂)하게 항상 있는 것은
옛날의 영산(靈山)이다.

⑴ 석가모니 부처님의 수명이 매우 장구(長久)한 것은 아득히 먼 무수(無數)한 겁에서 이미 성불하셨다는 것을 말하고 있다. 부처님이 왕궁(王宮)에 태자로 태어나 출가하여 멸도(滅度)한 것은 부처님이 중생을 인도(引導)하기 위한 허구(虛構)에서 나온 고사에 불과(不過)하다고 말한다.

原文

爾時 佛告諸菩薩及一切大衆 諸善男子 汝等當信解⁶⁾如來誠諦⁷⁾之語 復告大衆 汝等當信解如來誠諦之語 又復告諸大衆 汝等當信解如來誠諦之語

是時菩薩大衆 彌勒爲首 合掌白佛言 世尊 唯願說之 我等當信受佛語 如是三白已⁸⁾ 復言 唯願說之 我等當信受佛語

爾時世尊知諸菩薩三請不止 而告之言 汝等諦⁹⁾聽 如來祕密神通之力 一切世間天 人及阿修羅 皆謂¹⁰⁾ 今釋迦牟尼佛 出釋氏宮 去伽耶城不遠 坐於道場¹¹⁾ 得阿耨多羅三藐三菩提 然 善男子 我實成佛已來無量無邊百千萬億那由他劫 譬如五百千萬億那由他阿僧祇¹²⁾三千大千世界¹³⁾ 假使有人抹¹⁴⁾爲微塵 過於東方五百千萬億那由

他阿僧祇國乃下一塵 如是東行 盡是微塵 諸善
男子 於意云何 是諸世界 可得思惟校計¹⁵⁾知其
數不

　彌勒菩薩等俱白佛言 世尊 是諸世界 無量無
邊 非算數所知 亦非心力所及 一切聲聞 辟支佛
以無漏智¹⁶⁾ 不能思惟知其限數 我等住阿惟越致
地¹⁷⁾ 於是事中亦所不達¹⁸⁾ 世尊 如是諸世界 無
量無邊

　爾時佛告大菩薩眾 諸善男子 今當分明宣語汝
等 是諸世界 若著¹⁹⁾微塵及不著者盡以為塵 一
塵一劫²⁰⁾ 我成佛已來 復過於此百千萬億那由他
阿僧祇劫 自從是來 我常在此娑婆世界說法教
化 亦於餘處²¹⁾百千萬億那由他阿僧祇國導利²²⁾
眾生

　諸善男子 於是中間 我說燃燈佛²³⁾等 又復言其
入於涅槃 如是皆以方便分別

　諸善男子 若有眾生來至我所 我以佛眼 觀其
信等諸根²⁴⁾利鈍 隨所應度²⁵⁾ 處處自說 名字不同
年紀大小 亦復現言當入涅槃²⁶⁾ 又以種種方便說
微妙法 能令眾生發歡喜心

　諸善男子 如來見諸眾生樂於小法 德薄垢重²⁷⁾

者 爲是人說 我少出家 得阿耨多羅三藐三菩提
然我實成佛已來久遠若斯 但以方便 敎化衆生
令入佛道 作如是說

　諸善男子 如來所演[28]經典 皆爲度脫衆生 或說
己身 或說他身[29] 或示己身 或示他身[30] 或示己
事 或示他事[31] 諸所言說 皆實不虛 所以者何 如
來如實知見三界之相[32] 無有生死 若退若出[33] 亦
無在世及滅度者[34] 非實非虛[35] 非如非異[36] 不如
三界見於三界[37] 如斯之事 如來明見 無有錯謬
以諸衆生有種種性 種種欲 種種行 種種憶想分
別[38]故 欲令生諸善根 以若干因緣 譬喩 言辭[39]
種種說法 所作佛事 未曾暫廢 如是 我成佛已來
甚大久遠 壽命無量阿僧祇劫 常住不滅[40]

　諸善男子 我本行菩薩道所成壽命 今猶未盡
復倍上數[41] 然今非實滅度 而便唱言 當取滅度
如來以是方便 敎化衆生 所以者何 若佛久住於
世 薄德之人 不種善根 貧窮下賤 貪著五欲 入
於憶想妄見網中 若見如來常在不滅 便起憍恣[42]
而懷厭怠 不能生難遭[43]之想 恭敬之心 是故如
來以方便說 比丘當知 諸佛出世 難可值遇 所以
者何 諸薄德人 過無量百千萬億劫 或有見佛 或

不見者 以此事故 我作是言 諸比丘 如來難可得
見 斯衆生等聞如是語 必當生於難遭之想 心懷
戀慕 渴仰於佛 便種善根 是故如來雖不實滅 而
言滅度

又 善男子 諸佛如來 法皆如是 爲度衆生 皆實
不虛 譬如良醫 智慧聰達 明練44) 方藥45) 善治衆
病 其人多諸子息46) 若十 二十乃至百數 以有事
緣47) 遠至餘國 諸子於後 飮他毒藥 藥發悶亂48)
宛轉49)于地 是時其父還來歸家 諸子飮毒 或失
本心50) 或不失者 遙見其父 皆大歡喜 拜跪問
訊51) 善安隱歸 我等愚癡 誤服毒藥 願見救療 更
賜壽命 父見子等苦惱如是 依諸經方52) 求好藥
草 色香美味皆悉具足 擣篩和合與子令服 而作
是言 此大良藥 色香美味皆悉具足 汝等可服 速
除苦惱 無復衆患 其諸子中不失心者 見此良藥
色香俱好 卽便服之 病盡除愈53) 餘失心者 見其
父來 雖亦歡喜問訊 求索治病 然與其藥而不肯
服 所以者何 毒氣深入 失本心故 於此好色香藥
而謂不美 父作是念 此子可愍 爲毒所中54) 心皆
顛倒 雖見我喜 求索救療 如是好藥而不肯服 我
今當設方便 令服此藥 卽作是言 汝等當知 我今

衰老 死時已至 是好良藥 今留在此 汝可取服
勿憂不差

作是敎已 復至他國 遣使還告 汝父已死 是時
諸子聞父背喪[55] 心大憂惱而作是念 若父在者
慈愍我等 能見救護 今者捨我遠喪他國 自惟孤
露[56] 無復恃怙[57] 常懷悲感 心遂醒悟[58] 乃知此藥
色味香美 卽取服之 毒病皆愈 其父聞子悉已得
差 尋[59]便來歸 咸使見之

諸善男子 於意云何 頗有[60]人能說此良醫虛妄
罪不

不也 世尊

佛言 我亦如是 成佛已來 無量無邊百千萬億
那由他阿僧祇劫 爲衆生故 以方便力 言當滅度
亦無有能如法[61]說我虛妄過者

해석

　그때에 부처님께서 여러 보살들과 일체 대중에게 말씀하
셨다. "모든 선남자(善男子)들이여! 너희들은 당연히 여래
의 성제(誠諦)인 말씀을 믿고 이해해야만 한다." 다시 대중
에게 말씀하셨다. "너희들은 당연히 여래의 성제인 말씀을
믿고 이해해야만 한다." 또 다시 모든 대중에게 말씀하셨

다. "너희들은 당연히 여래의 성제인 말씀을 믿고 이해해야만 한다."

그때에 보살 대중 중에서 미륵보살이 대표가 되어 합장하면서 부처님께 여쭈었다. "세존이시여! 오로지 설법(說法)해 주시기를 바라며 저희들은 당연히 부처님의 말씀을 믿고 받아들이겠습니다." 이렇게 3번을 여쭙고 다시 말하기를 "오로지 설법하여 주신다면 저희들은 부처님 말씀을 믿고 받아들이겠습니다."

그때에 세존은 모든 보살들이 세 번이나 그치지 않고 간청(懇請)하는 것을 알고는 말씀하셨다.

"너희들은 여래의 비밀(祕密)스럽고 신통한 능력을 자세히 들어라. 일체 세간의 천인(天人)과 아수라(阿修羅)들이 모두 말하기를 '여기 석가모니 부처님은 석씨(釋氏)의 궁전에서 나와 멀지 않는 가야성으로 가 도량에 앉아 아뇩다라삼먁삼보리를 증득(證得)하였다.'고 말한다. 그러나 선남자들이여! 내가 실제(實際) 성불(成佛)한 것은 무량무변한 백천만 억 나유타(那由他) 겁(劫) 이전이었다. 비유하면 5백 천만 억 나유타 아승지(阿僧祇) 삼천대천세계를 어떤 사람이 미진(微塵)으로 만들어 그것을 가지고 동방(東方)으로 5백 천만 억 나유타 아승지 국토를 지날 때마다 하나의 티끌을 떨어뜨리는 것과 같아 이처럼 동쪽으로 가서 그 미진이 다하는 것과 같다. 모든 선남자야! 이 모든 세계를 너희들은 어떻게 생각하느냐? 이 모든 세계는 사유(思惟)하고 계산하여 그 수를 헤아릴 수 있겠느냐?"

미륵보살과 모두가 부처님께 여쭈었다. "세존이시여! 그 모든 세계는 무량무변(無量無邊)하여 수(數)를 세어도 알 수가 없고 또 마음으로도 미치지 못합니다. 일체 성문(聲聞)·벽지불(辟支佛)의 번뇌(煩惱)가 없는 지혜(智慧)로도 그 한계의 수를 알 수가 없으며, 저희들이 아유월치(阿惟越致)에 머물러도 이런 일은 알 수가 없습니다. 세존이시여! 이와 같은 국토는 무량하고 무변합니다."

그때에 부처님이 보살 대중에게 말하였다.

"선남자들이여! 이제 너희들에게 분명하게 말하겠다. 이 모든 세계가 미진(微塵)에 염착(染著)하거나 염착하지 않는 게 모두 티끌이 되고 하나의 티끌이 하나의 겁(劫)이 되어도 내가 성불(成佛)한 것은 백 천만 억 나유타 아승지겁을 지났느니라. 그로부터 나는 항상 이 사바세계(娑婆世界)에 있으면서 설법(說法)하고 교화(敎化)하여 또 다른 백 천만 억 나유타 아승지겁의 국토에서 중생을 이익(利益)되게 인도(引導)하였다.

모든 선남자들이여! 이런 중간에 나는 연등불(燃燈佛) 등에게 설법하였고 또 다시 열반에 증입(證入)하는 것을 말하였으며, 이와 같은 모두가 방편으로 분별한 것이다.

선남자들이여! 만약 어떤 중생들이 나의 처소(處所)에 오면 나는 불안(佛眼)으로 그 신(信)·진(進)·념(念)·정(定)·혜(慧)의 근성(根性)과 모든 근기(根機)의 이둔(利鈍)을 관찰(觀察)하고 제도(濟度)할 것을 따라 곳곳에서 설법(說法)하겠다. 이로 인하여 명호가 같지 않고 연령(年齡)이 많고 적음에 따라 역시 스스로 다시 열반에 증입(證入)하게 설법하고 또 갖가지 방편(方便)과 미묘(微妙)한 설법으로 중생이 환희심(歡喜心)을 일으키게 한다.

모든 선남자들이여! 여래는 모든 중생들이 소승법(小乘法)을 즐겨서 덕이 천박(淺薄)하고 세속(世俗) 욕망(欲望)이 많은 것을 보고는 이런 사람들을 위하여 말하기를 '내가 젊어서 출가하여 아뇩다라삼먁삼보리를 증득하였다.'고 하였지만, 그러나 실제로는 성불한 지가 오래고 아득하지만 다만 방편력으로 중생을 교화하여 불도(佛道)에 증입하게 하려고 이와 같이 말하는 것이다.

모든 선남자들이여! 여래가 강의(講義)한 경전 모두는 중생을 도탈(度脫)하게 하는 것이니 자기 자신을 말하거나 혹은 다른 사람을 들먹여, 자기 일을 보이거나 다른 사람의 일을 보이면서 모두 말하는 것은 진실(眞實)하여 허망(虛妄)하지 않다. 왜냐하면 여래는 삼계(三界)에 일체사물의 진상

(眞相)을 실제로 지견(知見)하면 생사(生死)와 퇴출(退出)과 같은 게 없으며, 또한 세상에 있거나 멸도(滅度)한 것도 없으며, 실제 존재하는 것과 허무(虛無)한 것도 없으며, 같은 것도 다른 것도 없다. 삼계로 삼계를 보는 것과 같지 않으니 이와 같이 사물의 진상(眞相)을 청정하게 관찰하면서 여래의 지혜가 명확하게 본 것은 잘못된 게 있을 수 없다. 중생들은 갖가지 성품(性品)과 욕망(欲望)과 행동(行動)과 억상(憶想)과 분별이 있는 까닭으로 모든 선근(善根)을 일으키게 하려고 여러 가지 인연(因緣)과 비유(譬喩)와 언사(言辭)로 갖가지로 설법(說法)하는 불사(佛事)를 하는 것을 잠시도 쉬지 않았다. 이처럼 나는 성불한 지가 오래 되었지만 수명이 무량한 아승기겁(阿僧祇劫)이어서 항상 머물러 있었지 멸도(滅度)하지도 않았다.

선남자들이여! 내가 본래 보살도(菩薩道)를 실천(實踐)하여 성취한 수명은 이제도 다하지 않았고 위에서 말한 것의 배가 된다. 그러나 이제 참다운 멸도(滅度)가 아닌 것을 방편으로 말하기를 '당연히 멸도 한다.'고 하는데, 여래는 이런 방편으로 중생을 교화한다. 왜냐하면 만약 부처가 오래 머물 것이라고 하는 천박(淺薄)한 덕을 가진 사람은 선근(善根)을 심지 않으며 빈궁(貧窮)하고 하천(下賤)하여 오욕(五欲)을 탐착(貪着)하고 허망(虛妄)한 견해인 그물 속을 기억하고 생각하게 된다. 만약 여래의 상주불멸(常住不滅)을 본다고 하면 교만(憍慢)하고 방자(放恣)함을 일으켜 싫증을 내거나 해태(懈怠)한 마음을 일으키고 만나기 어렵다거나 공경(恭敬)하는 마음을 일으키지 않는다. 그러므로 여래는 방편으로 설법하기를 '비구들이여! 당연히 알아야만 한다. 모든 부처님께서 세상에 태어나시는 것은 만나기 어렵다.' 왜냐하면 모든 천박한 덕을 가진 사람들이 무량한 천만 억겁을 지나면서 혹은 부처를 보지만 참부처를 보지 못하면 이런 사고(事故)로 나는 이런 말을 하게 되는데, '모든 비구들이여! 여래는 보기가 어렵다'고 한다. 이런 중생들이 이런 말을 듣고는 반드시 만나기가 어렵다는 생각을 일으켜 마음으로 연모(戀慕)하고 부처님을 갈앙(渴仰)하여 선근(善根)을 심게 된다. 그러므로 여래는 실제 멸도(滅度)하지 않지만 말로써 멸도한다고 한다.

또 선남자야! 모든 부처와 여래의 법 모두는 이와 같아서 중생을 제도하기 위한 것이니 모두가 진실(眞實)이고 허망(虛妄)하지 않다. 비유하면 지혜가 총명(聰明)하고 통달(通達)하여 방약(方藥)에 명철(名哲)하게 숙달(熟達)한 훌륭한 의사는 올바르게 모든 병을 치료한다. 그 사람에게는 자손(子孫)이 있으니 10·20·100명이나 이르는데 어떤 사연(事緣)이 있어서 멀리 다른 나라에 가게 되었다. 모든 자손들이

후에 독약(毒藥)을 먹고는 약기운이 퍼지자 잠시 후에 어지러워 땅에 때굴때굴 뒹굴고 있었다. 그때 아버지가 집에 돌아오자 모든 아이들이 독약을 먹고 본심(本心)을 잃기도 하고 혹은 잃지 않기도 하였지만, 멀리서 아버지를 보고는 모두가 크게 환희하고는 무릎을 꿇고 배알(拜謁)하고는 신문(訊問)하기를 '안녕히 다녀오셨습니까? 저희들이 우치(愚癡)하여 잘못 독약을 먹었으니 보시고 구료(救療)하여 다시 수명(壽命)을 얻게 하십시오.' 아버지는 자손들이 고뇌(苦惱)가 이와 같은 것을 보고는 모든 방약(方藥)을 쓰고 좋은 약초(藥草)를 구하여 색(色)과 향(香)과 맛을 고루 갖추어 찧거나 체로 쳐서 화합(和合)하여 자손들에게 주며 복용(服用)하게 하며 말하기를 '이것은 좋은 약이며 색과 향과 맛을 고루 갖추고 있으니 너희들이 복용하면 빨리 고뇌를 벗어나 다시는 모든 고통이 없을 것이다.' 자손들 중에서 본심을 잃지 않은 아이들은 그 약이 색과 향이 모두 좋고 바로 수긍(首肯)하고는 복용하여 병이 모두 나아버렸다. 나머지 마음을 잃은 자손들은 아버지가 오는 것을 보고는 비로소 환희하고 신문하면서 병의 치료를 모색(摸索)하였지만 그리고는 그 약을 수긍(首肯)하며 먹지 않았다. 왜냐하면 독기(毒氣)가 깊이 들어가 본심을 잃은 까닭에 이런 좋은 색과 향이 있는 약은 좋지 않다고 여겼기 때문이다. 그때 아버지가 생각하기를 '이 자손들은 불쌍하게도 독약 중독(中毒)으로 마음이 모두 뒤집혔구나. 비록 나를 보고 기뻐하면서 구료(救療)를 모색(摸索)하였지만 이처럼 좋은 약을 수긍하며 먹지 않는구나. 나는 이제 당연히 방편을 시설(施設)하여 이 약을 먹이리라.'고 하고는 이렇게 말하였다. '너희들은 당연히 알아야만 한다. 내가 이제 노쇠(老衰)하여 죽게 되었는데, 이 좋은 약을 이제 여기에 두고 가니 너희 복용한다면 차도(差度)가 없다고 걱정하지 말라.'

이렇게 가르치고는 다시 다른 나라에 가서 사자를 본국 자손들에게 보내고는 말하기를 '너희 아버지는 돌아가셨다.'고 하자 그때에 모든 자손들이 아버지가 돌아가셨다는 소식을 듣고는 마음으로는 크게 슬퍼하며 이런 생각을 하였다. '만약 아버지께서 계신다면 우리를 자애(慈愛)로 불쌍히 여기시고 구호(救護)하시련만 이제 우리를 버리고 멀리 타국으로 떠나셨구나.' 우리는 외롭고 의지할 곳이 없으며 다시 부모가 안 계시니 항상 슬픈 감정을 가지고 있다가 마음이 드디어 성오(醒悟)하여 이 약이 색과 맛과 향이 좋은 것을 알고는 바로 복용하여 독병(毒病)이 모두 나았다. 그 아버지가 자손들이 모두 나았다는 것을 듣고는 다시 찾아와 모두가 보게 되었다.

모든 선남자들아! 너희들은 어떻게 생각하느냐? 다소(多

少)의 사람들이 이 훌륭한 의사를 허망한 죄라고 말할 수
있겠느냐?"

"없습니다. 세존이시여."

부처님께서 말씀하셨다. "나도 그러하여 성불한 이래 무
량하고 무변한 백 천만 억 나유타 아승기겁에 중생을 위
하는 까닭에 방편력으로 멸도(滅度)한 것을 말하였으나 역
시 내가 법답게 설법(說法)한 것이지 허망(虛妄)한 게 허물
은 아니다."

(2) 게송(偈頌)으로 간결(簡潔)하게 위에서 말한 내용을 개괄
   적(槪括的)으로 말하였다.

原文

爾時世尊欲重宣此義 而說偈言

自我得佛來　　所經諸劫數
無量百千萬　　億載阿僧祇[62)]
常說法教化　　無數億衆生
令入於佛道　　爾來無量劫

爲度衆生故　　方便現[63)]涅槃

而實不滅度　　常住此說法
我常住於此　　以諸神通力
令顚倒衆生　　雖近而不見

衆見我滅度　　廣供養舍利[64]
咸皆懷戀慕　　而生渴仰心
衆生既信伏　　質直[65]意柔軟
一心欲見佛　　不自惜身命

時我及衆僧　　俱出靈鷲山
我時語衆生　　常在此不滅
以方便力故　　現有滅不滅[66]
餘國有衆生　　恭敬信樂者

我復於彼中　　爲說無上法
汝等不聞此　　但謂我滅度
我見諸衆生　　沒在[67]於苦惱
故不爲現身　　令其生渴仰

因其心戀慕　　乃出爲說法
神通力如是　　於阿僧祇劫

常在靈鷲山　　及餘諸住處
衆生見劫盡　　大火所燒時⁶⁸⁾

我此土安隱　　天人常充滿
園林諸堂閣　　種種寶莊嚴
寶樹多花菓　　衆生所遊樂
諸天擊天鼓　　常作衆伎樂

雨曼陀羅花　　散佛及大衆
我淨土⁶⁹⁾不毀　　而衆見燒盡
憂怖諸苦惱　　如是悉充滿
是諸罪衆生　　以惡業因緣

過阿僧祇劫　　不聞三寶⁷⁰⁾名
諸有修功德　　柔和質直者
則皆見我身　　在此而說法
或時爲此衆　　說佛壽無量

久乃見佛者⁷¹⁾　　爲說佛難値
我智力如是　　慧光照無量⁷²⁾
壽命無數劫　　久修業所得

汝等有智者　　勿於此生疑

當斷令永盡[73]　佛語實不虛
如醫善方便　　爲治狂子[74]故
實在[75]而言死　無能說虛妄
我亦爲世父　　救諸苦患者

爲凡夫顚倒　　實在而言滅
以常見我故　　而生憍恣心
放逸著五欲　　墮於惡道中
我常知衆生　　行道不行道

隨所應可度[76]　爲說種種法
每[77]自作是意　以何令衆生
得入無上慧　　速成就佛身

해석

　그때에 세존께서 이런 뜻을 거듭하여 선양(宣揚)하시려고
게송으로 말씀하셨다.

　내가 성불한 이래 많은 겁수(劫數)를 지났는데,

무량한 백천 겁이며 억재(億載)인
아승지겁(阿僧祇劫)이라네.
항상 설법(說法)하여 무수한
억(億)의 중생을 교화(敎化)하여
불도(佛道)에 들어오게 한 게 무량한 겁이었네.

중생을 제도하려는 까닭에
방편으로 열반을 드러내지만
실제(實際)는 멸도(滅度)가 아니며
항상 머물며 설법하였네.
나는 항상 여기에 머물며 모든 신통력(神通力)으로
전도(顚倒)한 중생에게 근접(近接)하였지만
보지 못하였을 뿐이다.

중생들은 나의 멸도(滅度)를 보고는
널리 사리에 공양하면서
모두가 연모(戀慕)한 마음을 가지고
갈앙(渴仰)하는 마음을 일으키며,
중생은 모두 믿고 조복(調伏)하면
순박(淳樸)하고 정직(正直)하며,
의지는 유연(柔軟)하며,

일심(一心)으로 부처님을 보고자 하면서
자신의 생명도 아끼지 않았다.

그때에 나와 모든 승려들이 영취산(靈鷲山)에 나와
중생들에게 말하기를 '나는 항상 불멸(不滅)하며
방편력으로 하는 까닭에
멸도(滅度)함을 드러내지만 멸도(滅度)하지 않는다.'
다른 나라 중생들도 공경(恭敬)하고
믿고 즐거워하면
나는 그들 속에서 무상법(無上法)을 말한다.
그대들은 이를 듣지 않고
다만 내가 멸도(滅度)하였다고 하는구나.
모든 중생 내가 보니 고뇌(苦惱)에 빠져 있으며,
그러므로 현신을 드러내지 않고
갈앙(渴仰)하는 마음만 일으킨다.

연모(戀慕)하는 마음으로 인해 나타나 설법한다네.
신통력이 이와 같아 아승기겁(阿僧祇劫)에서
항상 영취산(靈鷲山)과 다른 곳에 머물러 있다.
중생이 겁을 다할 때까지 큰 불로 탈 때에도

내 땅은 안은(安隱)하여
천인(天人)이 항상 충만(充滿)하고
동산의 숲과 모든 당각(堂閣)은
갖가지로 장엄(莊嚴)하며,
보배나무 꽃이 만발하여 중생들이 즐겨 노닌다.
천신(天神)은 북을 쳐서
항상 모든 기악(伎樂)을 연주한다.

만다라 꽃 내려오고 부처님과 대중에게 뿌린다.
내 정토(淨土)는 훼손(毁損)하지 않지만
중생들은 모두 타고
걱정과 두려움 모든 고뇌(苦惱)
이처럼 충만해있다.
모든 죄업(罪業)의 중생들은 악업(惡業)의 인연으로

아승기겁 지나도록 삼보(三寶) 이름도 못 들으며,
모든 유(有)에서 공덕을 수습하고
유화(柔和)하고 질직(質直)한 사람,
바로 내 몸을 보게 되어 여기에서 설법(說法)하네.
이런 중생 위하여 부처님의 수명은
무량하다고 말한다.

오래도록 부처님을 본 사람에게도
부처님을 만나기 어렵다 말한다.
나의 지혜는 이와 같아 지혜의 광명이
무수한 중생을 비추며,
수명은 무수겁(無數劫)이니
오래 수행한 업의 소득이다.
너희들 지혜로운 사람들아!
의혹(疑惑)을 일으키지 말고

죄업(罪業)을 영원히 끊을 것이니
부처님 말씀은 진실이고 허망(虛妄)하지 않다.
의사가 훌륭한 방편으로
광란(狂亂)의 자손을 치료하려는 까닭에
실재(實在) 죽었다고 하는 것은
허망(虛妄)하게 말한 게 아니다.
나는 세상의 자부(慈父)되어
모든 고환(苦患)을 구제(救濟)하는 사람이니

전도(顚倒)된 범부 위해
실재(實在)는 멸도(滅度)하였다 말하지만
나를 항상 본다면 교만(憍慢)하고

방자(放恣)한 마음 일어나
방일(放逸)하고 오욕(五欲)에 염착하여
악도(惡道)에 떨어진다.
나는 항상 중생이 수행 할 도와
수행하지 않아야 할 도를 알고

합당한 제도에 적응(適應)함에 따라
갖가지로 설법하여
늘 하는 이런 의지를 만드는데,
'어떻게 중생들을
무상(無上)한 지혜에 증입(證入)하게 하여
빨리 불신(佛身)을 성취하게 할 것인가?'를
생각한다.

1) 伽耶: Gaja. 코끼리. 보현보살을 말한다.

2) 夭閼: 억눌려 막음. 요사(夭死).

3) 塵墨: 속세의 문장.

4) 蟾光: 달빛을 말한다.

5) 堂堂: 숨김이 없이. 공공연히.

6) 信解: 믿고 요해(了解)하는 것을 말한다.

7) 誠諦: 진실을 말한다. 제(諦)는 진실된 말이다.

8) 三白已: 3번에 걸쳐 설명해 주기를 강조(强調)한 후를 말한다. 백(白)은 설명을 말한다.

9) 諦: 자세히, 또는 주의를 기울여의 의미이다.

10) 謂: 설(說), 인식하고 있다는 뜻이다.

11) 道場: 부처님이 깨달은 장소이다. 구체적으로 말하면 가야성 근처의 보리수 아래의 금강좌이다.

12) 五百千萬億那由他阿僧祇: $500 \times 1,000 \times 10,000 \times$ 일천만(=억) × 일천억(=나유타) $\times 10^{59} = 5 \times 10^{86}$의 수이다.

13) 三千大千世界: 하나의 세계에 10억의 세계가 있으며 오늘날의 개념으로 말하면 하나의 세계는 태양계에 해당한다.

14) 抹: 분쇄(粉碎)하는 것을 말한다.

15) 校計: 계산(計算)하는 것을 말한다.

16) 無漏智: 아라한(阿羅漢)과 부처님이 획득(獲得)한 번뇌(煩惱)와 오염이 없는 지혜를 말한다.

17) 阿惟越致地(avaivartya-bhūmi): 아유월치(阿惟越致)는 불퇴전(不退轉)을 말하며, 지(地)는 과정(過程)을 수습하여 이르게 되는 단계(段階)를 말한다.

18) 不達: 명백하게 알지 못함을 말한다.

19) 著: 염착(染著)하는 것을 말한다.

20) 一塵一劫: 오백천만억나유타아승지의 삼천대천세계(5×10^{95}개의 국토)이다. 일겁(一劫)은 시간(時間)을 말하며, 사방 7.4km의 반석(盤石)을 100년에 한 번 백전(白氈)이 불식(拂拭)하여 모두가 마모(磨耗)되는 시간을 말한다.

21) 餘處: 다른 지방을 말한다.

22) 導利: 인도(引導)하여 은혜(恩惠)를 베푸는 것을 말한다.

23) 燃燈佛(Dipaṃkara): 과거세의 부처님으로, 석존의 성불을 예언하여 수기를 준 부처님이다.

24) 信等諸根: 깨달음에 이르기 위한 다섯 가지 능력으로 ①신근(信根: śraddha-indriya) ②정진근(精進根:vírya-indriya) ③념근(念根:smṛti-indriya) ④정근(定根:samādhi-indriya) ⑤혜근(慧根:prajñā-indriya)과 중생의 능력의 우열(優劣)을 관찰한다.

25) 隨所應度: 같지 않은 근성(根性)에 근거(根據)하여 상응(相應)한 제도방법을 채용(採用)하는 것을 말한다.

26) 亦復現言當入涅槃: 부처님의 입멸(入滅)을 드러내어 제도(濟度)하는 것으로, 부처님이 멸도(滅度)한 것을 시현(示現)함이다.

27) 垢重: 비유로 세속 욕망과 악념(惡念)이 많은 것을 말한다.

28) 演: 강의(講義)하는 것을 말한다.

29) 或說己身 或說他身: 자신의 말을 하는 것은 석가모니 부처님 자신의 신상(身上)을 말하는 것이고, 다른 사람을 말하는 것은 아미타불과 같은 다른 여래를 말하는 것을 말한다.

30) 或示己身 或示他身: 자신을 드러내는 것은 석가모니 부처님 자신이 중생을 교화하기 위한 방편(方便)으로 자기를 시현하는 것이고 다른 사람을 드러내는 것은 아촉불(阿閦佛)이나 비바시불(毘婆尸佛)과 같은 부처님이 중생을 교화하기 위하여 시현(示現)한 것을 말한다.

31) 或示己事 或示他事: 사(事)는 부처님의 사업으로, 예를 들면 항마성도(降魔成道), 설법(說法), 열반(涅槃) 등의 의미로 해석한다.

32) 如實知見三界之相: 여래가 그 지혜로 삼계의 모든 사물의 참된 모습을 보는 것을 말한다.

33) 無有生死 若退若出: 생사(生死)는 살아 있다가 죽는 것이고 퇴출(退出)은 죽었다가 살아나는 것을 말한다.

34) 亦無在世及滅度者: 재세(在世)는 세상에 생존(生存)하면서 미혹(迷惑)하게 존재하는 것이며, 멸도(滅度)는 정반대로 미혹한 세상을 벗어나 열반(涅槃)에 증입(證入)하는 것이라고 해석한다.

35) 非實非虛: 진실(眞實)과 허위(虛僞)를 말한다.

36) 非如非異: 일여(一如)도 아니고 별이(別異)도 아닌 것을 말한다. 만물은 서로 같은 것도 없고 서로 다른 것도 없는 것을 말한다.

37) 不如三界見於三界: 삼계(三界)와 같지 않다고 보는 사람은 삼계가 있다고 보고, 이승인(二乘人)과 같지 않으면 삼계를 공(空)과 같이 보는데

공(空)과 유(有)가 둘이 아니니 여여(如如)한 실상(實相)이라 말한다.

38) 種種性 種種欲 種種行 種種憶想分別: 성(性)은 본성(本性)이고, 욕(欲)은 욕망(欲望)의 뜻이며, 행(行)은 행위(行爲)이며, 억상분별(憶想分別)은 기억하여 생각하는 것을 말한다.

39) 因緣 譬喩 言辭: 부처님이 설법하는데 사용하는 형식으로 인연(因緣)은 과거에 유래(由來)한 것을 말하는 것이며, 비유(譬喩)는 비교하면서 말하는 것이며, 언사(言辭)는 말로 설명하는 것이다.

40) 常住不滅: 수명이 무량한 아승지겁이므로 상주불멸이라고 한다.

41) 上數: 위에서 말한 부처님의 수명(壽命)이 겁(劫)으로 헤아린다는 말이다.

42) 憍恣: 교만(憍慢)함과 방자(放恣)함을 말한다.

43) 難遭: 만나기 어려움을 말한다.

44) 明練: 명백(明白)하게 모든 것에 익숙한 것을 말한다. 련(練)은 상세하게 알고 있는 것을 말한다.

45) 方藥: 의술(醫術)과 약성(藥性). 방(方)은 방술(方術)이고 구체적으로는 의술(醫術)을 말한다.

46) 子息: 자손(子孫)을 말한다.

47) 以有事緣: 어떤 용무(用務)가 있는 것을 말한다.

48) 悶亂: 심정(心情)이 번민(煩悶)하고 정신(精神)이 착란(錯亂)한 것을 말한다.

49) 宛轉: 구불구불 선회(旋回)하는 것을 말한다.

50) 本心: 정상적인 심리상태(心理狀態)를 말한다.

51) 問訊: 합장하면서 안부(安否)를 묻는 경례법(敬禮法)이다.

52) 經方: 약을 처방(處方)하는 것을 말한다.

53) 愈: 유(癒)와 같다. 병이 호전되는 것을 말한다.

54) 所中: 상(傷)하게 된 것을 말한다.

55) 背喪: 세상을 떠난 것을 말한다.

56) 孤露: 어려서 부모를 잃고 의지할 곳이 없음.

57) 恃怙: 부모(父母)를 말한다.

58) 醒悟: 잠이나 혼수상태(昏睡狀態)에서 깨어남을 말한다.

59) 尋: 오래지 않다는 뜻이다.

60) 頗有: 다소(多少)라는 부사(副詞)이다. 일반적으로는 다(多)의 뜻이 있다.

61) 如法: 불법(佛法)에 의거(依據)한 것을 말한다.

62) 億載阿僧祇: 재(載)는 고대 중국의 숫자를 말한다. 억(億)·조(兆)·경(京)·해(垓)·자(秭)·양(穰)·구(溝)·간(澗)·정(正)·재(載)·극(極)으로 이어진다. 현재 통용되는 수로는 10^{44}이다. 그러므로 억재는 10^{52}이다. 아승지는 10^{59}이니 매우 거대한 수를 말한다.

63) 現: 현시(現示)하는 것을 말한다.

64) 舍利(śarīra): 유골(遺骨)을 말한다.

65) 質直: 순박하고 정직함을 말한다.

66) 現有滅不滅: 부처님이 같지 않은 상태에 근거하여 어느 때에는 멸도(滅度)한 상태를 현출(現出)하고 어느 때에는 멸도하지 않음을 드러낸다.

67) 沒在: 엄몰(淹沒)해 있는 것이다.

68) 衆生見劫盡 大火所燒時: 중생들의 세계가 종말(終末)에 가까이 오면 겁화(劫火)가 일어나 모두를 태우게 되는 것을 말한다.

69) 淨土: 오탁(五濁)이 없는 장엄(莊嚴)하고 청정한 세계를 말한다.

70) 三寶: ①불보(佛寶): 무상법을 깨달은 부처. ②법보(法寶): 부처가 가르침 또는 경전. ③승보(僧寶): 부처의 가르침을 수행하는 집단.

71) 久乃見佛者: 아주 오래 전에 부처님을 잠깐 본 사람을 말한다.

72) 無量: 무수한 중생을 말한다.

73) 當斷令永盡: 부처님 말씀에 회의(懷疑)를 가지는 것을 영원히 끊는 것을 말한다.

74) 狂子: 정상적인 자식이 아닌 것을 말한다. 광(狂)은 정신이 착란(錯亂)한 것을 말한다.

75) 實在: 확실하게 살아있음을 말한다.

76) 可度: 합당하게 구제하는 방법을 말한다. 가(可)는 합당(合當)함을 말한다.

77) 每: 늘, 항상.

분별공덕품 제십칠(分別功德品第十七)

原文

時會欽聞壽量秘說 而造道證性淺深不同 佛爲
隨根稱揚[1]之 故曰分別功德

해석

때가 되자 수량품(壽量品)의 비밀 설법을 공경(恭敬)하여
듣고 성불을 이루는 본성이 같지 않다는 것을 증득(證得)하
고는 부처님은 근기(根機)에 따라서 칭양(稱揚)하므로 분별
공덕이라고 하였다.

原文

讚曰 悟諸佛之眞常[2] 其德無量 聞如來之妙音
所證難思 諸天雨寶花而助揚[3] 菩薩出妙聲而歌

詠 一念信解 倍修五度之功 一聞受持 能生無上
之慧 靈山雖遠 觸目無非道場 如來雖滅 一念卽
爲頂戴⁴⁾ 爲佛不須復起塔廟 是人堪受人天供養
故知諸供養中 法供養冣修衆善中 悟眞商難 昔
有僧問 如何是堅固法身 答曰山花開似錦 澗水
湛如藍 還會麼 若解轉身些子力 頭頭物物摠相
逢 頌曰

上有髻子下蓮臺　　頂上盤旋白氣開
若了眞常這介是　　不須他處重徘徊
一說眞常微妙理　　刹塵兒子各還源
若能信解當來世　　堪受人天仰至尊

해석

기려서 말하였다.

모든 부처님의 실상(實相)을 깨달으면 그 공덕(功德)은 무량(無量)하고 여래의 미묘(微妙)한 음성(音聲)을 들으면 증득(證得)한 바를 헤아리기 어렵다. 여러 하늘에서 보배로운 꽃이 내려 분위기를 조성하고 선양(宣揚)하여 보살은 미묘한 음성을 드러내어 노래하니 오롯한 마음으로 믿고 이해하였다. 오도(五度)의 공덕(功德)을 더하여 수습(修習)하고 한 번 듣고 수지(受持)하여 무상(無上)한 지혜를 일으켰다.
영산(靈山)이 비록 멀다고 해도 눈에 보이는 도량(道場) 아
님이 없고 여래가 비록 멸도(滅度)하여도 한 생각에 은혜에
감사(感謝)하고 부처님을 위하여 탑묘(塔廟)를 다시 기공(起
工)하지 않아도 이런 사람은 인천(人天)의 공양을 받아들일
수 있다. 그러므로 모든 공양 중에 법공양(法供養)이 모든
선(善)에서 가장 훌륭한 수행이며, 진리를 깨닫는 것은 헤
아리기 어렵다. 옛날에 승려가 묻기를 '어떤 것이 견고(堅
固)한 법신(法身)입니까?'라고 하자

대답하기를
'산에 꽃이 비단과 같이 펼쳐져 있고
석간수(石間水)는 쪽빛과 같이 맑은데 알겠느냐?'라고 하였다.
몸을 전변(轉變)하여 이런 능력을 이해하면
이 세상 모든 것을 만날 수 있을 것이다.
게송으로 말하기를,

위의 상투가 연화대(蓮華臺)로 내려오고
정상(頂上)의 반석(盤石)에서 선회(旋回)하며
백기(白氣)가 펼쳐졌다.
만약 실상이 이런 것을 이해해야지
다른 곳에서 배회(徘徊)하지 말라.

실상이 미묘한 진리라고 말하는 것은
불국토(佛國土)의 모든 자식들은
제각기 환원(還源)하게 된다.
만약 믿고 이해하면 내세(來世)에서
인천(人天)의 지존(至尊)으로
경앙(敬仰)하는 것을 받을 만하다.

(1) 중생들이 불법(佛法)을 수습(修習)한 후에 획득하는 게
  같지 않은 공덕을 말하고 부처님이 설법하려고 끌어들
  인 갖가지 신기(神奇)한 현상을 말하고 있다.

原文

爾時大會⁵⁾ 聞佛說壽命劫數長遠⁶⁾如是 無量無
邊阿僧祇衆生得大饒益 於時世尊告彌勒菩薩摩
訶薩

阿逸多⁷⁾ 我說是如來壽命長遠時 六百八十萬
億那由他恒河沙衆生 得無生法忍⁸⁾ 復有千倍菩
薩摩訶薩 得聞持陀羅尼門⁹⁾ 復有一世界微塵
數¹⁰⁾菩薩摩訶薩 得樂說無礙辯才¹¹⁾ 復有一世界
微塵數菩薩摩訶薩 得百千萬億無量旋陀羅尼¹²⁾
復有三千大千世界¹³⁾微塵數菩薩摩訶薩 能轉不
退法輪 復有二千中國土¹⁴⁾微塵數菩薩摩訶薩 能
轉清淨法輪 復有小千國土微塵數菩薩摩訶薩
八生¹⁵⁾當得阿耨多羅三藐三菩提 復有四四天
下¹⁶⁾微塵數菩薩摩訶薩 四生當得阿耨多羅三藐
三菩提 復有三四天下微塵數菩薩摩訶薩 三生
當得阿耨多羅三藐三菩提 復有二四天下微塵數
菩薩摩訶薩 二生當得阿耨多羅三藐三菩提 復

有一四天下微塵數菩薩摩訶薩 一生當得阿耨多
羅三藐三菩提 復有八世界微塵數衆生 皆發阿
耨多羅三藐三菩提心

　佛說是諸菩薩摩訶薩得大法利[17]時 於虛空中
雨曼陀羅華 摩訶曼陀羅華 以散無量百千萬億
衆寶樹下 師子座上諸佛 幷散七寶塔中師子座
上釋迦牟尼佛及久滅度多寶如來 亦散一切諸大
菩薩及四部衆 又雨細末栴檀 沈水香等 於虛空
中 天鼓自鳴 妙聲深遠 又雨千種天衣 垂[18]諸瓔
珞 眞珠瓔珞 摩尼珠[19]瓔珞 如意珠[20]瓔珞 遍於
九方[21] 衆寶香爐燒無價香 自然周至[22] 供養大會
一一佛上 有諸菩薩 執持幡蓋 次第而上 至于梵
天 是諸菩薩 以妙音聲 歌無量頌[23] 讚歎諸佛

　爾時彌勒菩薩從座而起 偏袒右肩 合掌向佛
而說偈言

　　　　佛說希有法　　昔所未曾聞
　　　　世尊有大力　　壽命不可量
　　　　無數諸佛子　　聞世尊分別
　　　　說得法利者　　歡喜充遍身

或住不退地　　或得陀羅尼
或無礙樂說　　萬億旋總持[24)]
或有大千界[25)]　微塵數菩薩
各各皆能轉　　不退之法輪

復有中千界　　微塵數菩薩
各各皆能轉　　淸淨之法輪
復有小千界　　微塵數菩薩
餘各八生在　　當得成佛道

復有四三二　　如此四天下
微塵諸菩薩　　隨數生[26)]成佛
或一四天下　　微塵數菩薩
餘有一生在　　當成一切智

如是等衆生　　聞佛壽長遠
得無量無漏　　淸淨之果報
復有八世界　　微塵數衆生
聞佛說壽命　　皆發無上心

世尊說無量　　不可思議法

多有所饒益　　如虛空無邊
雨天曼陀羅　　摩訶曼陀羅
釋梵²⁷⁾如恒沙　　無數佛土來

雨栴檀沈水　　繽紛²⁸⁾而亂墜
如鳥飛空下　　供散於諸佛
天鼓虛空中　　自然出妙聲
天衣千萬種　　旋轉而來下

衆寶妙香爐　　燒無價之香
自然悉周遍　　供養諸世尊
其大菩薩衆　　執七寶幡蓋
高妙萬億種　　次第至梵天

一一諸佛前　　寶幢懸勝幡
亦以千萬偈　　歌詠諸如來
如是種種事　　昔所未曾有
聞佛壽無量　　一切皆歡喜
佛名聞十方　　廣饒益衆生
一切具善根　　以助無上心²⁹⁾

　그때에 법화회상(法華會上)에 모인 대중들이 부처님이 말한 수명의 겁수(劫數)가 영원하기가 이와 같다는 것을 듣고는 무량하고 무변한 아승지겁의 큰 이익을 얻었다. 이때에 세존께서 미륵보살에게 말씀하였다.

　"아일다(阿逸多)야! 내가 여래의 수명이 영원하다고 말하였을 때에 680만억 나유타 항하의 모래와 같은 중생들이 무생법인(無生法忍)을 획득하였으며, 다시 1,000배의 보살마하살이 다라니 법문(法門)을 듣고 수지(受持)하였으며, 다시 하나의 세계에 티끌 같은 수의 보살마하살이 무애(無礙)한 변재(辯才)를 즐기면서 말하였으며, 또 하나의 세계에 같은 수의 보살마하살은 백천 만억의 무량한 선다라니(旋陀羅尼)를 획득하였으며, 또 삼천대천세계 미진수(微塵數)의 보살마하살들이 불퇴전(不退轉)의 법륜을 윤전(輪轉)하였으며, 다시 이천(二千)의 중천세계(中千世界)의 미진수의 보살마하살들이 청정법륜(淸淨法輪)을 윤전(輪轉)하였으며, 또 다시 소천국토(小千國土)의 미진수의 보살마하살들이 팔생(八生)에서 아뇩다라삼먁삼보리를 증득하였으며, 또 다시 네 번째 사천하(四天下)의 미진수의 보살마하살들이 사생(四生)하여 아뇩다라삼먁삼보리를 증득하였으며, 또 다시 세 번째 사천하의 미진수와 같은 보살마하살들이 삼생(三

生)하여 아뇩다라삼먁삼보리를 증득하였으며, 또 다시 두 번째 사천하의 미진수와 같은 보살마하살들이 이생(二生)하여 아뇩다라삼먁삼보리를 증득하였으며, 또 다시 첫째 사천하의 미진수와 같은 보살마하살들이 한 번 태어나 아뇩다라삼먁삼보리를 증득하였으며, 또 8세계(世界)의 미진수의 보살마하살들이 모두 아뇩다라삼먁삼보리심을 일으켰다.

부처님께서 이 모든 보살마하살들이 위대한 법의 이익을 증득하였다고 말씀하실 때에 공중에서 만다라화·마하만다라화 꽃을 내려서 무량한 백천만 억 모든 보리수 아래 사자좌 위에 모든 부처님께 뿌렸으며, 칠보탑(七寶塔) 속에 사자좌 위에 석가모니불과 멸도(滅度)하신 지가 오래 된 다보여래(多寶如來)께도 흩었으며, 또한 일체의 위대한 보살과 사부대중에게도 뿌렸다. 또 잘게 부순 전단향(栴檀香)과 침수향(沈水香)을 뿌렸다. 허공에서는 하늘 북이 저절로 울리고 신묘한 소리가 멀리까지 들렸다. 또 천 가지나 되는 하늘의 옷과 모든 영락(瓔珞)·진주영락(眞珠瓔珞)·마니주영락(摩尼珠瓔珞)이 내려 구방(九方)에 퍼졌다. 여러 가지 보배로운 향로에는 가치로 따질 수 없는 향을 태워 저절로 주변에 이르러 큰 법화(法華) 집회(集會)에 공양하였다. 하나하나의 부처님 위에는 모든 보살들이 번개(幡蓋)를 들고

차례로 올라가 범천에 이르렀다. 이 모든 보살들이 미묘한
소리로 무량한 노래를 부르며 모든 부처님을 찬탄하였다.

　그때 미륵보살이 자리에서 일어나 오른쪽 어깨를 벗어
드러내고 부처님을 향하여 합장하고 게송으로 말하였다.

　　　부처님이 말씀하신 희유(稀有)한 설법
　　　일찍 들은 바 없으며,
　　　세존의 위대한 능력(能力)과 수명(壽命)은
　　　헤아릴 수 없습니다.
　　　무수한 모든 불자는
　　　세존의 분별(分別)함을 듣고 나서
　　　법의 이익(利益)에 설득되어
　　　환희(歡喜)함이 몸에 가득합니다.

　　　혹은 불퇴지에 머물고 혹은
　　　다라니(陀羅尼)를 획득하며
　　　혹은 무애(無礙)하여 설법을 즐기는
　　　만억의 총지(總持)를 선회(旋回)합니다.
　　　혹 대천세계에 있는 티끌 같은 보살들은
　　　제각기 불퇴지(不退地)의 법륜(法輪)을
　　　윤전(輪轉)합니다.

다시 중천세계(中千世界) 미진수의 보살들은

제각기 모두가 청정한 법륜(法輪)을 윤전하며,

다시 소천세계(小千世界) 미진수의 보살들은

팔생(八生)이 제각기 있어

불도(佛道)를 성취(成就)합니다.

또 다시 4·3·2의 이와 같은 사천하(四天下),

미진수(微塵數)의 모든 보살

그 수(數)대로 성불(成佛)합니다.

혹 한 천하(天下)에 미진수의 보살들이

남은 일생(一生)에서 일체지(一切智)를 성취합니다.

이와 같이 많은 중생들이

부처님 수명 영원함을 듣고 나서

무량하고 무루(無漏)한

청정(淸淨)한 과보(果報)를 증득하였습니다.

또 8세계 티끌 같은 무수한 중생들도

부처님 수명을 듣고는 모두

무상심(無上心)을 일으켰습니다.

세존께서 말씀하신 무량(無量)하고

불가사의(不可思議)한 법,

모두에게 요익(饒益)함은 허공과 같이 끝이 없습니다.

하늘에서 만다라꽃과 마하만다라화가 내리고

석범(釋梵)은 항하사 모래 같이

많이 무수한 부처님이 오십니다.

전단향과 침수향이 빈분(繽紛)하고

요란하게 내려오고

나는 새처럼 부처님께 뿌리며 공양합니다.

하늘에선 하늘 북이 저절로

신묘(神妙)한 음성(音聲)을 내고

천 만억의 하늘 옷이 돌면서 내려옵니다.

갖가지 보배 향로 값도 모를 향을 태워

저절로 고르게 하여

모든 부처님께 공양올립니다.

많은 보살과 대중 칠보로 된 번개 들고

차례차례 범천에 다다릅니다.

모든 부처님 앞에 하나하나

보배 당번(幢幡) 고르게 달고

천만의 게송(偈頌)으로 모든 여래 노래합니다.

이런 갖가지 불사(佛事)는 이전에 없던 미증유라

부처님 수명 무량함을 듣고

일체 모두가 환희(歡喜)합니다.

부처님 이름 널리 들려 많은 중생 이익되니

일체의 선근(善根) 구족(具足)하여

무상(無上)한 마음을 구원합니다.

(2) 대중들에게 말하는 것은 경전에 부처님 말씀을 신수(信受)하는 것이 중요하지만 법화경을 신수하는 공덕은 억만 겁을 수행한 사람의 공덕을 넘어선다고 말한다.

原文

爾時佛告彌勒菩薩摩訶薩

阿逸多 其有衆生 聞佛壽命長遠如是 乃至能生一念信解[30] 所得功德 無有限量 若有善男子善女人 爲阿耨多羅三藐三菩提故 於八十萬億那由他劫 行五波羅蜜[31] 檀波羅蜜[32] 尸羅波羅蜜[33] 羼提波羅蜜[34] 毘梨耶波羅蜜[35] 禪波羅蜜[36] 除般若波羅蜜[37] 以是功德比前功德[38] 百分 千分 百千萬億分 不及其一 乃至算數譬喩所不能知[39]

若善男子 善女人 有如是功德 於阿耨多羅三藐
三菩提退⁴⁰⁾者 無有是處⁴¹⁾
　爾時世尊欲重宣此義 而說偈言

若人求佛慧　　於八十萬億
那由他劫數　　行五波羅蜜
於是諸劫中　　布施供養佛
及緣覺弟子　　幷諸菩薩衆
珍異之飮食　　上服⁴²⁾與臥具
栴檀立精舍　　以園林莊嚴
如是等布施　　種種皆微妙
盡此諸劫數　　以迴向⁴³⁾佛道

若復持⁴⁴⁾禁戒　　淸淨無缺漏
求於無上道　　諸佛之所歎
若復行忍辱　　住於調柔地⁴⁵⁾
設衆惡來加　　其心不傾動

諸有得法者　　懷於增上慢
爲此所輕惱　　如是亦能忍
若復勤精進　　志念常堅固

於無量億劫　　一心不懈息

又於無數劫　　住於空閑處
若坐若經行　　除睡常攝心
以是因緣故　　能生諸禪定
八十億萬劫　　安住心不亂

持此一心福　　願求無上道
我得一切智　　盡⁴⁶⁾諸禪定際
是人於百千　　萬億劫數中
行此諸功德　　如上之所說

有善男女等　　聞我說壽命
乃至一念信　　其福過於彼
若人悉無有　　一切諸疑悔
深心須臾信　　其福爲如此

其有諸菩薩　　無量劫行道
聞我說壽命　　是則能信受
如是諸人等　　頂受⁴⁷⁾此經典
願我⁴⁸⁾於未來　　長壽度衆生

如今日世尊　諸釋中之王
道場師子吼　說法無所畏
我等未來世　一切所尊敬
坐於道場時　說壽亦如是

若有深心者　清淨而質直
多聞能總持　隨義解佛語
如是諸人等　於此無有疑

해석

그때에 부처님께서 미륵보살에게 말씀하셨다.

"아일다(阿逸多)여! 어떤 중생이 부처님의 수명(壽命)이 이처럼 영원함을 듣고 오롯한 생각으로 믿고 이해(理解)하면 얻는 공덕은 한량이 없을 것이다. 만약 선남자 선여인이 아뇩다라삼먁삼보리를 위하는 까닭으로 80만억 나유타(那由他) 겁(劫)에서 다섯 바라밀(波羅蜜)을 실천하는데, 단바라밀·시라바라밀·천제바라밀·비리야바라밀·선바라밀로 반야바라밀(般若波羅蜜)을 제외(除外)하면 이 공덕은 앞에서 말한 공덕과 비견(比肩)하면 백분의 일, 천분의 일, 백천만억(萬億)분의 일에도 미치지 못하며, 숫자로 비유하여도 알수가 없다. 만약 선남자 선여인이 이와 같은 공덕이 있으면 아뇩다라삼먁삼보리에서 물러나는 것은 옳지 않다.

  그때에 세존께서 거듭하여 이 뜻을 선양하시려고 게송으
로 말씀하셨다.

  만약 어떤 사람이 부처님 지혜를
  구하려고 80만억
  나유타겁을 다섯 바라밀을 실천(實踐)하며,
  이 모든 겁에서 부처님과 연각 제자들과
  모든 보살 대중들에게 보시 공양하며,

  진귀(珍貴)한 음식과
  최상(最上)의 의복과 와구(臥具),
  전단향으로 정사(精舍)지어
  동산 숲을 장엄하게 하며,
  이처럼 보시하면 갖가지로 미묘하여
  이 많은 겁을 대하고서 불도에 회향(廻向)하며,

  만약 다시 금계(禁戒)를 지닌다면
  청정하며 결루(缺漏)가 없어지며,
  무상도를 갈구(渴求)하니 모든 부처님
  칭찬하는 바이다.

혹 다시 인욕(忍辱)을 실천하여
유화(柔和)한 대지에 머물면서
많은 악이 더해져도
그 마음은 움직이지 않는다.

진리를 깨달은 사람 있어
증상만(增上慢)을 가지고서
경멸(輕蔑)하고 괴롭혀도 이를 참을 수 있다 하며,
부지런히 정진(精進)하여
의지(意志)와 생각 견고하며
무량한 억겁(億劫)에도
한 순간도 게으르지 않았다.

무수(無數)한 겁을 한가한 곳에서 머물면서
혹 앉고 다니다가 자지 않고
마음을 총섭(總攝)하여
이런 인연으로 여러 선정(禪定) 일어나고
80억만 겁에 안주(安住)하니
마음이 잡란(雜亂)하지 않았다.
이와 같은 오롯한 마음의 복을 가지고
무상도를 원하며 구하니

나는 일체지를 획득하여
모든 선정의 실제(實際)를 마쳤다.
이처럼 많은 사람 백천만 억 겁 속에서
모든 공덕 실천(實踐)함은
위에서 말한 바와 같다.

선남자 선여인들이 내가 말한 수명(壽命)을 듣고
한 순간 믿음에 이른다면 그 복은 더욱 많다.
만약 어떤 사람이 의혹(疑惑)과 뉘우침 없이
깊은 마음으로 잠깐 동안이라도
믿는다면 그 복도 이와 같다.

모든 보살들이 무량겁(無量劫)을
진리를 실천하다가
내가 말한 수명을 듣고는 바로 믿고 받아들이면
이와 같은 모든 사람들 이 경전(經典)을 정수(頂受)하며,
미래세에도 내가 장수하여
중생제도하기 발원(發願)한다.

오늘의 세존과 같이 모든 석가족의 왕으로서
도량에서는 사자후하여 설법하니

두려움이 없게 된다.
우리들이 미래세에 일체 존경을 받아들여
도량에 앉았을 때에 수명 말하는 게 이와 같다.

깊은 마음을 가진 사람은 청정하고 질박(質樸)하며,
다문(多聞)하여도 총지(總持)하고
뜻을 따라 부처님 말씀 이해하며,
이와 같은 모든 사람은
이에 의심(疑心)이 없게 하리라.

⑶ 한걸음 더 나아가 구체적으로 법화경을 수지한 사람이
  무량한 공덕을 구비하여 중생들의 존경과 공양을 받게
  된다고 설명한다.

原文

又 阿逸多 若有聞佛壽命長遠 解其言趣⁴⁹⁾ 是
人所得功德無有限量 能起⁵⁰⁾如來無上之慧 何況
廣聞是經 若教人聞 若自持 若教人持 若自書
若教人書 若以華 香 瓔珞 幢幡 繒蓋⁵¹⁾ 香油⁵²⁾
酥燈⁵³⁾ 供養經卷 是人功德無量無邊 能生一切
種智⁵⁴⁾

阿逸多 若善男子 善女人 聞我說壽命長遠 深
心信解⁵⁵⁾ 則爲見佛常在耆闍崛山⁵⁶⁾ 共大菩薩 諸
聲聞衆圍繞說法 又見此娑婆世界 其地琉璃 坦
然平正 閻浮檀金⁵⁷⁾ 以界八道⁵⁸⁾ 寶樹行列 諸臺樓
觀皆悉寶成⁵⁹⁾ 其菩薩衆咸處其中 若有能如是觀
者 當知是爲深信解相⁶⁰⁾

又復如來滅後 若聞是經而不毀呰⁶¹⁾ 起隨喜心
當知已爲深信解相 何況讀誦 受持之者 斯人則
爲頂戴如來⁶²⁾

阿逸多 是善男子 善女人 不須爲我復起塔寺
及作僧坊⁶³⁾ 以四事⁶⁴⁾供養衆僧 所以者何 是善男
子 善女人 受持讀誦是經典者 爲⁶⁵⁾已起塔 造立
僧坊 供養衆僧 則爲以佛舍利起七寶塔 高廣漸
小⁶⁶⁾至于梵天 懸諸幡蓋及衆寶鈴 華 香 瓔珞 末
香 塗香 燒香 衆鼓 伎樂 簫 笛 箜篌⁶⁷⁾ 種種舞戲
以妙音聲歌唄讚⁶⁸⁾頌 則爲於無量千萬億劫作是
供養已

阿逸多 若我滅後 聞是經典 有能受持 若自書
若敎人書 則爲起立僧坊 以赤栴檀⁶⁹⁾作諸殿堂
三十有二 高八多羅樹⁷⁰⁾ 高廣嚴好 百千比丘於
其中止 園林 浴池 經行⁷¹⁾ 禪窟⁷²⁾ 衣服 飮食 床

褥⁷³⁾ 湯藥 一切樂具充滿其中 如是僧坊 堂閣 若
干百千萬億 其數無量 以此現前供養於我及比
丘僧 是故我說 如來滅後 若有受持 讀誦 爲他
人說 若自書 若敎人書 供養經卷 不須復起塔寺
及造僧坊 供養衆僧 況復有人能持是經 兼行布
施 持戒 忍辱 精進 一心⁷⁴⁾ 智慧 其德最勝⁷⁵⁾ 無
量無邊 譬如虛空 東西南北 四維⁷⁶⁾上下無量無
邊 是人功德 亦復如是無量無邊 疾至⁷⁷⁾一切種
智 若人讀誦受持是經 爲他人說 若自書 若敎人
書 復能起塔 及造僧坊 供養讚歎聲聞衆僧 亦以
百千萬億讚歎之法讚歎菩薩功德 又爲他人 種
種因緣隨義解說此法華經 復能淸淨持戒 與柔
和者而共同止⁷⁸⁾ 忍辱無瞋 志念堅固 常貴⁷⁹⁾坐禪
得諸深定⁸⁰⁾ 精進勇猛攝⁸¹⁾諸善法 利根智慧善答
問難

阿逸多 若我滅後 諸善男子 善女人 受持讀誦
是經典者 復有如是諸善功德 當知是人已趣⁸²⁾道
場 近阿耨多羅三藐三菩提 坐道樹⁸³⁾下

阿逸多 是善男子 善女人 若坐 若立 若行處
此中便應起塔 一切天人皆應供養如佛之塔

爾時世尊欲重宣此義 而說偈言

若我滅度後　　能奉持此經
斯人福無量　　如上之所說
是則爲⁸⁴⁾具足　　一切諸供養
以舍利起塔　　七寶而莊嚴

表刹⁸⁵⁾甚高廣　　漸小至梵天
寶鈴千萬億　　風動出妙音
又於無量劫　　而供養此塔
華香諸瓔珞　　天衣衆伎樂

燃香油酥燈　　周匝常照明
惡世法末時　　能持是經者
則爲已如上　　具足諸供養
若能持此經　　則如佛現在⁸⁶⁾

以牛頭栴檀⁸⁷⁾　　起僧坊供養
堂有三十二　　高八多羅樹
上饌⁸⁸⁾妙衣服　　床臥皆具足
百千衆住處　　園林諸浴池

經行及禪窟　　種種皆嚴好

若有信解心　　受持讀誦書
若復教人書　　及供養經卷
散華香末香　　以須曼⁸⁹⁾瞻蔔⁹⁰⁾

阿提目多伽⁹¹⁾　薰油⁹²⁾常燃之
如是供養者　　得無量功德
如虛空無邊　　其福亦如是
況復持此經　　兼布施持戒

忍辱樂禪定　　不瞋不惡口
恭敬於塔廟　　謙下諸比丘⁹³⁾
遠離自高心　　常思惟智慧
有問難不瞋　　隨順⁹⁴⁾爲解說

若能行是行　　功德不可量
若見此法師　　成就如是德
應以天華散　　天衣覆其身
頭面接足禮　　生心如佛想⁹⁵⁾

又應作是念　　不久詣道樹
得無漏無爲⁹⁶⁾　廣利諸人天

其所住止處　　經行若坐臥
乃至說一偈　　是中應起塔

莊嚴令妙好　　種種以供養
佛子[97]住此地　　則是佛受用[98]
常在於其中　　經行及坐臥

해석

"또 아일다야! 만약 부처님 수명이 영원(永遠)함을 듣고 그 말뜻을 이해하는 사람이 얻은 공덕은 무량하여 여래의 무상한 지혜를 일으키게 된다. 하물며 이 경전을 널리 듣고 사람들에게 가르치고 스스로 수지하고 사람들에게 수지하라고 가르치며, 스스로 쓰거나 사람들에게 쓰도록 하며, 만약 꽃·향(香)·영락(瓔珞)·당번(幢幡)·증개(繒蓋)·향유(香油)·소등(酥燈)으로 경권을 공양(供養)하는 사람의 공덕은 무량하고 무변(無邊)하여 일체종지(一切種智)를 일으킨다.

아일다여! 만약 선남자 선여인이 내 수명이 영원함을 듣고 깊은 마음으로 이해(理解)하면, 이는 바로 부처님께서 항상 기사굴산(耆闍崛山)에 계시어 위대한 보살과 모든 성문(聲聞)에 둘러싸여 설법하시는 것을 볼 것이다. 또 사바세계(娑婆世界)의 대지(大地)가 유리(琉璃)로 되어 평탄(平坦)하고 평정(平正)하여 8도를 염부단금(閻浮檀金)으로 경계(境界)하며, 보배나무가 늘어서 있고 많은 누각(樓閣)이 모두 보배로 이루어지고 보살 대중들이 모두 그 안에 있는 것을 보게 될 것이다. 만약 이런 것을 관찰(觀察)하는 사람은 깊이 믿고 이해(理解)하는 모양임을 당연히 알아야 한다.

또 다시 여래가 멸도(滅度)한 후 만약 이 경전을 듣고 헐뜯지 않으면서 환희심(歡喜心)을 일으키는 사람도 깊이 믿고 이해하는 모양을 알아야만 하는데, 하물며 독송(讀誦)하고 수지(受持)하는 사람은 여래에게 예경(禮敬)해야 하는 줄 알게 된다.

아일다야! 선남자 선여인이 나를 위하여 다시 탑사(塔寺)를 일으키고 승방(僧坊)을 만들며, 사사(四事)로 모든 승려를 공양할 것도 없다. 왜냐하면 선남자 선여인이 이 경전을 수지 독송하면 이미 탑사를 일으키고 승방을 조립하여 모든 승려들에게 공양한 것이다. 이는 바로 부처님의 사리(舍利)로 칠보탑을 세우고 높이와 넓이가 점점 작아지면서 범천(梵天)에 이르고 모든 당번(幢幡)과 모든 보령(寶鈴)을 달며, 꽃·향(香)·영락(瓔珞)·말향(末香)·도향(塗香)·소향(燒香)·중고(衆鼓)·기악(伎樂)·소(簫)·적(笛)·공후(箜篌)의 갖가지 무희(舞戲)와 미묘한 음성으로 노래 불러 찬탄

(讚歎)하며 무량한 천만억겁을 공양하는 게 된다.

　아일다여! 내가 멸도(滅度)한 후에 이 경전을 듣고 수지(受持)하고 스스로 쓰고 다른 사람에게 쓰도록 가르치면 승방(僧坊)을 기립(起立)한 것이며, 붉은 전단향나무로 모든 전당(殿堂) 32칸을 지었으니 높이는 8다라수(多羅樹)이며, 높고도 넓어서 장엄(莊嚴)하고 훌륭하며, 백천(百千)의 비구들이 그 속에 머물면서 동산과 숲, 그리고 욕지(浴池)와 경행(經行)하는 곳과 선굴(禪窟)이 있으며, 의복(衣服)과 음식, 침구(寢具)와 탕약(湯藥), 일체의 악기(樂器)를 그 속에 충만(充滿)하게 갖추고 있다. 이와 같은 승방과 당각(堂閣)이 백천만 억으로 그 수를 헤아릴 수 없으며, 이로써 나와 비구승(比丘僧)에게 공양함이 된다. 그러므로 내가 말하기를 '여래가 멸도한 후, 만약 이 경전을 수지하고 독송하면서 남을 위하여 설법하거나 스스로 쓰면서 다른 사람에게 쓰게 하거나 경전을 공양(供養)하면, 탑사(塔寺)를 일으키거나 승방을 건립(建立)하지 않고 모든 승려에게 공양하지 않아도 된다.'고 하였다. 하물며 다시 사람들이 이 경전을 수지하고 겸하여 보시(布施)와 지계(持戒), 인욕(忍辱)과 정진(精進), 일심(一心)과 지혜(智慧)를 실천하면 그 덕은 매우 훌륭한 것이니 무량하고 무변하다. 비유하면 허공과 같아 동서남북(東西南北)과 사유(思惟)와 상하가 무량하고 무변하여 이런 사람의 공덕(功德)은 역시 무량하고 무변하여 빨리 일체종지(一切種智)에 이른다. 만약 사람들이 이 경전을 독송(讀誦)하고 수지(受持)하면서 다른 사람을 위해 설법(說法)하며, 만약 스스로 쓰거나 다른 사람에게 쓰게 하거나 다시 탑사를 건립하거나 승방을 건립하며 성문(聲聞)과 모든 승려들을 공양하고 찬탄(讚歎)하며 또한 백 천 만억으로 찬탄하는 법과 보살의 공덕(功德)과 또 다른 사람을 위하여 갖가지 인연으로 뜻에 따라 이 법화경을 해설하고 다시 청정(淸淨)히 지계(持戒)하고 유화(柔和)한 사람들과 함께 머무르면서 인욕(忍辱)하면서 성내지 않으면서 의지(意志)와 생각이 견고(堅固)하면서 좌선(坐禪)을 귀하게 여기어 모든 깊은 선정(禪定)을 증득하면서 모든 선법(善法)을 총섭(總攝)하려고 용맹정진(勇猛精進)하면서 영리한 지혜로 옳게 어려운 질문에 대답한다.

아일다야! 만약 멸도한 후 모든 선남자 선여인이 이 경전을 수지하고 독송하면, 또 이와 같은 여러 올바른 공덕으로 이 사람은 도량으로 이미 취향(趣向)하여 아뇩다라삼먁삼보리에 가까이 가서 보리수 아래에 앉은 것이다.

아일다야! 이런 선남자 선여인은 앉거나 서거나 걸어가는 곳에서 당연히 탑사를 기공(起工)하고 일체 천인(天人)모두가 부처님의 탑에 공양한 것과 같다."

그때에 세존께서 다시 이 뜻을 선양하려고 게송으로 말씀하셨다.

만약 내가 멸도(滅度)한 후에
이 경전을 받들어 수지하면
이 사람은 복이 무량(無量)함이
위에 말한 것과 같다.
이는 일체의 모든 공양을 구족(具足)함이며,
사리로 탑사(塔寺)를 기공(起工)하고
칠보로 장엄함이라.

불탑(佛塔)은 매우 넓고 넓으며
점점 작아져 범천(梵天)에 이른다.
천 만억의 보령(寶鈴)들은
바람이 흔들려 신묘한 소리를 낸다.
또 무량한 겁에 이 탑사에 공양하며
꽃 · 향(香) · 모든 영락(瓔珞)
천의(天衣) · 모든 기악(伎樂)

향유(香油)와 소등(酥燈)을 태워
주위를 항상 밝게 비추며,

악세(惡世)에 말법(末法) 시대(時代)에
이 경전을 수지하는 사람은
이미 위에서 말한 것과 같이
모든 공양구를 구족하였다.
만약 이 경전을 수지하면
부처님과 함께 있는 것과 같다.

우두전단 향나무로
승방(僧坊)을 기공하여 공양한다.
당각(堂閣)은 32칸 높이는 8다라수(多羅樹),
훌륭한 음식과 미묘한 의복
침구들을 모두 갖추고
거처하는 백천 중생, 동산과 연못들

경행(經行)하는 길과 선실(禪室)이
갖가지로 장엄하고 훌륭하며,
만약 믿고 이해하는 마음이 있으면서
책을 수지하고 독송하며,
다시 다른 사람에게 책을 가르치거나
경권(經卷)을 공양하며,
화향(華香)과 말향(末香)을 뿌리거나

수만(須曼) · 첨복(瞻蔔)

아제목다가 · 훈유(熏油)에 항상 불을 밝힌다.

이처럼 공양하는 사람은

무량한 공덕(功德)을 획득하여

허공(虛空)과 같이 무변하며

그 복덕 역시 이와 같다.

하물며 다시 이 경전을 수지하고

겸하여 보시(布施)하고 지계(持戒)하며,

인욕(忍辱)과 선정(禪定)을 즐기며,

성내거나 악한 말도 하지 않으며,

탑묘(塔廟)를 공경하고

모든 비구들에게 겸손(謙遜)하며,

스스로 공고(功高)한 마음도 저버리고

항상 지혜(智慧)를 사유(思惟)하며,

어렵게 질문하여도 성안내고 수순하게 해설하며,

이런 수행을 실천(實踐)한다면

공덕을 헤아릴 수 없다네.

만약 이런 법사(法師)를 보면

이와 같은 덕을 성취하여

하늘 꽃을 흩어주고 천의(天衣)를 몸에 입혀주며,
머리를 발에 대는 예경(禮敬)을 일으키는 마음은
부처님을 생각하는 것과 같다.

또 이런 생각을 하는데,
'머지않아 보리수를 참예(參詣)하여
번뇌가 없는 무위(無爲)를 획득하여
모든 인천을 널리 이익하게 하리라.'고
생각해야 한다.
그 법사가 머무는 곳에서
경행(經行)하거나 앉거나 서거나
한 게송을 말할 때에도
그 속에서는 탑사가 기공(起工)되리니.

장엄(莊嚴)하고 미묘하게 훌륭하며
갖가지로 공양(供養)하면,
불자(佛子)는 이곳에 머물면서
부처님을 수용(受用)할 것이니
항상 그 속에 있으면서
경행(經行)하고 앉거나 눕게 된다네.

1) 稱揚: 추켜세워 올림.

2) 眞常: 진상(眞象)과 같은 뜻으로 실상(實相)을 말한다.

3) 助揚: 양기(陽氣)를 도움.

4) 頂戴: 경례(敬禮), 또는 은혜에 감사함.

5) 大會: 법화경을 설법(說法)하는데 참가한 대중들을 말한다.

6) 長遠: 장(長)은 영(永)으로 해석한다.

7) 阿逸多(Ajita): 미륵보살(彌勒菩薩)을 말한다.

8) 無生法忍(anutpatika-dharma-kṣānti): 무생인(無生忍)이라고도 하며, 무생무멸(無生無滅)의 도리(道理)를 깨달은 것을 말한다. 인(忍)은 체인(體認), 또는 증득(證得)을 말한다.

9) 聞持陀羅尼門: 무생(無生)을 증득(證得)하고 교법(敎法)을 듣고는 기억(記憶)하여 잃지 않는 것을 말한다. 다라니(dharani)는 총지라고 번역하며 기억하고 잃지 않는 능력을 말하며, 동시에 불가사의한 능력을 가지고 있는 주문이다.

10) 一世界微塵數: 한 세계를 마멸(磨滅)하여 이루어진 미진의 수량을 말한다.

11) 樂說無礙辯才(pratibhāna pratisaṃvid): 사무애변재(四無礙辯才)의 하나로 변설(辯舌)하는 능력이 있다. 흔쾌히 받아들여서 선교(善巧)하게 설명하는 것을 말한다.

12) 旋陀羅尼: 선(旋)은 회전(回轉)을 의미하여 다라니를 회전하는 것을 차바퀴에 비유하여 특별히 기억(記憶)하는 것을 말한다. 즉 다라니로 모든 법문을 통달(通達)하는 것을 의미한다.

13) 三千大千世界: 하나의 세계를 1,000개 모은 것을 소천세계(小千世界), 소천세계 1,000개 모은 것을 중천세계(中千世界), 중천세계 1,000개를 모은 것을 대천세계(大千世界)라 하는데, 하나의 대천세계에는 또 소천(小千), 중천(中千), 대천(大千) 3종류의 1,000세계가 건립되어 있으므로 삼천대천세계라고 한다.

14) 二千中國土: 중천세계.

15) 八生: 팔지(八地)라고도 한다. 불교에서 불법(佛法)을 수습하는 과정이 있는데, 여기에서 난승지(難勝地)와 현전지(現前地)를 말하는데, 그러나 여기서는 8번 세상에 태어났다는 게 더 정확한 듯하다.

16) 四四天下: 4개의 사천하(四天下)라는 뜻으로 사대주(四大洲)라고도 한

다. 4대주는 동승신주(東勝身洲: Pūrva-videha), 서우화주(西牛貨洲: Apara-godāniya), 남섬부주(南贍部洲: Jambu-dvīpa), 북구로주(北瞿盧洲: Uttara-kuru)라고 한다. 즉 이는 전 인류라는 의미이다. 남섬부주는 염부제(閻浮提)라고도 하며, 사람들이 거주(居住)하는 곳이다.

17) 得大法利: 대승불법(大乘佛法)의 이익 되는 것을 획득(獲得)한 것을 말한다.

18) 垂: 천의(天衣) 위에 수놓아진 것을 말한다.

19) 摩尼珠: 청결무구(淸潔無垢)한 보배를 말한다.

20) 如意珠瓔珞(cintāmaṇi): 여래의 불사리(佛舍利)로 조성된 것이라 말하고 있다.

21) 九方: 아래 방향을 제외(除外)한 사방(四方)과 사유(四維) 그리고 위 방향을 말한다.

22) 周至: 충만(充滿)의 의미이다.

23) 無量頌: 무수한 노래를 말한다.

24) 旋總持: 선다라니(旋陀羅尼)와 같은 의미이다.

25) 大千界: 삼천대천세계(三千大千世界)의 약칭(略稱)이다.

26) 隨數生: 각자 경과(經過)한 사대주(四大洲)의 수목(數目)에 상응(相應)한 지위(地位)를 말한다. 수(隨)는 상응(相應)을 말한다.

27) 釋梵: 제석(帝釋)과 범천왕(梵天王)을 말한다.

28) 繽紛: 어지러이 흩어지는 것을 말한다.

29) 無上心: 최고 불법(佛法)의 심원(心願)을 수습(修習)하는 것을 말한다.

30) 一念信解: 일(一)은 확신(確信)을 의미한다. 일념(一念: eka-citta), 신해(信解: adhimukti)로 한 순간에 부처님의 말씀을 믿고 이해하였다는 말이다.

31) 五波羅蜜: 반야바라밀(般若波羅蜜)을 제외한 다섯 가지 피안(彼岸)에 도달할 수 있는 수행 방법을 말한다.

32) 檀波羅蜜(dana-paramita): 보시바라밀(布施婆羅蜜)을 말한다.

33) 尸羅波羅蜜(sila-paramita): 지계바라밀(持戒波羅蜜)이다.

34) 羼提波羅蜜(ksanti-paramita): 인욕바라밀(忍辱波羅蜜)이다.

35) 毘梨耶波羅蜜(virya-paramita): 정진바라밀(精進波羅蜜)이다.

36) 禪波羅蜜(dyana-paramita): 선정바라밀(禪定波羅蜜)이다.

37) 般若波羅蜜(prajna-paramita): 지혜바라밀(智慧波羅蜜)이다.

38) 前功德: 법화경을 신봉(信奉)하는 공덕을 말한다.

39) 乃至算數譬喩所不能知: 다섯 바라밀을 수습한 공덕(功德)은 법화경(法

華經)을 믿고 수지한 공덕에 비하면 적다는 것을 말하고 있음이다.

40) 退: 불법을 신수(信受)하는 마음에서 물러나는 것을 말한다. 여기서는 법화경을 신수하지 않음을 말한다.

41) 是處: 정학한 것을 말한다. 시(是)는 정확(正確)을 말한다.

42) 上服: 매우 좋은 옷을 말한다.

43) 迴向: 귀의(歸依)를 말한다.

44) 持: 수지(受持) 또는 준수(遵守)를 말한다.

45) 住於調柔地: 유화한 성품을 가지고 있음을 말한다. 조는 유화(柔和)와 순종(順從)을 말한다.

46) 盡: 완전하게 명백(明白)한 것을 말한다.

47) 頂受: 정례(頂禮)와 신수(信受)를 말한다.

48) 我: 법화경을 신수(信受)하는 자신을 말한다.

49) 趣: 취지(趣旨). 함축(含蓄)하고 있는 의의(意義).

50) 起: 생산(生産). 구족(具足)하게 갖추고 있음을 말한다.

51) 繒蓋: 실을 얽어서 만든 산개(傘蓋). 증(繒)은 견직물의 총칭(總稱)이다.

52) 香油: 고대 북방에서 지마(芝麻)의 기름이 향유(香油)였다. 즉 방향(芳香)의 기름이라고 이해하면 된다.

53) 酥燈: 소유(酥油)를 연료(燃料)로 하는 등불.

54) 一切種智(buddhajñāna): 전능한 지혜를 갖춘 사람으로 부처님의 지혜를 말한다.

55) 深心信解: 글자의 의미를 통달하였다는 의미이다. 마음이 깊다는 것은 확신(確信)을 말한다. 범본(梵本)에는 adhyāśayena adhimucyate 로 되어 있다.

56) 耆闍崛山: 서품(序品)을 참고.

57) 閻浮檀金: 황금을 말한다. 염부(閻浮)는 나무의 이름이며, 그 나무숲에는 강이 있는데 강에 있는 사금(砂金)을 말하여 염부단금(閻浮檀金)이라 한다.

58) 八道: 8가지 갈래 길을 말한다.

59) 寶成: 보배를 이용하여 장식(裝飾)한 것을 말한다.

60) 相: 표현(表現)을 말한다.

61) 毀呰: 헐뜯는 것을 말한다. 매욕(罵辱)을 말한다.

62) 頂戴如來: 여래와 함께 있는 것이다. 정대(頂戴)는 용(用)이 머리 꼭대기에 있음이다.

63) 僧坊: 승방(僧房)과 같다. 승려가 거주하며 수행하는 곳이다.

64) 四事: 음식(飮食), 의복(衣服), 침구(寢具), 의약(醫藥)을 말한다. 일상생활에서 필요한 물품이다.

65) 爲: ～로 간주한다. ～와 같다.

66) 漸小: 칠보(七寶)의 불탑(佛塔)이 높아질수록 점점 작아지는 것을 말한다.

67) 箜篌(vinā): 악기의 이름이다.

68) 唄讚: 불교에서 승려들이 부처님의 공덕(功德)을 노래하는 것을 말한다. 패(唄)는 범어로 노래를 말한다.

69) 赤栴檀(rohitacandana): 적색(赤色)을 띤 전단향(栴檀香)을 말한다.

70) 八多羅樹: '多羅(tala)'는 고대 인도의 높이를 나타내는 단위이다. 일다라수(一多羅樹)의 8배의 높이를 가진 다라수이니 정확한 높이를 측정하기 어렵다. 다라수의 높이가 70~80척(尺)에 달한다고 한다.

71) 經行: 걸어 다니는 것을 말하는데, 여기서는 경내(境內)를 말한다.

72) 禪窟: 조용한 선방(禪房)을 말한다.

73) 床褥: 침구(寢具)를 말한다.

74) 一心: 선정(禪定)을 말한다. 마음이 전일한 상태이다,

75) 勝: 성대(盛大)함을 말한다.

76) 四維: 사우(四隅)라고도 하며, 북동(北東) 북서(北西), 남동(南東), 남서(南西)를 말한다.

77) 疾至: 빨리 획득(獲得)하는 것을 말한다.

78) 同止: 같이 거처(居處)하는 것을 말한다.

79) 貴: 귀중(貴重)함. 중시(重視)함.

80) 深定: 깊이 선정 상태에 들어간 것을 말한다.

81) 攝: 섭취(攝取), 학습(學習)을 말한다.

82) 趣: 취향(趣向), 주향(走向)의 뜻이다.

83) 道樹: 보리수(菩提樹)를 말한다.

84) 是則爲: '～과 같다'는 뜻이다. '시(是)'는 대명사로 법화경을 수지하는 행위(行爲)이며, 위(爲)는 '～과 같다'는 뜻이다.

85) 表刹: 불탑으로 '표(表)'는 탑 정상의 표간(標竿)을 말하고 '찰(刹)'은 불탑(佛塔)을 말한다.

86) 現在: 같이 있음을 말한다.

87) 牛頭栴檀: 전단향(栴檀香)의 한 종류이다. 고대 인도 산봉우리에서 형

상(形狀)이 소머리와 같은 모양의 전단향(栴檀香) 나무가 있었는데 이를 우두전단이라고 한다.

88) 上饌: 매우 훌륭한 음식을 말한다. 찬(饌)은 음식을 말한다.

89) 須曼(Sumanas): 나무 이름이다. 이 나무에서 피는 꽃은 흰색으로 향기가 매우 강하다.

90) 瞻蔔(Campaka): 꽃 이름이다. 첨박가(瞻博迦), 전파가(旃簸迦)라고도 한다. 울금화(鬱金花)를 말한다.

91) 阿提目多伽(Atimuktaka): 식물의 이름으로 의역하면 선사유화(善思惟花)이다. 옛날에는 속칭 호마(胡麻)라고 하였다.

92) 薰油: 향유(香油)로, 향기(香氣)를 말한다.

93) 謙下諸比丘: 비구들 앞에서 겸손하고 공경(恭敬)함을 말한다.

94) 隨順: 근거(根據)에 순응(順應)하는 것을 말한다.

95) 生心如佛想: 법화경을 수지(受持)한 법사를 보았을 때에는 마음에서 부처를 본 것과 같은 모양을 일으킨다는 말이다.

96) 無漏無爲: 최고의 불법(佛法)을 말한다. 즉 삼계(三界) 번뇌를 단제(斷除)하는 것은 무루지(無漏智)이고 영원불변한 절대 진리는 무위법(無爲法)이다.

97) 佛子: 법화경을 수지(受持)한 제자를 말한다.

98) 則是佛受用: 법화경을 수지한 제자들은 탑묘(塔廟)에 있어서 중생들의 갖가지 공양을 수용(受用)하면서 실제로 부처님께 친근(親近)한 채 이런 공양을 누릴 수가 있다는 것을 말한다.

묘법연화경 제6권(妙法蓮華經第六卷)

수희공덕품 제십팔(藥草喩品第十八)

原文

前品分別聞說壽量功德 自此至法師不輕三品
廣顯聞持正宗功德 隨功淺深有暫持圓持精持之
序 次第廣顯自暫持始也 言隨喜者 謂未能一心
聽讀如說修行 但隨其所聞喜爲人說 隨其所教
喜須臾聞 亦獲勝福 故爲暫持功德

해석

분별공덕품(分別功德品)은 수량공덕(壽量功德)을 듣고 설법
하였으며, 이로부터 법사공덕품(法師功德品)과 상불경보살
품(常不輕菩薩品)에 이르기까지 3품은 널리 듣고 수지한 정
종(正宗)의 공덕을 현시(顯示)하며, 공덕의 천심(淺深)을 따
라 잠깐 수지(受持)하는 것과 원만(圓滿)하게 수지하는 것과

정밀(精密)하게 수지하는 것의 순서(順序)가 있다. 순서에 따라 널리 현시하는 것은 잠깐 수지하는 것으로부터 시작한다. 수희(隨喜)라고 하는 것은 일심(一心)으로 듣고 독송(讀誦)하며, 설법한 바와 같이 수행하지는 못하지만 들은 바를 따라 기뻐하면서 사람들을 위하여 설법하며, 그 가르치는 바에 따라 잠시 동안이라도 기뻐하면 또한 수승(殊勝)한 복을 획득(獲得)하므로 잠시 동안 수지한 공덕이라고 한다.

原文

讚曰 施三檀[1]滿僧祇[2] 福有求而功劣 持此經演一部 德不孤而果勝 若能聞經轉敎 雖至五十亦圓 何况親聞正法 復能如說修行 發生智慧光明流出眞如妙用 徹覺皇[3]之本源 豁悟[4]道之眼目所以詣僧坊而專門[5] 感生人天 勸他人而分座 轉身釋梵 自利利物無窮 己轉轉他不息 生生六根完具 世世諸天景仰[6]爲甚如此 迦陵頻迦勝諸鳥在地好堅茅百圍 頌曰

檀度僧祇七寶功　　還如仰箭射虛空
此經暫聽兼圓轉　　報勝河沙妙莫窮

기리며 말하였다.

보시(布施)한 셋이 아승기겁(阿僧祇劫)을 채워도 복을 구함에 있으면 공덕(功德)은 많지 않으며, 이 경전을 수지하고 한 부분이라도 연설(演說)하면 덕은 외롭지 않아 결실(結實)은 수승하리라. 만약 경전을 듣고 윤전(輪轉)하여 가르치는 게 비로소 50번에 이르러도 원만(圓滿)한데 하물며 정법(正法)을 친히 듣는 것이겠느냐? 다시 말한 것과 같이 수행하면 지혜광명(智慧光明)이 일어나 진여묘용(眞如妙用)을 유출(流出)하리라. 부처님의 본원에 철저하고 도의 안목을 훤히 깨달으면 승방을 참예(參詣)하고 전문(專門)하여 중생과 인천(人天)이 감동하고 타인에게 권하여 분좌(分座)하면 몸이 전변(轉變)하여 석범(釋梵)이라네. 자리이타(自利利他)가 무궁하고 자기를 전변하여 타인을 전변하는 게 그치지 않으면 중생이 살아가면서 육근(六根)을 온전히 구족하고 세세(世世)에 모든 제천(諸天)들이 경앙(景仰)하는 바가 이렇게 된다.

가릉빈가(迦陵頻伽)와 같은 훌륭한 새가

대지에 있으면서 마음이 편하고 견고하여 100번의 띠를 이루었네.

게송으로 말하기를,

보시하며 헤아리는 아승기(阿僧祇)의 칠보 공덕은

돌이키면 위를 쳐다보며

허공에 화살을 쏜 것과 같으며,

이 경전을 잠시 듣고

아울러 원만(圓滿)하게 윤전하면

과보(果報)의 수승함이 항하사의 모래와 같아

궁구(窮究)하지도 못한다.

⑴ 법화경을 신수(信受)하고 선양(宣揚)하면 무량한 공덕을
성취(成就)하여 내세(來世)에 복보(福報)를 받게 된다.

原文

爾時 彌勒菩薩摩訶薩白佛言 世尊 若有善男
子 善女人 聞是法華經隨喜⁷⁾者 得幾所⁸⁾福
而說偈言

世尊滅度後　其有聞是經
若能隨喜者　爲得幾所福

爾時 佛告彌勒菩薩摩訶薩 阿逸多 如來滅後
若比丘 比丘尼 優婆塞 優婆夷 及餘智者⁹⁾若長
若幼 聞是經隨喜已 從法會出 至於餘處 若在僧
坊 若空閑地 若城邑 巷陌 聚落 田里 如其所聞
爲父母 宗親¹⁰⁾ 善友 知識¹¹⁾ 隨力¹²⁾ 演說 是諸人
等 聞已隨喜 復行轉敎 餘人聞已 亦隨喜轉敎
如是展轉 至第五十¹³⁾
阿逸多 其第五十善男子 善女人 隨喜功德 我
今說之 汝當善聽 若四百萬億阿僧祇世界 六
趣¹⁴⁾四生¹⁵⁾衆生 卵生 胎生 濕生 化生 若有形¹⁶⁾

無形¹⁷⁾ 有想¹⁸⁾ 無想¹⁹⁾ 非有想²⁰⁾ 非無想²¹⁾ 無足²²⁾ 二足²³⁾ 四足²⁴⁾ 多足²⁵⁾ 如是等在衆生數者 有人求福 隨其所欲娛樂之具 皆給與之 一一衆生 與滿²⁶⁾閻浮提金 銀 琉璃 車璩馬腦 珊瑚 虎珀 諸妙珍寶 及象 馬車乘 七寶所成宮殿樓閣等 是大施主 如是布施滿八十年已 而作是念 我已施衆生娛樂之具 隨意所欲 然此衆生 皆已衰老年過八十 髮白面皺 將死不久 我當以佛法而訓導之 卽集此衆生 宣布法化²⁷⁾ 示敎利喜 一時皆得須陀洹²⁸⁾道 斯陀含²⁹⁾道 阿那含³⁰⁾道 阿羅漢³¹⁾道 盡諸有漏³²⁾ 於深禪定皆得自在 具八解脫³³⁾ 於汝意云何 是大施主所得功德寧³⁴⁾爲多不

彌勒白佛言 世尊 是人功德甚多 無量無邊 若是施主 但³⁵⁾施衆生一切樂具 功德無量 何況令得阿羅漢果

佛告彌勒 我今分明語汝 是人以一切樂具³⁶⁾ 施於四百萬億阿僧祇世界六趣衆生 又令得阿羅漢果 所得功德 不如是第五十人 聞法華經一偈隨喜功德 百分 千分 百千萬億分 不及其一 乃至算數譬喩所不能知

阿逸多 如是第五十人展轉聞法華經隨喜功德

尚無量無邊阿僧祇 何況最初於會中聞而隨喜者
其福復勝[37] 無量無邊阿僧祇 不可得比

又 阿逸多 若人爲是經故 往詣僧坊 若坐 若立
須臾聽受 緣[38] 是功德 轉身所生[39] 得好上妙象
馬車乘 珍寶輦輿 及乘天宮[40] 若復有人於講法
處坐 更有人來 勸令坐聽 若分座令坐 是人功德
轉身得帝釋坐處 若梵王坐處 若轉輪聖王所坐
之處

阿逸多 若復有人 語餘人言 有經 名法華 可共
往聽 卽受其敎 乃至須臾間聞 是人功德 轉身得
與陀羅尼菩薩共生一處 利根智慧 百千萬世終
不瘖瘂[41] 口氣不臭 舌常無病 口亦無病 齒不垢
黑 不黃 不疎[42] 亦不缺落 不差 不曲 脣不下垂
亦不褰縮[43] 不麤澁[44] 不瘡胗[45] 亦不缺壞 亦不喎
斜[46] 不厚 不大 亦不黧黑[47] 無諸可惡 鼻不匾
[㔸][48] 亦不曲戾[49] 面色不黑 亦不狹長 亦不窊
曲[50] 無有一切不可喜相 脣舌牙齒悉皆嚴好 鼻
修[51]高直 面貌圓滿 眉高而長 額廣平正 人相具
足 世世所生 見佛聞法 信受敎誨

阿逸多 汝且觀是 勸於一人令往聽法 功德如
此 何況一心聽說 讀誦 而於大衆爲人分別 如說

修行⁵²⁾

해석

그때에 미륵보살마하살이 부처님께 여쭈었다.

"세존이시여! 만약 선남자·선여인이 법화경을 듣고 기뻐하면 얻게 되는 복은 어떻습니까?"

게송으로 말하기를,

세존이 멸도하신 후에 이 경전을 듣고
만약 기쁘게 받아들이면
받게 되는 복은 얼마나 됩니까?

그때에 부처님이 미륵보살마하살에게 말씀하셨다.

"아일다(阿逸多)야! 여래가 멸도한 후 비구(比丘)·비구니(比丘尼)·우바새(優婆塞)·우바이(優婆尼) 그리고 지혜 있는 사람과 장유(長幼)를 가리지 않고 이 경전을 듣고 수희(隨喜)하며, 법회를 나와 다른 곳에 가거나 승방(僧坊)에 있거나 조용한 곳에 있거나 성읍(城邑)과 촌락(村落)에 있거나 취락(聚落)과 마을 어디에서나 들은 바와 같이 부모·종친(宗親)·선우(善友)·지식(知識)을 위하여 힘닿는 대로 연설한다. 이 모든 사람들이 듣고 기뻐하며 그들이 또 다른 사람에게 가르쳐 주면 다른 사람들이 듣고는 역시 수희하며 가르침을 이어간다. 이와 같이 이어가는 게 50번에 이른다.

아일다야! 그 50번째 선남자·선여인의 수희(隨喜) 공덕(功德)을 내가 이제 말할 것이니 너희들은 귀담아 들어라.

만약 4백 만억 아승기 세계에 6취(趣)와 사생(四生)의 중생인 난생(卵生)·태생(胎生)·습생(濕生)·화생(化生)과 유형(有形)·무형(無形)·유상(有想)·무상(無想)·비유상(非有想)·비무상(非無想)과 무족(無足)·이족(二足)·사족(四足)·다족(多足) 등의 많은 중생들에게 어떤 사람이 복덕(福德)을 구하려고 그 바라는 욕망에 따라 오락 기구를 모두 나누어 준다. 그 하나하나의 중생들에게 염부제에 가득한 금(金)·은(銀)·유리(琉璃)·차거(車璩)·마뇌(馬腦)·산호(珊瑚)·호박(琥珀)과 같은 신묘(神妙)하고 진귀(珍貴)한 보배와 코끼리·말·수레와 칠보(七寶)로 만들어진 궁전(宮殿)과 누각(樓閣) 등을 준다. 이런 위대한 시주(施主)가 이렇게 하기를 80년을 채웠다고 생각하라.

'내가 이미 중생들에게 오락의 도구를 그들의 바라는 의도(意圖)대로 베풀었으나 이 중생들은 모두 노쇠(老衰)하여 80이 지나 머리는 희고 주름진 얼굴이니 오래지 않아 죽을 것이니, 내가 당연히 그들을 불법(佛法)으로 훈도(訓導)하리라.'

바로 이런 중생들을 모아서 불법(佛法)을 선포(宣布)하여 교화(敎化)하고 가르침을 보여서 이익 되고 기쁘게 하여 일시에 수다원도(須陀洹道)·사다함도(斯陀含道)·아나함도(阿那含道)·아라한도(阿羅漢道)를 획득하게 하면, 모든 번뇌를 다하고 깊은 선정(禪定)에 들어가 자재(自在)로움을 획득하여 팔해탈(八解脫)을 구비하게 하련다. 너희들 뜻은 어떠냐? 이 위대한 시주가 얻은 공덕은 어찌 많다고 하지 않겠느냐?”

미륵보살이 부처님께 여쭈었다.

“세존이시여! 이 사람의 공덕은 매우 많아서 무량(無量)하고 무변(無邊)합니다. 만약 이 시주가 중생들에게 일체 오락(娛樂) 기구(器具)를 베푼 것만으로도 공덕이 많은데, 하물며 아라한과를 획득하게 하였으니 더 말하면 무엇하겠습니까?”

부처님께서 미륵보살에게 말씀하셨다.

“내가 이제 너희들에게 분명히 말한다. 이 사람이 오락기구(器具)로 400만억 아승기 세계의 육취(六趣) 중생들에게 베풀고 또 아라한과를 증득(證得)하게 하여 획득한 공덕은 50번째 사람이 법화경(法華經)의 한 게송을 듣고 수희(隨喜)한 공덕의 100분의 일, 1,000분의 일, 내지 백천만억분의 일보다 못하며, 산수(算數)나 비유로도 미칠 수가 없다.

아일다야! 이와 같이 50번째 사람이 전전(展轉)하여 법화경을 듣고 수희한 공덕은 더욱 무량 무변한 아승기이거늘 하물며 최초에 법회에서 듣고 수희(隨喜)한 사람의 복덕은 더욱 수승(殊勝)하여 무량하고 무변한 아승기로도 비견(比肩)할 수가 없다.

또 아일다야! 만약 이 경전을 위하는 까닭에 승방(僧坊)에 참례(參禮)하여 앉거나 서서 잠시라도 들으면 이 공덕 때문에 몸을 전전(展轉)하여 태어나 훌륭한 코끼리를 타고 또는 진귀한 보배로 만든 수레를 타고 천궁(天宮)에 올라간다. 또 어떤 사람이 불법(佛法)을 강의하는 법회(法會)에 앉아 다른 사람들이 오면 권면(勸勉)하여 앉아서 듣게 하거나 자리를 나누어 앉게 하면 이 사람의 공덕은 몸을 전전(展轉)하여 제석천(帝釋天)에 앉게 되거나 혹은 범천왕(梵天王)이 앉은 자리나 전륜성왕(轉輪聖王)이 앉은 자리에 앉게 된다.

아일다야! 만약 어떤 사람이 말하기를 '법화경이라는 경전이 있으니 함께 듣자.'고 하여 그 가르침을 받아들이고 잠시 동안이라도 듣는다면 그 사람의 공덕은 몸을 전전(展轉)하여 다라니보살(陀羅尼菩薩)과 함께 한 곳에 태어나게 되어 총명(聰明)한 근기(根機)와 지혜가 있어 백천 만세에 끝내 벙어리가 되지 않고 입에서 추한 냄새가 나지 않으며, 혀는 항상 병이 없고 입도 병이 없으며, 치아(齒牙)에 때가 묻어 검어지지 않고 누렇게 되지도 않으며, 성글지도 않고 빠지지도 않으며, 굽거나 덧니도 없고 입술이 아래로 쳐지지도 않고 위로 말려 올라가지도 않으며, 거칠거나 부스럼이 나지 않고 또한 언청이나 삐뚤어지지도 않으며, 두텁거나 크지도 않고 또한 검지도 않으며, 여러 가지 악한 것이 없다. 코는 납작하지도 않고 삐뚤어지거나 굽지 않으며, 얼굴색은 검지 않고 좁고 길지도 않으며, 푹 들어가거나 비뚤어지지도 않으니 일체가 기쁨에 넘치는 상(相)이 아님이 없다. 입술·혀·치아가 모두 보기가 좋고 코는 길고 높고 곧으며, 얼굴이 원만(圓滿)하고 눈썹은 높고도 길며, 이마는 넓고 평정(平正)하게 사람의 상을 구족하면서 세세생생(世世生生) 나는 곳마다 부처님을 친견(親見)하여 불법(佛法)을 듣고 그 가르침을 믿고 받아들인다.

아일다야! 한 사람에게 권면(勸勉)하여 와서 불법을 듣게 한 공덕이 이와 같음을 관찰하였는데 하물며 오롯한 마음으로 설법하는 것을 듣고 독송(讀誦)하고 대중이 있는 곳에서 다른 사람을 위하여 분별(分別)하며 설법한 것처럼 수행함이겠느냐?"

(2) 위의 내용을 개괄적으로 게송 형식을 빌려 말하며, 다시 법화경을 신수(信受)하는 무량한 공덕을 강조한다.

原文

爾時世尊欲重宣此義 而說偈言

若人於法會　　得聞是經典
乃至於一偈　　隨喜爲他說
如是展轉敎　　至于第五十
最後人獲福　　今當分別之[53]

如有大施主　　供給無量衆
具滿八十歲　　隨意之所欲
見彼衰老相　　髮白而面皺
齒疎形枯竭　　念其死不久

我今應當敎　　令得於道果[54]
卽爲方便說　　涅槃眞實法
世皆不牢固　　如水沫泡焰[55]
汝等咸應當　　疾生厭離心[56]

諸人聞是法　　皆得阿羅漢
具足六神通　　三明八解脫
最後第五十　　聞一偈隨喜

是人福勝彼⁵⁷⁾　不可爲譬喩

如是展轉聞　其福尙無量
何況於法會　初聞隨喜者
若有勸一人　將引⁵⁸⁾聽法華
言此經深妙　千萬劫難遇

卽受敎往聽　乃至須臾聞
斯人之福報　今當分別說
世世無口患　齒不踈黃黑
脣不厚褰缺　無有可惡相

舌不乾黑短　鼻高修且直
額廣而平正　面目悉端嚴
爲人所喜見　口氣無臭穢
優鉢華⁵⁹⁾之香　常從其口出

若故詣⁶⁰⁾僧坊　欲聽法華經
須臾聞歡喜　今當說其福
後生天人中　得妙象馬車
珍寶之輦輿　及乘天宮殿

若於講法處　　勸人坐聽經
是福因緣得　　釋梵轉輪座
何況一心聽　　解說其義趣
如說而修行　　其福不可量

해석

　그때에 세존께서 거듭 이 뜻을 선양하시고자 게송으로
말씀하셨다.

　　만약 사람들이 법회(法會)에서 이 경전을 듣거나
　　한 게송(偈頌)이라도 수희(隨喜)하면서
　　다른 사람들을 위하여 설명(說明)하는데,
　　이처럼 전전(展轉)한 가르침이 50번에 이른다면
　　최후 사람이 얻은 공덕 이제 내가 분별하리라.

　　어떤 위대한 시주(施主)가 무량한
　　중생들께 공급하기를
　　80년 긴 세월 의도(意圖)하고 바라는 대로
　　만족시켜주었지만,
　　그 노쇠(老衰)한 모양과 백발과
　　주름진 얼굴을 보고

바짝 마른 모양 보면 죽을 날이
머지않았다 생각된다.

나는 마땅히 그들을 가르쳐서
도과(道果)를 성취하게 하리라.
방편으로 말하는 것은
열반(涅槃)인 진실한 법이며,
세간 모두는 견고(堅固)하지 못하면
물과 포말(泡沫)과 아지랑이와 같아
그대들 모두는 마땅히
속히 염리심(厭離心)을 일으켜라.

이 법을 들은 사람 모두가 아라한을 증득하고
육신통(六神通)·삼명(三明)·팔해탈(八解脫)을
구족하네.
최후의 50번째 사람이 한 게송(偈頌)을 듣고
수희(隨喜)하면
이 사람의 복덕(福德)은 시주(施主)를
초월(超越)하여 비유(譬喩)할 수가 없다.

이처럼 전전(展轉)하며 듣는 것도

한량(限量)없는 복덕인데,
하물며 법회(法會)에서 처음 듣고
수희(隨喜)함이겠느냐!
만약 한 사람에게 권면(勸勉)하여
법화경을 듣게 하면
이 경전은 심오(深奧)하고 미묘(微妙)하여
천만 겁에도 만나기 어렵다 말한다.

가르침을 받고서 가서 듣는 게 잠시 동안이라도
이 사람의 복보(福報)는
이제 내가 분별하여 말하리라.
세세(世世)에 입병이 없고
치아(齒牙)는 성글거나 누레지거나 검지 않으며,
입술은 두툼하지 않고 거칠지 않고
깨끗하여 나쁜 상도 없다.

혀는 마르거나 검거나 짧지 않으며
코는 높고 길면서 곧으며,
이마는 넓고 평정(平正)하며,
면목(面目)은 단정하고 장엄하며,
사람들이 즐겨 보게 하여도

입안에 더러운 냄새도 없으며,
우담바라 좋은 향기 항상 그 속에서 나온다.

그러므로 승방(僧坊)을 참예하여
법화경을 듣고자 하면서
잠깐 동안 듣고 환희(歡喜)하면
이제 그 복덕을 말하리라.
내세에 천인(天人) 속에 태어나서
훌륭한 코끼리와 말과 마차를 얻으며
진귀한 보배로 장식된 가마 타고
천궁전(天宮殿)에 들어가네.

불법(佛法)을 설법하는데 가면
사람들에게 권면(勸勉)하여 경전을 듣게 하니
이는 복덕의 인연으로 제석(帝釋)·범천(梵天)
전륜성왕(轉輪聖王)의 지위 획득(獲得)한다.
하물며 오롯한 마음으로 그 의취(義趣)를 해설하고
말한 것과 같이 수행하면
그 복덕은 헤아릴 수 없다.

1) 施三檀: 세 번의 보시를 말한다. 단(檀, dana)은 보시(布施), 단시(檀施)라고도 한다. 삼(三)은 재시(財施), 법시(法施), 무외시(無畏施)를 말한다.

2) 僧祇: 아승기(阿僧祇)의 준말.

3) 覺皇: 석가모니 부처님을 말한다.

4) 豁悟: 훤히 깨달음을 말한다.

5) 專門: 한 가지 부문에 국한(局限)하여 힘이나 마음을 오로지 함.

6) 景仰: 우러러 사모함.

7) 隨喜(anumodana): 불법을 믿으면서 환희심(歡喜心)이 따르게 되는 것을 말한다.

8) 幾所: 얼마, 몇의 뜻이다.

9) 餘智者: 기타 슬기로운 사람.

10) 宗親: 같은 성(姓)을 가진 친척(親戚).

11) 知識: 잘 알고 있는 사람.

12) 隨力: 다른 사람의 근성과 능력에 근거하는 것을 말한다. 한편으로 자기의 능력에 근거한다고도 한다.

13) 五十: 전법(傳法)을 전전(輾轉)한 게 50번째에 이른 것을 말한다.

14) 六趣(sad-gati): 중생이 윤회하는 여섯 가지의 세계로, 지옥(地獄)·아귀(餓鬼)·아수라(阿修羅)·축생(畜生)·인간(人間)·천상을 말한다. 육도(六道)라고도 한다.

15) 四生: 모든 생명체가 태어나는 방식으로, 4가지로 분류한다. ①난생(卵生: aṇḍa-ja): 새와 같이 알에서 태어나는 생명. ②태생(胎生: jarāyu-ja): 사람처럼 태에서 태어나는 생명. ③습생(濕生:saṃsveda-ja): 벌레처럼 축축하고 습한 곳에서 태어나는 생명. ④화생(化生:upapādu-ja): 의탁함이 없이 홀연히 태어나는 생명으로, 천상이나 지옥에 태어나는 생명이다.

16) 有形: 육체를 가진 존재로, 욕계(欲界)와 색계(色界)의 중생을 말한다.

17) 無形: 육체가 없는 중생으로, 무색계의 중생을 말한다.

18) 有想(saṃjñin): 의식(意識)이 있는 중생을 말한다.

19) 無想(asaṃjñin): 의식이 끊어진 중생으로, 멸진정(滅盡定)에 든 사람이다.

20) 非有想(saṃjñino-vā): 거친 번뇌가 모두 끊어진 중생.

21) 非無想(nāsaṃjñino-vā): 거친 번뇌는 끊어졌어도 미세한 번뇌가 남아 있는 중생.

22) 無足: 발이 없는 중생으로, 지렁이 뱀 등이다.

23) 二足: 사람을 말한다.

24) 四足: 네 발이 달린 짐승을 말한다.

25) 多足: 지네와 같이 발이 많이 있는 짐승을 말한다.

26) 與滿: 급족(給足)을 말한다.

27) 法化: 불법으로 교화(敎化)하는 것을 말한다.

28) 須陀洹(srota āpanna): 성문(聲聞) 4과의 첫 단계로, 깨달음에 처음 들어간 지위이다.

29) 斯陀含(sakṛd-agāmin): 성문 4과의 두 번째 단계로, 죽어서 한 번만 이 세상에 태어나는 경지이기 때문에 일래과(一來果)라고 의역(意譯)한다.

30) 阿那含(anāgāmin) 성문 4과의 세 번째 단계로, 욕계(欲界)에서 죽어 색계(色界), 무색계(無色界)에 태어나 다시 돌아오지 않는 경지이기 때문에 불래(不來)라고 의역한다.

31) 阿羅漢(arhan): 성문 4과의 마지막 단계로, 모든 악을 저버리고 다시 태어나지 않으며, 당연히 공양(供養)받아야 할 경지이기에 응공(應供), 불생(不生)이라 의역한다.

32) 有漏: 중생이 생사윤회를 벗어나는데 영향을 주는 모든 번뇌를 말한다.

33) 八解脫: 팔배사(八背捨)라고도 하며, 8가지의 선정(禪定)으로 소승의 선법이다. ①내유색상외관색(內有色相外觀色) ②내무색상외관색(內無色相外觀色) ③정배사신작증(淨背捨身作證) ④공처(空處) ⑤무소유처(無所有處) ⑥비상비비상처(非想非非想處) ⑦사무색정(四無色定) ⑧입멸진정(入滅盡定).

34) 寧: 어찌 ~ 하지 않겠느냐? 는 뜻이다.

35) 但: 다만의 뜻이다.

36) 樂具: 사람들에게 쾌락과 행복의 기구를 공급한 것으로 이를 락기(樂具)라고 한다.

37) 勝: 초과(超過)를 말한다.

38) 緣: ~ 때문에의 뜻이다.

39) 轉身所生: 내세(來世)에 다시 태어나는 것을 말한다.

40) 乘天宮: 천궁(天宮)에 들어가는 것이다. 즉 천신(天神)이 되는 것을 말한다.

41) 瘖瘂: 벙어리라는 뜻이다.

42) 踈: 성기다의 뜻이다.

43) 襄縮: 접혀서 오그라드는 것을 말한다.
44) 麤澁: 거칠고 꺼끄러운 것을 말한다.
45) 瘡胗: 부스럼을 뜻한다.
46) 喎斜: 삐뚤어진 것을 말한다.
47) 黧黑: 흑황색을 말한다.
48) 匾[匲]: 납작하거나 삐뚤어진 것을 말한다.
49) 曲戾: 굽어서 어긋나는 것을 말한다.
50) 窊曲: 오무라들어서 휜 것을 말한다.
51) 修: 장(長)의 의미이다.
52) 如說修行: 말한 것처럼 수행(修行)하는 것을 말한다.
53) 分別之: 획득하게 되는 복보(福報)를 구체적으로 상세하게 말하는 것이다.
54) 道果: 깨달음의 결과로 성불을 말한다.
55) 泡焰: 거품과 화염(火焰)을 말한다.
56) 疾生厭離心: 세속 생활을 혐오(嫌惡)하는 마음이 일어나 세속의 마음마저 저버리는 것을 말한다.
57) 彼: 위대한 시주(施主)
58) 將引: 안내하다의 의미이다.
59) 優鉢華: 우담바라이며, 상서화(祥瑞花)라고 의역한다.
60) 故詣: 목적의식을 가지고 참례한 것을 말한다.

묘법연화경 제6권(妙法蓮華經第六卷)

법사공덕품 제십구(法師功德品第十九)

前品隨喜暫持 在五種法師方得其一 未能一心
聽讀如說修行 則功未圓也 雖獲根智具足而未
及六千之報 則德未圓也 此品行人五種功備
六千德圓堪爲模範 故名品謂之法師 而爲圓持
功德 前法師品依持經人以彰圓記 此法師品依
持經人以彰圓德 名同義別 故加功德字別焉

앞 제십팔품의 수희공덕품(隨喜功德品)에서 수희(隨喜)는
잠시 수지(受持)하는 것이며, 다섯 종류의 법사(法師)는 바
로 하나를 증득하게 되고 일심(一心)으로 듣고 독송(讀誦)하
고 설법한 것과 같이 수행하지 못하여 공덕이 원만하지 않

다. 비록 근본적인 지혜를 획득(獲得)하고 구족(具足)하여도 6,000의 과보(果報)에 미치지 못하여 공덕이 원만(圓滿)하지 않음이다. 여기서는 수행하는 사람은 다섯 가지 공덕을 구비(具備)하고 6,000의 공덕을 원만히 감내(堪耐)하는 모범이 되므로 장(章)의 이름이 법사(法師)가 되었고 원만한 공덕을 이루었다. 이전의 법사품은 경전을 수지한 사람으로, 원만함을 밝혀 기록하였다. 여기 법사품은 경전을 수지한 것에 의해 원만한 덕을 밝힌 것이니, 이름은 같지만 뜻은 다르므로 공덕을 덧붙여서 달리 말하였다.

原文

讚曰 因勝果勝 世諦卽是妙法 功圓德圓色身應同法身 若能精持[1]不倦 成就功德難量 破塵出經卷 說塵中之蓮經 卽物證實相 拈物上之妙體 所以沙界[2]圓明 卽得六根清淨 無碍旋轉莊嚴 自他受用不盡 開佛知見 入佛知見 大地無纖毫隔碍要見麽 但當得本莫愁末 如淨瑠璃含寶月 頌曰

持經功德若宣揚　海墨塵毫未易量
父母所生清淨體　十方沙界遍圓彰

기리며 말하였다.

인과(因果)가 수승(殊勝)하고 세제(世諦)는 바로 미묘한 법이며, 공덕은 원만(圓滿)한 덕이고 원만한 색신(色身)이니 법신(法身)과 같다. 만약 정성스럽게 지니면서 게으르지 않으면서도 공덕을 성취한 것은 헤아리기 어렵다. 번뇌(煩惱)를 없애고 경권(經卷)을 벗어났으면서도 번뇌 속에 연화경(蓮華經)을 말하니, 바로 사물(事物)에서 실상(實相)을 증득함이며, 사물에서 미묘한 본체를 잡은 것이다. 그러므로 사계(沙界)가 원명(圓明)하면 육근(六根)이 청정함을 획득하고 무애(無碍)함이 선전(旋轉)하면서 장엄(莊嚴)하여 자타(自他)가 수용(受用)하는 데 그치지 않고 불지견(佛知見)이 개시(開示)하여 불지견에 증입(證入)하는 것으로 대지에는 조금도 막히는 게 없으니 무엇을 드러내는 게 중요한가?

다만 근본을 증득하면 지말적(支末的)인 것에서 근심할 게 없으며,

청정한 유리(瑠璃)는 보월(寶月)을 머금고 있다.

게송으로 말하기를,

경전을 수지한 공덕을 선양(宣揚)한다면
바다에 검은 티끌을

쉽게 헤아리지 못하는 것과 같다.
부모에게서 태어난 청정한 본체(本體)는
시방 사계(沙界)에 고르고 원만하게 밝구나.

⑴ 법화경을 수지하는 사람이 갖추게 되는 안근(眼根)의
  800공덕을 말하고 있다.

原文

爾時佛告常精進菩薩摩訶薩³⁾ 若善男子 善女
人 受持是法華經 若讀 若誦 若解說 若書寫 是
人當得八百眼功德⁴⁾ 千二百耳功德⁵⁾ 八百鼻功
德⁶⁾ 千二百舌功德⁷⁾ 八百身功德⁸⁾ 千二百意功德⁹⁾
以是功德 莊嚴六根¹⁰⁾ 皆令清淨¹¹⁾ 是善男子 善女
人 父母所生清淨肉眼 見於三千大千世界內外
所有山林河海 下至阿鼻地獄¹²⁾ 上至有頂¹³⁾ 亦見
其中一切衆生 及業因緣 果報生處 悉見悉知
  爾時世尊欲重宣此義 而說偈言

        若於大衆中   以無所畏心
        說是法華經   汝聽其功德
        是人得八百   功德殊勝¹⁴⁾眼
        以是莊嚴故   其目甚清淨

        父母所生眼   悉見三千界
        內外彌樓山¹⁵⁾   須彌及鐵圍¹⁶⁾

```
幷諸餘山林    大海江河水
下至阿鼻獄    上至有頂處
其中諸衆生    一切皆悉見
雖未得天眼¹⁷⁾  肉眼力如是
```

  그때에 부처님께서 상정진보살마하살에게 말씀하셨다.

  "만약 선남자·선여인이 이 법화경(法華經)을 수지(受持)하고 독송(讀誦)하거나 해설(解說)하면서 서사(書寫)하면, 이런 사람은 800개의 눈의 공덕(功德)과 1,200개의 귀의 공덕, 800개의 귀의 공덕과 1,200개의 혀의 공덕, 800개의 몸의 공덕과 1,200개의 뜻의 공덕을 획득하리니, 이 공덕으로 육근(六根)을 장엄하게 하여 모두 청정(淸淨)하게 한다. 이 선남자·선여인이 부모에게서 생겨난 청정한 육안(肉眼)으로 삼천대천세계의 안팎에 있는 산과 숲과 강과 바다를 보고 아래로는 아비지옥(阿鼻地獄)까지와 위로는 유정천(有頂天)까지에 이르며, 또한 그 속에 일체 중생을 모두 보고 아울러 업(業)의 인연(因緣)과 과보(果報)로 나는 곳을 모두 보아서 알고 있다."

  그때에 세존께서 이 뜻을 거듭 선양하시려고 게송으로 말씀하셨다.

만약 대중 속에서 두려움이 없는 마음으로
이 법화경을 설법한다면 너희들은
그 공덕을 귀담아 들어라.
이 사람은 800의 수승(殊勝)한 공덕을 획득하고
이런 장엄(莊嚴)으로
그 자신의 눈이 매우 청정해진다.

부모(父母)에게서 생긴 눈으로 삼천대천세계의
안팎의 미루산(彌樓山)과
수미산(須彌山)과 철위산(鐵圍山) 모두를 보고,
아울러 모든 숲과 산, 큰 바다와 강물을 모아서
아래로는 아비지옥(阿鼻地獄)에서 위로는
유정천(有頂天)에 이르기까지에
일체 모든 중생을 본다.
비록 천안(天眼)을 획득하지 못하였지만
육안(肉眼)의 능력은 이와 같다.

⑵ 법화경을 수지한 사람이 갖추게 되는 이근(耳根)의 1,200공덕을 말하고 있다.

原文

復次 常精進 若善男子 善女人 受持此經 若讀 若誦 若解說 若書寫 得千二百耳功德 以是淸淨 耳 聞三千大千世界 下至阿鼻地獄 上至有頂 其 中內外種種語言音聲 象聲 馬聲 牛聲 車聲 啼 哭聲 愁歎聲 螺聲 鼓聲 鍾聲 鈴聲 笑聲 語聲 男聲 女聲 童子聲 童女聲 法聲 非法聲[18] 苦聲 樂聲 凡夫聲 聖人聲 喜聲 不喜聲 天聲 龍聲 夜 叉聲 乾闥婆聲 阿修羅聲 迦樓羅聲 緊那羅聲 摩睺羅伽聲 火聲 水聲 風聲 地獄聲 畜生聲 餓 鬼聲 比丘聲 比丘尼聲 聲聞聲 辟支佛聲 菩薩 聲 佛聲 以要言之 三千大千世界中一切內外所 有諸聲 雖未得天耳[19] 以父母所生淸淨常耳[20] 皆 悉聞知 如是分別種種音聲而不壞耳根[21]

爾時世尊欲重宣此義 而說偈言

父母所生耳　　淸淨無濁穢
以此常耳聞　　三千世界聲

象馬車牛聲　　鍾鈴螺鼓聲
琴瑟箜篌聲　　簫笛之音聲

清淨好歌聲　　聽之而不著[22)]
無數種人聲　　聞悉能解了
又聞諸天聲　　微妙之歌音
及聞男女聲　　童子童女聲

山川嶮谷中　　迦陵頻伽[23)]聲
命命[24)]等諸鳥　　悉聞其音聲
地獄衆苦痛　　種種楚毒聲
餓鬼飢渴逼　　求索飲食聲

諸阿修羅等　　居在大海邊
自共語言時　　出于大音聲
如是說法者　　安住於此間
遙聞是衆聲　　而不壞耳根

十方世界中　　禽獸鳴相呼
其說法之人　　於此悉聞之
其諸梵天上　　光音及遍淨[25)]

乃至有頂天　　言語之音聲

法師住於此　　悉皆得聞之
一切比丘衆　　及諸比丘尼
若讀誦經典　　若爲他人說
法師住於此　　悉皆得聞之

復有諸菩薩　　讀誦於經法
若爲他人說　　撰集[26]解其義
如是諸音聲　　悉皆得聞之
諸佛大聖尊　　敎化衆生者

於諸大會中　　演說微妙法
持此法華者　　悉皆得聞之
三千大千界　　内外諸音聲
下至阿鼻獄　　上至有頂天

皆聞其音聲　　而不壞耳根
其耳聰利故　　悉能分別知
持是法花者　　雖未得天耳
但用所生耳　　功德已如是

"또 상정진보살(常精進菩薩)아! 만약 선남자·선여인이 이 경전을 수지(受持)하고 독송(讀誦)하고 해설(解說)하거나 서사(書寫)하면 1,200의 이근(耳根) 공덕을 획득한다. 이 청정한 귀로 삼천대천세계에서 아래로는 아비지옥에서부터 위로는 유정천에 이르기까지 그 안팎에 있는 갖가지의 음성과 소리를 듣는데, 코끼리·말·소·수레소리와 우는소리·한숨짓는 소리·나고(螺鼓)소리·종소리·방울소리·웃는 소리·말하는 소리·기쁘지 않는 소리·남녀(男女)의 소리·동자(童子)와 동녀(童女)의 소리·불법(佛法)의 말하는 소리·불법을 비방(誹謗)하는 소리·괴로운 소리·즐거운 소리·범부(凡夫)의 소리·성인(聖人)의 소리·기쁜 소리·기쁘지 않은 소리·하늘 소리·용의 소리·야차(夜叉) 소리·건달바(乾達婆) 소리·아수라(阿修羅) 소리·가루라(迦樓羅) 소리·긴나라(緊那羅) 소리·마후라가(摩睺羅伽) 소리·불이 타는 소리·물소리·바람소리·지옥 소리·축생계(畜生界)의 소리·아귀계(餓鬼界)의 소리·비구들의 소리·비구니들의 소리·성문계의 소리·벽지불계의 소리·보살계의 소리·부처님의 소리를 들을 것이다. 요약(要約)하여 말하자면 삼천대천세계에서 일체의 모든 소리를 비록 천이통(天耳通)을 증득하지 않았더라도 부모가 낳아준 청정한 귀로 모두 들어서 알게 된다. 이와 같이 갖가지 음성을 분별하면서도 이근(耳根)은 파괴되지 않는다."

그때에 세존께서 이 뜻을 거듭하여 선양하시고자 게송으로 말씀하셨다.

　　부모가 낳아준 귀가 청정하여
　　탁하거나 더럽지가 않아
　　이런 평상의 귀로 삼천대천세계의
　　소리를 듣는다.
　　코끼리 · 말 · 수레 · 소의 음성,
　　종과 방울 나고(螺鼓) 소리,
　　가야금과 비파소리, 공후(箜篌)의 소리,
　　소적(簫笛)의 소리,

　　청정(淸淨)하고 아름다운 노랫소리
　　듣고도 집착(執着)하지 않으며,
　　무수(無數)한 사람들 소리 들으면 모두 알아내며,
　　또 모든 하늘의 소리와
　　미묘(微妙)한 음악 소리 들으며,
　　남녀(男女)의 소리,
　　동자(童子)와 동녀(童女)의 소리,

산천(山川)의 깊은 계곡,

가릉빈가(迦陵頻伽) 새소리,

명명(命命)새와 모든 새들 그 음성을 모두 들으며,

지옥 중생의 고통 소리와

갖가지 고초(苦楚)와 독한 소리

아귀계(餓鬼界)의 기갈(飢渴)에서

핍박받으면서 음식을 찾는 소리,

모든 아수라(阿修羅)들 바닷가에 모여 앉아

서로 함께 말할 때에 큰 소리를 내어

이처럼 설법하는 사람은 여기에 머무르고

멀리서 이런 중생들의 소리 들어도

이근(耳根)이 손상(損傷)하지 않는다.

시방세계에서 금수(禽獸)들이 우는 소리

설법하는 사람은 이 모두를 듣고,

그 모든 범천 세계 광음천(光音天)과

편정천(遍淨天),

유정천(有頂天)에 이르기까지의 언어 음성들을

법사(法師)는 여기에 머물면서 모두를 듣는다.

일체 비구들과 많은 비구니들,
경전을 독송하고 다른 사람 위해 설법(說法)하면,
법사가 여기에 머물면서 그 소리를 다 듣는다.

또 모든 보살이 있으니 경전을 독송하고
다른 사람 위해 설법하고
그 뜻을 찬집(撰集)하여 해석하면
이와 같은 모든 음성 모두가 잘 들으며,
부처님이신 위대한 성존(聖尊)께서는
중생을 교화하려고

모든 큰 법회(法會)에서
미묘한 법을 연설하신다.
이 법화경을 수지하는 사람은
이를 모두 듣게 된다.
삼천대천세계 안팎의 모든 음성(音聲),
아래로는 아비지옥에서부터
위로는 유정천에 이르기까지

모두가 그 음성 듣고서도
이근(耳根)이 파괴하지 않는다.

그 이근은 총명(聰明)하고 예리(銳利)한 까닭에
모두를 분별하여 안다.
이 법화경을 수지하는 사람은 비록
천이통(天耳通)을 획득하지 못하여도
단지 부모가 주신 귀로 얻은 공덕은 이렇다.

(3) 이 법화경을 수지한 사람이 갖추게 되는 비근(鼻根)의
    800공덕을 말한다.

原文

復次 常精進 若善男子 善女人 受持是經 若讀
若誦 若解說 若書寫 成就八百鼻功德 以是淸淨
鼻根 聞於三千大千世界上下內外種種諸香 須
曼那華香²⁷⁾ 闍提華香²⁸⁾ 末利華香²⁹⁾ 瞻蔔華香³⁰⁾
波羅羅華香³¹⁾ 赤蓮華香 靑蓮華香 白蓮華香 華
樹香 菓樹香 栴檀香 沈水香³²⁾ 多摩羅跋香³³⁾ 多
伽羅香³⁴⁾ 及千萬種和香³⁵⁾ 若末 若丸 若塗香 持
是經者 於此間住 悉能分別 又復別知衆生之香
象香 馬香 牛羊等香 男香 女香 童子香 童女香
及草木叢林香 若近 若遠 所有諸香 悉皆得聞
分別不錯 持是經者 雖住於此 亦聞天上諸天之

香 波利質多羅³⁶⁾ 拘鞞陀羅樹香³⁷⁾ 及曼陀羅華
香³⁸⁾ 摩訶曼陀羅華香 曼殊沙華香 摩訶曼殊沙
華香 栴檀 沈水 種種末香 諸雜華香 如是等天
香和合所出之香 無不聞知

又聞諸天身³⁹⁾香 釋提桓因⁴⁰⁾在勝殿⁴¹⁾上 五欲娛
樂⁴²⁾嬉戲時香 若在妙法堂⁴³⁾上 爲忉利⁴⁴⁾諸天說
法時香 若於諸園遊戲時香 及餘天等男女身香
皆悉遙聞 如是展轉乃至梵世⁴⁵⁾ 上至有頂諸天身
香 亦皆聞之 幷聞諸天所燒之香 及聲聞香 辟支
佛香 菩薩香 諸佛身香 亦皆遙聞 知其所在 雖
聞此香 然於鼻根不壞不錯 若欲分別爲他人說
憶念⁴⁶⁾不謬

爾時世尊欲重宣此義 而說偈言

是人鼻清淨　　於此世界中
若香若臭物　　種種悉聞知
須曼那闍提　　多摩羅栴檀
沈水及桂香　　種種華菓香

及知眾生香　　男子女人香
說法者遠住　　聞香知所在

大勢轉輪王　　小轉輪及子
群臣諸宮人　　聞香知所在

身所著珍寶　　及地中寶藏
轉輪王寶女　　聞香知所在
諸人嚴身具　　衣服及瓔珞
種種所塗香　　聞香知其身

諸天若行坐　　遊戲及神變
持是法華者　　聞香悉能知
諸樹華果實　　及酥油香氣
持經者住此　　悉知其所在

諸山深嶮處　　栴檀樹花敷⁴⁷⁾
眾生在中者　　聞香皆能知
鐵圍山大海　　地中諸眾生
持經者聞香　　悉知其所在

阿修羅男女　　及其諸眷屬
鬪諍遊戲時　　聞香皆能知
曠野險隘處　　師子象虎狼

野牛水牛等　　聞香知所在

若有懷妊者　　未辯其男女
無根及非人　　聞香悉能知
以聞香力故　　知其初懷妊
成就不成就　　安樂産福子

以聞香力故　　知男女所念
染欲癡恚心[48]　亦知修善者
地中衆伏藏　　金銀諸珍寶
銅器之所盛　　聞香悉能知

種種諸瓔珞　　無能識其價
聞香知貴賤　　出處及所在
天上諸華等　　曼陀曼殊沙
波利質多樹　　聞香悉能知

天上諸宮殿　　上中下差別
衆寶花莊嚴　　聞香悉能知
天園林勝殿　　諸觀妙法堂
在中而娛樂　　聞香悉能知

諸天若聽法　　或受⁴⁹⁾五欲時
來往行坐臥　　聞香悉能知
天女所著衣　　好華香莊嚴
周旋遊戲時　　聞香悉能知

如是展轉上　　乃至於梵世
入禪出禪者　　聞香悉能知
光音遍淨天　　乃至于有頂
初生及退沒⁵⁰⁾　　聞香悉能知

諸比丘眾等　　於法常精進
若坐若經行　　及讀誦經法
或在林樹下　　專精而坐禪
持經者聞香　　悉知其所在

菩薩志堅固　　坐禪若讀誦
或爲人說法　　聞香悉能知
在在⁵¹⁾方世尊　　一切所恭敬
愍眾而說法　　聞香悉能知

眾生在佛前　　聞經皆歡喜

如法而修行　　聞香悉能知
雖未得菩薩　　無漏法生鼻[52]
而是持經者　　先得此鼻相[53]

"또 상정진보살(常精進菩薩)아! 만약 선남자·선여인이 이 경전을 수지(受持)하고 독송(讀誦)하거나 해설(解說)하며, 서사(書寫)한다면 800의 비근(鼻根) 공덕을 성취한다. 이 청정한 까닭으로 삼천대천세계 위와 아래 그리고 안팎의 여러 가지 향기를 맡게 된다. 수만나화(須曼那華)의 향기·도제화(闍提華)의 향기·말리화(末利華)의 향기·첨복화(瞻蔔華)의 향기·바라라화(波羅羅華)의 향기·붉은 연꽃의 향기·푸른 연꽃의 향기·흰 연꽃의 향기·화수향(花樹香)·과수향(菓樹香)·전단향(栴檀香)·침수향(沈水香)·다마라발향(多摩羅跋香)·다가라향(多伽羅香)과 천만 가지의 향기이며, 혹은 가루와 환(丸)으로 된 향기와 바르는 향기로 이 경전을 수지한 사람은 여기에서 모두를 분별할 수 있다. 또 중생들은 냄새를 분별할 수 있는데, 코끼리 냄새·말 냄새·소와 양들의 냄새·남자와 여자의 냄새·동자와 동녀의 냄새·초목 총림의 냄새를 가까이 있거나 멀리 있거나 가지고 있는 모든 냄새를 모두 맡고는 분별하는데 착오(錯誤)가 없다. 이 경전을 수지한 사람은 비록 여기에 머물러 있어도 또한 천상의 모든 하늘의 냄새를 알 수 있는데, 파리질다라(波利質多羅) 와 구비다라(拘鞞陀羅)나무의 향기, 만다라(曼陀羅) 꽃과 마 하만다라(摩訶曼陀羅) 꽃, 만수사(曼殊沙) 꽃과 마하만수사 (摩訶曼殊沙) 꽃의 향기, 전단향(栴檀香)과 침수향(沈水香), 갖 가지 말향(末香), 그리고 여러 가지 잡된 꽃향기, 이런 하늘 의 향기가 화합하여 풍겨 나오는 향기를 알지 못하는 게 없다.

또 천인(天人)들의 냄새도 맡을 것이니 석제환인(釋提桓因) 이 훌륭한 궁전에서 오욕락(五欲樂)을 즐기며 유희(遊戱)할 때의 냄새, 또 신묘한 법당에서 도리천(忉利天)의 중생들을 위하여 설법할 때의 냄새, 또 여러 동산에서 유희(遊戱)할 때 나는 냄새, 다른 나라 남녀들에게서 나는 냄새들을 멀 리서도 맡게 된다. 이처럼 전전(展轉)하여 범천(梵天)에 이 르고 위로는 유정천(有頂天)의 모든 천인(天人)의 냄새를 맡 고, 아울러 여러 하늘에서 태우는 향기도 맡는다. 이것이 성 문향(聲聞香)·벽지불향(辟支佛香)·보살향(菩薩香)·모든 부 처님 몸에서 나는 향기를 모두 멀리서도 맡으면 그 소재를 알고 있다. 이와 같이 향기를 맡을 지라도 비근(鼻根)은 파괴 되지 않고 착오가 없으니 만약 분별하여 다른 사람을 위하 여 연설하면 그 생각과 기억(記憶)이 오류(誤謬)가 없을 것이다."

　그때에 세존께서 이 뜻을 거듭 선양하시려고 게송으로
말씀하셨다.

　　　이 사람의 비근(鼻根)은 청정하여 이 세계에서
　　　향기와 물건 냄새를 갖가지로 모두 맡으며,
　　　수만나 · 도제꽃 향기 · 다마라향 · 전단향
　　　침수향 · 계향(桂香) 그리고 갖가지 꽃과 과일 향기

　　　중생의 냄새, 남녀의 냄새도 알며,
　　　설법하는 사람이 멀리 있어도
　　　향기를 맡고 소재(所在)를 알게 된다.
　　　대전륜왕(大轉輪王) · 소전륜왕(小轉輪王)
　　　그리고 그들의 아들과
　　　군신(群臣)과 모든 궁인(宮人)들도
　　　향기를 맡고 소재를 알게 된다.

　　　몸에 지닌 진귀한 보배, 땅 속의 보물까지
　　　전륜왕의 궁녀들은 냄새를 맡고 소재를 안다.
　　　여러 사람 장신구(裝身具)와 의복과 영락(瓔珞),
　　　갖가지로 바른 향을 냄새를 맡고 알아낸다.

천신(天神)이 걷거나 앉아서
유희(遊戲)하며 신변(神變)함을
법화경을 수지한 사람은
냄새를 맡고 모든 것을 알 수가 있다.
모든 나무의 꽃과 열매, 소유(酥油)의 향기까지
경을 수지하고 있으면 모두 그 소재를 알 수 있다.

깊고 험준(險峻)한 산속에서
전단향(栴檀香) 꽃이 피면
그 속에 중생이 있더라도
향기를 맡고 알아낸다.
철위산(鐵圍山) 큰 바다나 땅 속의 여러 중생들도
경전을 자진 사람이 냄새를 맡고
그 소재를 알게 된다.

아수라(阿修羅)의 남녀들과 그 모든 권속(眷屬)들이
투쟁(鬪爭)하고 유희(遊戲)할 때에는
향기를 맡고 모두 알 수가 있다.
거친 광야(曠野)의 험악한 곳에서
사자·코끼리·호랑이·이리·들소·물소들이
있는 곳을 냄새 맡고 알아낸다.

회임(懷妊)한 여인이 있으면
남녀(男女)와 불구(不具)와
비인(非人)인 요괴(妖怪)인지를
변별하지 않아도 냄새를 맡고 알게 된다.
냄새를 맡는 능력으로 그 처음 회임(懷妊)에서
성취(成就)할지 못할 것과
안락(安樂)하게 복자(福子)를 순산할 것인지를 안다.

냄새 맡는 이런 능력으로
남녀들이 생각하는 마음과
탐욕(貪欲)과 치에심(癡恚心)에 염착함과
또한 수선(修善)하는 것을 알아낸다.
땅속에 감추어진 모든 금은(金銀)과
진귀(珍貴)한 보배,
구리 그릇에 담긴 것을 냄새 맡고 알아낸다.

갖가지 많은 영락 그 가치(價値)를 모르다가
냄새 맡고 귀천(貴賤)과 출처(出處)와
소재(所在)를 알아낸다.
천상의 모든 꽃들
만다라꽃 · 만수사화꽃 · 바리질다나무

등을 냄새 맡고 알아낸다.

천상(天上)의 여러 궁전, 상중하(上中下)의 차별과
보배 꽃의 장엄(莊嚴)함을 냄새 맡고 알아낸다.
하늘 동산 좋은 궁전 미묘한 법당을 관찰(觀察)하여
그 속에서 오락(娛樂)함을 냄새 맡고 알아낸다.

여러 하늘 법을 듣고 오욕락(五欲樂)을 받을 때에
왕래행(往來行)과 좌와행(坐臥行)도
냄새 맡고 알아낸다.
천녀(天女)들이 좋은 꽃향기 장엄(莊嚴)한 옷을 입고
돌아다니며 유희(遊戲)할 때에
냄새 맡고 알아낸다.

이처럼 전전(展轉)하여 범천(梵天)의 세계에서
선정(禪定)에 출입하는 것도
냄새 맡고 알아낸다.
광음천(光音天)과 변정천(遍淨天)과
유정천(有頂天)에 이르기까지
처음 나고 출몰(出沒)함을 냄새 맡고 알아낸다.

여러 비구 대중들은 항상 불법(佛法)에서 정진하며,
앉거나 경행(經行)하면서도
경법(經法)을 독송(讀誦)한다.
혹 산림(山林)의 나무 아래 있으면서
전심(專心)으로 좌선하며,
경전을 수지(受持)하는 사람은 냄새 맡고
그 소재를 안다.

보살의 의지(意志)는 견고하여
좌선(坐禪)하고 독송(讀誦)하며,
혹 다른 사람을 위해 설법(說法)하면
냄새 맡고 모두 알게 된다.
곳곳에 계신 세존(世尊)을 일체가 공경(恭敬)하고
중생을 어여삐 여겨 설법하면
냄새 맡고 알아낸다.

중생이 부저님 앞에 있으면
경전 듣고 모두 환희(歡喜)하며,
법과 같이 수행하면 냄새 맡고 알아낸다.
비록 보살이 무루법(無漏法)에서 생기는
비근(鼻根)을 획득하지 못하여도

이 경전을 수지하면 먼저 이런 청정(淸淨)한
비상(鼻相)을 얻게 된다.

⑷ 법화경을 수지한 사람이 갖추게 되는 1,200 종류의 설
공덕(舌功德)을 말한다.

原文

復次 常精進 若善男子 善女人 受持是經 若讀
若誦 若解說 若書寫 得千二百舌功德 若好 若
醜 若美 不美 及諸苦澀物 在其舌根 皆變成上
味 如天甘露[54] 無不美者 若以舌根於大衆中有
所演說 出深妙聲 能入其心 皆令歡喜快樂 又諸
天子 天女 釋梵諸天 聞是深妙音聲 有所演說言
論次第 皆悉來聽 及諸龍 龍女 夜叉 夜叉女 乾
闥婆 乾闥婆女 阿修羅 阿修羅女 迦樓羅 迦樓
羅女 緊那羅 緊那羅女 摩睺羅伽 摩睺羅伽女
爲聽法故 皆來親近恭敬供養 及比丘 比丘尼 優
婆塞 優婆夷 國王 王子 群臣 眷屬 小轉輪王 大
轉輪王 七寶千子[55] 內外眷屬 乘其宮殿 俱來聽
法 以是菩薩善說法故 婆羅門 居士[56] 國內人民
盡其形壽[57] 隨侍供養 又諸聲聞 辟支佛 菩薩 諸

佛 常樂見之 是人所在方面⁵⁸⁾ 諸佛皆向其處說
法 悉能受持一切佛法 又能出於深妙法音
　爾時世尊欲重宣此義 而說偈言

是人舌根淨　　　終不受惡味
其有所食噉⁵⁹⁾　悉皆成甘露
以深淨妙聲　　　於大衆說法
以諸因緣喩　　　引導衆生心

聞者皆歡喜　　　設諸上供養
諸天龍夜叉　　　及阿修羅等
皆以恭敬心　　　而共來聽法
是說法之人　　　若欲以妙音

遍滿三千界　　　隨意卽能至
大小轉輪王　　　及千子眷屬
合掌恭敬心　　　常來聽受法
諸天龍夜叉　　　羅刹⁶⁰⁾毘舍闍⁶¹⁾

亦以歡喜心　　　常樂來供養
梵天王魔王　　　自在大自在

如是諸天衆　　常來至其所
諸佛及弟子　　聞其說法音
常念而守護　　或時爲現身

"또 상정진보살(常精進菩薩)아! 만약 선남자·선여인이 이 경전을 수지하고 독송하고 해설하며 서사(書寫)한다면 1,200종류의 설공덕(舌功德)을 획득한다. 만약 호추(好醜)와 미(美)와 불미(不美), 쓰고 떫은 음식이 그 혀끝에 닿게 되면 모두가 훌륭한 맛으로 변하여 천상(天上)의 감로(甘露)와 같아져 불미(不美)한 게 없다. 만약 이런 혀로 대중에게 연설(演說)하게 된다면 심오(深奧)하고 미묘한 소리가 나와 듣는 사람들의 마음에 들어가 모두가 환희(歡喜)하고 쾌락(快樂)한다. 또 여러 하늘의 천자(天子)와 천녀(天女), 제석(帝釋)과 범천(梵天)과 여러 천신(天神)들이 심오하고 미묘한 음성을 듣고 연설(演說)한 언론(言論)을 순서대로 모두 와서 듣는다. 또 용왕(龍王)과 용녀·야차(夜叉)와 야차녀·건달바(乾達婆)와 건달바녀·아수라(阿修羅)와 아수라녀·가루라(迦樓羅)와 가루라녀·긴나라(緊那羅)와 긴나라녀·마후라가(摩睺羅伽)와 마후라가녀가 불법을 들으려고 하는 까닭에 모두가 와서 친근(親近)히 공경(恭敬)하며 공양(供養)한다. 비구·

비구니·우바새·우바이·국왕·왕자·군신·그 권속·소전륜왕·대전륜왕·그 칠보천자(七寶千子)와 그 권속이 그 궁전에 올라가려고 모두가 와 불법을 듣는데, 이는 보살이 설법하는 까닭이다. 바라문·거사·국내 인민들이 그 수명이 다하도록 모시고 따르면서 공양한다. 또 모든 성문·벽지불·보살·부처가 항상 즐기며 본다. 이 사람이 있는 곳에는 여러 부처님들께서 그를 향하여 설법하시며, 일체 불법(佛法) 모두를 수지하게 하여 심오하고 미묘한 법음을 일으킨다."

그때에 세존께서 거듭하여 이 뜻을 선양하시고자 게송으로 말씀하셨다.

이런 사람의 혀는 청정(淸淨)하여
끝내 추악(醜惡)한 맛을 받아들이지 않으니
먹고 씹는 모든 게 감로(甘露)의 맛이 된다.
심오하고 정묘(淨妙)한 음성으로
대중에게 설법하며,
모든 인연의 깨우침으로
중생의 마음을 인도(引導)한다.

듣는 사람은 모두가 환희하고
모든 훌륭한 공양을 차린다.

여러 천룡(天龍)과 야차(夜叉), 아수라들이
모두 공경심으로 함께 와 불법을 듣는다.
이렇게 설법하는 사람은 미묘한 음성으로
삼천대천세계를 고르게 채우려고
의지(意志)에 따라 온 것이라.
크고 작은 전륜성왕(轉輪聖王)과
그의 1,000명의 아들들도
공경하는 마음으로 합장하며
항상 와서 불법을 듣는다.
천룡(天龍)과 야차(夜叉),
나찰(羅刹)과 비사사(毘舍闍)들도

또한 환희(歡喜)하는 마음으로
항상 즐거이 와서 공양한다.
범천왕(梵天王)과 마왕(魔王),
자재천(自在天)과 대자재천
이와 같은 하늘 중생
항상 그 처소(處所)에 온다.
모든 불자와 그 제자들 그 설법 소리를 듣고
항상 수호(守護)하려고 생각하면서
혹은 그 몸을 드러내신다.

(5) 법화경을 수지하면 800종류의 신공덕(身功德)을 갖추게
된다.

原文

復次 常精進 若善男子 善女人 受持是經 若讀
若誦 若解說 若書寫 得八百身功德 得淸淨身
如淨瑠璃[62] 衆生憙見 其身淨故 三千大千世界
衆生 生時 死時 上下 好醜 生善處 惡處 悉於中
現[63] 及鐵圍山 大鐵圍山[64] 彌樓山 摩訶彌樓山[65]
等諸山 及其中衆生 悉於中現 下至阿鼻地獄 上
至有頂 所有及衆生 悉於中現 若聲聞 辟支佛
菩薩 諸佛 說法 皆於身中現其色像
　爾時世尊欲重宣此義 而說偈言

　　　　若持法花者　　其身甚淸淨
　　　　如彼淨琉璃　　衆生皆憙見
　　　　又如淨明鏡　　悉見諸色像
　　　　菩薩於淨身　　皆見世所有[66]

　　　　唯獨自明了　　餘人所不見
　　　　三千世界中　　一切諸群萌

天人阿修羅　　地獄鬼畜生
如是諸色像　　皆於身中現

諸天等宮殿　　乃至於有頂
鐵圍及彌樓　　摩訶彌樓山
諸大海水等　　皆於身中現
諸佛及聲聞　　佛子菩薩等

若獨若在衆　　說法悉皆現
雖未得無漏　　法性之妙身[67]
以淸淨常體　　一切於中現

해석

"또 상불경보살아! 만약 선남자·선여인이 이 경전을 수지(受持)하고 독송(讀誦)하면서 해설(解說)하고 서사(書寫)한다면 800종류의 신공덕(身功德)을 획득한다. 청정한 몸을 획득하면 유리(琉璃)와 같아 중생들이 즐겨 보는데, 그 몸이 청정한 까닭에 삼천대천세계 중생들이 나고 죽고 상하(上下)가 있고 호추(好醜)가 있으며, 선처(善處)와 악처(惡處)에 태어나는 게 모두 그 안에 드러난다. 또 철위산(鐵圍山)과 대철위산과 미루산(彌樓山)과 마하수루산 속에 중생들 모두가 드러난다. 아래로는 아비지옥에서부터 위로는 유정천에 이르기까지 많은 중생들도 그 속에 나타난다. 성문과 벽지불과 보살과 모든 보살들도 몸에 그 색상(色像)을 드러낸다."

그때에 세존께서 이 뜻을 거듭 선양하시려고 게송으로 말씀하셨다.

법화경을 수지한 사람은 그 신체가 매우 청정하여
청정한 유리와 같으며 중생들 모두가 기뻐한다.
또 청정한 밝은 거울과 같아 모든 색상(色像)을 드러낸다.
보살은 청정한 신체에 세상에 있는 것 모두 드러낸다.

오직 혼자만 스스로 밝게 알 뿐 다른 사람은 보지 못한다.
삼천대천세계에서 일체 모든 중생(衆生)과
천인(天人), 아수라(阿修羅), 지옥(地獄),
아귀(餓鬼), 축생(畜生)에서
이런 모든 색상들 모두가 몸속에 드러난다.

제천(諸天)의 궁전(宮殿)들과 유정천에 이르기까지
철위산(鐵圍山)과 미루산(彌樓山)과 마하미루산
모든 큰 바닷물 등 모두가 몸속에 드러난다.
모든 부처와 성문, 불자와 보살들

홀로 대중에 있으면서 설법함을 모두 드러낸다.

비록 무루(無漏)한 법성(法性)의

미묘한 몸을 획득하지 못하였지만

항상 청정한 몸에 일체가 그 안에 드러난다.

⑥ 법화경을 수지한 사람은 1,200종류의 의공덕(意功德)을
갖춘다고 말한다.

原文

復次 常精進 若善男子 善女人 如來滅後 受持
是經 若讀 若誦 若解說 若書寫 得千二百意功
德 以是淸淨意根[68] 乃至聞一偈一句 通達[69]無量
無邊之義 解是義已 能演說一句一偈至於一月
四月乃至一歲 諸所說法 隨[70] 其義趣 皆與實相[71]
不相違背 若說俗間[72] 經書 治世語言[73] 資生業[74]
等 皆順正法 三千大千世界六趣衆生 心之所行
心所動作 心所戲論 皆悉知之 雖未得無漏智慧
而其意根 淸淨如此 是人有所思惟 籌量 言說
皆是佛法 無不眞實 亦是先佛經中所說
爾時世尊欲重宣此義 而說偈言

是人意清淨　明利⁷⁵⁾無穢濁
以此妙意根　知上中下法⁷⁶⁾
乃至聞一偈　通達無量義
次第如法說　月⁷⁷⁾四月至歲

是世界內外　一切諸眾生
若天龍及人　夜叉鬼神等
其在六趣中　所念若干種
持法花之報⁷⁸⁾　一時皆悉知

十方無數佛　百福莊嚴相⁷⁹⁾
爲眾生說法　悉聞能受持
思惟無量義　說法亦無量
終始不忘錯　以持法華故

悉知諸法相⁸⁰⁾　隨義識次第
達名字語言　如所知演說
此人有所說　皆是先佛法
以演此法故　於眾無所畏
持法花經者　意根淨若斯
雖未得無漏　先有如是相⁸¹⁾

是人持此經　　安住希有地[82]
爲[83]一切衆生　　歡喜而愛敬
能以千萬種　　善巧之語言
分別而說法　　持法花經故

해석

"또 상정진보살(常精進菩薩)아! 만약 선남자·선여인이 여래가 멸도(滅度)한 후 이 경전을 수지하여 독송하고 해설하고 서사하면 1,200종류의 의공덕(意功德)을 획득한다. 이 청정한 의근(意根)으로 경전의 한 게송(偈頌)이나 한 구절(句節)만 들으면 무량하고 무변한 뜻을 통달하고 한 구절과 한 게송을 1달, 4달, 1년 동안 연설하면서 설법한 모든 것은 그 의취(意趣)를 따르는데, 모두가 실상(實相)과 서로 위배(違背)되는 게 없다. 만약 속세(俗世)의 경서(經書)나 세상을 다스리는 말, 자생업(資生業)들을 말하더라도 모두가 정법(正法)에 수순하게 된다. 삼천대천세계의 육취(六趣) 중생들의 마음이 행하는 것, 마음이 동작하는 것, 마음이 희론(戲論)하는 것 모두를 알고 있다. 비록 무루(無漏)의 지혜를 얻지 못하였으나, 그 의근이 이와 같이 청정하다. 이 사람이 사유(思惟)하고 헤아리며 말하는 것 모두가 불법(佛法)이니 진실하지 않음이 없고 또한 이는 이미 불경(佛經)에서 말한 바이다."

그때 세존께서 거듭 이 뜻을 선양하시고자 게송으로 말씀하셨다.

이 사람의 의근(意根)은 청정(淸淨)하며,
총명(聰明)하고 영리하여
더럽고 흐리멍텅하지 않아
이런 미묘(微妙)한 의근으로
상중하(上中下)의 법을 알고
한 게송만 들어도 무량한 뜻을 통달하니.
다음으로 여법(如法)하게 설법하여
1개월, 4개월, 1년에 이르고

이 세계 안팎의 일체 모든 중생(衆生)
천룡(天龍)과 인(人), 야차(夜叉), 귀신들
육취(六趣) 속에 있는 모든 모양을
마음으로 생각하면
법화경을 수지한 복보(福報)로
일시에 모두 알게 된다.
시방의 무수(無數)한 부처님도
백복(百福)이 장엄하여
중생 위해 설법하고 모두 듣고 수지하였다.

무량한 뜻을 사유하면 설법 또한 무량(無量)하다.

시종 잊고서 착오(錯誤)하지 않는 것은

법화경(法華經)을 수지한 까닭이라.

모든 법상(法相)을 모두 알고 뜻에 따라 차례로 알고

이름과 글도 통달하여

아는 바와 같이 연설(演說)한다.

이런 사람이 하는 설법은

모두가 불법(佛法)이 우선이며,

이런 불법(佛法)을 연설하는 까닭에 두려움이 없다.

법화경을 수지한 사람은

의근(意根)이 청정하기 이와 같으며,

비록 무루성(無漏性)을 획득하지 못하여도

이런 모양을 갖춘다.

이런 사람이 경전 수지하고

희유지(希有地)에 안주(安住)하며,

일체 중생들의 환희(歡喜)와 애경(愛敬)을 받는다.

천만 가지 선교(善巧)한 언어(言語)로

분별하여 설법하는 것은

법화경을 수지한 까닭이라.

1) 精持: 정성(精誠)들여 수지(受持)하는 것을 말한다.

2) 沙界: 항하의 모래와 같이 헤아릴 수 없이 많은 세계.

3) 常精進菩薩摩訶薩(Satatasamitābhiyukta): 제1장 서품에 같은 이름의 보살이 나온다.

4) 八百眼功德: 눈으로 보면 모든 게 보이는데, 삼세(三世)와 사방(四方)을 말하면 1,200이다. 전방(前方)을 보면 300이고, 후방(後方)은 분명하지 않아서 300이 결여(缺如)되어 있으며, 좌우 두 부분에서 100이 결여되어 있어서 800의 공덕이 된다. ※법화경을 수지하는 사람은 시간상으로는 삼세(三世)를 관찰하고 공간상으로는 사방(四方)을 관찰할 수가 있어서 12방위이며, 매 방위에는 반드시 10세계(世界)가 있고 십계(十界)에는 10여시(如是)가 있어서 1,200이다.

5) 千二百耳功德: 귀로 들음으로써 모든 소리를 들을 수 있으므로 3세 · 사방=1,200이다. 그러므로 1,200공덕이다.

6) 八百鼻功德: 비근(鼻根)으로 냄새를 맡을 때에 삼세 사방에서 출입식(出入息)만 있는데, 제각기 400이므로 800공덕이다.

7) 千二百舌功德: 혀로 맛을 볼 때에 모든 것을 분별하므로 1,200 공덕이다.

8) 八百身功德: 몸으로 감촉을 느낄 때에 위순(違順)의 두 인연이 있으므로 800공덕이다.

9) 千二百意功德: 의사를 드러낼 때에는 모두가 갖추어야 하므로 1,200 공덕이다.

10) 六根: 안(眼) · 이(耳) · 비(鼻) · 설(舌) · 신(身) · 의(意)를 말한다.

11) 淸淨: 육근(六根)이 사물을 접촉(接觸)할 때에 어떤 망견(妄見)도 일어나지 않는 것으로 죄악(罪惡)과 번뇌(煩惱)를 저버린 것을 말한다.

12) 阿鼻地獄(avīci): 팔열지옥(八熱地獄)의 제일 아래에 있는 지옥.

13) 有頂(Akaniṣṭha): 색계(色界)의 구경천(究竟天)을 말한다.

14) 殊勝: 매우 정묘(精妙)한 것을 말한다. 수(殊)는 특별(特別)을 의미한다.

15) 彌樓山(Meru): 힌두교에서 나오는 산의 이름이다. 불교에 수미산과 같은 의미이다.

16) 須彌及鐵圍: 수미산(須彌山, Sumeru)과 철위산(鐵圍山, Cakravāda).

17) 天眼: 초인적인 눈의 능력으로 오신통(五神通)의 하나인 천안통(天眼通)이다.

18) 法聲 非法聲(dharma-śabda, adharma-śabda dharma): 불법(佛法)의 소리

와 불법을 비방(誹謗)하는 소리.

19) 天耳: 오신통의 하나인 천이통(天耳通)을 말한다.

20) 常耳: 보통 태어났을 때의 귀로 듣는 것을 말한다.

21) 不壞耳根: 귀의 청정(清淨)한 근성이 오염(汚染)되거나 손상(損傷)되지 않는 것을 말한다.

22) 不著: 집착(執着)하지 않는 것을 말한다.

23) 迦陵頻伽(kalaviṅka): 새 이름으로 호음조(好音鳥)라고 번역한다.

24) 命命(jīvaka-jīvaka): 새 이름으로 공명조(共命鳥)라고 번역한다.

25) 光音及遍淨: 광음천(光音天: ābhāsvara)은 색계 초선천에서부터 사선천까지에서 제2선천(第二禪天), 편정천(徧淨天: Śubhakṛtsna)은 색계 제사선천 중에서 제3선천(第三禪天)을 말한다.

26) 撰集: 가려서 모아 책을 만드는 것을 말한다.

27) 須曼那華香(sumanas): 열의화(悅意花)라고 번역하며 높이는 3∼4척(尺)이고 황백색의 꽃이며 매우 향기롭다.

28) 闍提華香(jātika): 금전화(金錢華)라고 번역한다.

29) 末利華香(mallikā): 말리화(茉莉華)를 말한다.

30) 瞻蔔華香: 제17장 참고.

31) 波羅羅華香(patala): 중생화(重生華)이다.

32) 沈水香(agaru): 침향(沈香)이라고도 한다.

33) 多摩羅跋香(tamāla-pattra): 곽엽향(藿葉香)이다.

34) 多伽羅香(tagara): 근향(根香)이라 한다.

35) 和香: 각종 향료가 혼합하여 풍기는 향기를 말한다.

36) 波利質多羅(pārijātaka): 향편수(香徧樹)이다.

37) 拘鞞陀羅樹香(kovidara): 대유희지수(大遊戲地樹)이다.

38) 曼陀羅華香: 파리질다라(波利質多羅)의 별명.

39) 天身: 천신(天神)의 몸을 말한다.

40) 釋提桓因: 불법을 수호하는 호법신(護法神)의 하나이다.

41) 勝殿(Vaijayanta Prāsāda): 화려한 궁전(宮殿).

42) 五欲娛樂: 색(色)·성(聲)·향(香)·미(味)·촉(觸)의 다섯 욕망이 진행하는 오락(娛樂) 활동(活動)을 말한다.

43) 妙法堂: 선법당(善法堂)이다. 즉 제석천(帝釋天)들은 항상 도리천(忉利天)에 모여서 인천사(人天事)를 논의하고 있다.

44) 忉利: 도리천(忉利天)을 말한다.

45) 梵世: 범천세계(梵天世界)이다. 색계(色界) 제천(諸天)을 모두 말한다.

46) 憶念: 기억(記憶)하면서 생각하는 것을 말한다.

47) 敷: 개방(開放)을 말한다.

48) 染欲癡恚心: 남녀가 정욕(情欲)에 염착하여 일어나는 치우(癡愚)와 분한(憤恨)의 마음이다.

49) 受: 접수(接受)를 말한다.

50) 退沒: 사라져 없어지는 것을 말한다.

51) 在在: 각처(各處)를 말한다.

52) 無漏法生鼻: 최고인 불법을 획득한 후에 갖추게 되는 천비통(天鼻通).

53) 鼻相: 코의 능력을 말한다.

54) 甘露(Amṛta): 불사(不死)의 의미이다.

55) 七寶千子: 신의 이름이다. 일설에는 전륜성왕의 자손이라고 말한다.

56) 居士(gṛha-pati): 가장(家長)의 의미이다.

57) 盡其形壽: 일생을 마치다의 뜻이다.

58) 方面: 방향(方向)을 말한다.

59) 噉: 끽(喫)과 같다.

60) 羅剎(rākṣasa): 일종의 악귀를 말한다.

61) 毘舍闍(piśaca): 악귀의 하나로, 시체를 먹는다.

62) 瑠璃: 유리(琉璃)라고도 하며, 각종 천연색 빛이 있는 보석이다.

63) 於中現: 신체에 나타나는 것을 말한다. 즉 법화경을 수지하는 신체는 보석이며, 명경(明鏡)과 같아서 삼천대천세계 모두를 비출 수가 있음이다.

64) 大鐵圍山: 철위산을 대소(大小)로 나누는데, 하나의 세계(世界)를 위요(圍繞)하는 것을 철위산이라 하고 대천세계를 위요하는 것을 대철위산이라 한다.

65) 摩訶彌樓山: 대광명산(大光明山)이라 번역하다.

66) 世所有: 모든 것의 의미이다.

67) 法性之妙身: 법성(法性)은 모든 법의 본성(本性)이고 존재하는 것이 진실하다는 말을 의미한다. 즉 제법(諸法)실상(實相)과 같은 의미이다.

68) 意根(mana-indriya): 제육(第六) 의식(意識)을 말한다.

69) 通達: 명백하다, 이해하다는 뜻이다.

70) 隨: 수순(隨順)을 말한다. 불법(佛法)과 일치하다는 것을 말한다.

71) 實相: 모든 사물의 진실된 상(相)을 말한다.

72) 俗間: 세속간(世俗間)을 말한다.

73) 治世語言: 정치에 관련된 말.

74) 資生業: 생활과 관계된 일을 말한다. 즉 생업(生業).

75) 明利: 명철한 지혜로, 총명한 것을 말한다.

76) 知上中下法: 가르침에서 상중하(上中下) 우열(優劣)의 차이를 아는 것을
말한다.

77) 月: 한 달을 말한다.

78) 報: 복보(福報)를 말한다.

79) 百福莊嚴相: 온갖 복이 갖추어져 있는 것을 말한다.

80) 法相: 일체 사물의 진상(眞相)을 말한다.

81) 如是相: 신기(神奇)한 표현을 말한다.

82) 安住希有地: 기묘한 경계에 이른 것을 말한다.

83) 爲: ~을 받다는 뜻이다.

상불경보살품 제이십(常不輕菩薩品第二十)

原文

常不輕者 釋迦前身威音王時 精持妙法廣施利
導之迹也 以佛性義徧記四衆 於善則拜逢恚不
怒 一切見敬故號不輕 不專讀誦以持無相經 確
忍罵辱以持無我行 無相無我所謂精持也 於萬
億歲廣說是經 化萬億衆令住正道 使上慢者信
伏隨從 使畢罪者還得道果 所謂廣利也 蓋前之
持經具五種功雖圓而未精 前之蒙利獲六千德雖
勝而未廣 以有人法之緣影存焉 必蘄造於無相
無我之妙 其於讀誦不知所專不知所忘 其於四
衆不知所敬不知所慢 使妙行徧彰億衆自化 敬
慢之心罪福之迹 凡所謂人法緣彰影者 皆泯然[1]
於正徧正等之域 然後爲精廣 兹實持經之盡道

也 故勸持之文終於此品

해석

　상불경보살(常不輕菩薩)은 석가모니 부처님의 전신(前身)으로, 위음왕(威音王) 때에 정성(精誠)스럽게 미묘(微妙)한 법을 수지하고 널리 베풀어 이익되도록 인도(引導)한 자취다. 불성(佛性)의 의의(意義)로는 고르게 사부대중(四部大衆)에게 수기(授記)하니 옳으면 예배(禮拜)하고 화가 나도 노(怒)하지 않으며, 일체(一切)에서 공경함을 드러내므로 불경보살(不輕菩薩)이라고 한다. 오롯하게 독송(讀誦)하지 않으면서도 무상(無相)인 경전을 수지하고 굳건히 모욕(侮辱)을 참으면서 무아행(無我行)을 수지하니, 무상(無相)과 무아(無我)는 정성(精誠)스러운 수지이다. 만억세(萬億歲)에서 널리 이 경전을 설법하고 만억 중생을 교화(敎化)하여 정도(正道)에 머물게 하고 아주 교만(憍慢)한 사람으로 하여금 믿고 복종(服從)하여 따르게 하며, 죄인(罪人)들도 돌이켜 성불(成佛)하게 하는 게 널리 이익되게 하는 것이다. 대개 앞에 수지한 경전은 다섯 가지 공덕(功德)을 갖추어 비록 원만(圓滿)하지만 정성(精誠)스럽지 못하고 앞에서 이로움을 입어 6,000공덕(功德)을 갖추어 비록 수승(殊勝)하여도 광대(廣大)하지 못하니 인법(人法)을 연유한 영향(影響)이 있음이다. 반드시 무상(無相)과 무아(無我)의 미묘함을 만들어 독송하고 알지 못하는 것은 전념(專念)하며 알지 못하던 것도 잊게 되면 사부대중에서 공경하는 것을 알지 못하고 교만한 것도 알지 못하며, 미묘한 수행을 고르게 밝혀 억(億)의 중생을 스스로 교화한다. 경만(敬慢)은 죄복(罪福)의 자취이다. 대개 말하는 인법(人法)에 연유(緣由)하여 드러난 영향(影響)은 모두 정변(正徧)과 정등(正等)의 영역(領域)에 맞아떨어진 후에 정묘(精妙)함이 광대해지고 이것이 진실로 경전을 수지한 도를 다하는 것이다. 그러므로 권면(勸勉)하여 수지(受持)하게 하는 것으로 글의 끝으로 이 품에서 맺는다.

原文

讚曰 法無高下 諸佛心中 衆生時時成佛 相離我人 衆生身內 諸佛念念證眞 是故不輕 遍記男女 令彼上慢信伏 不專讀誦 所以妙用無相 確忍罵辱 所以妙行無我 一生但行精持 臨終具聞多偈 直得緣影俱亡 而慧命不夭化佛雖逝 而法音不滅 積德彌多 如來速得成佛 植因不虛 四衆現發大心 至哉一部蓮經 當應五種受持 且道奉持个甚麼 白紙上邊書墨字 請君開眼目前觀 頌曰

不輕昔年善精持　　遍記群生無物我
能忍罵辱曠劫修　　疾得菩提成道果²⁾

해석

기리며 말하였다.

불법에는 고하(高下)가 없어 모든 부처님의 마음에서는 중생이 때때로 성불하는데, 서로 아상(我相)과 인상(人相)을 저버리면 중생의 몸 안에 모든 부처님은 순간순간 진리를 증득하므로 불경보살(不輕菩薩)이 널리 기억하는 남녀(男女)이다. 아주 교만(憍慢)한 사람들을 믿음으로 조복(調伏)하고 독송(讀誦)만 하지 않으므로 묘용(妙用)이 무상(無相)하고, 굳게 욕하는 것을 참으므로 묘행이 무아(無我)이며, 일생 다만 정성스럽게 수지(受持)함을 수행하여 임종(臨終) 때 구족(具足)하여 들은 많은 게송이 바로 인연의 그림자라는 것을 증득(證得)하고는 모두 버린다. 혜명(慧命)은 오래 살지 못한 화신불이 비록 돌아가셨지만 법음(法音)은 없어지지 않아 축적(蓄積)한 공덕은 아주 커서 여래(如來)는 빨리 성불하게 되니 인자(因子)를 심은 게 헛되지 않음이다. 사부 대중이 아뇩다라삼먁삼보리를 드러내어 한 부의 법화경(法華經)에 이르렀으니 당연히 오종(五種) 수지(受持)하고 봉지(奉持)하여야 할 게 무엇인지를 말하여야 한다.

흰 종이 위 곁에 쓴 검은 글자
그대는 눈을 뜨고 목전(目前)을 살피기를 청한다.
게송으로 말하기를,

　　불경보살은 옛날에
　　올바르고 정성들여 법화경을 수지하고
　　중생들은 나와 남이 없음을 기억(記憶)하였다.
　　욕을 먹으면서 오랫동안 참고 수행(修行)하였으니
　　속히 보리(菩提)를 획득하여
　　깨달음을 성취(成就)하리라.

⑴ 상불경보살(常不輕菩薩)이 성불(成佛)하는 경과(經過)를 말하
고 인욕(忍辱)을 수습하면서 법화경을 수지한 중요성을
강조하고 있다.

原文

爾時 佛告得大勢[3]菩薩摩訶薩 汝今當知 若比
丘 比丘尼 優婆塞 優婆夷持法花經者 若有惡口
罵詈[4] 誹謗 獲大罪報 如前所說 其所得功德 如
向所說[5] 眼 耳 鼻 舌 身 意淸淨

得大勢 乃往古昔 過無量無邊不可思議阿僧祇
劫 有佛名威音王如來 應供 正遍知 明行足 善
逝 世間解 無上士 調御丈夫 天人師 佛 世尊 劫
名離衰[6] 國名大成[7] 其威音王佛 於彼世中 爲天
人 阿修羅說法 爲求聲聞者 說應四諦法[8] 度生
老病死 究竟涅槃 爲求辟支佛者 說應[9]十二因緣
法[10] 爲諸菩薩 因[11]阿耨多羅三藐三菩提 說應六
波羅蜜[12]法 究竟佛慧

得大勢 是威音王佛 壽四十萬億那由他恒河沙
劫 正法住世劫數[13] 如一閻浮提[14] 微塵 像法住世
劫數 如四天下微塵 其佛饒益衆生已 然後滅度
正法 像法滅盡之後 於此國土復有佛出 亦號威

音王如來 應供 正遍知 明行足 善逝 世間解 無
上士 調御丈夫 天人師 佛 世尊 如是次第有二
萬億佛 皆同一號 最初威音王如來旣已滅度 正
法滅後 於像法中 增上慢比丘有大勢力 爾時有
一菩薩比丘[15] 名常不輕 得大勢 以何因緣名常不
輕 是比丘 凡有所見 若比丘 比丘尼 優婆塞 優
婆夷 皆悉禮拜讚歎而作是言 我深敬汝等 不敢
輕慢 所以者何 汝等皆行菩薩道 當得作佛 而是
比丘 不專[16] 讀誦經典 但行禮拜 乃至遠見四衆
亦復故往禮拜讚歎而作是言 我不敢輕於汝等
汝等皆當作佛 四衆之中 有生瞋恚 心不淨者 惡
口罵詈言 是無智比丘從何所來 自言 我不輕汝
而與我等授記 當得作佛 我等不用如是虛妄授
記 如此經歷多年 常被罵詈 不生瞋恚 常作是言
汝當作佛 說是語時 衆人或以杖木瓦石而打擲
之 避走遠住 猶高聲唱言 我不敢輕於汝等 汝等
皆當作佛 以其常作是語故 增上慢比丘 比丘尼
優婆塞 優婆夷 號之爲常不輕[17]

是比丘臨欲終時 於虛空中 具聞威音王佛先所
說法華經二十千萬億偈[18] 悉能受持 卽得如上眼
根清淨 耳鼻舌身意根清淨 得是六根清淨已 更

增壽命二百萬億那由他歲 廣爲人說是法華經
於時增上慢四衆 比丘 比丘尼 優婆塞 優婆夷
輕賤是人 爲作[19]不輕名者 見其得大神通力 樂
說辯力[20] 大善寂力[21] 聞其所說 皆信伏隨從 是
菩薩復化千萬億衆 令住阿耨多羅三藐三菩提
命終之後 得値二千億佛 皆號日月燈明[22] 於其
法中 說是法華經 以是因緣 復値二千億佛 同號
雲自在燈王 於此諸佛法中 受持讀誦 爲諸四衆
說此經典故 得是常眼清淨 耳 鼻 舌 身 意諸根
清淨 於四衆中說法 心無所畏

得大勢 是常不輕菩薩摩訶薩 供養如是若干諸
佛 恭敬 尊重 讚歎 種諸善根 於後復値千萬億
佛 亦於諸佛法中說是經典 功德成就 當得作佛

得大勢 於意云何 爾時常不輕菩薩豈異人[23]乎
則我身是 若我於宿世不受持讀誦此經 爲他人
說者 不能疾得阿耨多羅三藐三菩提 我於先佛
所 受持讀誦此經 爲人說故 疾得阿耨多羅三藐
三菩提

得大勢 彼時四衆 比丘 比丘尼 優婆塞 優婆夷
以瞋恚意輕賤我故 二百億劫常不値佛 不聞法
不見僧 千劫於阿鼻地獄受大苦惱 畢是罪已 復

遇常不輕菩薩 敎化阿耨多羅三藐三菩提

　得大勢 於汝意云何 爾時四衆常輕是菩薩者
豈異人乎 今此會中跋陀婆羅²⁴⁾等五百菩薩 師子
月²⁵⁾等五百比丘 尼思佛²⁶⁾等五百優婆塞 皆於阿
耨多 得大勢 當知是法華經 大饒益諸菩薩摩訶
薩 能令至於阿耨多羅三藐三菩提 是故諸菩薩
摩訶薩 於如來滅後 常應受持 讀誦 解說 書寫
是經 羅三藐三菩提不退轉者是

해석

　그때 부처님이 득대세(得大勢) 보살마하살에게 말하였다.
"너는 이제부터 당연히 알아야 한다. 만약 비구·비구
니·우바새·우바이 중에서 법화경을 수지한 사람을 어떤
사람이 욕(辱)하거나 모욕(侮辱)하는 말로 비방(誹謗)하면 큰
죄악(罪惡)을 얻는 것은 앞에서 말한 것과 같다. 그가 얻은
공덕은 말한 것과 같아 안근(眼根)·이근(耳根)·비근(鼻根)·
설근(舌根)·신근(身根)·의근(意根)이 청정한 것과 같다.

　득대세보살(得大勢菩薩)아! 과거 무량(無量)하고 무변(無邊)
한 아승기겁(阿僧祇劫)에 부처님의 이름은 위음왕여래(威音
王如來)·응공(應供)·정변지(正遍知)·선서(善逝)·세간해(世
間解)·무상사(無上士)·조어정부(調御丈夫)·천인사(天人

師) · 불세존(佛世尊)이며, 겁(劫)의 이름은 이쇠(離衰)요 나라 이름은 대성(大成)이었다. 위음왕부처님은 세간에서 천인(天人)과 아수라(阿修羅)들을 위하여 설법(說法)하시고 성문(聲聞)을 갈구(渴求)하는 사람에게는 사제법(四諦法)을 설법하여 생로병사를 도탈(度脫)하여 끝내 열반하게 하였으며, 벽지불(辟支佛)을 위하여서는 12인연법으로 상응(相應)하였으며, 보살들을 위해서는 아뇩다라삼먁삼보리에 따라서 육바라밀(六波羅蜜法)을 말하여 끝내 부처님의 지혜를 얻게 하였다.

득대세보살아! 이 위음왕부처님의 수명은 40만 억 나유타 항하사겁(恒河沙劫)이며, 정법(正法)이 머무는 겁의 수는 하나의 염부제(閻浮提)의 미진수와 같고, 상법(像法)의 세상 겁수는 사천하(四天下)에 가는 티끌 수와 같았다. 그 부처님께서는 중생을 이익되게 한 후에 멸도하셨으며, 정법(正法)과 상법(像法)이 모두 멸진(滅盡)한 후에도 그 국토에 다시 부처님으로 태어나시어 역시 이름이 위음왕여래(威音王如來) · 응공(應供) · 정변지(正遍知) · 선서(善逝) · 세간해(世間解) · 무상사(無上士) · 조어정부(調御丈夫) · 천인사(天人師) · 불세존(佛世尊)이었으니 이처럼 차례로 2만 억의 부처님이 모두 같은 이름이었다.

최초에 위음왕여래가 멸도한 후 정법이 멸진 한 후에 상법에서 증상만(增上慢) 비구들이 큰 세력을 가졌었다. 그때에 보살비구가 있었으니 이름이 상불경(常不輕)이었다. 득대세보살아! 어떤 인연으로 상불경이라 하는가? 이 비구는 비구·비구니·우바새·우바이를 보면 모두에게 예배하고 찬탄하며 말하기를 '나는 그대들을 깊이 공경하는 마음을 가지고 경천(輕賤)하지 않는다. 왜냐하면 그대들 모두가 보살도를 실천하면 부처님이 되기 때문이다.' 그 비구는 경전을 간간히 독송하지도 않으면서 다만 예배만하고 멀리서 사부대중을 보면 역시 또 가서 예배하고 찬탄하며 말하기를, '나는 당신들을 경만하지 않습니다. 그대들은 반드시 성불하기 때문입니다.'라고 한다.

사부대중 가운데에서 진에심(瞋恚心)이 있어 마음이 청정하지 않은 사람은 그릇된 말로 꾸짖으며 욕하기를 '이 어리석은 비구야! 너는 어디에서 와서 우리들을 경멸(輕蔑)하게 생각하지 않는다고 하며, 또 반드시 성불할 것이라고 수기(授記)하느냐. 우리들은 이처럼 허망한 수기는 수용(受用)하지 않으리라.'고 하였다. 여러 해를 돌아다니면서 항상 비웃음과 욕을 들어도 진에심을 일으키지 않고 항상 말하기를, '그대들은 반드시 성불할 것이다.'고 하였다.

그가 이런 말을 하였을 때에 모든 사람들이 혹은 몽매질하거나 기와와 돌을 던지면 멀리 피해 달아나면서 오히려 큰 소리로 외쳤다.

'나는 그대들을 경만하게 생각하지 않으니 그대들 모두가 성불할 것이다.' 항상 이런 말을 하였으므로 증상만 비구·비구니·우바새·우바이들은 그를 상불경이라고 불렀다.

이 비구가 임종할 때에 허공에서 위음왕불이 먼저 설법하셨던 법화경 20천만억 게송을 구비하여 듣고 수지하여 바로 위에서 말한 것처럼 안근(眼根)·이근(耳根)·비근(鼻根)·설근(舌根)·신근(身根)·의근(意根)이 청정하여졌다. 이런 육근이 청정함을 얻고는 다시 2백만억 나유타세로 수명이 늘어나 사람들에게 널리 이 법화경을 설법하셨다. 그 때에 증상만 비구·비구니·우바새·우바이·사부대중이 이 사람을 경멸(輕蔑)하여 이름을 소홀하게 여기던 사람들이 위대한 신통력(神通力)과 요설변재(樂說辯才)함과 위대한 선적력(善寂力)을 보고 그가 설법하는 것을 듣고는 모두가 믿고 조복(調伏)되어 따르게 되었다. 이 보살은 다시 천 만억 중생을 교화하여 아뇩다라삼먁삼보리에 머물게 하였다. 수명을 다한 후에는 2천억 부처님을 만났고 모두의 이름이 일월등명(日月燈明)으로 그 법회에서 법화경을 설법하였다. 이 인연으로 다시 2천억 부처님을 만났는데, 이름이 운자재등왕(雲自在燈王)이었으며, 모든 불법을 수지하고 독송하며 사부대중을 위하여 이 경전을 설법한 까닭에 항상 안근(眼根) · 이근(耳根) · 비근(鼻根) · 설근(舌根) · 신근(身根) · 의근(意根)이 청정하였으며, 사부대중 속에서 설법하여도 마음에 두려움이 없었다.

득대세보살아! 이 상불경보살마하살은 이처럼 많은 부처님들께 공양(供養)하고 공경(恭敬)하며, 존중(尊重)하고 찬탄(讚歎)하면서 모든 선근(善根)을 심었으니 후에 다시 천 만 억 부처님을 만나 모든 부처님 법회(法會)에서 이 경전을 설법하는 공덕(功德)을 성취하여 성불하였다.

득대세보살아! 너의 생각은 어떠하냐? 이때 상불경보살이 어찌 다른 사람이겠느냐? 바로 내가 그 사람이다. 만약 숙세(宿世)에 이 경전을 수지하고 독송하지 않고 다른 사람을 위하여 설법하지 않았다면 빨리 아뇩다라삼먁삼보리를 성취하지 않았을 것이다. 내가 앞에 계신 부처님들로부터 이 경전을 수지하고 독송하고 다른 사람을 위하여 설법한 까닭에 빨리 아뇩다라삼먁삼보리를 증득하였다.

득대세보살아! 그때에 사부대중인 비구 · 비구니 · 우바이 · 우바새들은 진에심(瞋恚心)을 일으켜 의도적(意圖的)으로 나를 경천(輕賤)한 까닭에 2백억 겁 동안 항상 부처님을 뵙지 못하고 불법(佛法)도 듣지 못하고 승려(僧侶)들도 보지 못하고 천 겁 동안을 아비지옥(阿鼻地獄)에서 많은 고뇌를 받았다. 끝내 그 죄가 다하고는 다시 상불경보살을 만나

아뇩다라삼먁삼보리로 교화되었다.

득대세보살아! 네 생각은 어떠냐? 그때 사부대중에서 항상 보살을 경천(輕賤)한 사람들이 어찌 다른 사람이겠느냐? 이 법회에 있는 발타바라(跋陀婆羅) 등 500 보살과 사자월(師子月) 등의 500 비구와 니사불(尼思佛) 등의 500 우바새로 모두 아뇩다라삼먁삼보리에서 물러나지 않은 사람들이었다.

득대세보살아! 법화경은 모든 보살마하살을 크게 요익하게 하여 아뇩다라삼먁삼보리에 알게 한다는 것을 당연히 알아야 한다. 그러므로 보살마하살은 여래께서 멸도(滅度)한 후에도 이 경전을 항상 수지(受持)하고 독송(讀誦)하며, 다른 사람을 위해 해설(解說)하고 서사(書寫)해야만 한다."

⑵ 게송 형식을 불러 법화경의 개괄적인 내용을 다시 한 편 강조하였다.

原文

爾時世尊欲重宣此義 而說偈言

　　過去有佛　　號威音王
　　神智無量　　將導一切

天人龍神　　所共供養
是佛滅後　　法欲盡時²⁷⁾

有一菩薩　　名常不輕
時諸四衆　　計著於法²⁸⁾
不輕菩薩　　往到其所
而語之言　　我不輕汝

汝等行道　　皆當作佛
諸人聞已　　輕毁罵詈
不輕菩薩　　能忍受之
其罪²⁹⁾畢已　　臨命終時

得聞此經　　六根清淨
神通力故　　增益壽命
復爲諸人　　廣說是經
諸著法衆³⁰⁾　　皆蒙菩薩

敎化成就　　令住佛道
不輕命終　　値無數佛
說是經故　　得無量福

漸具功德　　疾成佛道

彼時不輕　　則我身是
時四部衆　　著法之者
聞不輕言　　汝當作佛
以是因緣　　値無數佛

此會菩薩　　五百之衆
幷及四部　　清信士女[31]
今於我前　　聽法者是
我於前世　　勸是諸人

聽受斯經　　第一之法
開示教人　　令住涅槃
世世受持　　如是經典
億億萬劫　　至不可議

時乃[32]得聞　　是法華經
億億萬劫　　至不可議
諸佛世尊　　時說是經
是故行者[33]　於佛滅後

聞如是經　　勿生疑惑
應當一心　　廣說此經
世世値佛　　疾成佛道

해석

그때에 세존께서 이 뜻을 거듭 선양(宣揚)하시려고 게송
으로 말씀하셨다.

과거(過去)에 부처님이 있었으니

이름은 위음왕불(威音王佛),

신통력(神通力)과 지혜 무량하여

일체 중생 인도(引導)하니

천인(天人)·용신(龍神) 모두가 공양(供養)한다.

이 부처님 멸도(滅度)한 후 불법(佛法)이 다할 때에

보살 한 분 있었으니 이름은

상불경보살(常不輕菩薩),

그때에 사부대중(四部大衆)이

불법(佛法)에 허망하게 집착하여

상불경보살이 곳곳에 찾아가서

말하기를 '나는 그대들을 경멸(輕蔑)하지 않으며,

그대들이 진리를 수행하면

모두 성불(成佛)하리라.'

모든 사람 이를 듣고

경멸(輕蔑)하고 꾸짖고 욕을 해도

상불경보살은 이를 참고 견뎠다.

속세(俗世)의 죄업(罪業)이 다한 후에

임종(臨終)할 때 이르러서

법화경을 듣고 나서 육근(六根)이 청정하였으며,

신통한 능력으로

수명(壽命)이 증장(增長)하였다.

다시 중생들을 위하여 이 경전을 널리 설법하니

세속법(世俗法)에 집착하는

모든 중생들이 보살의 가르침으로

교화(敎化)되고 성취하여 불도(佛道)에 머물었다.

그 보살 임종한 후 무수(無數)한 부처님 만나 뵙고

법화경을 설법한 인연으로 무량한 복을 받고

공덕(功德)을 점차 갖추어서

빨리 성불(成佛)하였다.

그때의 상불경보살이 바로 나이고,

그때의 사부 대중들은 세속법에 집착하였지만

상불경보살 '그대는 성불하리라.'는 말을 듣고

이런 인연(因緣)으로 무수한 부처님 만났다.

이 법회(法會)의 보살들 500명의 무리들과

사부대중(四部大衆)과 청신사녀(清信士女)

이제 내 앞에서 법을 듣는 이들이다.

나는 전생(前生)에서 모든 사람에게 권면(勸勉)하여

법화경이 제일이라는 법문(法門) 듣고 수지하고는

개시(開示)하여 사람들을 가르쳐서

열반에 머물렀다.

세세에 이 경전을 수지(受持)하게 하였으며,

억만 겁의 세월에서 불가사의(不可思議)하였다.

그때에 들은 경전 법화경이었으며,

억만 겁의 세월에서 불가사의하였다.

모든 부처님과 세존께서 이 경전을 설법하였다.

그러므로 수행하는 사람들은

부처님 멸도(滅度)한 후

이 경전을 듣고 의혹(疑惑)을 일으키지 말라.
한결같은 마음으로 이 경전을 널리 설법하면
세세(世世)에 부처님을 뵙고 빨리 성불하리로다.

1) 溜然: 맞아떨어지다.

2) 道果: 성불을 말한다.

3) 得大勢(Mahāsthāmaprāpta): 보살의 이름. 대세지보살(大勢至菩薩)이라고
도 한다.

4) 罵詈: 욕하고 꾸짖음. 격렬(激烈)하게 비난(非難)하는 것을 말한다.

5) 如向所說: 법사공덕품에서 말한 육근청정(六根淸淨)을 말한다.

6) 離衰(Vinibhoga): 쾌락(快樂)을 저버렸다는 의미이다.

7) 大成(Mahāsaṃbhavā): 위대한 생성(生成)의 의미이다.

8) 四諦法: 앞의 주 참고.

9) 應: 상응(相應), 병에 따라 약을 처방하는 것을 말한다.

10) 十二因緣法: 앞의 주 참고.

11) 因: ~에 비추다. ~을 따르다. ~에 의하다는 의미이다.

12) 六波羅蜜: 앞의 주 참고.

13) 正法住世劫數: 정법은 올바른 교법(敎法)이 실현되는 시기를 말한다.

14) 閻浮提(jambū-dvīpa): 4대부주(大部州)의 하나이다.

15) 菩薩比丘: 대승(大乘) 불법(佛法)을 수행하는 비구를 말한다.

16) 不專: 간신히 하지 않음을 말한다.

17) 常不輕(Sadāparibhūta): 항상 경멸하지 않음을 말한다.

18) 二十千萬億偈: 억(億, koti)이 이십천만이니 2,000조를 말한다. 여기서
는 게(偈, Śloka)이다.

19) 爲作: 다른 것을 위하여 이름을 일으키는 것을 말한다.

20) 樂說辯力(pratibhāna-pratisaṃvid): 불법(佛法)을 즐기면서 올바르게 강
의하는 능력이다. 사무애변(辭無礙辯)의 하나이다.

21) 大善寂力(prajñā-bala): 올바르게 인욕(忍辱)하고 적정(寂定)하는 능력.
지혜의 힘이라고도 한다.

22) 日月燈明(Candra-sūryapradipa): 지혜가 밝음이 일월등과 같다는 뜻으
로, 부처님의 이름을 이렇게 부른다.

23) 異人: 다른 사람.

24) 跋陀婆羅(Bhadrapala): 수호자(守護者)라는 의미이다. 현호(賢護), 현수
(賢守)라고 의역(意譯)한다.

25) 師子月(Siṃhacandrā): 부처님의 호이다.

26) 尼思佛: 인명(人名)이다.

27) 法欲盡時: 여기서 법은 정법(正法)이 멸진(滅盡)하고 상법(像法) 시대를 말한다.

28) 計著於法: 불법에 계교(計較)하고 집착(執着)하는 것을 말한다.

29) 其罪: 상불경보살이 욕설과 꾸짖음으로 받은 고통을 말한다.

30) 著法衆: 세속에 집착하는 모든 사람을 말한다.

31) 淸信士女: 우바새와 우바이를 말한다. 여기서는 청순(淸純)하고 잡스럽지 않은 것을 말한다.

32) 時乃: 항상 가능한 것을 말한다.

33) 行者: 운수납자(雲水衲子)를 말한다.

여래신력품 제이십일(如來神力品第二十一)

原文

正宗旣終 意將傳付利澤萬世 是以菩薩伸請
如來卽現神力嘉讚經德 以發起群心使廣流布
故名如來神力品 而爲發起流通也

해석

정종분(正宗分)을 마치고 의도(意圖)하는 바는 장차 전법
(傳法)을 부촉(付囑)하여 만세(萬世)에서 이롭고 윤택(潤澤)하
게 함이다. 이로써 보살이 펼치실 것을 청하자 여래는 바
로 신력(神力)을 드러내어 법화경의 공덕(功德)을 매우 칭찬
하여 중생들의 마음을 발기(發起)하여 널리 유포(流布)하게
하므로 여래신력품(如來神力品)이며, 유통분(流通分)을 발기
함이다.

讚曰 欲傳法於萬世 須將神力 故現相於當時
以讚功德 一念之頃 現百千歲 數寸之舌 高至梵
天 異界衆生歡喜 得未曾有 上方諸天唱道 說是
大乘 香花瓔珞 散虛空而作雨 幡蓋莊嚴 成寶帳
以如雲 奇哉如來神力 至哉妙法功能 所有之四
法¹⁾ 稱性示現 難言之旨 以物開示 若流通於後
世 卽如來之嫡嗣 園林房舍 堪爲淸淨之道場 山
谷曠野 應起人天之塔廟 廓然²⁾如春歸萬國 快
然³⁾如風行太虛⁴⁾ 且道 是什麼法 毘婆尸佛早留
心 直至如今不得妙 頌曰

娑婆世界欲流通　　大放光明遍大空
八字⁵⁾打開分付汝　　堂堂妙法古今同

해석

기리며 말하였다.

불법(佛法)을 만세(萬歲)에 전하고자 하면 반드시 신통력
(神通力)으로 당시 양상을 드러내고, 공덕(功德)을 칭찬함으
로써 한 순간에 백천세(百千歲)에 나타나는데 몇 촌(寸)의
혀가 높은 범천(梵天)에 이르니 다른 세계의 중생들은 환희

(歡喜)하며 미증유(未曾有)를 증득한다. 위로는 모든 천계(天界)에서 도를 노래하면서 대승(大乘)을 말하고 향화(香花)와 영락(瓔珞)은 허공에 흩어져 내리니 번개(幡蓋)가 장엄(莊嚴)하고 보장(寶帳)을 이룬 게 구름과 같았다. 기이(奇異)하도다. 여래의 신력(神力)이여! 지극(至極)하구나. 묘법(妙法)의 공능(功能)이여! 가지고 있는 사법(四法)으로 불성(佛性)을 찬양(讚揚)하고 말하기 어려운 종지(宗旨)를 시현(示現)하였다. 사물로 개시하여 후세(後世)에 유통하면 여래의 적손(嫡孫)이며, 원림(園林)과 방사(房舍)가 청정한 도량이니 산곡(山谷)과 광야(曠野)는 인천(人天)의 탑묘를 일으킨다. 곽연(廓然)함이 봄이 온 천지에 돌아옴이며 쾌연(快然)하기는 바람이 허공을 지나가는 것과 같다. 또 말하여라. 이 어떤 법인가?

비바시불(毘婆尸佛)은 일찍 마음에 두었다가

바로 이제와 같음에 이르러도 미묘함을 알지 못하는구나.

게송으로 말하기를,

사바세계(娑婆世界)에 유통(流通)하기를 바라면

크게 나투는 광명(光明)은

허공(虛空)에 가득하여야 하며,

팔자(八字)를 타개(打開)하여
그대에게 분부(分付)하노니
당당(堂堂)한 묘법(妙法)은
예나 지금이나 같다고 하더라.

⑴ 석가모니 부처님이 설법(說法)할 때에 일어난 각종 기이(奇異)한 현상을 말하는데, 이는 종지용출(從地湧出), 광설상(廣長舌相)이 나타나고 육종진동(六種震動)과 같은 것들이다.

原文

爾時 千世界微塵等菩薩摩訶薩 從地踊出者 皆於佛前一心合掌 瞻仰尊顏 而白佛言 世尊 我等於佛滅後 世尊分身[6]所在國土滅度之處 當廣說此經 所以者何 我等亦自欲得是眞淨大法[7]受持 讀誦 解說 書寫 而供養之

爾時世尊 於文殊師利等無量百千萬億舊住娑婆世界菩薩摩訶薩 及諸比丘 比丘尼 優婆塞 優婆夷 天 龍 夜叉 乾闥婆 阿修羅 迦樓羅 緊那羅 摩睺羅伽 人非人等 一切衆前 現大神力[8] 出廣長[9]舌上至梵世[10] 一切毛孔放於無量無數色光[11] 皆悉遍照十方世界 衆寶樹下 師子座上諸佛 亦復如是 出廣長舌 放無量光

釋迦牟尼佛及寶樹下諸佛現神力時 滿百千歲 然後還攝舌相[12] 一時謦欬[13] 俱共彈指 是二音聲 遍至十方諸佛世界 地皆六種震動 其中衆生 天龍 夜叉 乾闥婆 阿修羅 迦樓羅 緊那羅 摩睺羅

伽 人非人等 以佛神力故 皆見此娑婆世界 無量
無邊百千萬億衆寶樹下 師子座上諸佛 及見釋
迦牟尼佛共多寶如來 在寶塔中 坐師子座 又見
無量無邊百千萬億菩薩摩訶薩及諸四衆 恭敬圍
繞釋迦牟尼佛 旣見是已 皆大歡喜 得未曾有

即時諸天 於虛空中 高聲唱言 過此無量無邊
百千萬億阿僧祇世界 有國名娑婆 是中有佛名
釋迦牟尼 今爲諸菩薩摩訶薩說大乘經 名妙法
蓮華 敎菩薩法 佛所護念 汝等當深心隨喜 亦當
禮拜供養釋迦牟尼佛 彼諸衆生 聞虛空中聲已
合掌向娑婆世界作如是言 南無[14]釋迦牟尼佛 南
無釋迦牟尼佛 以種種華 香 瓔珞 幡蓋 及諸嚴
身之具 珍寶妙物 皆共遙散[15]娑婆世界 所散諸
物 從十方來 譬如雲集 變成寶帳 遍覆此間諸佛
之上 于時十方世界 通達無礙 如一佛土

해석

　그때에 천(千) 세계의 미진한 보살마하살들이 땅에서 솟
아올라 모두가 한결같은 마음으로 부처님 앞에서 합장(合
掌)하고 존안(尊顏)을 우러러보면서 부처님께 여쭈었다.

　"세존이시여! 저희들은 부처님이 멸도(滅度)하신 후 세존

의 분신(分身)으로 국토에 있다가 멸도하신 곳에서 이 경전을 널리 설법(說法)하겠습니다. 왜냐하면 저희들도 역시 진실(眞實)되고 청정(淸淨)한 위대한 불법(佛法)을 획득하여 수지하고 독송하며, 해설하고 서사(書寫)하여 공양하렵니다."

그때에 세존께서 문수사리(文殊師利)와 무량하고 무수한 백천만 억 과거(過去)에 머물러 있던 사바세계(娑婆世界)의 보살마하살(菩薩摩訶薩)과 모든 비구·비구니·우바새·우바이·천룡·야차·건달바·아수라·가루라·긴나라·마후라가·인비인(人非人)들의 일체 중생들 앞에서 위대한 신통력(神通力)을 나타내고 넓고 긴 혀를 드러내시니, 위로는 범천(梵天)에 닿았으며 일체 털구멍에서 무량하고 무수한 빛의 색채(色彩)가 나와서 모든 시방세계를 비추었습니다. 많은 보배로운 나무 밑 사자좌(師子座) 위에 모든 부처님도 역시 이와 같이 넓고 긴 혀를 내시는데 무량한 광명을 나타내셨습니다.

석가모니 부처님과 보배 나무 아래 모든 부처님이 신통력(神通力)을 드러내어 백천 년을 채운 후에 설상(舌相)을 거두어들이셨다. 일시에 큰 기침을 하고 함께 손가락을 튀기니 이 두 가지 소리가 시방의 부처님 세계에 고르게 들려 대지(代指)가 여섯 가지로 진동(震動)하였다. 그 가운데 천룡(天龍)·야차(夜叉)·건달바(乾達婆)·아수라(阿修羅)·가루라(迦樓羅) · 긴나라(緊那羅) · 마후라가(摩睺羅伽) · 인비인 (人非人)들이 부처님의 신통력으로 사바세계에서 무량하고 무변한 백천만 억 무리들이 보배로운 나무 아래에서 사자 좌에 앉은 모든 부처님들이 석가모니 부처님과 다보여래 (多寶如來)가 함께 보탑(寶塔) 안에서 앉아 있는 것을 보고, 또 무량무변한 천만 억 보살마하살과 사부대중들이 석가 모니 부처님을 공경(恭敬)하며 위요(圍繞)하였다. 이를 보고 는 모두가 크게 환희하며 미증유를 증득하였다.

그때에 허공에서 큰 소리가 일어났다.

'과거 이 무량하고 무변한 백천만 억 아승기 세계에 나라 가 있었으니, 이름은 사바(娑婆)이고 그 속에 석가모니 부 처님이 있었는데, 이제 모든 보살마하살을 위하여 대승경 (大乘經)을 말씀하시니 이름은 묘법연화경(妙法蓮華經)이고 보살을 가르치는 법이며 부처님이 호념(護念)하는 경전이 다. 그대들은 당연히 깊은 마음으로 수순(隨順)하면서 환희 (歡喜)하며, 또한 석가모니 부처님께 예배하고 공양하여야 한다.'

모든 중생들이 허공에서 들리는 소리를 듣고 사바세계를 향하여 합장하면서 '나무 석가모니불! 나무석가모니불!' 하 고 말하면서 갖가지 꽃 · 향(香) · 영락(瓔珞) · 번개(幡蓋)와 모든 장엄(莊嚴)한 장신구(裝身具)와 진귀한 보배와 아름다운 보물 모두를 사바세계에 흩어졌다. 흩어진 물건들이 시방 세계에서부터 구름처럼 몰려와 보배 장막으로 변하여 이 세상의 모든 부처님을 덮었다. 이때에 시방 세계는 통달(通達) 무애(無礙)하여 하나의 국토와 같았다.

(2) 석가모니 부처님께서 다시 법화경이 매우 중요하다는 것을 설명하고 모두가 반드시 수지(受持)하고 공양해야 한다고 말한다.

原文

爾時 佛告上行[16]等菩薩大衆 諸佛神力如是 無量無邊 不可思議 若我以是神力 於無量無邊 百千萬億阿僧祇劫 爲囑累[17]故 說此經功德 猶不能盡 以要言之 如來一切所有之法 如來一切自在神力 如來一切祕要之藏 如來一切甚深之事 皆於此經宣示顯說 是故汝等於如來滅後 應一心受持 讀誦 解說 書寫 如說修行 所在國土 若有受持 讀誦 解說 書寫 如說修行 若經卷所住之處 若於園中 若於林中 若於樹下 若於僧坊 若白衣舍[18] 若在殿堂[19] 若山谷曠野 是中皆應起塔供養 所以者何 當知是處 卽是道場 諸佛於此

得阿耨多羅三藐三菩提 諸佛於此轉于法輪 諸
佛於此而般涅槃
　爾時世尊欲重宣此義 而說偈言

　　　　諸佛救世者　　　住於大神通
　　　　爲悅衆生故　　　現無量神力
　　　　舌相至梵天　　　身放無數光
　　　　爲求佛道者　　　現此希有事

　　　　諸佛謦欬[20]聲　　及彈指[21]之聲
　　　　周聞十方國　　　地皆六種動
　　　　以佛滅度後　　　能持是經故
　　　　諸佛皆歡喜　　　現無量神力

　　　　囑累是經故　　　讚美受持者
　　　　於無量劫中　　　猶故不能盡
　　　　是人之功德　　　無邊無有窮
　　　　如十方虛空　　　不可得邊際

　　　　能持是經者　　　則爲已見我
　　　　亦見多寶佛　　　及諸分身者

又見我今日　　敎化諸菩薩
能持是經者　　令我及分身

滅度多寶佛　　一切皆歡喜
十方現在佛　　并過去未來
亦見亦供養　　亦令得歡喜
諸佛坐道場　　所得祕要法

能持是經者　　不久亦當得
能持是經者　　於諸法之義
名字[22]及言辭　　樂說無窮盡
如風於空中　　一切無障礙

於如來滅後　　知佛所說經
因緣及次第　　隨義如實說
如日月光明　　能除諸幽冥[23]
斯人行世間　　能滅眾生闇[24]

敎無量菩薩　　畢竟住一乘[25]
是故有智者　　聞此功德利
於我滅度後　　應受持斯經

是人於佛道 　決定無有疑

해석

　그때에 부처님께서 상행(上行) 등의 많은 보살 대중들에게 말하였다.

　"모든 부처님의 신통력은 이처럼 무량(無量)하고 무변(無邊)하며 불가사의(不可思議)한데, 만약 내가 신통력으로 무량하고 무변한 백천만 억 아승기겁(阿僧祇劫)에서 촉루(囑累)하기 위한 까닭에 이 경전의 공덕(功德)을 말하더라도 다하지 못할 것이다. 그러므로 요약하여 말하면 여래의 일체 법(一切法)과 여래의 일체 자재(自在)한 신통력(神通力)과 여래의 일체 비밀(祕密)스러운 법장(法藏)과, 여래의 일체에서 매우 심오(深奧)한 일들을 이 경전에서 옳게 현시(顯示)하여 말하였다. 그러므로 그대들은 여래가 멸도한 후 반드시 한결같은 마음으로 수지하고 독송하며, 해설하고 서사하며, 말한 것과 같이 수행하라. 그대들이 있는 국토에서 수지하고 독송하며, 해설하고 서사하며 이처럼 수행한다면 만약 이 경전이 머무는 곳이 동산이거나 산림이거나 나무 아래이거나 승방(僧坊)이거나 속인의 집이거나 전당(殿堂)이거나 산곡(山谷)의 광야(曠野)일지라도 당연히 그곳에 탑을 쌓고 공양해야만 한다. 왜냐하면 이곳은 모두가 도량으로 여러 부처님께서 이곳에서 아뇩다라삼먁삼보리를 얻음이며, 또 여러 부처님들께서 이곳에서 법륜(法輪)을 윤전(輪轉)하였으며 모든 부처님이 열반(涅槃)하셨기 때문이다."

그때에 세존께서 이 뜻을 거듭하여 선양하시려도 게송으로 말씀하셨다.

모든 부처님은 세상을 구제하고자
위대한 신통력(神通力)에 머무시며
모든 중생을 위하시는 까닭에
무량한 신통력을 드러내신다.
혀는 길어 범천(梵天)에까지 이르고
몸으로는 무수(無數)한 광명을 나타내신다.
불도(佛道)를 구하는 사람들을 위하여
이런 희유(希有)한 상을 드러내신다.

모든 부처님이 기침하는 소리와
탄지(彈指)하는 소리,
시방의 모든 세계는 여섯 가지로 진동(震動)하며,
부처님이 멸도(滅度)한 후
이 경전을 수지하는 까닭에
모든 부처님이 환희(歡喜)하여

무량한 신통력을 나타내신다.
 이 경전을 촉루(囑累)하려는 까닭으로
수지한 사람을 찬미하신다.
무량한 겁인 까닭으로 다하지 못하리라.
이런 사람의 공덕은 끝없이 무궁하여
시방의 허공과 같아 헤아릴 수 없다.

이 경전을 수지한 사람이 내 몸을 보게 되면
다보불과 여러 분신들도 역시 보게 되리라.
내가 오늘 교화(敎化)하는
모든 보살들도 보게 되고,
이 경전을 수지하는 사람은
나와 나의 분신이다.

멸도하신 다보불은 일체 모두를 환희하게 하며,
시방에 계신 현재의 부처님과
과거 미래 부처님께
공양하면 역시 환희를 얻는다.
모든 부처님은 도량에 앉아
증득하신 비밀스럽고 요긴(要緊)한 법.

이 경전을 수지하는 사람은 머지않아 얻어 보며,
이 경전을 수지하면 여러 법의 미묘(微妙)한 뜻과
명자(名字)와 언사(言辭)들도
즐거이 말하는 것 끝이 없으리라.
허공 속에 바람소리처럼 일체에 장애가 없다.

여래가 멸도(滅度)한 후 부처님이 설법하신 경전,
인연과 순서대로 뜻을 따라 참답게 설법하고
일월과 밝은 광명 온갖 어둠 걷어내듯
이런 사람은 세간에 실천하여
중생의 어둠을 없애준다.

무량한 보살을 교화(敎化)하여
끝내 일승(一乘)에 머물게 하며,
그러므로 슬기로운 사람은
이런 공덕 이익을 듣는다.
내가 멸도(滅度)한 후 이 경전을 수지할지니,
이런 사람은 불도(佛道)에서
결정코 의심이 없으리라.

1) 四法: 법화사법(法華四法)으로 제불호념(諸佛護念), 식제덕본(植諸德本), 입정정취(入正定聚), 발구일체중생지심(發救一切衆生之心)을 말한다.

2) 廓然: 넓고 텅 빈 모양. 확 트인 모양. 마음이 넓고 거리낌이 없는 모양.

3) 快然: 시원스럽다. 빠름을 말한다.

4) 太虛: 하늘, 허공.

5) 八字: 열반경 성행품(聖行品)에서 말하는 설산(雪山)의 생멸멸이(生滅滅已) 적멸위락(寂滅爲樂)의 여덟 글자를 말한다.

6) 分身: 분신불(分身佛)을 말한다.

7) 眞淨大法: 진실하고 청정한 위대한 가르침이라는 뜻이다.

8) 現大神力: 위대한 신통력(神通力)을 시현(示現)한 것을 말한다. 구체적인 내용은 ①광장설(廣長舌) ②통신방광(通身放光) ③경해(謦欬) ④탄지(彈指) ⑤보견대회(普見大會) ⑥지동(地動) ⑦공중창성(空中唱聲) ⑧함개귀명(咸皆歸命) ⑨요산제물(遙散諸物) ⑩시방통동(十方通同).

9) 廣長: 관장(寬長)을 말한다. 광(廣)은 관(寬)과 통한다. 32상의 하나이다.

10) 梵世: 범천(梵天)을 말한다.

11) 色光: 색채(色彩)를 가진 빛을 말한다.

12) 攝舌相: 혀를 입 안으로 회수(回收)하는 모양이다.

13) 謦欬: 해수(咳嗽)를 말한다.

14) 南無: 치경(致敬), 귀의(歸依)의 뜻이다.

15) 散: 뿌리다, 흩뜨리다.

16) 上行(Visiṣṭacāritra): 보살의 이름이다.

17) 囑累: 촉탁(囑託), 위촉(委囑)을 말한다.

18) 白衣舍: 백의(白衣)는 세속인(世俗人)의 별명이다.

19) 殿堂: 귀족(貴族)이 거처하는 곳을 말한다.

20) 謦欬: 기침함. 담소함. 이야기함.

21) 彈指: 손톱이나 손가락을 튕기는 소리.

22) 名字: 불경(佛經)에 드러나는 명사(名詞)의 개념을 말한다.

23) 幽冥: 각종 우매(愚昧)와 사악(邪惡)한 것을 말한다.

24) 闇; 우매(愚昧)를 말한다.

25) 畢竟住一乘: 최후에 귀의하는 대승불법을 말한다.

묘법연화경 제6권(妙法蓮華經第六卷)

촉루품 제이십이(囑累品第二十二)

原文

以言托之曰囑 以法系之曰累 欲使傳續妙法利
達無窮 故曰囑累而爲付授[1]流通也 然法會未終
遽說囑累者 此經以智立體以行成德 前之開佛
知見明一大事 立體之法旣備 故說囑累以明佛
佛授手[2]之要止此而已 後之以行成德者 唯體前
法推而行之 更無別法 旣無別法則於此囑累宜
矣 華嚴有三十九品 敷列修進至等覺位終 如來
出現品纔三十七 遂卽囑累流通 而後說普賢常
行及善財南遊二品 亦以前法旣備 後唯躡前以
成行德 更無別法故也 又前彰智境 所以簡情顯
解 後示行境 欲其解終趨行故於此辨焉 所謂行
境者 無復簡顯無復情解 唯全體運用之而已 觀

曰若不洞明前解 無以躡成後行 又須忘絶前解
然後能入行境 是故行由解成行起解絶 則後之
行境非言所及非解所到 亦非囑累所能相授矣
學者當進乎此 闍那笈多³⁾翻此經 移囑累置卷末
失華嚴之旨矣

해석

　말로 부탁하는 게 촉(囑)이고 법으로 이어가는 것은 루(累)
이다. 묘법(妙法)을 전승(傳承)하고 이어서 이로움이 무궁(無
窮)함에 도달하므로 촉루이며 유통(流通)을 부탁하여 맡김
이다. 그러나 법회가 끝나지 않았는데 촉루품을 설법한 것
은 이 경에서는 지혜로 덕을 건립(建立)하고 수행으로 공덕
(功德)을 성취함이다. 앞에서 부처님의 지견(知見)을 개시(開
示)하여 드러낸 것은 일대사인연(一大事因緣)을 밝힌 것이
며, 본체를 건립하는 법이 이미 갖추어졌으므로 촉루품을
설법함으로 전수(傳受)한 요지(要旨)는 이에서 그친다. 후에
수행으로 공덕을 성취하는 것은 이전의 법을 체득(體得)하
고 추구하여 실천함이지 다른 법이 없다. 다른 법이 없다
면 촉루품(囑累品)으로 마치는 게 당연하다. 화엄경 39품에
상세히 나열(羅列)하였는데, 수행하여 나아가 등각위(等覺
位)에 이르는 것으로 마쳤고, 비로소 여래출현품 37품에서

마침내 촉루(囑累)하여 유통(流通)하였다. 후에 보현보살(普賢菩薩)의 상행(常行)과 선재동자(善財童子)의 남쪽으로 유행(遊行)하는 2품을 설법하였으니 역시 이전의 법을 구비함이다. 후에 오로지 이전의 법을 본받아서 수행의 덕을 성취하였으니 다시 다른 법이 없는 까닭이다. 또 이전의 법과 지혜의 경계를 밝히므로 정(情)을 가리고 견해(見解)를 드러냄이며, 후에 수행의 경계를 현시(顯示)하였다. 끝마무리를 이해시키고자 진행하는 까닭에 여기에서 판별(判別)하는 것이다. 말하자면 수행의 경계는 다시 간략(簡略)하게 드러낼 것도 없고 정해(情解)할 것도 없으며 오로지 전체(全體)를 운용(運用)하여 마치는 것이다. 관(觀)하며 말하기를 "만약 이전의 견해(見解)를 훤하게 통달하지 않으면서도 본받아서 후에 수행을 성취할 것도 없고, 또 이전의 견해를 중단한 후에 수행의 경계에 진입한다."고 하였다. 그러므로 수행은 이해(理解)로 말미암고 수행이 성취되면 견해가 일어나는 게 끊어진다, 바로 후에 행경(行境)은 말로 미칠 수가 없고 이해로 도달할 수가 없으며, 또 촉루는 서로 수수(授受)하는 게 아닌데 학자들은 이에 이르려고 한다. 사나급다(闍那笈多)가 이 경을 번역하면서 촉루품을 끝에 두었는데 이는 화엄의 종지(宗旨)를 상실(喪失)한 것이다.

原文

讚曰 法王法如是 一大事因緣旣畢 緣始緣以
終 三摩頂授記示迹 囑累無量菩薩 欲令遍界流
通 勸學如來三行 廣布諸佛一乘 菩薩奉持而去
歡喜遍身 聲聞聽言而還 寶塔隱空 嗚呼 諄諄⁴⁾
法說喩說甚深 杳杳⁵⁾千劫萬劫難遇 古人道 諸法
從緣生 亦從因緣滅 法王告畢後 還有佛性也無
數行梵字雲中鴈 一曲無生澗底琴 頌曰

囑累靈峰微妙法　　當知勸化報鴻恩
權前智體行圓行　　大地山河皆應身

해석

기리며 말하였다.

"법왕(法王)의 법이 이와 같음을 일대사인연(一大事因緣)으
로 마치었다. 연(緣)으로 시작하여 연으로 마치니 세 번의
마정수기(摩頂授記)가 자취를 드러냈다. 무량한 보살에게
촉루(囑累)하여 고르게 유통하게 하려고 여래의 삼행(三行)
을 배우게 하여 널리 모든 부처님의 일승(一乘)을 베풀었
다. 보살은 봉지(奉持)하고 가서 환희함이 몸에 고루 미쳤
고 성문(聲聞)은 말을 듣고 되돌아와 보탑(寶塔) 허공에 숨
었다. 오호라! 법설(法說)과 유설(喩說)로 자상하게 이르는

게 매우 심오(深奧)하며, 아득하여 천겁(千劫)과 만겁(萬劫)에도 만나기 어렵구나! 옛사람이 말하기를 '모든 법은 인연 따라 일어나고 인연 따라 없어진다.'고 했다. 법왕이 말을 마친 후에 '불성(佛性)이 있느냐? 없느냐?'고 했다.

　몇 구절의 범자(梵字)는 구름 속에 기러기 같고

　한 곡조로 계곡에서 거문고 소리가 일어나지 않는다."

　계송으로 말하기를,

　　영봉(靈峯)의 미묘법을 촉루(囑累)하니

　　권면(勸勉)하고 교화(敎化)하여

　　넓은 은혜에 보답할 줄 알아라.

　　방편 이전의 지혜는 체행(體行)과 원행(圓行)이니

　　대지(大地) 산하(山河) 모두가 응신(應身)이라네.

⑴ 석가모니 부처님이 법화경을 보살 대중들에게 접수(接受)
하라고 하면서 위촉(委囑)하는 정황(情況)을 묘사하였다.

原文

爾時 釋迦牟尼佛從法座起 現大神力 以右手
摩[6]無量菩薩摩訶薩頂 而作是言 我於無量百千
萬億阿僧祇劫 修習是難得阿耨多羅三藐三菩提
法 今以付囑汝等 汝等應當一心流布此法 廣令
增益 如是三摩諸菩薩摩訶薩頂 而作是言 我於
無量百千萬億阿僧祇劫 修習是難得阿耨多羅三
藐三菩提法 今以付囑汝等 汝等當受持 讀誦 廣
宣此法 令一切眾生普得聞知 所以者何 如來有
大慈悲 無諸慳悋[7] 亦無所畏 能與眾生 佛之智
慧 如來智慧 自然智慧[8] 如來是一切眾生之大施
主 汝等亦應隨學如來之法 勿生慳悋 於未來世
若有善男子 善女人 信如來智慧者 當爲演說此
法華經 使得聞知 爲令其人得佛慧故 若有眾生
不信受者 當於如來餘深法[9]中 示教利喜 汝等若
能如是 則爲已報諸佛之恩

時諸菩薩摩訶薩 聞佛作是說已 皆大歡喜遍滿
其身 益加恭敬 曲躬 低頭 合掌向佛 俱發聲言

如世尊勅 當具奉行 唯然 世尊 願不有慮 諸菩
薩摩訶薩衆 如是三反[10] 俱發聲言 如世尊勅[11]
當具[12]奉行 唯然 世尊 願不有慮

해석

　그때에 석가모니 부처님께서 법좌(法座)에서 일어나 위대
한 신통력을 드러내시고 오른손으로 무량한 보살마하살들
의 머리를 어루만지시고 이렇게 말씀하셨다.

　"내가 무량한 백천만 억 아승기겁에서 얻기 어려운 아뇩
다라삼먁삼보리를 수습하여 이제 너희들에게 부촉한다.
너희들은 당연히 한결같은 마음으로 이법을 유포하여 널
리 펼쳐서 이익되게 하여라." 이처럼 3번이나 모든 보살마
하살의 이마를 어루만지시고 말하시기를, "나는 무량한 백
천만 억 아승기겁에 이 증득하기 어려운 아뇩다라삼먁삼
보리를 수습하여 이제 너희들에게 부촉하련다. 너희들은
당연히 수지하고 독송하여 이 법을 널리 펼쳐서 일체 중생
모두가 들어서 알 수 있게 하여라. 왜냐하면 여래는 위대
(偉大)한 자비(慈悲)가 있어 모든 것에서 인색(吝嗇)함이 없
어 두려울 게 없고, 또 중생들에게 부처님의 지혜와 여래
의 지혜와 자연의 지혜를 주기 때문으로 여래는 일체 중생
에게 위대한 시주(施主)이다. 너희들 역시 당연히 여래의

법을 따라 배우는 데 인색하지 말라. 미래세(未來世)에 선남자 선여인이 여래의 지혜를 믿는 사람에게는 이 법화경을 연설하여 듣고 알게 할 것이니, 그 사람에게 부처님의 지혜를 알게 하려고 하기 때문이다. 만약 중생이 믿지 않고 받아들이지 않으면 당연히 여래의 신묘한 법에서 가르침을 개시하여 이익되어 기쁘게 해 주어라. 너희들이 이와 같이 한다면 이것이 바로 부처님의 은혜를 모두 갚는 것이다."

그때에 모든 보살마하살이 부처님께서 이렇게 말씀하시는 것을 듣고 모두가 크게 환희하고 기쁨이 넘쳐서 더욱 공경(恭敬)하고 허리를 굽히며, 머리를 숙여 부처님을 향하여 합장(合掌)하고 다 같이 여쭈었다. "세존께서 분부하신 대로 당연히 갖추고 받들어 실천할 것이니, 세존이시여! 염려하지 마시기를 바랍니다." 모든 보살마하살들이 이처럼 세 번 반복하여 말하였다. "세존께서 분부하신 대로 당연히 받들어 실천할 것이니 원하옵나니, 세존이시여! 염려하지 마시기를 바랍니다."

⑵ 석가모니 부처님이 요구한 대로 모든 분신(分身)인 부처님과 다보(多寶) 부처님이 본래 자리로 되돌아가는 것을 말하고 있다.

爾時釋迦牟尼佛令十方來諸分身佛各還本土
而作是言 諸佛各隨所安[13] 多寶佛塔還可如故
說是語時 十方無量分身諸佛 坐寶樹下師子座
上者 及多寶佛 并上行等無邊阿僧祇菩薩大衆
舍利弗等聲聞四衆 及一切世間天人 阿修羅等
聞佛所說 皆大歡喜

해석

그때에 석가모니 부처님께서 시방에서 오신 모든 부처님
들을 제각기 본국(本國)으로 돌아가도록 하시며 이렇게 말
씀하였다.

"모든 부처님들이 제각기 편안히 돌아가시고 다보불탑(多
寶佛塔)도 전과 같이 되어야 한다."

석가모니 부처님께서 이렇게 말씀하실 때에 시방의 무량
한 분신(分身)인 모든 부처님들이 보배 나무 밑 사자좌(師子
座)에 앉아 있었고 다보부처님도 함께 상행(上行)과 같은 무
변한 아승기겁의 보살 대중과 사리불과 같은 성문 사부대
중과 일체 세간(世間)의 천인(天人) 아수라(阿修羅)들이 부처
님이 하신 말씀을 듣고 모두 크게 환희하였다.

1) 付授: 부탁하여 맡김.

2) 授手: 전수(傳受)함.

3) 闍那笈多(Jnanagupta): 첨품묘법연화경을 번역한 수나라 때 승려이다.

4) 諄諄: 자상하게 타이르는 모양. 삼가고 성실한 모양.

5) 杳杳: 어두운 모양. 아득하고 먼 모양.

6) 摩: 어루만지다, 쓰다듬다.

7) 慳悋: 인색(吝嗇)을 말한다.

8) 自然智慧: 스스로 증오(證悟)한 지혜를 말한다.

9) 餘深法: 기타의 심오하고 미묘한 불법.

10) 三反: 3번 반복함을 말한다.

11) 勅: 칙령(勅令), 부촉(咐囑).

12) 具: 완전히.

13) 各隨所安: 자기가 있던 제 자리로 돌아가는 것을 말한다.

약왕보살본사품(藥王菩薩本事品第二十三)

原文

藥王昔爲喜見菩薩 精苦爲燒身然[1]臂 其於釋
迦法中受持是經 一切天人無如之者 今示其本
因 使人跂慕共尊此道 故名藥王本事 而爲苦行
流通 卽宿王請問難行苦行是也 竊觀此經以智
立體以行成德 前之智境所以遣情顯解 後之行
境欲其解終趍行 如藥王之燒身 妙音之隨應 觀
音之普門 妙嚴之轉邪 普賢之勸發 皆示實相行
境 使人忘情絶解隨行悟入 故說是藥王品時 八
萬菩薩得解一切語言 則以苦行成圓通之德也

說妙音品時 華德菩薩得法華三昧 則以妙行成
實相之德也 說普門品時 八萬之衆發無等等心
則以圓行成最上之德也 及說陀羅尼品 則六萬

八千人得無生法忍 說莊嚴王品 則八萬四千人
得法眼淨 此又以神力正力助成德行 乃至說勸
發品時 沙數菩薩得旋陀羅尼 塵數菩薩具普賢
道 則以常行成不德之德也 夫能底此則法華妙
行至矣盡矣 故終會焉 然始於苦行終於常行者
將欲以行成德非精心苦志無以深造 故必精苦而
後造妙 造妙而後能圓 能圓而後眞繼普賢常行
亦教之序也

해석

　약왕보살이 예전에 희견보살이었을 때에 힘들게 정진하
면서 몸을 태우는 연비(燃臂)를 하였으며, 석가모니 부처님
의 법에서 이 경전을 수지하였는데, 일체 천인 중에 이런
사람이 없었다. 이제 그 본래의 원인을 개시하여 사람들
모두가 이 진리를 존중(尊重)하게 하려고 하므로 약왕보살
본사품(藥王菩薩本事品)이라고 하고, 고행유통(苦行流通)이라
하였다. 바로 숙왕(宿王)의 난행(難行)과 고행(苦行)을 물었
음이다. 잠시 이 경전을 관찰하면 지혜로 본체(本體)를 건
립(建立)하고 수행으로 덕(德)을 성취(成就)한다. 앞의 지혜
의 경계는 감정(感情)을 없애고 이해(理解)함을 드러냄이고,
뒤의 행경(行境)은 이해함을 끝까지 수행하는 것으로 약왕

보살(藥王菩薩)이 몸을 태운 것이나, 묘음보살(妙音菩薩)이 근기를 따름이며, 관음보살(觀音菩薩)의 보문(普門)이고 묘엄보살(妙嚴菩薩)의 전사(轉邪)이며, 보현보살(普賢菩薩)의 권발(勸發)이다. 모두가 실상(實相)인 수행의 경계로 중생들에게 감정을 잊고 절묘(絕妙)한 이해로 수행을 따라 오입(悟入)하므로 약왕보살본사품(藥王菩薩本事品)을 설법할 때에 8만 보살이 일체 언어를 이해하면 바로 고행이 원통(圓通)한 덕을 성취함이다.

묘음보살품(妙音菩薩品)을 설법할 때에는 화덕보살(華德菩薩)이 법화삼매(法華三昧)를 증득(證得)하고 미묘한 수행으로 실상의 덕을 성취하였으며, 관음보문품(觀音普門品)을 설법할 때에는 8만 대중들이 무등등(無等等)의 마음을 일으켜 원만한 수행으로 최상(最上)의 덕을 성취하였으며, 다라니품(陀羅尼品)을 설법함에 이르러서는 8,000명이 무생법인(無生法忍)을 증득하였으며, 묘장엄왕본사품(妙莊嚴王本事品)을 설법할 때에는 8만4천 사람들이 법안정(法眼淨)을 증득하였으며, 여기서 또 신력(神力)과 정력(正力)으로 덕행을 도와 성취하였으며, 보현보살권발품(普賢菩薩勸發品)에 이르러서는 항상 수행하면서 부덕지덕(不德之德)을 성취하였다. 이 밑바탕에는 법화묘행(法華妙行)의 지극함을 다함이 있는 까닭이라고 하면서 법회(法會)를 마쳤다. 그리고 고행

(苦行)으로 시작하여 상행(常行)으로 마치는 것은 장차 수행으로 덕을 성취하고자 하면 정진(精進)하는 마음과 괴로운 마음이 아니고는 깊이 조성될 수 없음이다. 그러므로 반드시 정진하는 고행으로 후에 미묘함을 조성함이며, 미묘함이 조성된 후 원만(圓滿)해질 수 있으며, 원만해진 후에 참으로 보현보살의 상행에 계합(契合)함을 역시 가르쳤다.

原文

讚言 日月淨明 如來不立一字而演說 衆生喜見 菩薩不愛一身而精持 是名精進是眞供養 故宿王之發問 世尊答以是事 塗香燃身 表慧滅幻緣 起塔燃臂 示悲除斷常 意得金色之身 又現天花之瑞 一句之恩 廣十喩²⁾而莫報 一經之文 歷千劫而難遇 若聞如此本事³⁾ 流通末世衆生 廣利無邊 功德巨量一聞皆得色身三昧 轉女成男 一信不爲十使⁴⁾所纏 轉禍爲福 現世口出妙香 當來身生蓮臺 證佛所讚 眞實不虛 且道 如何是藥王燃身的的⁵⁾大意 竹影掃階塵不動 月穿潭底水無痕 頌曰

藥王燒身然兩臂　　分明摽格示行人

若能如是精持法　是則名爲報佛恩

해석

기리며 말하였다.

"일월정명여래(日月淨明如來)는 한 마디 말도 없이 연설(演說)하였는데, 중생희견보살(衆生喜見菩薩)은 한 몸을 애착(愛着)하지 않으면서 정진(精進)하며 수지(受持)한다. 이 정진(精進)은 참다운 공양(供養)을 말하므로 숙왕(宿王)이 질문을 드러냄이며 세존(世尊)이 이런 일로 대답하는 것은 향을 바르고 몸을 태우는 것은 지혜를 드러내어 환화(幻化)의 연연을 단멸(斷滅)함이다. 탑을 세우고 태운 팔은 비애(悲哀)를 현시(顯示)하여 항상(恒常)함을 단제(斷除)함이니, 의도(意圖)는 금색의 몸을 증득함이거나 또는 천화(天花)의 상서로움을 나타냄이다. 한 구절의 은혜(恩惠)는 널리 열 가지 비유로도 보답(報答)할 수 없다. 한 경전의 글자도 천겁(千劫)을 지나도 만나기 어렵다. 만약 이와 같은 본사(本事)를 듣고 말세 중생에게 유통하면 광대(廣大)한 이익이 끝이 없으며, 공덕(功德)은 마침내 일문(一聞)을 헤아려서 모두 색신삼매(色身三昧)를 얻어 여자가 남자가 되었고 한 번 믿음으로 십사(十使)에 얽히지 않으니 전화위복(轉禍爲福)이다. 현세에 입에서 나오는 미묘한 향기는 미래의 몸에서는 연화대(蓮

華臺)에 나서 부처님이 칭찬하는 바를 증득하니, 진실은 허망하지 않다. 또 말하라. 어떤 게 약왕보살(藥王菩薩)이 소신(燒身)한 명확한 대의(大意)인가?

대나무 그림자로 계단을 쓸자 먼지가 일지 않고
달이 잠긴 연못물에는 흔적이 없더라."

게송으로 말하기를,

약왕보살이 소신한 것과 양 팔 분명하게 두드려서
바로 잡아 수행하는 사람들께 보여라.
만약 이와 같이 정진하고 수지하는 법이라면
바로 부처님 은혜에 보답한다고 하리라.

⑴ 약왕보살(若王菩薩)의 전신(前身)인 일체중생희견보살(一
切衆生喜見菩薩)이 고통스러운 수행에서 부처님께 몸을
공양하는 정황(情況)을 말하고 동시에 법화경 수행을 할
때에 일어나는 중요한 작용을 기록하였다.

原文

爾時宿王華⁶⁾菩薩白佛言 世尊 藥王菩薩⁷⁾云何
遊於娑婆世界 世尊 是藥王菩薩有若干百千萬
億那由他難行苦行 善哉 世尊 願少⁸⁾解說 諸天
龍 神 夜叉 乾闥婆 阿修羅 迦樓羅 緊那羅 摩睺
羅伽 人非人等 又他國土諸來菩薩 及此聲聞衆
聞皆歡喜

爾時佛告宿王華菩薩 乃往過去無量恒河沙劫
有佛號日月淨明德如來⁹⁾ 應供 正遍知 明行足
善逝 世間解 無上士 調御丈夫 天人師 佛 世尊
其佛有八十億大菩薩摩訶薩 七十二恒河沙大聲
聞衆 佛壽四萬二千劫 菩薩壽命亦等¹⁰⁾ 彼國無
有女人 地獄 餓鬼 畜生 阿修羅等 及以諸難¹¹⁾
地平如掌 琉璃所成 寶樹莊嚴 寶帳覆上 垂寶華
幡 寶瓶香爐周遍國界 七寶爲臺 一樹一臺 其樹
去臺盡一箭道¹²⁾ 此諸寶樹 皆有菩薩 聲聞而坐

其下 諸寶臺上 各有百億諸天作天伎樂 歌歎於
佛 以爲供養 爾時彼佛爲一切衆生憙見菩薩[13]
及衆菩薩 諸聲聞衆 說法華經

　是一切衆生憙見菩薩 樂習苦行 於日月淨明德
佛法中 精進經行[14] 一心求佛 滿萬二千歲已 得
現一切色身三昧[15] 得此三昧已 心大歡喜 卽作
念言 我得現一切色身三昧 皆是得聞法華經力
我今當供養日月淨明德佛及法華經 卽時入是三
昧 於虛空中 雨曼陀羅華 摩訶曼陀羅華 細末堅
黑栴檀 滿虛空中 如雲而下 又雨海此岸栴檀[16]
之香 此香六銖[17] 價直娑婆世界 以供養佛 作是
供養已 從三昧起 而自念言 我雖以神力供養於
佛 不如以身供養 卽服諸香 栴檀 薰陸[18] 兜樓
婆[19] 畢力迦[20] 沈水 膠香[21] 又飮瞻蔔諸華香油
滿千二百歲已 香油塗身 於日月淨明德佛前 以
天寶衣而自纏身 灌諸香油 以神通力願而自然
身[22] 光明遍照八十億恒河沙世界 其中諸佛同時
讚言 善哉 善哉 善男子 是眞精進 是名眞法供
養如來 若以華 香 瓔珞 燒香 末香 塗香 天繒[23]
幡蓋及海此岸栴檀之香 如是等種種諸物供養
所不能及 假使國城 妻子布施 亦所不及 善男子

是名第一之施 於諸施中最尊最上 以法供養諸
如來故 作是語已而各默然 其身火燃千二百歲
過是已後 其身乃盡

一切衆生憙見菩薩作如是法供養已 命終之後
復生日月淨明德佛國中 於淨德王家結加趺坐
忽然化生 卽爲其父而說偈言

大王今當知　　我經行彼處
卽時得一切　　現諸身三昧[24]
懃行大精進　　捨所愛之身
供養於世尊　　爲求無上慧

說是偈已 而白父言 日月淨明德佛 今故[25]現在
我先供養佛已 得解一切衆生語言陀羅尼 復聞
是法華經八百千萬億那由他甄迦羅[26] 頻婆羅[27]
阿閦婆[28]等偈 大王 我今當還供養此佛 白已 卽
坐七寶之臺 上昇虛空 高七多羅樹 往到佛所 頭
面禮足 合十指爪 以偈讚佛

容顏甚奇妙　　光明照十方
我適曾供養　　今復還[29]親覲

爾時 一切衆生憙見菩薩說是偈已 而白佛言
世尊 世尊猶故在世 爾時日月淨明德佛 告一切
衆生憙見菩薩 善男子 我涅槃時到 滅盡[30]時至
汝可安施[31]床座 我於今夜當般涅槃 又勅一切衆
生憙見菩薩 善男子 我以佛法囑累於汝及諸菩
薩大弟子 幷阿耨多羅三藐三菩提法 亦以三千
大千七寶世界諸寶樹 寶臺及給侍諸天[32] 悉付於
汝 我滅度後 所有舍利亦付囑汝 當令流布 廣設
供養 應起若干千塔 如是日月淨明德佛勅一切
衆生憙見菩薩已 於夜後分[33]入於涅槃

爾時 一切衆生憙見菩薩見佛滅度 悲感 懊惱
戀慕於佛 卽以海此岸栴檀爲[34] 供養佛身 而以
燒之 火滅已後 收取舍利 作八萬四千寶瓶 以起
八萬四千塔 高三世界 表剎莊嚴 垂諸幡蓋 懸衆
寶鈴

爾時一切衆生憙見菩薩復自念言 我雖作是供
養 心猶未足 我今當更供養[35]舍利 便語諸菩薩
大弟子及天 龍 夜叉等一切大衆 汝等當一心念
我今供養日月淨明德佛舍利 作是語已 卽於八
萬四千塔前 燃百福莊嚴[36]臂七萬二千歲而以供
養 令無數求聲聞衆 無量阿僧祇人 發阿耨多羅

三藐三菩提心 皆使得住現一切色身三昧

爾時 諸菩薩 天 人 阿修羅等 見其無臂 憂惱
悲哀而作是言 此一切衆生憙見菩薩 是我等師
教化我者 而今燒臂 身不具足 于時一切衆生憙
見菩薩 於大衆中立此誓言 我捨兩臂 必當得佛
金色之身 若實不虛 令我兩臂還復如故 作是誓
已 自然還復 由斯菩薩³⁷⁾福德智慧淳厚所致 當
爾之時 三千大千世界六種震動 天雨寶華 一切
人 天得未曾有

해석

그때에 숙왕화보살(宿王華菩薩)이 부처님께 여쭈었다.

"세존이시여! 약왕보살(若王菩薩)은 어떻게 사바세계에 유
희(遊戱)하고 있습니까? 세존이시여! 이 약왕보살은 백천
만 억 나유타(那由他)를 지나면서 어떠한 고행을 하였습니
까? 거룩한 세존이시여! 간략하게 해설해 주십시오. 모든
천룡(天龍)・천신(天神)・야차(夜叉)・건달바(乾達婆)・아수
라(阿修羅)・가루라(迦樓羅)・긴나라(緊那羅)・마후라가(摩睺
羅伽)・인비인(人非人) 등과 또 다른 국토에서 온 보살과 성
문중(聲聞衆)들이 들으면 모두 기뻐할 것입니다."

그때 부처님께서 숙왕화보살에게 말씀하셨다.

"지난 과거 무량한 항하사겁 전에 부처님이 계셨으니, 일월정명덕여래·응공(應供)·정변지(正遍知)·명행족(明行足)·선서(善逝)·세간해(世間解)·무상사(無上士)·조어장부(調御丈夫)·천인사(天人師)·불(佛)·세존(世尊)이었다. 그 부처님은 80억의 위대한 보살마하살이었고, 72항하의 모래 수와 같은 위대한 보살중이었으며, 부처님의 수명은 4만2천 겁이었고 보살의 수명도 같았다. 그 나라에는 여자와 지옥(地獄)·아귀(餓鬼)·축생(畜生)·아수라(阿修羅) 등과 여러 가지 고난(苦難)도 없었으며, 대지(大地)는 손바닥처럼 평탄(平坦)하게 유리(瑠璃)로 이루어졌으며, 보배 나무로 장엄하였으며, 보배 장막(帳幕)으로 위를 덮어 보배 꽃의 번개(幡蓋)를 드리웠으며, 보배의 병과 향로(香爐)가 나라에 고르게 펼쳐졌으며, 보배로 만든 좌대(座臺)가 한 그루에 한 개씩 있었으니, 그 나무는 화살 한 개의 사이였다. 이모든 보배 나무 아래에는 보살들이 모두 앉아 있었고, 모든 보배의 좌대 위에는 제각기 백억이나 되는 여러 천신(天神)들이 하늘 음악을 울리고 노래를 불러 부처님을 찬탄하고 공양(供養)하였다. 그때 부처님께서는 일체중생희견보살과 다른 보살들과 성문들을 위하여 법화경을 말씀하셨다.

이 일체중생희견보살이 고행(苦行)을 즐겨 익히고 일월정명덕불의 불법(佛法)에서 정진(精進)하고 실천(實踐)하면서 한결같은 마음으로 1만2천 년 동안을 부처님을 갈구(渴求)하다가 마침내 일체색신삼매(一切色身三昧)를 증득하였다. 이 삼매를 증득하는 것을 마치고는 크게 환희하며 생각하며 말하였다. '내가 일체 색신삼매를 얻은 것은 모두가 이 법화경(法華經)을 들은 힘 때문이다. 나는 이제 당연히 일월정명덕불과 법화경을 공양할 것이다.' 그리고 바로 삼매에 들어가 허공에서 만다라꽃·마하만다라꽃·가늘고 끝이 견고하고 검은 전단향(栴檀香)을 가득하게 구름처럼 내리고 또는 해차안(海此岸) 전단향(栴檀香)을 비 오듯 내리니 이 향은 6수(銖)가 되었는데, 그 값어치는 사바세계와 같았다.

공양을 마치고 삼매에서 일어나 스스로 생각하기를 '내가 비록 신통력으로 부처님께 공양하였으나, 몸으로 공양하는 것만 못하다.'고 하고는 바로 여러 가지 향인 전단향(栴檀香)·훈륙향(薰陸香)·도루바향(兜樓婆香)·필력가(畢力迦)·침수향(沈水香)·교향(膠香) 등을 먹고 또 첨복(瞻蔔) 등의 꽃 향유를 마시며, 1,200년 동안 묵은 향유(香油)를 몸에 바르고 일월정명덕불 앞에서 하늘 보배 옷으로 스스로 몸을 감고 거기에 향유(香油)를 부어 적신 후에 신통력의 발원으로 자기 몸을 태우니, 그 광명이 80억 항하의 모래 같은 세계를 고루 비추었다. 그 속에서 모든 부처님이 동시에 찬탄하며 말하기를, '훌륭하고 훌륭하다, 선남자야! 이 것이 참된 정진이다. 또한 이것이 여래께 드리는 참된 공양이다. 만약 꽃과 향기, 영락(瓔珞)·소향(燒香)·말향(末香)·도향(塗香)·천증(天繒)·번개(幡蓋)·해차안전단향 등 이와 같은 갖가지 여러 물건으로 공양하고도 이에 미치지 못할 것이며, 혹 왕국(王國)이나 처자(妻子)를 보시하더라도 또한 이에 미치지 못한다. 선남자야! 이것을 제일(第一)의 보시라고 한다. 여러 가지 보시 중에서 가장 훌륭한 보시이니, 법으로써 모든 여래를 공양하기 때문이다.' 이렇게 말을 하고는 제각기 묵연(默然)히 계셨다. 그 몸이 1,200년 동안을 태운 후에 몸을 다하였다."

일체중생희견보살이 이와 같이 공양(供養)을 마치고 몸을 모두 태운 후에 다시 일월정명덕 부처님의 국토에 태어나서 정덕왕(淨德王) 집에 결가부좌(結跏趺坐)하고 홀연히 화생(化生)하여 게송으로 그의 아버지께 말하였다.

대왕이시여!
이제 저는 그곳에서 경행(經行)할 것을 알고
바로 일체를 얻어
현일체색신삼매를 획득하였습니다.
부지런히 크게 정진(精進)하여

애착(愛着)하는 몸도 버리고
세존께 공양(供養)하여
무상도(無上道)를 구하였습니다.

게송을 마치고 아버지인 대왕에게 말하였다.

"일월정명덕(日月淨明德) 부처님이 지금도 현존(現存)하는 까닭에 제가 먼저 부처님께 공양을 마치고 일체 중생의 언어(言語)를 이해하고 일체 불법(佛法)을 총지(總持)하고 다시 법화경의 8백천만 억 나유타(那由他)·견가라(甄迦羅)·빈바라(頻婆羅)·아촉바(阿閦婆) 등의 게송을 들을 것입니다. 대왕이시여! 제가 이제 돌아가 부처님께 공양하고자 합니다."

말을 마치고 칠보(七寶) 좌대(座臺) 위에 앉아 허공으로 오르니 그 높이가 7배의 다라수(多羅樹)였으며, 부처님 처소에 도착하여 머리를 조아리고 예배하고 열손가락을 모아 합장하고 게송으로 부처님을 찬탄하였다.

용안(容顏)이 매우 기묘(奇妙)하시고
광명으로 시방세계를 비추시는 세존이시여!
저는 일찍이 공양을 하였다가
이제 다시 와서 친히 뵙고 있습니다.

그때에 일체중생희견보살이 게송을 모두 마치고 부처님께 여쭈었다. "세존이시여, 세존이시여! 어떻게 세상에 계십니까?" 이때에 일월정명덕불이 일체중생희견보살에게 대답하였다. "선남자야! 나는 열반(涅槃)할 때가 되었고 멸진(滅盡)할 때가 되었으니 네가 편안한 좌상(座床)을 펼치면 나는 오늘 밤에 열반하리라." 또 일체중생희견보살에게 분부를 내리셨다. "선남자야! 내가 불법(佛法)으로 너와 모든 보살과 위대한 제자들에게 아뇩다라삼먁삼보리와 함께 촉루(囑累)하고 또한 삼천대천의 칠보로 된 세계와 여러 보배 나무의 좌대(座臺)와 시봉(侍奉)하는 모든 천신을 너에게 부촉(付屬)한다. 내가 멸도(滅度)한 후 있을 사리도 너에게 부촉하니 당연히 유포(流布)하여 널리 공양하도록 하면서 천탑(千塔)을 일으켜야만 한다." 이처럼 일월정명덕 부처님이 일체중생희견보살에게 말씀하시고는 밤중에 열반하셨다.

이때 일체중생희견보살이 부처님이 멸도(滅度)하심을 보고는 슬퍼하고 오뇌(懊惱)하면서도 부처님을 연모(戀慕)하여 바로 해차안전단향을 쌓아놓고 그 위에 부처님 몸을 공양하고 태웠다. 불이 다 꺼진 후에 사리를 거두어 8만4천 보배의 항아리를 만들어 8만4천 탑을 건립(建立)하였으니 삼제(三際)보다 높고 표찰(表刹)이 장엄하여 모든 번개(幡蓋)를 드리우고 여러 보배 방울 달았다.

이때에 일체중생희견보살이 다시 스스로 생각하며 말하였다. "내가 비로소 이처럼 공양하였으나 마음에 흡족(洽足)하지 않으니 내가 이제 당연히 다시 사리(舍利)를 공양하리라." 이렇게 생각하고 바로 여러 보살과 위대한 제자와 천룡(天龍)과 야차(夜叉) 등의 일체 중생에게 말하였다. "그대들은 한결같은 마음으로 생각하라. 내가 이제 일월정명덕 부처님의 사리를 공양하려고 하다." 이렇게 말을 하고는 8만4천 탑 앞에서 자기의 백복(百福)이 장엄(莊嚴)한 팔을 7만2천 년을 태워서 공양하며 무수(無數)한 성문중(聲聞衆)들을 구제하여 무량한 아승기의 사람들이 아뇩다라삼먁삼보리의 마음을 일으켜 모두가 현일체색신삼매(現一切色身三昧)를 획득하게 하였다.

이때에 모든 보살과 천인과 아수라들이 팔이 없는 것을 보고 우뇌(憂惱)하고 비애(悲哀)하면서 말하였다. "일체중생희견보살은 우리의 스승으로, 우리들을 교화(敎化)하셨는데 이제 팔을 태웠으니 몸이 구족(具足)하지 못하다." 이때에 일체중생희견보살이 대중 속에서 이런 서원(誓願)의 말을 하였다. "나는 이 두 팔을 버렸지만 반드시 부처님 금색(金色)의 몸을 얻을 것이며, 만약 진실로 허망하지 않다면 나의 두 팔은 다시 예전과 같아지리라." 이렇게 서원을 마치자 저절로 회복(回復)하였는데, 이는 보살의 복덕(福德)과 지혜(智慧)가 순후(淳厚)함으로 말미암아 이루게 된 것이다. 그때에 3천대천세계가 여섯 가지로 진동(震動)하며 하늘에서 보화(寶華)가 내렸는데 모든 인천(人天)들이 미증유함을 획득하였다.

⑵ 일체중생희견보살 즉 약왕보살의 전신(前身)이 다시 하나의 비유를 들어 법화경의 중요성과 이경을 수지하면 얻게 되는 복보(福報)를 설명하였다.

原文

佛告宿王華菩薩 於汝意云何 一切衆生憙見菩薩 豈異人乎 今藥王菩薩是也 其所捨身布施 如是無量百千萬億那由他數

宿王華 若有發心欲得阿耨多羅三藐三菩提者 能燃手指 乃至足一指 供養佛塔 勝以國城 妻子 及三千大千國土山林河池 諸珍寶物 而供養者 若復有人 以七寶滿三千大千世界 供養於佛 及大菩薩 辟支佛 阿羅漢 是人所得功德 不如受持此法華經 乃至一四句偈[38] 其福最多

宿王華 譬如一切川流江河 諸水之中海爲第一 此法華經亦復如是 於諸如來所說經中 最爲深

大 又如土山 黑山³⁹⁾ 小鐵圍山 大鐵圍山及十寶
山⁴⁰⁾ 衆山之中 須彌山爲第一 此法華經亦復如
是 於諸經中最爲其上 又如衆星之中 月天子⁴¹⁾
最爲第一 此法華經亦復如是 於千萬億種諸經
法中最爲照明 又如日天子⁴²⁾能除諸闇 此經亦復
如是 能破一切不善之闇 又如諸小王中 轉輪聖
王最爲第一 此經亦復如是 於衆經中最爲其尊
又如帝釋 於三十三天中王 此經亦復如是 諸經
中王 又如大梵天王 一切衆生之父 此經亦復如
是 一切賢聖 學 無學 及發菩薩心者之父 又如
一切凡夫人中 須陀洹 斯陀含 阿那含 阿羅漢
辟支佛爲第一 此經亦復如是 一切如來所說 若
菩薩所說 若聲聞所說 諸經法中 最爲第一 有能
受持是經典者 亦復如是 於一切衆生中 亦爲第
一 一切聲聞 辟支佛中 菩薩爲第一 此經亦復如
是 於一切諸經法中 最爲第一 如佛爲諸法王 此
經亦復如是 諸經中王

　宿王華 此經能救一切衆生者 此經能令一切衆
生離諸苦惱 此經能大饒益一切衆生 充滿⁴³⁾其願
如淸涼池 能滿一切諸渴乏者 如寒者得火 如裸
者得衣 如商人得主⁴⁴⁾ 如子得母 如渡得船 如病

得醫 如暗得燈 如貧得寶 如民得王 如賈客得海
如炬除暗 此法華經亦復如是 能令衆生離一切
苦 一切病痛 能解一切生死之縛 若人得聞此法
華經 若自書 若使人書 所得功德 以佛智慧籌量
多少 不得其邊 若書是經卷 華 香 瓔珞 燒香 末
香 塗香 幡蓋 衣服 種種之燈 酥燈 油燈 諸香油
燈 瞻蔔油[45]燈 須曼那油[46]燈 波羅羅油[47]燈 婆利
師迦油[48]燈 那婆摩利油[49]燈 供養 所得功德 亦
復無量

　宿王華 若有人聞是藥王菩薩本事品者 亦得無
量無邊功德 若有女人聞是藥王菩薩本事品 能
受持者 盡是女身[50] 後不復受[51] 若如來滅後後
五百歲中 若有女人聞是經典 如說修行 於此命
終 卽往安樂世界[52] 阿彌陀佛 大菩薩衆 圍繞住
處 生蓮華中[53] 寶座之上 不復爲貪欲所惱 亦復
不爲瞋恚愚癡所惱 亦復不爲憍慢嫉妒諸垢[54]所
惱 得菩薩神通 無生法忍 得是忍已 眼根清淨
以是清淨眼根 見七百萬二千億那由他恒河沙等
諸佛如來

부처님께서 숙왕화보살에게 말씀하였다.

"숙왕화(宿王華)야! 네 뜻은 어떠냐? 일체중생희견보살이 어찌 다른 사람이겠느냐? 여기 약왕보살(藥王菩薩)이다. 그가 자신을 버리며 보시(布施)한 것은 이처럼 무량한 백천만억 나유타의 수이니라."

숙왕화야! 만약 발심(發心)하여 아뇩다라삼먁삼보리를 증득(證得)하려면 손가락과 발가락 하나를 태워서 부처님 탑에 공양(供養)할 것이니 국토(國土)와 처자(妻子), 그리고 삼천대천국토(三千大千國土)의 산림(山林)과 하천(河川)과 연못 등을 공양한 것보다 훌륭하다. 또 어떤 사람이 칠보(七寶)로 삼천대천세계를 가득 채워서 부처님과 위대한 보살과 벽지불(辟支佛)·아라한(阿羅漢)에게 공양하여도 이 사람이 획득한 공덕은 이 법화경과 하나의 사구게(四句偈)를 수지하여 얻은 복덕이 많은 것보다 못하다.

숙왕화야! 비유하면 모든 하천이나 강물 등의 물에서 바다가 제일이듯 이 법화경도 역시 그렇다. 모든 여래가 설법하신 경에서 매우 심오하고 위대하다. 또 토산(土山)·흑산(黑山)·소철위산(小鐵圍山)·대철위산(大鐵圍山)·십보산(十寶山)의 모든 산에서 수미산이 제일이듯 이 법화경도 역시 그러하여 모든 경전에서 제일이다. 또 뭇 별 중에서 월천자(月天子: 달)가 제일이니 이 법화경도 그러하여 모든 천만 억 가지의 모든 경법(經法)에서 가장 밝다. 또 일천자(日天子: 태양)가 모든 어둠을 제거하듯 이 경전도 역시 그러하여 일체의 옳지 못한 어둠을 없애버린다. 또 모든 소왕(小王)에서 전륜성왕(轉輪聖王)이 제일이듯 이 경전도 역시 그러하여 모든 경전에서 제일 존귀(尊貴)하다. 또 제석천(帝釋天)과 같아 33천왕에서 으뜸이듯이 이 경전도 역시 그러하여 모든 경전에서 왕이다. 또 대범천왕(大梵天王)과 같아 일체 중생의 어버이이듯이, 이 경전도 역시 그러하여 일체성현(一切聖賢)·학(學)·무학(無學)과 보살심(菩薩心)을 드러낸 사람들의 어버이이다. 또 모든 범부에서 수다원(須陀洹)·사다함(斯陀含)·아나함(阿那含)·아라한(阿羅漢)·벽지불(辟支佛)이 제일이듯이 이 경전도 역시 그러하며, 일체 여래가 설법한 것으로 보살과 성문(聲聞)이 설법한 것과 같아 모든 경전에서 제일이다. 또 이 경전을 수지(受持)한 사람도 역시 그러하여 일체 중생에서 역시 제일이다. 일체 성문과 벽지불에서 보살이 제일이듯이, 이 경전도 역시 그러하여 일체 경전에서 제일이다. 부처님이 모든 법의 왕이듯이, 이 경전도 그러하여 모든 경전에서 왕이다.

숙왕화야! 이 법화경은 일체 중생을 구제(救濟)하고 일체 중생이 모든 고뇌(苦惱)를 저버리게 하며, 일체 중생을 크게 요익(饒益)하게 하여 그 소원(所願)을 만족하게 한다. 청량(淸涼)한 연못과 같아 모든 목마른 사람들에게 배를 채워주는 게 추운 날 불을 얻는 것 같고 벌거벗은 사람이 옷을 얻은 것과 같으며, 장사꾼이 물건 주인을 만난 것과 같고 자식이 어머니를 만난 것과 같으며, 나루에서 배를 얻은 것과 같고 병자가 의사(醫師)를 만난 것과 같으며, 어두운 밤에 등불을 얻은 것과 같고 가난한 사람이 보배를 얻는 것과 같으며, 백성들이 현명(賢明)한 왕을 만나는 것과 같고 해상무역을 하는 장사꾼이 바다를 만난 것과 같으며, 법화경을 수지하는 것은 횃불을 들고 어둠을 없애는 것과 같다.

이 법화경은 역시 이러하여 중생의 일체 고뇌와 일체 병통(病痛)을 저버리게 하고 일체생사(生死)의 속박에서 벗어나게 한다. 만약 사람이 법화경을 듣고 스스로 쓰거나 다른 사람들을 쓰게 하면 얻는 공덕은 부처님의 지혜로 다소(多少)를 헤아려도 끝이 없다. 만약 법화경을 써서 화(華)·향(香)·영락(瓔珞)·소향(燒香)·말향(末香)·도향(塗香)·번개(幡蓋)·의복(衣服)과 소등(酥燈)·유등(油燈)·모든 향유등(香油燈)·첨복유등(瞻蔔油燈)·수만나유등(須曼那油燈)·마라라유등(波羅羅油燈)·바리사가유등(婆利師迦油燈)·나바마리유등(那婆摩利油燈)으로 공양하여도 얻은 공덕은 역시 헤아릴 수 없다.

숙왕화야! 만약 사람들이 이 약왕보살본사품(藥王菩薩本事品)을 들으면 역시 무량(無量)하고 무변(無邊)한 공덕을 얻는다. 만약 여인이 이 약왕보살본사품을 듣고 수지(受持)하면 여인의 몸을 마치고 다시 태어나지 않는다. 만약 여래가 멸도(滅度)한 후 500세에서 여인이 이 경전을 듣고 말한 것과 같이 수행하면 죽은 후에 안락세계(安樂世界)의 아미타불(阿彌陀佛)에게 가서 위대한 보살에게 둘러싸여 연꽃이 피어나는 곳인 보좌(寶座)에 머물면서 다시는 탐욕(貪欲)으로 말미암은 고뇌(苦惱)가 없고 또한 진에(瞋恚)와 우치(愚癡)로 고뇌하는 바가 없으며, 또한 교만(憍慢)하고 질투(嫉妬)하는 것에서 고뇌하는 게 없는 보살의 신통력(神通力)과 무생법인(無生法忍)을 얻게 된다. 이런 인욕(忍辱)을 다하면 눈이 청정(淸淨)해지고 이 청정한 눈으로 7백만2천억 나유타(那由陀)와 항하사(恒河沙)와 같은 모든 부처님과 여래를 보게 된다.

(3) 석가모니 부처님의 말을 인용하여 모든 사람들이 부처님을 대하는 것이 법화경을 찬미(讚美)하는 것이라 한다.

原文

是時諸佛遙共讚言 善哉 善哉 善男子 汝[55] 能

於釋迦牟尼佛法中 受持讀誦思惟是經 爲他人
說 所得福德無量無邊 火不能燒 水不能漂⁵⁶⁾ 汝
之功德 千佛共說不能令盡 汝今已能破諸魔賊⁵⁷⁾
壞生死軍 諸餘怨敵皆悉摧滅

　善男子 百千諸佛 以神通力共守護汝 於一切
世間天人之中無如汝者 唯除如來 其諸聲聞 辟
支佛 乃至菩薩 智慧禪定無有與汝等者

해석

　그때 모든 부처님이 멀리서 모두가 칭찬하며 말하였다.
"옳지! 옳지! 선남자야! 너희들이 석가모니 부처님의 진
리에서 이 경전을 수지(受持)하고 독송(讀誦)하며 사유(思惟)
하면서 다른 사람들을 위하여 설법(說法)하면 얻게 되는 복
덕은 무량(無量)하고 무변(無邊)하여 불로 태울 수도 없고 물
에 뜨게 할 수도 없으니 너의 공덕(功德)은 천 명의 부처님
이 함께 말한다고 하여도 다하지 못한다. 너희들은 이제 모
든 마군(魔軍)을 파멸(破滅)하고 생사의 구속(拘束)도 파괴(破
壞)하였으며, 나머지 다른 원적들도 모두 최멸(摧滅)하였다.
　선남자야! 백천의 모든 부처님께서 신통력으로 모두 너
를 수호(守護)할 것이니 일체 세간의 천인(天人)에서 너에
버금갈 사람이 오직 여래(如來)를 제외하고 모든 성문(聲聞)

과 벽지불(辟支佛)과 보살에 이르기까지 지혜(智慧)와 선정(禪定)이 너와 함께 견줄 사람이 없을 것이다."

⑷ 석가모니 부처님부처께서 약왕보살본사품을 선양(宣揚)하라고 숙왕화보살에게 임무를 부여(附與)하고 다음으로 다보여래(多寶如來)가 숙왕화보살을 찬미(讚美)한다.

原文

宿王華 此菩薩成就如是功德智慧之力 若有人聞是藥王菩薩本事品 能隨喜讚善者 是人現世[58]口中常出靑蓮華香 身毛孔中常出牛頭栴檀之香 所得功德 如上所說 是故 宿王華 以此藥王菩薩本事品囑累[59]於汝 我滅度後後五百歲中 廣宣流布於閻浮提 無令斷絶 惡魔 魔民 諸天 龍 夜叉 鳩槃茶[60]等 得其便[61]也

宿王華 汝當以神通之力守護是經 所以者何 此經則爲閻浮提[62]人 病之良藥 若人有病 得聞是經 病卽消滅 不老不死 宿王華 汝若見有受持是經者 應以靑蓮花盛滿末香 供散其上 散已 作是念言 此人不久必當取草[63]坐於道場 破諸魔軍 當吹法螺 擊大法鼓 度脫一切衆生老病死海 是

故求佛道者 見有受持是經典人 應當如是生恭
敬心

說是藥王菩薩本事品時 八萬四千菩薩得解一
切衆生語言陀羅尼 多寶如來於寶塔中讚宿王華
菩薩言 善哉 善哉 宿王華 汝成就不可思議功德
乃能問釋迦牟尼佛如此之事 利益無量一切衆生

해석

"숙왕화야! 이 보살은 이와 같은 공덕(功德)과 지혜(智慧)의 능력을 성취하였다. 만약 사람이 이 약왕보살본사품을 듣고 기뻐하면서 훌륭하다고 찬미(讚美)하면 이 사람은 현세(現世)의 입에서 항상 청련화(靑蓮華)의 향기가 나오고 몸의 털구멍에서 우두전단(牛頭栴檀) 향기가 나와 얻는 공덕은 위에서 말한 것과 같다. 숙왕화야! 그러므로 이 약왕보살본사품을 너에게 촉루(囑累)한다. 내가 멸도한 후 500년에 이르면 염부제(閻浮提)에 널리 선양(宣揚)하고 유포(流布)하여 끊어지지 않게 하고 악마(惡魔)·마민(魔民)·모든 천룡(天龍)·야차(夜叉)·구반다(鳩槃茶)들이 방편으로 불법(佛法)을 파괴(破壞)하지 않도록 하여라.

숙왕화야! 너는 당연히 신통력(神通力)으로 이 경전을 수호(守護)하여라. 왜냐하면 이 경전은 염부제(閻浮提) 사람들의 병에는 좋은 약이 된다. 만약 어떤 사람이 병고(病苦)가 있어도 이 경전을 들으면 병이 낫고 늙고 죽지도 않는다. 숙왕화야! 만약 네가 이 경전을 수지한 사람을 보면 청련화(靑蓮華)와 말향(末香)을 가득 채워서 그 위에 공양(供養)하면서 흩어라. 흩고 나서는 이런 생각을 하여라. '이 사람은 머지않아 도량(道場)으로 나아가 풀을 깔고 앉아서 모든 마군(魔軍)을 파멸(破滅)하고 법라(法螺)를 불고 큰 법고(法鼓)를 두드리며 일체 중생을 생(生)·로(老)·병(病)·사(死)의 바다에서 도탈(度脫)케 할 것이다.' 그러므로 불도(佛道)를 구하는 사람은 이 경전을 수지한 사람을 보면 당연히 이와 같이 공경하는 마음을 일으켜야 한다."

이 약왕보살본사품을 설법할 때에 8만4천 보살이 일체 중생의 언어(言語)와 다리니를 얻어서 깨달았다. 다보여래(多寶如來)는 보탑(寶塔)에 있으면서 숙왕화보살을 찬양하며 말하였다.

"옳지! 옳지! 숙왕화야! 너는 불가사의(不可思議)한 공덕을 성취하고 석가모니 부처님의 이런 일들을 물어서 무량한 일체 중생들을 이익하게 하였다."

1) 然: 연(燃)으로 새기면 된다.
2) 十喩: 의타십유(依他十喩)라고 하여 대승경전에서 말한 갖가지 법을 관찰하여 무자성(無自性)을 관찰하게 하는 10가지 법문. 여환(如幻) · 여양염(如陽焰) · 여몽(如夢) · 여수월(如水月) · 여향(如響) · 여공화(如空華) · 여상(如像) · 여광영(如光影) · 여변화사(如變化事) · 여건달바성(如乾闥婆城)을 말한다.
3) 本事: 근본이 되는 일.
4) 十使: 십번뇌(十煩惱), 십혹(十惑)이라고도 한다. 일체 번뇌에서 매우 중요하고 매우 근본적인 10가지이다. 탐(貪) · 진(瞋) · 치(癡: 無明, 愚癡) · 만(慢) · 의(疑) · 신견(身見: 我見) · 변견(邊見) · 사견(邪見) · 견취견(見取見) 계취견(戒取見).
5) 的的: 명확한 모양. 선명한 모양. 간절한 모양.
6) 宿王華(Nakṣatrarājasamkusumitābhijña): 보살의 이름이다.
7) 藥王菩薩(Bhaiṣajyarāja): 중생들의 몸과 마음의 병을 고쳐주는 보살이다. 머리에 보관을 쓰고 머리칼은 보발과 수발(垂髮)을 갖추었으며, 천의를 걸치고 영락으로 장식한 몸은 아침 햇살처럼 눈부시다. 왼손은 주먹을 쥐어 무릎에 얹고 오른손으로는 구름 위의 태양을 가리킨다. 왼손은 정(定), 오른손은 혜(慧)를 상징한다.
8) 少: 초(稍)와 같으며, 초미(稍微), 간략(簡略)으로 해석한다.
9) 日月淨明德如來(Candrasūryavimalaprabhāsaśri): 태양과 달과 같이 정명한 덕을 갖춘 여래를 말한다.
10) 等: 일양(一樣), 서로 같다의 의미이다.
11) 諸難: 각종 재난을 말한다. 팔난(八難)이다.
12) 一箭道: 보배 나무 사이의 거리로 150보(步), 130보(步), 120보(步)라는 설이 있다.
13) 一切衆生憙見菩薩(Sarvasattvapriyadarśana): 약왕보살의 전신(前身) 이다.
14) 經行: 실행(實行), 몸으로 실천하는 것을 말한다.
15) 現一切色身三昧: 일체 중생의 색신(色身)으로 자기 마음의 잡난(雜亂) 하지 않은 삼매(三昧)를 자재(自在)하게 시현(示顯)하는 것을 말한다.
16) 海此岸栴檀: 우두전단(牛頭栴檀)이라고도 한다. 남인도 해빈(海濱)에서 생산되는 것으로 모양이 우두마라야산을 닮았다고 하여 해차안전단

(海此岸栴檀)이라 한다.

17) 銖: 무게 단위로, 24수(銖)가 옛날의 1량(兩)과 같다.

18) 薰陸(kunduruka): 향료(香料)의 이름이다.

19) 兜樓婆(turuṣka): 향초(香草)의 이름이다.

20) 畢力迦(prkka): 식물의 이름이며 정향(丁香)이다.

21) 膠香: 향료의 이름이다.

22) 自然身: 자기가 자기 몸을 태우는 것을 말한다. 연(然)은 연(燃)과 같다.

23) 天繒: 하늘에서 생산되는 비단을 말한다.

24) 現諸身三昧: 앞의 현일체색신삼매(現一切色身三昧)의 줄인 말이다.

25) 故: 의연(依然)을 말한다.

26) 甄迦羅(kaṅkara): 천만억(千萬億)이다.

27) 頻婆羅(vivara): 수십조(數十兆)이다.

28) 阿閦婆(akṣobhya): 십천조(十千兆)이다.

29) 親覲: 몸소 조배(朝拜)하는 것을 말한다.

30) 滅盡: 멸진정(滅盡定)을 말한다. 멸진삼매(滅盡三昧)라고도 한다. 의식 활동이 없는 선정을 말한다.

31) 安施: 안배(安排)를 말한다.

32) 給侍諸天: 시종하는 천신(天神)을 말한다.

33) 夜後分: 한 밤중을 말한다.

34) :栴檀: 땔나무를 말한다.

35) 更供養: 따로 공양을 시설하는 방법을 말한다.

36) 百福莊嚴: 팔이 길고 장엄한 것을 말한다.

37) 斯菩薩: 일체중생희견보살을 말한다.

38) 一四句偈: 4구절로 되어 있는 게송을 말한다.

39) 黑山(kala-parvata): 눈이 없는 산으로 남방에 있다고 하는 상상의 산이다.

40) 十寶山: 화엄경 십지품에 나오는 산으로, 열거하면 다음과 같다. ① 설산(雪山: himavat) ②향산(香山: gandhamādana) ③가리라산(軻梨羅山: khadiraka) ④선성산(仙聖山:ṛṣgiri) ⑤유건다라산(由乾陀羅山: yugarndhara) ⑥마이산(馬耳山:áśvakarṇagiri) ⑦니민다라산(尼民陀羅山: nimiṃdhara) ⑧연가라산(研迦羅山: cakravāḍa) ⑨숙혜산(宿慧山: ketuma) ⑩수미산(須彌山: sumeru)으로 상상의 산이다.

41) 月天子: 달을 말한다. 대세지보살(大勢至菩薩)의 별명이다.

42) 日天子: 태양으로, 관세음보살(觀世音菩薩)의 화신(化身), 보광천자(寶光天子), 보의천자(寶義天子)라고도 한다.

43) 充滿: 만족(滿足)을 말한다.

44) 主: 매매(買賣)의 주체(主體).

45) 瞻蔔油: 울금화(鬱金花)로 사용하여 만든 기름.

46) 須曼那油: 열의화(悅意花)를 이용하여 만든 기름.

47) 波羅羅油: 중생화(重生花)를 이용하여 만든 기름.

48) 婆利師迦油: 하시화(夏時花)를 이용하여 만든 기름.

49) 那婆摩利油: 잡화(雜花)와 말리화(末利華)를 이용하여 만든 기름.

50) 盡是女身: 여인이 된 인연을 마침을 말한다.

51) 受: 여인이 되는 것을 말하다. 수(受)는 수생(受生), 전생(轉生)을 의미한다.

52) 安樂世界(sukhāvati): 극락세계(極樂世界)라고도 한다. 번뇌(煩惱)가 없고 고통(苦痛)이 없는 이상세계이다.

53) 生蓮華中: 연화는 서방정토(西方淨土)를 상징(象徵)하므로 이로 인하여 정토에 태어남을 상징한다.

54) 諸垢: 각종 오염(汚染)된 품성(品性)을 말한다.

55) 汝: 숙왕화보살이어야 하지만, 여기서는 법화경을 수지(受持)한 사람이다.

56) 漂: 부표(浮漂)를 말한다.

57) 諸魔賊: 불법(佛法)을 수행하는데 갖가지 세속적(世俗的)인 욕망(欲望)과 번뇌(煩惱)와 외도(外道)의 학설을 말한다.

58) 現世: 금세(今世), 생전(生前)을 말한다.

59) 囑累: 부탁하여 맡기는 것을 말한다.

60) 鳩槃茶(kumbhāṇḍa): 악령(惡靈)의 일종이다.

61) 便: 어떤 기미(機微)를 보고 이용하는 것을 말한다.

62) 閻浮提(jambu-dvipa): 사람들이 사는 세상을 말한다.

63) 取草: 풀로 자리를 만드는 것이다. 여기서 풀은 길상초(吉祥草)를 말한다.

묘법연화경 제7권(妙法蓮華經 第七卷)

묘음보살품 제이십사(妙音菩薩品第二十四)

原文

妙音者深體妙法 能以妙音隨應演說 而流通是
道者也 名雖妙音實彰妙行 觀其往昔植因 於雲
雷音王佛所獻樂奉鉢 蘄在妙音說法妙行隨應 故
報生宿智佛國 果能有是神力 今使學者體其妙行
而隨應說法闡揚斯道 故說妙音品爲妙行流通 夫
體妙音則不滯言詮 能隨應則不局心迹 不滯不局
所以爲妙行也 繼此復有圓行常行 而次前苦行說
者 將欲以行成德必精心苦志然後造妙 造妙然後
能圓 能圓然後眞契普賢常行 已如前解

해석

묘음(妙音)은 미묘한 법을 깊이 체득(體得)하여 미묘한 음성으로 근기(根機)를 따라 연설(演說)하면서 이 진리를 유통(流通)함이다. 이름은 비록 묘음이라 하지만 실제는 미묘한 행위(行爲)를 밝힘이다. 옛날 심은 인연(因緣)을 보면 운뇌음왕(雲雷音王)이 부처님 처소(處所)에 음악과 발우를 봉헌(奉獻)하고는 묘음으로 설법하여 묘행으로 수순하게 적응하므로 예전의 지혜로 불국토(佛國土)에 태어나는 신력(神力)이 있었으니 학자들에게 그 묘행(妙行)을 체득하게 하려 함이다. 설법에 수순하게 응하여 이 진리를 천양(闡揚)하므로 묘음보살품(妙音菩薩品)을 설법하는 것은 묘행을 유통함이 된다.

묘음을 체득하면 말로 설명함에 막히지 않고 수순하게 응하는 게 마음의 자취에 국한(局限)되지 않고 막히지 않으니 묘행이다. 이에 이어서 다시 원행(圓行)과 상행(常行)이 있고, 다음으로 이전의 고행(苦行)을 말한 것은 장차 수행으로 덕을 성취하는 데에는 반드시 정진(精進)하는 마음과 괴로운 의지(意志)가 있은 후에 미묘(微妙)함이 조성되고, 미묘함이 조성된 후에 원만해지고, 원만해진 후에 진실로 보현보살(普賢菩薩)의 상행(常行)에 계합하는 것은 앞의 해석과 같다.

原文

讚曰 善逝在靈山 圓現極果之光 妙音從淨國

來彰正受之瑞 佩萬福之光明 威儀不忒 乘七寶
之蓮臺 衆會如雲 百千瓔珞供養 微妙音聲問訊
如是三昧 文殊猶且不識 如是善根 華德豈可能
知 於無去來相 能生去來之神變 向無迷悟法 忽
證河沙之三昧 雖然如是畢竟非眞 如何是眞個
妙行 片月影分千澗水 孤松聲任四時風 嗄[1] 是
麤也是妙也 將此深心 問於多寶 頌曰

妙音來自光嚴國　　三昧神通罕古今
大智文殊猶莫測　　寂然[2]光闡[3]老婆心

해석

기리며 말하였다.

선서(善逝)는 영산(靈山)에 있으면서 원융(圓融)하게 궁극
(窮極)의 결실(結實)인 광명(光明)을 드러내며, 묘음보살(妙音
菩薩)은 청정(淸淨)한 나라에서 와서 미래(未來)에 정수(正受)
의 상서(祥瑞)로움을 드러낸다. 만복(萬福)의 광명을 지녔지
만 위의(威儀)가 어긋나지 않아야만 칠보(七寶)의 연화대(蓮
華臺)에 오르며 대중들이 구름과 같이 모여들어 백천(百千)
영락(瓔珞)으로 공양하고 미묘(微妙)한 음성으로 이와 같은
삼매(三昧)를 묻자 문수보살도 모르겠다고 한다. 이와 같은

선근(善根)은 법화경의 공덕임을 어찌 알 수 있으리오? 거래상(去來相)이 없는 데에서 거래의 신변(神變)을 나타내고 미오(迷悟)가 없는 법에 취향(趣向)하면서 갑자기 항하사(恒河沙)의 모래 같은 삼매(三昧)를 증득한다. 비록 이렇다고 하여도 필경(畢竟)에는 진리가 아니라면 어떤 것이 진리의 신묘(神妙)한 수행(修行)인가?

조각달의 그림자는 천간수(千澗水)에 나누었고

고송(孤松)의 소리는 사시사철 불어대는구나. 이 무엇이냐?

이것은 정묘(精妙)하지 않음인가, 정묘함인가?

앞으로 이런 심심(深心)은 다보여래(多寶如來)께 물어보련다.

게송으로 말하기를,

묘음보살이 광엄국(光嚴國)에서 왔는데,

삼매(三昧)와 신통력(神通力)이 고금(古今)에 드물구나.

위대한 지혜(智慧)의 문수보살도 알 수가 없다하니

적연(寂然)한 광명이

천명(闡明)하는 노파심(老婆心)이다.

⑴ 묘음보살(妙音菩薩)이 법화회상(法華會上)에 오기 이전 정황(情況)을 서술하고 보살이 법화회상에 온 목적(目的)을 소개하면서 상서(祥瑞)롭고 장엄(莊嚴)한 상(相)과 공덕(功德)의 신통(神通)함을 묘사하였다.

原文

爾時釋迦牟尼佛放大人相[4]肉髻[5]光明 及放眉間白毫相[6]光 遍照東方百八萬億那由他恒河沙等諸佛世界 過是數已 有世界名淨光莊嚴[7] 其國有佛 號淨華宿王智如來[8] 應供 正遍知 明行足善逝 世間解 無上士 調御丈夫 天人師 佛 世尊 爲無量無邊菩薩大衆恭敬圍繞而爲說法 釋迦牟尼佛白毫光明遍照其國 爾時一切淨光莊嚴國中有一菩薩名曰妙音[9] 久已殖衆德本 供養親近無量百千萬億諸佛 而悉成就甚深智慧 得妙幢相三昧[10] 法華三昧[11] 淨德三昧[12] 宿王戲三昧[13] 無緣三昧[14] 智印三昧[15] 解一切衆生語言三昧[16] 集一切功德三昧[17] 清淨三昧[18] 神通遊戲三昧[19] 慧炬三昧[20] 莊嚴王三昧[21] 淨光明三昧[22] 淨藏三昧[23] 不共三昧[24] 日旋三昧[25] 得如是等百千萬億恒河沙等諸大三昧 釋迦牟尼佛光照其身 卽白

淨華宿王智佛言 世尊 我當往詣娑婆世界 禮拜
親近 供養釋迦牟尼佛 及見文殊師利法王子菩
薩 藥王菩薩 勇施菩薩²⁶⁾ 宿王華菩薩 上行意菩
薩²⁷⁾ 莊嚴王菩薩²⁸⁾ 藥上菩薩²⁹⁾

　爾時淨華宿王智佛告妙音菩薩 汝莫輕彼國 生
下劣想³⁰⁾ 善男子 彼娑婆世界 高下不平 土石諸
山 穢惡充滿 佛身卑小³¹⁾ 諸菩薩衆其形亦小 而
汝身四萬二千由旬 我身六百八十萬由旬 汝身
第一端正 百千萬福 光明殊妙 是故汝往 莫輕彼
國 若佛 菩薩及國土 生下劣想

　妙音菩薩白其佛言 世尊 我今詣娑婆世界 皆
是如來之力 如來神通遊戲 如來功德智慧莊嚴
於是妙音菩薩不起于座 身不動搖 而入三昧 以
三昧力 於耆闍崛山 去法座³²⁾不遠 化作八萬
四千衆寶蓮華 閻浮檀金爲莖 白銀爲葉³³⁾ 金剛³⁴⁾
爲鬚³⁵⁾ 甄叔迦³⁶⁾寶以爲其臺

　爾時 文殊師利法王子見是蓮華 而白佛言 世
尊 是何因緣 先現此瑞 有若干千萬蓮華 閻浮檀
金爲莖 白銀爲葉 金剛爲鬚 甄叔迦寶以爲其臺

　爾時釋迦牟尼佛告文殊師利 是妙音菩薩摩訶
薩 欲從淨華宿王智佛國 與八萬四千菩薩 圍

繞³⁷⁾而來至此娑婆世界 供養 親近 禮拜於我 亦
欲供養 聽法華經

文殊師利白佛言 世尊 是菩薩種何善本 修何
功德 而能有是大神通力 行何三昧 願爲我等說
是三昧名字 我等亦欲勤修行之 行此三昧 乃能
見是菩薩色相³⁸⁾大小 威儀進止 唯願世尊以神通
力 彼菩薩來 令我得見

爾時釋迦牟尼佛告文殊師利 此久滅度多寶如
來 當爲汝等而現其相

時多寶佛告彼菩薩 善男子 來 文殊師利法王
子欲見汝身

해석

그때에 석가모니 부처님께서 대인상(大人相)에 육계광명(肉
髻光明)을 방출(放出)하고 또 미간(眉間)의 백호상(白毫相)에서
도 광명을 방출하여 동방의 108만억 나유타 항하사 같은 여
러 부처님을 비추었다. 이런 것을 지나 세계가 있었으니 이
름이 정광장엄(淨光莊嚴)이었으며 그 나라에 부처님이 있었
으니, 이름은 정화숙왕지여래(淨華宿王智如來)·응공(應供)·
정변지(正遍知)·명행족(明行足)·선서(善逝)·세간해(世間
解)·무상사(無上士)·조어장부(調御丈夫)·천인사(天人師)·불

(佛)·세존(世尊)인데, 무량하고 무변한 보살 대중들이 공경(恭敬)하고 위요(圍繞)하여 설법하였으니 석가모니 부처님은 백호광명(白毫光明)으로 그 나라를 고르게 비추었다.

이때에 일체정광장엄 나라에 묘음(妙音)이라는 보살이 있었으니, 오래전부터 갖가지 선근(善根)을 심고 무량한 백천(百千) 만억(萬億)의 모든 부처님을 공양하고 친근(親近)하여 모두가 매우 심오(深奧)한 지혜를 성취하여 묘당상삼매·법화삼매(法華三昧)·정덕삼매(淨德三昧)·숙왕희삼매(宿王戲三昧)·무연삼매(無緣三昧)·지인삼매(智印三昧)·해일체중생언삼매(解一切衆生語言三昧)·집일체공덕삼매(集一切功德三昧)·청정삼매(淸淨三昧)·신통유희삼매(神通遊戲三昧)·혜거삼매(慧炬三昧)·장엄왕삼매(莊嚴王三昧)·정광명삼매(淨光明三昧)·정장삼매(淨藏三昧)·불공삼매(不共三昧)·일선삼매(日旋三昧)와 같은 백천만 억 항하사와 같은 모든 위대한 삼매를 획득하였다.

석가모니 부처님이 묘음보살의 몸을 비추어 볼 때에 묘음보살이 바로 백정화숙왕지(白淨華宿王智) 부처님께 여쭈었다.

"세존이시여! 저는 당연히 사바세계에 가서 석가모니 부처님께 예배(禮拜)하고 친근(親近)하게 하여 공양(供養)하고 문수사리법왕자보살·약왕보살(藥王菩薩)·용시보살(勇施菩薩)·숙왕화보살(宿王華菩薩)·상행의보살(上行意菩薩)·장엄왕보살(莊嚴王菩薩)·약상보살(藥上菩薩)을 친견(親見)하겠습니다."

이때에 정화숙왕 부처님이 묘음보살에게 말씀하셨다.

"너는 저 나라를 업신여겨 대수롭지 않게 여기지 말라. 선남자야! 저 사바세계(娑婆世界)는 고하(高下)가 평탄(平坦)하지 않고 흙과 돌로 된 여러 산이 있고 더럽고 추악(醜惡)한 게 가득하여 부처님의 몸은 아주 작고 모든 보살들도 그 모양이 작다. 그러나 너의 몸은 4만2천 유순(由旬)이며 나의 몸은 680만 유순이니 너의 몸은 제일 단정하고 백천 만의 복덕(福德)을 구족하고 광명 또한 특히 미묘하므로 네가 가서 저 나라를 업신여겨서는 안 되고 부처님과 보살과 국토에서 대수롭지 않게 여기지 않아야 한다."

묘음보살(妙音菩薩)이 대답하였다.

"세존이시여! 제가 이제 사바세계(娑婆世界)에 가는 것 모두가 여래의 능력(能力)이며, 여래의 신통력(神通力)의 유희(遊戲)이며 여래 공덕(功德)과 지혜의 장엄함입니다."

이에 묘음보살은 자리에서 일어나지도 않고 몸을 움직이지도 않으면서 삼매(三昧)에 들어가 삼매의 힘으로 기사굴산(耆闍崛山)에서 머지않은 법좌(法座)로 가 8만4천 여러 가지 보배로운 연화 꽃을 변화하니 줄기는 염부단금(閻浮檀金)이고 꽃잎은 백은(白銀)이며, 꽃술은 금강이고 꽃받침은 견숙가보(甄叔迦寶)로 변화하였다.

이때에 문수사리 법왕자가 연화를 보고 부처님께 여쭈었다.

"세존이시여! 저 상서로움은 어떤 인연입니까? 천만 가지 연꽃에서 줄기는 염부단금이고 잎은 백은이며, 꽃술은 금강석이고 꽃받침은 견숙가보입니다."

이때에 석가모니 부처님이 문수사리에게 말씀하셨다.

"묘음보살마하살이 정화숙왕지불 국토에서 8만4천 보살에게 위요(圍繞)하여 있다가 사바세계(娑婆世界)에 이르러 나에게 공양하고 친근(親近)하고 예배하고 또 공양하며 법화경을 듣고자 한 것이다."

문수사리가 부처님께 여쭈었다.

"세존이시여! 이 보살은 어떤 선근(善根)을 심었으며, 어떤 공덕(功德)을 수행하여 이처럼 위대한 신통력(神通力)이 있게 되었으며, 어떤 삼매(三昧)를 수습(修習)하였습니까? 바라옵건데 저희를 위하여 삼매(三昧)의 이름을 말씀해 주시면 저희들도 또한 이를 수행(修行)하는데 힘쓰고자 하며, 이런 삼매를 수행하여 이 보살의 색상(色相)이 대소를 보고는 위의(威儀)에 나아가고 머무르고자 합니다. 오로지 바라는 것은 세존의 신통력으로 저 보살이 오면 저희들이 보게 해 주십시오."

이때에 석가모니 부처님께서 문수사리에게 말씀하셨다.

"여기 오래 전에 멸도하신 다보여래께서 그대들을 위하여 그대들의 면전에 드러낼 것이다."

이때에 다보여래께서 묘음보살에게 말하였다.

"선남자야! 어서 오너라. 문수사리법왕자가 너의 몸을 보고자 하는구나."

(2) 묘음보살이 법화회상에 온 후의 정황(情況)을 말하고, 중요한 것은 하나의 경력(經歷)과 부처님께 문후(問候)한 후 전생(前生)의 공덕(功德)과 금세(今世)의 신통력(神通力)을 소개하고 있다.

原文

于時妙音菩薩於彼國沒[39] 與八萬四千菩薩俱
共發來 所經諸國 六種震動 皆悉雨於七寶蓮華
百千天樂 不鼓自鳴 是菩薩目如廣大靑蓮華葉[40]
正使[41]和合百千萬月 其面貌端正復過於此 身眞
金色 無量百千功德莊嚴 威德熾盛 光明照曜 諸
相具足 如那羅延[42]堅固之身 入七寶臺 上昇虛
空 去地七多羅樹 諸菩薩衆恭敬圍繞 而來詣此
娑婆世界耆闍崛山 到已 下七寶臺 以價直百千
瓔珞 持至釋迦牟尼佛所 頭面禮足 奉上瓔珞 而
白佛言 世尊 淨華宿王智佛問訊世尊 少病 少惱
起居[43]輕利[44] 安樂行不 四大[45]調和不 世事可忍

不 衆生易度不 無多貪欲 瞋恚 愚癡 嫉妬 慳慢
不 無不孝父母 不敬沙門 邪見 不善心 不攝⁴⁶⁾五
情⁴⁷⁾不 世尊 衆生能降伏諸魔怨不 久滅度多寶
如來在七寶塔中 來聽法不 又問訊多寶如來 安
隱⁴⁸⁾ 少惱 堪忍久住不 世尊 我今欲見多寶佛身
唯願世尊 示我令見

爾時釋迦牟尼佛語多寶佛 是妙音菩薩欲得
相見

時多寶佛告妙音言 善哉 善哉 汝能爲供養
釋迦牟尼佛及聽法華經 幷見文殊師利等 故
來至此

爾時華德菩薩白佛言 世尊 是妙音菩薩 種何
善根 修何功德 有是神力

佛告華德菩薩⁴⁹⁾ 過去有佛 名雲雷音王⁵⁰⁾多陀
阿伽度⁵¹⁾ 阿羅訶⁵²⁾ 三藐三佛陀⁵³⁾ 國名現一切世
間⁵⁴⁾ 劫名憙見⁵⁵⁾ 妙音菩薩於萬二千歳 以十萬種
伎樂供養雲雷音王佛 幷奉上八萬四千七寶鉢⁵⁶⁾
以是因緣果報 今生淨華宿王智佛國 有是神力
華德 於汝意云何 爾時雲雷音王佛所 妙音菩薩
伎樂供養 奉上寶器者 豈異人乎 今此妙音菩薩
摩訶薩是 華德 是妙音菩薩 已曾供養親近無量

諸佛 久殖德本 又値恒河沙等百千萬億那由
他佛

華德 汝但見妙音菩薩其身在此 而是菩薩 現
種種身 處處爲諸衆生說是經典 或現梵王身 或
現帝釋身 或現自在天身[57] 或現大自在天身[58] 或
現天大將軍身[59] 或現毘沙門天王身[60] 或現轉輪
聖王身 或現諸小王身 或現長者身 或現居士
身[61] 或現宰官身 或現婆羅門身 或現比丘 比丘
尼 優婆塞 優婆夷身 或現長者[62]居士婦女身 或
現宰官婦女身 或現婆羅門婦女身 或現童男 童
女身 或現天 龍 夜叉 乾闥婆 阿修羅 迦樓羅 緊
那羅 摩睺羅伽 人非人等身 而說是經 諸有地獄
餓鬼 畜生 及衆難處[63] 皆能救濟 乃至於王後宮
變爲女身 而說是經

華德 是妙音菩薩 能救護娑婆世界諸衆生者
是妙音菩薩如是種種變化現身 在此娑婆國土
爲諸衆生說是經典 於神通 變化 智慧無所損減
是菩薩 以若干智慧明照娑婆世界 令一切衆生
各得所知 於十方恒河沙世界中 亦復如是 若應
以聲聞形[64]得度者 現聲聞形而爲說法 應以辟支
佛形得度者 現辟支佛形而爲說法 應以菩薩形

得度者 現菩薩形而爲說法 應以佛形得度者 卽
現佛形而爲說法 如是種種 隨所應度而爲現形
乃至應以滅度而得度者 示現滅度

華德 妙音菩薩摩訶薩 成就大神通智慧之力
其事如是

爾時華德菩薩白佛言 世尊 是妙音菩薩 深種
善根 世尊 是菩薩住何三昧 而能如是在所變
現[65] 度脫衆生

佛告華德菩薩 善男子 其三昧名現一切色身
妙音菩薩住是三昧中 能如是饒益無量衆生

說是妙音菩薩品時 與妙音菩薩俱來者八萬
四千人 皆得現一切色身三昧 此娑婆世界無量
菩薩 亦得是三昧及陀羅尼

해석

이때에 묘음보살이 정광장엄국에서 사라지고 8만4천 보
살들과 함께 오는데, 지나는 모든 나라가 여섯 가지로 진
동(震動)하고 모두가 칠보(七寶)로 된 연꽃이 비 오듯 내리
고, 백천(百千)의 하늘의 기악(伎樂)들이 두드리지 않았는데
도 저절로 울렸다. 이 보살은 눈은 광대(廣大)한 청련화(靑
蓮華) 잎과 같고 모양은 백천만 개의 달을 합친 것보다 그

얼굴이 단정(端正)함이 이를 넘어 섰고 몸은 황금색으로 무량한 백천의 공덕으로 장엄하여 위덕(威德)이 치성(熾盛)하고 광명이 아주 밝게 비추며, 모든 상이 구족하여 나라연(那羅延)의 견고한 몸과 같았다. 칠보로 된 좌대(座臺)에 앉아 허공으로 올라 도달한 곳은 땅과 7다라수(多羅樹)의 거리였으며 모든 보살중(菩薩衆)들이 공경하고 위요(圍繞)하며와 사바세계(娑婆世界)의 기사굴산(耆闍崛山)에 참례(參禮)하였다. 도착하자마자 칠보대에서 내려 백천(百千) 영락을 가지고 석가모니 부처님 처소에 이르러 머리를 조아리고 영락을 받들어 올리고는 부처님께 여쭈었다.

"세존이시여! 정화숙왕지(淨華宿王智) 부처님이 세존께 문안(問安)하기를 '조그만 병과 조그만 고뇌(苦惱)도 없이 기거(起居)하시는 데 편리하고 안락(安樂)하십니까? 사대(四大)는 조화(調和)롭습니까? 세속(世俗)의 일들을 참을 만합니까? 중생들을 쉽게 제도(濟度)됩니까? 탐욕(貪欲)과 진에(瞋恚), 우치(愚癡)와 질투(嫉妬), 인색(吝嗇)함과 교만(憍慢)함이 많지 않습니까? 부모에게 효도하지 않고 사문(沙門)을 공경하지 않으며, 사견(邪見)과 옳지 못한 마음으로 오정(五情)에 방종(放縱)하지는 않는지요? 세존이시여! 중생들이 모든 마군(魔軍)이나 원수들을 잘 항복하고 있습니까? 오래 전에 멸도(滅度)하신 다보여래께서 칠보탑(七寶塔)에 계시면서 불법(佛法)을 들으려 오십니까?'라고 하고는 또 다보여래께 문안드리고자 하면서 '신체가 안온(安穩)하시며 고뇌(苦惱)가 없으십니까? 오래 동안 감인(堪忍)하셨습니까? 세존이시여! 저는 이제 다보여래를 뵙고자 하여 오로지 세존께서 저에게 보여 주시기를 청하는 바입니다.'"

이때에 석가모니 부처님께서 다보 부처님께 말씀하셨다.

"여기 묘음보살이 뵙고자 합니다."

다보 부처님이 묘음보살에게 말씀하셨다.

"옳지! 옳지! 너는 석가모니 부처님께 공양하고 법화경(法華經)을 듣고 아울러 문수사리를 친견(親見)하고자 여기에 왔구나."

그때에 화덕보살이 부처님께 여쭈었다.

"세존이시여! 여기 묘음보살은 어떤 선근(善根)을 심고 어떤 공덕(功德)을 수습하여 이런 신통력(神通力)이 있습니까?"

부처님께서 화덕보살에게 말씀하셨다.

"과거에 부처님이 계셨으니 이름은 운뢰음왕(雲雷音王)·다타아가도(多陀阿伽度)·아라가(阿羅伽)·삼먁삼불타(三藐三佛陀)이고 나라 이름은 현일체세간(現一切世間)이며, 겁(劫)의 이름은 희견(憙見)이었니 묘음보살이 1만 2천년 동안을 10만 가지 기악(伎樂)으로 운뢰음왕 부처님께 공양하고 아울러 8만4천 보배로 만든 발우를 헌상(獻上)하였다. 이런 인연으로 과보(果報)가 이제 정화숙왕지(淨華宿王智) 부처님 나라에 태어난 신통력이 있게 되었다. 화덕(華德)아! 네 뜻은 어떠냐? 이때에 운뇌음왕 부처님의 처소에 기악(伎樂)으로 공양하고 보배로운 그릇을 헌상(獻上)한 사람이 어찌 다른 사람이겠느냐? 여기 묘음보살마하살이다. 화덕아! 이 묘음보살이 일찍부터 무량한 모든 부처님을 공양하고 친근(親近)하면서 덕의 근본을 심고 또 항하의 모래와 같은 많은 백천만 억 나유타 부처님을 만났느니라.

화덕아! 너는 단지 묘음보살의 몸만 여기에만 있다고 보지만 이 보살은 갖가지 몸을 드러내어 곳곳에서 모든 중생들을 위하여 법화경을 설법하며, 혹은 범천왕(梵天王)의 몸을 드러내거나 제석천(帝釋天)의 몸을 드러내며, 혹은 대자재천(大自在天)의 몸이나 혹은 제천(諸天)의 대장군(大將軍)의 몸을 드러내고 혹은 비사문천왕(毘沙門天王)의 몸을 드러내며, 혹은 전륜성왕(轉輪聖王)의 몸을 드러내고 혹은 여러 소왕(小王)의 몸을 드러내며, 혹은 장자(長者)의 몸을 드러내고 혹은 거사(居士)의 몸을 드러내며, 혹은 재관(宰官)의 몸을 드러내고 혹은 바라문(婆羅門)의 몸을 드러내며, 혹은 비구(比丘)·비구니(比丘尼)·우바새(優婆塞)·우바이(優婆夷)의 몸을 드러내고 혹은 장자(長者)·거사(居士)와 부녀(婦女)의 몸을 드러내며, 혹은 바라문 부녀(婦女)의 몸과 동남(童男) 동녀(童女)의 몸을 드러내며, 혹은 천룡(天龍)·야차(夜叉)·건달바(乾達婆)·아수라(阿修羅)·가루라(迦樓羅)·긴나라(緊那羅)·마후라가(摩睺羅伽) 등과 인비인(人非人) 등의 몸을 드러낸다고 법화경에서 말하였다, 모두가 지옥(地獄)·아귀(餓鬼)·축생(畜生) 등의 고난(苦難)을 받는 곳에 있어도 모두 구제(救濟)하여 왕의 후궁(後宮)에 이르면 여자의 몸으로 변화한다고 법화경에서 말하였다.

화덕아! 이 묘음보살은 사바세계의 모든 중생들을 구호(救護)할 수 있으니 이 묘음보살은 이처럼 갖가지 변화로 몸을 드러내어 이 사바세계에 있으면서 중생들을 위하여 경전(經典)을 설법하여도 신통력(神通力)으로 변화(變化)하는 지혜(智慧)는 손감(損減)되는 게 없다. 이 보살은 약간의 지혜로 이 사바세계(娑婆世界)를 밝게 비추며 일체 중생들로 하여금 제각기 알게 하며, 시방의 항하사 모래 같은 세계에서도 역시 이와 같았다. 만약 성문(聲聞)의 몸으로 제도(濟度)할 사람에게는 성문의 몸을 드러내어 설법하고 벽지불(辟支佛)의 몸으로 제도할 사람에게는 벽지불의 몸을 드러내어 설법하며, 보살의 몸으로 제도할 사람에게는 보살의 몸을 드러내어 설법하고 부처님의 몸을 드러내어 제도할 사람에게는 부처님의 몸을 드러내어 설법한다. 이처럼 갖가지 제도할 바에 따라 그 형상을 드러내고 멸도(滅度)로써 제도할 사람에게는 멸도를 드러내 보인다.

화덕보살아! 묘음보살마하살이 성취한 위대한 신통스러운 지혜 능력은 이와 같다."

그때에 화덕보살이 부처님께 여쭈었다.

"세존이시여! 이 묘음보살은 깊은 선근을 심었습니다. 세존이시여! 이 보살은 어떤 삼매(三昧)에 머물렀기에 이처럼 변화를 드러내어 중생을 도탈(度脫)하게 합니까?"

부처님께서 화덕보살에게 대답하셨다.

"선남자야! 그 삼매 이름은 현일체색신으로, 묘음보살은 삼매에 머물러 무량한 중생을 이처럼 요익하게 할 수가 있다."

이 묘음보살이 설법할 때에 묘음보살과 함께 왔던 8만4천 사람들 모두가 현일체색신삼매(現一切色身三昧)를 획득하였고 이 사바세계의 무량한 보살들도 역시 이런 삼매와 다라니를 획득하였다.

⑶ 묘음보살이 정광장엄국으로 돌아가는 정황을 묘사하였다.

原文

爾時妙音菩薩摩訶薩供養釋迦牟尼佛及多寶
佛塔已 還歸本土 所經諸國 六種震動 雨寶蓮華

作⁶⁶⁾百千萬億種種伎樂 旣到本國 與八萬四千菩
薩 圍繞至淨華宿王智佛所 白佛言

世尊 我到娑婆世界饒益衆生 見釋迦牟尼佛
及見多寶佛塔 禮拜 供養 又見文殊師利法王子
菩薩 及見藥王菩薩 得勤精進力菩薩⁶⁷⁾ 勇施菩
薩等 亦令是八萬四千菩薩得現一切色身三昧

說是妙音菩薩來往品⁶⁸⁾時 四萬二千天子⁶⁹⁾得無
生法忍⁷⁰⁾ 華德菩薩得法華三昧

해석

이때에 묘음보살마하살이 석가모니 부처님과 다보(多寶)
부처님 탑에 공양하는 것을 마치고 본국으로 돌아갈 때에
지나가는 모든 나라가 여섯 가지로 진동(震動)하였고 보배
로운 연꽃이 내려오고 백천만 억 가지의 기악(伎樂)이 울렸
다. 본국에 이르러서는 8만 4천 보살에게 둘러싸여 그들과
함께 정화숙왕지불이 계신 곳으로 나아가 부처님께 여쭈
었다.

"세존이시여! 제가 사바세계에 가서 중생을 요익(饒益)하
게 하고 석가모니불과 다보불탑(多寶佛塔)을 친견하고 예배
하고 공양하였고, 또 문수사리법왕자 보살과 약왕보살과
득근력정진보살(得勤精進力菩薩)과 용시보살(勇施菩薩)들을

보았으며, 또한 여기 8만4천 보살들이 현일체색신삼매를 증득하였습니다."

이 묘음보살이 왕래(往來)한 것을 말할 때에 4만2천 천자들이 무생법인(無生法忍)을 증득하였고 화덕보살도 법화삼매(法華三昧)를 증득하였다.

1) 嗄: 응답하는 소리, 무엇이냐는 의문을 드러내는 말이다.

2) 的然: 밝게 들어나는 모양.

3) 闡: 천명(闡明)으로 심오한 도리를 드러내어 밝힘.

4) 大人相: 위대한 사람의 상으로 부처님의 32상이다.

5) 肉髻(uṣnīsa): 정수리에 살이 높이 올라온 것을 말한다. 32상의 하나이다.

6) 眉間白毫相(ūrnā-kośa): 미간의 백호(白毫)에서 일어나는 것으로 이것도 32상의 하나이다.

7) 淨光莊嚴(Vairocanaraśmipratimaṇḍitā): 무수한 부처님의 나라 중 한 곳으로, 그곳에는 정화숙왕지여래(精華宿王智如來)가 무량 대중에 둘러싸여 그 대중들에게 설법을 하고 있다.

8) 淨華宿王智如來(Kamaladalavimalanakṣatrarājasaṃkumitābhijñā): 정광장엄세계(淨光壯嚴世界)에서 무량 대중에 둘러싸여 그 대중들에게 설법을 하고 있는 여래.

9) 妙音(Gadgadasvara): 묘음보살(妙音菩薩). 삼매의 경지에서 갖가지 모습으로 변하는 보살로, 정화수왕지(淨華宿王智) 여래가 있는 동방의 정광장엄국(淨光莊嚴國)에 머물고 있다.

10) 妙幢相三昧(dhvajāgra-keyūra-samādhi): 실상(實相)이 고아(高雅)하고 신심(身心)이 부동(不動)인 게 깃발이 높이 있어도 흔들리지 않는 선정(禪定)의 경계(境界)에 비유하여 말하였다.

11) 法華三昧(saddharmapuṇḍarika-samādhi): 삼제(三諦)가 원융(圓融)하고 인과(因果)가 불이(不二)이며 본적(本迹)이 불이인 묘리(妙理)를 체득(體得)한 선정(禪定)을 말한다. 삼제는 공(空)·가(假)·중(中)을 말한다.

12) 淨德三昧(Vimaladatta): 일체 번뇌(煩惱)가 없어지고 청정(淸淨)한 본성을 증득(證得)한 선정 상태.

13) 宿王戲三昧(Nakṣatrarāja-vikrīḍita-samādhi): 방편(方便)의 기교(奇巧)인 지혜를 증득한 선정의 상태.

14) 無緣三昧(anilambha-samādhi): 인연지(因緣地)가 아닌 평등지(平等地)에서 중생을 애호(愛護)하는 선정의 상태.

15) 智印三昧(jñānamudrā-samādhi): 일체 지혜를 증득한 일체 불법(佛法)의 선정상태(禪定狀態)이다. 인(印)은 인신(印信)과 인증(印證)의 두 가지 뜻이 있는데 여기서는 인신(印信)을 말하여 실상인 본체를 증득한 것

을 말한다. 그러므로 지인(智印)이다.

16) 解一切衆生語言三昧(sarvarutakausalya-samādhi): 일체 중생의 언어(言語)를 이해하는 선정상태(禪定狀態).

17) 集一切功德三昧(sarvapuṇyasamuccaya-samādhi): 일체 공덕을 증득(證得)한 선정상태.

18) 淸淨三昧(prasādavatī-samādhi): 육근(六根)이 청정(淸淨)한 선정 경계.

19) 神通遊戲三昧(ṛddhivikrīḍita-samādhi): 만물이 변화(變化)하는 가운데에서도 자유롭게 유희(遊戲)하는 선정의 경계.

20) 慧炬三昧(jñānolkā-samādhi): 일체 우매(愚昧)함과 어둠을 제거(除去)한 불지(佛智)로서의 선정 경계. 거(炬)는 횃불로, 지혜에 비유한다.

21) 莊嚴王三昧(vyūharāja-samādhi)): 불법을 증득하여 하나의 법으로 만법을 통제(統制)하는 선정의 경계. 장엄(莊嚴)은 국토와 같고 국왕이 만인을 다스리는 것과 같은 것에 비유한 것을 말한다.

22) 淨光明三昧(vimalapradhāsa-samādhi): 성정(性淨)이 광명(光明)한 선정 경계.

23) 淨藏三昧(vimalagarbha-samādhi): 여래장성(如來藏性)이 일체정법(一切淨法)을 함유하고 있는 선정의 경계.

24) 不共三昧: 부처님만이 가지고 있는 것으로, 다른 사람들은 도달하지 못하는 선정 경계.

25) 日旋三昧(sūryavarta-samādhi): 일체 진리를 통달하여 집착(執着)함이 없는 선정의 경계.

26) 勇施菩薩(Pradānaśūra): 일승의 용혜(勇慧)와 묘법의 보시(布施)가 연화의 중생과 함께 하니, 이를 용시보살(勇施菩薩)이라 한다.

27) 上行意菩薩(Viśiṣṭacāritra): 상행보살(上行菩薩). 석가모니 부처님이 법화경을 설할 때 말대(末代)의 5탁(五濁)악세(惡世)에 나서 이 경을 널리 퍼뜨리라고 부촉한 보살 중에 상수에 해당하는 보살.

28) 莊嚴王菩薩(Vyūharāja): 부처님의 공덕과 여러 왕의 삼매로 스스로 장엄한 보살.

29) 藥上菩薩(Bhaiṣajyarāja-samudgata): 약왕보살(藥王菩薩)의 동생으로, 약을 처방하여 병을 치유하는 보살. 아미타불을 염불하며 왕생을 구하는 중생들을 보호하기 위해 부처님이 보낸 25보살 중 한 분이다.

30) 下劣想: 다른 사람이 비루(鄙陋)하고 천박(淺薄)하다고 하는 생각.

31) 卑小: 왜소(矮小)함을 말한다.

32) 法座: 석가모니 부처님의 좌위(座位)를 말한다.

33) 葉: 꽃잎을 말한다.

34) 金剛: 금강석을 말한다.

35) 鬚: 연꽃에 있는 수모(鬚毛).

36) 甄叔迦(kiṃśuka): 앵무보(鸚鵡寶)라고 하는데 색깔이 홍색으로 앵무새의 주둥이와 같다고 하여 이름 붙여진 것이다.

37) 圍繞: 공동(共同)을 말한다.

38) 色相: 상모(相貌), 모양(模樣)을 말한다.

39) 沒: 소실(消失)을 말한다.

40) 華葉: 꽃받침대.

41) 正使: 사진의 양화(陽畵).

42) 那羅延(Nārāyaṇa): 힌두교에서 우주를 건립(建立)하고 유지하는 신을 말한다. 의역하면 천력사(天力士), 역사(力士)라고 하며, 금강역사(金剛力士)라고도 한다.

43) 起居: 행동거지(行動擧止)를 말한다.

44) 輕利: 편리함을 말한다.

45) 四大: 지수화풍(地水火風)을 말한다.

46) 不攝: 속박(束縛)하지 않는 것을 말한다.

47) 五情: 안이비설신(眼耳鼻舌身)의 감정에서 일어나는 정욕을 말한다.

48) 安隱: 안온(安穩), 신체의 편안함과 마음이 평정한 것을 말한다.

49) 華德菩薩(Padmaśrī): 연화(蓮華)의 길상(吉祥)이 있다는 뜻이다.

50) 雲雷音王(Meghadundubisvararāja): 짙은 구름이 우레와 같은 소리를 내는 것을 말한다.

51) 多陀阿伽度(tathāgata): 여래(如來)라는 뜻이다.

52) 阿羅訶(arhat): 아라한(阿羅漢)과 같다. 수행이 완성된 성자(聖者)를 말한다.

53) 三藐三佛陀(samyaksaṃbudha): 정변지(正遍知), 등정각(等正覺)으로 번역한다.

54) 現一切世間(Sarvarūpasaṃdarśanā): 몸을 드러낸다는 뜻이다.

55) 憙見(Priyadarśana): 즐겁게 본다는 뜻이다.

56) 鉢: 스님의 밥그릇.

57) 自在天身(Iśvara): 욕계 최고인 타화자재천(他化自在天)에 있는 제6천의 마왕(魔王).

58) 大自在天身(Mahéśvara): 흰두교에서 말하는 시바신으로, 파괴(破壞)와 창조(創造)의 신이다. 불교에 유입되면서 수호신이 되었다.

59) 天大將軍身: 천계의 대장군의 몸으로 범천왕의 신하이다.

60) 毘沙門天王身: 비사문천(毘沙門天, Vaisravana). 사천왕 중 한 분으로 제석천의 신하이다.

61) 居士(grha-pati): 집안의 부인이라는 뜻으로, 재가(在家)의 남성이며 구체적으로 말하면 고대 인도에서 자산계급(資産階級)을 총체적으로 말한다.

62) 長者: 불교에서 10가지 덕(德)을 구비한 사람을 말하는데, 열 가지 덕은 성씨가 귀하고 지위가 높고, 부자이고, 위맹(威猛)하고 지혜가 깊고 나이가 많고 수행이 청정하며, 예절을 갖추었으며, 위에서 칭찬하고 아래에서는 귀의한다.

63) 難處: 불교를 수행할 수 없는 곳으로 팔난처(八難處)라고도 한다.

64) 聲聞形: 아라한을 말한다. 성문승(聲聞乘)을 수습한 사람이 아라한이 된 것을 말한다. 형(形)은 형체(形體)를 말한다.

65) 在所變現: 같은 자리가 아닌 곳에서 많은 변화를 진행하는 것을 말한다.

66) 作: 연주(演奏)를 말한다.

67) 得勤精進力菩薩: 득근정진력보살에 해당한다. 즉 정진하는 능력과 힘을 획득함을 말한다.

68) 妙音菩薩來往品: 본품(本品)을 말한다.

69) 天子: 천신을 말한다.

70) 無生法忍(anutpattikadharmakṣānti): 생성(生成)과 소멸(消滅)을 벗어났다는 말로 불생불멸(不生不滅)의 진리를 획득한 것을 말한다.

관세음보살보문품 제이십오
(觀世音菩薩普門品第二十五)

原文

單發爲聲 雜比爲音 於世間衆苦雜聲齊觀並救
號觀世音妙圓之行 自一心出應無不徧 號曰普
門 此繼前品說者 妙音現形說法救濟衆難 與觀
音無異 但略而未普妙而未圓 觀音不離是行 而
能觀其音聲隨響而答 大千圓應無去來相 所謂
自在之業普門示現則進於妙音 其實二聖一道相
爲始終耳 故後頌觀音之德而兼云妙音 是知二
聖一道也 卽妙音之行而演爲普門 是知相爲始
終也 夫欲體前之法須兼二行 從妙而普有始有
終然後圓備 故繼妙音說普門品 爲圓行流通 文
殊於華嚴會終現法化已 南歷人間說普照法界修
多羅門 所以圓彰前法體用 善財歷百城已到普

門國 成就阿僧祇法門 遂能於諸有中普現其身
斯皆以行成德使圓而普也 觀彼說法次序名義
與此宛同

해석

한마디로 드러내는 음성(音聲)은 잡음(雜音)과 비견(比肩)
되는 소리이다. 세간 중생들의 고통인 잡스러운 소리를 고
르게 관찰(觀察)하여 구제(救濟)하므로 관세음보살(觀世音菩
薩)의 미묘하고 원만한 수행이라고 말한다. 일심(一心)으로
부터 나와 고르지 않음이 없음에 응하여 보문(普門)이라고
한다. 이는 묘음보살품(妙音菩薩品)에 이어서 설법하였으
며, 묘음보살이 모양을 드러내어 설법(說法)하여 모든 재난
(災難)을 구제한 것은 관음보살과 더불어 다른 게 없다. 다
만 간략(簡略)하고 고르지 못한 미묘함은 원만하지 못하지
만 관음보살은 이런 수행을 저버리지 않았으며, 그 음성을
관찰하고는 소리에 따라 응답(應答)하며, 대천세계(大千世
界)에 원만하게 순응하면서도 거래상(去來相)도 없다. 말하
자면 자재한 업(業)은 보문시현(普門示現)하여 묘음(妙音)으
로 나아가는데, 그 진실은 두 성인(聖人)이 하나의 도에서
서로 시종(始終)이 된다. 대개 이전의 법을 체득(體得)하고
자 하면 두 가지 수행을 겸비(兼備)해야 하며, 미묘함을 따

라 넓히는 게 시종이 있은 후에 원만(圓滿)함을 구비한다. 그러므로 묘음을 이어서 보문품(普門品)을 설법하여 원만한 수행을 유통하고자 하였다. 문수보살(文殊菩薩)은 화엄법회(華嚴法會)에서 마지막에 나타나 법으로서 교화(教化)하였으며, 남쪽으로 인간계를 지나 법계를 널리 관조(觀照)하여 설법하고는 다라니법문(陀羅尼法門)을 수행하였으므로 원행(圓行)으로 이전 법의 체용(體用)을 밝혔다. 선재동자(善財童子)는 100성(城)을 지나 보문국(普門國)에 도달하여 아승기 법문을 성취하였으며, 드디어 모든 유정세계에 그 몸을 드러내었다. 이 모두는 수행으로 덕을 성취함이며, 원행(圓行)으로 넓힌 것이니 설법은 순서를 따라 이름이 되었으니 이처럼 뚜렷하면서도 같은 것이다.

原文

讚曰 妙法不出世間 衆生苦惱卽眞 普門應於音聲 法界業浪皆圓 故彼落迦大士[1] 能救娑婆有情 現二十四無畏功德[2] 難飜無難 行三十二相好報身 度應得度 弘願深如海 歷劫難思 眞觀廣如性 沙界普現 宛如雨寶虛空 衆生隨意具足 旣有如意功德 流通濁世 卽今大士妙唱 在什麼處 半夜[3]岩頭風月靜 一聲高樹老猿啼 頌曰

稽首寶陀岩上士　妙蓮圓行妙無窮
欲識觀音眞妙唱　秋深新鴈入雪中

해석

기리며 말하였다.

묘법(妙法)은 세간을 벗어나지 않고 중생의 고뇌(苦惱)가 진리(眞理)라고 하며, 널리 듣는 것은 음성(音聲)에 반응하는 것. 법계(法界)의 업의 파랑(波浪)은 모두 원융(圓融)하다. 그러므로 낙가산(落迦山)의 대사는 사바세계(娑婆世界)의 유정(有情)을 구제하고자 24무외(無畏) 공덕(功德)을 드러내어 고난(苦難)이 넘쳐도 괴롭다 하지 않고 32상호(相好)를 보신(報身)으로 수행하며, 제도(濟度)함에 따라 도탈(度脫)함을 얻는다네. 넓은 발원(發願)은 깊은 바다와 같아 겁을 지나도 헤아리기 어렵다네. 참다운 관조(觀照)는 넓기가 여래성(如來性)과 같아서 사계(沙界)에 널리 드러나 완연(宛然)함이 허공에 보배가 내리는 것 같아 중생은 뜻대도 구족(具足)하니 여의(如意)한 공덕을 있다네. 오탁악세(五濁惡世)에 유통(流通)하면서 이제 대사의 신묘한 노래는 어느 곳에 있는가?

한밤중 바위에는 풍월(風月)이 고요한데

높은 나무에 외마디 소리는 늙은 원숭이 울음이다.

게송으로 말하기를

　　보타암(寶陀岩) 위 대사에게 머리 조아리고
　　미묘한 연꽃의 원융한 작용은
　　신묘하기 그지없다.
　　관음보살의 참 미묘한 노래를 알고자 하면
　　가을이 깊어지자 새로운 기러기
　　엄동설한(嚴冬雪寒)이 다가왔네.

⑴ 관세음보살이라고 부르게 된 원인을 밝히고, 이는 일체
의 재난(災難)을 소제(消除)하고 무량한 복을 획득하는 것
이라 말하고 있다.

原文

爾時 無盡意菩薩[4]卽從座起 偏袒右肩[5] 合掌向
佛 而作是言 世尊 觀世音菩薩[6] 以何因緣名觀
世音

佛告無盡意菩薩 善男子 若有無量百千萬億衆
生受諸苦惱 聞是觀世音菩薩 一心稱名 觀世音
菩薩卽時觀其音聲 皆得解脫 若有持是觀世音
菩薩名者 設[7]入大火 火不能燒 由是菩薩威神力
故 若爲大水所漂 稱其名號 卽得淺處 若有百千
萬億衆生 爲求金 銀 琉璃 車璩 馬瑙 珊瑚 虎珀
眞珠等寶 入於大海 假使黑風[8]吹其船舫[9] 飄墮
羅刹鬼國[10] 其中若有 乃至一人 稱觀世音菩薩
名者 是諸人等皆得解脫羅刹之難 以是因緣 名
觀世音 若復有人臨當被害 稱觀世音菩薩名者
彼所執刀杖尋[11]段段壞[12] 而得解脫 若三千大千
國土 滿中夜叉 羅刹 欲來惱人 聞其稱觀世音菩
薩名者 是諸惡鬼 尙不能以惡眼視之 況復加害

設復有人 若有罪 若無罪 杻械¹³⁾ 枷鎖¹⁴⁾ 檢繫¹⁵⁾其
身 稱觀世音菩薩名者 皆悉斷壞 卽得解脫 若
三千大千國土 滿中怨賊¹⁶⁾ 有一商主 將諸商人
齎¹⁷⁾持重寶 經過嶮路 其中一人作是唱言 諸善
男子 勿得恐怖 汝等應當一心稱觀世音菩薩名
號 是菩薩能以無畏施於衆生 汝等若稱名者 於
此怨賊當得解脫 衆商人聞 俱發聲言 南無觀世
音菩薩 稱其名故 卽得解脫

　無盡意 觀世音菩薩摩訶薩 威神之力巍巍¹⁸⁾如
是 若有衆生多於婬欲 常念恭敬觀世音菩薩 便
得離欲 若多瞋恚 常念恭敬觀世音菩薩 便得離
瞋 若多愚癡 常念恭敬觀世音菩薩 便得離癡

　無盡意 觀世音菩薩 有如是等大威神力 多所
饒益 是故衆生常應心念 若有女人 設欲求男 禮
拜供養觀世音菩薩 便生福德智慧之男 設欲求
女 便生端正有相¹⁹⁾之女 宿²⁰⁾殖德本 衆人愛敬

　無盡意 觀世音菩薩有如是力 若有衆生 恭敬
禮拜觀世音菩薩 福不唐捐²¹⁾ 是故衆生皆應受持
觀世音菩薩名號

　無盡意 若有人受持六十二億恒河沙菩薩名字
復盡形²²⁾供養飲食 衣服 臥具 醫藥 於汝意云何

是善男子 善女人 功德多不

　無盡意言 甚多 世尊

　佛言 若復有人受持觀世音菩薩名號 乃至一

時²³⁾禮拜 供養 是二人²⁴⁾福 正等²⁵⁾ 無異 於百千萬

億劫不可窮盡 無盡意 受持觀世音菩薩名號 得

如是無量無邊福德之利

해석

　그때에 무진의보살(無盡意菩薩)이 자리에서 일어나 오른쪽
어깨를 드러내고 부처님께 합장하고 여쭈었다.

　"세존이시여! 관세음보살은 어떤 인연으로 관세음보살이
라고 부릅니까?"

　부처님께서 무진의보살에게 말씀하셨다.

　"선남자야! 만약 무량한 백천만 억의 중생들이 여러 가지
고뇌(苦惱)를 받을 때에 이 관세음보살의 이름을 듣고 한마
음으로 이름을 부르면, 관세음보살이 바로 그 음성을 듣고
모두를 해탈하게 한다. 만약 관세음보살의 이름을 수지(受
持)하고 있는 사람이라면 그 사람이 가령 큰 불속에 들어가
더라도 불이 그를 태울 수가 없다. 이는 관세음보살의 위
신력(威神力) 때문이다. 만약 큰물에 떠내려가게 되더라도
그 이름을 부르면 바로 얕은 곳에 이르게 된다. 만약 백천

만 억 중생들이 금은(金銀)·유리(琉璃)·차거(車璖)·마뇌(馬瑙)·산호(珊瑚)·호박(虎珀)·진주(眞珠)와 같은 보배를 구하려고 큰 바다에 들어갔을 때에 폭풍이 일어나 그들이 탄 배가 뒤집혀서 나찰귀(羅刹鬼)의 나라에 떨어졌을 때에도 그 가운데에서 한 사람이라도 관세음보살을 부르는 사람이 있으면 모든 사람들이 나찰의 재난에서 벗어나게 된다. 이런 인연으로 관세음보살이라고 한다.

만약 어떤 사람이 피해를 당하게 되어도 관세음보살 이름을 부르면 그들이 가진 칼이나 막대기가 산산조각 부서지는 것을 보고는 해탈을 얻을 것이다. 만약 삼천대천세계에 가득 찬 야차(夜叉)와 나찰(羅刹)들이 와서 사람들을 괴롭히려 하더라도 관세음보살 이름을 부르는 것을 들으면 이 모든 악귀(惡鬼)는 악한 눈으로 보지도 못하는데, 하물며 어떻게 해칠 수가 있겠는가? 설령 어떤 사람이 죄가 있거나 없거나 간에 쇠고랑이가 손발에 채워지고 몸이 묶여져 있을지라도 관세음보살 이름을 부르면 모두가 끊어지고 부서져서 바로 벗어날 수가 있다. 만약 삼천대천세계(三千大千世界)에 원한을 가진 적이 가득한 곳에 한 우두머리가 여러 상인(商人)을 이끌고 귀중한 보배를 가지고 험난(險難)한 길을 지날 때에 그 중에 한 사람이 '모든 선남자들이여! 무서워하거나 두려워하지 말라. 너희들은 한마음으로 관세음보살을 불러라. 관세음보살은 중생들의 두려움을 없애주시는 분이니, 그대들이 이 이름을 부르면 원한(怨恨)이 있는 적들이 있는 곳에서도 해탈을 얻을 것이다.'고 말하였다. 이 말을 듣고 상인들은 나무관세음보살을 부른 까닭에 바로 그 원한의 적이 있는 곳을 벗어날 수가 있었다.

무진의보살아! 관세음보살마하살의 위신력(威神力)은 이와 같이 훌륭하다. 만약 중생들이 음욕이 많더라도 항상 관세음보살을 공경하고 생각하면 바로 음욕(淫欲)을 저버리게 된다. 만약 성내는 마음이 많아도 항상 관세음보살을 생각하고 공경하면 바로 성내는 마음을 저버리게 된다. 만약 어리석음이 많아도 항상 관세음보살을 생각하면 바로 어리석음도 저버리게 된다.

무진의보살아! 관세음보살은 이런 큰 위신력(威神力)으로 요익(饒益)됨이 많으므로 중생들은 항상 마음으로 생각해야만 한다. 만약 어떤 여인이 아들 낳기를 원하여 관세음보살에게 예배하고 공경하면 바로 복덕(福德)과 지혜가 있는 아들을 낳게 된다. 바로 딸을 낳기를 원한다면 단정(端整)하고 정숙(貞淑)한 모양의 딸을 낳는데, 그는 전생부터 덕의 근본을 심었으므로 사람들이 사랑하고 존경한다.

무진의보살아! 관세음보살은 이와 같은 능력이 있다. 만약 중생들이 관세음보살을 공경(恭敬)하고 예배(禮拜)하면

복이 헛되이 버려지는 게 아니므로 중생들이 모두 관세음보살 이름을 받들고 수지하여야 한다.

무진의보살아! 만약 어떤 사람이 62억 항하의 모래 같은 보살 이름을 받들어 몸이 부서지도록 음식과 의복과 침구와 의약 등으로 공양한다면 너의 생각은 어떠냐? 이 선남자 선여인의 공덕이 많겠느냐?"

무진의보살이 대답하였다.

"매우 많습니다. 세존이시여!"

부처님이 말씀하셨다.

"만약 어떤 사람이 관세음보살 이름을 수지(受持)하고 있거나 한순간이라도 예배하고 공경하면 이 두 사람의 복덕(福德)은 똑같아서 다를 게 없으며 백천만 겁에 이르도록 다함이 없을 것이다. 무진의보살아! 관세음보살의 이름을 수지하면 이처럼 무량하고 무변한 복덕의 이익을 얻게 된다."

⑵ 관세음보살이 어떻게 사바세계에서 중생을 제도하는가를 소개하고 동시(同時)에 무진의보살이 관세음보살에게 공양하는 것을 기술(記述)하였다.

原文

無盡意菩薩白佛言 世尊 觀世音菩薩 云何遊

此娑婆世界 云何而爲衆生說法 方便之力 其事
云何

 佛告無盡意菩薩 善男子 若有國土衆生 應以
佛身得度者 觀世音菩薩卽現[26]佛身而爲說法 應
以辟支佛身得度者 卽現辟支佛身而爲說法 應
以聲聞身得度者 卽現聲聞身而爲說法 應以梵
王身得度者 卽現梵王身而爲說法 應以帝釋身
得度者 卽現帝釋身而爲說法 應以自在天身得
度者 卽現自在天身而爲說法 應以大自在天身
得度者 卽現大自在天身而爲說法 應以天大將
軍身得度者 卽現天大將軍身而爲說法 應以毘
沙門身得度者 卽現毘沙門身而爲說法 應以小
王身得度者 卽現小王身而爲說法 應以長者身
得度者 卽現長者身而爲說法 應以居士身得度
者 卽現居士身而爲說法 應以宰官身得度者 卽
現宰官身而爲說法 應以婆羅門身得度者 卽現
婆羅門身而爲說法 應以比丘 比丘尼 優婆塞 優
婆夷身得度者 卽現比丘 比丘尼 優婆塞 優婆夷
身而爲說法 應以長者 居士 宰官 婆羅門婦女身
得度者 卽現婦女身而爲說法 應以童男 童女身
得度者 卽現童男 童女身而爲說法 應以天 龍

夜叉 乾闥婆 阿修羅 迦樓羅 緊那羅 摩睺羅伽
人非人等身得度者 卽皆現之而爲說法 應以執
金剛身²⁷⁾ 得度者 卽現執金剛身而爲說法

無盡意 是觀世音菩薩成就如是功德 以種種
形 遊諸國土 度脫衆生 是故汝等 應當一心供
養觀世音菩薩 是觀世音菩薩摩訶薩 於怖畏急
難之中能施無畏 是故此娑婆世界 皆號之爲施
無畏者²⁸⁾

無盡意菩薩白佛言 世尊 我今當供養觀世音菩
薩 卽解頸衆寶珠 瓔珞 價直百千兩金 而以與之
作是言 仁者²⁹⁾ 受此法施³⁰⁾ 珍寶瓔珞 時觀世音菩
薩不肯受之 無盡意復白觀世音菩薩言 仁者 愍
我等故 受此瓔珞

爾時佛告觀世音菩薩 當愍此無盡意菩薩及四
衆 天 龍 夜叉 乾闥婆 阿修羅 迦樓羅 緊那羅
摩睺羅伽 人非人等故 受是瓔珞

卽時觀世音菩薩愍諸四衆 及於天 龍 人非人
等 受其瓔珞 分作二分 一分奉釋迦牟尼佛 一分
奉多寶佛塔

無盡意 觀世音菩薩有如是自在神力 遊於娑婆
世界

무진의보살이 부처님께 여쭈었다.

"세존이시여! 관세음보살은 어찌하여 사바세계에 다니시면서 중생을 위하여 설법(說法)하시며 방편(方便)의 능력은 어떻게 된 것입니까?"

부처님께서 무진의보살에게 말씀하셨다.

"선남자야! 만약 국토의 중생들이 반드시 부처님 몸으로써 득도(得度)하고자 하면 관세음보살(觀世音菩薩)은 부처님 몸으로 나타나서 설법(說法)을 하고. 벽지불(辟支佛)의 몸으로 득도하고자 하면 벽지불의 몸으로 나타나서 설법하며, 성문(聲聞)의 몸으로 득도하고자 하면 성문의 몸으로 나타나서 설법하고 범천왕(梵天王)의 몸으로 득도하고자 하면 범천왕의 몸으로 나타나서 설법하며, 제석(帝釋)의 몸으로 득도하고자 하면 제석의 몸으로 나타나서 설법하고 자재천(自在天)의 몸으로 득도하고자 하면 대자재천의 몸으로 나타나서 설법하며, 천대장군(天大將軍)의 몸으로 득도하고자 하면 천대장군의 몸으로 나타나서 설법하고 비사문(毘沙門)의 몸으로 득도하고자 하면 비사문의 몸으로 나타나서 설법하며, 소왕(小王)의 몸으로 득도하고자 하면 소왕의 몸으로 나타나서 설법하고 장자(長者)의 몸으로 득도하고자 하면 장자의 몸으로 나타나서 설법하며, 거사(居士)의 몸으로 득도하고자 하면 거사의 몸으로 나타나서 설법하고 관리(官吏)의 몸으로 득도하고자 하면 관리의 몸으로 나타나서 설법하며, 바라문(婆羅門)의 몸으로 득도하고자 하면 바라문의 몸으로 나타나서 설법하고 비구·비구니·우바새·우바이의 몸으로 득도하고자 하면 비구·비구니·우바새·우바이의 몸으로 나타나서 설법하며, 장자·거사(居士)·재신(宰臣)·바라문의 부녀자(婦女子)로 득도하고자 하면 그들의 부녀자로 나타나서 설법하고 동남동녀(童男童女)로 득도하고자 하면 동남동녀의 몸으로 나타나서 설법하며, 천룡(天龍)·야차(夜叉)·건달바(乾達婆)·아수라(阿修羅)·가루라(迦樓羅)·긴나라(緊那羅)·마후라가(摩睺羅伽)·인비인(人非人) 등의 몸으로 득도하고자 하면 그들 모두의 몸으로 나타나서 설법하고 집금강신(執金剛神)의 몸으로 득도하고자 하면 집금간신의 몸으로 나타나 설법한다.

무진의보살아! 이 관세음보살의 이와 같은 공덕을 성취하여 갖가지 형상(形相)으로 모든 국토를 다니면서 중생들을 제도(濟度)하여 해탈하게 한다. 그러므로 너희들은 한마음으로 관세음보살을 공양하여야 한다. 이 관세음보살은 공포(恐怖)스럽고 두려운 환난(患難) 속에서도 두려움이 없게 해주시므로 사바세계에서는 모두 관세음보살을 두려움을 없애주시는 분이라고 한다."

무진의보살이 부처님께 말씀하였다.

"세존이시여! 저는 이제 관세음보살에게 공양하겠습니다."

그리고 목에 걸었던 백천량이나 되는 보주(寶珠)와 영락을 풀어 드리면서 말하였다.

"어진 분이시여! 법으로 보시하는 진귀한 보배와 영락을 받아 주십시오."

이때에 관세음보살이 이를 받아들이지 않았다. 무진의보살이 관세음보살에게 말하였다.

"어진 분이시여! 저희들을 불쌍히 여기시어 이 영락을 받아주십시오."

그때에 부처님이 관세음보살에게 말씀하셨다.

"이제 저 무진의보살과 사부대중과 천룡(天龍)·야차(夜叉)·건달바(乾達婆)·아수라(阿修羅)·가루라(迦樓羅)·긴나라(緊那羅)·마후라가(摩睺羅伽)·인비인(人非人) 등을 어여삐 여겼으니, 그 까닭으로 이 영락을 받아야 한다."

그때에 관세음보살이 사부대중과 천룡·인비인 등을 어여삐 여기시어 영락을 받으시면서 둘로 나누어 하나는 석가모니 부처님께 드리고 하나는 다보부처님께 드렸다.

"무진의보살아! 관세음보살은 이와 같이 자재한 신통력으로 사바세계를 주유(周遊)하고 있다."

⑶ 게송 형식으로 무진의보살과 석가모니 부처님의 일문
   일답(一問一答)을 서술하고 또 관세음보살의 공덕(功德)
   과 신통력(神通力)에 대하여 천술(闡述)하고 있다.

原文

爾時無盡意菩薩以偈問曰

世尊妙相[31]具　　我今重問彼[32]
佛子[33]何因緣　　名爲觀世音
具足妙相尊[34]　　偈答無盡意
汝聽觀音行　　善應[35]諸方所[36]

弘誓深如海　　歷劫不思議
侍多千億佛　　發大淸淨願
我爲汝略說　　聞名及見身
心念不空過[37]　　能滅諸有苦

假使興[38]害意　　推落大火坑
念彼觀音力　　火坑變成池
或漂流巨海　　龍魚諸鬼難
念彼觀音力　　波浪不能沒

或在須彌峯　　爲人所推墮
念彼觀音力　　如日虛空住³⁹⁾
或被惡人逐　　墮落金剛山⁴⁰⁾
念彼觀音力　　不能損一毛

或值怨賊繞　　各執刀加害
念彼觀音力　　咸卽起慈心
或遭王難⁴¹⁾苦　　臨刑欲壽終
念彼觀音力　　刀尋段段壞

或囚禁枷鎖　　手足被杻械
念彼觀音力　　釋然⁴²⁾得解脫
呪詛諸毒藥⁴³⁾　　所欲害身者
念彼觀音力　　還著⁴⁴⁾於本人

或遇惡羅刹　　毒龍諸鬼等
念彼觀音力　　時悉不敢害
若惡獸圍遶　　利牙爪可怖
念彼觀音力　　疾走無邊方⁴⁵⁾

蚖蛇⁴⁶⁾及蝮⁴⁷⁾蠍　　氣毒煙火燃⁴⁸⁾

念彼觀音力　尋聲自迴去
雲雷鼓掣電[49]　降雹澍[50]大雨
念彼觀音力　應時得消散

眾生被困厄　無量苦逼身
觀音妙智力　能救世間苦
具足神通力　廣修智方便
十方諸國土　無刹[51]不現身

種種諸惡趣　地獄鬼畜生
生老病死苦　以漸悉令滅
眞觀[52]清淨觀[53]　廣大智慧觀[54]
悲觀[55]及慈觀[56]　常願常瞻仰

無垢清淨光　慧日破諸闇
能伏災風火　普明照世間
悲體[57]戒雷震　慈意妙大雲
澍甘露法雨　滅除煩惱焰

諍訟經官處　怖畏軍陣中
念彼觀音力　眾怨悉退散

妙音觀世音　　梵音海潮音[58)]
勝彼世間音　　是故須常念

念念勿生疑　　觀世音淨聖
於苦惱死厄　　能爲作依怙[59)]
具一切功德　　慈眼視衆生
福聚海無量　　是故應頂禮

해석

이때에 무진의보살이 게송으로 여쭈었다.

"신묘(神妙)한 상(相)을 구족(具足)하신
부처님이시여!
제가 거듭하여 관음보살님께 여쭈오니
불자(佛子)는 어떤 인연으로 관세음이라 합니까.
신묘(神妙)한 상을 구족하신 세존께서
게송(偈頌)으로 무진의보살에게 대답하시기를
'너는 관음보살의 수행을 들어라!
곳곳마다 알맞게 응하여 나타나며,

커다란 소원은 바다같이 깊으니

헤아릴 수 없는 겁(劫)을 지나면서
천억(千億)의 부처님을 모시는 동안
위대하고 청정한 서원을 세웠다.
내가 그대를 위하여 간략(簡略)하게 말할 것이니
이름을 듣거나 친견(親見)하거나
마음과 생각함이 정지하지 않고 지나가면
모든 고통을 없앨 수 있으리라.

만약 해치려는 사람에게 떠밀려
큰 불구덩이에 떨어진다 하여도
관음보살(觀音菩薩)을 염송(念誦)하는 그 힘으로
불구덩이는 변화(變化)하여 연못을 이루리라.
만약 큰 바다에 표류(漂流)되어
용(龍)과 물고기, 귀신(鬼神)을 만나도
관음보살을 염송하는 그 힘으로
파도(波濤)도 삼킬 수가 없게 된다.

혹은 수미산(須彌山) 봉우리에서
사람들에 떠밀려 떨어진다 해도
관음보살을 염송하는 그 힘으로
허공에 머무는 태양과 같이 된다.

혹 악인(惡人)에게 쫓기어
금강위산(金剛圍山)에 떨어진다고 하여도
관음보살을 염송하는 그 힘으로
터럭 끝 하나도 손상(損傷)이 없다.

원수(怨讎)나 도적(盜賊)들이 둘러싸고서
제각기 칼을 들고 해치려고 해도
관음보살을 염송하는 힘으로
모두가 자비심(慈悲心)을 일으킨다.
혹 아주 국난(國難)으로 고통(苦痛)을 만나거나
형벌(刑罰)로 죽게 되더라도
관음보살을 염송한 그 힘으로
칼도 산산조각 끊어진다.

혹 감옥(監獄)에 갇혀서
수족(手足)이 형틀에 묶였다 해도
관음보살을 염송하는 그 힘으로
감옥을 벗어나 해탈(解脫)을 얻으리라.
저주(咀呪)와 여러 가지 독약(毒藥)으로
자신을 해치려고 할 때에도
관음보살을 염송하는 그 힘으로

해치려는 사람에게 화(禍)가 돌아간다.

어쩌다 악한 나찰(羅刹)이나
독룡(毒龍)이나 아귀(餓鬼) 등을 만나더라도
관음보살을 염송하는 그 힘으로
감히 해치지 못하리라.
만약 사나운 짐승에 들러싸여
사나운 이빨과 발톱이 무섭다고 하여도
관음보살을 염송하는 그 힘으로
사방(四方)으로 뿔뿔이 흩어져 달아나리.

살모사나 독사(毒蛇), 독충(毒蟲)들이
불꽃같은 독기(毒氣)를 뿜을 지라도
관음보살을 염송하는 그 힘으로
소리따라 저절로 달아나리.
먹구름에 천둥일고 번개를 치며
우박이 쏟아지고 큰 비를 퍼부어도
관음보살을 염송하는 그 힘으로
바로 구름 걷히고 활짝 개이리.

중생들이 곤액(困厄)을 입어

무량한 고통(苦痛)을 받을지라도
관음보살을 염송하는 그 힘으로
세간(世間)의 고통을 벗어나리.
신통력(神通力)을 구족(具足)하고
널리 지혜의 방편(方便)을 수습(修習)하여
시방(十方)의 여러 국토에
불사(佛寺)가 없으면 몸을 나타내지 않으며,

갖가지 나쁜 곳의 여러 중생들
지옥(地獄)과 아귀(餓鬼)와 축생(畜生)들의
생(生)·노(老)·병(病)·사(死)의 고통(苦痛)을
점차로 모두 없애주신다.
진공관(眞空觀)이며 청정관(淸淨觀)이며,
넓고 큰 지혜(智慧觀)이며,
비관(悲觀)이며 자관(慈觀)이시니
항상 원하고 우러르며,

티없이 거룩한 청정(淸淨)한 광명(光明),
지혜의 태양으로 모든 어둠을 깨뜨리며,
능히 재앙(災殃)을 이겨내어
널리 밝게 세간(世間)을 비춘다.

자비(慈悲)로운 몸에 계행(戒行)은 우레와 같고
자애(慈愛)로운 마음은 큰 구름이라.
감로(甘露)의 법우(法雨)를 뿌려서
번뇌의 타는 불꽃 꺼버리신다.

소송(訴訟)으로 관청(官廳)에 가거나
두려운 군대(軍隊) 속에 있을지라도
관음보살을 염송하는 그 힘으로
모든 원수(怨讐) 모든 원한(怨恨) 흩어지리라.
묘음보살(妙音菩薩)과 관음보살(觀音菩薩)과
범음(梵音)과 해조음(海潮音),
세간의 소리보다 나은 것이므로
항상 염송하여라.

한 순간도 의심(疑心)하지 말고
관음보살의 청정(淸淨)한 성인(聖人)을
고통과 죽음과 액운(厄運)들에서
중생들이 믿고 의지할 것이라.
일체 공덕(功德)을 고루 갖추고
자애(慈愛)로운 눈으로 중생을 살피며
그 복덕(福德) 바다 무량(無量)하므로

당연히 받들어 예를 갖추어라.'"

(4) 관세음보살보문품의 중요한 작용을 소개(紹介)한다.

原文

爾時持地菩薩[60]卽從座起 前白佛言 世尊 若有
衆生 聞是觀世音菩薩品自在之業[61] 普門示現神
通力者 當知是人功德不少
佛說是普門品時 衆中八萬四千衆生 皆發無等
等[62]阿耨多羅三藐三菩提心

해석

그때에 지지보살(持地菩薩)이 자리에서 일어나 부처님 앞
에 나아가 여쭈었다.

"세존이시여! 만약 어떤 중생이 이 관세음보살보문품의
자재(自在)한 업(業)과 보문(普門)으로 시현(示現)하는 신통력
(神通力)을 듣는다면 당연히 그 사람의 공덕(功德)은 적지 않
겠습니다."

부처님께서 이 보문품을 설법하실 때에 대중 8만4천 중
생들이 모두 비할 바가 없이 평등한 아뇩다라삼먁삼보리
심을 드러내었다.

1) 落迦大士: 낙가산의 대사. 관음보살을 말한다.
2) 二十四無畏功德: 불보살이 가지고 있는 두려움이 없는 것을 말하는데, 여기서는 24종으로, 관음보살이 갖추고 있는 것을 말한다.
3) 半夜: 한밤중.
4) 無盡意菩薩(Akṣayamati): 현겁(賢劫時代)의 중요한 보살의 하나이다.
5) 偏袒右肩: 오른쪽 어깨를 드러내는 것으로, 존장자(尊長者)에 대한 예법(禮法)의 하나이다.
6) 觀世音菩薩(Avalokiteśvara): 일체중생의 온갖 소리를 모두 자유 자재롭게 관찰하고, 천개의 눈과 천개의 손으로 모든 중생을 고통에서 구제해 주는 보살. 관자재(觀自在) 보살 또는 줄여서 관음보살이라고 한다.
7) 設: 가설(假說)하는 것을 말한다.
8) 黑風(kālikāvāta): 폭풍(暴風), 광풍(狂風)을 말한다.
9) 舫: 선실이 있는 배를 말한다.
10) 羅刹鬼國: 악귀(惡鬼)가 있는 나라.
11) 尋: 불구(不久)를 말한다.
12) 段段壞: 산산조각 나는 것을 말한다.
13) 杻械: 수고각료(手銬脚鐐)로, 손에는 쇠고랑이고 발에는 족쇄(足鎖)이다.
14) 枷鎖: 목가(木枷)와 철쇄(鐵鎖)이다. 고대 형구(刑具)이다.
15) 檢繫: 구속하려고 가두어 두는 것을 말한다.
16) 怨賊: 여기서는 강도(强盜)를 말한다.
17) 齎: 휴대(携帶)함을 말한다.
18) 巍巍: 매우 높은 것이나 거대(巨大)한 것을 말한다.
19) 有相: 아름다운 모양을 말한다.
20) 宿: 평소(平素)를 말한다.
21) 唐捐: 헛된 것을 말한다. 당(唐)은 헛된 것이며 연(捐)은 포기(暴棄)함이다.
22) 盡形: 일생을 다하여.
23) 一時: 잠시.
24) 是二人: 62억 항하사 모래 수와 같은 보살의 이름을 수지한 사람과 관세음보살의 이름을 수지한 사람을 말한다.
25) 正等: 바로 같다는 것을 말한다.
26) 現: 변화하여 나타난 것을 말한다.
27) 執金剛身(Vajradhara): 불교를 보호(保護)하는 신이다. 금강신(金剛神),

금강수(金剛手), 금강역사(金剛力士)라고도 한다.

28) 施無畏者(abhayaṃdada): 안온(安穩)하여 두려움이 없다는 의미이다.

29) 仁者: 관세음보살에 대한 존칭(尊稱)이다.

30) 法施: 사람들에게 불법(佛法)을 전하는 것을 말한다. 재시(財施), 무외시(無畏施)와 더불어 삼시(三施)라고 한다.

31) 妙相(citradhvaja): 신묘(神妙)한 상(相).

32) 彼: 관음보살을 말한다.

33) 佛子: 관음보살을 말한다.

34) 具足妙相尊: 각종 기이(奇異)한 모양을 구비(具備)하신 세존.

35) 應: 중생(衆生)이 구하는 것에 따라 중생을 구도(救度)하는 것을 말한다.

36) 諸方所: 각처(各處).

37) 不空過: 정지(停止)함이 없이 지나가는 것.

38) 興: 생산(生産)을 말한다.

39) 虛空住: 허공에 정류(停留)해 있는 것을 말한다.

40) 金剛山: 금강위산(金剛圍山), 금강륜산(金剛輪山)을 말한다.

41) 王難: 국난(國難)을 말한다.

42) 釋然: 해탈(解脫)을 획득(獲得)한 모양을 형용하는 말이다.

43) 毒藥: 독약(毒藥)을 이용하여 남을 해치는 것을 말한다.

44) 著: 더해지는 것을 말한다.

45) 無邊方: 방향(方向)을 잃게 된다는 말이다.

46) 蚖蛇: 독사(毒蛇)의 이름.

47) 蝮: 독사(毒蛇)의 이름.

48) 燃: 소연(燒燃)을 말한다.

49) 掣電: 번갯불을 말한다.

50) 澍: 비를 내리는 것을 말한다.

51) 刹: 불사(佛寺) 또는 불탑(佛塔)을 말한다.

52) 眞觀: 진공관(眞空觀)으로 불교의 진리로 만물을 관찰하고 이해하는 것을 말한다.

53) 淸淨觀: 청정무구(淸淨無垢)한 안광(眼光)으로 만물을 관찰하여 이해하는 것을 말한다.

54) 廣大智慧觀: 견줄 수 없는 고명(高明)한 부처님의 지혜로 만물을 관찰하여 이해하는 것을 말한다.

55) 悲觀: 일체 중생의 고뇌(苦惱)를 발제(拔除)하려는 마음으로 관찰하는

것을 말한다.

56) 慈觀: 일체 중생에게 환락(歡樂)을 주려는 마음으로 관찰하는 것을 말한다. ※ 진관(眞觀), 청정관(淸淨觀), 광대지혜관(廣大智慧觀), 비관(悲觀), 자관(慈觀)을 오관(五觀)이라고 한다. 관(觀)은 관찰(觀察)의 뜻이다.

57) 悲體: 신심(身心)에 충만(充滿)한 자비(慈悲)의 감정을 말한다.

58) 梵音海潮音: 관세음보살이 설법(說法)한 음성(音聲)이 해조(海潮)의 음성과 같아 깊고도 진실(眞實)된 것을 말한다.

59) 依怙: 의지하다, 기대다의 뜻이다.

60) 持地菩薩(Dharaṇiṃdhara): 대지(大地)를 지지(支持)하다는 뜻이다.

61) 自在之業: 관세음보살이 자유롭고 무애(無礙)한 지위에서 중생을 고르게 구제(救濟)하는 것을 말한다.

62) 無等等(asamasama): 비견(比肩)할 것이 없이 수승(殊勝)하다는 말이다.

다라니품 제이십육(陀羅尼品第二十六)

原文

前品從妙而圓 旣備成德 然無以守衛[1] 恐魔事
或作妄沮成功 故二聖二天十神說陀羅尼呪 誓
以驅辟魔障消除衰患[2] 故名陀羅尼品 而爲弘護
流通也 然成德之行旣妙而圓 烏有魔事耶 楞嚴
曰 本覺妙明昧爲頑空[3] 一切魔鬼皆依空昧 明能
破暗 故一人發眞彼皆消殞[4] 況彼群邪戀此塵勞
恐其隳裂[5] 於三昧時僉來惱亂 是爲奢摩他中微
細魔事 故須防衛 玆實流通之助也 陀羅尼此云
總持 卽念慧妙力諸佛密語 有一字多字無字之
異 能以一字總無量法持無量義 摧邪立正殄惡
生善 皆能總而持之之謂也 其體名陀羅尼 其用
名呪 呪祝也 以是法而祝之 使從所祈也 呪或諸

佛密語 出於心術妙用冥加之功 不可得而思議
或鬼神王名 呼其王則妖魅鼠伏[6] 以密語神名不
應翻譯 故或謂之眞言

해석

　관세음보살보문품(觀世音菩薩普門品)은 미묘함을 따라서
원만(圓滿)해지는 것이며, 덕을 성취함을 구비(具備)하였지
만 지키지 않으면 마사(魔事)와 혹 망령되이 성공(成功)을
저지할까 두려워 두 성인(聖人)·두 천인(天人)·십신(十神)
이 다라니를 설법하여 마장(魔障)을 몰아내고 쇠환(衰患)을
없애려하므로 다라니품(陀羅尼品)이라 하여 널리 수호(守護)
하고 유통함이다. 그리고 공덕(功德)을 성취한 수행이 이미
미묘하고 원만하면 어찌 마사(魔事)가 있을 것이냐? 능엄경
에 말하기를 "본각(本覺)이 신묘하고 명철(明徹)하지만 어리
석어서 완공(頑空)에 빠지면 일체 그릇된 생각이 공(空)의
그릇됨에 의지하는 것이니 명철(明徹)함으로 암매(暗昧)함
을 없애야만 한다."고 하였다. 그러므로 방위(防衛)하고 한
사람이라도 진실(眞實)을 드러내어 저 모든 것을 없애야만
한다. 하물며 저 사악(邪惡)한 무리들이 이런 진로(塵勞)를
연모하여 무너뜨리는 것을 두려워하면 삼매(三昧)에 있을
때에 뇌란(惱亂)이 따르게 되는데, 이는 사마타(奢摩他)에서

미세한 마사이다. 그러므로 방위(防衛)하여야 진실을 유통하는데 도움이 된다. 다라니는 총지(總持)이며 지혜의 미묘한 능력과 모든 부처님의 비밀스러운 말을 생각하는데, 한 글자와 여러 글자가 없는 것이 다르니 한 글자로 무량(無量)한 법과 무량한 뜻을 총지(總持)한다. 삿된 것을 무너뜨려 정의(正義)를 세우고 그릇된 것을 끊고 올바른 것을 일으켜 모두 총지하는 것을 말한다. 그 본체는 다라니이지만 작용은 주문이라고 하고 주(呪)는 축원(祝願)함이다. 이 법으로 축원하여 기도(祈禱)하는 것이다. 주문은 모든 부처님의 비밀스러운 말이며, 심술(心術)의 신묘한 작용에서 나와 암암리에 공덕(功德)을 더하여 그 작용이 불가사의(不可思議)하며, 혹 귀신 왕의 이름이기도 하여 그 왕을 부르면 요매(妖魅)도 항복하는데 비밀스러운 말은 신의 이름으로 번역하지 못하므로 진언(眞言)이라고도 한다.

原文

讚曰 大乘微妙之法 豈有魔障 本覺空昧之上
恐生瑕點[7] 是故我調御 宣此經之功德 諸大士說
神呪以守護 二天隨以擁衛[8] 十神繼而依歸 偉哉
摠持之神力 一字包含乎妙義 一切妖魔竄伏[9] 一
乘妙法愈久 爲什麼如此 金剛寶劍倚天寒[10] 外

道邪魔且腦裂 頌曰

妙法本無名與相　　空中誰敢露全機
一聲心印流通處　　直破天魔外道歸

해석

기리며 말하였다.

대승의 미묘한 법은 어찌 마장(魔障)이리요? 본각(本覺)은 공매(空昧)에 있으나 두려운 것은 옥에 티가 생기는 것이다. 그러므로 우리 조어장부(調御丈夫)께서는 이 경전의 공덕을 선양(宣揚)하시고 모든 대사(大士)들이 신주(神呪)로 수호(守護)하게 하셨다. 이천(二天)이 수순(隨順)하게 호위(護衛)하였으며 십신(十神)은 이어서 귀의(歸依)하였다. 위대하구나! 총지(摠持)의 신력(神力)이 한 글자에 포함되는 신묘한 의의(意義)에 일체의 요사(妖邪)스러운 마귀(魔鬼)도 숨어버렸다. 일승의 미묘한 법은 더욱 오래되니 무엇이 이와 같은가?

금강보검(金剛寶劍)은 날카롭게 세워지니

외도(外道)와 사마(邪魔)의 머리가 깨어졌다.

게송으로 말하기를

미묘한 법은 본래 명상(名相)이 없는데
공(空)에서 누가 감히
전체 기미(機微)를 드러내느냐?
외마디 소리인 심인(心印)이 유통하는 곳에는
바로 천마(天魔)와 외도(外道)를 부수어 돌려보낸다.

⑴ 약왕보살(若王菩薩)이 법화경을 수지(受持)한 법사(法師)를
보호하여 다른 사람에게 가르치게 하는 주문이다.

原文

爾時 藥王菩薩卽從座起 偏袒右肩 合掌向佛
而白佛言 世尊 若善男子 善女人 有能受持法華
經者 若讀誦通利 若書寫經卷 得幾所福

佛告藥王 若有善男子 善女人 供養八百萬億
那由他恒河沙等諸佛 於汝意云何 其所得福
寧[11]爲多不

甚多 世尊

佛言 若善男子 善女人 能於是經 乃至受持
一四句偈 讀誦 解義 如說修行 功德甚多

爾時藥王菩薩白佛言 世尊 我今當與說法者陀
羅尼呪[12] 以守護之 卽說呪曰

安爾 曼爾 摩禰 摩摩禰 旨隷 遮梨第 賖
咩(羊鳴音) 賖履(岡雉反) 多瑋 羶(輸千反) 帝 目
帝 目多履 娑履 阿瑋娑履 桑履 娑履 叉
裔 阿叉裔 阿耆膩 羶帝 賖履 陀羅尼 阿
盧伽婆娑(蘇奈反) 簸蔗毘叉膩 禰毘剃 阿

便哆([21]都餓反) 邏禰履剃 阿亶哆波隸輸

地(途賣反) 漚究隸 牟究隸 阿羅隸 波羅隸

首迦差(初几反) 阿三磨三履 佛馱毘吉利

[29]裛帝 達磨波利差(猜離反)帝 僧伽涅瞿

沙禰 婆舍婆舍輸地 曼哆邏 曼哆邏叉夜

多 [30]郵樓哆 郵樓哆憍舍略(來加反) 惡叉

邏 惡叉冶多冶 阿婆盧 阿摩若([34]荏蔗反)

那多夜

世尊 是陀羅尼神咒 六十二億恒河沙等諸佛所
說 若有侵毀此法師者 則爲侵毀是諸佛已[13]
時釋迦牟尼佛讚藥王菩薩言 善哉 善哉 藥王
汝愍念擁護此法師故 說是陀羅尼 於諸眾生 多
所饒益

해석

이때 약왕보살이 자리에서 일어나 오른쪽 어깨를 드러내고 부처님을 향하여 합장(合掌)하고 여쭈었다.

"세존이시여! 만약 선남자와 선여인이 법화경(法華經)을 수지(受持)하고 독송(讀誦)하여 통달(通達)한 이익(利益)과 경전(經典)을 서사(書寫)하면 얼마의 복덕(福德)을 얻습니까?"

부처님께서 약왕보살에게 말씀하셨다.

"만약 어떤 선남자·선여인 8만억 나유타 항하사와 같은 모든 부처님에게 공양한다면, 네 생각은 어떠냐? 그 사람이 얻은 복덕은 어찌 많지 않겠느냐?"

"매우 많습니다. 세존이시여!"

부처님께서 말씀하셨다.

"만약 선남자·선여인이 이 경전에서 하나의 사구게(四句偈)를 수지(受持)하고 독송(讀誦)하며 뜻을 이해(理解)하고 말한 바와 같이 수행(修行)하면 공덕(功德)이 매우 많습니다."

이때에 약왕보살이 부처님께 여쭈었다.

"세존이시여! 제가 이제 설법하는 사람에게 다라니주를 주어 수호하겠습니다." 바로 주문을 말하기를,

다라니 원문

Anye manye mane mamane citte carite same samitā viśānte mukte muktatame same av ṣame samasame [jaye] kṣaye akṣaye akṣiṇe śānte samite dhāraṇi ālokabhāṣe pratyavekṣaṇi nidhiru abhyantaraniviṣṭe abhyantarapāriśuddhi mutkule mutkule araḍe paraḍe sukāṅkṣi asamasame buddhavilokite dharmaparīkṣite saṃghanirghoṣaṇi [nirghoṇi] bhayābhayaviśodhani mantre mantrākṣayate rute rutakauśalye akṣaye akṣayavanatāye 〔vakkule〕 valoḍa amanyanatāye svāhā.

아니 마니 마네 마마네 지레 지리제 샤마 샤리 다 위 션 제 목제 목다리 사리 야위사리 상리 사리 사예 약사예 아기니 션뎨 샤리 다라니 아로가바 사 바쟈비사니 약사예 아기니 션뎨 샤리 다라니 아로가바사 비쟈미사니 녜비뎨 아변다 라녜리뎨 아단다바례슈디 구구례 모구례 아라례 파라례 슈 가차 아삼마삼리 붇다비길리질뎨 담마바리차 뎨 싱가열구사녜 바사바사슈디만다라 만다라사야다 우루다 우루다교샤락 익사라 악사야다야 아바로 아미야 나다야

다라니 해석

奇異 所思 意念 無意 永久 所行奉修 寂
然 澹泊 志默 解脫 濟度 平等 無邪 安和
普平 滅盡 無盡 莫脫 有所依倚 恃怙于內
究竟清淨 無有坑坎 亦無有高下 無有回
旋 所周旋處 其目清淨 等無所等 覺已超

度 而察于法 合衆無音 所說鮮明 具足
而懷止足 盡除節限 宣揚音響 曉了衆聲
而了文字 無有窮盡 永無勢力無所思念

기이(奇異)하구나! 생각하는 바와 의념(意念)이 뜻
하지 않았는데도 영구(永久)히 실천(實踐)하고자 하
면서 받들어 수행(修行)하는 것은 적연(寂然)하고
담박(澹泊)하며, 뜻은 묵연(默然)히 해탈(解脫)하고
제도(濟度)하여 평등(平等)하고 무사(無邪)하며, 안
화(安和)하고 보평(普平)하며, 멸진(滅盡)하는 게 끝
이 없어 벗어나기 어렵지만, 안으로 의지하고 믿
는 바가 있으니 구경(究竟)에 청정(清淨)함이며, 구
덩이가 있을 수 없고 고하(高下)가 있을 수 없으
며, 선회(旋回)하는 것도 없고 주선(周旋)되는 곳에
서 그 안목(眼目)이 청정(清淨)하여 같지 않으면서
도 같고 자기를 깨달아 제도(濟度)함도 넘어섰으니
법에서 관찰(觀察)하면 중생(衆生)과 회합(會合)하여
도 소리가 없으며, 말하는 바가 선명(鮮明)하게 구
족(具足)하여 지족(止足)함을 품었구나. 절한(節限)도
다하고 음성을 선양(宣揚)하여 중생의 소리를 깨닫
고 문자를 깨달으니 궁진(窮盡)이 있을 수 없고 영원

히 세력(勢力)도 없고 사념(思念)하는 바도 없다네.

"세존이시여! 이 다라니 신주(神呪)는 62억 항하(恒河)의 모래 같은 부처님께서 설법하신 것으로 만약 누구든지 이 법사(法師)를 침해(侵害)하거나 훼괴(毀壞)하는 사람이 있으면 바로 모든 부처님을 침해하고 훼괴하는 것입니다.

이때에 석가모니 부처님께서 약왕보살을 찬탄(讚歎)하며 말씀하셨다.

"옳지! 옳지! 약왕보살아! 네가 이 법사(法師)를 어여삐 여기고 옹호(擁護)하려는 까닭에 이 다라니를 설법(說法)하여 많은 중생을 더욱 요익(饒益)되게 하는구나."

⑵ 용시보살(勇施菩薩)이 법화경을 수지하는 법사(法師)를 보호하여 다른 사람에게 가르치게 하는 주문이다.

原文

爾時勇施菩薩[14]白佛言 世尊 我亦爲擁護讀誦
受持法華經者 說陀羅尼 若此法師得是陀羅尼
若夜叉 若羅刹 若富單那[15] 若吉遮[16] 若鳩槃茶[17]
若餓鬼等 伺求其短 無能得便[18] 卽於佛前而說
呪曰

痤⟮誓螺反⟯隷摩訶痤隷郁枳目枳⟮四⟯阿隷阿
羅婆第涅隷第涅隷多婆第伊緻⟮猪履反⟯柅
⟮女氏反⟯韋緻柅旨緻柅涅隷墀柅涅犁墀婆
底

世尊 是陀羅尼神呪 恒河沙等諸佛所說 亦皆
隨喜 若有侵毀此法師者 則爲侵毀是諸佛已

해석

이때에 용시보살이 부처님께 여쭈었다.

"세존이시여! 저도 역시 법화경을 옹호하고 독송(讀誦)하
며 수지하는 사람에게 다라니를 말할 것입니다. 만약 이
법사가 이 다라니를 들으면 야차(夜叉)·나찰(羅刹)·부단
나(富單那)·길자(吉蔗)·구반다(鳩槃茶)·아귀 등이 그의 허
물을 찾아내려고 하더라도 얻지 못할 것입니다."

바로 부처님 앞에 나아가 주문을 말하였다.

다라니 원문

Jvale mahājvale ukke [tukke] mukke aḍe aḍāvati nṛtye
nṛtyāvati iṭṭini viṭṭini ciṭṭini nṛtyani nṛtyāvati svāhā.

자례 마하자례 욱기 목기 아례 아라바뎨 녜례뎨 데례
다바뎨 이지니 위지니 지다니 열례뎨니 열례뎨바디

다라니 해석

晃耀的 大智 光明 幷照時 順次降臨 富
足 悅喜 欣然 住止 起居 永住 將不會合
同 趨近將不會合同 或趨近蒙昧

황요(晃耀)한 위대한 지혜(智慧)와 광명(光明)이 함께
비출 때에 순차적(順次的)으로 강림(降臨)하여 부족
(富足)하여 희열(喜悅)하고 흔연(欣然)하게 주지(住止)
하며, 기거(起居)하며 영원히 머무는데, 장차 합동(合
同)함에 회합(會合)하지 않으면 장차 합동하지 않는
데 가까이 가거나 혹 몽매(蒙昧)함에 가까이 추향(趨
向)하는 것이다.

"세존이시여! 이 다라니 신주(神呪)는 항하의 모래 수와
같은 여러 부처님께서 설법하신 것이며, 또한 모두가 수순
(隨順)하며 기뻐하였으니 만약 이 법사(法師)를 침해(侵害)하
고 훼괴(毁壞)하면, 바로 이 여래 부처님을 침해하고 훼괴
하는 것이 됩니다."

⑶ 비사문천자(毘沙門天子)가 법화경을 수지하는 법사를 보호(保護)하여 다른 사람에게 가르치게 하는 주문이다.

原文

爾時毘沙門天王[19]護世者白佛言 世尊 我亦爲
愍念衆生 擁護此法師故 說是陀羅尼 卽說呪曰

阿梨那梨㝹那梨阿那盧那履拘那履

世尊 以是神呪擁護法師 我亦自當擁護持是經
者 令百由旬[20]内無諸衰患[21]

해석

이때에 비사문천자 호세자가 부처님께 여쭈었다.
"세존이시여! 저도 중생을 어여삐 여겨 이 법사를 옹호하려는 까닭에 이 다라니를 말합니다."
바로 주문으로 말하였다.

다라니 원문

　Aṭṭe [taṭṭe] naṭṭe vanaṭṭe anaḍe nāḍi kunaḍi svāhā.

아리 나리 노나리 아나로 나리 구나리

다라니 해석

富有 調戲 無戲 無量 無富 何富

부유함에 조희(調戲)가 있음이니 놀이가 없고 헤
아림이 없으면 부유하지 않음이니 어찌 부유하다
고 하는가?

"세존이시여! 이 신주로 법사를 옹호하고 저도 당연
히 이 경전을 옹호하여 수지하고는 100유순(由旬) 안
에 모든 쇠락(衰落)함과 환난(患難)을 없애겠습니다."

(4) 지국천왕(持國天王)이 법화경을 수지한 법사를 보호하려
고 다른 사람들에게 가르치게 하는 주문이다.

原文

爾時持國天王[22] 在此會中 與千萬億那由他乾
闥婆衆 恭敬圍繞 前詣佛所 合掌白佛言 世尊
我亦以陀羅尼神呪 擁護持法華經者 即說呪曰

阿伽禰伽禰瞿利乾陀利旃陀利摩蹬耆常求利
浮樓莎柅頞底

世尊 是陀羅尼神呪 四十二億諸佛所說 若有
侵毀此法師者 則爲侵毀是諸佛已

해석

이때에 지국천왕이 이 법회에서 천만 억 나유타 건달바
무리들과 함께 공경하고 위요하며 부처님 처소로 나아가
합장하고 부처님께 여쭈었다. "세존이시여! 저도 역시 다
라니 신주로 법화경을 수지한 사람을 옹호하겠습니다." 바
로 주문으로 말하기를

다라니 원문

Agaṇe gaṇe gauri gandhāri caṇḍali mātaṅgi pukkasi
saṃkule vrūsali sisi svāhā.

아가네 가네 구리 건다리 전다리 마등기 상구리
부루쇄니 아디

다라니 해석

無數 有數 暴惡 持香 曜黑 凶呪 大體 依
序宣說 暴言至有

셀 수 없고 셀 수 있는 포악함은 향을 지니고 별
빛으로 흉악한 것을 멸망하고 대체적으로 선설(宣
說)에 의지하여 폭언(暴言)이 그치게 하겠습니다.

"세존이시여! 이 다라니 신주(神呪)는 42억 모든 부처님이
설법(說法)한 것이니 만약 이 법사를 침해하고 훼괴(毀壞)한
다면 바로 모든 부처님을 침해하고 훼괴하는 것입니다."

⑸ 10명의 나찰녀(羅刹女)가 법화경을 수지(受持)한 법사를
   보호하고 다른 사람에게 가르쳐주는 신주(神呪)이다.

原文

爾時有羅刹女[23] 等 一名藍婆[24] 二名毘藍婆[25]
三名曲齒[26] 四名華齒[27] 五名黑齒[28] 六名多髮[29]
七名無厭足[30] 八名持瓔珞[31] 九名睪帝[32] 十名奪
一切衆生精氣[33] 是十羅刹女 與鬼子母[34] 幷其子
及眷屬 俱詣佛所 同聲白佛言 世尊 我等亦欲擁

護讀誦受持法華經者 除其衰患 若有伺求法師
短者 令不得便 卽於佛前 而說呪曰

伊提履伊提泯伊提履阿提履伊提履泥履
泥履泥履泥履泥履樓醯樓醯樓醯樓醯多
醯多醯多醯兜醯[㲞]醯

寧上我頭上 莫惱於法師 若夜叉 若羅刹 若餓
鬼[35] 若富單那 若吉遮 若毘陀羅[36] 若犍馱[37] 若
烏摩勒伽[38] 若阿跋摩羅[39] 若夜叉吉遮[40] 若人吉
遮[41] 若熱病若一日 若二日 若三日 若四日乃至
七日 若常熱病 若男形 若女形 若童男形 若童
女形 乃至夢中 亦復莫惱 卽於佛前 而說偈言

若不順我呪	惱亂說法者
頭破作七分	如阿梨樹枝[42]
如殺父母罪	亦如壓油殃[43]
斗秤欺誑人[44]	調達破僧罪[45]
犯此法師者	當獲如是殃

諸羅刹女說此偈已 白佛言 世尊 我等亦當身

自擁護受持 讀誦 修行是經者 令得安隱 離諸衰
患 消衆毒藥

　佛告諸羅刹女 善哉 善哉 汝等但能擁護受持
法華名者 福不可量 何況擁護具足受持 供養經
卷 華 香 瓔珞 末香 塗香 燒香 幡蓋 伎樂 燃種
種燈 酥燈 油燈 諸香油燈 蘇摩那華⁴⁶⁾油燈 瞻蔔
華油燈⁴⁷⁾ 婆師迦華油燈⁴⁸⁾ 優鉢羅華油燈⁴⁹⁾ 如是
等百千種供養者 皐帝 汝等及眷屬 應當擁護如
是法師

　說是陀羅尼品時 六萬八千人 得無生法忍

해석

　이때에 나찰녀(羅刹女)들이 있었으니 이름은 남바(藍婆)·
비람파(毘藍婆)·곡치(曲齒)·화치(華齒)·흑치(黑齒)·다발
(多髮)·무염족(無厭足)·지영락(持瓔珞)·고제(皐帝)·탈일
체중생정기(奪一切衆生精氣)였으며, 귀자모(鬼子母)와 함께
그들의 자식과 권속(眷屬)들과 함께 부처님 처소에 참례(參
禮)하고는 같은 목소리로 부처님께 말하였다.

　"세존이시여! 저희들도 법화경을 독송(讀誦)하고 수지한
사람들을 위하여 옹호(擁護)하며, 그 쇠락(衰落)함과 환난(患
難)을 없애겠습니다. 만약 어떤 사람이 법사의 허물을 찾고

자 한다면 기회를 주지 않겠습니다."

바로 부처님 앞에서 주문을 말하였다.

다라니 원문

Iti me iti me iti me iti me iti me, nime nime nime nime nime, ruhe ruhe ruhe ruhe ruhe, stuhe stuhe stuhe stuhe stuhe svāhā.

이제리 이제민 이제리 아제리 이제리 니리 니리 니리 니리 니리 루혜 루혜 루혜 다혜 다혜 다혜 도혜 누혜

다라니 해석

于是 于斯 于是 于民 于是 無我 無我 無
我 無我 無我 已興 已興 已興 已興 已興
已立 已立 已立 亦非 消頭大疾無得加害

여기 저기에서 백성에서 진리에서 무아(無我), 무아! 무아! 무아이며, 이미 흥기(興起)하였고 이미 흥기하였으며, 이미 흥기하였고 이미 흥기 하였으며, 이미 흥기하였으니 이미 성립(成立)되

있고 이미 성립되었으며, 이미 성립되었으니 역
시 그르며 우두머리가 사라졌으니 매우 빨리 가
해(加害)할 수가 없다.

차라리 내 머리 위로 오를지언정 법사를 괴롭히지 못할 것
이다. 야차(夜叉)·아귀(餓鬼)·부단나(富單那)·길차(吉遮)·비다
라(毘陀羅)·건타(犍馱)·오마륵가(烏摩勒伽)·아발마라(阿跋摩
羅)·야차길차(夜叉吉遮)·인길차(人吉遮)·열병으로 하루 이틀
사흘 나흘 내지 이레 동안 앓는 열병이거나 남자의 형상이
나 여자의 형상, 혹은 남자 아이의 형상이나 여자 아이의
형상을 한 악귀들이 꿈속에서라도 괴롭히지 못하게 하겠
습니다."
바로 부처님 앞에서 게송으로 말하였다.

만약 내 주문(呪文)에 순종(順從)하지 않고
설법(說法)하는 사람을 괴롭히면
머리가 일곱 갈래로 쪼개지는데
마치 아리수 나무의 가지와 같으리라.
부모(父母)를 죽인 원수와 같고
기름을 짜는 재앙(災殃)과 같으리라.
말(斗)과 저울눈을 속인 사람과 같이

조달이 화합승을 깨뜨린 것과 같이
법사를 해치는 사람은
당연히 이와 같은 재앙을 받으리라.

모든 나찰녀들이 이 게송을 마치고 부처님께 말하였다.

"세존이시여! 저희들도 역시 당연히 자신이 이 법화경(法華經)을 옹호(擁護)하고 수지(受持)하며, 독송(讀誦)하여 안온(安穩)함을 얻고 모든 쇠락(衰落)과 환난(患難)을 저버리고 모든 독약(毒藥)을 없애겠습니다."

부처님이 모든 나찰녀들에게 말씀하셨다.

"옳지! 옳지! 너희들이 단지 이 법화경을 옹호하고 수지하는 복덕을 헤아릴 게 없거늘 하물며 옹호하고 구족하게 수지하며 공양하기를 꽃·향(香)·영락(瓔珞)·말향(末香)·도향(塗香)·소향(燒香)·번개(幡蓋)·기악(伎樂)으로 하며, 갖가지 등불을 키는데, 소등(酥燈)·유등(油燈)과 갖가지 향유등(香油燈)인 소마나화유등(蘇摩那華油燈)·첨복화유등(瞻蔔華油燈)·바사가화유등(婆師迦華油燈)·우발라화유등(優鉢羅華油燈)과 같은 백 천 가지를 공양하는 것이겠느냐? 고제(皐帝)야! 너희들과 권속등은 당연히 법사를 이처럼 옹호하여라."

이런 다라니를 설법하였을 때에 6만8천 사람들 모두가 무생법인을 증득하였다.

1) 守衛: 지킴, 또는 지키는 사람.

2) 衰患: 쇠퇴(衰頹)하게 하는 환란(患亂).

3) 頑空: 넓고 넓은 우주의 허공을 말하며, 편공(偏空)이라고도 한다. 대승의 제일의공(第一義空)과는 다르다.

4) 消殞: 사라져 없어지는 것을 말한다.

5) 墮裂: 무너져 부서짐.

6) 竄伏: 서복(鼠伏)과 같고 뜻은 쥐처럼 엎드려 항복하는 모습에 비유(非有)함이다.

7) 瑕點: 옥에 티로, 사물의 결점(缺點)을 말한다.

8) 擁衛: 부축하고 호위(護衛)함.

9) 竄伏: 숨음.

10) 天寒: 날씨가 추움.

11) 寧: 어찌 ~하지 않겠느냐? 라는 뜻이다.

12) 陀羅尼呪(dharani-vidyā): 비밀스러운 주문(呪文). 정의를 옹호(擁護)하고 권선징악(勸善懲惡)하는 작용을 가지고 있다.

13) 已: 의(矣)와 같다.

14) 勇施菩薩(Pradānaśura): 보시(布施)하는 용사(勇士)라는 뜻이다.

15) 富單那(pūtana): 냄새가 나는 아귀(餓鬼)이다.

16) 吉遮(kṛtya): 시신(屍身)을 일으키는 귀신이다.

17) 鳩槃茶(kumbhāṇḍa): 비유품(譬喩品) 참조.

18) 伺求其短 無能得便: 편(便)은 편리(便利)한 기회를 말한다. 허물을 찾아내려고 기회를 얻지 못함을 말한다.

19) 毘沙門天王(Vaiśravaṇa): 사천왕(四天王)의 하나이다.

20) 百由旬: 법화경을 수지(受持)한 법사가 있는 곳을 중심으로 사방 천리(千里)를 말한다.

21) 衰患: 사람을 쇠락(衰落)하게 하는 갖가지 재난(災難).

22) 持國天王(Dhrarāṣṭra): 사천왕(四天王)의 하나이다. 동방(東方)을 수호(守護)한다.

23) 羅刹女(rākṣasi): 여자 나찰을 말한다.

24) 藍婆(Lambā): 나찰녀의 이름.

25) 毘藍婆(Vilambā): 나찰녀의 이름.

26) 曲齒(Kūṭadanti): 나찰녀의 이름.

27) 華齒(Puṣpadantī): 나찰녀의 이름.

28) 黑齒(Makutadantī): 나찰녀의 이름.

29) 多髮(Keśini): 나찰녀의 이름.

30) 無厭足(Acalā): 나찰녀의 이름.

31) 持瓔珞(Mālādhāri): 나찰녀의 이름.

32) 睪帝(Kunti): 10명의 나찰 우두머리.

33) 奪一切衆生精氣(Sarvasattvojohāri): 인간의 정기(精氣)를 빨아먹는다.

34) 鬼子母(Hariti): 어린 아이를 수호하는 신이다. 본래 아이들을 잡아먹는 귀신이었으나 부처님께서 그녀의 막내아들을 감추고 교화하신 결과 부처님께 귀의하였다. 소아와 법을 보호하는 신이다.

35) 餓鬼(preta): 탐욕이 많은 자가 사후에 떨어지는 생존상태로서, 육도(六道) 중 하나인 아귀도에 있는 귀신을 말한다.

36) 毘陀羅(vetāḍa): 산스크리트어 vetāḍa를 음사한 말로, 귀(鬼)·기시귀(起屍鬼)라 번역한다. 시체를 일으켜 원한이 있는 사람을 죽이게 한다는 귀신이다.

37) 犍馱(skanḍa): 노랑색 귀신.

38) 烏摩勒伽(omāraka): 검은색 귀신.

39) 阿跋摩羅(apasmāraka): 파랑색 귀신.

40) 夜叉吉遮(yakṣa-kṛtya): 야차의 모습을 하고 송장을 먹는 귀신.

41) 人吉遮(manuṣya-kṛtya): 사람의 모습을 하고 송장을 먹는 귀신.

42) 阿梨樹枝: 아리수(阿梨樹, arjaka) 나무로, 난향(蘭香)이라 번역한다.

43) 如壓油殃: 호마(胡麻)를 압착하여 기름을 짜는 것을 의미하는데, 이렇게 죄악에 대한 형벌이 매우 가혹함을 말한다. 살생에 의한 큰 죄를 의미한다.

44) 斗秤欺誑人: 두(斗)는 승(枡), 칭(秤)은 량(量)이다. 광(誑)은 사람을 기만하는 것이다.

45) 調達破僧罪: 조달(調達)은 제바달다이며, 그는 불교 교단을 분열시킨 극악인이다.

46) 蘇摩那華: 수만나화(須曼那華)로 만든 등을 말한다.

47) 瞻蔔華油燈: 첨복화(瞻蔔華)로 만든 유등.

48) 婆師迦華油燈: 파사가(婆師迦, varsika)로 만든 유등.

49) 優鉢羅華油燈: 청련화로 만든 유등.

묘장엄왕본사품 제이십칠
(妙莊嚴王本事品第二十七)

原文

妙圓之行旣獲弘護 又說轉邪者 弘護所以衛外
轉邪所以正內 外衛內正乃可安於妙圓 而進於
普賢常行故也 天台云 昔四比丘結契山林精持
妙法 以餒乏故一人分衛 見王威仗忽生愛著 壽
終 因是俗念感生爲王 號妙莊嚴 其三友得道欲
救其失 以其邪著非愛緣無能感動 於是一爲端
麗婦 二作聰明兒 托生設化 轉其邪心令歸正覺
以致法華會上爲華德菩薩 今敍其本事 欲使行
人以道自衛 外防見魔內絶惡覺 消息邪緣入佛
知見 故爲轉邪流通 此實諸佛究竟進修最後垂
範也 楞嚴法會將終 說過去佛覺明分析微細魔
事 使行人諸識心垢洗諸魔襯魄 直至菩提無諸

乏少¹⁾ 於大涅槃不生迷悶 其意同此

해석

　미묘(微妙)하고 원만(圓滿)한 수행은 이미 획득(獲得)하여 널리 수호(守護)하고 또 삿된 것을 전변(轉變)하는 것을 말하는 것은 널리 수호하므로 밖으로는 수위(守衛)하고 삿된 것을 전변하는 것은 안을 바르게 함이다. 밖을 수위하고 안을 바르게 하는 것은 바로 미묘하고 원만함에서 안정(安靜)되어 보현보살의 상행(常行)으로 나아가는 것이다. 천태(天台)가 말하기를 "옛날 네 비구가 산 속에서 약속한 묘법을 정성스럽게 간직하고 있었는데 굶주리고 가난한 까닭에 한 사람이 이탈하여 왕의 위엄(威嚴)있는 호위(護衛)를 보고는 갑자기 애착(愛着)하는 마음이 일어나 목숨을 마치고는 속세의 생각으로 인하여 감응(感應)되어 왕이 되었는데 이름이 묘장엄(妙莊嚴)이었다. 그의 세 친구들은 성불(成佛)하고는 그 친구를 구하려고 하였지만 삿된 것에 염착(染著)함으로 사랑하는 인연(因緣)이 아니면 감동을 줄 수 없었다. 이에 한 사람은 아름다운 부인이 되었고 한 사람은 총명(聰明)한 자식으로 태어나서 교화하여 삿된 마음을 전변하여 정각(正覺)에 귀의(歸依)하게 하였으니 법화회상에 이르러 화덕보살(華德菩薩)이다." 여기서 그 본사(本事)를 서술하는 것은 수행하는 사람들이 다시 자신을 수호하고 밖으로는 마사(魔事)가 드러나는 것을 방위(防衛)하고 안으로는 그릇된 깨달음을 단절(斷絶)하여 삿된 인연을 그치고 부처님의 지견(知見)에 증입(證入)하게 하려는 것이다. 그러므로 삿된 것은 전변(轉變)하여 유통(流通)한다고 한다. 이는 참으로 모든 부처님이 구경(究竟)에 수행하여 나갈 최후의 수범(垂範)이다. 능엄법회에서 마지막에 과거 부처님의 깨달음을 설법(說法)하면서 미세한 마사를 분석(分析)하였는데, 이는 수행하는 사람들의 모든 식심(識心)의 번뇌에서 모든 마사의 넋을 없애고 바로 보리의 모든 결함을 없게 하려는 것이며, 위대한 열반에서 미혹(迷惑)함과 번민(煩悶)이 일어나지 않도록 하려는 데에서 그 의도(意圖)는 같다.

原文

讚曰 外雖持呪以弘護 內必轉邪而立正 是則能知妙法 是則能闡一乘 昔有比丘四人 精持妙蓮一部 三人發眞歸源 一人誤落王位 擬欲轉邪立正 權化伊家母兒 得佛三昧變化 同詣法華會上 一朝豁悟前因 自怪枉入塵網 且道轉邪摽格[2] 作麽生道 神膏點出一堂寒 始信從前非外得 頌曰

一乘妙法淨如蓮　　處處回邪駕法船
若非愛緣難出網　　君看二子濟纏綿

해석

기리며 말하였다.

밖으로는 신주(神呪)를 수지(受持)하고 널리 보호하고 안으로는 반드시 사악(邪惡)한 것을 전변(轉變)하여 바르게 하여라. 이게 미묘한 진리를 아는 것이며 일승(一乘)을 천명(闡明)하는 것이다. 옛날에 비구 4명이 있었는데, 묘법연화경을 정진(精進)하고 수지(受持)한 부류 중 한 부류이며, 3인은 진리를 드러내어 근원(根源)에 돌아오고, 한 사람은 잘못하여 왕위(王位)에 떨어졌다. 사악함을 전변하여 옳게 하려고 방편으로 변화하여 그대 집안에 어머니와 아들이라. 부처님의 삼매 변화를 체득(體得)하고는 모두가 법화회상에 참례(參禮)하고 하루아침에 이전 인연을 깨닫고는 스스로 의심하면서 번뇌의 그물 속에 들어와 또 삿된 것을 전변하여 품위(品位)를 표방(標榜)하는 것이 무엇인지를 말해 보아라.

정신이 살찜을 드러내는 한 집안의 싸늘함이여!

비로소 종전(從前)은 밖으로부터 체득하는 게 아님을 믿게 되었다.

게송으로 말하기를,

일승(一乘)의 미묘한 진리는 청정하기가 연꽃과 같고
곳곳에서 삿됨을 전변하여 법선(法船)을 타는구나.
애착(愛着)의 연(緣)이 아니라면
그물을 벗어나기 어려우니
그대는 두 아들을 보고 얽힌 실을 가지런히 하여라.

(1) 국왕 묘장엄(妙莊嚴)이 부인과 아들의 계발(啓發)과 도움 아래에서 외도(外道) 사견(邪見)을 물리치고 끝내 불교에 귀의(歸依)하는 경과를 말하고 있다.

原文

爾時佛告諸大衆 乃往古世³⁾ 過無量無邊不可思議阿僧祇劫 有佛名雲雷音宿王華智⁴⁾多陀阿伽度⁵⁾ 阿羅訶⁶⁾ 三藐三佛陀⁷⁾ 國名光明莊嚴⁸⁾ 劫名憙見⁹⁾ 彼佛法¹⁰⁾中有王 名妙莊嚴¹¹⁾ 其王夫人名曰淨德¹²⁾ 有二子 一名淨藏¹³⁾ 二名淨眼¹⁴⁾ 是二子有大神力 福德智慧 久修菩薩所行之道 所謂檀波羅蜜¹⁵⁾ 尸羅波羅蜜¹⁶⁾ 羼提波羅蜜¹⁷⁾ 毘梨耶波羅蜜¹⁸⁾ 禪波羅蜜¹⁹⁾ 般若波羅蜜²⁰⁾ 方便波羅蜜²¹⁾ 慈悲喜捨²²⁾ 乃至三十七品助道法²³⁾皆悉明了通達 又得菩薩淨三昧²⁴⁾ 日星宿三昧²⁵⁾ 淨光三昧²⁶⁾ 淨色三昧²⁷⁾ 淨照明三昧²⁸⁾ 長莊嚴三昧²⁹⁾ 大威德藏三昧³⁰⁾ 於此三昧亦悉通達

爾時彼佛欲引導妙莊嚴王 及愍念衆生故 說是法華經 時淨藏 淨眼二子到其母所 合十指爪掌白言 願母往詣雲雷音宿王華智佛所 我等亦當侍從 親近 供養 禮拜 所以者何 此佛於一切天

人衆中說法華經 宜應聽受 母告子言 汝父信受
外道 深著³¹⁾婆羅門法³²⁾ 汝等應往白父 與共俱去
淨藏 淨眼合十指爪掌白母 我等是法王子 而生
此邪見³³⁾家 母告子言 汝等當憂念汝父 爲現神
變 若得見者 心必淸淨 或³⁴⁾聽我等 往至佛所
於是二子念其父故 踊在虛空 高七多羅樹 現種
種神變 於虛空中行住坐臥 身上出水 身下出火
身下出水 身上出火 或現大身滿虛空中 而復現
小 小復現大 於空中滅 忽然在地 入地如水 履
水如地 現如是等種種神變 令其父王心淨信解
時父見子神力如是 心大歡喜 得未曾有 合掌向
子言 汝等 師爲是誰 誰之弟子 二子白言 大王
彼雲雷音宿王華智佛 今在七寶菩提樹下法座
上坐 於一切世間天人衆中廣說法華經 是我等
師 我是弟子 父語子言 我今亦欲見汝等師 可
共俱往 於是二子從空中下 到其母所 合掌白母
父王今已信解 堪任發阿耨多羅三藐三菩提心
我等爲父已作佛事³⁵⁾ 願母見聽³⁶⁾ 於彼佛所出家
修道

　爾時二子欲重宣其意 以偈白母

願母放我等　　出家作沙門
諸佛甚難値　　我等隨佛學
如優曇鉢羅　　値佛復難是
脫諸難亦難　　願聽我出家

母卽告言 聽汝出家 所以者何 佛難値故
於是二子白父母言 善哉 父母 願時往詣雲雷
音宿王華智佛所 親近供養 所以者何 佛難得値
如優曇鉢羅華 又如一眼之龜 値浮木孔³⁷⁾ 而我
等宿福深厚 生値佛法 是故父母當聽我等 令得
出家 所以者何 諸佛難値 時亦難遇
彼時妙莊嚴王後宮八萬四千人 皆悉堪任受持
是法華經 淨眼菩薩 於法華三昧 久已通達 淨藏
菩薩 已於無量百千萬億劫通達離諸惡趣三昧³⁸⁾
欲令一切衆生離諸惡趣故 其王夫人 得諸佛集
三昧³⁹⁾ 能知諸佛祕密之藏
二子如是以方便力善化其父 令心信解 好樂佛
法 於是妙莊嚴王與群臣眷屬俱 淨德夫人與後
宮婇女⁴⁰⁾眷屬俱 其王二子與四萬二千人俱 一時
共詣佛所 到已 頭面禮足 繞佛三匝 却住一面
爾時彼佛爲王說法 示教利喜 王大歡悅 爾時

妙莊嚴王及其夫人 解頸眞珠瓔珞 價直百千 以
散佛上 於虛空中化成四柱寶臺[41] 臺中有大寶床
敷百千萬天衣 其上有佛結加趺坐 放大光明 爾
時妙莊嚴王作是念 佛身希有 端嚴殊特 成就第
一微妙之色[42] 時雲雷音宿王華智佛告四衆言 汝
等見是妙莊嚴王 於我前合掌立不 此王於我法
中作比丘 精勤修習 助佛道法 當得作佛 號娑羅
樹王 國名大光 劫名大高王 其娑羅樹王佛 有無
量菩薩衆及無量聲聞 其國平正 功德如是 其王
卽時以國付弟 與夫人 二子幷諸眷屬 於佛法中
出家修道

王出家已 於八萬四千歲 常勤精進修行妙法華
經 過是已後 得一切淨功德莊嚴三昧[43] 卽昇虛
空 高七多羅樹 而白佛言 世尊 此我二子 已作
佛事 以神通變化轉[44]我邪心 令得安住於佛法中
得見世尊 此二子者 是我善知識[45] 爲欲發起[46]宿
世善根 饒益我故 來生我家

爾時 雲雷音宿王華智佛告妙莊嚴王言 如是
如是 如汝所言 若善男子 善女人 種善根故 世
世得善知識 其善知識 能作佛事 示教利喜 令入
阿耨多羅三藐三菩提 大王 當知善知識者是大

因緣 所謂化導令得見佛 發阿耨多羅三藐三菩
提心 大王 汝見此二子不 此二子 已曾供養
六十五百千萬億那由他恒河沙諸佛 親近恭敬
於諸佛所受持法華經 愍念邪見眾生 令住正見[47]
妙莊嚴王卽從虛空中下 而白佛言 世尊 如來甚
希有 以功德智慧故 頂上肉髻光明顯照 其眼長
廣而紺靑色[48] 眉間毫相白如珂月[49] 齒白齊密常
有光明 脣色赤好如頻婆[50]菓

　爾時妙莊嚴王 讚歎佛如是等無量百千萬億功
德已 於如來前 一心合掌 復白佛言 世尊 未曾有
也 如來之法 具足成就不可思議微妙功德 教誡
所行[51] 安隱快善 我從今日 不復自隨心行[52] 不生
邪見 憍慢 瞋恚諸惡之心 說是語已 禮佛而出

해석

　그때 부처님이 모든 대중에게 말하였다.

　"옛날 옛날에 무량(無量)하고 무변(無邊)하며 불가사의(不
可思議)한 아승기겁(阿僧祇劫)을 지나 이름이 운뢰음숙왕화
지(雲雷音宿王華智)·다타아가도(多陀阿伽度)·아라가(阿羅
訶)·삼먁삼불타(三藐三佛陀)가 계셨으며 나라 이름은 광명
장엄(光明莊嚴)이고 겁명(劫名)은 희견(憙見)이었다. 그 불법

(佛法)에는 왕이 있었으니 이름은 묘장엄(妙莊嚴)이고 왕후(王后)는 정덕(淨德)이고 두 아들이 있었는데 이름은 정장(淨藏)과 정안(淨眼)이었다. 이 두 아들은 위대한 신통력(神通力)과 복덕(福德)과 지혜(智慧)가 있었으니 오랫동안 보살이 실천하는 진리를 수습하였다. 말하자면 단바라밀(檀波羅蜜)·시라바라밀(尸羅波羅蜜)·찬제바라밀(羼提波羅蜜)·비리야바라밀(毘梨耶波羅蜜)·선바라밀(禪波羅蜜)·반야바라밀(般若波羅蜜)·방편바라밀(方便婆羅蜜)·자비희사(慈悲喜捨)의 사무량심(四無量心)과 37조도법(助道法)을 모두 분명하게 통달하였다. 또 보살의 정삼매(淨三昧)·일성숙삼매(日星宿三昧)·정광삼매(淨光三昧)·정색삼매(淨色三昧)·정조명삼매(淨照明三昧)·장장엄삼매(長莊嚴三昧)·대위덕장삼매(大威德藏三昧)·이런 삼매를 역시 모두 통달하였다."

그때에 부처님께서 묘장엄왕을 인도(引導)하고자 또 중생을 어여삐 여기는 까닭에 이 법화경을 말씀하셨다. 그때에 정장(淨藏)과 정안(淨眼) 두 아들은 어머니에게로 가서 열 손가락을 합하여 합장하며 부처님께 말씀하였다.

"원하오니 어머니는 운뢰숙왕화지불께 가신다면 저희들이 모시고 따라가 부처님께 친근(親近)하고 공양(供養)하며 예배(禮拜)드리겠습니다. 왜냐하면 부처님이 일체 천인(天人) 대중(大衆)에게서 법화경을 설법하시는 것을 의당(宜當)

들고 수지(受持)하려고 합니다."

어머니가 자식들에게 말하였다.

"너희 아버지는 외도(外道)를 믿고 받아들이고 깊이 바라문(婆羅門)의 법을 염착(染著)하였으니 너희들이 가서 '함께 가시자'고 여쭈어 보아라."

이에 정장과 정안이 열 손가락을 모아 합장하면서 어머니께 여쭈었다.

"저희들은 법왕의 아들이거늘 어떻게 이 삿된 집에 태어났습니까?"

어머니가 아들들에게 대답하였다.

"너희들은 아버지를 걱정하면서 신통력(神通力)을 나타내어라. 만약 이를 보면 마음이 청정(淸淨)하여져서 혹 부처님 처소에 가는 것을 허락할 것이다."

이에 두 아들이 아버지를 생각하는 까닭에 허공(虛空)으로 높이 7다라수(多羅樹)를 솟구치는 갖가지 신통한 변화를 나타내고 허공에서 행주좌와(行住坐臥)하며, 상반신에서는 물을 품어내고 하반신에서는 불을 품어내다가 하반신에서 물을 품어내다가 상반신에서 불을 품어내며, 혹은 허공에 가득한 큰 몸을 드러냈다가 작아졌다가 다시 커지며, 허공에서 없어졌다가 홀연히 땅에 나타나고 땅속으로 물처럼 들어가고 물 위를 땅과 같이 걸었다. 이런 갖가지 신통한 변화를 나타내어 아버지 왕의 마음을 청정하게 하고 믿고 이해하게 하였다. 그때에 아버지는 아들의 이런 신통력(神通力)을 보고는 마음으로 크게 환희하고 미증유(未曾有)함을 얻고는 합장하며 아들에게 말하였다.

"너희들의 스승은 누구이며 또한 누구의 제자이냐?"

두 아들이 대답하였다.

"대왕이시여! 저 운뢰음숙왕화지불은 이제 칠보(七寶)의 보리수 아래 법좌에 앉으셔서 모든 세상의 천신(天神)과 인간을 위하여 법화경을 설법하시니 그 분이 저희의 스승이요, 저희들 또한 그의 제자입니다."

아버지가 다시 아들들에게 말하였다.

"나도 이제 너희 스승을 만나 뵙고자 하니 나와 함께 가야겠다."

그때 두 아들은 허공에서 내려와 어머니에게 나아가 합장하고 말하였다.

"아버지께서 이제 믿고 이해하여 아뇩다라삼먁삼보리심을 내셨습니다. 저희들이 아버지를 위하여 이런 불사(佛事)를 하였으니 원하건대 어머니께서는 저희들이 저 부처님 계신 곳에 나아가 출가(出家)하여 수도(修道)하도록 허락하여 주십시오."

그때에 두 아들이 그 뜻을 거듭 선양하려고 게송으로 말하였다.

발원(發願)하건대 어머니는 저희들을 놓아주시어
출가(出家)하여 사문(沙門)이 되게 하십시오.
부처님 만나기 매우 어려우니
저희들은 찾아가 부처님을 따라 배우겠습니다.
오랜 겁에 한 번 피는 우담발화(優曇鉢華)보다
부처님 만나기는 더 더욱 어려우며,
모든 재난(災難)을 벗어나기도 또한 어려우니
원하건대 저희들의 출가를
윤허(允許)하여 주십시오.

어머니가 대답하였다.
"너희들 출가를 허락한다. 왜냐하면 부처님은 만나기 어렵기 때문이다."
이에 두 아들이 부모님께 여쭈었다.
"훌륭하신 부모님이시여! 원하건대 운뢰음수왕화지불 계신 곳에 가서 친근(親近)하여 공양(供養)하십시오. 왜냐하면 부처님은 만나기 어렵기가 우담발화(優曇鉢華) 꽃이 피는 것과 같고 또 애꾸눈의 거북이가 바다에 뜬 나무 구멍을 만나는 것과 같습니다. 저희들은 전생(前生)의 복덕이 깊고 돈후(敦厚)하여 살아서 불법(佛法)을 만났으므로 부모님께서는 당연히 저희들 출가를 윤허(允許)하여 주십시오. 왜냐하면 부처님을 만나기 어렵고 시절(時節)도 만나기 어렵기 때문입니다."

그때에 묘장엄왕(妙莊嚴王)의 후궁(後宮) 8만4천인이 모두 이 법화경을 수지(受持)하였다. 정안보살(淨眼菩薩)은 법화삼매(法華三昧)에서 오래 머물러 통달하였으며, 이미 무량(無量)한 백천(百千) 만억(萬億) 겁(劫)에서 모든 악을 저버린 삼매(三昧)를 통달하고는 일체 중생들로 하여금 모든 악을 저버리게 하는 까닭이다. 그 왕의 부인은 모든 부처님이 모이는 삼매를 증득(證得)하여 모든 부처의 비밀장(祕密藏)을 알고 있었다.

두 아들의 이런 방편의 능력으로 그 아버지를 옳게 교화(教化)하여 불법(佛法)을 믿어 이해(理解)하고 좋아하면서 즐기게 되었다. 이에 묘장엄왕과 군신(群臣) 권속(眷屬) 모두와 정덕부인(淨德婦人)과 후궁(後宮), 채녀(婇女)들의 권속 모두와 왕의 두 아들과 4만2천인 모두가 일시(一時)에 부처님 처소를 참례(參禮)하였다. 도착하자마자 머리를 부처님 발에 조아리고는 부처님 주위를 3번 돌고나서 한 쪽에 서 있었다.

이때에 부처님께서 왕을 위하여 설법(說法)하셨는데, 가르침을 개시(開示)하고 이익되고 기쁘게 하시니 왕이 크게 기뻐하였다. 이때에 묘장엄왕이 그 부인에게 목에 백천만 량의 가치가 있는 진주와 영락을 풀어 부처님 위에 흩어버리자 허공에서 변화하여 네 기둥의 보대(寶臺)가 되었고, 그 보대에는 큰 보상(寶床)이 있었는데, 그 위에 백천만 억의 하늘 옷이 깔렸고, 그 위에 부처님이 결가부좌(結跏趺坐)하시고 위대한 광명(光明)을 방출(放出)하였다. 이때에 묘장엄왕이 이런 생각을 하였다,

"부처님 몸은 희유하시어 단엄(端嚴)하기가 특이하여 제일 미묘(微妙)한 색을 성취(成就)하셨다."

이때에 운뢰음숙왕화지 부처님이 사부대중에게 말하였다 "너희들은 묘장엄왕이 내 앞에서 합장하고 있는 것으로 보이느냐? 이 왕은 내 법 가운데에서 비구(比丘)가 되어 부지런히 정진하고 수습하며 불도법을 도와서 부처님이 되었으니 이름은 사라수왕 부처님이고, 그 나라의 이름은 대광(大光)이며 겁(劫)의 이름은 대고왕(大高王)이었다. 그 사라수왕불의 국토에는 무량한 보살 대중과 무량한 성문들이 있으며 그 나라는 평정(平正)하여 공덕은 이와 같다."

그 왕은 바로 나라를 아우에게 맡기고 부인과 두 아들과 여러 권속들과 함께 불법에 출가하여 수도하였다.

왕이 출가(出家)하여서는 8만4천세 동안 부지런히 정진

(精進)하며 묘법화경을 수행하였으며, 그 후에는 일체(一切)정공덕장엄삼매(淨功德莊嚴三昧)를 증득하고 허공으로 높이 7다라수를 올라가 부처님께 말하였다.

"세존이시여! 저희 두 아들은 이미 불사(佛事)를 하여 신통한 변화로 저의 삿된 마음을 돌이켜 불법 가운데 편안히 머물게 하고 세존을 또한 만나 뵙게 되었으니 이 두 아들은 제 선지식으로서 숙세(宿世)에 심었던 선근(善根)을 다시 일으켜 저를 이익하게 하려고 저의 왕가에 태어났습니다."

그때에 운뢰음숙왕화지 부처님께서 묘장엄왕에게 말씀하셨다.

"그렇지! 그렇지! 그대가 말한 것과 같지. 만약 선남자 선여인이 선근(善根)을 심은 까닭에 세세(世世)에 선지식(善知識)을 만나게 되고 그 선지식은 불사(佛事)를 일으키게 되며, 가르침을 개시(開示)하여 이익되고 기쁘게 하며 아녹다라삼먁삼보리를 오입(悟入)하게 한다. 대왕(大王)이여! 당신은 이 두 아들이 보이는가? 이 두 아들은 일찍이 65백천(百千) 만억(萬億) 나유타(那由他) 항하의 모래 수 같은 부처님을 공양하고 친근(親近)하고 공경(恭敬)하였으며, 여러 부처님 들이 계신 곳에서 법화경을 수지하고 삿된 견해에 빠진 중생을 어여삐 여겨 바른 견해에 머물도록 하였다."

묘장엄왕이 즉시 허공에서 내려와 부처님께 여쭈었다.

"세존이시여! 여래께서는 매우 희유하시어 공덕(功德)과 지혜(智慧)를 가지신 까닭으로 이마 위에 육계(肉髻)에서 광명을 방출하여 밝게 비추시며, 그 눈의 길이는 넓으시고 감청색(紺靑色)이며 미간(眉間)의 백호상(白毫相)은 구슬이 모여서 된 달과 같으며, 이는 희고 치밀하며 광명이 있고 입술색은 알맞게 붉어 빈바(頻婆)의 열매와 같았습니다."

그때 묘장엄왕이 부처님의 이와 같은 무량한 백천만억 공덕(功德)을 찬탄(讚歎)하고는 부처님 앞에서 일심(一心)으로 합장(合掌)하고 다시 부처님께 여쭈었다.

"세존(世尊)이시여! 미증유함입니다. 여래법(如來法)은 불가사의(不可思議)한 미묘(微妙)한 공덕을 구족하게 성취하시어 그 가르치는 훈계를 수습하게 되면 안온(安穩)하고 쾌락(快樂)하게 됩니다. 저는 이제부터 다시는 제 마음대로 행하지 않고 또한 삿된 견해와 교만(憍慢)한 마음과 성내는 일 등 여러 가지 악한 마음을 일으키지 않겠습니다."

말을 마친 뒤 부처님께 예를 갖추고 물러갔다.

⑵ 묘장엄왕과 왕후와 두 왕자가 현세(現世) 신분으로 본 장(章)의 중요한 작용을 덧붙여 설명한다.

原文

佛告大衆 於意云何 妙莊嚴王 豈異人乎 今華
德菩薩是 其淨德夫人 今佛前光照莊嚴相菩薩
是 哀愍妙莊嚴王及諸眷屬故 於彼中生 其二子
者 今藥王菩薩 藥上菩薩是 是藥王 藥上菩薩
成就如此諸大功德 已於無量百千萬億諸佛所殖
衆德本 成就不可思議諸善功德 若有人識是二
菩薩名字者 一切世間諸天人民亦應禮拜
　佛說是妙莊嚴王本事品時 八萬四千人遠塵離
垢 於諸法中得法眼淨

해석

부처님이 대중들에게 말씀하셨다.

"네 뜻은 어떠냐? 묘장엄왕이 어찌 다른 사람이겠느냐? 여기 화덕보살(華德菩薩)이 그이다. 정덕부인(淨德夫人)은 여기 부처님 앞에 있는 광조장엄상보살(光照莊嚴相菩薩)이 바로 그이다. 묘장엄왕과 그 여러 권속들을 어여삐 여기는 까닭으로 그 속에 태어났다. 그 두 아들은 약왕보살과 약상보살이 바로 그이다. 약왕보살과 약상보살은 이와 같은 위대한 공덕을 성취하여 무량한 백천만 억 모든 부처님이 계시는 곳에서 덕의 근본을 심고 불가사의(不可思議)한 선근(善根) 공덕을 성취(成就)하였으니 만약 이 두 보살의 이름만 듣고 알아도 일체세간의 천인(天人)들이 역시 예배할 것이다."

부처님이 묘장엄본사품(妙莊嚴本事品)을 설법하실 때에 8만4천 사람들이 더러운 마음과 몸을 저버리고 모든 법에서 법안(法眼)이 청정(淸淨)함을 증득하였다.

1) 乏少: 부족함.

2) 標格: 품위(品位)를 표방(標榜)하는 것을 말한다.

3) 乃往古世: 옛날 옛날이라는 의미의 부사.

4) 雲雷音宿王華智(Jaladhara-garjita-ghoṣa-susvara-nakṣatra-rāja-saṃkusmitābhijña): 산스크리트어 tath-gata의 음사로 여래(如來)라 번역한다. 진리에서 온 자, 진리에 이른 자, 진리에 머무는 자를 뜻한다.

5) 多陀阿伽度(tathāgata): 여래로 십호(十號)의 하나이다.

6) 阿羅訶(arhat): 아라한(阿羅漢)과 같으며 십호(十號)의 하나이다.

7) 三藐三佛陀(samyaksaṃbuddha): 바르게 깨달은 사람으로, 십호의 하나이다.

8) 光明莊嚴(Vairocana-raśmi-pratimaṇḍitā): 태양빛처럼 빛난다는 뜻이다.

9) 憙見(Priyadarśana): 보는 눈이 즐겁다는 의미이다.

10) 佛法: 숙왕화지불이 계시는 정법의 시기를 말한다.

11) 妙莊嚴(Śubhavyūha): 청정(淸淨)하고 장엄(莊嚴)하다는 뜻이다.

12) 淨德(Vimaladattā): 청정한 것을 부여(賦與)받은 여인을 뜻한다.

13) 淨藏(Vimalagarbha): 청정함을 잉태(孕胎)하고 있다는 뜻이다.

14) 淨眼(Vimalanctra): 청정한 안목(眼目)이 있다는 뜻이다.

15) 檀波羅蜜(dāna-pāramitā): 보시바라밀(布施婆羅蜜)을 말한다.

16) 尸羅波羅蜜(śila-paramita): 지계바라밀을 말한다.

17) 羼提波羅蜜(kṣānti-paramita): 인욕바라밀을 말한다.

18) 毘梨耶波羅蜜(vīrya-paramita): 정진바라밀을 말한다.

19) 禪波羅蜜(dhyāna-paramita): 선정바라밀을 말한다.

20) 般若波羅蜜(prajñā-paramita): 지혜바라밀을 말한다.

21) 方便波羅蜜(upāya-paramita): 교화수단이라는 뜻이다. 즉 교화(敎化)하는 수단(手段)으로 완성한다는 뜻이다.

22) 慈悲喜捨: 사무량심(四無量心)이라고도 한다. 자(慈: maitri)는 자애(慈愛)로운 마음이고, 비(悲: karuṇā) 비애(悲哀)의 마음이고, 희(喜: muditā)는 다른 사람의 기쁨을 기뻐하는 마음이고, 사(捨: upekṣā)는 중생에게 봉사하는 마음이다.

23) 三十七品助道法: 깨달음을 얻기 위해 수행하는 37가지 방법. 4념처(念處: 觀身不淨, 觀受爲苦, 觀心無常, 觀法無我), 4정근(正勤: 이미 생겨 있는 악을 제거하려고 정진하는 것, 미래에 일어날 악을 방지하려고 정진하는 것, 이미 생

겨있는 선을 증장하려고 정진하는 것, 미래에 선을 배양하려고 정진하는 것), 4여
의족(如意足: 欲如意足, 念如意足, 精進如意足, 慧如意足), 5근(根: 信根, 精進根,
念根, 定根, 慧根), 5력(力: 信力, 精進力, 念力, 定力, 慧力), 7각지(覺支: 念覺
支, 擇法覺支, 精進覺支, 喜覺支, 輕安覺支, 定覺支, 捨覺支) 8정도(正道: 正見,
正思惟, 正語, 正業, 正命, 正精進, 正念, 正定)를 말한다.

24) 淨三昧(vimalasya samādhi): 탐진치(貪瞋癡)를 없애버린 청정한 선정(禪
    定)의 경계.

25) 日星宿三昧(nakṣatrarājādityaya samadhi): 증득(證得)한 실지(實智)와 방
    편지(方便智)에서 이루어진 선정(禪定)의 경계.

26) 淨光三昧(vimalanirbhāsaya samādhi): 자성(自性)이 청정(淸淨)하고 광명
    (光明)한 선정(禪定)의 경계.

27) 淨色三昧: 자성이 청정하고 색즉공(色卽空)을 깨달아 일체 색신(色身)을
    드러내는 선정의 경계.

28) 淨照明三昧(vimalabhāsasya samādhi): 자성이 청정한 광명으로 일체를
    널리 비추는 선정경계.

29) 長莊嚴三昧(alamkāraśubhasya samādhi): 자성이 청정하고 장엄(莊嚴)한
    상이 오래동안 없어지지 않는 선정의 경계.

30) 大威德藏三昧(mahātejogarbhasya samādhi): 위대한 힘을 잉태(孕胎)한
    삼매이다.

31) 深著: 심심(深心)을 말한다.

32) 婆羅門法: 바라문교(婆羅門敎)를 말한다.

33) 邪見: 바라문교를 신봉(信奉)하는 것을 말한다.

34) 或: 허락(許諾)하는 것을 말한다.

35) 作佛事: 두 아들이 신기한 변화로 아버지를 인도하여 불교에 귀의하
    게 하는 일을 말한다.

36) 見聽: 윤허(允許), 동의(同意)함을 말한다.

37) 一眼之龜 値浮木孔: 맹구부목(盲龜浮木)과 같은 비유이다. 매우 어려운
    일을 말하는 비유이다.

38) 離諸惡趣三昧: 사람들이 축생(畜生), 아귀(餓鬼), 지옥(地獄)의 악도(惡
    道)에서 벗어나게 하는 선정의 경계.

39) 諸佛集三昧: 일체 부처님이 함께 결집(結集)하여 일체 부처의 가르침
    을 비밀히 이해하는 삼매이다.

40) 媒女: 궁녀(宮女)를 말한다.

41) 四柱寶臺: 네 기둥을 지탱(支撑)하는 보대(寶臺)를 말한다.

42) 色: 불신(佛身)을 말한다.

43) 一切淨功德莊嚴三昧(sarvaguṇālaṃkāravyūba): 일체 청정공덕(清淨功德)을 증득(證得)하여 자신이 장엄한 선정을 이룩한 경계.

44) 轉: 개변(改變)을 말한다.

45) 善知識: 훌륭한 스승을 말한다.

46) 發起: 계발(啓發)을 말한다.

47) 住正見: 불법의 진리를 견지(堅持)하고 수습(修習)하는 것을 말한다.

48) 紺靑色: 짙은 청흑색을 말한다.

49) 珂月: 달 모양의 아름다운 옥.

50) 頻婆: 물속의 열매로, 상사과(相思果)라고도 번역한다. 색은 홍색(紅色)이며 윤기가 있다.

51) 所行: 중생의 일체 언행(言行)을 말한다.

52) 自隨心行: 개인적인 의사(意思)와 바람에서 행사하는 것을 말한다.

보현보살권발품 제이십팔
(普賢菩薩勸發品第二十八)

原文

窮妙法之始終 然後盡出興大事 合諸佛之智行
然後見如來全身 是經之作 始於文殊問答 終於
普賢勸發 二十八品條理一貫 乃所以窮始終合
智行大事因緣於是乎畢 如來法身於是乎全也
蓋智能發覺所以作始 行能成德所以成終 而中
間事法無非智行互相資發也 華經最初因門以文
殊發信 以開進修之序 最後果門以普賢結法 以
示果後之行 今經意義岷然同矣 普賢者德無不
徧曰普 佑上利下曰賢 卽徧見妙德 上佑佛化下
群物之號也 勸發者勉進義也 前雖開佛知見明
因地心 顯佛本跡成果地覺 개明妙圓之行猶是
等覺行相 若坐於此不進 則有虧妙覺成德 未極

向上之道 故復勉而進之 庶德無不徧而佑上利
下 以成果後常行 以盡妙覺之道 故名普賢勸發
而爲常行流通也 華嚴至十一地 佛功德海一切
滿足 然後說普賢常行 名善入世間三昧與萬法
相應不二眞實法門 卽此意也 所謂常行者 泯覺
觀無作任 冥物我同染淨 一切平等恬然自在 此
妙覺向上之事 遮那平道之敎 乃所謂平實者也
然須詳斯經依佛知見海順流而入 滿足一切佛功
德海 然後逆流而出乃可蹈此 哀今之人望涯逐
塊 以世俗愚陋之見 而擬妙覺平實之行 於諸敎
門專事償毀 縱脫不修確守無時 枉受輪轉 楞嚴
所謂譬如平人妄稱帝王自取誅滅 可不愼哉 使
學佛者皆如逐塊之流 呵敎執俗棄智絶行 直謂
無修 則妙法始終復何所明 大事因緣亦幾乎息
矣 然則始於佛之知見 終於普賢常行 極而示之
存乎敎 備而證之存乎人 達者宜盡心焉

해석

　묘법(妙法)의 시종을 궁구(窮究)한 후에 마침내 일대사인
연(一大事因緣)이 출흥(出興)하여 모든 부처님의 지혜(智慧)
와, 수행이 회합(會合)한 여래의 전신(全身)을 드러낸다. 이

경전의 저술은 문수보살(文殊菩薩)의 문답(問答)에서 시작하여 보현보살권발품(普賢菩薩勸發品)으로 끝맺는데, 28품의 조리(條理)가 일이관지(一以貫之)이다. 그러므로 시종을 궁구하여 지혜와 수행이 회합하는 일대사인연(一大事因緣)으로 마치면 여기에서 여래법신이 온전해진다. 대개 지혜는 깨달음을 드러내는 까닭으로 발단(發端)이고, 수행은 덕을 성취하는 까닭에 끝맺음이며, 중간의 사법(事法)들은 지혜와 실천을 서로 도와서 드러내지 않음이 없다. 화엄경 최초(最初) 인문(因門)은 문수보살이 믿음을 드러내어 수행을 개진(開進)한 것을 서술하였고, 최후(最後)의 과문(果門)은 보현보살이 종결(終結)하는 법으로, 뒤에 결과(結果)로 수행을 드러냈다. 여기서 두 경전(經典)의 의의(意義)는 모두 같다. 보현보살(普賢菩薩)은 덕(德)이 고르지 않음이 없어서 보(普)이고, 위로는 부처님을 도와 중생을 이익하게 하여 현(賢)이니, 고르게 드러나는 미묘한 덕(德)이며, 위로는 부처님의 교화(敎化)를 도와 아래의 모든 중생들을 교화한다는 말이다. 권발(勸發)은 권면(勸勉)하여 나아가게 한다는 뜻이니, 앞에서는 비로소 불지견(佛知見)을 개시(開示)한 인지(因地)인 마음을 밝히려고 부처의 본래 자취를 현시(顯示)하여 성취(成就)한 과지(果地)인 깨달음이며, 미묘하고 원만한 수행을 밝히는데 이르러 등각행상(等覺行相)이다. 만약 여기에 앉아 나아가지 않으면 이지러진 묘각성덕(妙覺成德)이니, 향상하는 진리에 미치지 못하여 다시 권면(勸勉)하여 나아가게 하여 덕을 고르지 않음이 없게 하며, 위로는 부처님을 돕고 아래로는 중생을 이롭게 하는 결과로 상행(常行)이다. 묘각(妙覺)의 도를 다하는 까닭에 보현권발(普賢勸發)로 상행(常行)을 유통(流通)한다.

화엄경 11지(地)에 이르면 부처님의 공덕(功德) 바다에 들어가 모두 만족한 후에 보현보살의 상행(常行)을 설법하여 바르게 세간삼매(世間三昧)와 만법(萬法)이 불이(不二)인 진실법문(眞實法門)에 상응(相應)하다는 뜻이다. 상행(常行)이라고 말하는 것은 깨달음도 잊고 무작(無作)을 관찰하는 것이며, 사물과 내가 어두운 것은 염정(染淨)과 같고 일체가 평상시에도 고요하고 자재(自在)한 게 이 묘각(妙覺)이 향상하는 일로, 노사나 부처님의 평범(平凡)한 진리의 가르침이며, 말하자면 평범한 진리이다. 그리고 이 경전을 상세하게 살펴보면 불지견(佛知見)에 의하여 바다에 수순하게 흘러들어가 증입(證入)하여 일체 부처님의 공덕(功德) 바다를 만족한 후에 역류(逆流)하여 나아가 이를 실천(實踐)함이다. 애석하게도 요즈음 사람들은 끝만 바라보고 고기 덩어리만 쫓아다니면서 세속(世俗)의 어리석고 미천(微賤)한 견해(見解)로 묘각(妙覺)의 평범한 진실을 비교(比較)하며, 모든 교문(敎門)에서 오로지 헐뜯는 일에만 전념(專念)하여 벗어나려고 수행하지 않고 수위(守衛)한 때가 없어서 윤전(輪轉)함을 끊임 없이 받고 있다. 능엄경(楞嚴經)에서 말한 평범한 사람이 허망하게 제왕(帝王)이라고 하였다가 스스로 주살(誅殺)당하게 되는 것과 같으니, 신중(愼重)하지 않을 수 없다. 부처님을 배우는 사람 모두가 고기 덩어리를 좇는 무리와 같아 가르침을 꾸짖고 세속(世俗)에 집착하여 지혜와 수행을 포기하고 끊어버리고 수행하지 않으면 묘법(妙法)의 시종(始終)을 어떻게 밝히려는가? 일대사인연(一大事因緣)은 또 어떻게 없애려 하는가? 그러니 불지견(佛知見)에서 시작하여 보현보살의 상행(常行)에서 끝맺어 이를 현시(顯示)하는 게 가르침이며, 구비(具備)하여 증명(證明)하는 존재는 사람이다. 통달(通達)하려는 사람은 당연히 마음을 다하여야 한다.

原文

讚曰 一大事因緣 從大智而立體 無量義三昧 結常行以示果 故普賢從東方來 參世尊詣靈山會 一道白毫 如珂月以散綵 六牙香象 似銀山而來儀 深心戀法 躬繞佛而七匝 勸發勉進 願護法而持呪 猗歟普賢常行 美矣竭世依歸 還會普賢

流通妙法 使不斷絶底消息麼 溪聲便是廣長舌
山色豈非淸淨身 頌曰

普賢乘願遍流通　　大地山河妙體融
欲識大人眞淨界　　山高海濶古今同

해석

기리며 말하였다.

"일대사인연(一大事因緣)은 위대한 지혜(智慧)를 따라 본체를 성립(成立)하고 무량의삼매(無量義三昧)는 평상시 수행으로 결실(結實)하여 결과를 현시(現示)함이다. 그러므로 보현보살은 동쪽에서 와서 세존에게 참례(參禮)하려고 영산회상(靈山會上)에 와서 한 번 길에 백호상(白毫相)은 가월(珂月)로 산채(散綵)한 것과 같고 육아(六牙)의 향을 가진 코끼리는 은산(銀山)에서 오는 의식이다. 깊은 마음으로 법을 연모(戀慕)하고 자기가 부처님을 둘러싸고 7바퀴를 돌면서 권발(勸發)하며 정진(精進)하기를 권면(勸勉)하며, 호법(護法)하고 신주(神呪)를 수지할 것을 발원(發願)하였다. 아름답구나! 보현의 평상시에 수행이여! 아름답구나! 메마른 세상에서 귀의함이여! 보현이 유통하는 묘법에 돌아와 단절하지 않는 소식(消息)은 어떤 것이냐?

시냇물 소리는 광장설(廣長舌)이며
산색이 어찌 청정(淸淨)한 몸이 아니겠느냐?"
게송으로 말하기를,

보현보살이 일으킨 원력은 고르게 유통(流通)함이며
대지(大地)와 산하(山河)의
신묘한 본체는 원융(圓融)함이며,
대인(大人)의 참다운 청정한 경계를 알려 하거든
산이 높고 바다는 넓은 게 고금(古今)이 같다 하더라.

⑴ 부처님이 멸도(滅度)한 후 선남자 선여인이 네 가지 불법
(佛法)을 장악(掌握)하려고 하면 법화경에서 획득(獲得)하
여야만 한다.

原文

爾時普賢菩薩¹⁾ 以自在神通力 威德名聞 與大
菩薩無量無邊不可稱數²⁾ 從東方來 所經諸國 普
皆震動 雨寶蓮華 作無量百千萬億種種伎樂 又
與無數諸天 龍 夜叉 乾闥婆 阿修羅 迦樓羅 緊
那羅 摩睺羅伽 人非人等 大衆圍繞 各現威德神
通之力 到娑婆世界耆闍崛山中 頭面禮釋迦牟
尼佛 右繞七匝 白佛言

世尊 我於寶威德上王佛³⁾國 遙聞此娑婆世界
說法華經 與無量無邊百千萬億諸菩薩衆共來聽
受 唯願世尊當爲說之 若善男子 善女人 於如來
滅後 云何能得是法華經

佛告普賢菩薩 若善男子 善女人 成就四法 於
如來滅後 當得是法華經 一者 爲諸佛護念 二者
殖衆德本 三者 入正定聚⁴⁾ 四者 發救一切衆生
之心 善男子 善女人 如是成就四法⁵⁾ 於如來滅
後 必得是經

그때에 보현보살(普賢菩薩)이 자재(自在)한 신통력(神通力)과 위덕(威德)과 명성(名聲)을 갖추고 무량무변(無量無邊)하고 불가칭(不可稱)한 수의 위대한 보살들과 함께 동쪽에서 오고 있었다. 지나치는 모든 나라가 모두 진동(震動)하고 보배의 연꽃들이 비가 오듯 내리고 무량한 백천만 억의 갖가지 기악(伎樂)들이 울렸으며, 또 무수한 천룡·야차(夜叉)·건달바(乾闥婆)·아수라(阿修羅)·가루라(迦樓羅)·긴나라(緊那羅)·마후라가(摩睺羅伽)·인비인(人非人) 등의 많은 대중들에게 둘러싸여 제각기 위덕과 신통한 능력을 나타내어 사바세계 기사굴산(耆闍崛山)에 이르러서는 석가모니 부처님께 머리 숙이고 예를 갖추고는 오른쪽으로 7바퀴를 돌고 나서 부처님께 여쭈었다.

"세존이시여! 저는 보위덕상왕불(寶威德上王佛) 나라에 있다가 이 사바세계에서 법화경을 설법하신다는 말을 듣고 무량무변한 백천(百千) 만억(萬億) 모든 보살과 함께 설법을 들으려고 왔으니 오로지 바라는 것은 세존께서 설법하시는 것입니다. 만약 선남자 선여인이 여래가 멸도(滅度)한 후 어떻게 하면 이 법화경을 획득할 수 있습니까?"

부처님이 보현보살에게 말씀하셨다.

"만약 선남자 선여인이 다음의 4가지 특성(特性)을 완성

(完成)한다면 여래가 멸도(滅度)한 후 당연히 법화경을 획득하리라. 첫째는 부처님께서 호념(護念)하시는 것이며, 둘째는 여러 가지 덕의 근본을 심어야 하며, 셋째는 정정취(正定聚)에 들어야 하며, 넷째는 일체 중생을 구제(救濟)하려는 마음을 일으켜야 한다. 선남자 선여인이 이 네 가지 특성을 완성하면 여래께서 멸도한 후 반드시 이 경전을 획득하리라."

⑵ 보현보살은 법화경을 보호(保護)하고 수지(受持)하려고 입지(立志)한 사람들에게 법화경을 수지하고 획득한 복보(福報)를 설명한다. 이어서 석가모니 부처님이 보현보살을 칭찬(稱讚)하고 다시 법화경을 수지하여 얻게 되는 복보를 설명하고 이 경을 훼방(毀謗)하는 사람은 악보(惡報)를 받게 된다고 말한다.

原文

爾時普賢菩薩白佛言 世尊 於後五百歲 濁惡世[6]中 其有受持是經典者 我當守護 除其衰患 令得安隱 使無伺求得其便者 若魔 若魔子 若魔女 若魔民[7] 若爲魔所著者[8] 若夜叉 若羅刹[9] 若鳩槃茶[10] 若毘舍闍[11] 若吉遮[12] 若富單那[13] 若韋

陀羅¹⁴⁾等 諸惱人者 皆不得便 是人若行 若立 讀
誦此經 我爾時乘六牙白象¹⁵⁾王 與大菩薩衆俱詣
其所 而自現身 供養守護 安慰其心 亦爲供養法
華經故 是人若坐 思惟此經 爾時我復乘白象王
現其人前 其人若於法華經有所忘失一句一偈
我當敎之 與共讀誦 還令通利 爾時受持讀誦法
華經者 得見我身 甚大歡喜 轉復精進 以見我故
卽得三昧及陀羅尼 名爲旋陀羅尼¹⁶⁾ 百千萬億旋
陀羅尼¹⁷⁾ 法音方便陀羅尼¹⁸⁾ 得如是等陀羅尼

　世尊 若後世後五百歲 濁惡世中 比丘 比丘尼
優婆塞 優婆夷 求索者 受持者 讀誦者 書寫者
欲修習是法華經 於三七¹⁹⁾日中 應一心精進 滿
三七日已 我當乘六牙白象 與無量菩薩而自圍
繞 以一切衆生所憙見身 現其人前 而爲說法 示
敎利喜 亦復與其陀羅尼呪 得是陀羅尼故 無有
非人²⁰⁾能破壞者 亦不爲女人之所惑亂 我身亦自
常護是人 唯願世尊聽我說此陀羅尼呪 卽於佛
前而說呪曰

阿檀地檀陀婆地檀陀婆帝檀陀鳩舍隸檀
陀修陀隸修陀隸修陀羅婆底佛馱波羶禰

薩婆陀羅尼阿婆多尼薩婆婆沙阿婆多尼
修阿婆多尼僧伽婆履叉尼僧伽涅伽陀尼
阿僧祇僧伽波伽地帝隸阿惰僧伽兜略(盧
遮反)阿羅帝婆羅帝薩婆僧伽三摩地伽蘭
地薩婆達磨修波利刹帝薩婆薩埵樓馱憍
舍略阿[寃]伽地辛阿毗吉利地帝

世尊 若有菩薩得聞是陀羅尼者 當知普賢神通
之力 若法華經行閻浮提 有受持者 應作此念 皆
是普賢威神之力 若有受持 讀誦 正憶念 解其義
趣 如說修行 當知是人行普賢行 於無量無邊諸
佛所深種善根 爲諸如來手摩其頭[21] 若但[22] 書寫
是人命終 當生忉利天[23] 上 是時八萬四千天女作
衆伎樂而來迎之 其人卽著七寶冠 於婇女中娛
樂快樂 何況受持 讀誦 正憶念 解其義趣 如說
修行 若有人受持 讀誦 解其義趣 是人命終 爲
千佛授手[24] 令不恐怖 不墮惡趣 卽往兜率天[25] 上
彌勒菩薩所 彌勒菩薩 有三十二相大菩薩衆所
共圍繞 有百千萬億天女眷屬 而於中生 有如是
等功德利益 是故智者 應當一心自書 若使人書
受持 讀誦 正憶念 如說修行

世尊 我今以神通力故 守護是經 於如來滅後
閻浮提內 廣令流布 使不斷絶

爾時釋迦牟尼佛讚言 善哉 善哉 普賢 汝能護
助是經 令多所衆生安樂利益 汝已成就不可思
議功德 深大慈悲 從久遠來 發阿耨多羅三藐三
菩提意 而能作是神通之願 守護是經 我當以神
通力 守護能受持普賢菩薩名者

普賢 若有受持 讀誦 正憶念 修習 書寫是法華
經者 當知是人 則見釋迦牟尼佛 如從佛口聞此
經典 當知是人 供養釋迦牟尼佛 當知是人 佛讚
善哉 當知是人 爲釋迦牟尼佛手摩其頭 當知是
人 爲釋迦牟尼佛衣之所覆 如是之人 不復貪著
世樂 不好外道經書 手筆 亦復不喜親近其人及
諸惡者——若屠兒 若畜猪羊雞狗 若獵師 若衒
賣女色——是人心意質直 有正憶念 有福德力
是人不爲三毒²⁶⁾所惱 亦復不爲嫉妬 我慢²⁷⁾ 邪
慢²⁸⁾ 增上慢²⁹⁾所惱 是人少欲知足 能修普賢之行

普賢 若如來滅後後五百歲 若有人見受持 讀
誦法華經者 應作是念 此人不久當詣道場 破諸
魔衆 得阿耨多羅三藐三菩提 轉法輪 擊法鼓 吹
法螺 雨法雨 當坐天人大衆中師子法座上

普賢 若於後世 受持 讀誦是經典者 是人不復
貪著衣服 臥具 飮食 資生之物 所願不虛 亦於
現世得其福報 若有人輕毀之 言 汝狂人³⁰⁾耳 空
作是行 終無所獲 如是罪報 當世世無眼 若有供
養讚歎之者 當於今世得現果報 若復見受持是
經者 出³¹⁾其過惡 若實 若不實 此人現世得白癩
病³²⁾ 若有輕笑之者 當世世牙齒踈缺 醜脣 平鼻
手脚繚戾³³⁾ 眼目角睞³⁴⁾ 身體臭穢 惡瘡 膿血 水
腹³⁵⁾ 短氣³⁶⁾ 諸惡重病 是故 普賢 若見受持是經
典者 當起遠迎 當如敬佛

해석

그때에 보현보살이 부처님께 여쭈었다.

"세존(世尊)이시여! 훗날 500세(世)에 오탁악세(五濁惡世)
에서 법화경을 수지한 사람이 있으면 저는 당연히 수호(守
護)하여 쇠락(衰落)함과 환난(患難)을 없애주어 안온(安穩)하
게 하며, 누가 허물을 찾고자 하면 허물을 찾지 못하게 할
것이며, 만약 마군(魔軍)과 마군의 자식(子息)·마녀(魔女)와
마군의 무리·마군이 염착(染著)한 사람·야차(夜叉)·나찰(羅
刹)·구반다(鳩槃茶)·비사사(毘舍闍)·길자(吉遮)·부단나(富單
那)·위타라(韋陀羅) 등의 사람들을 괴롭히는 것들 모두가

찾지 못하게 할 것입니다. 이 사람이 걸어가면서 또는 서서 이 경전을 읽으면 저는 그때에 여섯 이빨의 희고 큰 코끼리를 타고 위대한 보살들과 함께 그곳에 찾아와 스스로 몸을 드러내어 공양(供養)하고 수호(守護)하여 그의 마음을 편안(便安)하게 위로(慰勞)할 것이니, 역시 법화경에 공양한 까닭입니다. 만약 이 사람이 앉아서 이 경전을 사유(思惟)하면 그때에 제가 다시 흰 코끼리를 타고 그 사람 앞에 나타나서 그 사람이 만약 법화경에서 한 구절이나 한 게송을 잊게 되면 제가 당연히 가르쳐서 함께 독송(讀誦)하고 통달하게 하겠습니다. 그때에 법화경을 수지하고 독송하는 사람은 나의 몸을 본다면 매우 환희(歡喜)하여 다시 정진(精進)할 것이며, 나를 보았으므로 삼매(三昧)와 다라니를 증득(證得)할 것이니 이름하여 선다라니(旋陀羅尼)·백천 만억 선다라니·법음방편다라니(法音方便陀羅尼) 등이니 이와 같은 다라니를 얻을 것입니다.

세존이시여! 후세에 500세의 오탁악세에서 비구(比丘)·비구니(比丘尼)·우바새(優婆塞)·우바이(優婆夷)들이 이 법화경을 찾아서 수지하고 독송하고 서사(書寫)하며, 수습(修習)하면서 21일을 일심(一心)으로 정진(精進)하여야 합니다. 21일을 채우면 제가 육아백상(六牙白象)을 타고 와 무량한 보살들이 둘러싸여 일체 중생들이 기쁘게 볼 몸으로서 그 사람들 앞에 나타나 설법(說法)하여 가르침을 개시(開示)하여 이익되게 하며, 또 그에게 다라니 주문(呪文)을 주려고 하는 것은 다리니를 증득하게 하려는 까닭이며, 사람들이 파괴(破壞)할 수가 없으며 또한 여자에게 유혹(誘惑)되어 뇌란(惱亂)하지도 않게 하고 또 스스로 항상 이런 사람을 보호할 것입니다. 오로지 세존께 바라는 것은 제가 이 다라니 주문을 말하기를 허락해 주십시오." 그리고 부처님 앞에서 주문을 말하였다.

다라니 원문

Adaṇḍe daṇḍapati daṇḍāvartani daṇḍakuśale daṇḍasudhāri sudhāri sudhārapati buddhapaśyane sarvadhāraṇi āvartani sarvabhāṣyāvartane su-āvartane saṃghaparīkṣaṇi saṃghanirghātani [saddharmasuparīkṣite] asaṃge saṃgāpagate tr-adhvasaṃgatulya [prāpte] sarvasaṃgasamatikrānte sarvadharmasuparīkṣite sarvasattvarutakauśalyānugate siṃhavikrīḍite anuvarte vartani vartāli svāhā

아단디 단다바디 단다바뎨 단다구사례 단다슈다례 슈다례 수다라바디 붇다파션네 바다라니아바

다니 살바바사바다니 슈아바다니 싱가바리시니
상가녜가다니 아싱기 싱가바가디 뎨례아슈싱가도
라 아라뎨바라례 살바싱가삼마디가란디 살바달마
슈바릭사뎨 살바살다루다교샤라아노가다 신아비
기라다례

다라니 해석

無我 除我 我將方便之杖木回轉除退而
臻仁心和平之境 甚柔軟 甚柔弱 句見 諸
佛回 諸總持 行衆說 蓋回轉 盡衆會 除
衆趣 無央數 計諸句 世三世敎等 越有爲
學諸法 曉衆生音 獅子娛樂

무아(無我)로 나를 멸제(滅除)하고 나는 장차 방편
의 장목(杖木)으로 회전(回轉)하여 물러서는 것을
멸제하고는 인심(仁心)과 화평(和平)의 경계로 나아
가고자 하면서 매우 유연(柔軟)하고 매우 유약(柔
弱)하며, 말 구절에서 드러나는 모든 부처님의 회
전(回轉)과 모든 총지(總持), 모든 말씀을 실천하고
회전을 다하여 모든 중생의 모임을 다하도록 모
든 취향(趣向)하는 것을 없애고 무앙수(無央數)의

모든 구절을 헤아려서 세간 삼세(三世) 가르침인 모든 유위(有爲)를 벗어나 모든 법을 배우고 중생음(衆生音)과 사자오락(獅子娛樂)을 깨닫고자 한다.

"세존이시여! 만약 보살이 이 다라니를 들으면 당연히 보현보살의 신통력(神通力)인 줄 알 것이며, 만약 법화경이 염부제(閻浮提)에 유행(流行)할 때에 수지(受持)하는 사람이 있으면 '이 모두가 보현보살의 위신력(威神力)이다'라고 생각할 것입니다. 만약 이 경전을 수지하고 독송(讀誦)하며, 바르게 생각하고 그 의미를 이해(理解)하며, 말한 것과 같이 수행(修行)하면 이 사람은 보현행(普賢行)을 실천하는 줄 알게 되며, 무량하고 무변한 모든 부처님이 깊이 선근(善根)을 심은 곳에서 모든 여래가 손으로 머리를 어루만지는 게될 것입니다.

다만 경전을 서사(書寫)하기만 하여도 그 사람은 죽어 도리천(忉利天)에 태어나게 되고 그곳에 태어날 때에는 8만4천 천녀(天女)들이 여러 기악을 연주하며 영접(迎接)하고, 그 사람은 또 칠보관(七寶冠)을 쓴 채 채녀(綵女)들 속에서 즐겁고 쾌락하는데, 하물며 받아 지니고 읽고 외우며 바르게 생각하고 그 뜻을 잘 이해하며, 말한 것과 같이 수행함이야 더 말할 나위가 있겠습니까?

만약 어떤 사람이 이 경전을 받아 지니고 읽고 외우고 그 뜻을 잘 이해하면 그 사람은 죽은 후 1천 부처님께서 손을 주어 두렵지 않게 해주시고 악취(惡趣)에 떨어지지 않고 도솔천(兜率天)의 미륵보살(彌勒菩薩) 계신 곳에 태어날 것입니다. 미륵보살은 32상을 갖추고 위대한 보살들에게 둘러싸여 백천만 억의 많은 천녀(天女)들과 그 권속(眷屬)들이 있는 속에 태어나 이와 같은 큰 공덕(功德)과 이익(利益)이 있습니다. 지혜있는 사람은 반드시 일심(一心)으로 이 경전을 스스로 쓰고 남에게 쓰게 하며, 수지하고 독송하며 바르게 생각하고 말한 것과 같이 실천하게 하겠습니다.

세존이시여! 제가 이제 이 신통력으로 이 경전을 수호하여 여래께서 멸도(滅度)한 후 사바세계에서 널리 유포(流布)하여 끊어지지 않게 하겠습니다."

그때에 석가모니 부처님이 칭찬하며 말하였다.

"옳지! 옳지! 보현보살아! 네가 경전(經典)을 수호(守護)하는 것을 도와 많은 중생들을 안락(安樂)하고 이익(利益)되게 할 수 있느냐? 네가 이미 헤아릴 수 없는 공덕을 성취하고 깊은 대자비심(大慈悲心)으로 오랜 옛날부터 아뇩다라삼먁삼보리의 의지(意志)를 드러내어 이런 신통한 원력(願力)을 만들어 이 경전을 수호하는구나. 나도 역시 신통력으로 보현보살(普賢菩薩)의 이름을 수지한 사람을 수호하겠다.

보현보살아! 법화경을 수지하고 독송하며 올바르게 생각하고 수습(修習)하면서 서사(書寫)한다면 이런 사람은 석가모니 부처님을 친견(親見)하고 부처님의 입으로 이 경전을 듣는 것과 같다는 것을 알아라. 이런 사람은 석가모니 부처님께 공양(供養)하는 것과 같음을 알아야 하며, 이런 사람은 부처님이 훌륭하다고 칭찬한다는 것을 알아야 한다. 이런 사람은 석가모니 부처에게서 마정수기(摩頂授記)함을 알아야 하며, 이런 사람은 석가모니 부처님이 옷으로 덮어 주신다는 것을 알아야 한다.

이런 사람들은 다시는 세속(世俗)의 즐거움을 탐착(貪着)하지 않고 외도(外道)의 경서(經書)와 손으로 쓴 것도 좋아하지 않고, 또 다시 그 사람은 모든 악한 사람들에게 즐겨 친근(親近)하지 않는데, 혹 백정이거나 돼지·양·닭·개 등을 기르는 사람이거나 사냥꾼이거나 여색(女色)을 파는 이들과 즐겨 친근(親近)하지 않는다. 이 사람들은 마음과 뜻이 정직(正直)하고 올바르게 생각하며, 복덕(福德)이 있어 삼독(三毒)의 고뇌를 받지 않으며, 또한 다시 질투(嫉妬)하지 않고 아만(我慢)하지 않으며, 사만(邪慢)하지 않고 증상만(增上慢)의 고뇌를 받지 않으며, 이 사람은 탐욕을 적게 하는데 만족하여 보현의 실천(實踐)을 수행할 수 있다.

보현보살아! 여래가 멸도한 후 500년 오탁악세에서 만약 사람이 이 법화경을 수지하고 독송하면서 이런 생각을 하여라. '이 사람은 오래지 않아 도량(道場)에 참례(參禮)하고는 모든 마군(魔軍)의 무리를 파멸(破滅)하고 아뇩다라삼먁삼보리를 증득하며, 법륜(法輪)을 윤전(輪轉)하고 법고(法鼓)를 두드리며, 법라(法螺)를 불고 법(法)비를 내리며, 당연히 천인(天人) 속에서 사자좌(獅子座)에 앉을 것이다.'

보현보살아! 후세(後世)에 만약 이 경전을 수지하고 독송하면 이 사람은 의복(衣服)·침구(寢具)·음식(飮食)·생활용품에 탐착(貪着)하지 않을 것이며, 원(願)하는 게 헛되지 않으며, 또한 현세(現世)에서 그 복보(福報)를 획득할 것이다. 만약 어떤 사람이 이를 경멸(輕蔑)하고 훼방(毁謗)하여 '너는 미친놈으로 헛되이 이런 행동을 하는 것이니 끝내 얻는 게 없을 것이다.'고 말하면, 그 사람의 죄보(罪報)는 세세(世世)에 눈이 없이 태어날 것이며, 공양하고 찬탄하는 사람은 금세(今世)에 과보를 받을 것이다. 만약 다시 이 경전을 수지한 사람을 보고 허물과 사악(邪惡)함을 들추어내어 사실이건 사실 아니건 간에 이런 사람은 문둥병을 얻을 것이다. 만약 경멸(輕蔑)하거나 비웃는 사람은 현세에서 세세(世世)에 어금니가 성글고 이지러지며, 입술을 추악(醜惡)하고 코는 납작해지며, 손과 다리가 삐뚤어지고 눈이 틀어지며, 몸에서는 추악한 냄새가 나고 고약한 피고름이 나며, 곱창

병과 숨이 가쁜 병과 같은 여러 가지 추악한 몹쓸 병에 걸
릴 것이다. 보현보살아! 그러므로 보현보살아! 만약 이 경
전을 수지한 사람을 보면 당연히 멀리서도 추앙(推仰)하는
마음을 일으키고 부처님과 같이 공경해야 하느니라."

(3) 본 장의 중요한 작용을 강조하고 최후에 간단(簡單)하게
   법화회상에서 대중들이 불법(佛法)을 듣고 만족해하면
   서 고별(告別)하며 법화경을 결론짓는다.

原文

說是普賢勸發品時 恒河沙等無量無邊菩薩 得
百千萬億旋陀羅尼 三千大千世界微塵等諸菩薩
具普賢道[37]
佛說是經時 普賢等諸菩薩 舍利弗等諸聲聞
及諸天 龍 人非人等 一切大會[38] 皆大歡喜 受持
佛語 作禮而去

해석

이 보현권발품을 설법(說法)할 때에 항하사(恒河沙)와 같은
무량하고 무변한 보살들이 백천 만억(萬億)의 선다라니(旋
陀羅尼)를 증득하였으며, 삼천대천세계의 미진수(微塵數)와

같은 보살들이 보현보살의 재량(才量)을 갖추었다.

　부처님께서 이 경전을 설법하실 때에 보현보살과 같은 모든 보살과 사리불(舍利弗)과 같은 모든 성문(聲聞)과 천룡(天龍)·인비인(人非人) 등의 일체 대중들이 모두 크게 환희(歡喜)하고 부처님의 말씀을 수지(受持)하고는 예를 갖추고 물러갔다.

1) 普賢菩薩(Samantabhadra): 부처님의 행원(行願)을 대변하는 보살. 문수 보살(文殊菩薩)과 함께 석가모니 부처님을 협시(脇侍)하는 보살. 문수보 살이 여래의 왼편에서 여러 부처님의 지덕(智德)과 체덕(體德)을 맡음에 대하여, 보현보살은 오른쪽에서 이덕(理德)과 정덕(定德)과 행덕(行德)을 맡는다.

2) 不可稱數: 숫자로 계산 할 수 없이 많은 수를 말한다. 칭수(稱數)는 계 산하다의 뜻이다.

3) 寶威德上王佛(Ratnatejobhyudgatarāja): 덕이 한없이 높아서 모든 사람 을 다 구원할 수 있는 힘을 갖추고 계신 부처님이라는 뜻이다.

4) 正定聚: 삼정취(三定聚)의 하나이다. 진리를 보고 나서 성자(聖者)는 견 혹(見惑)을 끊으면 반드시 열반에 들어가는 게 정해져 있으므로 정성정 취(正性定聚)이고, 오무간업(五無間業)을 저지르면 반드시 지옥에 들어가 는 게 정해져 있어서 사성정취(邪性定聚)이며, 그 나머지는 인연에 의하 여 순서대로 이루어져서 정해지지 않았으니 부정성취(不定性聚)이다.

5) 四法: 4가지 특성을 말한다. 법은 특성(特性), 특질(特質)을 말한다.

6) 於後五百歲 濁惡世: 500년간의 오탁악세에 있어서의 의미이다.

7) 魔民: 마인(魔人)으로 흉악(凶惡)한 사람이다.

8) 爲魔所著者: 마귀가 덮어 쓰인 사람.

9) 羅刹: 25장 관세음보살보문품 참조.

10) 鳩槃茶: 3장 비유품 참조.

11) 毘舍闍: 3장 비유품 참조.

12) 吉遮: 26장 다라니품 참조.

13) 富單那: 26장 다라니품 참조.

14) 韋陀羅(vetada): 염도귀(厭禱鬼), 악귀(惡鬼)의 하나이다.

15) 六牙白象: 보현보살이 타고 다니는 코가 여섯 달린 흰코끼리이다.

16) 旋陀羅尼: 17장 분별공덕품 참조.

17) 百千萬億旋陀羅尼(koṭiśatasahasrāvartā): 선전(旋轉)한 백천 만억의 총 지(總持)를 가진 불법(佛法)을 말한다.

18) 法音方便陀羅尼(sarvarutakauśalyāvartā): 일체 음성이 교묘(巧妙)하게 회전(回轉)한다는 의미이다.

19) 三七: 21을 말한다.

20) 非人: 요사스러운 마귀(魔鬼)와 요괴(妖怪)를 말한다.

21) 摩其頭: 부처님이 사람들이 성불(成佛)할 것이라고 예언하면서 불법(佛法)을 촉탁(囑託)하는 것으로 상대방의 머리를 쓰다듬는 것을 말한다. 마정수기(摩頂授記).

22) 但: 단지.

23) 忉利天(trayastrimśādevāḥ): 33천을 말한다. 수미산 정상에 있다.

24) 授手: 손을 펼쳐서 영접(迎接)하는 것을 말한다.

25) 兜率天(Tuṣita): 미륵보살이 기거(寄居)하는 정토(淨土).

26) 三毒: 삼구(三垢), 삼화(三火), 삼불선근(三不善根)이라고도 하며 탐진치로 사람을 해치는 번뇌(煩惱)이다.

27) 我慢: 자기 재주를 믿고 남에게 오만(傲慢)한 것을 말한다.

28) 邪慢: 자기가 옳다고 하면서 악한 일을 저지르고 다른 사람을 경시(輕視)하고 기만(欺瞞)하는 것을 말한다.

29) 增上慢: 불법을 증득하지 못하였으면서도 깨달았다고 하며 스스로 오만(傲慢)한 것을 말한다.

30) 狂人: 미치광이.

31) 出: 비평(批評)하는 것을 말한다.

32) 白癩病: 추악(醜惡)한 질병.

33) 繚戾: 움직이는데 풀리지 않는 것을 말한다.

34) 角睞: 사팔뜨기를 말한다.

35) 水腹: 배에 물이 차는 것을 말한다.

36) 短氣: 호흡이 위에서 아래로 내려가지 않는 것을 말한다. 즉 호흡이 가쁜 것이다.

37) 具普賢道: 보현보살의 덕행(德行)을 구비(具備)한 것을 말한다.

38) 一切大會: 법화회상에 참여한 일체 중생을 말한다.

39) 籠羅: 새장과 그물, 인신하여 포괄함.

40) 黃面老子: 석가모니를 말한다.

41) 廓然: 확 트인 모양, 넓고 텅 빈 모양, 마음이 넓고 거리낌이 없는 모양.

42) 薰然: 온화한 모양.

43) 啻: 하(何)의 뒤에 쓰여 그것뿐만 아니라 다시 또 무엇이 있다는 의미이다.

44) 訕謗: 헐뜯음, 비방함.

45) 驚抃: 몹시 기쁜 것을 형용하는 말이다.

묘법연화경 별찬
(妙法蓮華經 別讚)

原文

法說頌曰

一光東照八千土　　大地山河妙體融
卽是如來微妙說　　不須向外謾尋覓

해석

진리의 게송으로 말하기를,

한 줄기 광명이 동쪽으로
팔천(八千) 나라를 비추니
대지(大地)와 산하(山河)의
신묘한 본체(本體)는 원융(圓融)하구나.
바로 여래(如來)의 미묘(微妙)한 설법(說法)
밖을 향하여 부질없이 찾지 말라.

原文

喩說頌曰

中下多聞多不信　　縱橫方便擁魚蝦
君看長者心無黨　　等賜莊嚴一大車

해석

비유하는 게송으로 말하기를,

중하근기(中下根機)는 다문(多聞)하여도
모두 믿지 못하며,
종횡(縱橫) 방편(方便)으로
물고기와 새우까지 껴안으니
그대는 장자(長者)의 마음이
치우치지 않았음을 살피면
고르고 장엄(莊嚴)한
하나의 큰 거(車)를 하사(下賜)하셨네.

智圓頌曰

諸佛智慧難測量　　一權一實相兼帶
吉祥鶖子助宣揚　　廓照沙界無內外

원융한 지혜의 게송으로 말하기를,

모든 부처님 지혜(智慧)는 측량(測量)하기 어렵고
하나의 권실(權實)이 서로 겹쳐서 얽혀 있으며,
길상(吉祥)인 추자(鶖子)는 선양(宣揚)함을 도우니
항하사계(恒河沙界)를 널리 비추니
내외(內外)가 없더라.

行圓頌曰

身語意悲俱攝盡　　靈山大事廣流宣
諸佛本懷這介是　　依他樣子卽能圓

원만한 게송으로 말하기를,

신구의업(身口意業)을 모두 총섭(摠攝)하여 끝내고
영산(靈山)의 위대한 사업(事業)은
널리 흘러 선양(宣揚)되네.
모든 부처의 본래 마음이 이것일 뿐이니,
다른 것에 의지(依支)한 것도
바로 원융(圓融)하구나.

俱圓頌曰

如是而終如是始　　因緣本來盡如如
三千法界圓融盡　　嗔喜偏圓共一車

원만 구족한 게송으로 말하기를,

여시(如是)로 끝내고 여시로 시작하며,
인연(因緣)은 본래 여여(如如)로 끝난다네.
삼천법계(三千法界)는 원융(圓融)함을 다하고
성냄과 기쁨도 편원(偏圓)한 모두 한 마차라네.

流通頌曰

如是流通無盡意　　籠羅³⁹⁾沙界若爲論
如如此法無今古　　何復靈山問世尊

해석

유통하는 게송으로 말하기를,

이처럼 유통(流通)하면 끝이 없는 뜻이며
새장과 그물과 같은 사계(沙界)를 논한다면
여여(如如)한 이 진리는 고금(古今)이 없고
어찌 다시 영산(靈山)에서 세존께 묻는가?

夫欲了大事因緣 必須智行兩圓 看他靈山黃面
老子[40] 欲暢本懷 與人天大衆 說此一部蓮經 先
以法開 後以喩說 廓然[41]如日輪當午 礨無側影
薰然[42]若酥出醍醐 更無異味 人天聲聞 俱授記
荊 見聞隨喜 俱蒙利益 眞介諸佛秘要之藏 降靈
之本 致持是經者 必以本智爲體 妙行爲用 智行
兩全 乃得流通 堪報佛恩 其或逐於名相 泥於句
數 依舊迷封滯殼 何啻[43]白雲千里 所以講此經
者 如麻似粟 解此經者不滿什一 鼠喞鳥鳴 不可
彈論 雖然如是 古人道 聞而不信 尙結佛種之因
學而不成 猶蓋人天之報 則不可以一槪論 況此
經以悲智立體 嗔喜偏圓 同入寶所 訕謗[44]罵辱
俱結勝緣 暫持一偈 隨喜亦圓 幸披蓮部 不勝驚
抃[45]而說偈言

開佛知見	暢佛本懷
言言獨妙	法法純圓
滅斷常見	掃幻妄境
如彼大雲	雨於一切
一味淸涼	四衆咸悅

凡所歸依　　皆蒙利益
將此深心　　用報佛恩
龍天擁護　　外道摧膽
上祖佛化　　下利幽冥
凡厥有情　　俱生壽域

해석

　대개 일대사인연(一大事因緣)을 깨닫고자 하면 반드시 지혜(智慧)와 실천(實踐), 둘이 원만(圓滿)해야 하며, 저 석가모니 부처님을 살펴보면 본래 마음을 펼치시고자 인천대중(人天大衆)과 함께 이 하나의 묘법연화경을 말씀하셨다. 먼저 법(法)을 개시(開示)하고 후에 비유(譬喻)로 말씀하시니 곽연(廓然)하여서는 정오(正午)가 되어 모두 기울어진 그림자가 없고 훈연(薰然)하여서는 연유(煉乳)에서 제호(醍醐)가 나오는 것과 같아 다시 다른 맛이 없다. 인천(人天)과 성문(聲聞)이 모두 수기(授記)의 씨를 뿌리고 견문(見聞)하면서 수희(隨喜)하여 모두가 이익이 되는구나. 참으로는 모든 부처님의 비요(祕要)의 장(藏)이며, 강령(降靈)의 근본(根本)이니 이 경전을 수지(受持)함에 이른 사람은 반드시 본래 지혜(智慧)로서 본체(本體)를 삼고 묘행(妙行)을 작용으로 하여 지혜와 실천이 모두가 온전하면 바로 유통(流通)하게 되어 부처님의 은혜에 보답(報答)한다. 혹 명상(名相)을 따라다니면 글자 수에 빠져서 예전의 미혹(迷惑)함에 의하여 크게 껍질을 쌓으니 어찌 백운(白雲)이 천리(千里)일 뿐이 아니겠는가? 그러므로 이 경전을 강의하는 것은 마(麻)가 조와 비슷함이다. 이 경전을 이해하는 사람은 10분의 일도 되지 못하니 쥐 소리와 새소리일 뿐, 평론(評論)할 가치도 없다. 비로소 이와 같아 고인(古人)이 말하기를, '듣고도 믿지 않으면 부처님 종자인 인자(因子)가 끝난 것이고 배우고도 성취하지 못하면 인천의 과보(果報)가 덮여 있어 하나로 개론(概論)할 수 없음이다.'라고 했다. 하물며 이 경전은 자비(慈悲)와 지혜(智慧)로서 본체(本體)를 성립하고 성냄과 기쁨의 치우침과 원만함이 모두 보배의 처소(處所)에 들어가 헐뜯고 채찍질하며 모욕(侮辱)하면서 모두가 수승(殊勝)한 인연을 맺었으니 잠깐 동안 한 게송(偈頌)이라도 지니고 수희(隨喜)하면서 원융(圓融)하면 다행히 이 묘법연화경에 의하여 큰 기쁨을 이기지 못하겠다.

　게송으로 말하기를,

　　부처님의 지견(知見)을 개시(開示)하여
　　부처님의 본래 마음을 펼치니
　　말마다 홀로 미묘하고

법마다 순수하고 원융하다네.

단견(斷見)과 상견(常見)을 단멸(斷滅)하여

환화(幻化)인 망견(妄見)을 제거하리니.

저기 큰 구름이 일체 비를 내리듯이

일미(一味)는 청량(清涼)하여

사부대중이 모두 기뻐한다네.

모두가 귀의(歸依)하여

모두에게 이익이 된다네.

장차 이런 심심(深心)이

불은(佛恩)을 보답할 것이고

용천(龍天)이 옹호(擁護)하고

외도(外道)는 쓸개가 끊어진다네.

위로는 조사(祖師)와 부처님이 교화하여

아래로는 유명(幽冥)에도 이익되고

대개 유정(有情)들이 모두 살아가는 터전이라네.

부 록

정명 국사(靜明國師)의 법화경찬(法華經讚)

함허 기화 선사(涵虛己和禪師)의 법화경송(法華經頌)

법화경찬(法華經讚)

백련사(白蓮社) 2대(二代) 정명 국사(靜明國師)[1]

彌陀讚偈曰

我聞彌陀法性身	量等虛空無罣碍[2]
依於法性現尊特[3]	不動西方徧沙界
是則不離我身心	心外別求甚顚倒
凡所有相皆虛空	一源淸淨無來性
信知心淨佛土淨	動念卽是生淨土
心染欲生蓮華界	如將方木逗圓孔
彌陀昔爲王子時	覆講法華疾成佛

---

1) 靜明國師(1205~1248): 고려 중기(中期)의 승려. 진각 혜심(眞覺慧諶) 선사
를 은사로 득도(得度)하였다.

2) 罣碍: 거치적거림. 장애가 됨.

3) 尊特: 우러러보는 존재를 말한다.

今世結緣法華者　　生彼親聞轉最妙

내가 아미타불(阿彌陀佛)의 법성신(法性身)을 듣고
허공(虛空)과 같음을 헤아려도 장애(障礙)가 없었다.
법성(法性)에 의하여 존특(尊特)을 드러내어
움직이지 않고도 모든 세계를 고루 미치네.
이는 내 신심(身心)을 저버리지 않는 것이며,
마음을 벗어나 달리 구하면 매우 전도(顚倒)함이라네.
대개 상(相)이 있는 것은 모두 허공이니
하나의 근원이 청정(清淨)하면
다가오는 불성(佛性)도 없다네.
마음이 청정하면 불국토가 청정함을
믿어서 알게 되니
움직이는 순간에도 정토(淨土)가 생긴다네.
마음이 탐욕(貪欲)에 염착(染著)하면서
연화계(蓮華界)에 태어나는 것은
모난 나무가 둥근 구멍에 이르는 것과 같다네.
아미타불이 예전 왕자 시절에
거듭하여 강의하는 법화경으로 빨리 성불하였네.
금세에 법화경에 결연(結緣)한 사람들이여,
몸소 들으면 매우 미묘(微妙)함을 일으키리라.

妙法華經摠讚

稽首[4]圓滿修多羅	大乘妙法蓮華經
金口[5]圓音所演說	本有理妙難思議
逈絶言辭稱妙法	本來淸淨喩蓮華
諸法實相爲正體	平等佛慧爲妙宗
一一言句徧法界	字字互具如帝珠
如來秘藏甚深遠	四十餘年未開示
久默本懷今乃暢	無二無三唯一乘
妙哉此法甚希有	如優曇華時一現

원만(圓滿)한 경전인
대승묘법연화경에 머리 조아립니다.
부처님이 원만한 음성(音聲)으로 연설(演說)하였으나
본래 이치가 미묘하여 사유하기는 어렵습니다.

언사(言辭)를 멀리 끊었으니 묘법(妙法)이라 한다.
본래 청정(淸淨)함은 연화(蓮華)에 비유하지만
제법실상(諸法實相)이 올바른 본체(本體)이니

---

4) 稽首: 머리가 땅에 닿도록 조아리는 것을 말한다.
5) 金口: 부처님의 말.

평등(平等)한 부처님의 지혜(智慧)는

미묘한 종지(宗旨)라네.

하나하나의 언구(言句)는 법계에 고루 미치고

하나하나의 글자가 상호 구비(具備)함이

제왕구슬과 같으니

여래의 비장(祕藏)은 매우 심원(深遠)하여

40여년을 개시(開示)하지 않다가

오랜 침묵(沈默) 속에 마음을 이제 펼치니

둘도 아니고 셋도 아닌 일승(一乘)뿐이라 한다.

미묘(微妙)하구나, 이 법이 매우 희유(希有)함이여!

우담바라가 한 번 피는 때와 같다네.

妙法蓮華經隨品別讚

序品〈第一卷〉

如來常住靈鷲山	豪光照萬八千土
天雨四花地六動	示現二土種種相
聲聞四衆及菩薩	天龍八部共圍繞
法身大士作影響	化主形聲愈光揚[6]
目連鶩子爲上首	無盡當機癭欲潰
欲收無量會歸一	先說一法出無量
彌勒慇懃發疑問	文殊引古答分明
今佛古佛事皆同	故知法王法如是

여래(如來)는 항상 영축산(靈鷲山)에 계시면서

백호(白毫) 광명(光明)으로 1만8천 국토를 비추니

하늘에서 네 가지 꽃이 내려오고

대지(大地)는 여섯 종류로 진동하며

두 국토에 갖가지 상을 시현(示現)하네.

성문(聲聞)과 사부대중(四部大衆) 보살들과

천룡팔부(天龍八部)도 모두 위요(圍繞)하였으며,

법신대사(法身大士)의 영향(影響)을 입어

---

6) 光揚: 빛나고 드날림.

화주(化主)가 이룬 소리는 더욱 빛난다.

목련추자(目連鷲子)가 우두머리 되어

끝없이 근기(根機)에 따라 악창(惡瘡)을 없애려 하네.

무량한 중생을 섭수(攝受)하여

일승(一乘)에 회귀하게 하려고

먼저 하나의 법을 말하여 무량함을 초출(超出)하였네.

미륵보살(彌勒菩薩)이 은근히 의문을 일으키니

문수보살이 옛 기록을 이용하여 분명하게 대답하네.

금불(今佛)과 고불(古佛)이 모두 같으므로

법왕(法王)의 법이 여시(如是)함을 알겠네.

方便品

佛從定起歎方便　　祗爲開三方顯一[7]
三千妙境叵[8]思議　　唯佛乃能知是事
稻麻二乘猶不識　　恒沙菩薩亦難信
三止三請何殷勤　　大事因緣豈容易
佛之知見蘊在心　　但是眾生自迷惑
圓音一下頓開悟　　諸法本來常寂滅
人天小善皆成道　　何況一句受持者
一開之後無所聞　　我等亦知當作佛

부처님이 선정(禪定)에서 일어나

방편을 찬탄(讚歎)하니

다만 개삼현일(開三顯一)할 뿐이네.

삼천(三千) 묘경(妙境)은 사의(思議)하기 어렵고

오로지 부처님만이 이 일을 알뿐이라네.

도마(稻麻)인 이승(二乘)은 알지 못하고

항하사의 보살들도 역시 알기 어렵다네.

---

7) 開三顯一: 삼승(三乘)이 방편(方便)의 가르침이며 일승(一乘)이 진실(眞實)의 가르침임을 나타내는 일.

8) 叵: ~하기 어렵다.

삼지삼청(三止三請)이 은근(殷勤)하다 하지만
일대사인연(一大事因緣)이 어찌 용이(容易)하리요!
불지견(佛知見)은 쌓여서 마음에 있으나
중생은 스스로 미혹(迷惑)할 뿐이네.
원음(圓音)이 내리면 바로 개오(開悟)함이니
모든 부처님은 본래 항상 적멸(寂滅)하다네.
인천은 조금만 옳아도 모두 성불(成佛)하는데
하물며 한 구절이라도 수지(受持)한 사람이야
한 번 개시한 후 받아들이지 않는다 해도
우리들은 역시 부처님이 되는 것을 알고 있다네.

譬喻品 〈第二卷〉

上根法說已得悟	中根抱迷猶未遣
中峯月隱可擧扇	風息大虛宜動樹
故將譬喻顯眞理	諸法了然[9]皆實相
三界宅中大火起	四面俱燒無出路
諸子無知猶在中	長者何心不驚救
先將珍玩適其情	謂言門外有三車
出外方知是方便	身意泰然當露地
快哉長者愛無漏	白牛大車平等賜

상근기(上根機)는 설법(說法)을 마치자
개오(開悟)하였고
중근기(中根機)는 미혹(迷惑)함을 품고
떨치지 못하였네.
중봉(中峯)에 달이 숨은 것은 바람이 불어서이고
바람이 그쳐도 허공에 있는 나무는 움직인다네.
그런 까닭에 비유(譬喻)로 진리를 현시(顯示)하시니
모든 법의 분명함은 그대로가 실상(實相)이라네.
삼계(三界)의 집안에 큰 화재가 일어나니

---

9) 了然: 분명한 모양. 명확한 모양.

사방이 모두 타는데 나갈 길이 없다네.
모든 자식들이 그 안에 있는 줄도 모르고
장자(長者)는 어떤 마음으로
놀라 구제(救濟)하지 않는가.
진귀(珍貴)한 완구(玩具)로 그 감정을 따르게 하려니
문 밖에 삼거(三車)가 있다 말하네.
밖으로 나오는 방편(方便)임을 알고서
몸과 마음이 태연(泰然)하게 로지(露地)에 이르렀네.
기쁘구나! 장자의 사랑에 빈틈이 없고
백우(白牛)의 큰 거를 평등하게 주었다네.

信解品

如來廣說火宅喩	金色頭陀獅[10]子吼
齊探二領[11]解佛意	三世化儀[12]如指掌[13]
咄哉窮子捨本城	流落他鄉轉辛苦
幾年長者四方求	何幸門前相會遇
但由鄙志頓難廻	猶向草菴除糞土
一朝長者語丁寧[14]	汝是吾子吾是父
先所出内汝自知	無盡家珍皆所有
忽然頓得實非望	莫大之恩何以報

여래(如來)가 널리 설법(說法)한 화택(火宅)의 비유에

금색두타(金色頭陀)는 사자후(獅子吼)를 하고

같이 탐구하던 두 친구는 부처님의 뜻을 이해하니

삼세의 화의(化儀)는 매우 쉬운 일이라네.

곤궁(困窮)한 자식이 본성(本城)을 버리고

타향(他鄉)에서 이리저리 유락(流落)하며

---

10) 金色頭陀: 마하가섭을 말한다.

11) 二領: 마하가섭과 같이 공부하던 두 명의 제자.

12) 化儀: 교화하는 의식.

13) 指掌: 손바닥을 가리킴. 매우 쉬운 일에 비유함.

14) 丁寧: 간절히 당부함. 또는 충고함. 틀림없이.

고생하는 동안
몇 년을 장자는 사방에서 찾고 있었는데
다행히 집 앞에서 서로 만나게 되었다네.
다만 비천(鄙賤)한 의지(意志)는
바로 되돌리기 어려워
초암(草庵)에서 분토(糞土)를 제거하게 하였네.
하루아침 장자가 간절히 당부하며 말하기를
'너는 내 아들, 나는 너의 아버지,
먼저 내팽개친 것을 스스로 알고
무진한 집안의 보배 모두 가지라' 하네.
홀연(忽然)히 얻었지만 참으로 바라는 게 아니니
크나큰 은혜를 어찌 갚으리오?

藥草喩品〈第三卷〉

大地所生知幾種	藥草用强偏治病
大海龍神將降雨	電光晃耀雷聲震
一雲徧布三千界	一雨普潤群生類
三草二木[15] 悉蒙潤	大小根莖頓滋茂
法王法雨潤無邊	令法種子漸增長
良由根性有利鈍	隨其所堪各得解
幾年勤苦[16] 爲調熟	酥酪醍醐成一味
信知差別本無差	究竟同歸一實境

대지(大地)에서 자라는 것이 몇 종류인지 아는가!

약초(藥草)의 쓰임은 병을 치료하는데 있고

대해(大海)의 용신(龍神)이 비 내리기를 기다리면

번개가 내리치고 우레 소리가 진동(震動)하네.

구름이 삼천대천세계(三千大千世界)를 뒤덮고

내리는 비가 모든 생명을 적시니

삼초이목(三草二木) 모두가 윤택함을 입어

크고 작은 뿌리와 줄기 일시에 우거지게 번성하네.

---

15) 三草二木: 모든 식물을 말한다.

16) 勤苦: 부지런히 힘씀.

법왕의 법우도 윤택함이 끝이 없어서
법의 종자를 점점 증장하게 하여
진실로 근성에서 이둔이 있으니
그 감내할 바에 따라 견해를 증득한다네.
몇 년을 부지런히 힘써 알맞게 익으면
소락(酥酪)과 제호(醍醐)는 한 맛이라네.
차별은 본래 차별이 없다는 것을 믿어 알게 되면
구경에는 모두 하나의 진실에 귀의하리라.

授記品

法性湛然[17]如虛空　　本際平等無高下
豈容生滅一纖毫[18]　　況有劫國[19]身壽量
四大聲聞[20]是應化　　眞位久已證圓極
但由示現迹在小　　今日廻心方入大
未知當果幾時熟　　國土莊嚴復何似
須聞金口現前記　　決定了知眞是佛
如從飢國遇王饍　　必須王敎乃敢食
從前疑悔頓氷釋　　一切熱惱皆淸涼

법성(法性)은 담박(淡泊)하여 허공과 같고

근본에 이르면 평등(平等)하여

고하(高下)도 없다네.

어찌 생멸(生滅)하는 하나의 섬호(纖毫)이리요,

하물며 겁국(劫國)에 있으면서

자신이 수명을 헤아리는가.

사대성문(四大聲聞)이 응화(應化)하여

---

17) 湛然: 투명한 모양. 담박한 모양. 편안한 모양.
18) 극히 미세함.
19) 나라이름.
20) 四大聲聞: 부처님의 제자 4명.

진위(眞位)가 오래 되자 원극(圓極)을 증득하였다네.

단지 시현(示現)한 자취는 소승(小乘)이었지만

이제 회심(廻心)하여 대승(大乘)에 증입하였다네.

현재의 결과가 어느 때 순숙(純熟)하였는지

알지 못하지만

국토가 장엄(莊嚴)함은 다시 어떻게 같은가?

부처님 말씀을 듣고 현전(現前)하는 수기(授記)

결정적으로 깨닫고 보니 참으로 부처로구나.

배고픈 나라에서

왕의 진수성찬(珍羞盛饌)을 만나니

반드시 왕의 가르침대로 먹어야겠네.

이전의 의심과 후회가 얼음 녹듯 녹으니

일체의 타는 것 같은

고뇌(苦惱)가 모두 청량(淸涼)해지네.

化城喩品

二周法譬甚分明	尚有下根疑未了
故談往昔本因緣	廣示元初發心處
過去有佛號大通	萬八千劫說是經
有十六子助宣說	結緣四衆如恒沙
世世相值至于今	胡奈中忘還取小
如人本欲趣寶渚²¹⁾	中路疲懈欲退還
導師方便說化城	旣止息已卽滅之
更令進道至本期	到此方知城是化

이주(二周) 설법(說法)의 비유는 매우 분명한데

오히려 하근기(下根機)는 의심을 마치지 못하니

그러므로 옛날의 본래 인연(因緣)을 말하면서

널리 원초적(原初的)인 발심처(發心處)를 드러낸다네.

과거에 부처님이 있었으니 이름은 대통지승여래는

1만8천 겁을 이 경전(經典)을 설법하였다네.

16왕자(王子)가 설법을 도와 선양(宣揚)하니

결연(結緣)한 사부대중은 항하사(恒河沙)와 같았다네.

세세(世世)에 서로 가지다가 지금에 이르렀으니

---

21) 寶渚: 열반을 비유로 말한 것이다.

어찌 함부로 이를 잊고

소승(小乘)으로 돌아가려 하는가.

사람들은 본래 보저(寶渚)로 가려고 하다가

중도에서 피곤하고 게으르면 그만 두려고 하네.

도사는 방편으로 화성을 말하여

그만두려는 것을 바로 없애버린다네.

다시 길을 가서 본래 기약한 곳에 이르면

여기에 이르러서야 성이 환화인 줄 안다네,

五百弟子授記品〈第四卷〉

　　滿慈[22] 白晳[23] 鸚鵡觜　　說法人中稱第一
　　能於一念默然解　　　　唯佛能知本所願
　　內秘外現助法化　　　　故授當來成道記
　　千二百聖亦慶喜[24]　　　轉次受決同一號
　　其中五百各自悔　　　　咄哉得小便爲足
　　貧人醉臥親友家　　　　不知衣裏繫明珠
　　忽然醉起遊他國　　　　辛苦多年覓衣食
　　一朝會遇昔時友　　　　無價寶珠非外得

제자 만자(滿慈)는 살결이 희고 깨끗하며

앵무새의 부리를 가지고 있어서

설법(說法)하는 사람 중에 제일로 불리는데,

한 순간에 묵연(默然)히 이해하니

오직 부처님만이 본래 원하는 바를 알 수 있었다네.

마음으로는 숨기고 밖으로 드러나

불법(佛法) 교화(敎化)를 돕는 까닭에

---

22) 滿慈: 부처님 제자 부루나를 말한다.

23) 白晳: 살결이 희고 깨끗함.

24) 慶喜: 아난을 말한다.

현재에 수기(授記)하여 성불하였다네.

1,200 아라한과 경희(慶喜)도

차례로 전변(轉變)하여

동일한 이름을 받기로 하였으며,

그 안에 500나한(羅漢)은 제각기 뉘우치는데

애들아! 소승(小乘)을 얻고도 만족하느냐!

빈궁(貧窮)한 사람이 술에 취해서 친구 집에 누워 있는데,

옷 속에 맑은 구슬이 들어 있는 줄 몰랐다네.

홀연히 취하여 일어나 다른 곳으로 가서

고생하며 몇 년간 의식(衣食)을 찾아다니다가

어느 날 아침에 옛 친구를 만나서

가치를 따질 수 없는 보배 구슬을

밖이 아닌 데에서 얻을 수 있었다네.

授學無學人記品

金輪太子在王宮	羅睺阿難爲弟子
阿難相好最端嚴	目如蓮華面如月
法王出世求爲侍	猶如東日照西壁
空王佛所同發心	彼則多聞我精進
故爲侍者能奉持	佛法大海流入心
羅睺密行誰得知	從法化生爲法子
二千聲聞意柔輭[25]	寂然清淨不受塵
忽聞授記莊嚴事	大喜充滿如甘露

금륜태자(金輪太子)가 왕궁(王宮)에 계시더니

라훌라와 아난이 제자가 되었다네.

아난의 상호는 매우 단엄(端嚴)하여

눈은 청련(靑蓮)과 같고 얼굴은 달덩어리라,

법왕이 출세하자 자진하여 시자(侍者)가 되니

동쪽에 해가 떠 서쪽 벽을 비추는 것과 같았고,

공왕불(空王佛) 처소(處所)에서 함께 발심(發心)하면서

그는 다문(多聞)하고 나는 정진(精進)하였네.

그래서 시자(侍者)가 되어 봉지(奉持)하면서

---

25) 柔輭: 유연(柔軟)과 같으며 부드럽고 연함을 말한다.

불법(佛法) 대해(大海)에 유입(流入)한 마음,

라훌라의 비밀스러운 수행 누가 알았으리.

불법을 따라 중생 제도(濟度)하는 법제자(法弟子)인 줄.

2,000명 성문의 의지(意志)도 유연(柔軟)하고

적연(寂然)하며 청정하니

티끌마저 받아들이지 않는다네.

홀연히 수기(授記)한 장엄(莊嚴)한 일,

큰 기쁨 충만함이 감로(甘露)와 같았네.

法師品

三周正說旣云畢　　迹門流通此爲始
一句受持咸與記　　十種供養當成道
惡世通經是難事　　法師須具三方軌
大慈爲室忍爲衣　　一切法空爲法座
是則善行菩薩道　　鑿井見泥知近水
如來常遣變化人　　亦現淸淨光明身
若在空閑作衛護　　若有忘失令通利
此人眞是如來使　　自利利他終不倦

삼주설법(三周說法)을 끝마치니

적문(迹門)의 유통(流通)이 이에서 시작한다네.

한 구절만 수지(受持)하여도

모두 수기(授記)를 받고

10가지를 공양(供養)하여도 성불(成佛)한다네.

오탁악세(五濁惡世)에

경전을 유통하기 어려운 일이니

법사(法師)는 3가지 방편(方便)

규범(規範)을 구비해야 하니,

위대한 자비(慈悲)는 방(房)이고

인욕(忍辱)은 옷이며

일체 법이 공(空)한 게 법좌(法座)라네.
이는 바로 옳게 보살도(菩薩道)를 실천하는 것으로
우물을 파다가 진흙이 보이면
샘물이 가까워졌음이라네.
여래는 항상 변화(變化)하는 사람을 매쳐버리고
또한 청정(淸淨)한 광명의 몸만 드러낸다네.
한적(閑寂)한 곳에 있으면서 위호(衛護)하며
망실(忘失)한 게 있으면 두루 미치는 이익이라네.
이런 사람은 진정(眞正)한 여래의 사절(使節)이니
자리이타(自利利他)하면서도
끝내 게으르지 않다네.

見寶塔品

多寶如來久滅度　　寶塔忽然從地涌
塔中又出大音聲　　讚歎如來快說法
善哉善哉釋迦文　　如是如是眞實相
先爲證前次證後　　神通願力難思議
卽此娑婆變淸淨　　天人縱移元不動
十方分身共雲集　　各坐樹下師子座
手開塔戶示金身　　身入塔中同半座
今本不生昔不滅　　法性海中漚出沒

다보여래(多寶如來)께서는

옛날에 멸도(滅度)하셨는데

보탑(寶塔)이 갑자기 땅에서 솟아올랐다네.

탑 속에서 또 소리가 들리면서

여래의 흔쾌(欣快)한 설법을 찬탄하는구나.

옳지! 옳지! 석가모니 부처님이시여!

이와 같고 이와 같은 진실상(眞實相)이여!

먼저 이전(以前)을 증득(證得)하고

다음으로 후의 것을 증득함인데

신통(神通)한 원력(願力)은 생각하기 어렵다네.

바로 사바세계(娑婆世界)가

청정국토(淸淨國土)로 변화함이니
천인(天人)은 비로소 움직였지만
원래는 움직이지 않음이라네.
시방(十方)의 분신(分身)이 모두 운집(雲集)하고
제각기 나무 아래 사자좌(師子座)에 앉았다네.
손으로 문을 열자 금신(金身)이 나타나서
몸이 탑에 들어가 함께 반좌(半座)하였네.
지금 본래 생기지도 않았고
옛날에 없어지지 않은 것은
법성(法性)의 바다에 거품이 출몰(出沒)함이라네.

提婆達多品

昔王重法捨王位	難捨能捨眞丈夫
阿私仙人爲宣說	日夜給侍[26]常殷勤[27]
身爲床座尙不倦	採薪汲水何敢辭
是爲往昔善知識	今將惡行助揚化
善惡之極元是一	逆行順行天莫測
文殊大智化海衆	八世龍女頓成佛
男女貴賤體無定	分別形相轉爲癡
圓珠一顆表圓因	淸淨本源無罣碍

옛날 왕은 진리를 귀중하게 여겨

왕위(王位)도 버렸으니

버리기 어려운 것을 버렸으니

진정한 대장부(大丈夫)라네.

아사세선인이 올바르게 일러주자

밤낮으로 시봉(侍奉)하며 항상 관심을 가지고

몸은 좌상(座床)이 되어 오히려 게으르지 않고

나무하고 물 긷는 데에도 어찌 말을 하리요.

---

26) 給侍: 시봉함.

27) 殷勤: 간절함, 관심을 쏟음. 간절히 당부함.

이는 옛날 선지식(善知識)에게 가서
악행(惡行)을 도와 뜻을 이루도록
교화(敎化)하였는데,
선악(善惡)의 끝은 원래 하나이고
역행(逆行)과 순행(順行)은
하늘도 헤아리지 못한다네.
문수보살은 위대한 지혜로
바다와 같은 중생들을 교화하고
여덟 살 용녀(龍女)도 바로 성불하였다네.
둥근 구슬 한 알은 둥근 인지(因地)를 드러내고
청정한 본원은 괘애(罣礙)하지 않는다네.

勸持品

如來引古叩衆聖	重道輕生意彌篤
娑婆惡世難行道	忍力未成誠可畏
二萬大士大忍力	能於此土誓弘經
五百八千新得記	故於他土廣流通
又諸大士順佛意	五濁惡世誓宣說
刀杖來加惡口罵	忍辱鎧中何所損
我不愛身但惜道	大哉弘誓深如海
至今聞見是誰恩	粉骨碎身未足酬

여래는 예전 일을 끌어들여

모든 성문(聲聞)들을 다그치고

진리를 귀중하게 여기고 생명을 경시(輕視)하는

뜻은 오랫동안 돈독하였네.

사바악세(娑婆惡世)에서

진리를 실천하기 어렵지만

참는 능력이 이루어지지 않으면

진실로 두렵다네.

2만 보살은 위대한 인력(忍力)으로

이 국토에서 경전을 홍전(弘傳)하기를 서원(誓願)하고

또 모든 대사들은 부처님 뜻에 수순(隨順)하고

오탁악세(五濁惡世)에서 선양(宣揚)하려
설법하기를 서원하네.
도장(刀杖)이 가해지고 악구(惡口)로 꾸짖어도
인욕(忍辱)의 갑옷이 어찌 손해를 입겠는가.
자신을 사랑하지 않고
다만 성불하지 않았음을 안타까워 할뿐,
크도다!
홍전(弘傳)하려는 서원은 깊은 바다와 같네.
지금까지 보고 들은 것 누구의 은혜인가?
분골쇄신(粉骨碎身)하여 갚아도 다 갚지 못한다네.

安樂行品〈第五卷〉

佛爲初心示方軌　　安住四法[28]乃可說
身當遠離十惱亂　　常處空閑修攝心
口常樂說大乘法　　不說他人長與短
心能捨離嫉恚慢　　亦不輕蔑戲論法
誓願當發慈悲心　　於末法中常演說
身口意願悉安樂　　無動無受無所行
何況此經如髻珠[29]　　三世如來祕密藏
珍重[30]是人能荷擔[31]　　夢中超入銅輪位[32]

부처님께서는 초발심자에게

궤범(軌範)을 현시(顯示)하여

사법(四法)에 안주(安住)하라고 말씀하신다네.

---

28) 四法: 삼보(三寶)에서 법보(法寶)를 말하며, 교법(敎法), 이법(理法), 행법(行法), 과법(果法)이다.

29) 髻珠: 전륜성왕(轉輪聖王)의 상투에 있는 구슬을 비유로 말하였다. 전륜성왕은 여래(如來)에 비유하였고 계(髻)는 이승(二乘)의 권교(權敎)이며 주(珠)는 일승(一乘)인 진리를 말한다. 법화칠유(法華七喩)의 하나이다.

30) 珍重: 아주 소중하게 여김.

31) 荷擔: 어깨에 메다. 어깨에 메고 등에 짊어지다.

32) 銅輪位: 십주위(十住位)로, 불보살(佛菩薩)이 법륜(法輪)을 전동(轉動)하여 모든 계위(階位)의 미혹(迷惑) 장애(障礙)를 단제(斷除)한 것을 말한다.

몸은 당연히 십뇌란(十惱亂)을 저버리고
항상 한적하게 있으면서
마음을 총섭하여 수습한다네.
입으로는 항상 즐겨 대승경전을 설법하고
다른 사람의 장단점(長短點)을 말하지 않는다네.
마음은 질투(嫉妬)와 진에(瞋恚)와
교만(憍慢)을 저버리고
불법(佛法)을 경멸(輕蔑)하거나
희론(戲論)하지도 않는다네.
당연히 자비심(慈悲心)을 일으키기를 서원(誓願)하며
말법(末法)에서도 항상 진리를 연설하며,
신구의(身口意) 모두가 안락(安樂)하기를 바라면서
움직이거나 받아들이거나 수행하는 것도 없다네.
하물며 이 경은 계주(髻珠) 같음이니
삼세의 모든 부처님 비밀장(祕密藏)이라네.
이를 매우 소중하게 여기는 사람은
어깨에 짊어질 수 있으니
꿈속에서도 동륜위(銅輪位)에 넘어 들어간다네.

從地涌出品

迹中三分說已竟	方爲本門成弄引
如來欲現久遠壽	昔時所化先召致[33]
三千大地悉震裂[34]	恒沙菩薩同涌出
巨身金色大神通	不染世法如蓮華
尊師近成寂滅場	弟子久住寂光土
師弟久近至玄邈[35]	致使補處生疑惑
譬如少壯色美人	指百歲人云是子
父少子老世不信	誰知妙藥還年力

적문(迹門)에서 세 부분을 설법(說法)하여 마쳤으며,
본문(本門)에서는 드러내어 인용(引用)하였네.
여래는 오랜 수명(壽命)을 드러내고자 하였으며,
예전에 교화(敎化)한 바를 먼저 유발(誘發)하였다네.
삼천대지(三千大地)가 모두 진동(震動)하며 부서지며
항하사 수만큼의 보살들이 모두 용출(湧出)하였다네.
거대한 몸과 금색(金色)

---

33) 召致: 불러서 오게 함. 유발(誘發)함.
34) 震裂: 진동하며 부서지다.
35) 玄邈: 현적(玄寂)을 말한다.

그리고 위대한 신통력(神通力),

세간법(世間法)에 물들지 않음이 연화(蓮華)와 같다네.

존사(尊師)는 가까이서 적멸장(寂滅場)을 성립하고

제자들은 오래도록 적광토(寂光土)에 머물었네.

사제(師弟)가 오래도록

현적(玄寂)함을 가까이 하였으며,

보처(補處)하면서도 의혹(疑惑)을 일으킨다네.

비유하면 소장(小壯) 얼굴색을 지닌 미인(美人)이며

백세(百歲)의 사람을 가리켜 자식이라 하네.

아버지는 젊고 아들은 늙었으니

세상에서 믿지도 않고

누가 묘약(妙藥)으로

나이가 젊어진 것을 알겠는가?

如來壽量品

世尊壽量實無量　　塵點劫前所修得
一從博地證眞常　　世世示生如水月
雖然萬水影分明　　生滅滅已寂滅樂
衆生皆墮妄見網　　不起希有難遭想
爲令竭仰種善根　　故以方便現涅槃
如大醫王留藥去　　狂子服之能治病
哀哉我輩自迷盲　　不見靈山常住說

세존의 수명(壽命)은 무량한데

아득한 겁(劫) 전에 수행하여 획득한 것.

하나에서 나아가 대지(大地)에서

항상한 진리를 증득하니

세세생생 현시(現示)하여 수월(水月)과 같다네.

비로소 모든 물에 그림자 분명하지만

만고(萬古) 허공(虛空)에도

오로지 하나의 달이라네.

생기지도 않았다가 나타나고

없어지지 않았다가 없어지며

생멸(生滅)이 멸(滅)함을

다하면 적멸락(寂滅樂)이라네.

중생은 모두 허망(虛妄)한 견해(見解)의

그물에 떨어지므로

방편(方便)으로 열반(涅槃)을 현시(現示)한다네.

위대한 의왕(醫王)이 약을 놓고 갔는데,

미친 자식이 이를 먹고 병을 고쳤다네.

슬프구나!

우리들은 스스로 미혹(迷惑)하고 어두워서

영산(靈山)에 상주(常住)하며

설법(說法)함을 보지 못하였네.

分別功德品

本壽久成難可信	四請方宜誠諦語³⁶⁾
天雨寶華天鼓鳴	天人領解皆歡喜
當機獲益不可數	微塵衆生發道心
或證無生或聞持	無碍樂說旋總持
轉不退輪淸淨輪	如是菩薩微塵數
乃至一生補處位	增道損生亦無數
現在四信³⁷⁾位不退	滅後五品³⁸⁾近無漏
常住妙益廣無邊	種熟脫三今不息

본래 수명(壽命)이 오래 전에 이루어졌다니

믿기 어렵지만

사부대중(四部大衆)의 요청(要請)으로

진실로 확실하게 말하니

하늘에서는 보화(寶華)를 내리고 하늘 북을 울리고

---

36) 諦語: 확실하게 말하는 것.

37) 四信: 일념(一念)으로 신해(信解)하는 것으로 문혜위(聞慧位), 다른 사람
들을 위하여 설법하는 사혜위(思慧位), 깊은 믿음으로 관조(觀照)하여
성취하는 수혜위(修慧位), 천박(淺薄)함에서 깊이 들어가는데 점수(漸修)
하여 육근청정(六根淸淨)을 이루는 십신위(十信位)를 말한다.

38) 五品: 자량위(資糧位), 가행위(加行位), 통달위(通達位), 수습위(修習位),
구경위(究竟位)를 말한다.

천인(天人)이 모두 이해하고 환희(歡喜)하였네.
근기(根機)에 따라 획득한 이익은 셀 수가 없었고
미진(微塵)의 중생들이 성불(成佛)하고자 하였네.
혹은 무생(無生)을 증득하고
혹은 듣고 수지(受持)하며
무애(無碍)한 설법을 즐기면서 총지(總持)로 돌리네.
불퇴륜(不退輪)과 청정륜(淸淨輪)을 윤전(輪轉)하는
이와 같은 보살들이 미진수(微塵數)였다네.
일생(一生) 보처(補處)하는 지위에 이르고
도를 증익하려하며 생명도 해치는 사람도
셀 수가 없었으며,
현재에 사신위(四信位)에서 물러서지 않고
멸도(滅度)한 후 오품(五品)을
가까이 하여 번뇌가 없으며,
상주(常住)한 미묘한 이익은
광대(廣大)하여 끝이 없으며,
종자(種子)가 순숙(純熟)하고 삼계(三界)를 벗어남은
지금도 그치지 않는다네.

隨喜功德品〈第六卷〉

好堅在地芽百圍	迦陵毅聲勝諸鳥
圓人一念本無念	頓具三千眞妙理
今聞此理發隨喜	法界洞然全體現
心佛衆生信無差	慶己慶他何可勝
隨聞轉教至五十	功德猶超大薩埵
分座令聽福無量	當得輪王釋梵座
勸人往聽須臾聞	卽共總持菩薩處
最後傳聞尚如是	何況初聞隨喜者

굳은 땅을 좋아하는 모든 곳에서 싹이 트고
가릉빈가 새소리는 모든 새보다 훌륭하다.
원만(圓滿)한 사람은 한 순간도 본래 무념(無念)이니
삼천대천세계의 참다운 묘리(妙理)를
구비(具備)하고 있다네.
이제 이런 이치를 듣고 수희(隨喜)한다면
법계(法界)가 통연(洞然)하여
전체(全體)를 볼 수 있다네.
마음과 부처님과 중생이 차별 없음을 믿고
자타(自他)가 경축(慶祝)하니 어찌 훌륭하지 않으리.
듣고 전변(轉變)한 가르침이 50회(回)에 이르고

공덕(功德)은 위대한 살타(薩埵)보다 높으며,

분좌(分座)하여 들으니 복이 무량(無量)하며,

이제 전륜성왕(轉輪聖王)과 석범(釋梵)이 앉아 있네.

사람들에게 권하자 잠시 동안 와서 들으며,

모두 총지(總持)하는 보살이 있는 곳,

최후에 전승(傳承)하여 듣는 것도 이와 같은데

하물며 처음 듣고 수희(隨喜)함이겠는가?

法師功德品

初品因功先校量　　今明相似果功德
衆生心法本自妙　　但是根塵染相著
忽然打破一塵來　　大千沙界元無碍
是人正入鐵輪位[39]　成就六根清淨相
能於一根具諸用　　雖有肉眼名佛眼
五根功德亦無減　　旋轉莊嚴互受用
或千二百或八百　　能縮能盈又能等
是中無地容纖翳[40]　如淨琉璃含寶月

초품(初品)에서는 연유(緣由)한 공덕(功德)을
우선 헤아리고
여기서는 서로 상사(相似)한 결실(結實)인
공덕을 밝히네.
중생들의 심법(心法)은 본래 저절로 미묘(微妙)하여
다만 근진(根塵)이 서로 염착(染著)한다네.
홀연히 하나의 번뇌가 오는 것을 타파(打破)하면
대천사계(大千沙界)는 원래 걸림이 없다네.

---

39) 鐵輪位: 십신위(十信位)를 말한다.
40) 纖翳: 작은 가림. 작은 장애물.

이런 사람들은 바로 철륜위(鐵輪位)에 들어가

육근(六根)이 청정한 상을 성취한다네.

한 근(根)에서 모든 작용(作用)을 구비(具備)하여

비록 육안(肉眼)이 있어도 불안(佛眼)이라 하며

오근(五根)의 공덕도 또한 감소하지 않고

장엄(莊嚴)함으로 선전(旋轉)하여

상호 수용(受用)한다네.

혹은 1,200이고 혹은 800이니

축소(縮小)하거나 채워지거나

또 같아지기도 하면서

그 속에는 장애물을 허용할 땅도 없으며

맑은 유리가 보월(寶月)을 품고 있는 것과 같다네.

常不輕菩薩品

門前一路坦然[41]平　南北東西劃無碍
佛性元來無損益　一切衆生平等有
不輕曾發一念解　隨所見處但行禮
自言我不輕於汝　汝等行道當作佛
假饒瓦石打其身　避走猶言我不輕
信者早膺甘露門　毀者猶聞塗毒鼓
因地而倒因地起　此會還爲佛所化
妙哉妙益納其懷　如食金剛終不壞

문전(門前)에 한 길은 평평(平平)하고 넓으며

동서남북으로 나누어도 장애가 없네.

불성(佛性)은 원래 손익(損益)이 없이

일체 중생에게 평등(平等)하게 있는 것,

경멸(輕蔑)하지 않음에서

일찍 일으킨 오롯한 견해(見解),

보이는 것에 수순(隨順)하여

다만 예를 행할 뿐이니

스스로 말하기를 '나는 그대를 경멸하지 않으며

---

41) 坦然: 평평하고 넓은 모양. 마음이 안정되고 걱정이 없는 모양.

그대들이 도를 수행하면

당연히 부처님이 된다.'고 하네.

자갈과 돌로 자신을 때려도 도망가며 말하기를

'나는 그대를 경멸하지 않는다.'고 하는데,

믿는 사람은 일찍

감로(甘露) 법문(法門)으로 받아들이고

훼괴(毁壞)하는 사람은

듣고도 북에 독을 바른다네.

땅에서 넘어지면 땅을 짚고 일어나니

이 법회(法會)에 돌아오면

부처의 교화(敎化)를 입으리라.

묘하구나!

미묘한 이익은 그 마음을 용납(容納)하니

금강석을 이지러뜨려도 끝내 파괴되지 않는다네.

如來神力品

常情悠悠⁴²⁾不重法　　須將神變現奇特
如來爲現十神力　　表示衆生一大事
廣長舌相至梵天　　誠諦之言彌可信
通身徧放無數光　　久默之懷今已暢
十方分身亦放光　　一時謦咳⁴³⁾俱彈指
直示全提⁴⁴⁾付與他　　如來秘藏無餘蘊
快然受命⁴⁵⁾廣流通　　空裏風行無障礙
是人所住卽道場　　樹下園中應起塔

평상시(平常時) 마음이 흔들려

불법을 귀중하게 여기지 않으니

장차 신변(神變)하여 기특(奇特)함을 드러냈다네.

여래는 십신력(十神力)을 드러내어

중생의 일대사인연(一大事因緣)을

표시(表示)하였네.

광장설(廣長舌)은 범천(梵天)에 이르렀고

---

42) 悠悠: 한가로운 모양. 흔들거리는 모양.

43) 謦咳: 기침함. 이야기함. 담소함.

44) 全提: 완전한 설명.

45) 受命: 가르침을 받음.

진실한 진리는 두루 믿을 수 있었네.

신통한 몸을 고루 내놓으니

셀 수 없는 광명(光明)이며,

오랜 침묵(沈默) 속에 있던 마음이

이제 펼쳐진다네.

시방(十方)의 분신(分身)이 또한 방광(放光)하니

일시에 담소(談笑)하면서도

탄지(彈指)를 갖추었다네.

바로 전제(全提)를 드러내어

다른 사람에게 부촉(付囑)하니

여래의 비장(祕藏)이며 나머지 쌓인 것도 없다네.

상쾌한 수명(受命)으로 널리 유통(流通)하니

허공 속에 바람이 일어도 장애가 없다네.

이 사람이 머무는 곳이 바로 도량(道場)이며,

나무 아래 동산에서는 탑(塔)이 일어난다네.

囑累品

本迹二門能事了　　晦迹雙林[46]期不久
法王重寄固有在　　右手三摩菩薩頂
無量劫來所得法　　今日靈山方付囑
我是眾生大施主　　無限家珍終不悋
若有信受說是法　　不信當說餘深法
金口丁寧垂顧命[47]　丹心頂荷何容易
三發聲言願不慮　　如是方爲報佛恩
分身已散塔已閉　　千劫萬劫難遭遇

본문(本門)과 적문(迹門)의 일들을 마치고

캄캄한 쌍림(雙林)을 따르려는

기약(期約)도 멀지 않았네.

법왕(法王)은 거듭 고유(固有)함에

기탁(寄託)하여 있으면서

오른손으로 보살들의 정수리를 만진다네.

무량한 겁을 자나며 증득(證得)한 법은

오늘 영산(靈山)에서 부촉(付囑)한다네.

---

46) 雙林: 부처님이 열반한 곳을 말한다.
47) 顧命: 제왕이 임종할 때에 후사를 부탁하는 것을 말한다.

나는 중생들의 대시주(大施主)이니

무한한 집안의 보배도 끝내 인색(吝嗇)하지 않으리.

만약 이 불법(佛法)을 신수(信受)하거나

믿지 않았지만 지금 설법하는

나머지 심오(深奧)한 불법과

금구(金口)는 정녕 고명(顧命)을 내렸으니

정성스러운 마음으로 머리에 이는 게

얼마나 용이(容易)한가!

세 번 드러내는 말 걱정하지 않기를 바라며

이와 같은 것이 부처님의 은혜에 보답(報答)하는 것.

분신(分身)이 흩어지자 탑은 닫히는데

천겁(千劫) 만겁(萬劫)에 만나기 어려워라.

若王菩薩本事品

娑婆世界見愛深　　誰能重道輕其生
故談菩薩本行事　　而勸化他弘法師
昔有喜見行苦行　　香油灌火然⁴⁸⁾其身
諸佛同時讚善哉　　是眞精進法供養
轉生供養窣堵婆⁴⁹⁾　亦燒百福莊嚴臂
如是捨身無量劫　　一句之恩難可報
如來十喩廣稱揚　　佛智籌量不得邊
何幸此身逢此法　　猶如渴飮淸涼池

사바세계(娑婆世界)에 드러나는
애착(愛着)의 마음이 심각한데
누가 진리를 중요하게 여기고
생명을 가벼이 여기리오.
그러므로 보살의 본행사(本行事)를 말하여
다른 사람을 교화하는데 힘쓰는 홍법사(弘法師),
옛날에 희견보살(喜見菩薩)이
고행을 수행하는 것을 보니

---

48) 然: 연(燃)으로 새겨야 한다.
49) 窣堵婆(stupa): 탑(塔)으로 번역한다.

향유(香油)로 씻고 불을 붙여
자신의 몸을 태웠다네.
모든 부처님이 동시에 찬탄(讚歎)하며
칭찬(稱讚)하였으니
이는 참으로 정진하는 법공양이며,
전생(轉生)하며 공양하는 탑 또한
백복(百福)의 장엄(莊嚴)한 팔까지 태운다네.
이처럼 몸을 버린 무량한 겁을 지나도
한 구절의 은혜를 갚기 어렵다네.
여래는 열 가지 비유를 널리 칭양(稱揚)하지만
부처님의 지혜는 세어도 끝이 없다네.
다행히 이 몸이 불법(佛法)을 만남은
목말랐다가 시원한 물을 마시는 것과 같다네.

妙音菩薩品 〈第七卷〉

菩薩受命廣弘經	普現色身隨類相
凡愚肉眼如牛羊	豈知大聖分形化
反生輕想不肯受	法不染心如覆盆[50]
如來爲放大人相	肉髻[51]光明照東土
妙音東來奉明誡	化作八萬寶蓮華
文殊大智尙不識	三昧化事難思議
一身圓現種種身	鏡中端醜無前後
縱爲鹿馬野干[52]形	皆是三千法如是

보살(菩薩)이 가르침을 받은 것은

널리 경전(經典)으로 홍전(弘傳)하며,

색신(色身)을 드러내어

부류(部類)에 수순(隨順)한 상(相),

범인의 우매(愚昧)한 육안(肉眼)은 소와 양 같으며,

어찌 대성인(大聖人)의 형화(形化)를 나누겠는가.

---

50) 覆盆: 엎어놓은 동이. 억울함을 풀길이 없음에 비유함.

51) 肉髻: 육계상(usnisa-sirakata): 여래 32상의 하나. 여래와 보살의 정수리 위에 골육(骨肉)이 융기(隆起)한 것이 모양은 계(誡)와 같으므로 육계(肉髻)라고 하고 존귀(尊貴)하다는 것.

52) 野干: 육종 중생을 비유하는 육근(六根)을 말하며, 이는 여우를 말한다.

도리어 경멸(輕蔑)한 상을 일으켜

긍정적으로 받아들이지 않고

불법(佛法)은 염착하는 마음이 없으니

엎어놓은 물동이와 같고

여래(如來)는 대인상(大人相)을 방광(放光)하며,

육계(肉髻)의 광명이 동토(東土)를 비춘다네.

묘음보살(妙音菩薩)이 동쪽에서 와서

명철한 훈계(訓戒)를 봉지(奉持)하고 교화하여

8만 보배로운 연화를 만들었다네.

문수보살(文殊菩薩)의 위대한 지혜(智慧)는

더욱 알지 못하여

삼매(三昧)로 교화(敎化)한 일들은

사의(思議)하기 어렵다네.

일신(一身)의 원만(圓滿)함으로 갖가지 몸을 드러내고

거울 속에서는 단아(端雅)함과

추악(醜惡)함의 전후가 없다네.

사슴과 말과 야간(野干)이

육근의 몸을 내놓는 것처럼

모든 삼천세계(三千世界)가 이와 같다네.

觀世音菩薩普門品

西方大士受命來	普門示現[53]神通力
豈唯三十三種身	亦現恒沙隨類化
娑婆五濁苦惱中	別有救度衆生緣
假使火燒及水漂	若稱名者得解脫
刀杖不加毒不害	寃賊退散鬼亦走
大哉大悲大願力	恒爲衆生施無畏
如意珠王雨衆寶	隨意所須皆具足
人天福聚海無量	直須念念勿生疑

서방(西方)의 대사가 가르침을 받고 와서

널리 신통력(神通力)을 시현(示現)하심이

어찌 33가지 몸뿐이겠는가?

또한 항사(恒沙)로 부류에 따라

교화하려는 것을 드러낸다네.

사바세계(娑婆世界) 오탁악세(五濁惡世)의

고뇌(苦惱)에서

제각기 중생을 구제(救濟)하여

---

53) 示現: 부처님이나 보살이 중생을 제도하기 위하여 여러 가지 모양으로 나타나는 것을 말한다.

도탈(度脫)하게 하는 연유가 있다네.

가령 불에 타거나 물에 떠다니다가도

이름만 부르면 해탈을 증득한다네.

도장(刀杖)도 가하지 못고 독(毒)도 해치지 못하며

원적(怨敵)도 물러나 흩어지고

귀신도 도망한다네.

위대(偉大)하구나!

대자비(大慈悲)와 대원력(大願力)이여!

항상 중생을 위하여 보시하는 무외(無畏)여!

여의주(如意珠)를 가진 왕이 모든 보배를 내리며

뜻에 따라 모두를 구족(具足)하게 하는구나.

인천의 복이 모여 무량한 바다를 만들고

순간순간 의혹(疑惑)을 일으키지 말아야 한다네.

陀羅尼品

摠持心印秘難知	遮惡持善乃其力
或能滅罪或治病	或復降魔護持法
惡世弘經多惱害	須將此印爲憑仗[54]
如借王威行世間	行者身心無怯弱
藥王發誓始宣讚	乃至鬼母亦加護
龍天受勅盡扶持	魔外聞之皆弭伏
若有伺求法師短	決定頭破作七分
是人住處常安樂	百由旬內無諸患

총지(摠持)의 심인(心印) 비장(祕藏)은 알기 어렵네.

악(惡)을 막고 선(善)을 호지(護持)하는 능력을

혹 죄(罪)도 없애고 질병(疾病)도 치료하며

항마(降魔)하여 불법(佛法)을 호지(護持)하네.

오탁악세(五濁惡世)에 경전을 홍전(弘傳)함에

많은 고뇌(苦惱)가 있으니

장차 반드시 이 믿음에 의지하여

왕위(王威)를 빌려 세간(世間)에 수행하면

수행하는 사람의 신심(身心)은

---

54) 憑仗: 의지함. 의뢰함.

겁약(怯弱)이 없으리라고

약왕보살(藥王菩薩)이 서원을 드러냄에

비로소 찬양(讚揚)하고

귀신이 와도 또한 가호(加護)한다네.

용천(龍天)도 칙령(勅令)을 받들어

모두 부지(扶持)하고

마군(魔軍)과 외도(外道)들 모두가

그치고 조복(調伏)한다네.

만약 법사의 단점(短點)을 엿보려고 하면

결정적으로 머리가 깨어져

일곱으로 나누어지리라.

이 사람이 머무는 곳은 항상 안락(安樂)하며

100유순(由旬) 안에는 모든 환난(患難)이 없으리라.

妙莊嚴王本事品

昔有四人同聽法	結契山中苦修習
十旬九飯[55]命如絲	將墜萬里雲霄心
一人發誓告三人	汝等且住吾欲行
多年乞匃爲供給	每向城中借路行
忽遇王行我動□	豈慮初心坏未火
生生隨念受勝報	最後身是妙莊嚴
三人愍念昔因緣	爲施神變轉邪心
一朝打破畫餠來	應愧多生善知識

옛날에 네 사람이 함께 불법(佛法)을 듣고

산에서 고뇌(苦惱)하며

수습(修習)하자고 약속하였네.

100일 동안 아홉 번 식사하여 생명은 실과 같고

장차 만 리(里) 구름에 들어가려는 마음,

한 사람이 서원(誓願)을 드러내어

세 사람에게 말하며,

그대들은 또

내가 수행하고자 하는 것에 머무르라네.

---

55) 十旬九飯: 100일 동안 9번 식사한 것을 말한다.

오랫동안 걸식(乞食)하여 식량을 공급(供給)하려고

매번 성(城)을 향하여 길을 빌어 다녔네.

홀연히 왕의 행렬(行列)을 만나도

나는 생각이 흔들려

어찌 초발심(初發心)을 생각하여

불태우지 않고 게으른가?

세세생생(世世生生) 순간을 따라

훌륭한 과보(果報)를 받고

최후(最後)의 몸은 미묘하고 장엄(莊嚴)하였네.

세 사람을 어여삐 생각한 옛 인연,

신통(神通)한 변화를 일으켜

사사로운 마음을 전변(轉變)하였네.

하루아침에 타파(打破)하니

그림 속에 두레박이 오고

많은 생(生)을 부끄러워하는

선지식(善知識)이 되었다네.

普賢菩薩勸發品

普賢境界本無方	能爲衆生示來相
忽從東方淨妙國	卽詣娑婆靈鷲山
大人身相廣無邊	欲入娑婆促令小
色身端然⁵⁶⁾紫金山	毫光散彩如珂月
化乘六牙白象王	鼻如欲拆靑蓮華
深心戀法固未已	最後遙聞重請說
如來四法⁵⁷⁾略提綱⁵⁸⁾	甫示衆生四知見
信知我等獲聞熏	皆是大士威神力

보현보살(普賢菩薩)의 경계는 본래 구별이 없이

중생을 위하여 미래상(未來像)을 개시한다네.

홀연히 동쪽 정묘국(淨妙國)에서 오시어

사바세계 영축산(靈鷲山)에 참례(參禮)하였다네.

대인(大人)의 신상(身相)은

광대(廣大)하고 무변(無邊)하지만

---

56) 端然: 과연, 참으로.

57) 四法: 모든 부처를 호념(護念)하고 덕의 근본을 심고 정정취(正定聚)에
들어가 일체 중생의 마음을 구제(救濟)하기를 발원한다(諸佛護念 植衆德
本 入正定聚 發救一切衆生之心)는 것을 말한다.

58) 提綱 : 일의 요점(要點)을 제시함. 제요(提要).

사바세계(娑婆世界)에 들어와

가르침의 재촉은 적었지만

색신(色身)은 참으로 자금산(紫金山)과 같고

백호(白毫) 광명이 산란(散亂)하는 색채(色彩)는

보름달과 같다네.

왕으로 변화하여

육아(六牙)를 가진 흰 코끼리 타고

코는 터지려는 파란 연꽃과 같았다네.

심심(深心)이 불법(佛法)을 기리는

마음은 견고하지 않아

최후에 흔들리는 들음에서

거듭 청법(請法)하였다네.

여래가 사법(四法)으로 간략하게 제요(提要)함은

크게 중생들께 네 가지 지견을 현시(顯示)함이네.

저희들이 믿고 알면서 들은 것을 훈습(薰習)함은

모두가 대사의 위신력(威神力)이라네.

법화경송(法華經頌)

함허 기화(涵虛己和)[1] 득통 선사(得通禪師)

經題	경의 제목
法無異法是一法	진리(眞理)는 다른 게 없이
體色[2]離微妙難思	오롯이 진리만이 있을 뿐
在凡在聖無缺剩	체색(體色)을 저버리니
蓮華之妙合於斯	미묘(微妙)하여 생각하기 어렵네.
	범부(凡夫)에게나
	성인(聖人)에게나
	모자라거나 남음이 없으니
	연꽃의 미묘함만이 이에
	회합(會合)한다네.

---

1) 기화(己和: 1376~1433)): 고려 말과 조선 초의 선승(禪僧). 호(號)는 함허(涵虛)·득통(得通)·무준(無準)이다. 속성(俗姓)은 유씨(劉氏)이며 본관은 충주(忠州)이다. 자초(自超)에게서 법요(法要)를 수행하였다.
2) 체색(體色): 가지고 있는 색을 말한다. 즉 진리가 가진 형상(形相)을 말함.

序品 第一

欲暢本懷放一光　　十方同現見皆茫
若非大士相敲唱　　時會終難解蒼皇

본래 생각 펼치려고 하나의 광명을 방광하여

시방(十方)이 모두 드러나니

모두가 망망(茫茫)[3]하네.

만약 대사(大士)들이

서로 고창(敲唱)[4]하지 않았다면

그때 모인 끝까지 이해하기 어려워

창황(蒼皇)[5]하였으리.

---

3) 망망(茫茫): 드넓은 모양. 아득한 모양. 모호함.
4) 고창(敲唱): 소리 높여 주장하는 것을 말함.
5) 창황(蒼皇): 매우 급하고 바쁨을 말한다. 즉 어쩔 줄 몰라 헤매는 것을 말한다.

方便品 第二

　　昔爲一乘示多方　　今不依方直擧揚
　　十方三世佛知見　　惣同牟尼一口彰

예전에는 일승(一乘)이었는데
여러 방편을 현시(顯示)하더니
이제는 방편(方便)에 의하지 않고
바로 거양(擧揚)하네.
시방 삼세 부처님의 지견(知見)은
모두가 석가모니의 한 입에서 창연(彰然)⁶⁾함이네.

---

6) 창연(彰然): 뚜렷하게 드러남을 말한다.

譬喻品 第三

放光開口略提綱　　四十年藏事已彰
鶖子獨知餘莫測　　更依火宅爲敷揚

방광(放光)하고 입을 열면서
제강(提綱)[7]을 간략히 말하니
40년 간직하였던 모든 게 창연(彰然)하였다네.
추자(鶖子)[8] 혼자만이 알지
다른 이는 알지도 못하고
다시 화택(火宅)에 의하여 부양(敷揚)[9]하시었다네.

---

7) 제강(提綱): 일의 요점(要點)을 제시함. 제요(提要)라고도 한다.
8) 추자(鶖子): 부처님의 제자 중 지혜가 제일인 사람.
9) 부양(敷揚): 널리 전파하고 선양함.

信解品 第四

因指方能見月輪　　不求寶藏自然臻
翻思昔日跰跰[10]苦　　悲喜今爲自在身

손가락으로 인하여 비로소 달을 보고
구하지 않던 보배 창고에 저절로 이르렀다네.
옛날의 고독한 고통을 돌이켜 생각하니
슬프기도 하고 기쁘기도 하지만
이제는 자재(自在)한 몸이라네.

---

10) 영병: 고독한 모양.

藥草喻品 第五
　　飮光[11]呈解佛稱讚　　冥化眞慈更敷演[12]
　　到此方知眞滅度　　廻心慚愧昔年見

음광(飮光)이 견해(見解)를 말하자
부처님은 칭찬하고
암암리에 교화하는 진정(眞正)한 자애로
다시 부연(敷演)하시니
이에 이르러 비로소 열반(涅槃)을 알았으며
마음을 돌려 예전 견해를 부끄러워한다네.

---

11) 飮光: 제자 가섭(迦葉)을 말함.
12) 敷演: 상세하게 설명함.

授記品 第六

> 大德聲聞萬二千　　獨乎飲光親授記
> 無心求受亦當得　　三聖[13]如何强求記

대덕(大德)인 성문(聲聞)이 12,000명이나 되는데,

오로지 음광(飲光)만 불러 몸소 수기(授記) 주셨네.

무심(無心)으로 구하여 받아야만

역시 얻을 수 있는 것,

삼성(三聖)은 어찌하여 억지로 수기를 구했는가?

---

13) 삼성(三聖): 화엄경에서는 비로자나불, 문수보살, 보현보살이고, 비화
경에서는 아미타불, 관세음보살, 대세지보살이다.

化城喩品 第七

　　可憐昔日途中客　　願息情深未容與[14]
　　不因導師善方便　　爭得無難到寶所

　　가엾구나! 예전의 나그네.
　　깊은 감정(感情)을 그치려 했으나
　　용여(容與)하지 못하였네.
　　인도하는 스승의 옳은 방편으로
　　다투며 얻음에 어려움이 없이
　　보배가 있는 곳에 이르지 않았는가?

---

14) 용여(容與): 마음 내키는 대로 함.

五百弟子授記品 第八

富那記在三聖後　　五百無非是福田
次第記令同歡喜　　衣珠一喩動人天

부루나(富樓那)[15]의 수기(授記)는 삼성 후에 있었고
500명의 제자들 모두 복전(福田) 아님이 없었네.
차례대로 수기 주어 모두가 환희(歡喜)하였다네.
옷 속에 구슬의 비유로 인천(人天)을 흔들었다.

---

15) 부루나(富樓那): 제자 중 설법이 제일인 제자.

授學無學人記品 第九

> 阿難羅睺名高顯　　未免區區亦自陳
> 從此二千悉蒙記　　當時靈岳想同春

아난과 라훌라(羅睺羅)[16]의
명성(名聲)이 드높았지만,
구구(區區)[17]함을 면하였음
또한 자진(自陳)[18]하고 있네.
이로부터 2,000명이 모두 수기(授記)를 받았으니
당시에 영축산은 봄날과 같았으리라 생각되네.

---

16) 라훌라(羅睺羅): 석가모니의 아들. 출가하여 밀행(密行) 제일인 제자가
　　되었다.
17) 구구(區區): 어리석고 졸렬함.
18) 자진(自陳): 스스로 진술(陳述)하고 있음.

法師品 第十

> 慈悲柔忍坐佛座　　爾乃說經合人師
> 是佛所使應尊敬　　不久當成大菩提

자비(慈悲)·온유(溫柔)·인욕(忍辱)으로
부처님 자리에 앉아
바로 경전을 설법하고 사람들의 스승의 되었네.
이는 부처님의 사자(使者)로
존경(尊敬)해야만 하며,
머지않아 당연히 위대한 깨달음을 이루리라.

見寶塔品 第十一

　　經義已圓記亦圓　　忽有寶塔踊現前
　　召集分身開寶塔　　古今同會勸人傳

　　경전의 뜻도 원숙(圓熟)해지고 수기도 원숙해지니
　　갑자기 보탑(寶塔)이 솟아 현전(現前)하였네.
　　분신(分身)들을 소집(召集)하여
　　보탑(寶塔)을 개시(開示)하니
　　고금(古今)의 사람들 한데 모이자
　　사람들에게 상전(相傳)하라 하네.

提婆達多品 第十二

捨位事仙因妙法　　轉女成佛不由他
棄榮學道誠希有　　刹那成佛亦非多

지위도 버리고 신선을 섬긴 것도
묘법(妙法)으로 말미암았고
여자가 전변(轉變)하여 부처님이 된 것도
다른 연유(緣由)가 아니라네.
영화(榮華)도 버리고 진리를 배우는 것
참으로 희유(希有)하니
잠깐 사이에 부처님 되는 것도 흔하지 않다네.

權持品 第十三

> 聞記安心衆聲聞　　不退轉輪諸菩薩
> 同時白佛願流布　　由是此經傳不絶

수기(授記)함을 듣고 안심(安心)한 성문의 무리들

불퇴전(不退轉)하는 모든 보살들

동시에 부처님께 여쭙고

유포(流布)하기를 발원(發願)하였으니

이로써 이 경전은 그치지 않고 전해진다네.

安樂行品 第十四

行淨自然人感化　　風行草偃化無難
欲知說法利人處　　休咎當於夢裏看

수행이 청정(淸淨)하면
저절로 다른 사람 감화(感化)하고
바람이 불면 풀이 쓰러지는 것은 어렵지 않다네.
설법하면 다른 사람이 이로운 것을 알고 싶은가?
남을 책망(責望)하지 말고
모두가 꿈속이라고 보아야하네.

從地踊出品 第十五

人同高德法無二　　胡乃他方不許持
莫謂如來心有異　　只要顯迹使人知

사람들 모두 덕(德)이 높고 법은 둘이 없는데
어찌하여 다른 곳 사람에게는
허락(許諾)하지 않을까 하고
여래의 마음에 차별(差別)이 있다고
생각하지 말아야 하네.
다만 자취를 드러내어
사람들에게 알게 하려는 게 중요하다네.

如來壽量品 第十六

伽耶成道現所見　　謂化沙衆却成疑
不有大士曾發問　　久遠成佛有誰知

가야성(伽耶城)에서 성도(成道)한 것을 이제 보았고
항하사 중생을 교화(敎化)하셨다기에
도리어 의심이 일었다네.
대사(大士)가 일찍 질문하지 않았다면
오래 전에 성불(成佛)하였음을 누가 알았으리오.

分別功德品 第十七
　　　聞說壽量解無數　　　佛隨其解各稱揚
　　　但聞一品功猶勝　　　廣持功德其可量

　　수량(壽量)이 무수(無數)하다는 말
　　이해하라는 것을 듣고,
　　부처님은 그 이해함에 따라
　　제각기 칭양(稱揚)하셨네.
　　다만 한 가지만 듣고도
　　그 공덕(功德) 훌륭하심을 아는데
　　고르게 지닌 그 공덕 어찌 헤아릴 수 있겠는가?

隨喜功德品 第十八

聞經隨喜至五十　　法味滋神想未深
知佛讚他功亦勝　　顯經妙利感人心

경전(經典)을 듣고 수희(隨喜)함이 50년에 이르러도
법미(法味)가 정신(精神)을 적시기는 깊지 않았네.
부처님을 알고
남을 칭찬(稱讚)하는 그 공덕도 훌륭한데,
경전의 미묘한 이로움을 드러내어
인심(人心)을 감화하네.

法師功德品 第十九

五種功備堪爲範　　從玄六千德乃成
根境色心俱智影　　智明所以影皆明

다섯 가지 공덕을 갖추어 규범(規範)이 되었으며,
현묘(玄妙)함을 따라 6,000의 덕을 성취(成就)하였네.
근(根)·경(境)·색(色)·심(心) 모두가 지혜의 그림자,
지혜가 밝으므로 그림자도 모두 밝다네.

常不輕菩薩品 第二十

眞經無相相非眞　　妙行無我我非妙
經持無相行無我　　學彼不輕千載少

참다운 경전은 형상(形相)이 없으니

형상은 참답지 못하고

미묘(微妙)한 행은 무아(無我)인데

내가 있다면 미묘하지 않다네.

경전으로 무상(無相)에서 무아(無我)를 실천하면서

경전 배우기를 경시(輕視)하지 말라하네.

천년도 적은 것이라고.

如來神力品 第二十一

　　舌至梵天身放光　　謦欬[19]彈指聞十方
　　如是讚持讚無極　　故知經德浩無疆

혀는 범천(梵天)에 이르고

몸에서는 방광(放光)을 한다네.

이야기 소리도 잠깐 사이에 시방에 들린다네.

이처럼 경전을 가지고 찬탄하며 찬탄함이 끝없어서

경전의 덕이 넓고 끝없음을 알게 된다네.

---

19) 경해(謦欬): 기침함. 담소함. 이야기함.

囑累品 第二十二

　　佛三摩頂僧三白　　爲令流布示叮寧²⁰⁾
　　如今誰是報恩者　　欲報當弘此一經

부처님의 정수리를 3번 어루만지며
스님들께 3번 여쭈어서
유포(流布)하기 위하여 신신당부하고 있으니
이제 누가 보은(報恩)하려는가!
보답하려면 널리 이 경전을 펼쳐야만 한다네.

---

20) 叮寧: 신신당부함.

藥王菩薩本事品 第二十三

前然²¹⁾一身後然臂　　如是皆因妙蓮經
經勝餘經最高勝　　故知吾佛囑叮寧

먼저 몸을 태우고 후에 팔을 태우는

이와 같은 모든 것은

묘법연화경(妙法蓮華經)에 인한 것.

이 경전은 다른 경전보다

매우 수승하고 훌륭한 경전이니

그러므로 부처님께서 신신당부하며

부촉하셨음을 알아야 하네.

---

21) 然: 연(燃)으로 새긴다.

妙音菩薩品 第二十四

獻樂奉鉢志在下　　妙音妙行弘妙道
今日果能有神力　　隨應化物踰洪造

음악을 울리고 바릿대 받든 그 뜻 어디 있었나.
묘음(妙音)과 묘행(妙行)은
미묘한 진리 펼치려 함이었네.
이제야 결과적으로 그 신통력(神通力)이 있게 되어
감응함에 따라 사람들을 교화함이
넓은 조화보다도 뛰어났다네.

觀世音菩薩普門品 第二十五

隨應變化等妙音　　圓應無方踰於彼
若非無盡曾發問　　誰知大士無畏施

감응함에 따라 변화하는 것이 묘음보살 같지만
원만(圓滿)하게 감응함이
한계가 없이 뛰어났다는 것을
만약 무진의보살(無盡意菩薩)의 질문이 없었다면
누가 대사의 무외시(無畏施)를 알았으리오.

陀羅尼品第二十六

行至妙圓已十成　　更依弘護亦無傾
最憐說呪弘經士　　神呪神功也不輕

수행함이 미묘하고 원만하니
이미 모두를 이루었다네.
다시는 큰 호지(護持)에 의해서
또 기울어지지 않는다네.
매우 사랑스럽구나 하고
주문을 말하여 경을 펼치는 보살들!
신령스러운 주문과 공덕은
경시(輕視)할 게 아니라네.

妙莊嚴王本事品 第二十七

妙圓轉邪一般化 　　 於中邪着轉尤難
轉令歸正依弘護 　　 弘護功能向此看

미묘하고 원만함이 사심(邪心)을
전변하여 평등하게 하니
그 속에서 사심에 염착하면 더욱 어려워진다네.
바른 법에 돌아가게 하는 것은
홍화(弘化)와 호지함에 의하니
홍화와 호지(護持)의 공덕(功德)은
여기에서 살펴야하네.

普賢菩薩勸發品 第二十八

初依妙德令生信　　明至轉邪德已成
坐此猶虧向上道　　普賢所以示常行

처음에는 미묘한 덕에 의해 신심을 일으키고
명정(明淨)함은 사심(邪心)을
돌이켜야 덕을 성취한다네.
여기 앉아 있어도 오히려 향상(向上)의 길이 모자라서
보현보살(普賢菩薩)은 그러므로
평상행(平常行)을 개시(開示)한다네.

惣頌

不外根塵明妙法　　不離生滅示眞常
了此可得靈山記　　何待龍華更擧揚

근진(根塵)을 저버리지 않고도 미묘한 법을 밝히며

생멸(生滅)을 저버리지 않고도

진상법(眞常法)을 개시(開示)한다네.

이를 깨달으면

영축산(靈鷲山) 수기(授記)를 받을 것이니

무엇 때문에 용화(龍華)에서

다시 거양(擧揚)하려 하는가?

Sarvarutakausalya-samādhi	1006	Subhūti	139
Sarvarutakauśalyāvartā	1108	Sudharma	142, 509
Sarvasattvapriyadarśana	680	Sudharma Kiṃnaraja	142
Sarvasattvojohārī	1061	Sugata	149
Sarvasattvtrātar	509	Sukhāvati	982
Sarvatra-gāminī-pratipaj-jñāna-bala	227	Sumanas	537, 901
Śaśiketu	438	Sumeru	509, 633, 900, 981
Śāstā-Devamanuṣyānāṃ	150	Supratiṣṭhitacāritra	768
Satatasamitābhiyukta	900	Sūrya	149
Sattva-kaṣāya	231	sūryavarta-samādhi	1006
Satya	150	Susārthavaha	141
Saundarananda	139	Sūtra	232
Savajñabhūmi	406	Suvarnavarṇa-cchavita	658
Śikhin	142, 510, 548	Suviśuddha	549
Śila	150, 657	Svāgata	550
Sila-paramita	834, 1082	Svayambhūjñāna	598
Simhaasana	632		
Siṃhacandrā	924	**T**	
Siṃhadhvaja	512	Tagara	901
Siṃhaghoṣa	512	Takṣaka	142
Skanḍa	1061	Tala	836
Śloka	924	Tamāla-pattra	901
Smṛti-indriya	797	Tamalapattracandanagandha	439
Sparśa	511	Tamālapattracandanagandhbhābhijña	512
Śraddha-indriya	797	Tathāgata	27, 149, 326, 1007, 1082
Śramaṇa	151, 325, 510	Tathagatha-jnana-darsana	231
Śramāṇera	511	Trailokyavikrāmin	141
Śrāvaka	150	Trayastriṃśādevāḥ	1109
Śrigarbha	151	Trayo-dhatavah	146
Srota āpanna	859	Trisahāsramahāsasra-lokadhatu	406
Sthāna-asthāna-jnana-bala	227	Tṛṣṇā	511
Śubhakṛtsna	901	Turuṣka	981
Śubhavyūha	1082	Tuṣita	1109

妙法蓮華經

佛　紀　2564年(2020) 11月 23日(陰. 10. 9) 初版 2刷 印刷
佛　紀　2564年(2020) 12月 21日(陰. 11. 7) 初版 2刷 發行

編譯者　李泓坡(武雄)
編譯處　大韓佛敎觀音宗
發行處　圖書出版 梵聲
製作處　圖書出版 中道(02-2278-2240)

登錄日　2010. 08. 25
住　所　서울特別市 鍾路區 鍾路63Gagil 31
電　話　02-763-0054, 3345
電　送　02-763-5851
https://www.kwanum.or.kr

ISBN : 978-89-965251-7-2 93220

값 : 70,000원

ISBN 978-89-965251-7-2